中國國家圖書館編

國家圖書館藏敦煌遺書

第一百四十一册　北敦一五二三三號——北敦一五二九八號

北京圖書館出版社

圖書在版編目(CIP)數據

國家圖書館藏敦煌遺書·第一百四十一册/中國國家圖書館編;任繼愈主編.一北京:北京圖書館出版社,2011.5

ISBN 978-7-5013-3703-3

Ⅰ.國… Ⅱ.①中…②任… Ⅲ.敦煌學-文獻 Ⅳ.K870.6

中國版本圖書館 CIP 數據核字(2011)第035910號

ISBN 978-7-5013-3703-3

9 787501 337033 >

書　　名 國家圖書館藏敦煌遺書·第一百四十一册

著　　者 中國國家圖書館編　任繼愈主編

責任編輯 徐　蜀　孫　彦

封面設計 李　璀

出　　版 北京圖書館出版社　(100034　北京西城區文津街7號)

發　　行 010-66139745　66151313　66175620　66126153
66174391(傳真)　66126156(門市部)

E-mail btsfxb@nlc.gov.cn(郵購)

Website www.nlcpress.com → 投稿中心

經　　銷 新華書店

印　　刷 北京文津閣印務有限責任公司

開　　本 八開

印　　張 55.75

版　　次 2011年10月第1版第1次印刷

印　　數 1-250册(套)

書　　號 ISBN 978-7-5013-3703-3/K·1666

定　　價 990.00圓

編輯委員會

主　　編　任繼愈

常務副主編　方廣錩

副　主　編　李際寧　張志清

編委（按姓氏筆畫排列）　王克芬　王姿怡　吳玉梅　周春華　陳　穎　黄　霞（常務）　黄　建　程佳羽　劉玉芬

出版委員會

主　任　詹福瑞

副主任　陳　力

委　員（按姓氏筆畫排列）　李　健　姜　紅　郭又陵　徐　蜀　孫　彦

攝製人員（按姓氏筆畫排列）

于向洋　王富生　王遂新　谷韶軍　張　軍　張紅兵　張　陽　曹　宏　郭春紅　楊　勇　嚴　平

原件修整人員（按姓氏筆畫排列）

朱振彬　杜偉生　李　英　胡玉清　胡秀菊　張　平　劉建明

目錄

大般若波羅蜜多經卷第四百五十三　三藏法師玄奘奉　詔譯
第二分增上慢品第六十之二
復次善現云何菩薩摩訶薩未久修行布施
淨戒安忍精進靜慮般若波羅蜜多乃至遠
離方便善巧故為惡魔之所誑惑勸諸菩薩
應善覺知謂有惡魔為誑惑故方便化作種
種形像來至菩薩摩訶薩前作如是言咄哉
男子汝自知不過去諸佛已曾初汝大菩提
記汝於無上正等菩提決定當得不復退轉
汝身父母兄弟姊妹親友眷屬乃至七世名
字差別我悉善知汝身生在某方某國某城
某邑某聚落中汝在某年某月某日某時某
宿相王中生如是惡魔若見菩薩稟性柔爽
諸根昧鈍便詐記言汝於先世所稟根性已
曾如是若見菩薩稟性剛強諸根明利便詐
記言汝於先世所稟根性亦曾如是若見菩
薩居阿練若或常乞食或一受食或一坐食
或一鉢食或居塚間或居露地或居樹下或
著糞掃衣或但三衣或常坐不臥或如舊敷具
或少欲或喜足或樂遠離或具正念或樂靜

BD15233 號　大般若波羅蜜多經卷四五三　（3–1）

或一鉢食或居塚間或居露地或居樹下或
著糞掃衣或但三衣或常坐不臥或如舊敷具
或少欲或喜足或樂遠離或具正念或樂寂
定或具妙慧或不重利養或不貴名譽或時
塗足或少睡眠或離掉舉或樂寂
靜語或好少言如是惡魔見此菩薩差別行已
便詐記言汝於先世亦曾如是所以者何汝
今成就如是如是差別功德世間同見先世
定應亦有如是種種功德應深慶慰無得自
輕是菩薩摩訶薩聞彼惡魔說其過去當來
功德及說現在親友自身名等差別兼讚種
種殊勝善根歡喜踊躍生增上慢凌蔑毀罵
諸餘菩薩尒時惡魔知其聞鈍起增上慢凌
蔑他人復告之言汝定成就殊勝功德過去
如來應正等覺已初汝記汝於無上正等菩
提定當證得不復退轉已有如是瑞相現前
是時惡魔為堅彼故或復化作苾芻形像或
復化作居士形像或復化作父母親友人非
人等形像現前高聲唱言善哉大士乃能成
就如是功德過去諸佛久已初汝大菩提記
汝於無上正等菩提已不退轉所以者何諸
不退轉地菩薩摩訶薩勝功德相汝皆具有
應自尊重勿生疑或時此菩薩聞彼語已增

BD15233 號　大般若波羅蜜多經卷四五三　（3–2）

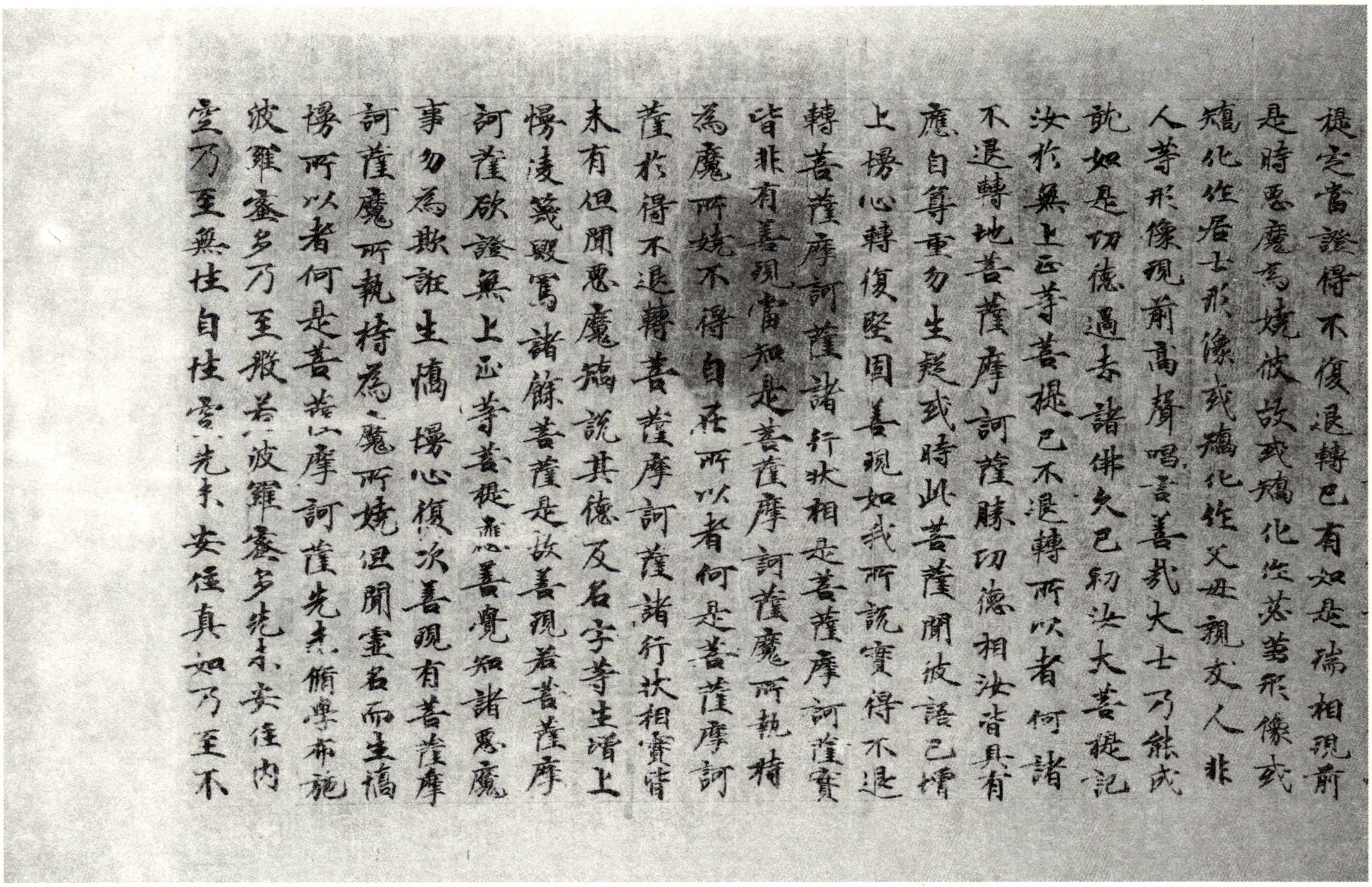
提定當證得不復退轉已有如是瑞相現前
是時惡魔為嬈彼故或化作苾芻形像或
化作居士形像或化作父母親友人非
人等形像現前高聲唱言善哉大士乃能成
就如是功德過去諸佛久已記汝大菩提記
汝於無上正等菩提已不退轉所以者何諸
不退轉地菩薩摩訶薩勝功德相汝皆具有
應自尊重勿生疑惑時此菩薩聞彼語已增
上慢心轉復堅固善現如我所說實得不退
轉菩薩摩訶薩諸行狀相是菩薩摩訶薩實
皆非有善現當知是菩薩摩訶薩魔所執持
為魔所嬈不得自在所以者何是菩薩摩訶
薩於得不退轉菩薩摩訶薩諸行狀相實皆
未有但聞惡魔矯說其德及名字等生增上
慢凌蔑毀罵諸餘菩薩是故善現若菩薩摩
訶薩欲證無上正等菩提應善覺知諸惡魔
事勿為欺誑生矯慢心復次善現有菩薩摩
訶薩魔所執持為魔所嬈但聞虛名而生矯
慢所以者何是菩薩摩訶薩先未修學布施
波羅蜜多乃至般若波羅蜜多先未安住內
空乃至無性自性空先未安住真如乃至不

BD15233號　大般若波羅蜜多經卷四五三　（3–3）

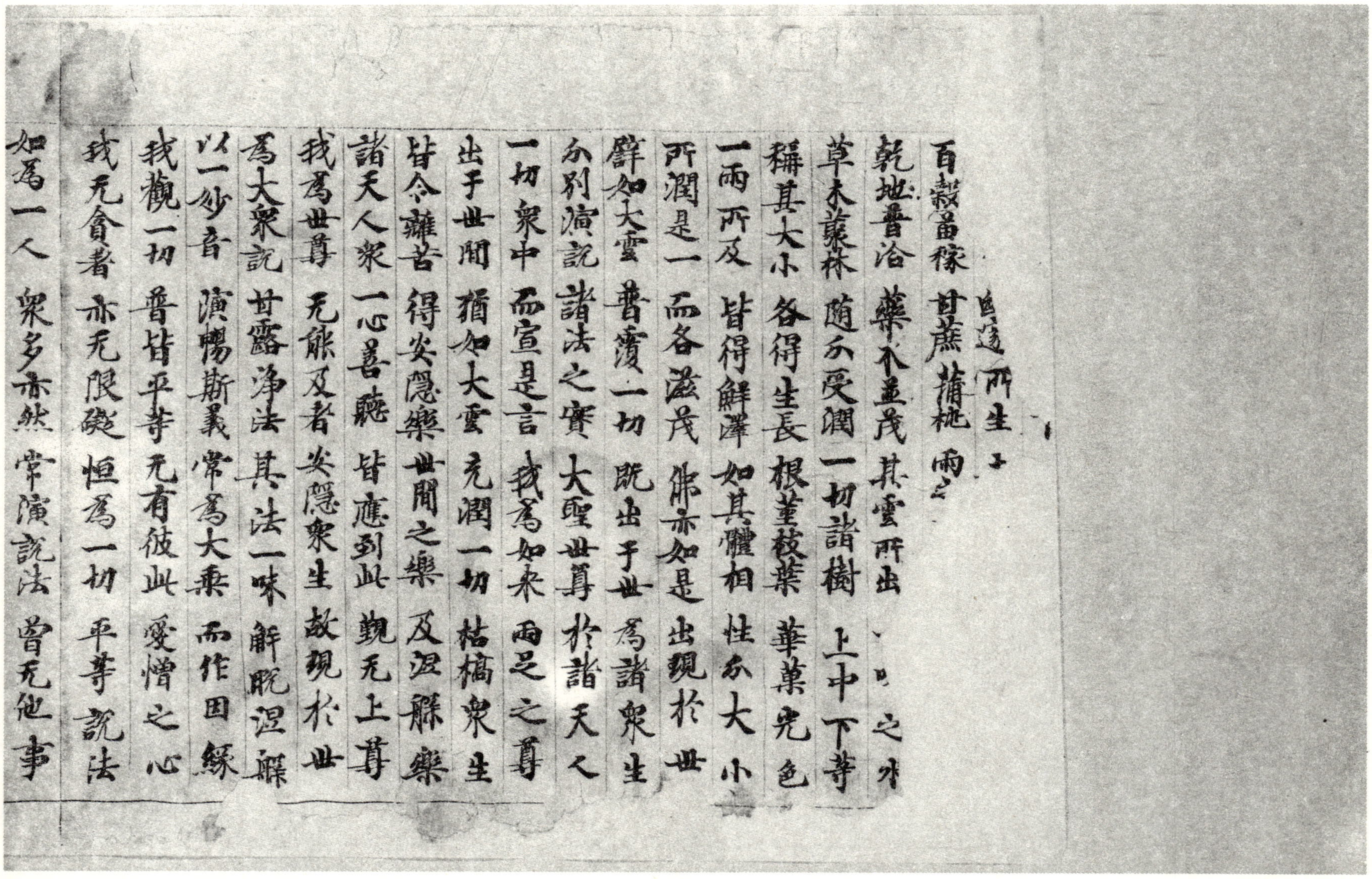
□□所生□
百穀苗稼　甘蔗蒲桃　雨之
乾地普洽　藥木並茂　其雲所出　□□之水
草木叢林　隨分受潤　一切諸樹　上中下等
稱其大小　各得生長　根莖枝葉　華菓光色
一雨所及　皆得鮮澤　如其體相　性分大小
所潤是一　而各滋茂　佛亦如是　出現於世
譬如大雲　普覆一切　既出于世　為諸眾生
分別演說　諸法之實　大聖世尊　於諸天人
一切眾中　而宣是言　我為如來　兩足之尊
出于世間　猶如大雲　充潤一切　枯槁眾生
皆令離苦　得安隱樂　世間之樂　及涅槃樂
諸天人眾　一心善聽　皆應到此　覲无上尊
我為世尊　无能及者　安隱眾生　故現於世
為大眾說　甘露淨法　其法一味　解脫涅槃
以一妙音　演暢斯義　常為大乘　而作因緣
我觀一切　普皆平等　无有彼此　愛憎之心
我无貪著　亦无限礙　恒為一切　平等說法
如為一人　眾多亦然　常演說法　曾无他事

BD15234號　妙法蓮華經卷三　（3–1）

我觀一切 普皆平等 无有彼此 愛憎之心
我无貪著 亦无限礙 恒爲一切 平等說法
如爲一人 衆多亦然 常演說法 曾无他事
去來坐立 終不疲猒 充足世間 如雨普潤
貴賤上下 持戒毀戒 威儀具足 及不具足
正見邪見 利根鈍根 等雨法雨 而无懈惓
一切衆生 聞我法者 隨力所受 住於諸地
或處人天 轉輪聖王 釋梵諸王 是小藥草
知无漏法 能得涅槃 起六神通 及得三明
獨處山林 常行禪定 得緣覺證 是中藥草
求世尊處 我當作佛 行精進定 是上藥草
又諸佛子 專心佛道 常行慈悲 自知作佛
決定无疑 是名小樹 安住神通 轉不退輪
度无量億 百千衆生 如是菩薩 名爲大樹
佛平等說 如一味雨 隨衆生性 所受不同
如彼草木 所稟各異 佛以此喻 方便開示
種種言辭 演說一法 於佛智慧 如海一渧
我雨法雨 充滿世間 一味之法 隨力脩行
如彼叢林 藥草諸樹 隨其大小 漸增茂好
諸佛之法 常以一味 令諸世間 普得具足
漸次脩行 皆得道果 聲聞緣覺 處於山林
住最後身 聞法得果 是名藥草 各得增長
若諸菩薩 智慧堅固 了達三界 求最上乘
是名小樹 而得增長 復有住禪 得神通力
聞諸法空 心大歡喜 放无數光 度諸衆生

BD15234 號　妙法蓮華經卷三　（3–2）

又諸佛子 專心佛道 常行慈悲 自知作佛
決定无疑 是名小樹 安住神通 轉不退輪
度无量億 百千衆生 如是菩薩 名爲大樹
佛平等說 如一味雨 隨衆生性 所受不同
如彼草木 所稟各異 佛以此喻 方便開示
種種言辭 演說一法 於佛智慧 如海一渧
我雨法雨 充滿世間 一味之法 隨力脩行
如彼叢林 藥草諸樹 隨其大小 漸增茂好
諸佛之法 常以一味 令諸世間 普得具足
漸次脩行 皆得道果 聲聞緣覺 處於山林
住最後身 聞法得果 是名藥草 各得增長
若諸菩薩 智慧堅固 了達三界 求最上乘
是名小樹 而得增長 復有住禪 得神通力
聞諸法空 心大歡喜 放无數光 度諸衆生
是名大樹 而得增長 如是迦葉 佛所說法
譬如大雲 以一味雨 潤於人華 各得成實
迦葉當知 以諸因緣 種種譬喻 開示佛道
是我方便 諸佛亦然 今爲汝等 說最實事
諸聲聞衆 皆非滅度 汝等所行 是菩薩道
漸漸脩學 悉當成佛

BD15234 號　妙法蓮華經卷三　（3–3）

大般涅槃經卷第廿八
秋
颙

BD15235 號背　護首　　（1–1）

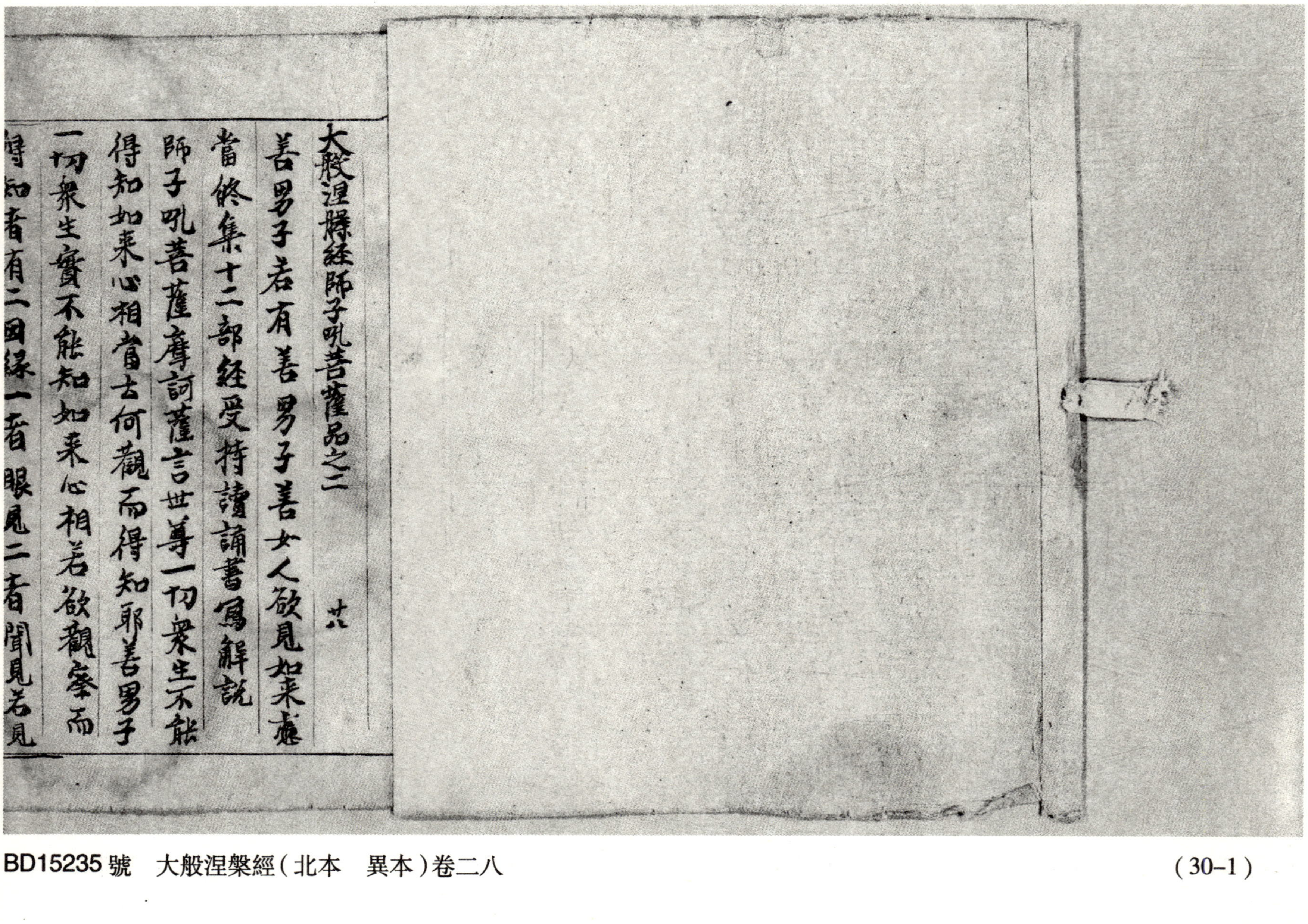

大般涅槃經師子吼菩薩品之二　廿八
善男子若有善男子善女人欲見如来應
當修集十二部經受持讀誦書寫解說
師子吼菩薩摩訶薩言世尊一切衆生不能
得知如来心相當云何觀而得知耶善男子
一切衆生實不能知如来心相若欲觀察而
得知者有二因緣一者眼見二者聞見若見

BD15235 號　大般涅槃經（北本　異本）卷二八　　（30–1）

師子吼菩薩摩訶薩言世尊一切衆生不能
得知如來心相當云何觀而得知耶善男子
一切衆生實不能知如來心相若欲觀察而
得知者有二因緣一者眼見二者聞見若見
如來所有身業當知是則為如來耶是名眼
見若觀如來所有口業知當是則為如來耶
是名聞見若見色貌一切衆生无與等者當
知是則為如來耶是名眼見若聞音聲微妙
最勝不同衆生所有音聲當知是則為如來
耶是名聞見若見如來所作神通為為衆生
為為利養若為衆生不為利養當知是則為
如來耶是名眼見若觀如來以他心智觀衆
生時為利養說為衆生說若為衆生不為利
養當知是則為如來耶是名聞見云何如來
而受是身何故受身為誰受身是名眼見若
觀如來云何說法何故說法為誰說法是名聞
見以身惡業加之不瞋當知是則為如來耶
是名眼見以口惡業加之不瞋當知是則為
如來耶是名聞見若見菩薩初生之時於十
方面各行七步摩尼跋陀富那跋陀鬼神大
將執持幡蓋振動无量无邊世界金光晃
曜弥滿虛空難陀龍王及跋難陀以神通力
浴菩薩身諸天形像承迎礼拜阿私陀仙合

BD15235號　大般涅槃經（北本　異本）卷二八　（30–2）

方面各行七步摩尼跋陀富那跋陀鬼神大
將執持幡蓋振動无量无邊世界金光晃
曜弥滿虛空難陀龍王及跋難陀以神通力
浴菩薩身諸天形像承迎礼拜阿私陀仙合
掌恭敬盛年捨欲如棄涕唾不為世樂之所
迷惑出家修道樂於閑寂為破邪見六年苦
行於諸衆生平等无二心常在定初无散亂
相好嚴麗莊飾其身所遊之處丘墟皆平衣
服離身四寸不墮行時直視不顧左右所食
之物物无完過坐起之處草不動亂為調衆
生故往說法心无憍慢是名眼見若聞菩薩
行七步已唱如是言我今此身最是後邊阿
私陀仙合掌而言大王當知悉達太子定當
得成阿耨多羅三藐三菩提終不在家作轉
輪王何以故相明了故轉輪聖王相不明了
悉達太子身相炳著是故必得阿耨多羅三
藐三菩提見老病死復作是言一切衆生甚
可憐愍常與如是生老病死共相隨逐而不
能觀常行於苦我當斷之從阿羅羅五通仙
人受无想定既成就已復說其過從鬱陀伽
仙受非有想非无想定既成就已說非涅槃
是生死法六年苦行无所剋獲即作是言修
是苦行空无所得若是實者我應得之以虛

BD15235號　大般涅槃經（北本　異本）卷二八　（30–3）

是生死法六年苦行无所剋獲即作是言於
是苦行空无所得若是實者我應得之以虛
妄故我无所得是名邪術非正道也既成道
已梵行勸請唯願如來當爲衆生廣開甘露
說无上法佛言梵王一切衆生常爲煩惱之
所鄣覆不能受我正法之言梵王復言世尊
一切衆生凡有三種所謂利根中根鈍根利
根能受唯願爲說佛言梵王諦聽諦聽我今
當爲一切衆生開甘露門即於波羅捺國轉
正法輪宣說中道一切衆生不破諸結非不
能破非破非不破故名中道不度衆生非不
能度是名中道非一切成亦非不成是名中
道凡有所說不自言師不言弟子是名中道
說不爲利非不得果是名中道正語實語時
語眞語言不虛發微妙第一如是等法是名
聞見善男子如來心相實不可見若有善男
子善女人欲見如來應當依是二種因緣尒
時師子吼菩薩摩訶薩白佛言世尊如先
所說菴羅菓喩四種人等有人行細心不正
實有人心細行不正實有人心細行亦正
有人心不細行不正實是初二種云何可知
如佛所說雖依是二不可得知佛言善哉善
哉善男子菴羅菓喩二種人等實難可知以
難知故我經中說當與共住住若不知當與

哉善男子菴羅菓喩二種人等實難可知以
難知故我經中說當與共住住若不知當與
久處久處不知當以智慧智慧不知當深觀
察以觀察故則知持戒及以破戒善男子具是四
事共住久處智慧觀察然後得知持戒破戒
善男子戒有二種持　者亦二一究竟戒二
不究竟有人以因緣故受持禁戒智者當
觀是人持戒爲爲利養爲究竟持善男子如
來戒者无有因緣是故得名究竟戒也以是
義故菩薩雖爲諸惡衆生之所傷害不生恚
閡是故如來得名成就畢竟持戒究竟持戒
善男子我昔一時與舍利弗及五百弟子俱
共止住摩伽陀國瞻婆大城時有獵師追逐
一鴿是鴿惶怖至舍利弗影猶故戰慄如芭
蕉樹至我影中身心安隱恐怖得除是故當
知如來世尊畢竟持戒乃至身影猶有是力
善男子不究竟戒尚不能得聲聞緣覺何況
得能阿耨多羅三藐三菩提復有二種一爲
利養二爲正法爲利養故受持禁戒當知是
戒不見佛性及以如來雖聞佛性及如來名
猶不得名爲聞見也若爲正法受持禁戒當
知是戒能見佛性及以如來是名眼見亦名
聞見復有二種一者根深難拔二者根淺易

知是戒能見佛性及以如来是名眼見亦名
聞見復有二種一者根深難扰二者根淺易
動若能修集空无相願是名根深難扰若不
修集是三三昧雖復修集為二十五有是名
根淺易動復有二種一為自身二為衆生
為衆生者能見佛性及以如来持戒之人復
有二種一者性自能持二者須他教勑若受戒
已逕无量世初不漏失或值悪國遇悪知識
悪時悪世邪法邪見同止尒時雖无受
戒之法修持如本无所毁犯是名性自能持
若遇師僧白四羯磨然後得戒雖得戒已要
憑和上諸師同學善友諮喻乃知進止聴法
說法備諸威儀是名須他教勑善男子性能
持者眼見佛性及以如来亦名聞見戒復有
二一聲聞戒二菩薩戒從初發心乃至得成
阿耨多羅三藐三菩提是名菩薩戒若觀
白骨乃至證得阿羅漢果是名聲聞戒若有受
持聲聞戒者當知是人不見佛性及以如来
若有受持菩薩戒者當知是人得阿耨多羅
三藐三菩提能見佛性如来涅槃師子吼菩薩
言世尊何因緣故受持禁戒佛言善男子
為心不悔故何故不悔為受樂故何故受樂
為遠離故何故遠離為安隱故何故安隱為
禪定故何故禪定為實知見故何故實知見

BD15235號　大般涅槃經（北本　異本）卷二八　（30–6）

為遠離故何故遠離為安隱故何故安隱為
禪定故何故禪定為實知見故何故實知見
為見生死諸過患故何故見於生死過患為
心不貪著故何故為心不貪着為得解脫故
何故為得解脫為得无上大涅槃故何故為
得大般涅槃為得常樂我淨法故何故為得
常樂我淨為得不生不滅故何故為得不生
不滅為見佛性故是故菩薩性自能持究竟
淨戒善男子持戒比丘雖不發願求不悔心
不悔之心自然而得何以故法性尒故雖不
求樂遠離安隱真實知見見生死過心不貪
著解脫涅槃常樂我淨不生不滅見於佛性
而自然得何以故法性尒故師子吼菩薩言
世尊若因持戒得不悔果因於解脫得涅槃
果者戒則无因涅槃无果戒若无因則名為
常涅槃有因則是无常若尒者涅槃則為本
无今有若本无今有是為无常猶如然燈涅
槃若尒云何得名我樂淨耶佛言善男子善
哉善哉汝以曾於无量佛所種諸善根能問
如来如是深義善男子不失本念乃如是耶
我憶往昔過无量劫波羅㮈城有佛出世号
曰善行尒時彼佛三億歲中演說如是大涅
槃經我時與汝俱在彼會我以是事諮問彼

BD15235號　大般涅槃經（北本　異本）卷二八　（30–7）

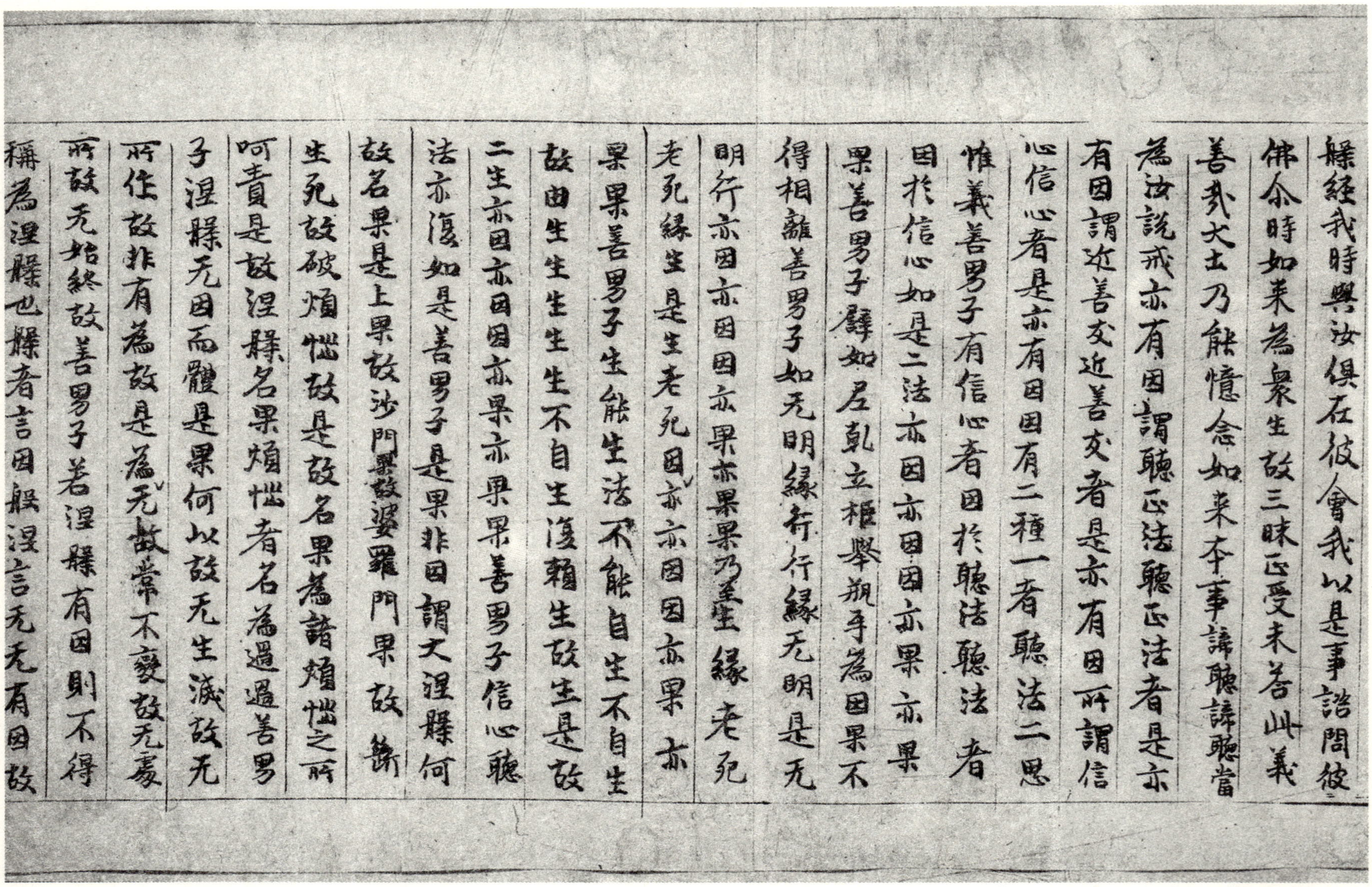

槃經我時與汝俱在彼會我以是事諮問彼
佛尒時如來為衆生故三昧正受未荅此義
善哉大士乃能憶念如來本事諦聽諦聽當
為汝說戒亦有因謂聽正法聽正法者是亦
有因謂近善友近善友者是亦有因所謂信
心信心者是亦有因因有二種一者聽法二思
惟義善男子有信心者因於聽法聽法者
因於信心如是二法亦因亦因因亦果亦果
果善男子譬如尼乾立拒舉瓶手為因果不
得相離善男子如无明緣行行緣无明是无
明行亦因亦因因亦果亦果果乃至生緣老死
老死緣生是生老死因亦亦因因亦果 亦
果果善男子生能生法不能自生不自生
故由生生生生不自生復賴生故生是故
二生亦因亦因因亦果亦果果善男子信心聽
法亦復如是善男子是果非因謂大涅槃何
故名果是上果故沙門果故婆羅門果故 斷
生死故破煩惱故是故名果為諸煩惱之所
呵責是故涅槃名果煩惱者名為過過善男
子涅槃无因而體是果何以故无生滅故无
所作故非有為故是為无為常不變故无處
所故无始終故善男子若涅槃有因則不得
稱為涅槃也槃者言因般涅言无无有因故

BD15235 號　大般涅槃經（北本　異本）卷二八　　（30–8）

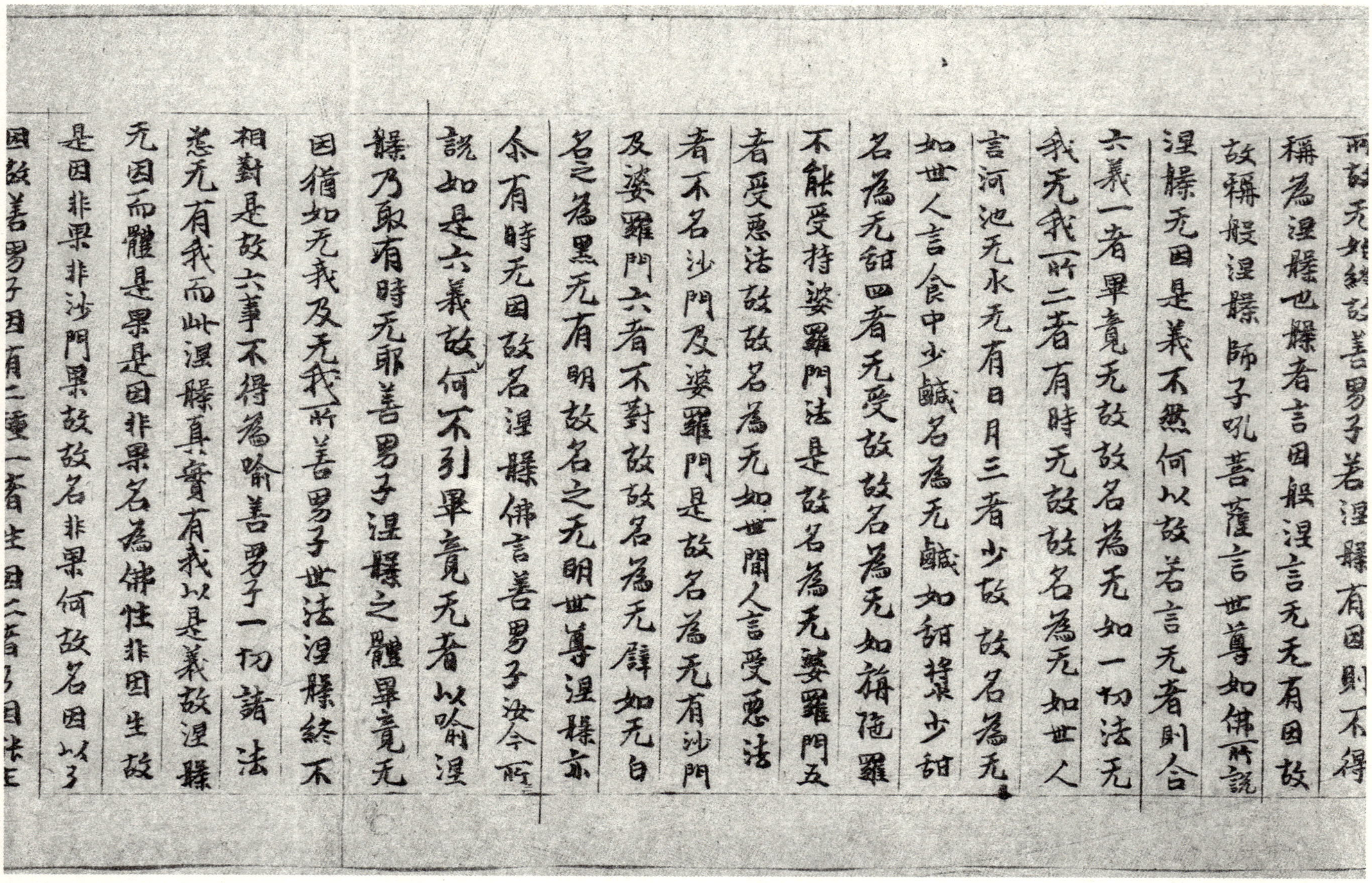

所故无始終故善男子若涅槃有因則不得
稱為涅槃也槃者言因般涅言无无有因故
故稱般涅槃師子吼菩薩言世尊如佛所說
涅槃无因是義不然何以故若言无者則合
六義一者畢竟无故故名為无如一切法无
我无我所二者有時无故故名為无如世人
言河池无水无有日月三者少故故名為无
如世人言食中少醎名為无醎如甜漿少甜
名為无甜四者无受故故名為无如旃陁羅
不能受持婆羅門法是故名為无婆羅門五
者受惡法故故名為无如世間人言受惡法
者不名沙門及婆羅門是故名為无有沙門
及婆羅門六者不對故故名為无譬如无白
名之為黑无有明故名之无明世尊涅槃亦
尒有時无因故名涅槃佛言善男子汝今所
說如是六義故何不引畢竟无者以喻涅
槃乃取有時无耶善男子涅槃之體畢竟无
因猶如无我及无我所善男子世法涅槃終不
相對是故六事不得為喻善男子一切諸法
悉无有我而此涅槃真實有我以是義故涅槃
无因而體是果是因非果名為佛性非因生故
是因非果非沙門果故故名非果何故名因以了
因故善男子因有二種一者生因二者了因

BD15235 號　大般涅槃經（北本　異本）卷二八　　（30–9）

因故善男子因有二種一者生因二者了因能生
法者是名生因燈能了物故名了因煩惱諸結是
名生因衆生父母是名了因如穀子等是名生因
地水糞等是名了因復有生因謂六波羅蜜阿耨多
羅三藐三菩提復有了因所謂佛性阿耨多羅三
藐三菩提復有了因謂六波羅蜜佛性復有生因
謂首楞嚴三昧阿耨多羅三藐三菩提復有了
因謂八正道阿耨多羅三藐三菩提復有生
因所謂信心六波羅蜜師子吼菩薩言世尊
如佛所說見於如来及以佛性是義云何世
尊如来之身无有相貌非長非短非白非黑
无有方所不在三界非有為相非眼識識云
何可見佛性亦亦佛言善男子佛身二種
一者常二者无常无常者為欲度脫一切衆
生方便示現是名眼見常者如来世尊解脫
之身亦名眼見亦名聞見佛性亦二種一者可
見二不可見可見者十住菩薩諸佛世尊
不可見者一切衆生眼見者謂十住菩薩諸
佛如来眼見衆生所有佛性聞見者一切衆
生十住菩薩聞有佛性如来之身復有二種
一者是色二者非色色者如来解脫非色者
如来永斷諸色相故佛性二種一者是色二
者非色色者阿耨多羅三藐三菩提非色者

BD15235號　大般涅槃經（北本　異本）卷二八　（30-10）

如来永斷諸色相故佛性二種一者是色二
者非色色者阿耨多羅三藐三菩提非色者
凡夫乃至十住菩薩十住菩薩見不了了故
名非色善男子佛性者復有二種一者是色
二者非色色者謂佛菩薩非色者一切衆生
色者名為眼見非色者名為聞見佛性者非
内非外雖非内外然非失壞故名衆生悉有
佛性師子吼菩薩言世尊如佛所說一切衆
生悉有佛性如乳中有酪金剛力士諸佛佛
性如清醍醐云何如来說言佛性非内非外
佛言善男子我亦不說乳中有酪酪從乳
生故言有酪世尊一切生法各有時節善男
子乳時无酪亦无生蘇熟蘇醍醐一切衆生
亦謂是乳是故我言乳中无酪如其有者何
故不得二種名字如人二能言金鍛師酪時无
乳生蘇熟蘇及以醍醐衆生亦謂是酪非乳
非生熟蘇及以醍醐乃至醍醐亦復如是善
男子因有二種一者正因二者緣因正因者
如乳生酪緣因者如煖酥等從乳而生故故言
乳中而有酪性師子吼菩薩言世尊若乳无
酪性角中亦无何故不從角中生耶善男子
角亦生酪何以故我亦說言緣因有二種一酵
二煖角性煖故亦能生酪師子吼言世尊若

BD15235號　大般涅槃經（北本　異本）卷二八　（30-11）

角亦生酪何以故我亦說言緣因有二種一酥
二煗角性煗故亦能生酪師子吼言世尊若
角能生酪求酪之人何故求乳而不取角佛
言善男子是故我說正因緣因師子吼菩
薩言若使乳中本無酪性今方有者乳中本
無菴摩羅樹何故不生二俱無故善男子乳
亦能生菴羅摩樹若以乳灌一夜之中增長
五尺以是義故我說二因善男子若一切法
一因生者可得難言乳中何故不能出生菴
摩羅樹善男子猶如四大為一切色而作因
緣然色各異差別不同以是義故乳中不生
菴摩羅樹世尊如佛所說有二種因正因緣
因眾生佛性為是何因善男子眾生佛性亦
二種因一者正因二者緣因正因者謂諸眾
生緣因者謂六波羅蜜師子吼言世尊我今
定知乳有酪性何以故我見世間求酪之人
唯取於乳終不取水是故當知乳有酪性善
男子如汝所問是義不然何以故譬如有人
欲見面像即便取刀師子吼言世尊以是義
故乳有酪性若刀無面像何故取刀佛言善
男子若此刀中定有面像何故顛倒豎則見
長橫則見闊若是自面何故見長若是他面
何得稱言是己面像若因己面見他面者何

長橫則見闊若是自面何故見長若是他面
何得稱言是己面像若因己面見他面者何
故不見驢馬面像師子吼言世尊眼光到彼
故見面長佛言善男子而此眼光實不到彼
何以故近遠一時俱得見故不見中間所有
物故善男子光若到彼而得見者一切眾生
悉見於火何故不燒如人遠見白物不應生
疑鵠耶幡耶人耶樹耶若光到者云何得見
水精中物淵中魚石若不到見何故得見水
精中物而不得見壁外之色是故若言眼光
到彼而見長者是義不然善男子如汝所言
乳有酪者何故賣乳之人但取乳價不責酪
直賣草馬者但取母價不責駒直善男子世
間之人無子息故是故娉婦婦若懷任不得
言女若言是女有兒性故故應娉者是義不
然何以故若有兒性亦應有孫若有孫者
則是兄弟何以故一腹生故是故我言女無兒
性若其乳中有酪性者何故一時不見五味
若樹子中有尼拘陁五丈質者何故一時不
見芽莖枝葉華菓形色之異善男子乳色時
異味異果異乃至醍醐亦復如是云何可說
乳有酪性善男子譬如有人明當服蘇今已
患臭若言乳中定有酪性亦復如是善男

乳有酪性善男子譬如有人眼當服藥今已
患臭若言乳中定有酪性亦復如是善男
子譬如有人有筆紙墨和合成字而是紙中
本无有字以本无故假緣而成若本有者何
須衆緣譬如青黃合成緣色當知是二本无
緣性若本有者何須合成善男子譬如衆生因
食得命而此食中實无有命若本有命未食
之時食應是命善男子一切諸法本无有性
以是義故我說是偈
本无今有　本有今无　三世有法　无有是處
善男子一切諸法因緣故生因緣故滅善男
子若諸衆生内有佛性者一切衆生應有佛
身如我今也衆生佛性不破不壞不牽不捉
不繫不縛如衆生中所有虛空一切衆生悉
悉有虛空无罣閡故各不自見有此虛空若
使衆生无虛空者則无去來行住坐卧不生不
長以是義故我經中說一切衆生有虛空界
虛空界者是名虛空衆生佛性亦復如是十
住菩薩少能見之如金剛珠善男子衆生佛
性諸佛境界非是聲聞緣覺所知一切衆生
不見佛性是故常為煩惱繫縛流轉生死見
佛性故諸結煩惱所不能繫解脫生死得大
涅槃師子吼菩薩言世尊一切衆生有佛性

涅槃師子吼菩薩言世尊一切衆生有佛性
性如乳中酪性若乳无酪性云何佛說有二
種因一者正因二者緣因緣因者一醪二煖
虛空无性故无緣因佛言善男子若使乳
中定有性者何須緣因師子吼菩薩言世尊
以有性故須緣因何以故欲明見故緣因者
即是了因世尊譬如闇中先有諸物為欲見
故以燈照了若本无者燈何所照如土中有
瓶故須人功水輪繩杖等而為了因如尼拘
陁子須地水糞而作了因乳中醪煖亦復如
是須作了因是故雖先有性要假了因然
後得見以是義故定知乳中先有酪性善男
子若使乳中定有酪性者即是了因若是了因
復何須了善男子若是了因性是了者常應
自了若自不了何能了他若言了因有二種
性一者自了二者了他是義不然何以故了
因一法云何有二若有二者乳應亦二若使
乳中无二相者云何了因而獨有二　師子吼言
世尊如世人言我共八人了因亦尒自了了
他佛言善男子了因若尒則非了因　何以
故數者能數自色他色故得言八而此色性
自无了相无了相故要須智性乃數自他是
故了因不能自了亦不了他善男子一切衆

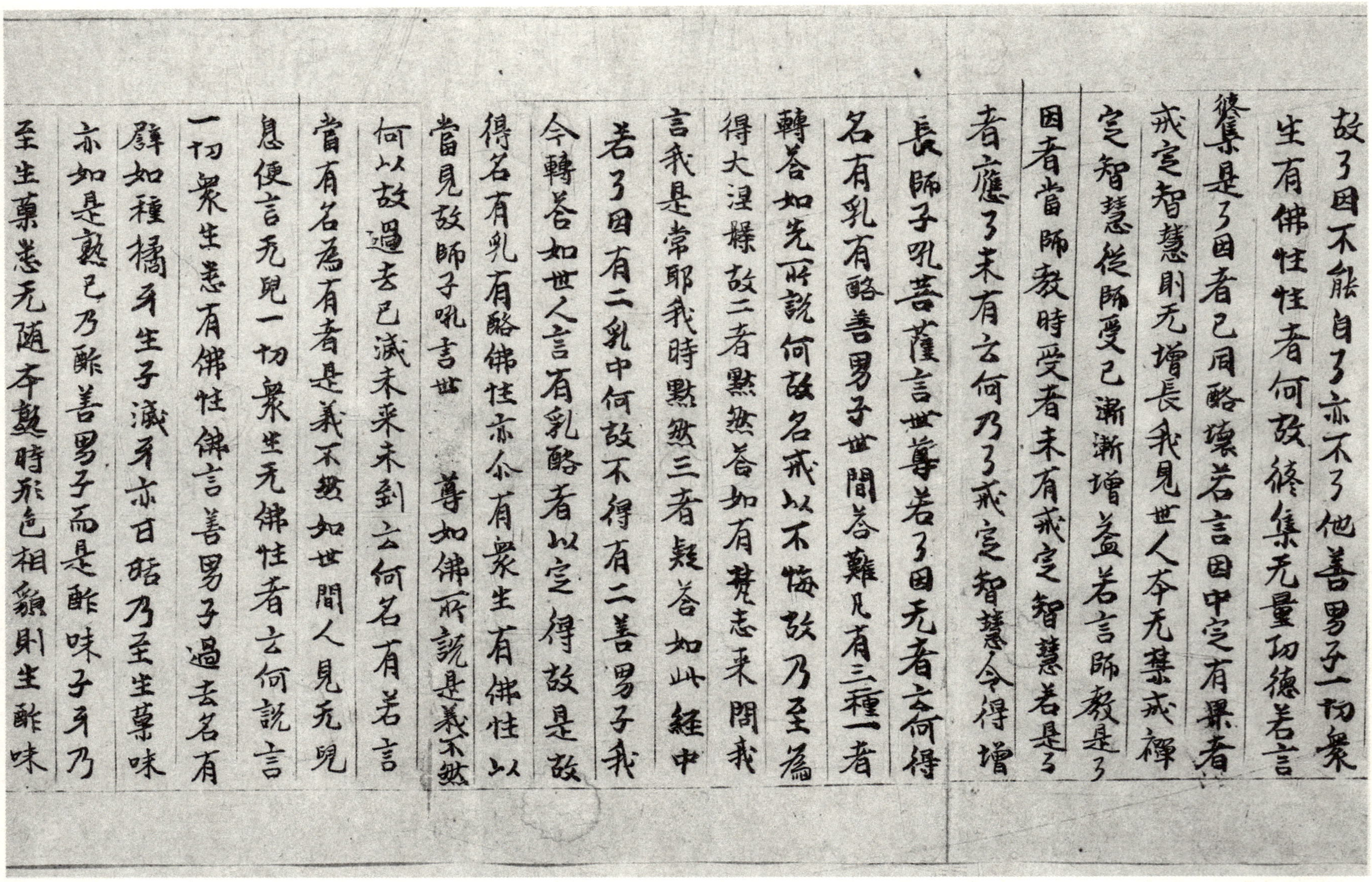
故了因不能自了亦不了他善男子一切衆
生有佛性性者何故脩集无量功德若言
脩集是了因者已同酪壞若言因中定有果者
戒定智慧則无增長我見世人夲无禁戒禪
定智慧從師受已漸漸增益若言師教是了
因者當師教時受者未有戒定智慧若是了
者應了未有云何乃了戒定智慧令得增
長師子吼菩薩言世尊若了因无者云何得
名有乳有酪善男子世間荅難凡有三種一者
轉荅如先所說何故名戒以不悔故乃至為
得大涅槃故二者默然荅如有梵志来問我
言我是常耶我時默然三者疑荅如此経中
若了因有二乳中何故不得有二善男子我
今轉荅如世人言有乳酪者以定得故是故
得名有乳有酪佛性亦尒有衆生有佛性以
當見故師子吼言世尊如佛所說是義不然
何以故過去已滅未来未到云何名有若言
當有名為有者是義不然如世間人見无兒
息便言无兒一切衆生无佛性者云何說言
一切衆生悉有佛性佛言善男子過去名有
譬如種橘牙生子滅牙亦甘甜乃至生菓味
亦如是熟已乃醋善男子而是醋味子牙乃
至生菓悉无随本熟時形色相貌則生醋味

BD15235 號　大般涅槃經（北本　異本）卷二八　（30–16）

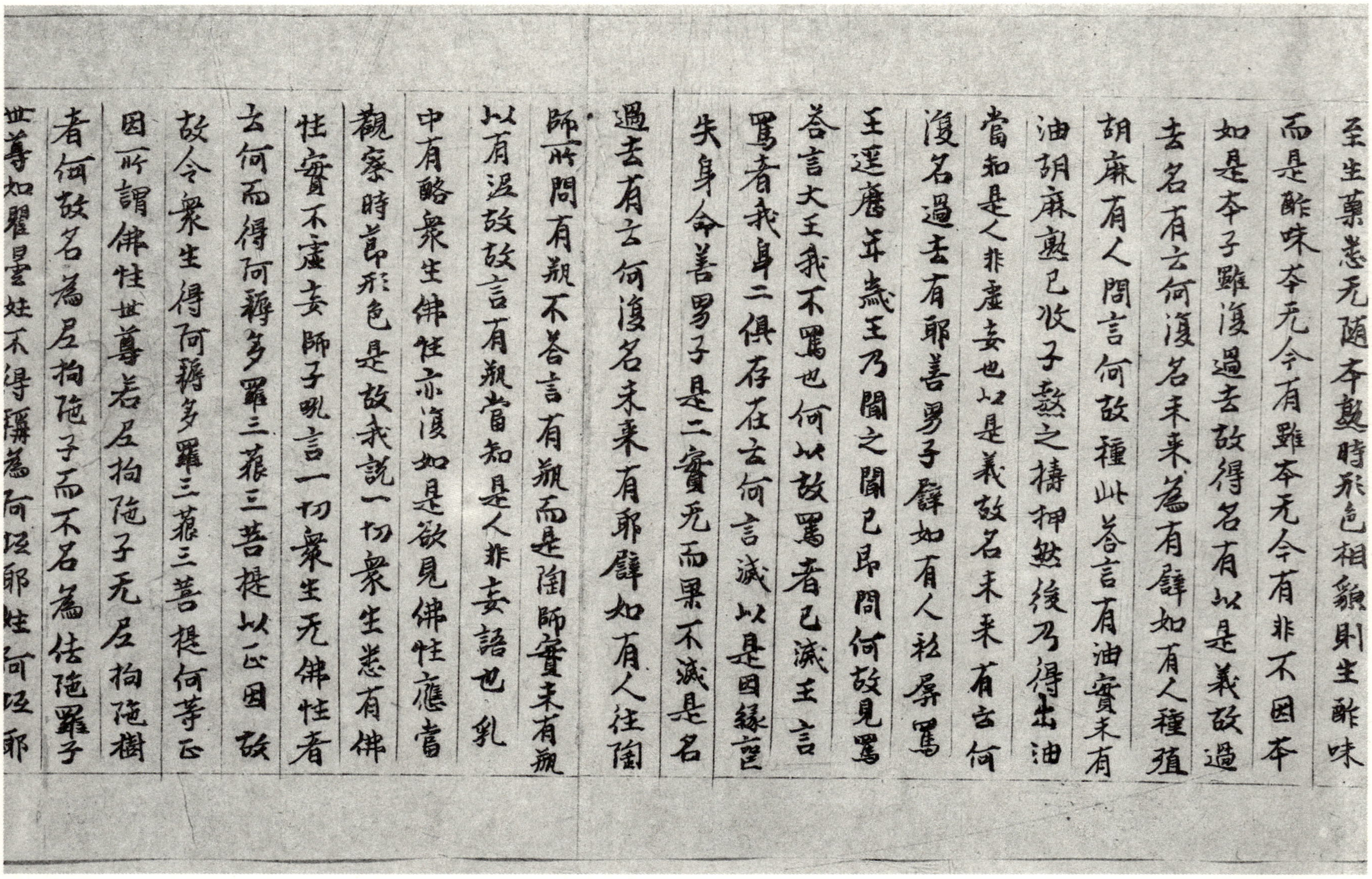
至生菓悉无随本熟時形色相貌則生醋味
而是醋味本无今有雖本无今有非不因本
如是本子雖復過去故得名有以是義故過
去名有云何復名未来為有譬如有人種殖
胡麻有人問言何故種此荅言有油實未有
油胡麻熟已收子熬之擣押然後乃得出油
當知是人非虗妄也以是義故名未来有云何
復名過去有耶善男子譬如有人私屏罵
王逕歷年歲王乃聞之聞已即問何故見罵
荅言大王我不罵也何以故罵者已滅王言
罵者我身二俱存在云何言滅以是因緣喪
失身命善男子是二實无而果不滅是名
過去有云何復名未来有耶譬如有人往陶
師所問有瓶不荅言有瓶而是陶師實未有瓶
以有泥故故言有瓶當知是人非妄語也乳
中有酪衆生佛性亦復如是欲見佛性應當
觀察時節形色是故我說一切衆生悉有佛
性實不虗妄師子吼言一切衆生无佛性者
云何而得阿耨多羅三藐三菩提以正因故
故令衆生得阿耨多羅三藐三菩提何等正
因所謂佛性世尊若尼拘陁子无尼拘陁樹
者何故名為尼拘陁子而不名為佉陁羅子
世尊如瞿曇姓不得稱為阿坻耶姓阿坻耶

BD15235 號　大般涅槃經（北本　異本）卷二八　（30–17）

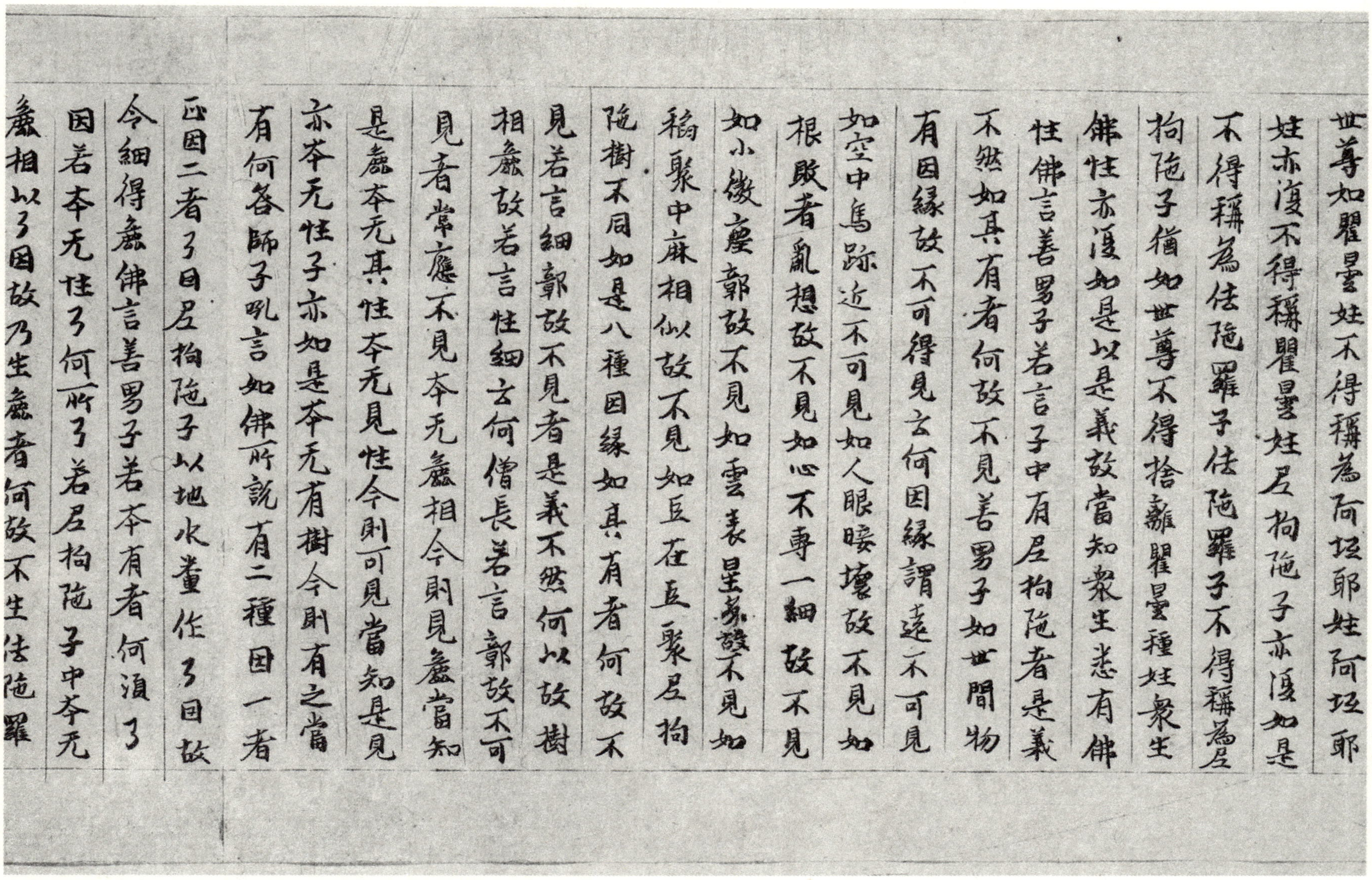

世尊如瞿曇姓不得稱為阿坻耶姓阿坻耶
姓亦復不得稱瞿曇姓尼拘陁子亦復如是
不得稱為佉陁羅子佉陁羅子不得稱為尼
拘陁子猶如世尊不得捨離瞿曇種姓衆生
佛性亦復如是以是義故當知衆生悉有佛
性佛言善男子若言子中有尼拘陁者是義
不然如其有者何故不見善男子如世間物
有因緣故不可得見云何因緣謂遠不可見
如空中鳥跡近不可見如人眼睫壞故不見如
根敗者亂想故不見如心不專一細故不見
如小微塵鄣故不見如雲表星多故不見如
稻聚中麻相似故不見如豆在豆聚尼拘
陁樹不同如是八種因緣如其有者何故不
見若言細鄣故不見者是義不然何以故樹
相麁故若言性細云何增長若言鄣故不可
見者常應不見本无麁相今則見麁當知
是麁本无其性本无見性今則可見當知是見
亦本无性子亦如是本无有樹今則有之當
有何咎師子吼言如佛所說有二種因一者
正因二者了因尼拘陁子以地水糞作了因故
令細得麁佛言善男子若本有者何須了
因若本无性了何所了若尼拘陁子中本无
麁相以了因故乃生麁者何故不生佉陁羅

BD15235號　大般涅槃經（北本　異本）卷二八　（30–18）

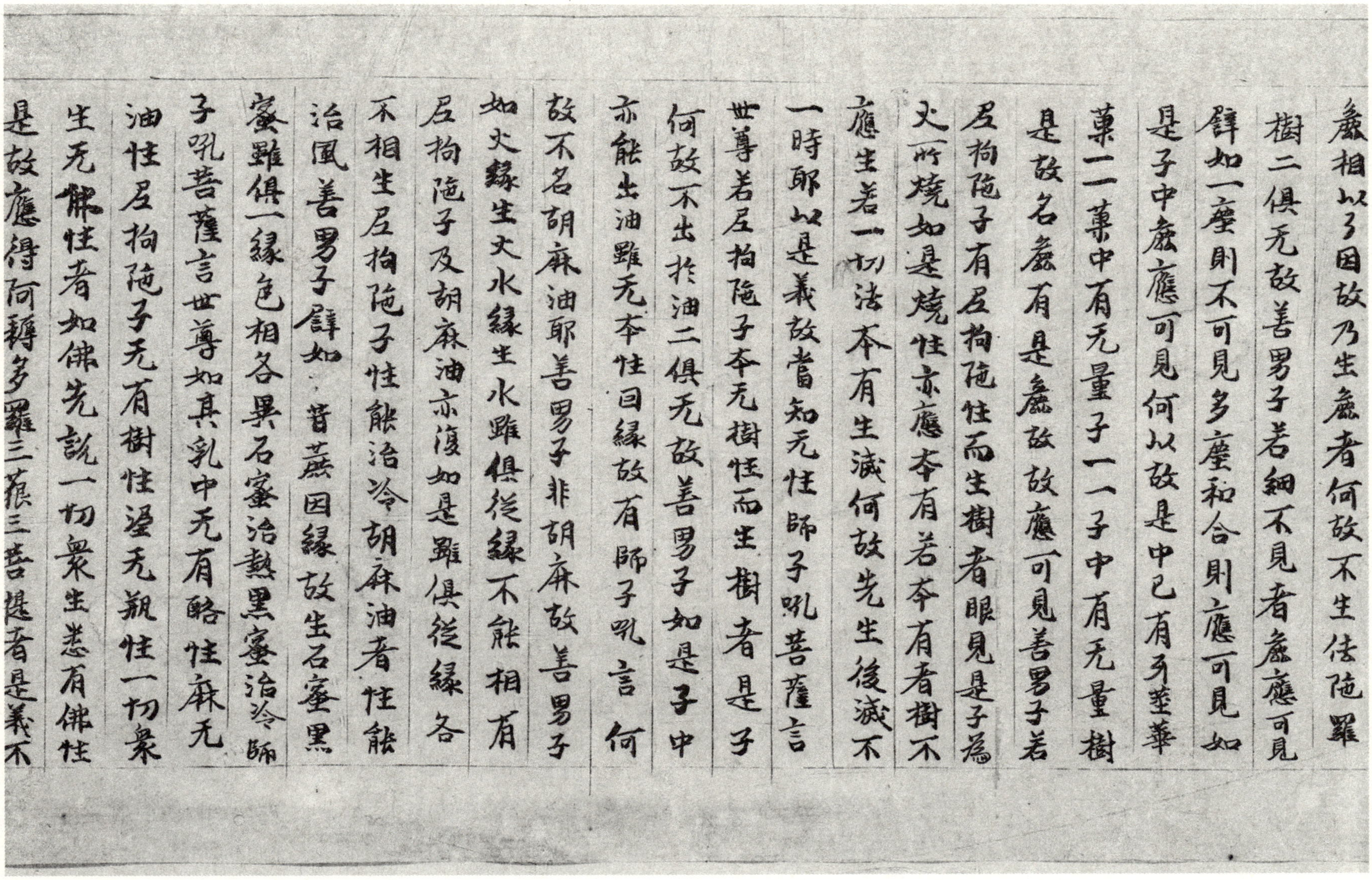

麁相以了因故乃生麁者何故不生佉陁羅
樹二俱无故善男子若細不見者麁應可見
譬如一塵則不可見多塵和合則應可見如
是子中麁應可見何以故是中已有牙莖華
葉一一葉中有无量子一一子中有无量樹
是故名麁有是麁故故應可見善男子若
尼拘陁子有尼拘陁性而生樹者眼見是子為
火所燒如是燒性亦應本有若本有者樹不
應生若一切法本有生滅何故先生後滅不
一時耶以是義故當知无性師子吼菩薩言
世尊若尼拘陁子本无樹性而生樹者是子
何故不出於油二俱无故善男子如是子中
亦能出油雖无本性因緣故有師子吼言何
故不名胡麻油耶善男子非胡麻故善男子
如火緣生火水緣生水雖俱從緣不能相有
尼拘陁子及胡麻油亦復如是雖俱從緣各
不相生尼拘陁子性能治冷胡麻油者性能
治風善男子譬如甘蔗因緣故生石蜜黑
蜜雖俱一緣色相各異石蜜治熱黑蜜治冷師
子吼菩薩言世尊如其乳中无有酪性麻无
油性尼拘陁子无有樹性泥无瓶性一切衆
生无佛性者如佛先說一切衆生悉有佛性
是故應得阿耨多羅三藐三菩提者是義不

BD15235號　大般涅槃經（北本　異本）卷二八　（30–19）

是故應得阿耨多羅三藐三菩提者是義不
然何以故人天无性以无性故人可作天天可
作人以業因緣不以性故菩薩摩訶薩以
業緣故得阿耨多羅三藐三菩提若諸衆生
有佛性者何因緣故一闡提等斷諸善根墮
於地獄若菩提心是佛性者一闡提等不應
能斷若可斷者云何得言佛性是常若非常
者不名佛性若諸衆生有佛性者何故名爲
初發心耶云何而言是毗跋致阿毗跋致毗跋
者致當知是无有佛性世尊菩薩摩訶
薩一心趣向阿耨多羅三藐三菩提大慈大
悲見生老死煩惱過患觀大涅槃无生老死
煩惱諸過信於三寶及業果報受持禁戒如
是等法名爲佛性若離是法有佛性者何須
是法而作因緣世尊如乳不假緣必當成酪
生蘇不尒要待因緣所謂人功水瓶攢繩衆
生亦尒有佛性者應離因緣得阿耨多羅
三藐三菩提若定有者行人何故見三惡苦生
老病死而生退心亦不須修六波羅蜜即應
得成阿耨多羅三藐三菩提如乳非緣而得
成酪然非不因六波羅蜜而得成於阿耨多
羅三藐三菩提以是義故當知衆生悉无佛
性如佛先說僧寶是常如其常者則非无常

BD15235 號　大般涅槃經（北本　異本）卷二八　（30–20）

羅三藐三菩提以是義故當知衆生悉无佛
性如佛先說僧寶是常如其常者則非无常
非无常者云何而得阿耨多羅三藐三菩提僧
若常者云何復言一切衆生悉有佛性世
尊若使衆生從本已來无菩提心亦无阿耨
多羅三藐三菩提心後方有者衆生佛性亦
應如本是无後有以是義故一切衆生應无
佛性佛言善哉善哉善男子汝已久知佛性
之義爲衆生故作如是問一切衆生實有佛
性汝言衆生若有佛性不應言有初發心者
善男子心非佛性何以故心是无常佛性常
故汝言何故有退心者實无退心心若有退
終不能得阿耨多羅三藐三菩提以遲得故
名之爲退此菩提心實非佛性何以故一闡
提等斷於善根墮地獄故若菩提心是佛性
者一闡提輩則不得名一闡提也菩提之心
亦不得名爲无常也是故定知菩提之心實
非佛性善男子汝言衆生若有佛性不應假
緣如乳成酪者是義不然何以故若言五緣
成於生蘇當知佛性亦復如是譬如衆石有
金有銀有銅有鐵俱稟四大一名一實而其
所出各各不同要假因緣衆生福德爐冶人
功然後出生是故當知本无金性衆生佛性

BD15235 號　大般涅槃經（北本　異本）卷二八　（30–21）

功然後出生是故當知本无金性衆生佛性
不名為佛以諸功德因緣和合得見佛性 然
後得佛汝言衆生悉有佛性何故不見者是
義不然何以故以諸因緣未和合故善男子以
是義故我說二因正因緣因正因者名為佛
性緣因者發菩提心以二因緣得成阿耨
多羅三藐三菩提如石出金善男子汝言僧
常一切衆生无佛性者善男子僧名和合和
合有二一者世和合二者第一義和合世和
者名聲聞僧義和合者名菩薩僧世僧无常
佛性是常如佛性常義僧亦尒復次有僧
謂法和合法和合者謂十二部經十二部經
常是故我說法僧是常善男子僧名和合
和合者名十二因緣十二因緣中亦有佛性十
二因緣常佛性亦尒是故我說僧有佛性又
復僧者謂諸佛和合是故我說僧有佛性善
男子汝言衆生若有佛性云何有退有不退
者諦聽諦聽我當為汝分別解說善男子菩
薩摩訶薩有十三法則便退轉何等十三一
者心不信二者不作心三者疑心四者悋惜
身財五者於涅槃中生大怖畏云何乃令衆
生永滅六者心不堪忍七者心不調柔八者
愁惱九者不樂十者放逸十一者自輕己身

BD15235號　大般涅槃經（北本　異本）卷二八　（30–22）

愁惱九者不樂十者放逸十一者自輕己身
十二者自見煩惱无能壞者十三者不樂進
趣菩提之法善男子是名十三法令諸菩薩
退菩提心復有六法壞菩提心何等為六一
者悋法二者於諸衆生起不善心三者親近
惡友四者不勤精進五者自大憍慢六者營
務世業如是六法則能破壞菩提之心善男
子有人得聞諸佛世尊是人天師於衆生中
最上无比勝於聲聞辟支佛等法眼明了見
法无閡能度衆生於大苦海聞已即復發大
誓願如其世間有如是人我亦當得以是因
緣發阿耨多羅三藐三菩提心或復為他之
所教誨發菩提心或聞菩薩阿僧祇劫修行
苦行然後乃得阿耨多羅三藐三菩提聞已
思惟我今不堪如是苦行云何能得是故
有退善男子復有五法退菩提心何等為五一
者樂在外道出家二者不修大慈之心三者好
求法師過罪四者常樂處在生死五者不喜
受持讀誦書寫解脫十二部經是名五法
退菩提心復有二法退菩提心何等為二一
者貪樂五欲二者不能恭敬尊重三寶以如
是等衆因緣故退菩提心云何復名不退之
心有人聞佛能度衆生生老病死不從師諮

BD15235號　大般涅槃經（北本　異本）卷二八　（30–23）

心有人聞佛能度衆生生老病死不從師諮
自然修集得阿耨多羅三藐三菩提若菩提
道是可得者我當修集必令得之以是因緣
發菩提心所作功德若多若少悉以迴向阿
耨多羅三藐三菩提作是誓願願我常得親
近諸佛及佛弟子常聞深法五情完具若遇
苦難不失是心復願諸佛及諸弟子常於我
所生歡喜心具五善根若諸衆生斫伐我身
斬截手足頭目支節當於是人生大慈心深
自欣慶如是諸人為我增長菩提因緣若
无是者我當何緣而得成就阿耨多羅三藐
三菩提復發是願莫令我得无根二根女人之
身不繫屬人不遭惡主不屬惡王不生惡國若
得好身種姓真正多饒財寶不生憍慢令
我常聞十二部經受持讀誦書寫解說若為
衆生有所演說願令受者敬信无礙常於我
所不生惡心寧當少聞多解義味不願多聞
於義不了願作心師不師於心身口意業不
與惡交能施一切衆生安樂身戒心慧不動
如山為欲受持无上正法於身命財不生慳
悋不淨之物不為福業正命自活心无邪諂
受恩常念小恩大報善知世中所有事藝善
解衆生方俗之言讀誦書寫十二部經不生

BD15235號　大般涅槃經（北本　異本）卷二八　（30–24）

解衆生方俗之言讀誦書寫十二部經不生
懈怠懶墮之心若諸衆生不樂聽聞方便
引接令彼樂聞言常柔濡口不宣惡不和合
衆能令和合有憂怖者令離憂怖飢饉之世
令得豐足疫病之世作大醫王病藥所須財寶
自在令疾病者悉得除愈刀兵之劫有大力
勢斷其殘害令无遺餘能斷衆生種種怖畏
所謂死畏閉繫打擲水火王賊貧窮破戒惡
名惡道如是等畏悉當斷之父母師長深生
恭敬怨憎之中生大慈心常修六念空三昧
門十二因緣生滅等觀出息入息天行梵行
及以聖行金剛三昧首楞嚴定无三寶處令
我自得寂靜之心若其身心受大苦時莫失
无上菩提之心莫以聲聞辟支佛心而生知足
无三寶處常在外道法中出家為破邪見不
習其道得法自在得心自在於有為法了了
見過令我怖畏二乘道果如惜命者怖畏
捨身為衆生故樂處三惡如諸衆生樂忉利
天為一一人於无量劫受地獄苦心不生悔見
他得利不生妬心常生歡喜如自得樂若值
三寶當以衣服飲食卧具房舍醫藥燈明華
香妓樂幡蓋七寶供養若受佛戒堅固護
持終不生於毀犯之想若聞菩薩難行苦行

BD15235號　大般涅槃經（北本　異本）卷二八　（30–25）

香妓樂幡蓋七寶供養若受佛戒堅固護
持終不生於毀犯之想若聞菩薩難行苦行
其心歡喜不生悔恨自識往世宿命之事終
不造作貪瞋癡業不為果報而集因緣於現
在樂不生貪著善男子若有能發如是願
者是名菩薩終不退失菩提之心亦名施主能
見如来明了佛性能調衆生度脫生死善能
護持无上正法能得具足六波羅蜜善男子
以是義故不退之心不名佛性善男子汝不
可以有退心故言諸衆生无有佛性譬如二
人俱聞他方有七寶山山有清泉其味甘
美有能到者永斷貧窮服其水者增壽万
歲唯路懸遠險阻多難時彼二人俱欲共往一
人莊嚴種種行具一則空往无所賫持相與
前進路值一人多賫寶貨七珎具足二人便
前問言仁者彼土實有七寶山耶其人荅言
實有不虛我已獲寶飲服其水唯患路險多
有盜賊沙鹵蕀刺之於水草往者千万達者
甚少聞是事已一人即悔尋作是言路既懸
遠艱難非一往者无量達者无幾而我云何
當能到彼我今產業粗自供足若涉斯路或
失身命身命不全長壽安在一人復言有人
能過我亦當過若得果達則得如願採取珎

BD15235 號　大般涅槃經（北本　異本）卷二八　（30–26）

失身命身命不全長壽安在一人復言有人
能過我亦當過若得果達則得如願採取珎
寶飲服甘水如其不達以死為期是時二人
一則悔還一則前進到彼山所多獲財寶如
願服水多賫所有還其所止奉養父母賑給
宗親時悔還者見其事已心復生熱彼去已
還我何為住即便莊嚴涉路而去七寶山者
喻大涅槃甘味之水喻於佛性其二人者喻
二菩薩初發道心者險惡道者喻於生死所
逢人者喻佛世尊有盜賊者喻於四魔沙鹵
蕀刺喻諸煩惱无水草者喻不修集菩提
之道一人還者喻退轉菩薩其直往者喻不
退菩薩善男子衆生佛性常住不變猶彼險
道不可說言人悔還故令道无常佛性亦尒善
男子菩提道中終无退者善男子如向悔者
見其先伴獲寶而還勢力自在供養父母給
足宗親多受安樂見是事已心中生熱即復
莊嚴復道還去不惜身命堪忍衆難遂便到
彼七寶山中退轉菩薩亦復如是善男子一
切衆生定當得成阿耨多羅三藐三菩提以
是義故我經中說一切衆生乃至五逆犯四重
禁及一闡提悉有佛性師子吼言世尊云何
菩薩有退不退善男子若有菩薩修集如来

BD15235 號　大般涅槃經（北本　異本）卷二八　（30–27）

槃及一闡提悉有佛性師子吼言世尊云何
菩薩有退不退善男子若有菩薩修集如来
三十二相業因緣者得名不退得名菩薩摩
訶薩也名不動轉名爲憐愍一切衆生名勝
一切聲聞緣覺名阿毗跋致善男子若菩薩
摩訶薩持戒不動施心不移安住實語如須
彌山以是業緣得足下平如奩底相若菩薩
摩訶薩於父母所和上師長乃至畜生以如
法財供養供給以是業緣得成足下千輻輪
相若菩薩摩訶薩不煞不盜於父母師長
常生歡喜以是業緣得成三相一者手指纖
長二者足跟長三者其身方直如是三相同
一業緣若菩薩摩訶薩修四攝法攝取衆生
以是業緣得網縵指如白鵞王若菩薩摩訶
薩父母師長若病苦時自手洗拭捉持按摩
以是業緣得手足濡若菩薩摩訶薩持戒聞
法惠施无厭以是業緣得節踝𦟛滿身毛上
靡若菩薩摩訶薩專心聽法演說正教以是
業緣得鹿王腨若菩薩摩訶薩於諸衆生不
生害心飲食知足常樂惠施瞻病給藥以是
業緣具身圓滿如尼拘陁樹立手過膝頂有
肉髻无見頂相若菩薩摩訶薩見怖畏者爲
作救護見裸跣者施與衣服以是業緣得陰

BD15235號　大般涅槃經（北本　異本）卷二八　　（30–28）

肉髻无見頂相若菩薩摩訶薩見怖畏者爲
作救護見裸跣者施與衣服以是業緣得陰
藏相若菩薩摩訶薩親近智者遠離愚人
善喜問答掃治行路以是業緣得皮膚細濡
身毛右旋若菩薩摩訶薩常以衣服飲食卧
具醫藥香華燈明施人以是業緣得身金色常
光明曜若菩薩摩訶薩行施之時所珎之物
能捨不悋不觀福田及非福田以是業緣得
七處滿相若菩薩摩訶薩布施之時心不生
疑以是業緣得柔濡聲若菩薩摩訶薩如法
求財以用布施以是業緣得𩩲骨充滿師子
上身臂肘傭纖若菩薩摩訶薩遠離兩舌惡
口恚心以是業緣得四十齒白淨齊密若菩
薩摩訶薩於諸衆生修大慈悲以是業緣得
二牙相若菩薩摩訶薩常作是願有来求者
隨意給與以是業緣得師子頰若菩薩摩訶
薩隨諸衆生所須之食悉皆與之以是業緣
得味中上味若菩薩摩訶薩自修十善兼以
化人以是業緣得廣長舌若菩薩摩訶薩不訟彼
短不謗正法以是業緣得梵音聲若菩薩
摩訶薩見諸怨憎生於喜心以是業緣得
目睫紺色若菩薩摩訶薩不隱他德稱揚其
善以是業緣得白毫相善男子若菩薩摩訶

BD15235號　大般涅槃經（北本　異本）卷二八　　（30–29）

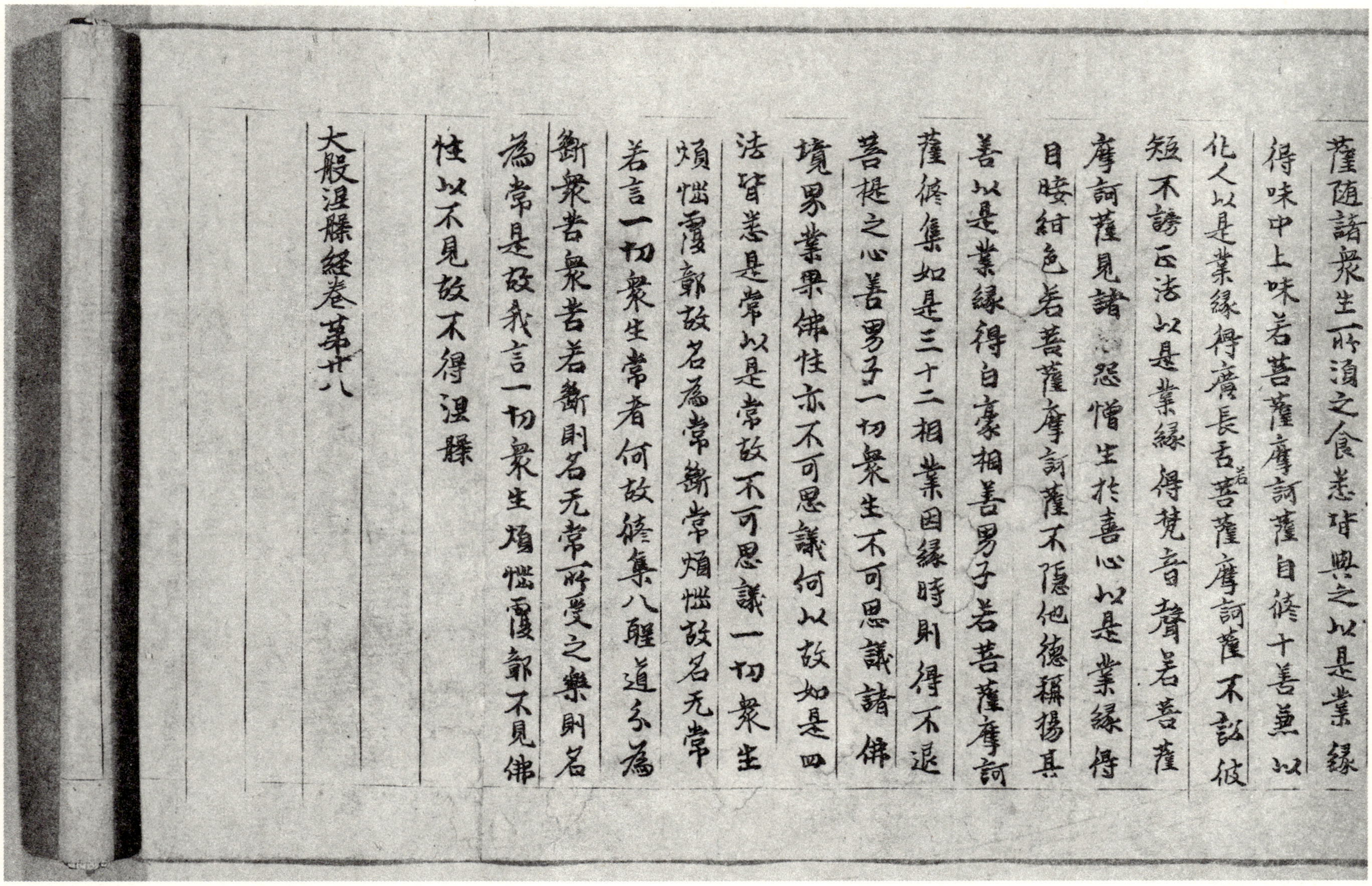

薩隨諸衆生所須之食悉皆與之以是業緣
得味中上味若菩薩摩訶薩自修十善兼以
化人以是業緣得廣長舌若菩薩摩訶薩不訟彼
短不謗正法以是業緣得梵音聲若菩薩
摩訶薩見諸怨憎生於善心以是業緣得
目睫紺色若菩薩摩訶薩不隱他德稱揚其
善以是業緣得白毫相善男子若菩薩摩訶
薩修集如是三十二相業因緣時則得不退
菩提之心善男子一切衆生不可思議諸佛
境界業果佛性亦不可思議何以故如是四
法皆悉是常以是常故不可思議一切衆生
煩惱覆鄣故名為常斷常煩惱故名无常
若言一切衆生常者何故修集八聖道分為
斷衆苦衆苦若斷則名无常所受之樂則名
為常是故我言一切衆生煩惱覆鄣不見佛
性以不見故不得涅槃

大般涅槃經卷第廿八

BD15235 號　大般涅槃經（北本　異本）卷二八　　（30–30）

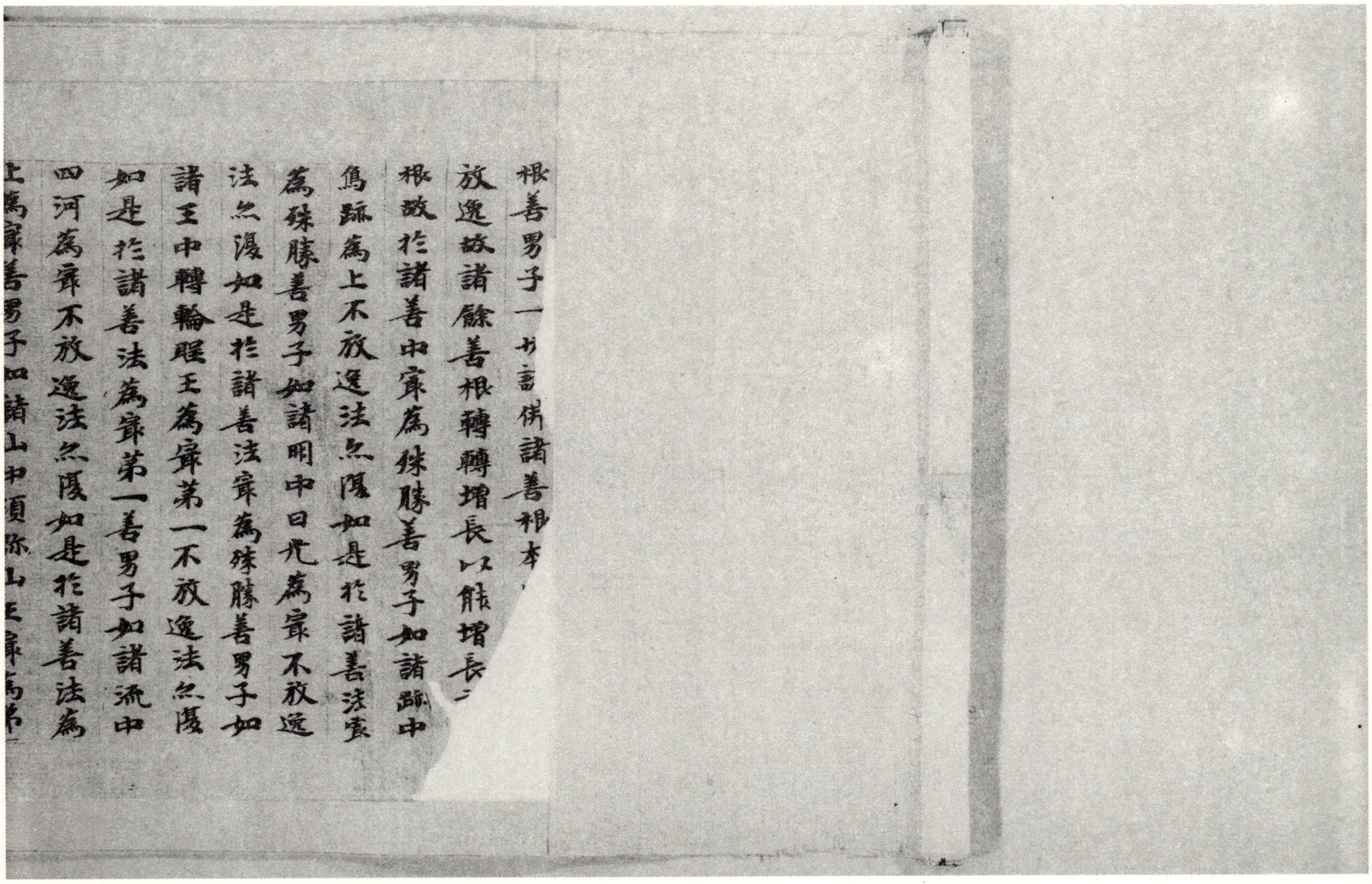

根善男子一切諸佛諸善根本
放逸放逸故諸餘善根轉轉增長以能增長
根故於諸善中最為殊勝善男子如諸跡中
象跡為上不放逸法亦復如是於諸善法最
為殊勝善男子如諸明中日光為最不放逸
法亦復如是於諸善法最為殊勝善男子如
諸王中轉輪聖王為最第一不放逸法亦復
如是於諸善法為最第一善男子如諸流中
四河為最不放逸法亦復如是於諸善法為
上為最善男子如諸山中須彌山王為最第

BD15236 號 A　大般涅槃經（北本）卷二四　　（15–1）

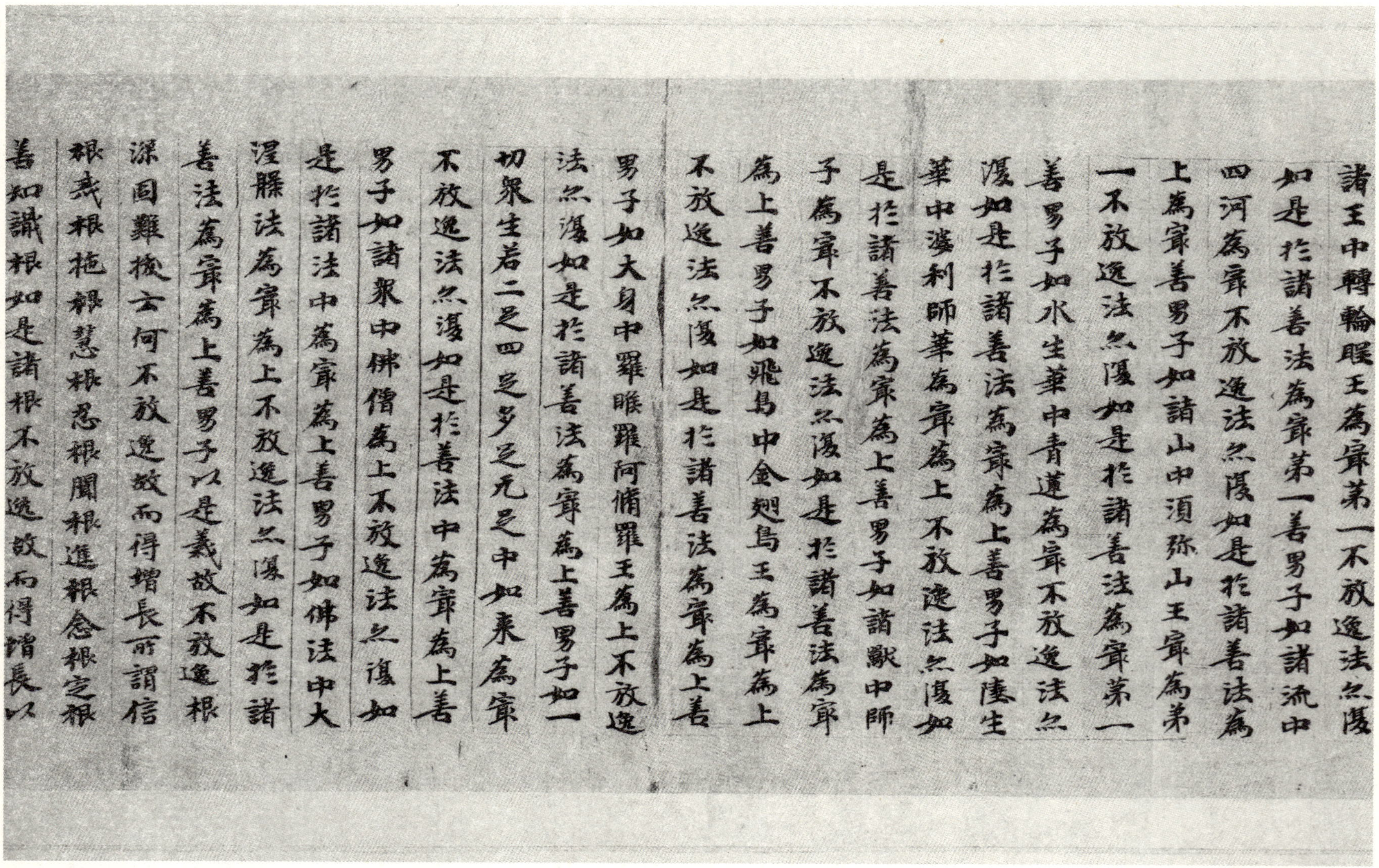
諸王中轉輪聖王為最第一不放逸法亦復
如是於諸善法為最第一善男子如諸流中
四河為最不放逸法亦復如是於諸善法為
上為最善男子如諸山中須弥山王最為第
一不放逸法亦復如是於諸善法為最第一
善男子如水生華中青蓮為最不放逸法亦
復如是於諸善法為最為上善男子如陸生
華中婆利師華為最為上不放逸法亦復如
是於諸善法為最為上善男子如諸獸中師
子為最不放逸法亦復如是於諸善法為最
為上善男子如飛鳥中金翅鳥王為最為上
不放逸法亦復如是於諸善法為最為上善
男子如大身中羅睺羅阿脩羅王為上不放逸
法亦復如是於諸善法為最為上善男子如一
切衆生若二足四足多足无足中如來為最
不放逸法亦復如是於善法中為最為上善
男子如諸衆中佛僧為上不放逸法亦復如
是於諸法中為最為上善男子如佛法中大
涅槃法為最為上不放逸法亦復如是於諸
善法為最為上善男子以是義故不放逸根
深固難拔云何不放逸故而得增長所謂信
根戒根施根慧根忍根聞根進根念根定根
善知識根如是諸根不放逸故而得增長以

BD15236 號 A　大般涅槃經（北本）卷二四　　（15–2）

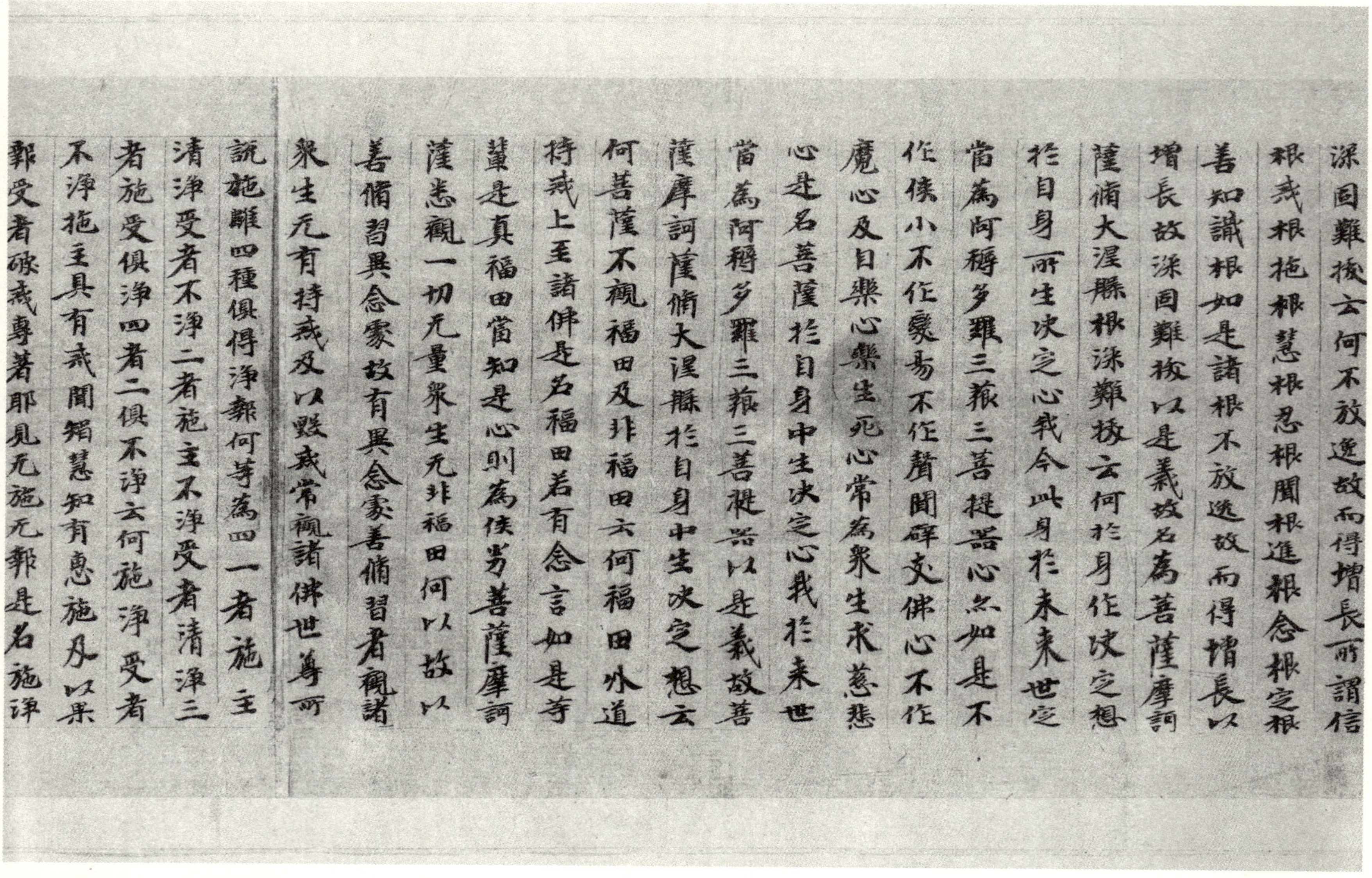
深固難拔云何不放逸故而得增長所謂信
根戒根施根慧根忍根聞根進根念根定根
善知識根如是諸根不放逸故而得增長以
增長故深固難拔以是義故名為菩薩摩訶
薩脩大涅槃根深難拔云何於身作決定想
於自身所生決定心我今此身於未來世定
當為阿耨多羅三藐三菩提器心亦如是不
作俠小不作變易不作聲聞辟支佛心不作
魔心及自樂心樂生死心常為衆生求慈悲
心是名菩薩於自身中生決定心我於來世
當為阿耨多羅三藐三菩提器以是義故菩
薩摩訶薩脩大涅槃於自身中生決定想云
何菩薩不觀福田及非福田云何福田外道
持戒上至諸佛是名福田若有念言如是等
輩是真福田當知是心則為俠劣菩薩摩訶
薩悲觀一切无量衆生无非福田何以故以
善脩習異念處故有異念處善脩習者觀諸
衆生无有持戒及以毀戒常觀諸佛世尊所
說施離四種俱得淨報何等為四一者施主
清淨受者不淨二者施主不淨受者清淨三
者施受俱淨四者二俱不淨云何施淨受者
不淨施主具有戒聞智慧知有惠施及以果
報受者破戒專著邪見无施无報是名施淨

BD15236 號 A　大般涅槃經（北本）卷二四　　（15–3）

者施受俱淨四者二俱不淨云何施淨受者
不淨施主具有戒聞智慧知有惠施及以果
報受者破戒專著耶見无施无報是名施淨
受者不淨云何名為受者清淨施主不淨施
主破戒專著耶見言无惠施及以果報受者
持戒多聞智慧知有惠施及施果報是名施
主不淨受者清淨云何名為施受俱淨施者
受者俱有持戒多聞智慧知有惠施及施果
報是名施受二俱清淨云何名為二俱不淨
施者受者破戒耶見言无有施及施果報若
如是者云何復言得淨果報以无施无報故
名為淨善男子若有不見施及施報當知是
人不名破戒專著耶見若依聲聞言不見施
及施果報是則名為破戒耶見若依如是大
涅槃經不見惠施及施果報是則名為持戒
正見菩薩摩訶薩有異念處以脩習故不見
衆生持戒破戒施者受者及施果報是故得
名持戒正見以是義故菩薩摩訶薩不觀福
田及非福田云何名為淨佛國土菩薩摩訶
薩脩大涅槃微妙經典為阿耨多羅三藐三
菩提度衆生故離煞害心以此善根願与一
切衆生共之願諸衆生得壽命長有大勢力
獲大神通以是誓願因緣力故於未來世成
佛之時國土所有一切衆生得壽命長有大
勢力獲大神通復次善男子菩薩摩訶薩脩

BD15236號A　大般涅槃經（北本）卷二四　（15-4）

佛之時國土所有一切衆生得壽命長有大
勢力獲大神通復次善男子菩薩摩訶薩脩
大涅槃微妙經典為阿耨多羅三藐三菩提
度衆生故離偷盜心以此善根願与一切衆
生共之願諸佛國土地所有純是七寶衆生
富足所欲自恣以此誓願因緣力故於未來
世成佛之時所得國土純是七寶衆生富足
所欲自恣復次善男子菩薩摩訶薩脩大涅
槃微妙經典為阿耨多羅三藐三菩提度衆
生故離婬欲心以此善根願与一切衆生共
之願諸佛土所有衆生无有貪欲瞋恚癡心
然无飢渴苦惱之者以是誓願因緣力故於
未來世成佛之時國土衆生遠離貪婬瞋恚
癡心一切无有飢渴苦惱復次善男子菩薩
摩訶薩脩大涅槃微妙經典為阿耨多羅三
藐三菩提度衆生故離妄語心以此善根願
与一切衆生共之願諸佛土常有華樹菓樹
香樹所有衆生得妙音聲以是誓願因緣力
故於未來世成佛之時所有國土常有華樹
菓樹香樹其中衆生悉得清淨上妙音聲復
次善男子菩薩摩訶薩脩大涅槃微妙經典
為阿耨多羅三藐三菩提度衆生故遠離兩
舌以此善根願与一切衆生共之願諸佛土
所有衆生常共和合講説正法以是誓願因
緣力故成佛之時國土所有一切衆生悉共

BD15236號A　大般涅槃經（北本）卷二四　（15-5）

舌以此善根願与一切眾生共之願諸佛土
所有眾生常共和合講說正法以是誓願因
緣力故成佛之時國土所有一切眾生悉共
和合講論法要復次善男子菩薩摩訶薩脩
大涅槃微妙經典為阿耨多羅三藐三菩提
度眾生故遠離惡口以此善根願与一切眾
生共之願諸佛土地平如掌无有沙礫凡石
之屬荊蕀惡刺所有眾生其心平等以是誓
願因緣力故於未來世成佛之時所得國土
地平如掌无有沙礫荊蕀惡刺所有眾生其
心平等復次善男子菩薩摩訶薩脩大涅槃
微妙經典為阿耨多羅三藐三菩提度眾生
故離无義語以此善根願与一切眾生共之
願諸佛土所有眾生无有苦惱以是誓願
因緣力故於未來世成佛之時國土所有一
切眾生无有苦惱復次善男子菩薩摩訶薩
脩大涅槃微妙經典為阿耨多羅三藐三菩
提度眾生故遠離貪嫉以此善根願与一切眾
生共之願諸佛土一切眾生无有貪嫉惱害
邪見以是誓願因緣力故於未來世成佛之
時國土所有一切眾生悉无貪嫉惱害邪見
復次善男子菩薩摩訶薩脩大涅槃微妙經
典為阿耨多羅三藐三菩提度眾生故遠離
惱害以此善根願与一切眾生共之願諸佛
土所有眾生悉共脩習大慈大悲得一子地

BD15236號A　大般涅槃經（北本）卷二四　（15–6）

典為阿耨多羅三藐三菩提度眾生故遠離
惱害以此善根願与一切眾生共之願諸佛
土所有眾生悉共脩習大慈大悲得一子地
以是誓願因緣力故於未來世成佛之時世
界所有一切眾生悉共脩習大慈大悲得一子
地復次善男子菩薩摩訶薩脩大涅槃微妙
經典為阿耨多羅三藐三菩提度眾生故遠
離邪見以此善根願与一切眾生共之願諸
佛土所有眾生悉得摩訶般若波羅蜜以是
誓願因緣力故於未來世成佛之時世界眾
生悉得受持摩訶波若波羅蜜是名菩薩脩
淨佛土云何菩薩摩訶薩滅除有餘有餘有
三一者煩惱餘報二者餘業三者餘有善男
子云何名為煩惱餘報若有眾生習近貪欲
是報熟故墮於地獄從地獄出受畜生身所
謂鴿雀鴛鴦鸚鵡耆婆耆婆舍利伽鳥青雀
魚鼈獼猴獐鹿若得人身受黃門形女人二
根无根婬女若得出家犯初重戒是名餘報
復次善男子若有眾生以懸重心習近瞋恚
是報熟故墮於地獄從地獄出受畜生身所
謂毒蛇具四種毒見毒觸毒齧毒嚙毒師子
虎狼熊羆猫狸鷹鷂之屬若得人身具足十
二諸惡律儀若得出家犯第二重戒是名餘
報復次善男子若有脩習愚癡之人是報熟
時墮於地獄從地獄出受畜生身所謂象猪

BD15236號A　大般涅槃經（北本）卷二四　（15–7）

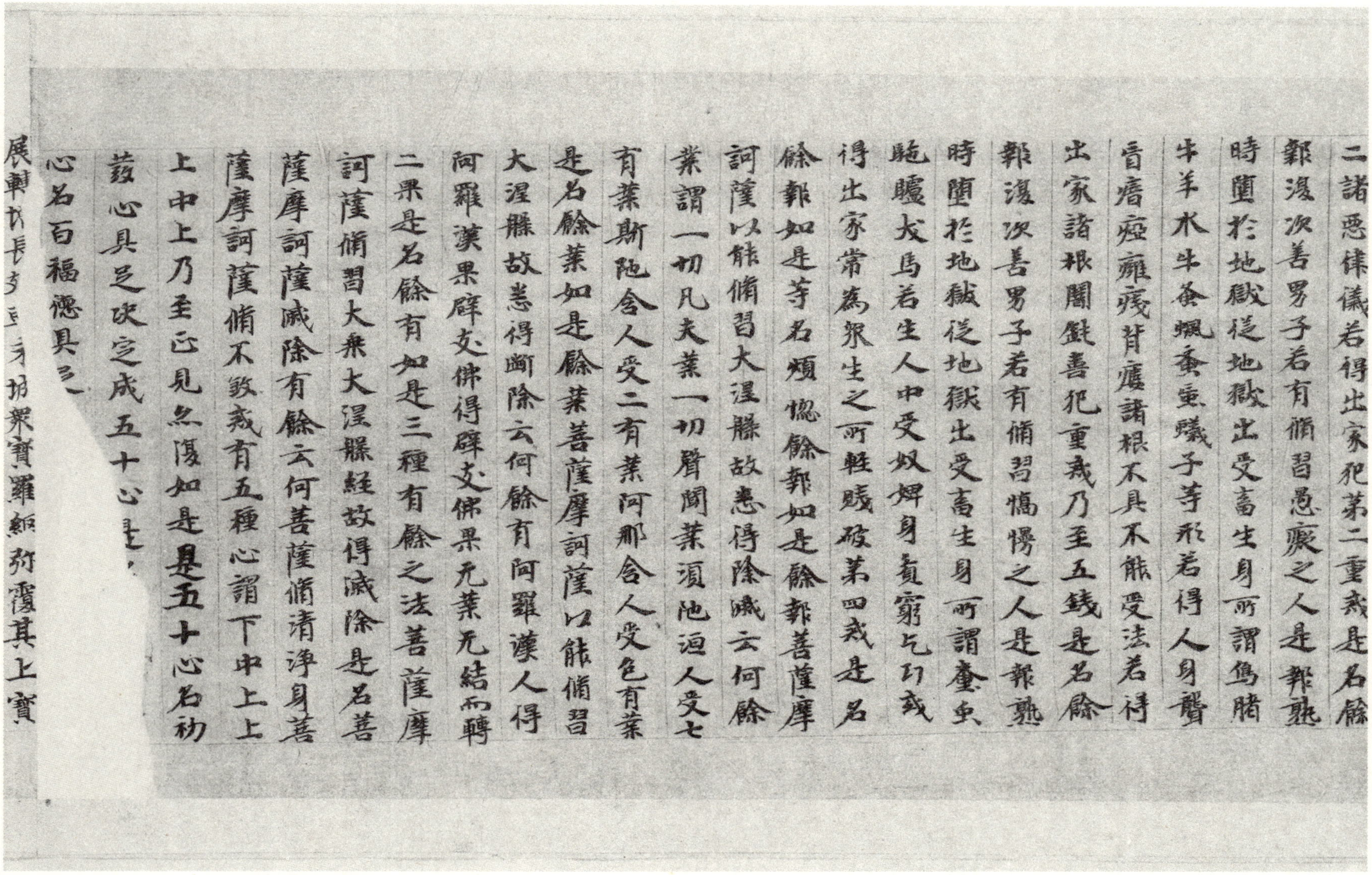

二諸惡律儀若得出家犯第二重戒是名餘
報復次善男子若有脩習愚癡之人是報熟
時墮於地獄從地獄出受畜生身所謂象豬
牛羊水牛蚤虱蚊虻蟻子等形若得人身聾
盲瘖瘂癃殘背僂諸根不具不能受法若得
出家諸根闇鈍善犯重戒乃至五錢是名餘
報復次善男子若有脩習憍慢之人是報熟
時墮於地獄從地獄出受畜生身所謂糞虫
駝驢犬馬若生人中受奴婢身貧窮乞匃或
得出家常為衆生之所輕賤破第四戒是名
餘報如是等名煩惱餘報如是餘報菩薩摩
訶薩以能脩習大涅槃故悉得除滅云何餘
業謂一切凡夫業一切聲聞業須陁洹人受七
有業斯陁含人受二有業阿那含人受色有業
是名餘業如是餘業菩薩摩訶薩以能脩習
大涅槃故悉得斷除云何餘有阿羅漢人得
阿羅漢果辟支佛得辟支佛果无業无結而轉
二果是名餘有如是三種有餘之法菩薩摩
訶薩脩習大乘大涅槃經故得滅除是名菩
薩摩訶薩滅除有餘云何菩薩脩清淨身菩
薩摩訶薩脩不殺戒有五種心謂下中上上
上中上乃至正見亦復如是是五十心名初
發心具足決定成五十心是
心名百福德具足一
展轉於長[illegible]切衆寶羅網彌覆其上寶

BD15236 號 A　大般涅槃經（北本）卷二四　（15–8）

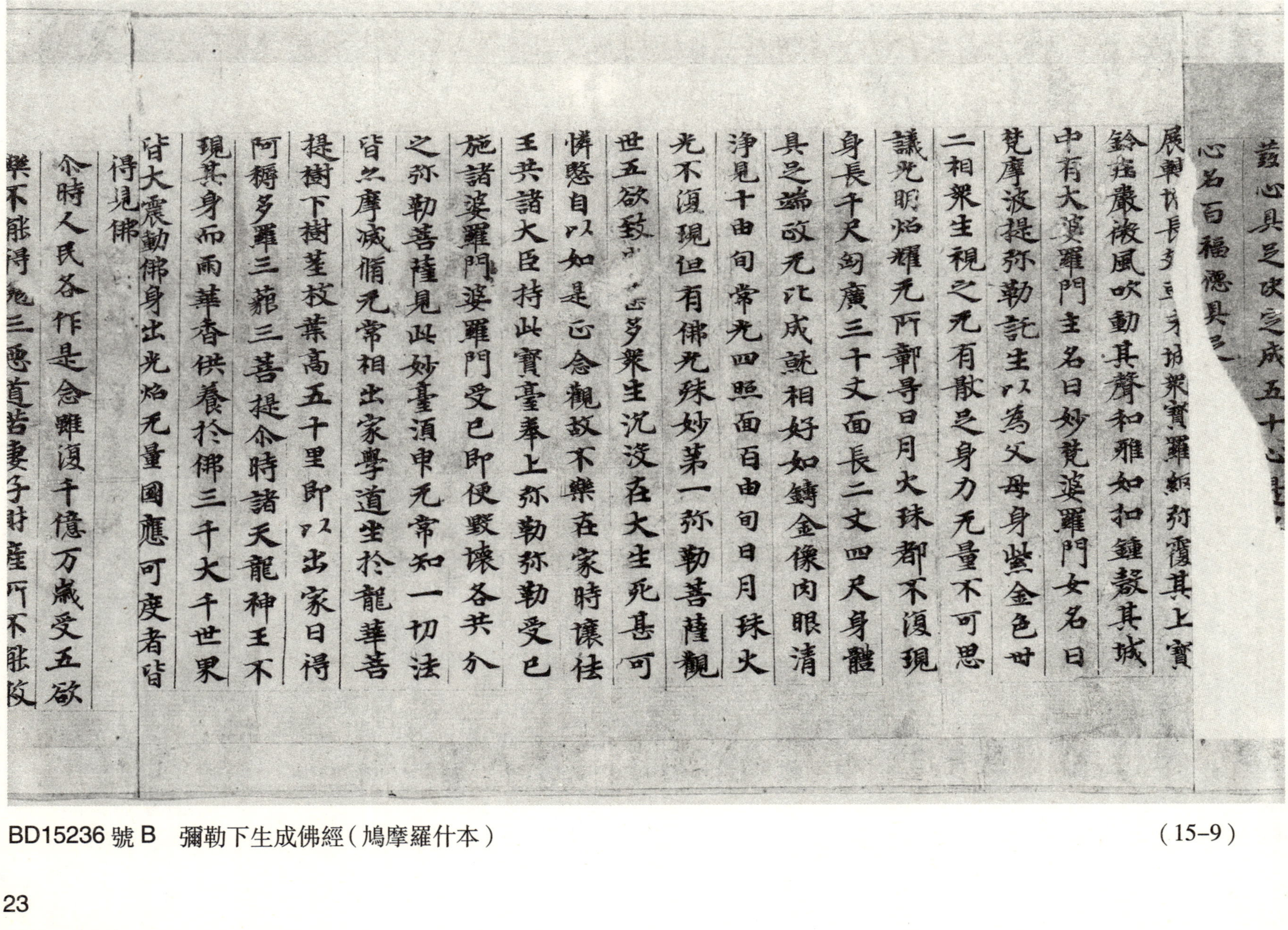

發心具足決定成五十心是
心名百福德具足一
展轉於長[illegible]切衆寶羅網彌覆其上寶
鈴莊嚴微風吹動其聲和雅如扣鐘磬其城
中有大婆羅門主名曰妙梵婆羅門女名曰
梵摩波提彌勒託生以為父母身紫金色卅
二相衆生視之无有猒足身力无量不可思
議光明焰耀无所鄣㝵日月火珠都不復現
身長千尺胷廣三十丈面長二丈四尺身體
具足端正无比成就相好如鑄金像肉眼清
淨見十由旬常光四照面百由旬日月珠火
光不復現但有佛光殊妙第一彌勒菩薩觀
世五欲致[illegible]多衆生沉沒在大生死甚可
憐愍自以如是正念觀故不樂在家時儴佉
王共諸大臣持此寶臺奉上彌勒彌勒受已
施諸婆羅門婆羅門受已即便毀壞各共分
之彌勒菩薩見此妙臺須臾无常知一切法
皆亦磨滅脩无常相出家學道坐於龍華菩
提樹下樹莖枝葉高五十里即以出家日得
阿耨多羅三藐三菩提尒時諸天龍神王不
現其身而雨華香供養於佛三千大千世界
皆大震動佛身出光照无量國應可度者皆
得見佛
尒時人民各作是念雖復千億万歲受五欲
樂不能得免三惡道苦妻子財產所不能救

BD15236 號 B　彌勒下生成佛經（鳩摩羅什本）　（15–9）

尒時人民各作是念雖復千億万歲受五欲
樂不能得免三惡道苦妻子財產所不能救
世間无常命難久保我等今者宜於佛法脩
行梵行作是念已出家學道時穰佉王亦共
八万四千大臣恭敬圍遶出家學道復有八
万四千諸婆羅門聰明大智於佛法中亦共
出家復有長者名須達那今須達長者是是
人亦與八万四千人俱共出家復有梨師達
多富蘭那兄弟亦與八万四千人出家復有
二大臣一名栴檀二名須曼王所愛重亦與
八万四千人俱於佛法中出家穰佉王寶女
名舍弥婆帝今之毗舍佉是亦與八万四千
綵女俱共出家穰佉王太子名曰天色今提
婆那是亦與八万四千人俱共出家弥勒佛
親族婆羅門子名須摩提利根智慧今鬱多
羅是亦與六万人俱於佛法中出家如是等
无量千万億衆見世苦惱皆於弥勒佛法中
出家
尒時弥勒佛見諸大衆作是念言今諸人等
不以生天樂故亦復不為今世樂故來至我
所但為涅槃常樂因緣是諸人等皆於佛法
中種諸善根釋迦牟尼佛遣來付我是故今
者皆至我所我今受之是諸人等或以讀誦
分別決定脩妬路毗尼阿毗曇藏脩諸功德

BD15236 號 B　彌勒下生成佛經（鳩摩羅什本）　（15–10）

中種諸善根釋迦牟尼佛遣來付我是故今
者皆至我所我今受之是諸人等或以讀誦
分別決定脩妬路毗尼阿毗曇藏脩諸功德
來至我所或以衣食施人持戒智慧脩此功
德來至我所或以幡蓋華香供養於佛脩此
功德來至我所或以布施持齋脩習慈心行
此功德來至我所或為苦惱衆生令其得樂
脩此功德來至我所或以持戒忍辱脩清淨
慈以此功德來至我所或以施僧常食齋講
設會供養飯食脩此功德來至我所或以持
戒多聞脩行禪定无漏智慧以此功德來至
我所或有起塔供養舍利以此功德來至我
所善哉釋迦牟尼佛能善教化如是等百千
万億衆生令至我所弥勒佛如是三稱讚釋
迦牟尼佛然後說法而作是言汝等衆生能
為難事於彼惡世貪欲瞋恚愚癡迷惑短命
人中能脩持戒作諸功德甚為希有
尒時衆生不識父母沙門婆羅門不知道法
互相惱害近刀兵劫深著五欲嫉妬諂佞曲
濁邪偽无憐愍心更相殺害食肉飲血汝等
而能於中脩行善事是為希有善哉釋迦牟
尼佛以大悲心能於苦惱衆生之中說誠實
語示我當來度脫汝等如是之師甚為難遇
深心憐愍惡世衆生救拔苦惱令得安隱釋
迦牟尼佛為汝等故以頭布施割截耳鼻手

BD15236 號 B　彌勒下生成佛經（鳩摩羅什本）　（15–11）

深心憐愍惡世衆生救拔苦惱令得安隱釋
迦牟尼佛為汝等故以頭布施割截耳鼻手
足支體受諸苦惱以利汝等弥勒佛如是開
道安慰无量衆生令其歡喜然後説法福德
之人充滿其所恭敬信受渴仰大師各欲聞
法皆作是念五欲不淨衆苦之本又能除捨
憂感愁恨知苦樂法皆是无常弥勒佛觀察
時衆大會心淨調柔為説四諦聞者同時得
涅槃道
尒時弥勒佛於華林薗其薗縱廣一百由旬
大衆滿中初會説法九十六億人得阿羅漢
第二大會九十四億人得阿羅漢第三大會
九十二億人得阿羅漢弥勒佛既轉法輪度
天人已將諸弟子入城乞食无量淨居天衆
恭敬從佛入翅頭末城當入城時現種種神
力无量變現釋提桓因與欲界諸天梵天王
與色界諸天作百千伎樂歌詠佛德雨天諸
華栴檀末香供養於佛街巷道陌竪諸幡蓋
燒衆名香其烟若雲世尊入時大梵天王釋
提桓因合掌恭敬以偈讚言
正遍知者二足尊　天人世間无與等
十力世尊甚希有　无上最勝良福田
其供養者生天上　稽首无比大精進
尒時天人羅刹等見大力魔佛降伏之千万
億无量衆生皆大歡喜合掌唱言甚為希有

BD15236 號 B　彌勒下生成佛經（鳩摩羅什本）　（15–12）

十力世尊甚希有　无上最勝良福田
其供養者生天上　稽首无比大精進
尒時天人羅刹等見大力魔佛降伏之千万
億无量衆生皆大歡喜合掌唱言甚為希有
甚為希有如來神力功德具足不可思議是
時天人以種種雜色蓮華及曼陁羅華散佛
前地積至于膝諸天空中作百千伎樂歌歎
佛德尒時魔王於初夜後夜覺諸人民作如
是言汝等既得人身值遇好時不應竟夜眠
睡覆心汝等若立若坐當懃精進正念諦觀
五陰无常苦空无我汝等勿為放逸不行佛
教若起惡業後必致悔時街巷男女皆效此
語言汝等勿為放逸不行佛教若起惡業後
必有悔當懃方便精進求道莫失法利而徒
生徒死也如是大師拔苦惱者甚為難遇堅
固精進常樂涅槃尒時弥勒佛諸弟子普皆
端政威儀具足猒生老病死多聞廣學守護
法藏行於禪定得離諸欲如鳥出殼
尒時弥勒佛欲往長老大迦葉所即與四衆
俱就耆闍崛山於山頂上見大迦葉時男女
大衆心皆驚怪弥勒佛讚言大迦葉比丘是
釋迦牟尼佛大弟子釋迦牟尼佛於大衆中
常所讚嘆頭陁第一通達禪定解脫三昧是
人雖有大神力而无高心能令衆生得大歡
喜常愍下賤貧窮衆生弥勒佛讚大迦葉骨

BD15236 號 B　彌勒下生成佛經（鳩摩羅什本）　（15–13）

法藏行於禪定得離諸欲如鳥出㲉
尒時弥勒佛欲往長老大迦葉所即與四衆
俱詣耆闍崛山於山頂上見大迦葉時男女
大衆心皆驚怪弥勒佛讚言大迦葉比丘是
釋迦牟尼佛大弟子釋迦牟尼佛於大衆中
常所讚嘆頭陁第一通達禪定解脫三昧是
人雖有大神力而无高心能令衆生得大歡
喜常愍下賤貧窮衆生弥勒佛讚大迦葉骨
身言善哉大神德釋師子大弟子大迦葉於
彼惡世能脩其心尒時人衆見大迦葉為
弥勒佛讚百千億人因是事已猒世得道是
諸人等念釋迦牟尼佛於惡世中教化无量衆
生令得具六神通成阿羅漢尒時說法之處
受八十由旬長百由旬其中人衆若坐若立
若近若遠各各自見佛在其前獨為說法弥
勒佛住世六万歲憐愍衆生令得法眼滅度
之後法住於世亦六万歲汝等宜應精進發
清淨心起諸善業得見世間燈明弥勒佛
身必无疑也佛說是經已舍利弗等歡
喜受持

佛說弥勒成佛經

BD15236 號 B　彌勒下生成佛經（鳩摩羅什本）　（15–14）

生令得具六神通成阿羅漢尒時說法之處
受八十由旬長百由旬其中人衆若坐若立
若近若遠各各自見佛在其前獨為說法弥
勒佛住世六万歲憐愍衆生令得法眼滅度
之後法住於世亦六万歲汝等宜應精進發
清淨心起諸善業得見世間燈明弥勒佛
身必无疑也佛說是經已舍利弗等歡
喜受持

佛說弥勒成佛經

BD15236 號 B　彌勒下生成佛經（鳩摩羅什本）　（15–15）

BD15236 號背　勘記、印章　　（1–1）

BD15237 號背　護首　　（1–1）

大乘无量壽經
如是我聞一時薄伽梵在舍衛國祇樹給孤
獨園與大苾蒭僧千二百五十人大菩薩摩
訶薩衆俱同會坐尒時世尊告曼殊室利童
子曼殊上方有世界名无量功德聚彼土有
佛号无量壽智決定王如來阿耨多羅三藐
三菩提現爲衆生開示說法曼殊諦聽閻
浮提人皆短壽大限百年於中妖枉横死者衆
曼殊如是无量壽如來功德名稱法要若
有衆生得聞名号若自書或使人書能爲經
卷受持讀誦若於舍宅所住之處以種種花
鬘瓔珞塗香末香而爲供養如其命盡復得
延年滿足百歲如是曼殊若有衆生得聞是
无量壽智決定王如來一百八名号者益其
長壽若有衆生大命將盡憶念是如來名号
更得增壽如是曼殊若有善男子善女人欲求

BD15237號　無量壽宗要經　（2-1）

浮提人皆短壽大限百年於中妖枉横死者衆
曼殊如是无量壽如來功德名稱法要若
有衆生得聞名号若自書或使人書能爲經
卷受持讀誦若於舍宅所住之處以種種花
鬘瓔珞塗香末香而爲供養如其命盡復得
延年滿足百歲如是曼殊若有衆生得聞是
无量壽智決定王如來一百八名号者益其
長壽若有衆生大命將盡憶念是如來名号
更得增壽如是曼殊若有善男子善女人欲求
長壽於是无量壽如來一百八名号有得聞
者或自書若使人書受持讀誦得如是善
果報福德具足陁羅尼曰
南謨薄伽勃底一阿波唎蜜哆二阿喻紇硯娜三
須毗你悉指陁四囉佐耶五怛他羯他耶六怛姪他
唵七薩婆桑悉迦囉八鉢唎輸底九達磨底十
伽迦娜十一莎訶某特迦底十二莎婆婆毗輸底十三
摩訶娜耶十四波唎婆囉莎訶十五
世尊復告曼殊室利如是如來一百八名号
若有自書寫或使人書能爲經卷受持讀誦如壽

BD15237號　無量壽宗要經　（2-2）

耨多羅三藐三菩提而阿難護持我法亦護
将来諸佛法藏教化成就諸菩薩衆其本願
如是故獲斯記阿難面於佛前自聞授記及
國土莊嚴所願具足心大歡喜得未曾有即
時憶念過去无量千万億諸佛法藏通達无
閡如今所聞亦識本願尒時阿難而說偈言
世尊甚希有　令我念過去　无量諸佛法　如今日所聞
我今无復疑　安住於佛道　方便爲侍者　護持諸佛法
尒時佛告羅睺羅汝於来世當得作佛号蹈
七寶華如来應供正遍知明行足善逝世間
解无上士調御丈夫天人師佛世尊當供養
十世界微塵等數諸佛如来常爲諸佛而作
長子猶如今也是蹈七寶華佛國土莊嚴壽
命劫數所化弟子正法像法亦如山海慧自
在通王如来无異亦爲此佛而作長子過是
已後當得阿耨多羅三藐三菩提尒時世尊
欲重宣此義而說偈言
我爲太子時　羅睺爲長子　我今成佛道　受法爲法子

BD15238號　妙法蓮華經（八卷本）卷四　（16–1）

在通王如来无異亦爲此佛而作長子過是
已後當得阿耨多羅三藐三菩提尒時世尊
欲重宣此義而說偈言
我爲太子時　羅睺爲長子　我今成佛道　受法爲法子
於未来世中　見无量億佛　皆爲其長子　一心求佛道
羅睺羅密行　唯我能知之　現爲我長子　以示諸衆生
无量億千万　功德不可數　安住於佛法　以求无上道
尒時世尊見學无學二千人其意柔軟寂然
清淨一心觀佛佛告阿難汝見是學无學二
千人不唯然已見阿難是諸人等當供養五
十世界微塵數諸佛如来恭敬尊重護持法
藏末後同時於十方國各得成佛皆同一号
名曰寶相如来應供正遍知明行足善逝世
間解无上士調御丈夫天人師佛世尊壽命
一劫國土莊嚴聲聞菩薩正法像法皆悉同
等尒時世尊欲重宣此義而說偈言
是二千聲聞　今於我前住　悉皆與授記　未来當成佛
所供養諸佛　如上說塵數　護持其法藏　後當成正覺
各於十方國　悉同一名号　俱時坐道場　以證无上慧
皆名爲寶相　國土及弟子　正法與像法　悉等无有異
咸以諸神通　度十方衆生　名聞普周遍　漸入於涅槃
尒時學无學二千人聞佛授記歡喜踊躍
而說偈言
世尊慧燈明　我聞授記音　心歡喜充滿　如甘露見灌

BD15238號　妙法蓮華經（八卷本）卷四　（16–2）

尒時學无學二千人聞佛授記歡喜踊躍
而說偈言
世尊慧燈明 我聞授記音 心歡喜充滿 如甘露見潅
妙法蓮華經法師品第十
尒時世尊因藥王菩薩告八万大士藥王汝
見是大衆中无量諸天龍王夜叉乾闥婆阿
脩羅迦樓羅緊那羅摩睺羅伽人與非人及
比丘比丘尼優婆塞優婆夷求聲聞者求辟
支佛者求佛道者如是等類咸於佛前聞妙
法華經一偈一句乃至一念随喜者我皆與
授記當得阿耨多羅三藐三菩提佛告藥王
又如来滅度之後若有人聞妙法華經乃至
一偈一句一念随喜者我亦與授阿耨多羅
三藐三菩提記若復有人受持讀誦解說書
冩妙法華經乃至一偈於此經卷敬視如佛
種種供養華香瓔珞末香塗香燒香繒蓋幢
幡衣服伎樂乃至合掌恭敬藥王當知是諸
人等已曾供養十万億佛於諸佛所成就大
願愍衆生故生此人間藥王若有人問何等
衆生於未来世當得作佛應示是諸人等於
未来世必得作佛何以故若善男子善女人
於法華經乃至一句受持讀誦解說書冩種
種供養經卷華香瓔珞末香塗香燒香繒蓋

BD15238號　妙法蓮華經（八卷本）卷四　（16–3）

於法華經乃至一句受持讀誦解說書冩種
種供養經卷華香瓔珞末香塗香燒香繒蓋
幢幡衣服伎樂合掌恭敬是人一切世間所
應瞻奉應以如来供養而供養之當知此人
是大菩薩成就阿耨多羅三藐三菩提哀愍
衆生願生此間廣演分別妙法華經何況盡
能受持種種供養者藥王當知是人自捨清
淨業報於我滅度後愍衆生故生於惡世廣
演此經若是善男子善女人我滅度後能竊
為一人說法華經乃至一句當知是人則如
来使如来所遣行如来事何況於大衆中廣
為人說藥王若有惡人以不善心於一劫中
現於佛前常毀罵佛其罪尚輕若人以一惡
言毀呰在家出家讀誦法華經者其罪甚重
藥王其有讀誦法華經者當知是人以佛莊
嚴而自莊嚴則為如来肩所荷擔其所至方
應随向礼一心合掌恭敬供養尊重讚嘆華
香瓔珞末香塗香燒香繒蓋幢幡衣服餚饌
作諸伎樂人中上供而供養之應持天寶而
以散之天上寶聚應以奉獻所以者何是人
歡喜說法須臾聞之即得究竟阿耨多羅三
藐三菩提故尒時世尊欲重宣此義而說偈
言

BD15238號　妙法蓮華經（八卷本）卷四　（16–4）

歡喜說法須臾聞之即得究竟阿耨多羅三
藐三菩提故尒時世尊欲重宣此義而說偈
言
若欲住佛道　成就自然智　常當懃供養　受持法華者
其有欲疾得　一切種智慧　當受持是經　并供養持者
若有能受持　妙法華經者　當知佛所使　愍念諸衆生
諸有能受持　妙法華經者　捨於清淨土　愍衆故生此
當知如是人　自在所欲生　能於此惡世　廣說无上法
應以天華香　及天寶衣服　天上妙寶聚　供養說法者
吾滅後惡世　能持是經者　當合掌礼敬　如供養世尊
上饌衆甘美　及種種衣服　供養是佛子　兾得須臾聞
若能於後世　受持是經者　我遣在人中　行於如來事
若於一劫中　常懷不善心　作色而罵佛　獲无量重罪
其有讀誦持　是法華經者　須臾加惡言　其罪復過彼
有人求佛道　而於一劫中　合掌在我前　以无數偈讚
由是讚佛故　得无量功德　嘆美持經者　其福復過彼
於八十億劫　以最妙色聲　及與香味觸　供養持經者
如是供養已　若得須臾聞　則應自欣慶　我今獲大利
藥王今告汝　我所說諸經　而於此經中　法華最第一
尒時佛復告藥王菩薩摩訶薩我所說經典
无量千億已說今說當說而於其中此法華
經最為難信難解藥王此經是諸佛祕要之
藏不可分布妄授與人諸佛世尊之所守護
從昔已來未曾顯說而此經者如來現在猶

BD15238 號　妙法蓮華經（八卷本）卷四　（16-5）

經最為難信難解藥王此經是諸佛祕要之
藏不可分布妄授與人諸佛世尊之所守護
從昔已來未曾顯說而此經者如來現在猶
多怨嫉況滅度後藥王當知如來滅後其能
書持讀誦供養為他人說者如來則為以衣
覆之又為他方現在諸佛之所護念是人有
大信力及志願力諸善根力當知是人與如
來共宿則為如來手摩其頭藥王在在處處
若說若讀若誦若書若經卷所住之處皆應
起七寶塔極令高廣嚴飾不須復安舍利所
以者何此中已有如來全身此塔應以一切
華香瓔珞繒蓋幢幡伎樂歌頌供養恭敬尊
重讚嘆若有人得見此塔礼拜供養當知是
等皆近阿耨多羅三藐三菩提藥王多有人
在家出家行菩薩道若不能得見聞讀誦書
持供養是法華經者當知是人未善行菩薩
道若有得聞是經典者乃能善行菩薩之道
其有衆生求佛道者若見若聞是法華經聞
已信解受持者當知是人得近阿耨多羅三
藐三菩提藥王譬如有人渴乏須水於彼高
原穿鑿求之猶見乾土知水尚遠施功不已
轉見濕土遂漸至泥其心決定知水必近菩
薩亦復如是若未聞未解未能修習是法華
經當知是人去阿耨多羅三藐三菩提尚遠

BD15238 號　妙法蓮華經（八卷本）卷四　（16-6）

轉見濕土遂漸至泥其心決定知水必近菩
薩亦復如是若未聞未解未能脩習是法華
經當知是人去阿耨多羅三藐三菩提尚遠
若得聞解思惟脩習必知得近阿耨多羅三
藐三菩提所以者何一切菩薩阿耨多羅三
藐三菩提皆屬此經此經開方便門示真實
相是法華經藏深固幽遠无人能到今佛教
化成就菩薩而為開示藥王若有菩薩聞是
法華經驚疑怖畏當知是為新發意菩薩若
聲聞人聞是經驚疑怖畏當知是為增上慢
者藥王若有善男子善女人如來滅後欲為
四衆說是法華經者云何應說是善男子善
女人入如來室著如來衣坐如來座尒乃應
為四衆廣說斯經如來室者一切衆生中大
慈悲心是如來衣者柔和忍辱心是如來座
者一切法空是安住是中然後以不懈怠心
為諸菩薩及四衆廣說是法華經藥王我於
餘國遣化人為其集聽法衆亦遣化比丘比
丘尼優婆塞優婆夷聽其說法是諸化人聞
法信受隨順不逆若說法者在空閑處我時
廣遣天龍鬼神乾闥婆阿脩羅等聽其說法
我雖在異國時時令說法者得見我身若於
此經忘失句逗我還為說令得具足尒時世
尊欲重宣此義而說偈言

BD15238號　妙法蓮華經（八卷本）卷四　（16–7）

我雖在異國時時令說法者得見我身若於
此經忘失句逗我還為說令得具足尒時世
尊欲重宣此義而說偈言
欲捨諸懈怠　應當聽此經　是經難得聞　信受者亦難
如人渴須水　穿鑿於高原　猶見乾燥土　知去水尚遠
漸見濕土泥　決定知近水
藥王汝當知　如是諸人等　不聞法華經　去佛智甚遠
若聞是深經　決了聲聞法　是諸經之王　聞已諦思惟
當知此人等　近於佛智慧　若人說此經　應入如來室
著於如來衣　而坐如來座　處衆无所畏　廣為分別說
大慈悲為室　柔和忍辱衣　諸法空為座　處此為說法
若說此經時　有人惡口罵　加刀杖瓦石　念佛故應忍
我千万億土　現淨堅固身　於无量億劫　為衆生說法
若我滅度後　能說此經者　我遣化四衆　比丘比丘尼
及清信士女　供養於法師　引導諸衆生　集之令聽法
若人欲加惡　刀杖及瓦石　則遣變化人　為之作衛護
若說法之人　獨在空閑處　寂寞无人聲　讀誦此經典
我尒時為現　清淨光明身　若忘失章句　為說令通利
若人具是德　或為四衆說　空處讀誦經　皆得見我身
若人在空閑　我遣天龍王　夜叉鬼神等　為作聽法衆
是人樂說法　分別无罣閡　諸佛護念故　能令大衆喜
若親近法師　速得菩薩道　隨順是師學　得見恒沙佛
妙法蓮華經見寶塔品第十一
尒時佛前有七寶塔高五百由旬縱廣二百

BD15238號　妙法蓮華經（八卷本）卷四　（16–8）

若親近法師　速得菩薩道　隨順是師學　得見恒沙佛
妙法蓮華經見寶塔品第十一
尒時佛前有七寶塔高五百由旬縱廣二百
五十由旬從地踊出住在空中種種寶物而
莊校之五千欄楯龕室千万无數幢幡以為
嚴飾垂寶瓔珞寶鈴万億而懸其上四面皆
出多摩羅跋栴檀之香充遍世界其諸幡蓋
以金銀瑠璃車𤦲馬瑙真珠玫瑰七寶合成
高至四天王宮三十三天雨天曼陁羅華供
養寶塔餘諸天龍夜叉乾闥婆阿脩羅迦樓
羅緊那羅摩睺羅伽人非人等千万億衆以
一切華香瓔珞幡蓋伎樂供養寶塔恭敬尊
重讚嘆尒時寶塔中出大音聲嘆言善哉善
哉釋迦牟尼世尊能以平等大慧教菩薩法
佛所護念妙法華經為大衆說如是如是釋
迦牟尼世尊如所說者皆是真實尒時四衆
見大寶塔住在空中又聞塔中所出音聲皆
得法喜怪未曾有從座而起恭敬合掌却住
一面尒時有菩薩摩訶薩名大樂說知一切
世間天人阿脩羅等心之所疑而白佛言世
尊以何因緣有此寶塔從地踊出又於其中
發是音聲尒時佛告大樂說菩薩此寶塔中
有如来全身乃往過去東方无量千万阿僧

BD15238號　妙法蓮華經（八卷本）卷四　（16–9）

發是音聲尒時佛告大樂說菩薩此寶塔中
有如来全身乃往過去東方无量千万阿僧
祇世界國名寶淨彼中有佛号曰多寶其佛
行菩薩道時作大誓願若我成佛滅度之後
於十方國土有說法華經處我之塔廟為聽
是經故踊現其前為作證明讚言善哉彼佛
成道已臨滅度時於天人大衆中告諸比丘
我滅度後欲供養我全身者應起一大塔其
佛以神通願力十方世界在在處處若有說
法華經者彼之寶塔皆踊出其前全身在於
塔中讚言善哉善哉大樂說今多寶如来塔
聞說法華經故從地踊出讚言善哉善哉是
時大樂說菩薩以如来神力故白佛言世尊
我等願欲見此佛身佛告大樂說菩薩摩訶
薩是多寶佛有深重願若我寶塔為聽法華
經故出於諸佛前時其有欲以我身示四衆
者彼佛分身諸佛在於十方世界說法盡還
集一處然後我身乃出現耳大樂說我分身
諸佛在於十方世界說法者今應當集大樂
說白佛言世尊我等亦願欲見世尊分身諸
佛礼拜供養尒時佛放白豪一光即見東方
五百万億那由他恒河沙等國土諸佛彼諸
國土皆以頗梨為地寶樹寶衣以為莊嚴无

BD15238號　妙法蓮華經（八卷本）卷四　（16–10）

五百万億那由他恒河沙等國土諸佛彼諸
國土皆以頗梨爲地寶樹寶衣以爲莊嚴无
數千万億菩薩充滿其中遍張寶幰寶網羅
上彼國諸佛以大妙音而說諸法及見无量
万億菩薩遍滿諸國爲衆說法南西北方四
維上下白豪相光所照之處亦復如是
介時十方諸佛各告衆菩薩言善男子我今
應往娑婆世界釋迦牟尼佛所并供養多寶
如來寶塔時娑婆世界即變清淨瑠璃爲地
寶樹莊嚴黃金爲繩以界八道无諸聚落村
營城邑大海江河山川林藪燒大寶香曼陁
羅華遍布其地以寶網幔羅覆其上懸諸寶
鈴唯留此會衆移諸天人置於他土是時諸
佛各將一大菩薩以爲侍者至娑婆世界各
到寶樹下一一寶樹高五百由旬枝葉華菓
次苐莊嚴諸寶樹下皆有師子之座高五由
旬亦以大寶而挍餝之介時諸佛各於此座
結跏趺坐如是展轉遍滿三千大千世界而
於釋迦牟尼佛一方所分之身猶故未盡時
釋迦牟尼佛欲容受所分身諸佛故八方各
更變二百万億那由他國皆令清淨无有地
獄餓鬼畜生及阿脩羅又移諸天人置於他
土所化之國亦以瑠璃爲地寶樹莊嚴樹高
五百由旬枝葉華菓次苐嚴餝樹下皆有寶

BD15238號　妙法蓮華經（八卷本）卷四　（16–11）

釋迦牟尼佛欲容受所分身諸佛故八方各
更變二百万億那由他國皆令清淨无有地
獄餓鬼畜生及阿脩羅又移諸天人置於他
土所化之國亦以瑠璃爲地寶樹莊嚴樹高
五百由旬枝葉華菓次苐嚴餝樹下皆有寶
師子座高五由旬種種諸寶以爲莊校亦无
大海江河及目真隣陁山摩訶目真隣陁山
鐵圍山大鐵圍山須弥山等諸山王通爲一
佛國土寶地平正寶交露幔遍覆其上懸諸
幡蓋燒大寶香諸天寶華遍布其地釋迦牟
尼佛爲諸佛當來坐故復於八方各變二百
万億那由他國皆令清淨无有地獄餓鬼畜
生及阿脩羅又移諸天人置於他土所化之
國亦以瑠璃爲地寶樹莊嚴樹高五百由旬
枝葉華菓次苐莊嚴樹下皆有寶師子座高
五由旬亦以大寶而挍餝之亦无大海江河
及目真隣陁山摩訶目真隣陁山鐵圍山大
鐵圍山須弥山等諸山王通爲一佛國土寶
地平正寶交露幔遍覆其上懸諸幡蓋燒大
寶香諸天寶華遍布其地介時東方釋迦牟
尼所分之身百千万億那由他恒河沙等國
土中諸佛各各說法來集於此如是次苐十方
諸佛皆悉來集坐於八方介時一一方四
百万億那由他國土諸佛如來遍滿其中是

BD15238號　妙法蓮華經（八卷本）卷四　（16–12）

諸佛皆悉来集坐於八方尒時一一方四
百万億那由他國土諸佛如来遍滿其中是
時諸佛各在寶樹下坐師子座皆遣侍者問
訊釋迦牟尼佛各賫寶華滿掬而告之言善
男子汝往詣耆闍崛山釋迦牟尼佛所如我
辭曰少病少惱氣力安樂及菩薩聲聞衆悉
安隱不以此寶華散佛供養而作是言彼某
甲佛與欲開此寶塔諸佛遣使亦復如是尒
時釋迦牟尼佛見所分身佛悉已来集各各
坐於師子之座皆聞諸佛與欲同開寶塔即
從座起住虛空中一切四衆起立合掌一心
觀佛於是釋迦牟尼佛以右指開七寶塔戶
出大音聲如却關鑰開大城門即時一切衆
會皆見多寶如来於寶塔中坐師子座全身
不散如入禪定又聞其言善哉善哉釋迦牟
尼佛快說是法華經我爲聽是經故而来至
此尒時四衆等見過去无量千万億劫滅度
佛說如是言嘆未曾有以天寶華聚散多寶
佛及釋迦牟尼佛上尒時多寶佛於寶塔中
分半座與釋迦牟尼佛而作是言釋迦牟尼
佛可就此座即時釋迦牟尼佛入其塔中坐
其半座結跏趺坐尒時大衆見二如来在七
寶塔中師子座上結跏趺坐各作是念佛坐
高遠唯願如来以神通力令我等輩俱處虛

BD15238號　妙法蓮華經（八卷本）卷四　（16–13）

其半座結跏趺坐尒時大衆見二如来在七
寶塔中師子座上結跏趺坐各作是念佛坐
高遠唯願如来以神通力令我等輩俱處虛
空即時釋迦牟尼佛以神通力接諸大衆皆
在虛空以大音聲普告四衆誰能於此娑婆
國土廣說妙法華經今正是時如来不久當
入涅槃佛欲以此妙法華經付囑有在尒時
世尊欲重宣此義而說偈言
聖主世尊　雖久滅度　在寶塔中　尚爲法来
諸人云何　不懃爲法
此佛滅度　无鞅數劫　處處聽法　以難遇故
彼佛本願　我滅度後　在在所往　常爲聽法
又我分身　无量諸佛　如恒沙等　来欲聽法
及見滅度　多寶如来　各捨妙土　及弟子衆
天人龍神　諸供養事　令法久住　故来至此
爲坐諸佛　以神通力　移无量衆　令國清淨
諸佛各各　詣寶樹下　如清淨池　蓮華莊嚴
其寶樹下　諸師子座　佛坐其上　光明嚴飾
如夜闇中　燃大炬火　身出妙香　遍十方國
衆生蒙薰　喜不自勝　譬如大風　吹小樹枝
以是方便　令法久住　告諸大衆　我滅度後
誰能護持　讀誦斯經　今於佛前　自說誓言
其多寶佛　雖久滅度　以大誓願　而師子吼
多寶如来　及與我身　所集化佛　當知此意

BD15238號　妙法蓮華經（八卷本）卷四　（16–14）

誰能護持　讀誦斯經　今於佛前　自說誓言
其多寶佛　雖久滅度　以大誓願　而師子吼
多寶如来　及與我身　所集化佛　當知此意
諸佛子等　誰能護法　當發大願　令得久住
其有能護　此經法者　則為供養　我及多寶
此多寶佛　處於寶塔　常遊十方　為是經故
亦復供養　諸来化佛　莊嚴光飾　諸世界者
若說此經　則為見我　多寶如来　及諸化佛
諸善男子　各諦思惟　此為難事　宜發大願
諸餘經典　數如恒沙　雖說此等　未足為難
若接須弥　擲置他方　无數佛土　亦未為難
若以足指　動大千界　遠擲他國　亦未為難
若立有頂　為眾演說　无量餘經　亦未為難
若佛滅後　於惡世中　能說此經　是則為難
假使有人　手把虛空　而以遊行　亦未為難
於我滅後　若自書持　若使人書　是則為難
若以大地　置足甲上　昇於梵天　亦未為難
佛滅度後　於惡世中　蹔讀此經　是則為難
假使劫燒　擔負乾草　入中不燒　亦未為難
我滅度後　若持此經　為一人說　是則為難
若持八万　四千法藏　十二部經　為人演說
令諸聽者　得六神通　雖能如是　亦未為難
於我滅後　聽受此經　問其義趣　是則為難

BD15238號　妙法蓮華經（八卷本）卷四　（16–15）

若持八万　四千法藏　十二部經　為人演說
令諸聽者　得六神通　雖能如是　亦未為難
於我滅後　聽受此經　問其義趣　是則為難
若人說法　令千万億　无量无數　恒沙眾生
得阿羅漢　具六神通　雖有是益　亦未為難
於我滅後　若能奉持　如斯經典　是則為難
我為佛道　於无量土　從始至今　廣說諸經
而於其中　此經第一　若有能持　則持佛身
諸善男子　於我滅後　誰能受持　讀誦此經
今於佛前　自說誓言
此經難持　若蹔持者　我則歡喜　諸佛亦然
如是之人　諸佛所歎　是則勇猛　是則精進
是名持戒　行頭陁者　則為疾得　无上佛道
能於来世　讀持此經　是真佛子　住淳善地
佛滅度後　能解其義　是諸天人　世間之眼
於恐畏世　能須臾說　一切天人　皆應供養

妙法蓮華經卷第四

BD15238號　妙法蓮華經（八卷本）卷四　（16–16）

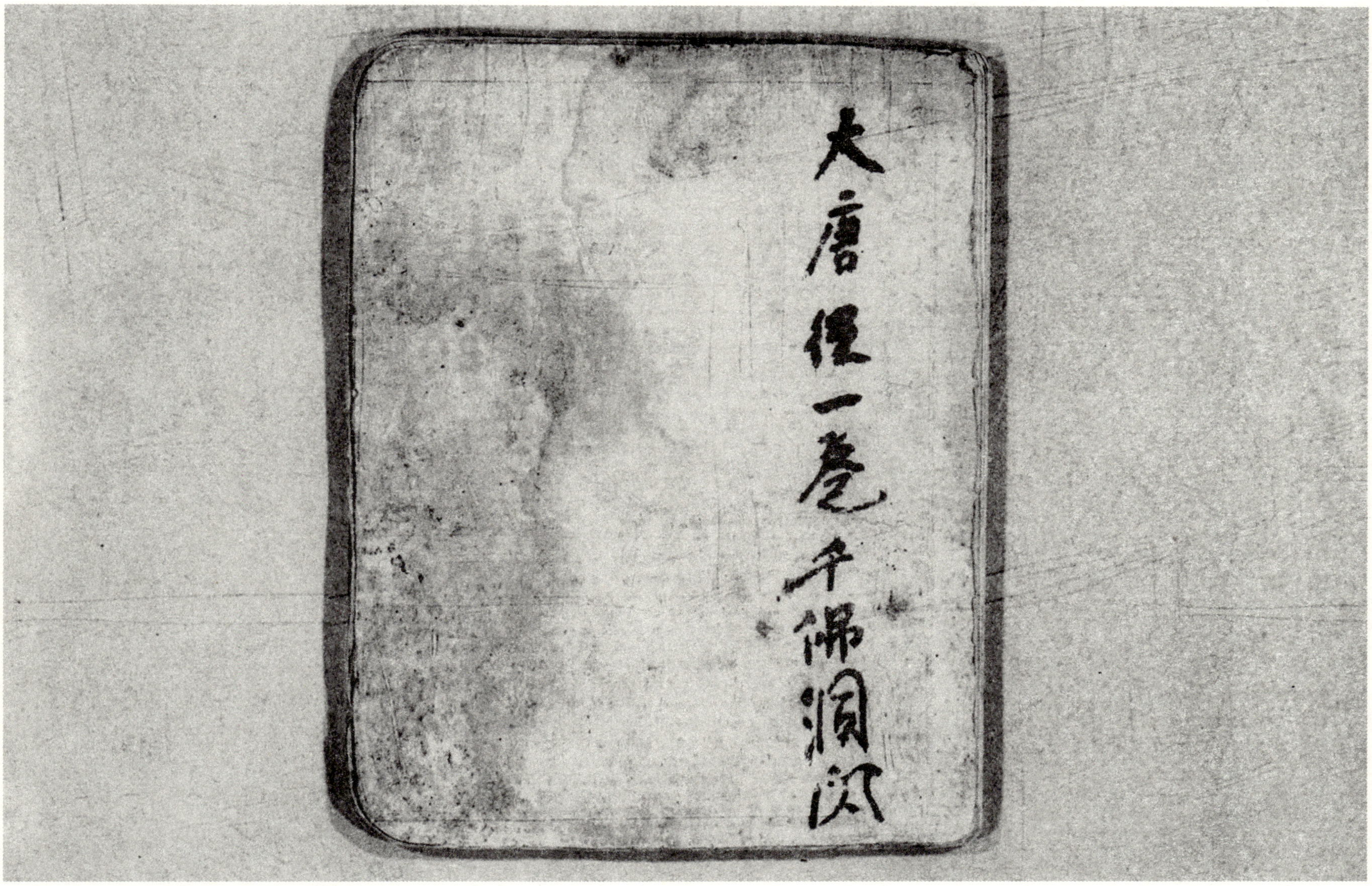

大唐經一卷 千佛洞

BD15239號　千臂千眼大悲觀世音菩薩法印呪　　（14–1）

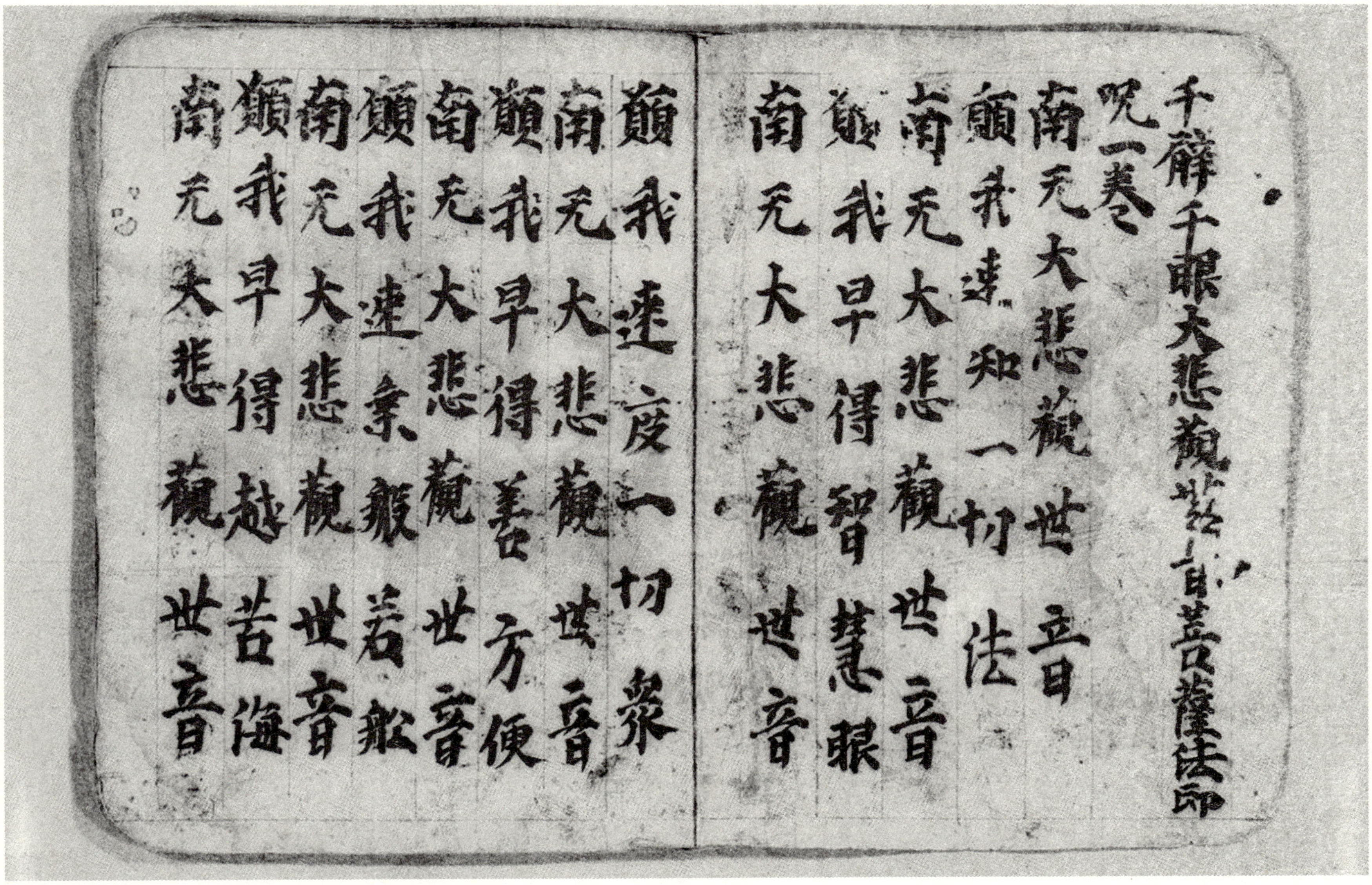

千臂千眼大悲觀世音菩薩法印
呪一卷
南无大悲觀世音
願我速知一切法
南无大悲觀世音
願我早得智慧眼
南无大悲觀世音
願我速度一切衆
南无大悲觀世音
願我早得善方便
南无大悲觀世音
願我速乘般若舩
南无大悲觀世音
願我早得越苦海
南无大悲觀世音

BD15239號　千臂千眼大悲觀世音菩薩法印呪　　（14–2）

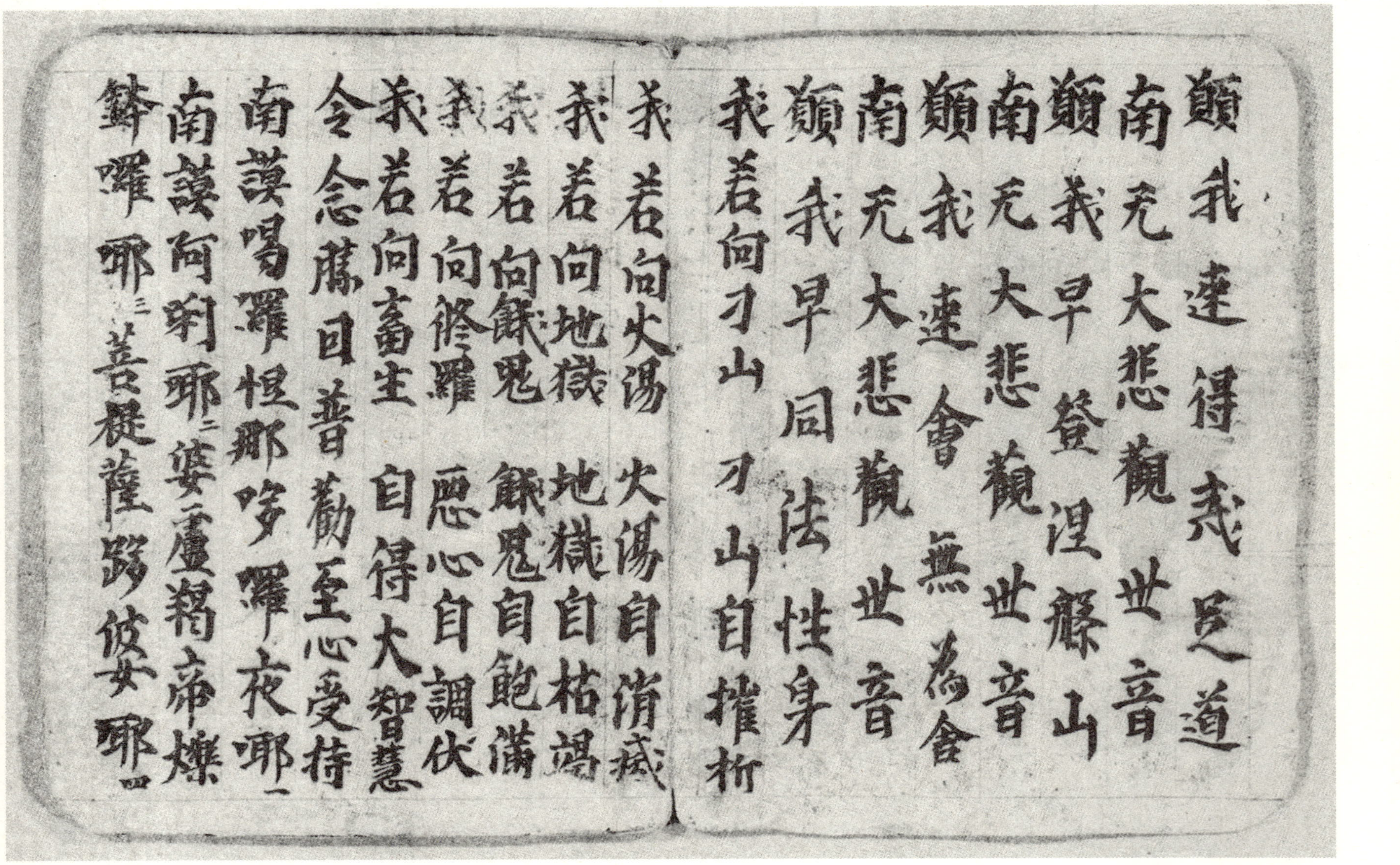

願我速得戒足道
南无大悲觀世音
願我早登涅槃山
南无大悲觀世音
願我速會無為舍
南无大悲觀世音
願我早同法性身
我若向刀山　刀山自摧折
我若向火湯　火湯自消滅
我若向地獄　地獄自枯竭
我若向餓鬼　餓鬼自飽滿
我若向修羅　惡心自調伏
我若向畜生　自得大智慧
令念蘇曰普勸至心受持
南謨喝囉怛那哆囉夜耶一
南謨阿唎耶二　婆盧羯帝爍
鉢囉耶三　菩提薩埵婆耶四

BD15239 號　千臂千眼大悲觀世音菩薩法印呪　（14–3）

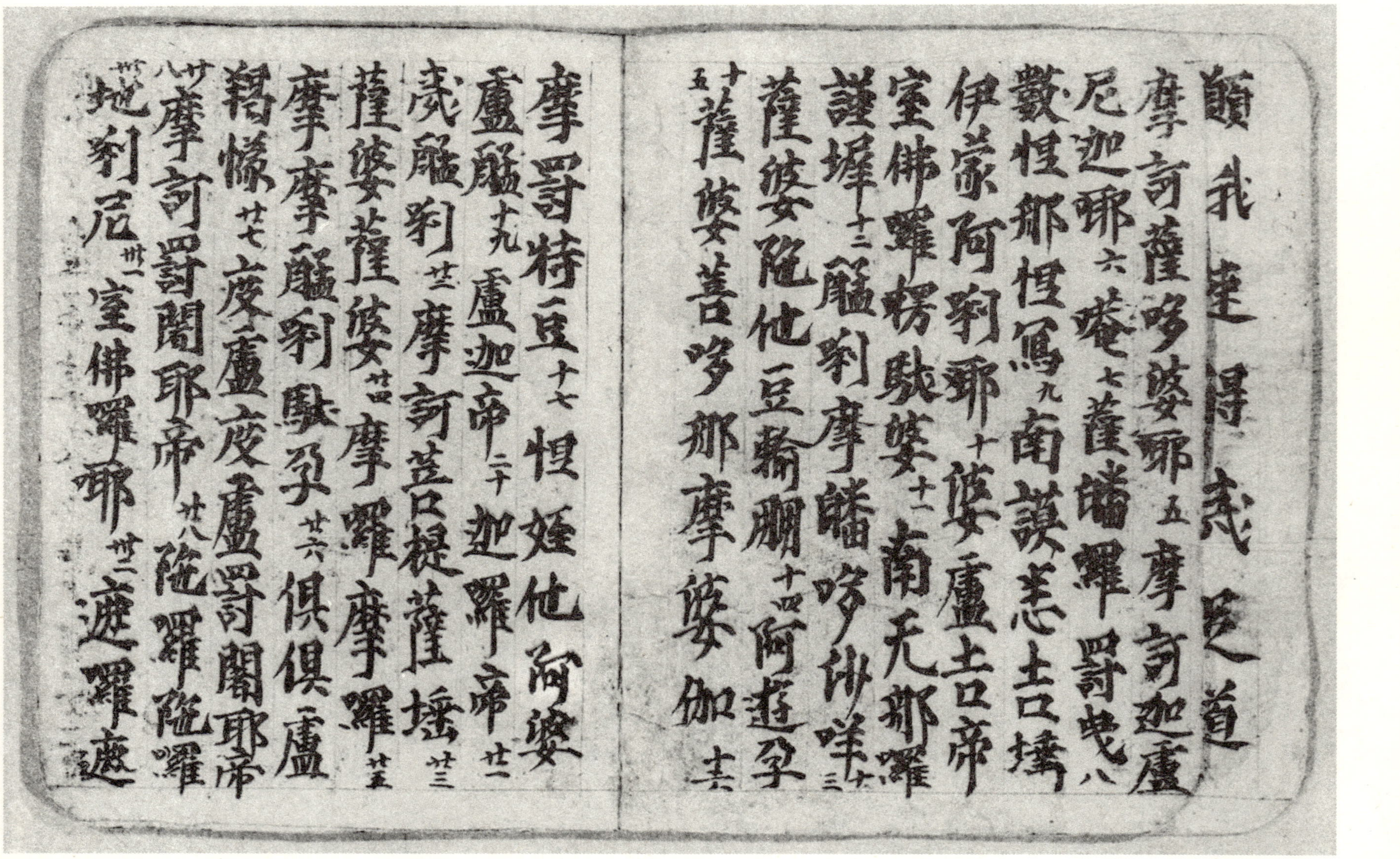

願我速得戒足道
摩訶薩哆婆耶五　摩訶迦盧
尼迦耶六　唵七　薩皤囉罰曳八
數怛那怛寫九　南謨悉吉慄
伊蒙阿唎耶十　婆盧吉帝
室佛囉楞馱婆十一　南无那囉
謹墀十二　醯唎摩訶皤哆沙咩十三
薩婆阿他豆輸朋十四　阿逝孕
十五　薩婆菩哆那摩婆伽　十六
摩罰特豆十七　怛姪他　阿婆
盧醯十九　盧迦帝二十　迦羅帝廿一
夷醯唎廿二　摩訶菩提薩埵廿三
薩婆薩婆廿四　摩羅摩羅廿五
摩醯摩醯唎馱孕廿六　俱盧俱盧
羯懞廿七　度盧度盧罰闍耶帝
廿八　摩訶罰闍耶帝廿九　陁羅陁羅
卅　地唎尼卅一　室佛囉耶卅二　遮羅遮

BD15239 號　千臂千眼大悲觀世音菩薩法印呪　（14–4）

囉卅三 摩摩罰摩摩囉卌四 穆帝
隸卌五 伊醯移醯卌六 室那室那卌七
阿羅嚩佛羅舍利卌八 罰沙罰嚟
卌九 佛羅舍耶四十 呼盧呼盧摩
羅四十一 呼盧醯呼四十二 娑羅娑羅卌三
悉利悉利卌四 蘇盧蘇盧卌五 菩
提夜菩提夜卌六 菩馱夜菩馱夜
卌七 彌帝利夜卌八 那羅謹墀卌九 他
利瑟尼那五十 婆夜摩那五十一 娑

婆訶五十二 悉陁夜五十三 娑婆訶五十四
摩訶悉陁夜五十五 悉陁喻藝五十六
室皤囉五十七 娑婆訶五十八 那羅謹墀
五十九 娑婆訶六十 摩囉那囉六十一 悉羅
僧阿穆佉耶六十二 娑婆訶六十三 波
摩阿悉陁夜六十四 娑婆訶六十五 者
吉囉阿悉陁夜六十六 娑婆訶六十七
波摩羯悉陁夜六十八 娑婆訶六十九
那囉謹墀皤伽囉耶七十 娑婆訶

BD15239 號　千臂千眼大悲觀世音菩薩法印呪　（14–5）

囉卅三 摩摩罰摩摩囉卌四 穆帝
七十一 摩婆利勝羯囉夜七十二 娑婆訶七十三
南无喝囉怛那哆囉夜 七十四
南无阿利耶七十五 婆盧吉帝七十六
爍皤囉夜七十七 娑婆訶七十八 南无
勃陁瞿那迷七十九 南无達摩
莫訶倻八十 南无僧伽多夜泥
八十一 底里部畢薩僧伐反 唵登伐反 攞紬
摩倸佉帝屠穮吒八十二 河若

蜜帝烏都吒八十三 深耆吒波賴
帝吒八十四 耶弥若吒烏都吒 八十五
拘羅帝吒耆摩吒八十六 娑婆訶
登二 都工麼薩婆若引耶 都謨喝囉
怛那二合 多囉二合 夜引耶八十七 那謨阿
利耶二合 阿弭多工 婆超耶八十八
怛他揭多引耶八十九 阿羅訶二合 上帝
三藐三二合 勃陁耶上九十

BD15239 號　千臂千眼大悲觀世音菩薩法印呪　（14–6）

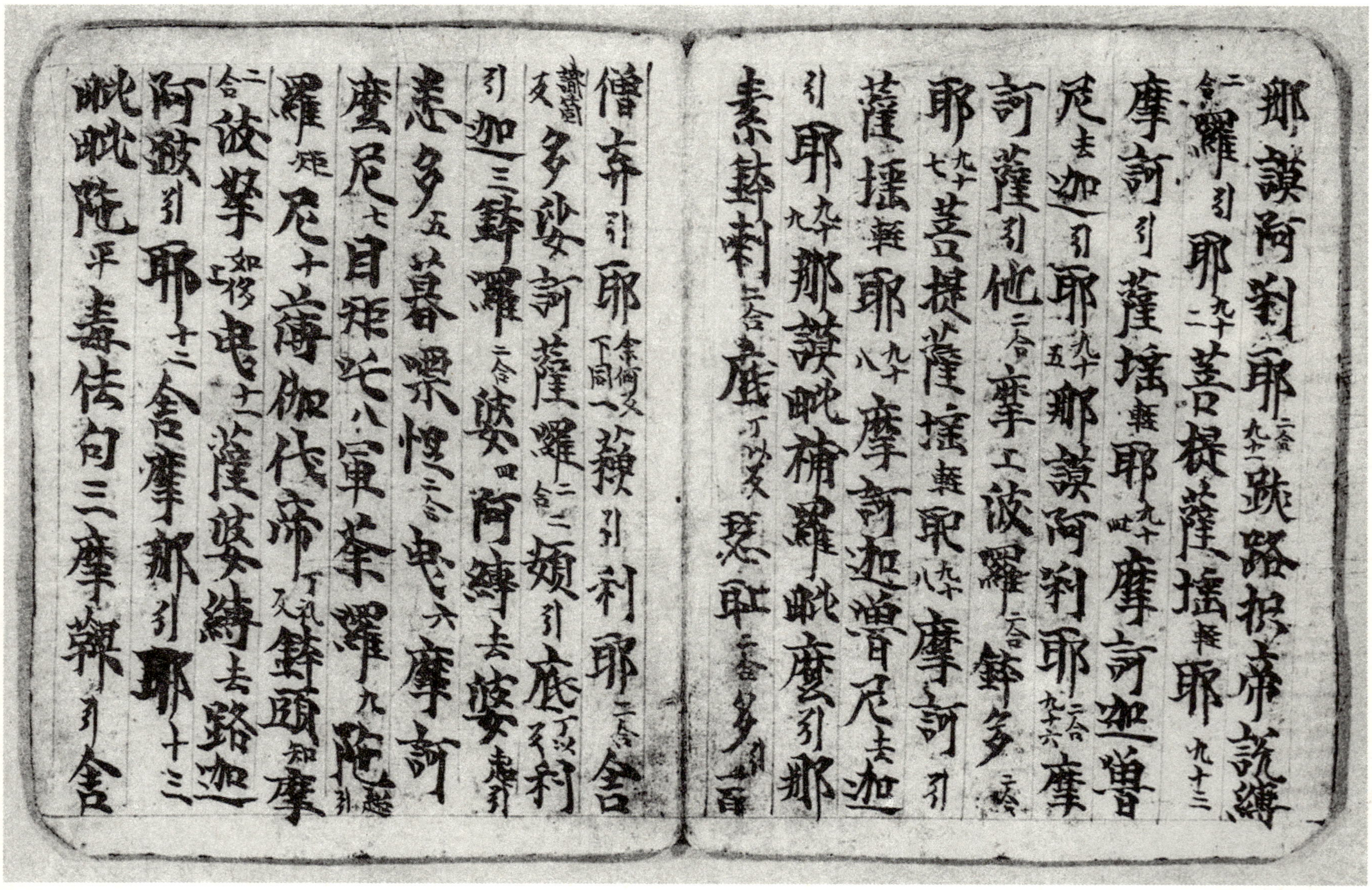

BD15239 號　千臂千眼大悲觀世音菩薩法印呪　　（14–7）

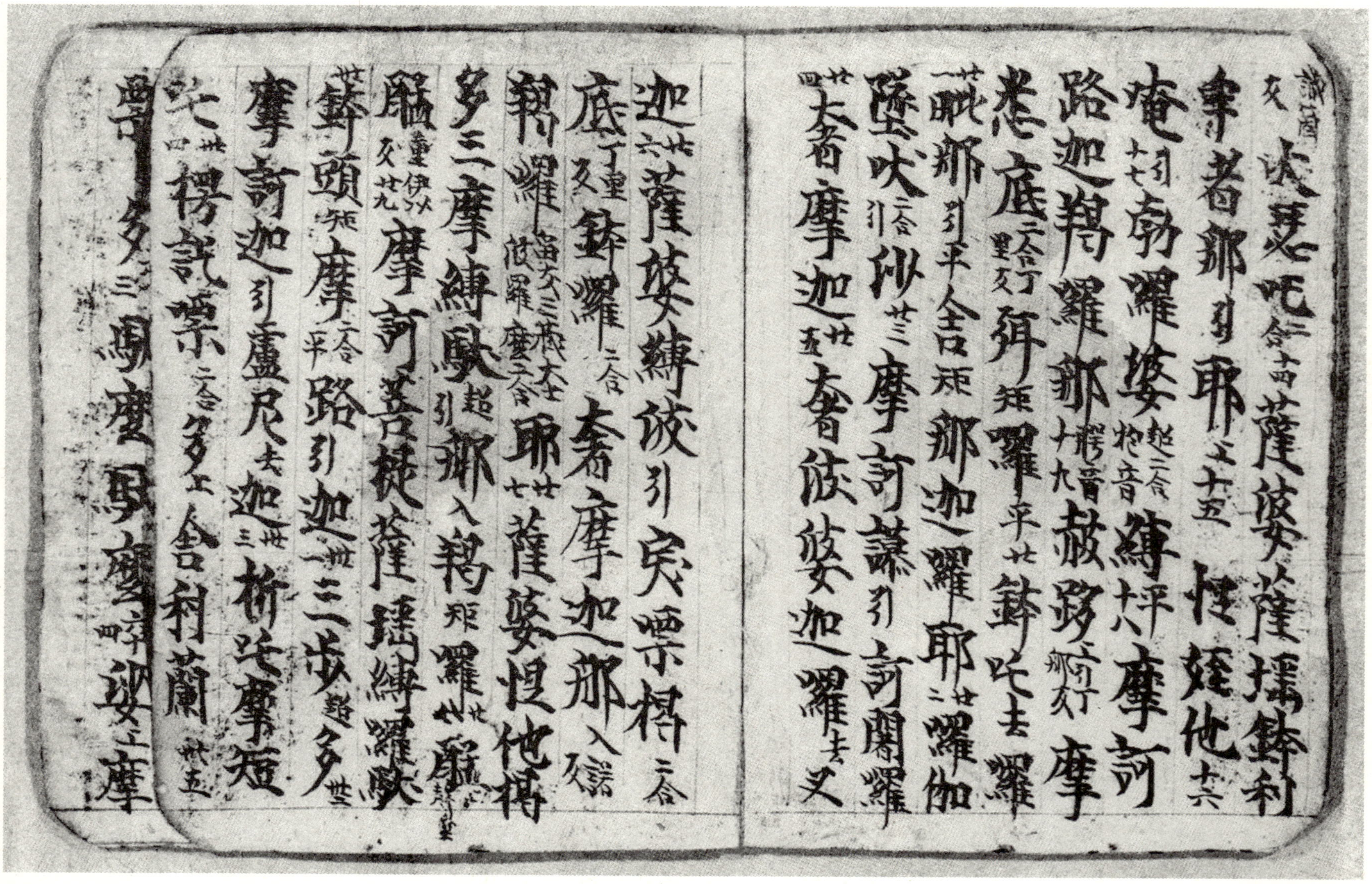

BD15239 號　千臂千眼大悲觀世音菩薩法印呪　　（14–8）

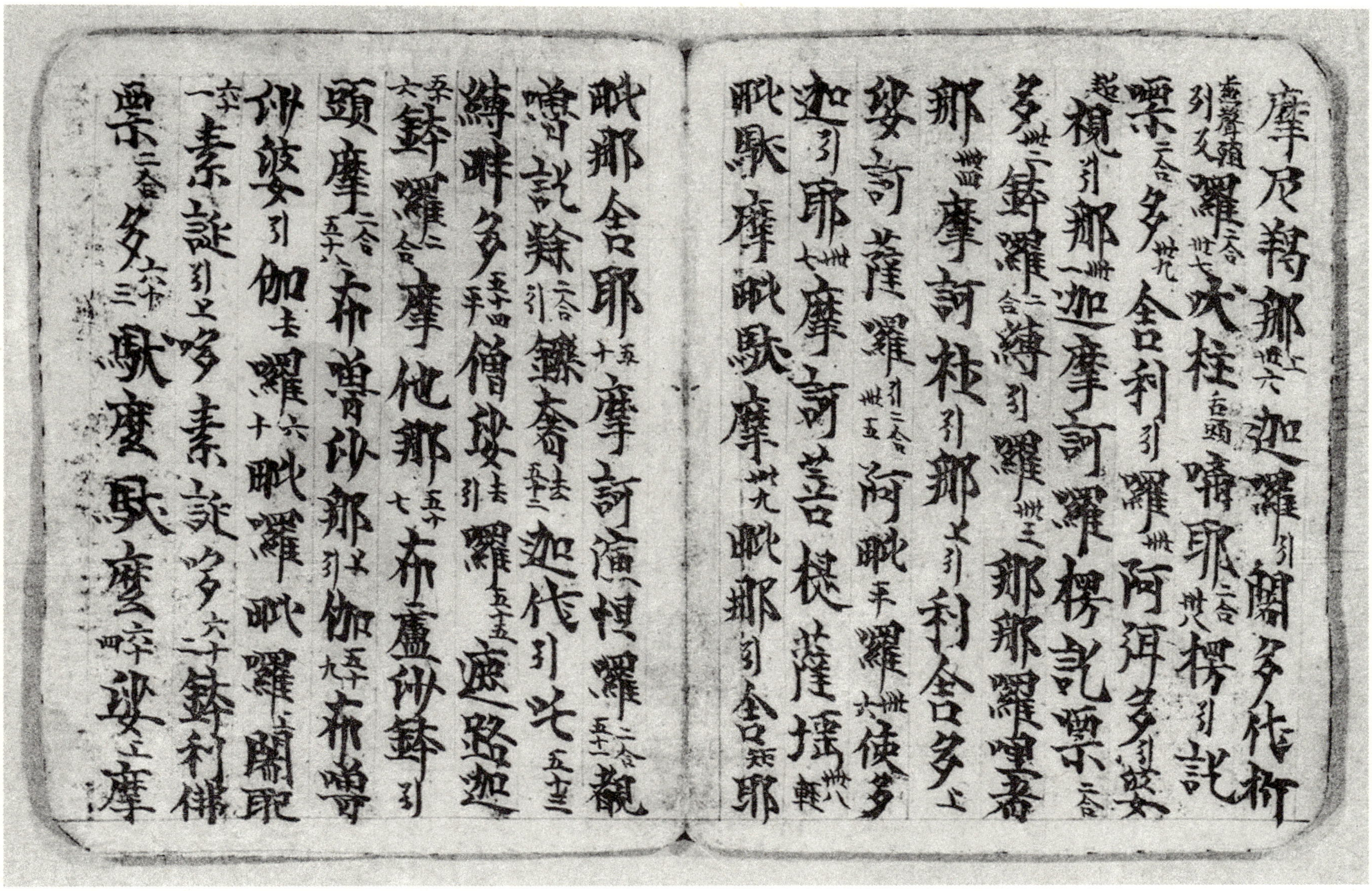

摩尼羯那上卌六迦羅引闍多佉術
𦋺聲頭引叉羅二合卌七大柱舌頭喃耶二合卌八楞引訖
㗚二合多卌九舍利引羅卌阿湦多引婆
超槻引那一卌迦摩訶羅楞訖㗚二合
多卌二鉢羅二合縛引羅卌三那那羅嚕嗇
那卌四摩訶柱引那上引利舍多上
婆訶薩羅引二合卌五阿毗平羅卌六使多
迦引耶卌七摩訶菩提薩埵卌八輕
毗馱摩毗馱摩卌九毗那引舍耶
毗那舍耶五十摩訶濕恒羅二合五十一觀
嚕訖鑠二合引鑠奢去五十二迦伐引乞五十三
縛畔多五十四僧婆去引羅五十五遮路迦
五十六鉢羅二合摩他那五十七布盧伽鉢引
頭摩二合五十八布曾伽那引伽五十九布曾
伽婆引伽去羅六十毗羅毗羅上闍耶
六十一素謎引上哆素謎哆六十二鉢利儞
㗚二合多六十三馱麼馱麼六十四婆上摩

BD15239號　千臂千眼大悲觀世音菩薩法印呪　（14–9）

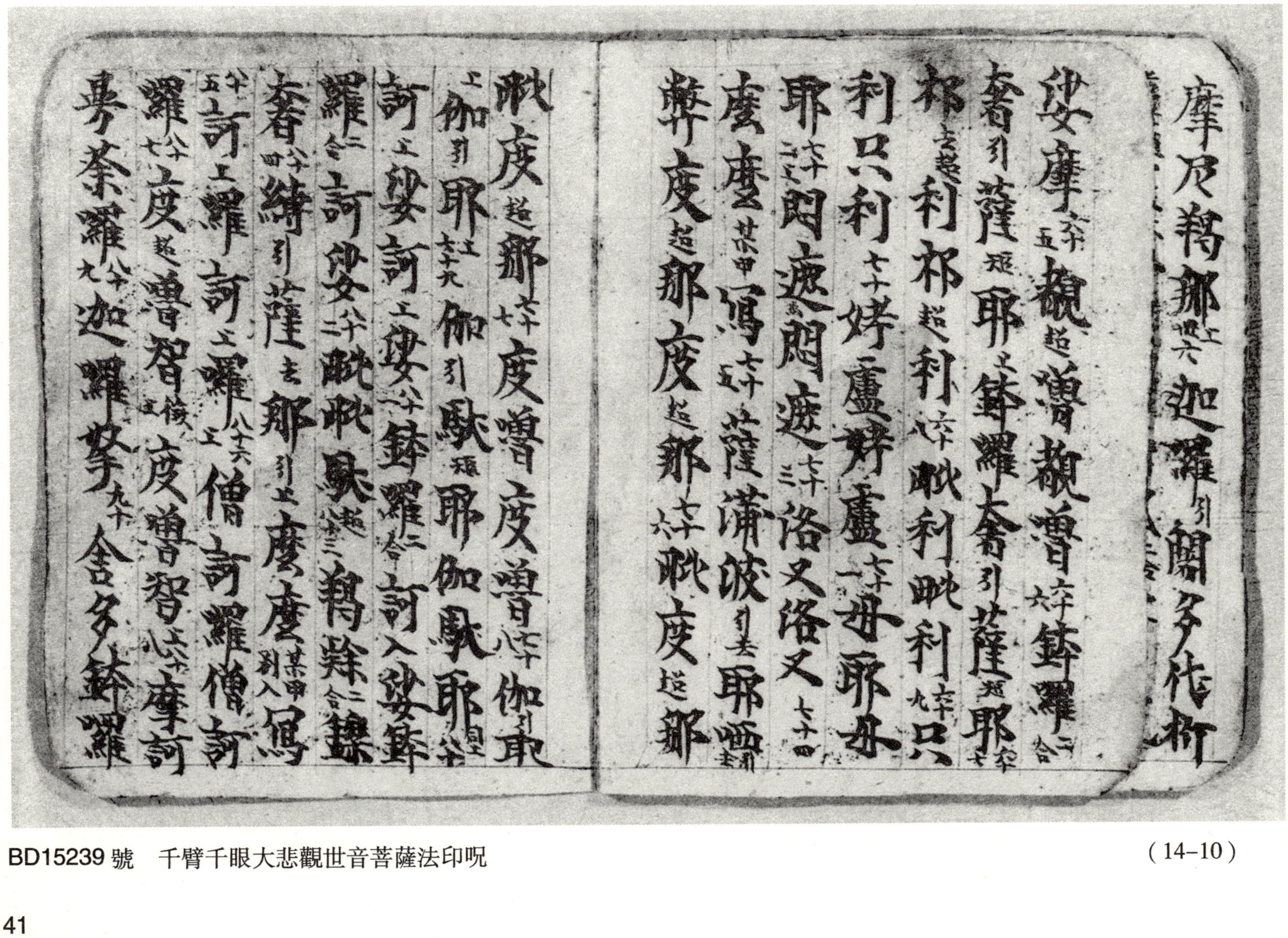

摩尼羯那上卌六迦羅引闍多佉術
婆摩六十五觀超嚕觀嚕六十六鉢羅二合
奢引薩埵耶上鉢羅奢引薩埵耶六十七
祁超利祁超利六十八毗利毗利六十九只
利只利七十嬉盧嬉盧七十一毋耶毋
耶七十二遮閦遮閦七十三洛叉洛叉七十四
麼麼某甲七十五寫薩滿波引去耶唎
薜度超那度超那七十六毗度超那
毗度超耶七十七度嚕度嚕七十八伽引耶
上伽引耶七十九伽引馱耶伽馱耶自上八十
訶上婆訶上婆八十一鉢羅二合訶入婆鉢
羅二合訶婆八十二毗毗馱超八十三羯鑠二合鑠
奢八十四縛引薩去那引上麼麼某甲別入寫
八十五訶上羅訶上羅八十六僧訶
羅八十七度超嚕智上儉度嚕智八十八摩訶
鼻荼羅八十九迦羅拏九十舍多鉢羅

BD15239號　千臂千眼大悲觀世音菩薩法印呪　（14–10）

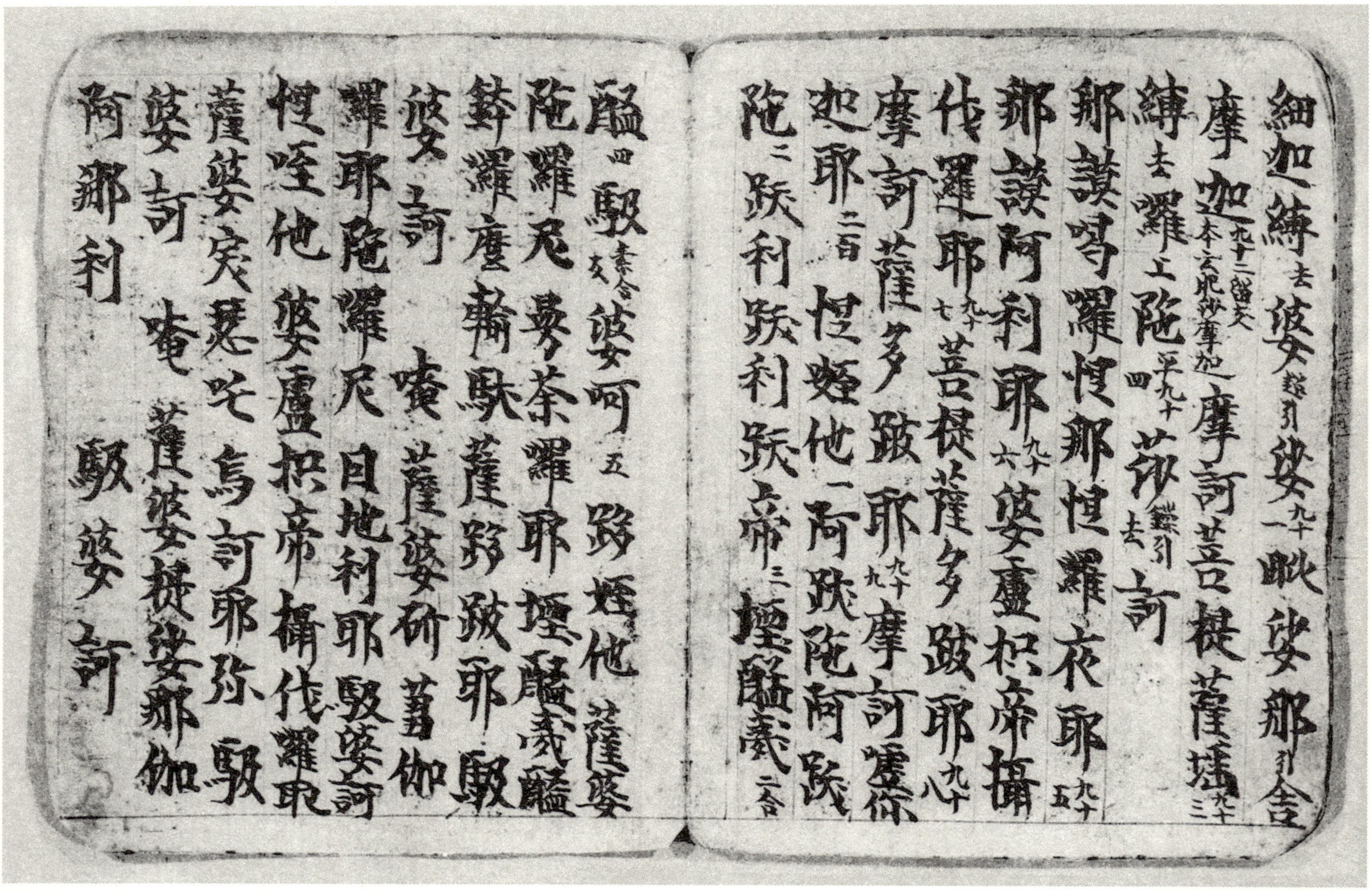
細迦縛去婆鎍引娑一九十毗娑耶引舍
摩迦九十二本云肥沙摩迦摩訶菩提薩埵九十三
縛去囉上陁平九十四莎鎍引去訶
耶謨喝囉怛那怛羅夜耶九十五
耶謨阿利耶九十六婆盧枳帝攝
伐羅耶九十七菩提薩多跛耶九十八
摩訶薩多跛耶九十九摩訶嚧
迦耶二百怛姪他一阿跋陁阿跋
陁二跋利跋利跋帝三墬醯曳二合
醯四馺婆素合反婆呵五跢姪他薩婆
陁羅尼曼荼羅耶墬醯曳醯
鉢羅摩輸馱薩跢跋耶馺
婆訶唵薩婆斫蒭伽
羅耶陁羅尼因地利耶馺婆訶
怛姪他婆盧枳帝攝伐羅耶
薩婆突瑟吒烏訶耶弥馺
婆訶唵薩婆提娑耶伽
阿那利馺婆訶

BD15239 號　千臂千眼大悲觀世音菩薩法印呪　（14–11）

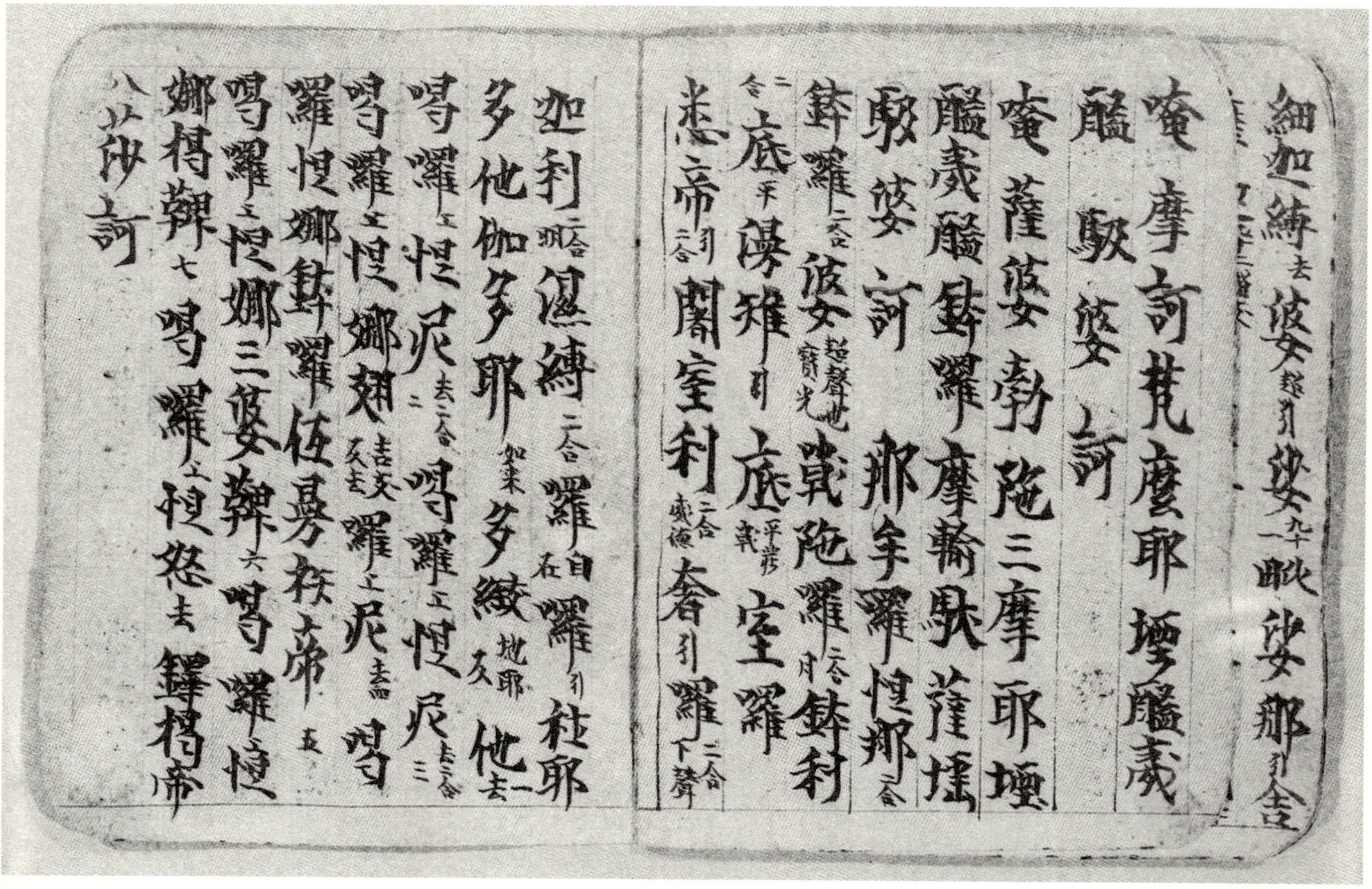
細迦縛去婆鎍引娑一九十毗娑耶引舍
唵摩訶梵摩耶墬醯曳
醯馺婆訶
唵薩婆勃陁三摩耶墬
醯曳醯鉢羅摩輸馱薩埵
馺婆訶耶牟囉怛那二合
鉢羅二合婆鎍聲寶光戰陁羅二合月鉢剌
二合底平溼囉引底平室羅
悉帝引二合闍室利二合威德奢引囉二合下聲
迦利二合溫縛二合囉自在囉引社耶
多他伽多耶如來多綾地耶他去一
喝囉上怛尼去二合二喝囉上怛尼去二合三
喝囉上怛娜翅吉反囉上尼去四喝
羅怛娜鉢囉佉曼孜帝五
喝囉上怛娜三婆鞞六喝囉憧
娜揭鞞七喝囉上怛怒去鐸揭帝
八莎訶

BD15239 號　千臂千眼大悲觀世音菩薩法印呪　（14–12）

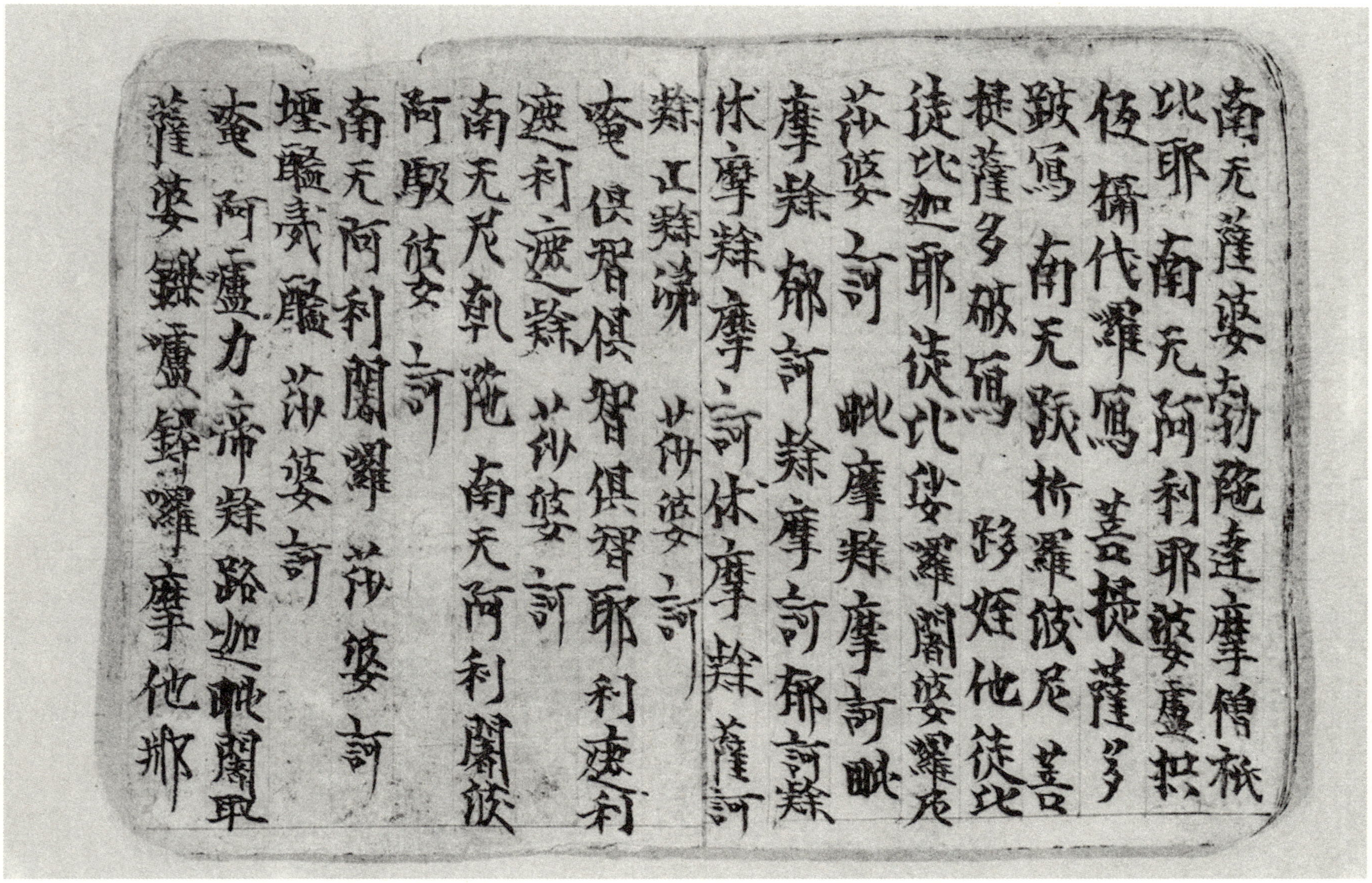
南无薩婆勃陁達摩僧祇
比耶南无阿利耶婆盧枳
低攝代羅寫 菩提薩多
跛寫 南无跋折羅波尼 菩
提薩多破寫 跢姪他徒比
徒比迦耶徒比娑羅闍婆羅尼
莎婆訶 毗摩羅摩訶毗
摩羅 郁訶羅摩訶郁訶羅
休摩羅、摩、訶休摩羅 薩訶
羅 止羅洋 莎婆訶
唵 俱智俱智俱智耶 利遮利
遮利遮羅 莎婆訶
南无尼乾陁 南无阿利闍波
阿馺波娑訶
南无阿利闍羅 莎婆訶
堙醯夷醯 莎婆訶
唵 阿盧力帝羅路迦毗闍耶
薩婆鑠盧鑠羅摩他那

BD15239號　千臂千眼大悲觀世音菩薩法印呪　　（14–13）

BD15239號　千臂千眼大悲觀世音菩薩法印呪　　（14–14）

亦爲細猶如父子二也
體各別
故相待二法麁細位定麁定爲麁
之二種相繫
麁定細者不復爲麁麁者不復爲細若望餘法麁細不
定若望本二麁細已定如父与子其位已定由斯不可以
相待故令子爲父父爲子如若集等義亦應然論
汙名劣不染名勝　釋曰有覆不善名之爲染善不
覆名爲不染染何故名之爲劣以是善人所弃法故
不染何以名之爲勝不爲諸惑所染汙故　論去來名遠
現在名近　釋曰過去未來相望遠故名爲遠現在居
等故爲近望於過未稍爲近故或約作用過未名遠已作未
作極相遠故現在名近現作用故或過未名遠過去已於相
續未來未得故現在名近現位相續故　論乃至識蘊
應知亦然　釋曰如是諸所有受想行識若去過若未
來若現在若內若外若麁若細若劣若勝若遠若近
如是一切略爲一聚說名受想行識蘊由此聚義蘊義得
成故曰然　論而有差別謂依五根名麁唯依意根名細或
約地辯　釋曰受等四蘊與其色蘊之餘義不殊唯有麁細
二義不同以識等蘊中無有教聚頂形色等麁細義故

来若現在若内若外若麁若細若劣若勝若遠若近
如是一切略為一聚説名受想行識蘊由此聚義蘊義得
成故曰然　論亦有差別謂依五根名麁唯依意根名細或
約地辯　釋曰受等四蘊与其色蘊〻餘義不殊唯有麁細
二義不同以識等蘊中無有積聚顯形色等麁細義故〻
曰亦有差別除麁細義外餘過去未来〻　等近皆如
色釋此之四蘊麁細如何此約所依非據相　論云謂依五
根是有對故從彼依生故名為麁所依意根非是積聚（名麁唯依意根名細所依五根）
是無對故從此依生故名為細或約地辯者色界四蘊為麁
初静慮四蘊為細乃至無所有處四蘊為細麁非想非〻
想處為細此即色界四蘊一向為麁非想地一向為細中間九
地亦麁亦細　論毗婆沙師所説如是　釋曰如上釋經是婆
沙師所説之義故摠結也　論大德法救復作是言五根所
取名麁色所餘名細色非可意者名劣色所餘名勝色
不可見處名遠色在可見處名近色過去等色如自名顯
受等亦然随所依力應知遠近麁細同故　釋曰大德法救
復作是言者有二師云是經部師名為法救以不許於
婆沙師前所釋義故作是言復有説云若是法救説
有過未應知是毗婆沙者非經部師以經部師唯稱
大德此師不許毗婆沙所説之義非是法救何以不許
以彼經中世尊自説過未現在何故豈將過未釋遠現在
釋近有此相違麁細之義亦不決定〻力之義理復不
盡是以此師復釋五根所取名麁〻名細色者五
根所取之境即是五外處此名為麁〻以五識緣無分別故
所餘名細者謂意根境名曰所餘此意根境謂即五根及無

BD15240號　阿毗達磨俱舍論實義疏卷三　（64–2）

釋近有此相違麁細之義亦不決定□分之義理復不
盡是以此師復釋五根所取名麁□名細色者五
根所取之境即是五外處此名為麁以五識緣無分別故
所餘名細者謂意根境名曰所餘此意根境謂即五根及無
表色此名為細非現等得即決是麁細之義非可意者名
劣色所餘名勝色者不可愛色名非可意此即名劣亦
念心有喜樂故言所餘者謂即可愛此名為勝謂能念心有
喜樂故言喜樂者此即可愛可惡之義也不可見處名遠
色者約處所辯有雖近細而不可見以不可見故名之
以處所可故名之為近此是可見義何以有色雖近而有障
隔自體與處俱不可見齊可見處復無障隔眼得起名
之為近異此名遠在可見處名近色者此復約位立處所現故
云處有雖遠而可見者如星宿等雖即可見不名為近以處
所不可見故異此名近又眼等五根一向名近此之依處可見處
故色等五境及此位處齊眼可見名之為近眼觀不及名之
為遠過去等色如自名顯者以此義故經部大德再釋其義
世尊經中自說過去未來現在毗婆沙師以此三世釋於遠近
重釋之過此三世義如經所說是故論云如自名顯受等亦然者
如前說色今釋受等亦如前義隨〻應知遠近者此
受等四蘊遠近隨所依分別所依可見名之為近所不可見名
之為遠麁細同前者如前毗婆沙師所說五根所取名麁意
根所取名細或約地辯　論心〻所法生長門義是處義訓
釋詞者謂能生長心〻所法故名為處是能生長彼作
用義　釋曰何故言處是生門義生誰之門以訓釋詞
故前生門義生誰之門生心〻所法生長門義是處義

根所取名細或約地辯　論心之所法生長門義是處義訓
釋詞者謂能生長心之所法故名爲處是能生長彼作
用義　釋曰何故言處是生門義生誰之門以訓釋詞
故前生門義生誰之門生心之所法生長門義是處義
訓釋詞者如論中云謂能生長心之所法故名爲處是能
生長彼作用義作用義者如依眼色生於眼識乃至意法
應知亦然如契經說梵志當知以眼爲門唯爲見色
此經唯證門義有六然心所法有十二門故契經說眼
色爲緣生於眼識三和合觸俱起受想思如是乃至
意法爲緣生於意識三和合觸起受想思　論法
種族義是界義如一山中有多銅鐵金銀等族說
名爲多界如是一身或一相續有十八類諸法種族名
十八界　釋曰如何知族是其界義與世種族義相似故
論中云如一山中有多銅鐵金銀等族說[illegible]介金銀等
礦承以種族說名爲界如是一身或一相續[illegible]身謂所依相
續即是心心所相續或身者刹那相續者即随流有十八
類諸法種族名十八界者此一身一相續中有十八法種子
亦名種族亦名爲界　論此中種族是生本義如是眼等
誰之生本謂自種類同類因故　釋曰言生本者謂生之
所依此十八種是別別法生之所依　問此十八界攝一切法離此之
之外是何別法生之本耶以此義故　論義問云如是眼等
誰之生本異十八界更有別法即言此是別法生本離十
八界更無別法此是誰之生本　論自答云是自種類
同類因故如前生眼根與現生眼根及未生眼根爲同類
因乃至法界應知亦爾離十八界更無別法然與自類

BD15240號　阿毗達磨俱舍論實義疏卷三　（64–4）

之外是何别法生之本耶以此義故　論蕤问云如是眼等
誰之生本異十八界更有别法即言此是别法生本雜十
八界更無别法此是誰之生本　論自荅云是自種類
同類因故如前生眼根与現生眼根及未生眼根為同類
因乃至识界應知亦尔雖雜十八界更無别法然与自類
而為生本若如是者此中攝義不盡故論問云　論若尔
無為應不名界　釋曰無為之法無前及後非同類因
如何得為生本耶既非生本亦應不得名之為界　今既不許
如此之義故論更以異意釋云　論心心法生之本故　釋
曰諸无為法与心心所為所緣緣及增上緣此名本生故約此釋攝
義周盡此中雖即攝義周盡此復有過以　界義應
相濫俱心心所生本義故為避此過復轉釋云　論有說界
聲表種類義謂十八法種類自性各别不同名十八界　釋
曰此中餘師轉復異釋十八界義如金銀等展轉相望體類
不同故名種族如是眼等展轉相望體類不同故名種族
類是體義此十八界各各自體不相善别不成雜乱故說
界聲為種族義若尔意界望於六識無别體類應非别
界此難不然所依能依體類别故有說安立時分異故復有
說者亦六是意先意非亦六先故甚有異雖諸界體並通三世
然就位别故立異名由此故言亦先意後未来意六時位
未分如何可言六先意後　論若言聚義是蘊義者蘊
應假有多實積集共所成故如聚如我　釋曰何因有此問
耶以毗婆沙師處界實有許蘊不然以彼聚義說是
蘊故多法積集以成於聚於此聚中無其實體故起
斯问如多聚麦積集一處名之為聚聚是假立無其實

應假有多實積集共所成故如聚如我 釋曰何因有此問
耶以毗婆沙師處界實有許蘊亦然以而聚義說是
蘊故多法積集以成於聚於此聚中無其實體故起
斯問如多穀麥積集一處名之為聚ミ是假立無其實
事穀麥分散何有聚體如是色等五蘊積聚假說
我名色等分離我亦非有如經頌云 如即攬衆分 假想
立為車 世俗立有情 應知攬諸蘊 如於過去及未來
等多實積集假立蘊名 論此難不然一實極微之名
蘊故 釋曰婆沙師云理不如是一ミ極微皆有蘊義
經部云若如是者蘊中不應說其聚義一ミ極微不名聚
故阿闍梨衆賢云此難不然於聚所依立義言故非聚
即義ミ是實物名之差別聚非實故或一極微三世等攝
以惠分析略為一聚蘊雖即聚而實義成餘法亦然故蘊
非假尊者於此雖作是說然違契經以經說云諸所有色
若去未來若現在若內若外若麁若細若劣若勝若
遠若近如是一切略為一聚說名色蘊由此聚義蘊義
得成故知世尊說彼多法略為一聚方名為蘊今所說言
學為蘊者与経相違 阿闍梨衆賢作如是説一ミ極微
一ミ極微各平對得名為聚ミ各別不平待不名為聚
若相待者一ミ皆得名之為聚若異此者如何可以無常苦
空非我行相而得證知及能除斷又何能為施設我因若
非實事之所成者如何得有如是差別能為我因乃至
應知分應斷等以處為界實事是有故有如是差別
理極蘊亦如是實事有故由斯亦有如是別差此亦非理
若如是者即氣衣等悉應是實以此等中一ミ實事極
微相待共所成故復有餘過謂隨有衆所攝色等應合

應知六不應斷等以處爲界實事是六故有如是差別
理然蘊名如是實事有故由斯亦有如是別差此亦非理
差如是者即衣等悉應是實以此等中一一實事攝
嚴相待共所成故復有餘過謂隨有幾所攝色等應合
亦有多蘊若如是說如經所言若過去若未來乃至若
遠若近如是一切略爲一聚說名色蘊如是經義故應
不成　聖奴又云無如是過蘊亦不應如是成多以要多事
相對待時得名蘊故猶如言多非即一法名之爲多以有多
故法等名爲多多義即是此中法等此亦不然法喻不齊以
喻中云衆法爲多非一爲多前所說云一一極嚴相待之時
得名爲聚故知所說法喻不齊若很復言如過去等如
是略爲一聚名爲蘊者應知此蘊決定是假如色蘊等
若謂既非實事所成如何得以苦空非我等行相應知
及應斷者聽說此義世尊今觀無常苦空非我相中
豈要有其實事不但是假如世尊說一切有情皆爲無
如有頌云始自入胎及出胎　復從嬰孩至老死　歷茲十位
迅速往而不返如駛流　無有實事名爲有情世尊約現
所化有情隨機說蘊之爲無常等有何違又很所言蘊若
非以實事所成如何得爲施設我因者現見假法還与假法
而得爲因如世指樹以爲林因指一士夫爲軍因等故聖奴師有
衆多說皆不應理創般皆亦此更不說　論有說能荷果
重權猶如義是蘊義由世間說肩名蘊物所聚故　釋
日果者即是權之物果即是重權持業釋也五蘊荷負
此果重權猶如身分權荷重權世間人等呼之爲蘊果重
權者眼等六處与總五蘊爲果重權如經說云色色緣六
處言六處即是五蘊應知六處是色色之果重

重擔猶如義是蘊義由世間說肩名蘊物所乘故　釋
日果者即是擔之物果即是重擔持業釋也五蘊荷負
此果重擔猶如身分擔荷重擔世間人等呼之為蘊果重
擔者眼等六處与惣五蘊為果重擔如經說云色色緣六
處言六名色者即是五蘊應知六處是名色之果重
擔也此即六處名惣五蘊之果重擔或約二蘊釋其重
擔如經說云六處緣觸此即觸与色識二蘊為果重擔
此六處中眼耳鼻舌之及身五處名為色蘊意為識
蘊或約一蘊釋於重擔如經云受緣愛々即是受蘊之重
擔或一蘊与重擔如經云行緣識々与行蘊為重擔也或
五蘊与一蘊為重擔如經云識緣名色々与識蘊為重擔
餘法亦應如是分別若約分位緣起而論位々之中皆有
五蘊々与五蘊為重擔若如是釋即一々事皆得為蘊若
聚一處是即一々各有力用能荷重擔　論或有說者可分
段義是蘊義故世有言汝三蘊還我當与汝　釋曰此中
釋蘊為可分段若義言三蘊者蘊是分義猶如世間可
与之物有其三種謂飲食衣服房舍臥具故世有言如是
三分我當与汝雖即大種及所造色心々所等同時俱生然可
以知惠分析為分段故諸有為法有三段謂過去未來現
在一々世中有五分段謂色乃至識如是釋者是則五蘊
有其實事非假立也此前二釋論主不許故後說之　論此釋
越經云說聚義是蘊義故如契經言諸所有色若過去等
廣說如前　釋曰皆不應理世尊經中若不說言聚義是
蘊即前二說其理可然今既世尊親說聚義故前二說
違越契經義為不可阿闍梨衆賢云經主決判此義釋越

有其實事非假立也此前二釋論主不許故後說之　論此釋
越經云說聚義是蘊義故如契經言諸所有色若過去等
廣說如前　釋曰皆不應理世尊經中若不說言聚義是
蘊即前二說其理可然今既世尊親說聚義故前二說
違越契經義為不可　阿闍梨衆賢云經主決判此義釋越
經令謂不然不違理故處界二義豈不越經而於其中攝取
為正復有何理唯義蘊中因求往證於處界中唯依理釋
絕不求經　觀此義言似專明黨故應如彼據理無違非並
用執此中有理世尊經中雖說處界然無處云以何義故
此名為處以何義故名之為界是以諸師隨義辯釋故無
違越於蘊義中世尊親說聚為蘊義今者越經別為異
釋固違聖說理定不然　論若謂此經顯過去等一一色等
各別名蘊是故一切過去等色一一實物各各名蘊　釋曰毗婆
沙師若更釋云雖即世尊此經中說聚義為蘊然經意
云過去色等一一各別皆得為蘊不言物聚身名蘊者　論
此執非理故彼經言如是一切略為一聚說名蘊故是故如
聚蘊定假有　釋曰此即經部對婆沙師不應課取
此經意云過去色等一一各別皆得為蘊若如是者
經不應言如是一切略為一聚說名為蘊經說既尒故婆
所說定為非理是故所說聚義為假如是蘊義定尒
假有　論若尒應諸有處色亦是假有眼等極微要多
積聚成生門故　釋曰毗婆沙師復以處義經非部說若
言聚蘊定假有者即十處色亦應是假眼等極微要
積聚身可得成生門義故五識依緣皆積聚故由斯如
是眼等色等多微積聚身為依所方所緣故亦應是
論此雖非理多積聚中一一極微有因用故若不尒者
設

假有　論若不爾諸有處色亦是假有眼等極微要多
積聚成生門故　釋曰毗婆沙師復以處義經部說若
言聚蘊定假有者即十處色亦應是假眼等極微要
積聚身可得成生門義故五識依緣皆積聚故由斯如
是眼等色等多微積聚身為依所緣故亦應是
假　論此難非理多積聚中一一極微有因用故若不爾者
根境相助共生識等應非別處是則應無十二處別　釋
曰此經部師難婆沙師若言多微積聚成生門者理定
不然多積聚中一一極微各為因用既一一微各得為因如
何說言多微積聚身成依緣若毗婆沙師言此理不然此
一一微非能為因須相待故身成因用者此亦不然若言諸微
以相待故是即應如多微積聚故然為因用以積聚故身得
為處此處亦應定是假有若一一微得為處者不應相待
非如色處此非色處獨能為因不相待故者此亦不然若一一微
不為因者是即根境不應獨能為其別處根境相助身生

愚為遣此計以所以分色為之十界心為七界令其了知色各
異立亦別既知各別彼見自除故為說界　愚心所者
是六品愚之於微細相似事故愚於色者是中品愚之於麁
着相似事色心俱愚者是六品愚之於麁細相似不相似法
故為三除遣此三愚故說蘊等三說此三故除於身見於總
聚中起於身見令知各異此見即除約此三見身所起諸
諸惑亦皆除遣是以世尊說蘊等三　根亦三者婆沙師云約
信等根有利中鈍若為鈍根中根說蘊此不能達處界之義
若鈍根者雖聞蘊處然不能達十八界義由此根異故
說三科此等不然若如是者約彼利根即是處界便應無用
若約中根蘊界無用若約鈍根蘊處無用言先說蘊時中
上二根復說處以鈍根說處鈍根不了故復說界若如是者

信等根有利中鈍若爲鈍根中根說蘊此不能達處界之義
若鈍根者雖聞蘊處然不能達十八界義由此根異故
說三科此等不然若如是者約彼利根即是處界便應無用
若約中根蘊界無用若約鈍根蘊處無用言先說蘊時中
鈍不了故復說處以離說處鈍根不了故復說界若相是者
但應說界三根俱達更用何說蘊處二耶是故定應爲利
說蘊爲中說處爲鈍說界以廣中略稱其根宜是能善利一
切三科俱爲有用樂亦三者爲宿習故樂略中廣是世尊
隨其樂欲說此三種若不稱機爲異說者此即却爲不信之因
唯樂奢摩他者樂聞其略樂奢摩他及毗鉢舍那者樂
聞其中唯樂毗鉢舍那者樂聞其廣故須說此三三者爲顯
擇法故論云擇法不生惑無由滅等　論何緣世尊說餘心所
總置行蘊別分受想行爲二蘊耶　釋曰何故有此問耶爲前說
云愚於心所總執爲我爲此世尊分別心所爲受想行蘊若欲爲
遣心所愚故分別心所立三蘊者即應一一委細分別何故唯各
受想二種立爲二蘊餘心所等爲共行蘊欲知其因故有斯
問　論頌曰諍根生死因　及次第因故　於諸心所法　受想別
爲蘊　論曰諍根有三謂著諸欲及著諸見此二受想如其
次第爲最勝因味受力故貪著諸欲倒想力故貪著諸
見釋曰諸欲者欲謂貪求五妙境也於五境中愛味受著
著諸見者見略有五謂身見等若廣即分六十二種於
此見中以倒想故貪染執著爲著此欲及著見故即有諍共
諍何共以謂由受想爲其因也生諍之因爲與(唯)此二爲更有
餘雖更有因非爲最勝故論說云此二受想如其次第爲最勝
因此二何以爲最勝　論自釋云味受力故貪著諸欲倒想力故貪
著諸見以貪著故即著爲諍因貪著欲諍多約在家貪

諍何共以謂由受想爲其因世生諍之因爲與此二爲更有
餘雖更有因非爲最勝故論說云此二受想於其次第爲最勝
因此二何以爲最勝　論自釋云味受力故貪著諸欲倒想力故貪
著諸見以貪著故即著爲諍因貪著欲諍多約在家貪
著見諍多約出家何以得知貪著欲諍多約在家以契經云爲
由染著貪欲因故俗與俗諍乃至廣說何以得知貪著見諍多々約
出家以聖教中諸出家者非法々法想法非法相各執異見乎相爲
諍出家外道無我々想乃至戒禁取等見中起諸倒想乎於
諍欲味言受者謂樂受唯於受故之味受々即味故持業釋世
以何味受謂以貪々染之受依主釋世或受中有味々謂貪欲即
第七轉所依聲攝依受有味緣受起愛々彼資受之境於於彼
境中貪著諸資受境者即五境也　問若言因想有諸見
者如見諦者雖有其想然無諸見如何言得想爲見因　答因倒
想故即起諸見若無倒想諸見即無此見諦者雖有其想
然非顛倒想不爲見因無故諸見　此不應執顛倒知之無明与見
而爲其因以此無明無知爲性行相隱覆見是慧性行相明
利故彼無明不爲見因与此无明相應倒想能爲見因應知境
中不如理知顛倒執故々起諸見如有頌云　如魚處泥中　躍水
令渾濁　無明中倒想　汙慧亦然復　以此知由倒想故貪著諸見
無明中想与爲見因　論又生死法以受及想爲家勝因由耽著
受起倒想故生死輪迴由此二因及後當現次第因故應知別
立受想爲蘊其次第因隣次當辯　釋曰此受与想非唯諍
因亦是生死之家勝因何以爲生死々勝因論自說云由耽
著受起倒想故生死輪迴耽著受者愛行有情起倒想
者見行有情言耽著是堅執義倒者四倒生相續時由四倒
想受生有而六頌云倒心趣欲境濕化染多受此中約義現

因亦是生死之家勝因何以為生死之勝因論自說云由耽
著受起倒想故生死輪迴耽著受者愛行有情起倒想
者見行有情言耽著是堅執義倒者四倒生相續時由四倒
想受生有帀六頌云倒心趣欲境濕化染多受此中約義現
是生死因之因故貪著及倒想是生死因受想是生死因之
因以受想故為彼貪著及以顛倒由貪著倒故受生死中非
唯約諍根因及生死二義別立受想為蘊亦可約後蘊次第
中麤染器及界等四義別立受想以為二蘊麤等四因次六
當釋 論何故無現為在處界非蘊攝耶 釋曰何因作此
問耶世尊說現法非無因緣法相攝屬皆有由致未知何因此
無為法蘊所不攝欲顯其因故有斯問 論頌曰蘊不說無為
義不相應故 論曰三無為法不可說在色等蘊中与色
等義不相應故謂體非色乃至非識不可說為第六蘊
彼与蘊義不相應故聚義是蘊如前具說為無為法非如
等色有過去等品差別可略一聚名無為蘊 釋曰若說
無為蘊所攝者應有義二或應說在五蘊之中或可更應
立第六蘊若說无為在五蘊中義為不可立第六蘊理復
不然何以不許攝在蘊中此非是色亦不是識於何處攝
色是變壞無為不尒廣說乃至識能了別此無是用故
俱不攝如何不許為第六蘊蘊是聚義無為不尒故不可
立為第六蘊如論釋云謂無為法非如色等有過去品等
類差別可略一聚名無為蘊 問無為若非實有體性不
為蘊者其理可㧞既言是有如何不許眾多積聚
成無為蘊如彼色等有過去等品類差別可略
一聚說為色蘊无為亦尒何妨有多即積聚名無為

而蘊者其理可拉既言是有如何不許聚多積聚
成无爲蘊如彼色等有過去等品類差別可聚
一聚說爲色蘊无爲亦尒何妨有多積聚名爲
無爲蘊　答聚有二義一者各在異處收攝積集令在一處
名之爲聚二者三世之法可以知惠略爲一世名之爲聚其
無爲法無此二義如何名聚故不可立爲第六蘊　論又言取
蘊爲顯染依染淨二依蘊言所顯無爲於此二義都無義不
相應故不立蘊　釋曰蘊有二義一者染依謂是取蘊二者染
淨依謂即是蘊無爲都無此二種義一非染依是有漏無
爲非漏故不爲依二亦不与染淨爲依以不隨增諸煩惱故不
爲染依非道諦故不爲淨依不可立爲無爲蘊　論有說如
瓶破非瓶如是蘊息應非蘊　釋曰如說瓶破不復名瓶如
何蘊息復名爲蘊且如擇滅非擇滅是滅蘊之滅如何復
得名之爲蘊唯獨虛空又不應成無爲蘊也論主不許此所以
說故次論云論依於處界例應成失　釋曰此若依蘊作如是
其義可然於處界中復如何說以言蘊息不復爲蘊如是
處界息亦應非處界喻並如前處及以界既与蘊同無爲
即應三科不攝　有二師云無如是失且如蘊滅蘊所攝者差
皆滅盡如是處界雖則息滅此所攝者非滅盡故不爲
例　復有餘說此之息言非顯斷空非擇滅體非是斷故
此言意顯若於是處蘊相都無名爲蘊息三無爲上聚義
都無可名蘊息非川族義於彼亦無故不應例此釋与頌
義善相符　論如是已說諸蘊廢立當說次第　釋曰上釋
聚是蘊之不攝無爲故云廢立是則立蘊別於處界當
說次第者世尊起教道惠爲先依何說蘊如是次第　論頌曰
隨麤染器等界別次第立　論曰色有對故諸蘊中麤無色

BD15240號　阿毗達磨俱舍論實義疏卷三　（64–14）

都無可名蘊[illegible]
義善相符　論如是已說諸蘊廢立當說次第　釋曰上釋
聚是蘊々不攝無為故云廢立是則立蘊別於處界當
說次第者世尊起教道惠為先依何說蘊如是次第　論頌曰
隨麁染器等界別次第立　論曰色有對故諸蘊中麁無色
中麁唯受相行故世說我手等痛言待二想麁男女等相易
了知故行麁過識貪瞋等行易了知故識最為細摠取
境相難分別故由此隨麁立蘊漸次　釋曰五蘊之中色最為
麁何者為麁有見為對故名為麁有說得與五識依為六識
所緣故名為麁無色中麁唯受行相非形顯隨應以相顯故云
麁也如何相顯如論自云故世說我手等痛言待二相麁者待
故行識想即為麁想之作用易可知故如論釋云男女等想
易了知故行麁過識者行身方於識行想易知故云麁也如論
釋云貪瞋等行易了知故有餘說云行之造作相易可知
思歎言歎我富樂稱壽等故是以言麁識最是細者望前
諸法識極微細論自釋云摠取境相難分別故由此隨麁立次
蘊第者隨所化機易了知故如是隨麁立蘊次第麁易知故
先說細難了故後陳　論或從無始生死已來男女於色更
相愛樂此由耽著樂受味故耽愛復因倒想生故此倒想生由
煩惱故如是煩惱依識而生此及前三皆染汗識由此隨染立蘊
次第　釋曰如何隨染立蘊次第色為染因故先立蘊以男女等
於顯形色聲香味觸等相貪染故論釋云或從無始生死已
來男女於色更相愛樂如經說云無有一色手相染著如男女
者乃至觸等應知亦尔廣說如經何因於色更相染著此由
受故有斯耽著何貪味樂受々相應愛貪欲不離故云
耽著論自釋云此由耽著樂受味故有餘說云已得之受於
中貪著未得之受因而追求故云耽著故云受蘊次於色

來男女於色更相愛樂如經說云無有一色乎相染著如男女
者乃至觸等應知亦尔廣說如經何因於色更相染著由
愛故有斯耽著々者何貪味樂受々相應愛貪欲不離故云
耽著論自釋云此由耽著樂受味故有餘說云已得之受於
中貪著未得之受周遍追求故云耽著故云受蘊次於色
蘊以於受如是耽著此由倒々想々者何謂苦為樂故倒想此耽
著者唯是樂受必不耽苦既於樂受生於樂相有何顛倒
答云此之樂受若行約苦壞苦觀之亦得為苦今者決定生
於樂想故名顛倒何以為顛起顛倒想此由煩惱迷於苦無
常苦及不淨非我理故起於倒想此諸煩惱行蘊所攝如是
煩惱依何而生此依識生此復能引續生後識此諸煩惱依
識而生復能染識論自釋云此及前三皆染汙識由此隨
染立蘊次第者何處染因何染如何染誰能染此染誰
依如是義立蘊先後　論或色如器等受類飲食想同
助味行似廚人識喻食者故隨器等立蘊次第釋曰色何
喻器為受依故受何喻食資噉性故有說此能增益損
減有瞋身故々受喻食何以想同助味以取可意不可意相
助於受故以此助故受相明了由倒想故於受生貪是以想同
助味有說由取怨親處中等相助生受故想同助味行何以
喻廚人能造作故由思貪等業煩惱力愛非愛等異熟故
生々識何以喻食者能取境故有一說云執有我故々喻食者
復有說云有情本中為主勝故識為上首受等生故々識喻
食者論自結云故隨器等立蘊次第　論或隨界別立蘊
次第謂欲界中有諸妙欲色相顯了色界靜慮有勝等
喜受相顯了三無色中取空等相想相顯了第一有中
思最為勝行相顯了此即識々住々其中須從世間田種

BD15240號　阿毗達磨俱舍論實義疏卷三　（64–16）

復有說云有情本中為主勝故識為上首受等生故識喻
食者論自結云故隨其等立蘊次第　論或隨界別立蘊
次第謂欲界中有諸妙欲色相顯了色界靜慮有勝樂
喜受相顯了三無色中取空等相想相顯了第一有中
思最為勝行相顯了此即識識住其中顯似世間田種
次第是故諸蘊次第如是釋曰謂欲界中有諸五妙欲
色相顯了者以欲界中色最顯為勝諸根境色皆具
有故色界靜慮有勝喜等受相顯了者受差別
靜慮差別初二靜慮中約終得定俱有喜受故二靜
慮如次有樂及捨二受約生得定如論頌云生靜慮從初有
喜樂捨受又喜樂捨捨唯捨受如次有餘說云色界受勝
於生死中諸勝妙受具可得故由是等故色界受勝三無色
中取空等相想相顯了者彼地取相最分明故故云想相
顯了此無色中同是捨受不可分別受非勝有說餘靜
慮中各捨受攝及三無色無唯取空等以此即是想之作
用第一有中思最為勝行相顯了者彼中即是思之大果思於
行蘊最為殊勝何蘊中何者勝最即名顯了故云思最為勝
行相顯了亦次依此立為行蘊此即識識住者識住有四色近行謂
即欲界二受近行謂即色界三相近行下三無色四思近行謂第一有
此之四蘊是識所住故云論識住其中識住其中者以貪愛故故
住其中顯似世間田種次第先有其田後方下種四蘊如田識猶種
子是世尊先說四蘊後說於識故論云是故諸蘊次第如是
論由此五蘊增無減過即由如是諸次第因雜行別立受想
二蘊謂受與想相於諸行中相廣生漏類貪同助二界中強故別
立蘊　釋曰由此五蘊無增減過者　以蘊等四重立蘊次第故
蘊雖五[illegible]無增即由如是者次第因行別立受想二蘊謂受

子是世尊先說四蘊後說於識故論云是故諸蘊次第如是
論由此五蘊增無減過即由如是諸次第因雜行別立受想
二蘊謂受與想相於諸行中相麁生染類食同助二界中強故別
立蘊 釋曰由此五蘊無增減過者 以麁等四重立蘊次第故
蘊唯五無減無增即由如是諸次第因行別立受想二蘊謂受
與想於諸行中相麁生染類食同助二界中強故別立蘊者
諸心所中受想麁著為染因以喻餘食又為助味二界強勝
故雜行蘊別立二蘊 論處界門中應先弁說六根次第由
斯境識次第可知 釋曰且此六根二有因勝一者與識為依二
者能取境界故隨所依立能依識隨能取法立所取境故
言先辯說六根次第依此六根餘境識等次第可知 論頌曰
前五境唯現 四境唯所造 餘用遠明或隨處次第 論曰六
根中眼等前五唯取現境是故先說意境不定三世無為
或唯取一或二三四 釋曰六根之中應先說意以一切法意為故
何以置此先說餘根意根之前說餘五者以此五根唯取俱境世
現近故所以先說過未遠故所以後說現在亦有處所依
用分明緣如是定故先說意境不定為緣現境如緣地心有緣
過去如宿住事或緣未來如欲願知或緣三世如觀諸行皆
是无常或不膝世如緣滅知或緣三世及以非世如一切法皆無
我觀以緣如是境不定故意根後說 論所言四境唯造者前
流至此五中前四境唯所造是故先說身境不定或取造色或
二俱取 釋曰五根之中應先說身以取大故餘根依此少分
立故何以後說先說餘根身根之前說餘四者此四之境唯是
所造定故先說身根不定或取大種或取造所或二俱取所
以後說 論餘謂前四如其所應用遠速明是故先說謂眼耳
根取遠境故在二先說二中眼用遠故先說遠見山河不聞故

二俱取　釋曰五根之中應先說身以最大故餘根依此少分
立故何以後說先說餘根身根之前說餘四者此四之境唯是
所造定故先說身根不定或取大種或取造所或二俱取所
以後說　論餘謂前四如其所應用遠速明是故先說謂眼耳
根取遠境故在二先說二中眼用遠故先說遠見山河不聞故
聲又眼用速先遠見人檀擊鍾鼓後聞聲故　論鼻舌
兩根用俱非遠先說鼻者由速明故如對香美諸飲食
時鼻先齅香舌後嘗味　釋曰四根之中應先說舌以此根
依能起言說及生閒患亦用大故又復對於眼耳二根理應先
說鼻舌等二以此二根能取段食香味等境資養身故眼耳
二境無如是能功能多者何故後說功用少者越此先論眼
耳鼻三取境遠速所以先說舌根不爾所以後說眼耳根能
取境遠故此說在鼻舌二前就眼耳中眼復逾遠是以先耳
何以得知能取遠境遠見山河不聞聲故又眼用遠速先遠見人
檀擊鍾鼓後聞聲故是以眼根說先於耳又眼耳二取遠
速境故說先在鼻舌二前鼻舌兩根用俱非遠先說鼻
者由速明故鼻舌二中先說鼻者以鼻取境速明於舌
論自釋云如對香美諸飲食時鼻先齅香舌後嘗味舌望
身根舌先知味身後覺觸次第如是此中逆說四之次第謂身
遠遠逾遠如舌望身舌取境速鼻望於舌鼻復逾速耳
望鼻舌耳取境遠眼望於耳眼復逾遠　問如何得知鼻根
取境速於舌根　答如前已說如對香美諸飲食時鼻先齅
香舌後嘗味以是故知鼻根取境速於舌根　問若如是者鼻
根應能離中知境以境未至即能知故　答鼻根唯取合
中知境如對香美諸飲食時風吹香氣觸於鼻根雖不
能知食中之味然先能取食中之香食未至舌鼻根先已

取境速於舌根　答如前已說如對香美諸飲食時鼻先齅
香舌後嘗味以是故知鼻根取境速於舌根　問若如是者鼻
根應能離中知境以境未至即能知故　答鼻根唯取合
中知境如對香美諸飲食時風吹香氣觸於鼻根雖不
能知食中之味然先能取食中之香食未至舌鼻根先已
取其香氣不是食是食之氣食之類也或此食氣是食
極微吸氣觸鼻即先知也　論或於身等隨所依處上下差
別說根次第謂眼所依處居上其次耳鼻舌身多居下意
無方處有即依心諸根生者故處後說　釋曰眼耳鼻根理
實處高等猶如花鬘然由依處上下差別說根次第意根亦
得言依五根以五識身依五根生意識復依無間已滅五識生
故由斯故有即云依心諸生者六識非色無有方處所以後說
有餘頌云前五用先起　五用初二遠　三用初二明　或隨處次第
於六根中眼等前五於色等境先起功用意後方生是故先
說如本　論言色等五境五識先識意識隨識爲自識依及
取自境應知俱是眼根等功用於五根中初二用遠境不
合故所以先說二中眼用復遠於耳引事如前是故先說鼻等
三用初二分明故鼻居先舌次身後如鼻於香能取微細舌於甘
苦則不如是如舌於味能取微細身於冷煗則不如是彼說不
然若色等識五識先受意識後知云何夢中能取色等有
餘師說夢中憶念先所受境若不尒者諸生盲人於其夢中
亦應取色此亦不尒夢中非唯能憶彼念曾所受境如覺寤時
取彼彼境夢中所見覺已爲必定分明憶念如於覺位所見之事
覺位所見後能憶念如是應知夢中所見後亦能憶或有
覺時未曾見事於夢中見如何說言若是覺時所見之境尒
乃方於夢中得見若言此是前生所曾見之境者即生盲人
應於夢中亦能見色以於前生曾見色故[illegible]說言五識先受

取報之境夢中所見覺已為必定分明憶念如於覺位所見之事
覺位所見後能憶念如是應知夢中所見後亦能憶或有
覺時未曾見事於夢中見如何說言若是覺時所見之境尒
乃方於夢中得見若言此是前生所曾見之境者即生盲人
應於夢中亦能見色以於前生曾見色故之所說言五識先受
意識後方知者理定不然之對法言色等五境五識先取意識
後知者約容有說非盡如是　問夢中所見色等五境為是實
有為非實有　有說云此是實有如定境色清潔分明無所障礙
如空界色夢所見境亦復如是此說不然如夢中所見為馬山等
此即不名清潔分明及無障礙非如前說定中所見毗婆
沙師若言夢中所見山雖不清潔有所障礙然此實清潔
分明無有障礙以夢覺已無所有故者此即應是無所緣知
以於清潔中色作不清潔等見故若更嶶結述之繁雜
故今且止　論何緣十處皆色蘊攝唯於一種立色處名　又十二處
體皆是法唯依一種立法處名　釋曰論主何因有如是問以
前頌言此中根與境許即十處界此中五根境十處同立色
蘊體皆色故何因聖教唯於一處目為色處餘差雜釋法
之九處更立別名餘九既各異名之處一何無別號又前頌言蘊
雜釋法處定無修明十二處體皆是法既皆是法何唯於
一立為法處修明即不不然欲尋本因作斯問論頌曰　為善
別最勝　攝多增上法　故一處名色　一名為法處　論曰為
善別者為令了知境有境性種種善別故於色蘊就差
別相違立十處不總為一若眼等善別相名而體是色立
名色處此為眼等名所簡別　雖標總稱而即別名　釋曰
雖十色處體皆是色又十二處體皆是法此若從以一名
呼之即此十處及十二處相何分別今為善別此等義故所

善別者為令了知境有境性種種善別故於色蘊說差
別相違立十處不惣為一名眼等善別相名而體是色立
名色處此為眼等名所簡別雖標惣稱而即別名 釋曰
雖十色處體皆是色又十二處體皆是以此若但以一名
呼之即此十處及十二處如何分別令為善別此等義故所
以立一以為色處一為法處此所收者各立別名十色處中收之九
處各為別名此之一處雖無別名還能異彼收之九種
如十人中九有別名一無異號但呼為人雖無別名亦簡收九
十二處中法處無名例亦同此收義如論文易可知 論又諸
色中色處最勝故立通名由有對故手等觸時即便變
壞及有見故可示在此在彼差別之諸世間唯於此處同說為
色非於眼等 釋曰又復應知十色處中色處最勝如何最勝
有三義勝一由有對手等觸時即便變壞二由有見可指示
在此彼差別三由世間唯於此處同說為色非於眼等以此三種
最勝義故立色通名又諸世間唯指此處名之為色諸大
論師亦世間非於聲等立色名聲故諸佛如來亦順世間說
此為色論又為善別立一法處非於一切如色應知又於此中
攝受想等眾多法故應立通名又增上法所謂涅槃此中
攝故獨名為法 釋曰法處善別其義如前釋色處說此之
法處最勝義者有二因緣一者此中攝受想等眾多法故
又於此中攝品類法名諸法如七覺支攝於擇法餘義數中
更有眾多帶法名者且如法知法隨念法證淨法念住法無
礙法實法歸此等法名有無量種一切攝在此法處中故立
通名獨為法處二者最增上法所謂涅槃此中攝故稱名為
法以斯二義獨得此名 論有餘師說色處中有廿種色最勝
顯故由天聖慧三眼境故獨立色名法處中有諸法名故諸法
知故獨立法名 釋曰十色處中唯除色處餘諸處中無如是

通名獨為法處二者最增上法所謂涅盤此中攝故獨名為
法以斯二義獨得此名　論有餘師說色處中有廿種色最為
顯故由天聖慧三眼境故獨立色名法處中有諸法名故諸法
知故獨立法名　釋曰十色處中唯除色處餘諸處中無如是
等衆多品類諸色差別以品類多故說為最立為色處
非收處也由天聖慧三眼境故者肉眼如人天眼謂天聖慧眼
者謂即諸聖以無漏知緣一切法由天二眼一向緣色色處為境肉
眼唯緣前所對境天普緣四方上下障內障外肉眼緣麁天
眼緣細無慧漏眼於色處多收餘諸法以無常等行相緣之
是故色處為三境眼除此更無收有色處能為如是三眼
之境故唯此一得色處名法處中有諸法名等獨立法名義
如前說如上說言色有見故可指示在此彼差別者為言在此者
謂是近處言在彼者謂即遠處或在此者在自依處言在
彼者在他依處眼等五根以比量知不可指示彼此差別
香味觸三合知中故相境觸對方乃可知亦不可示彼此差別
離即聲處唯可指示在其等方不可指示言在其處故唯色
處可為指示非收處也言一切法中涅盤最勝者有三因緣一
者為是勝義善故二者常故三滅苦大苦因故以三因故
於一切法最勝上法之處攝故此得處十二處中獨
標為勝得法處名　論諸契經中有收種種蘊及處界名想
可得為即此攝為離此耶　釋曰何因有此問起以契經中處處別說
蘊及處界其類甚多未知為此蘊等中攝為復如何若非此
攝如前說云此中蘊攝一切有為取蘊唯攝一切有漏處界能攝
一切法盡即與前說義理相違若此攝者攝在何所又此不攝
謂契經中諸蘊處界有何過失即有諸佛所說一切語名之中不違

蘊及處界　其類甚多未知為此蘊等中攝為復如何　若非此
攝如前說云此中蘊攝一切有為取蘊唯攝一切有漏處界能攝
一切法盡即与前說義理相違　若此攝者攝在何所又此不攝
謂契經中諸蘊處界有何過失即有諸仏所說一切語名之中不達
體性愚迷過失是以此中必定須說將尋此因故有斯問　論彼
皆此攝如應當知且雜攝收蘊名想頌曰　牟尼說法蘊　教
有八十千　彼體語或名　此名行蘊攝　論曰諸說仏教語為體者
彼說法蘊皆色蘊攝　諸說仏教名為體者彼說法蘊皆行
蘊攝　釋曰經部諸師皆說仏教以語為體語〻是音聲語聲
為體故色蘊攝毗婆沙師語說仏言教以名為體此名等是不
相應法故行蘊攝對諸法師雙以語名為仏教體彼論說云仏教
云何答謂仏語言詞論唱詞語路語音語業語表是仏之教〻當
言善耶無記耶　答或善或無記云何善謂仏善心所發語言乃
至語表云何無記謂仏無記心所發語言乃至語表以此等義故知
仏教以語為體又彼論云仏教名何法答名身句身文身次第行列
次布連合以此義知仏教以名為體此雖但言以名為體理實兼以句
文為體名者何義以此詮實義及世俗有體故稱日名如色与聲
無常名及人色及無常是實義有聲之与人是世俗有其句者
何謂顯所說義理周圓故名為句謂於何法了知作用別時有差
別如言提婆達多將黑牛來攝乳等其文者何謂即是字如
言阿等　問語教異名教容是語名教別體教何是名　答當
有名乃說為教是故仏教體即是名所以者何詮義如實如名仏
教名能詮義故教是名由是仏定之名為體等名為首以攝句文
如何得知牟尼法蘊有八十千由經說故所以得知如契經中阿難
白仏我從世尊所說法蘊八十千收我今受持又餘經說有其八十
千法蘊　論此諸法蘊其量云何　釋曰雖知法蘊有八十千然

名名不〻詮為教是故佛教體即是名所以者何 詮義如實如名化
教名能詮義故教是名由是佛定名為體峯名為首以攝句文
如何得知牟尼法蘊有八十千由經說故所以得知如契經中阿難
白佛我聞世尊所說法蘊八十千我今受持又彼經說有其八十
千法蘊 論此諸法蘊其量云何 釋曰雖知法蘊有八十千然
未能知一〻法蘊量有幾何是以起 頌曰有言諸法蘊 量如
彼論說 或如蘊等言 如實行對治 論曰有諸師言八万法蘊
一〻量等法蘊足論謂彼一〻有六千頌如對法等法蘊足說
釋曰一師云如法蘊足論有六千頌如是八万法蘊〻〻各別亦六千頌
唯謂其一餘皆謝滅以欲令知有如是等衆多法蘊故亦於此
立法蘊名 論或說法蘊隨蘊等言一〻差別教有八万謂蘊界
處〻緣起諦食靜慮無量無色解脫勝處遍處覺品神
通無諍願知無礙解等一〻教門名一法蘊 釋曰佛所說法如
說五蘊從始至終笲此一段名一法蘊如是處界廣〻說乃至
無諍等乃謂善不善十業道四攝等無量法門一〻教門名
一法蘊共有八万 論如實說者所化有情有貪味等八万行別
對為治彼八万行故世尊宣說八万法蘊 釋曰如實說者是
汝宗說以所化有情有貪瞋癡我慢身見及尋思等八万
行別為對治彼八万行故世尊宣說八万法蘊謂說不淨觀
悲緣起無常想空持息念等諸對治門 有一說云前說蘊
等無量法門一〻教門為一法蘊如是共有八万四千今言以所化有情有
八万行別為對治彼世尊故說不淨觀等八万法門此即順頌
隨蘊等言無蘊等言不為對治有情病行唐捐而說故知前
後諸師所說但是異名尋其義言理即無別言八万行別者
一類有情唯是貪行一類瞋行一類癡行一類慢行或有一類
是其見行或有一類是其疑行或有一類是貪瞋行如是廣〻

隨蘊等言無蘊等言不爲對治有情病行唐捐而說故知前
後諸師所說但是異名尋其義理即無別言八万行別者
一類有情唯是貪行一類瞋行一類癡行一類等行或有一類
是其見行或有一類是其疑行或有一類是貪瞋行如是廣
說乃至二合論或有貪瞋癡行如是三三合論或有內貪而外
瞋或爲內瞋而外貪如是等貪爲內乃至疑爲外等爲內
外或有上品貪下品瞋或有上品瞋下品貪如是六眼歷上上
乃至下下等九品爲中下差別如是共成八 論如彼所說八万
法蘊皆此五中二蘊所攝如是仏處諸蘊處界類亦應然
釋曰如此八万法蘊色行二蘊所攝 諸仏經中諸蘊處界只
應於此中蘊處界攝如是蘊攝蘊處攝處界攝界論頌
日如是仏蘊等 各隨其所應 攝在前說中 應審觀自
相 論曰謂契經中諸蘊處界隨應攝在前所說中如此論中
所說蘊等應審觀彼一一自相且諸經中說仏五蘊謂戒定
惠解脫解脫知見五蘊彼中戒蘊此色蘊攝彼謂四蘊此行蘊攝
釋曰諸經所說蘊處界等今於此中如何相攝如此論中所說
蘊處界體相應審觀彼自相自體隨應攝之戒等五蘊
中戒蘊是身語業性故色蘊攝仏之四蘊是心相應法於此五
蘊中除受想二非此性故於行蘊攝解脫即是有爲解脫
非是無爲有爲脫解勝解爲體解脫知見是惠差別以
惠數攝 論又諸經說十遍處等前八遍處無貪性故此法處
攝 若兼助伴五蘊性故即此意處法處所攝八勝處應
知亦尔空識遍處空無邊處等四无色處四蘊性故即此
意處法處所攝 釋曰十遍中除後空識二種遍謂八皆無
貪爲性何者爲八謂地水火風赤黃青白無貪善根法處攝
故此八遍處同無貪性亦法處攝此不抓起必兼伴助五蘊性故

攝 若兼助伴五蘊性故即此意處法處所攝々八勝處應

知亦尒空識遍處空無邊處等四无色處四蘊性故即此

意處法處所攝 釋曰十遍中除後空識二種遍謂八皆無

貪為性何者為八謂地水火風赤黃青白無貪善根法處攝

故此八遍處同無貪性亦法處攝此不孤起必兼伴助五蘊性故

此即意處法處所攝 五蘊如何与遍處等而為助伴定隨

轉色名為色蘊与此應相受相二法為受想蘊与此無貪相

應受想外謂心所及得相等為其行蘊同時心王以為識蘊此

意處攝攸之四蘊法處所攝々八勝處應知亦尒者亦尒之言

亦無貪性及有助伴五蘊為性故亦意處法處所攝故言亦

尒空識二遍處及空無邊處等四無色處四蘊性故即此

意處法處所攝從此決定無隨轉色故四蘊性 論五解脫處恵

為性故此法處攝若兼助伴即此聲處法處所攝 釋曰云何

五如經說云一者聽聞法要二者以大音聲讀誦三者謂他廣說

開示四者獨處寂靜思惟壽量觀察五者所有義趣而能

善取隨一定相於彼定相能善思惟又善了知復善通達且

第一解脫者經云具壽當知若諸苾芻々尼等或為有大師

為說法要或有隨一尊重有智同梵行者為說法要如々大師

或有隨一尊重有智同梵行者為說法要如々是々於彼法要

能正了知若法若義由正了知若法若義便發起欣々故生喜

心喜故身々輕々安々故受々樂々故心々定々故如々實々知々見々故生

猒々故能離々故得解脫是名第一解脫處是諸苾芻々居

等安住此處念未住者能住正念心未定者能住正定漏未盡

者能盡諸漏未得無上安隱涅槃者疾能證得復次具壽

若諸苾芻々居等雖無大師修或隨一尊重有智同梵行

者為說法要而能以大音聲讀誦隨曾所聞究竟法要如々以大

者能盡諸漏未得無上安隱涅槃者疾能證得復次具壽
若諸苾々芻々尼等雖無大師而或隨一尊重有智同梵行
者為說法要而能以大音聲讀誦隨曾所聞究竟法要如々以大
音聲讀誦隨曾所聞究竟法要如是々於彼法要能正了知
若法若義由正了知若法若義便發起歡々生故喜々故身々
輕々安々故受々樂々故心々定々故如々實々知々見々故生厭々故
能離々故得解脫是名第二解脫處是諸苾々芻々尼等安住此
處念未住者能住正念心未定者能住正定漏未盡者能盡諸
漏未得無上安隱涅槃者疾能證得復次具々壽々若諸苾々芻々
尼等雖無大師或復隨一尊重有知同梵行者為諸法要亦不
以大音聲讀誦隨曾所聞究竟法要而能為他廣說開示隨
所聞究竟法要而能為他廣說開示隨曾所聞究竟法要如々為
他廣々說開示隨曾所聞究竟法要如是々乃至安隱涅槃疾能證
得是名第三解脫處　復次具壽乃至亦不為他廣々說開示隨曾
所聞究竟法要而能獨處寂靜思惟籌量觀察隨曾所聞
究竟法要所有義趣如々是々乃至安隱涅槃疾能證得是
名第四解脫處　復次具壽乃至亦不獨處寂靜思惟籌量
觀察隨曾所聞究竟法要所有趣義而能善取隨一定相
於彼定相能善思惟又善了知復善通達如々善取隨一定相
能善思惟又善了知復善通達如々是々乃至安隱涅槃疾
能證得是名第五解脫處此五即以名解脫處以是生解
脫之門故名解脫處解脫本由知惠而得故此五種皆
惠為性於法處所攝故此五種亦法處攝若兼助伴
五蘊性故即此聲意識處所攝從他聞法及心讀誦為他廣
說此三一分聲處所攝此等中皆有聲故此謂一分及後二處

惠爲性於隨於法處所攝故此五種亦法處攝若兼助伴
五蘊性故即此聲意法處所攝從他聞法及心讀誦爲他廣
説此三一分聲處所攝以此等中皆有聲故此謂一分及後二處
全意處法處所攝以後二中無有聲故非聲處攝以惠俱
有心心所王是故意法二處攝　論復有二處謂无想有情天處
及非想非非想處　初處即此十處所攝无香味故後處即此意
法處攝四蘊性故　釋曰又契經説此二處一者有色有情無想無異
想故名无想有情天處二者无色有情超一切无所有處入非想非
非想處具足之住非想非非想天處初處即十處所攝無香味
者初即无想有情天處此中無香味處故收十處攝此中無心如何
於彼得有意處答於生死二位有心故得爲意處理亦無失後
處即此意法處攝四蘊性故者後即非想非非想天處此中除色
攸四蘊性故唯意法二處所攝上處攝訖　論有多界經説界
差別有六十二隨其所應當知皆此十八界攝　釋曰如何多界經
説六十二界如彼經説具壽阿難陀白佛言世尊如何知者得
界善巧佛告阿難陀若諸知者於十八界如實知見謂眼界色
界眼識界乃至意界法界意識界阿難陀知人於此十八界
中應如實知見復次有六界應如實知見謂地界水界火界
風界空界識界又有六界應如實知見謂欲界恚界害界
无欲界無恚界无害界又有六界應如實知見謂苦界樂
界憂界喜界捨界無明界復次有四界應如實知見謂受
界想界行界識界復次有三界應如實知見謂欲界色
欲界無色界又有三界應如實知見謂色界无色界滅界
又有三界應如實知見謂過去界現在界未來界又有三
界應如實知見謂界劣中處界妙界又有三界應如實知
見謂善界不善界無記界又有三界應如實知見謂學界

欲界無色界又有三界應如實知見謂色界无色界滅界
又有三界應如實知見謂過去界現在界未來界又有三
界應如實知見謂界劣中妙界又有三界應如實知
見謂善界不善界無記界又有三界應如實知見謂學界
無學界非學非無學界復次有二界應如實知見謂有漏無
漏界又有二界應如實知見謂有為界無為界此二界應如實
知見阿難陀若知諸者如是於界得善巧如是從前六至後二
下未皆應言阿難陀者如是於此界得善巧今以文廣故略去
之此六十二界如何相攝今當敘之十八界如前所說地等界六中前四
即此觸界所攝空識二界次下論中自釋其相欲等三界此三界
攝此欲界言非是三界地獄傍生鬼人及六欲天等廿處之欲界
若是三界之界欲者即不應說恚害界以此具有故欲界者
是欲貪欲恚害皆是心所故法界所攝苦等之界亦是心所故
法界攝受等四界中前之三界是心所故亦法界攝識界即此七
心界攝欲色無色三界三中欲界即此十八界攝色界即此十四界
攝除香味鼻舌識四界無色界此意界法界意識界攝色
無色滅三界之中前二如前所攝滅界即此法界所攝過去等三界
亦皆此十八界攝無間滅意雖准過去此之種類通其三世劣等
三界但是欲色無色等三界之異名攝如前說善等三界
中善不善二此色聲法及七心等十界所攝無記界此通十八界攝
有學等三界中前二即此意界法界意識界三界所攝非學非
無學界此通十八界所攝有無漏二界中初界即此十八界攝後界
即此意界法界意識界攝有無為二界中前此十八通八界攝後
界此唯法界所攝此上十八界為能攝總卌四界為所攝共為六十二界
相攝竟　論且彼經中所說六界地水火風四界已說空識二界
未說其相為即虛空名為空界為一切識名識界耶　釋曰

無学界此通十八界所攝有無
即此意界法界意識界攝有無為二界中前此十八通八界攝後
界此唯法界所攝此上十八界為能攝總卌四界為所攝共為六十二界
相攝竟　論且彼經中所說六界地水火風四界已說空識二界
未說其相為即虛空名為空界為一切識名識界耶　釋曰
論中何故作此問耶如前論云於餘所說蘊界等應審觀相然
後相攝唯攝自性今於地等六界之中前之四界如前已說空識
二界未說其相欲知其相故有斯問論自答云　論不尒　釋曰此答
非即虛空得為空界非一切識盡為識界　論云何識　釋曰此
嶽若不尒者其義云何　論頌曰空界謂竅隙　傳說是明闇
識界有漏識　有情生所依　論曰諸有門窓及口鼻等內外
竅隙名為空界如是竅隙云何應知傳說竅隙即是明闇
非離明闇竅隙可取故說空界明闇為體應知此體不離晝
夜即此說隣阿伽色傳說阿伽謂積集色極能為礙故名阿伽此空
界色與彼相隣是故說名隣阿伽有說阿伽即空界色此中無礙
故名阿伽此空界色與礙相隣是故說名隣阿伽色　釋曰所言
空者非是虛空何名空界謂竅隙雖言竅隙然亦未知竅
隙是何故言傳說是名聞傳說者不樂許之詞之以此皆擬嶽乎
不相繼中間皆有竅隙既皆如是於中何者名為空界何者不名空
界以此故有傳說之言若言明闇是空界者何用更說彼竅隙耶
對此論云竅隙即是明闇非離明闇竅隙可取故說空界明闇為
體應知此體不離晝夜以明晝是暗即是夜此即空界
於何得知謂竅隙可知諸經論中有隣阿伽色此即空界
之異名阿伽者積聚色此何以名阿伽阿者恒義伽者礙義
恒常礙故〻有此名自礙〻他故名為礙空界唯為他礙不能
礙他故与隣阿伽色別此空界色隣近阿伽故名隣阿伽

於何得知謂竅隙可知諸經論中有隣阿伽色此即空界
之異名阿伽者積聚色此何以名阿伽阿者恒義伽者礙義
恒常礙故〻有此名自礙〻他故名為礙空界唯為他礙不能
礙他故与隣阿伽色別此空界色隣近阿伽故名隣阿伽
色是阿伽顯非即阿伽是色界色處色攝故義對
法論云是明闇二色之差別名空界色經部諸師云虛空
之外無別空界空無實無事空界亦尔 婆毗沙論師云空
界有其實事宗經說內外空界故曰如地等喻以可分別
為內外界故知有實事如地界等如經說云內外界者所謂眼
竅乃至廣說外空界者所謂空中及門窓等諸有竅隙
非無為法可言內外以此故知虛空与空界異無有之法無
亦不可言其內外是以知有實事 阿闍梨衆賢云離虛空外
實有空界故世尊言虛空無色無見無對當何所依然藉
光明虛空顯了此經意說虛空無為雖無所作而有所依謂
容受一切光明以果顯少因有實體相虛空無者應無光明既
有光明眼識所取是色差故有虛空以能門容受光明等故實
有虛空理極成立由此所說契經文句顯二分明各別實有故知
異空別有空界又於色界得離欲時亦說斷此虛空界故如世
尊說離色染時心於五界解脫離染唯於識界不應說斷
虛空無為諸漏於中曾未轉故此理不然經部諸師不說光明与
虛空別亦不許光明為虛空界妄引契經誠非此證此中有随
一不成果以自宗許光明与虛空異經部不許故說此虛空無
實事義次下根品自當廣釋言斷虛空界者義亦相違經
部亦不言煩惱於虛空中不轉与煩惱轉故是以說斷若不尔
者是則世尊即應唯言斷四大種能造斷故諸所造色亦應
例斷何用更言斷虛空界耶以所說言光明即是虛空界

一不成果以自宗許光明与虛空異經部不許故說此虛空無
實事義次下根品自當廣釋言斷虛空界者義亦相違經
部亦不言煩惱於虛空中不轉与煩惱轉故是以說斷若不爾
者是則世尊即應唯言斷四大種能造斷故諸所造色亦應
例斷何用更言斷虛空界耶以所說言光明即是虛空界
故此是所造色故所說虛空有內外者約根境說以身內虛空能
持身根、外虛空持外諸色約所持事故分內外非謂虛空有內外也
阿毗達磨復作是說如契經說實有六界成假士夫又是有為假
士依故猶如地等又是有漏說此有為緣入母胎故此亦非理此有所依不成
又不定過此中宗尚未立何更言因虛空尚無實體於中更何言
有有為有漏有既所立無體能立有何為如虛空界有漏故是色
耶為想所等有為有漏故是色耶傍論且止應辯本論　論
諸漏有識名為識界云何不說諸無漏識為識界耶由許六
界是諸情生所依故如是諸界從續意至命終心恒持生故
諸無漏法則不如是彼界中前四即此觸界所攝第六即此七心攝
界彼經謂界如其所應皆即此中十八界攝　釋曰非一切識盡
為識界唯有漏識得為識界何以無漏識不為識界為此六
界与生為依緣六界有入胎等如契經說六界緣為入母胎故如前
五界与生為依皆是有漏如是識界与生為依應亦有漏除此
等故不續生故云何為生所為內處此是有漏是故所依亦是有
漏以此論云如是諸界從續心至命終心恒持心生故如是六界是
有情生養長因差別轉是生所依生因識謂界續生種故養
因謂大種生依止故長因謂空界容受生故諸無漏法則不如是
相有情生斷害壞等差別轉故非生所依地等前四身之境故此
觸界攝第五空界體是明闇顯色性故此色界攝第六識界
此七心界攝謂五識全二識少分亦如是體性及相攝說　論卷第三

有情生養長因差別轉是生所依生因識謂界續生種故養
因謂大種生依止故長因謂空界容受生故諸無漏等則不如是
相有情生斷害壞等差別轉故非生所依地等前四身之境故此
觸界攝另五空界體是明闇顯色性故此色界攝第六識界
意界攝謂五識全二識少分上來釋體性及相攝訖　論卷第二
論復次於前所說十八界中幾有見幾無見幾有對幾無
對幾善幾不善幾無記　釋曰自下簡釋諸法品類差
細分別有見等性故有斯問謂如論文何以此中唯分別界品類
差別分不別蘊處之品類約界分類相狀易知又何簡略善
約差別蘊處分別品類即文句煩廣分別有漏等義理難
見是以唯約界分別不約蘊處　論頌曰有見謂色　十有色有
對此除色聲　無記謂三種　論曰十八界中色界有見以可
示現此彼差別由此義唯說謂無見十八界中有見所謂色界頌
雖不然說以義唯知除色界外謂皆無見　釋曰問豈不
於前釋名義中已說有以帝勝故以可指示此彼差別已說之
事何須重釋答前雖已約十色界義說為帝勝今約大
界中差別令知唯此一界是有見故無重說過　問見是何義
答約婆沙宗眼名為見色是眼境此見俱故名有見經約
部宗眼識名見色是彼境以可指示在此在彼眼識得生名為有
見或色之差別可指示故名之為見色與差別俱故名之有
見有說此色有示現故名為有見可示在此在彼別故如有所緣　阿
闍梨眾說亦此色之與見俱故名有見由色與眼俱時起故如有
伴侶或此色於鏡等中有像可現故名有見可示如彼此亦爾故不
可說聲有谷響等應成有見不但生故由說此相似界無見義
唯色成　論如是如已說有見無見別色蘊攝十界有對是礙義
此復三種障礙境界所緣異故障礙有對謂十色界自於他處

伴侶或此色於鏡等中有像可現故名有見可示如彼此亦尔故不
可説聲有谷響等應成有見不但生故由説此相故界無見義
唯已成　論如是如已説有見無見別色蘊攝十界有對〻是礙義
此復三種〻障导境界所緣異故障礙有對謂十色界自於他處
被礙不生如手礙手或石礙石或二相礙境界有對謂十二界法界
一分諸有境法於色等境故施設論作如是言有眼於水有礙非
陸如魚等眼有眼於陸有礙非水從多分説如人等眼有眼俱
礙如毕舍遮室獸摩羅及捕魚人蝦蟇等眼有俱非礙謂除
前相有眼於夜有礙非晝諸如蝙蝠鵂鶹等眼於晝有礙非夜
從多分説如人等眼有眼俱礙如狗野干馬豹豺狼猫狸等眼有
俱非礙謂除前相此等名為境界有對所緣有對謂心〻所於自
所緣　釋曰十八界中十界有對謂色蘊攝十有色界頌唯言色若
尔法界中亦有色何故非是有對中攝以法界中雖亦有色於中
亦有非色法界全不是色故此不攝彼蘊所攝之十色界定全
是色故此所攝對者礙義〻是志義今此何故唯礙義非是
志義　礙復非一此別有三障礙境界所緣異故障礙有對者
彼極聚色於虛空中所容受處生此名自住於中礙他令不生故
名障有對如手礙手猶如右手於自住處若右手來欲著右手
為右手礙故不得於右手所住處中住故名障有礙對如石礙石道
理亦然或有手礙石〻礙手等故云或二相礙又空界色為極聚
色礙故名有對色界既尔謂聲等界例此應知境界有對者如
五根為五境礙故名境界有對猶如眼根取一色時被此色礙謂
故於色不轉移根亦尔論中言十二界法界一分者通六根六識又
法界中心所法界此皆有境約有境説亦不相違此等義得
決定故引施設論云故施設論作如是言有眼於水有礙非陸此中
礙是其見義非謂礙故不見如魚等眼於水中見故名為礙
有眼此〻在陸有礙非水多分如人等眼言多分者謂亦有人水中見物

五根為五境礙故名境界有對猶如眼根取一色時被此色礙謂
故於色不轉餘根亦尒論中言十二界法界一分者通六根六識又
法界中心所法界此皆有境約有境說亦不相違此等義得
決定故引施設論云故施設論作如是言有眼於水有礙非陸此中
礙是其見義非謂礙故不見如魚等眼於水中見故名為礙
有眼於陸有礙非水多分如人等眼言多分者謂亦有人水中見物
有眼俱礙如畢舍遮室獸摩羅及捕魚人蝦蟇等眼畢舍遮
者謂水中羅刹亦言水獸此類水陸俱有又水陸俱見室獸摩
羅者謂鮫龍也其形如被囲而有頭此有多種或云宜羅美此名
執提能繳纏人畜其形如鼈或名謁揭吒此云角提既得人畜以角
據地堅執不放此等水陸俱能見色　故如論文有俱非礙
謂除前相者如在胎中定惡壽者及滅盡定并无想定無想有情
此等現行者及善巡撲墮二合袪　唐言世界中間於兩世界中間
生有情依此世界日月光明了所不及常幽闇故非佛出世佛光所照
謂不常見此亦黑闇地獄之類也又過去未來眼及卯胎靜由定故
壽者此等水陸俱不見故云俱非礙若約剎那彼同分眼亦名有
於夜有礙非晝如諸蝙蝠鵂鶹等眼蝙蝠者名伏翼兩翅夜
飛晝伏鵂鶹者俗呼為薰狐亦晝隱夜飛此等皆夜見晝不見
有眼於晝有礙非夜從多分說如人等眼言多分者人中亦有夜
中見者如有一類竊盜之者有俱礙眼如豹野干馬豹獺狸等
眼等者等謂能虎之類及禽獸等亦有一類人或以業力或業
力故亦夜分見此等晝夜俱見文易可知有俱非礙謂除前
者如前第四句論總結云此等名為境界有對所緣有對謂心所於
自所緣心心所法約所緣故起名所緣有對　論境界所緣復有
何別若於彼法此有功能即說彼為此法境界心心所法執彼而起
彼於心等名所緣云何眼等於自境界所緣轉時說名為礙

力故亦夜分見此等晝夜俱見文易可知有作非故論言所前
者如前第四句論揔結云此等名為境界有對所緣有對謂心心所於
自所緣心心所法約所緣故起名所緣有對　論境界所緣復有
何別若於彼法此有功能即說彼為此法境界心心所法執彼而起
彼於心等為名所緣云何眼等於自境界所緣轉時說名為礙
越彼於彼此不轉故或復礙者是和會義謂眼等法於自境界
及自所緣和會轉故應知此中唯就障礙有對而說故但言十有色
有對更相障故由此義唯說彼無對　釋曰境界有對所緣有對
相極相似若無差別者即不應別說有境界有對及所緣有對
欲知此二差別之相故作斯問　論自答云若於彼法此有功能即
說彼為此法境界功能者是作用義以諸根有取境作用故說
色等是根境界如世言我於何處我有功能即說彼為我之
境界心心所法執彼而起彼於心等名為所緣者如羸弱人依杖
而起心心所法亦復如是緣境而起非境不起此說何義境是
眼之所有亦是心心所知所有所緣唯是心心所非根夫言對者是不
轉義猶如水流堤等礙故不復流住名為不轉今者眼等於境界
等轉斷名有對与世間相違故起問言云何眼等於自境界所緣
轉說名有礙　論自答云越彼於彼此不轉故此中礙者是不轉
義非是轉義以被此境礙故於謂境不轉是与不以世間相違
隨世所說故或復礙者是和會義謂眼等法於自境界及自所
緣和會轉故者自境轉者取彼根緣彼識名自境轉隨取何
境之眼根亦緣此境而生眼識取此境眼緣此境識俱帶此境故名
有對已說三種有對然亦未知十色界等是何有對　論自釋云
應知此中唯就障礙有對而說故但言十有色有對更相障
故由此義准說彼無對更相障故者如色能礙聲聲能礙色
等於自住中障彼生故以十色界極聚性故更相障礙揔意

有對已說三種有對然未知十色界等是何有對論自釋云
應知此中唯就障礙有對而說故但言十有色有對更相障
故由此義准說餘無對更相障故者以色能礙聲聲能礙色
等於自位中障彼生故以十色界礙聚性故更相障礙總意
云眼等色等是障礙有對眼等及心心所是境界有對
唯心心所是所緣有對五境唯障礙有對五根通二有對謂
礙障境界心心所亦二謂境界所緣此為四句分別等論若
法境界有對亦障礙有對耶應作四句謂七心界法界一分
諸相應法是第一句色等境五是第二句眼等五根是第
三句法界一分非相應法是第四句釋曰七心界及法界一分諸
相應法是第一句者心心所法有根境故名境界有對非障
礙有對非積聚故五境是第二句者境是積聚故名障礙
有對自是其境非有境故非境界有對五根是第三句者
體是積聚故能取境故亦是障礙有對亦是境界有對
法界一分非相應法是第四句者此中不相應及無為無表
此等皆無自住處所自他不能為障故非障礙有對以無取境
用故非有境故非境界有對論若法境界有對亦所緣有對
耶應順後句謂若所緣有對定是境界有對而非所緣有對
謂眼等五根釋曰句者是顯義句謂因此句能顯彼義此問
中有其二句初句云若法是境界有對第二句云亦所緣有對
耶若所答之人先舉初句名順前句答若先舉第二句名順後
句答句以以是若狹以寬即順前句答若以寬問狹應順後
句答若平有寬狹即作四句此中問寬問狹故云論應順後句謂
若所緣有對定是境有對以心心所依境而起故境界所緣可不
相離是知心心所法非境不轉若是所緣必是境界故答此問
定順後句有雖境界有對而非所緣有對謂眼等五根皆約此

耶若所答之人先舉初句名順前句若先舉後句名順[illegible]
句答句以如是若狹問寬即順前句答若以寬問狹應順後
句答若平有寬狹即作四句此中問寬問狹故云論應順後句謂
若所緣有對定是境有對以心心所仗境而起故境界亦緣可不
相離是知心心所法非境不轉若是所緣必是境界故答此問
定順後句有雖境界有對而非所緣有對謂眼等五根者約與
五根境其與緣(有其)善別五根唯能境取心心所等能取於境亦能緣
境故成差別五根唯能取境而無能緣以是根故能取境故
是境界有對非心心所非能緣故非所緣有對　論此中大德鳩
摩羅多作如是說　是愛心欲生他礙令不起　應知是有對
無對此相違是所許　釋曰此師意云所依所緣中間有他法礙令
識不起故名有對所依者謂五根所緣者謂五境此二中間五識被
他法障故不得起是以十界名有對無對此相違者隨於何境識
生無障此名無對如意界法界中間無法能障意識令其不生
故名無對然以義准應知七心界及法界是其無對　論如是
已說有對無對於此所說有十對中除色及聲謂八無記謂五色
根香味觸境不可記為善不善故名無記有說不能記異熟
果故名無記若亦無漏應唯無記其餘十界通善等三謂
七心界與無貪等相應名善貪等相應名為不善餘名無
記法界善是無貪等性相應等起擇滅名善若貪等性相
應等起名為不善謂名無記色界聲界善若不善心力等
起身語表意是善不善謂是無記　釋曰於此所說十有對中
除色及聲惟八無記者此八定是無記主攝何以得知此定無記以
頌云謂三種餘既通其三種以是故知此八定唯無記何名無記以
不能記故名無記五根三境不可說為善不善性故名無記論自
釋云不可記為善不善性故名無記應讚毀法可記說在黑白品

BD15240號　阿毗達磨俱舍論實義疏卷三　（64–39）

除色及聲修八無記者此八定是無記主攝何以得知此定無記
以頌云謂三種餘既通其三性以是故知此八定唯無記何名無記以
不能記故名無記五根三境不可說為善不善性故名無記論自
釋云不可記為善不善性故名無記應讚毀法可記說在黑白品
中名為有記若於二品皆所不容體不分明名無記法有說不能記
異熟果故名無記者以不能記可愛可惡二異熟故名為無記論
主不許後師所說故有難云若亦無漏應唯無記無亦不能招可
愛可惡異熟果故此二說中前說為善其修十界通善等三者
此等定通三性不得言唯通一三性等所言善者善謂捨惡是遠
惡義或復善者名惠攝受謂若諸法惠所攝受或攝受惠皆
名為善或復善者是吉祥義能招嘉瑞如吉祥草或復善
者是善法義為可讚法名之為善誰有善者能為可讚之
法翻此即釋不善名義此之十界以因故通其三性一者性二者相應
三者等起此之三因非俱時遍於十界中七心界是相應以相應通
於三性與無貪等五法相應名善與貪等五相應名不善與
無記相應名無記法界所攝品類衆多於中諸法具其三因
故通三性無貪等五是善性此相應心所等是相應善無表
得相等不相應行是等起善擇滅是勝義善　除於擇滅攸
若翻此名為不善謂名無記色聲二界一向約等起通善不
善無記故論云若不善　善心力等起身語意攝是善不善
謂是無記　有一師說其五識身皆無分別又唯一念隨在境中如非
意識云何立為善不善性此理不然若謂五識無分別故非善
不善有大過失或等引中所有意識皆無分別應非善性又
五識身非無分別許與尋伺恒相應故又雖一念隨在境中而
誰遠相應有信貪等由有意識雖復一念隨在境中而成善惡
故不應用此所說因遮五識身善不善性　化地部說前四識身
是異熟生唯無記性身識有時導[illegible]起故其意識異通有記

不善有大過失或等引中亦有意識皆無分別應非善性又
五識身非無分別許与尋伺恒相應故又雖一念隨在境中亦
誰遮相應有信貪等由有意識雖復一念隨在境中亦成善惡
故不應用此所說因遮五識身善不善性　化地部說前四識身
但異熟生唯無記性身識有時轉變生故與意識俱通有記
性此說非理與契經中立六愛身義相違故彼部復云如彼經說
眼觸無間所生貪愛名眼觸生言無間者明知彼約別剎那說此
釋非理受等同故六六經中說眼觸生受想思等非不許彼與
眼觸等俱時而生又經唯言眼觸所生愛等無無間言汝宗所加
謬取經意是故不應作如是釋然諸衆生有種種性或鈍煩惱
或利煩惱鈍煩惱者要先發起虛妄分別然後煩惱方現
任前利煩惱者不待分別境纔相順煩惱便起由此道理或有
先起染污五識如前所說七心界約相應通其三性種法界通
四種善三種不善四種無記聲色二界約等起通三如是等義
許極成立論已說善十八界幾欲界繫幾色界繫頌云欲界
繫十八　色界繫十四除香味二識　無色繫後三　論曰繫謂
繫屬即彼縛義欲界所繫具足十八色界所繫唯十四種除香
味境及鼻舌識除香味者段食性故離段食欲方得生彼除
鼻舌識無所緣故若爾觸界於彼應無如香味境段食性故彼
所有觸非段食性若爾香味類亦應然香味離食無別受用
觸有別用持根依等彼離食欲香味無用有根依等故觸非
無　釋曰此十八界欲界具有無有一界不屬欲界故論云欲
界所繫具足十八言繫者是非離義為欲貪繫不得
出離論自釋云繫謂繫屬即彼縛義於欲界中雖具十
八然十八中法非盡屬欲界無漏無為不繫界故色界所繫有
其十四於十八中除香味二境鼻舌二識何故彼中無其香味
答此唯段食性故彼無段食故無香味彼中何以無段食耶　答彼

無　釋曰此十八界欲界具有無有一界不屬欲界故論云欲
界所繫具足十八言繫者是非離義為欲貪繫不得
出離論自釋云繫謂繫屬即彼縛義於欲界中雖具十
八然十八中法非盡屬欲界無漏無為不繫界故色界所繫有
其十四於十八中除香味二境鼻舌二識何故彼中無其香味
答此唯段食性故彼無段食故無香味彼中何以無段食耶　答彼
無用故如無色界色於彼何以不須段食　論自釋云離段食等
得生彼是以不須如離色已生無色界又彼何以無鼻舌識論
自釋云無所緣故無所緣境識不生故如無色界眼耳等識無其
境故識亦不起無香味因義未具故復起問云若尔豹界於彼應
無如香味境段食性故答云豹界若唯段食性者識如所離以觸有
二段食性非ヽ段食ヽ性者何妨彼有論自釋云彼所有觸非段食性
又問若尔香味類亦應然如觸有是段食性有非段食性香之与
味亦應如是有是段食非段食故非段食性者色界應有
答此雖不齊香味二界離於段食更無別用觸離段食更無別
用然香味境離段食無所用無過觸即不尔離段食外更無別用
以其能為彼色界根依謂四大種即此大種名之為觸若色界無觸
應無大種既無大種即無所造既無能所造色應同无色不名色
界所言持者彼色界天有所居宮殿所依地等行住坐卧必有觸
對宮殿等故言衣者色界中有尚与衣俱豈況本夫無裸路既有
衣服即有聚集可秤輕重所造觸造生香味不然故彼非有然
觸於彼更有別用具三因故如上所說持義根依所義及衣義
等故觸非無　論有餘師說住此依彼靜慮等至見色聞聲
輕安俱起有殊勝觸攝益於身是故此三生彼靜慮猶相隨逐
香味不尔故在彼無　釋曰言餘師者謂即大德室利羅多說如
是言息謂住此界從彼定者生彼界已亦同因中所從得定謂

衣服即有聚集可稱輕重所造觸並生香味不然故彼非有然
觸於彼更有别用具三因故如上所説持義根依所義及衣義
等故觸非無　論有餘師説住此依彼靜慮等至見色聞聲
輕安俱起有殊勝觸攝益於身是故此三生彼靜慮猶相隨逐
香味不尒故在彼無　釋曰言餘師者謂即大德室利羅多説如
是意謂住此界從彼定者生彼界已亦同因中所從得定謂
從定者約其靜慮天眼可見色聞聲有輕安俱殊勝觸
殊勝觸界攝益於身故知生彼靜慮亦有此三謂見聞聲輕安俱
觸香味二境從定云云者因中無用故生彼界香味亦無　論若尒
鼻舌彼應非有如香味境故無用故　釋曰此中論主於尊者
室利羅多所説更無嶽斥將欲出彼毗婆沙所説云云過故復
論云若如是者鼻舌二根彼應非有如香味境彼無用故毗婆
沙師立量云色界無香味宗彼無用故因如女男根云云境喻
此中毗婆沙師所體有無及有用無用為因言若有其用即有
無所用即無故論非之若以無用故為因者即鼻舌二根彼應
非有不能与識為其依故不緣境故此中因有不定過為如香
味彼無用故彼界無耶為如鼻舌彼無用故彼界有耶毗婆沙
師救彼因云　論不尒二根於彼有用謂起言説及莊嚴身　釋曰
毗婆沙師立量救云彼色界中有鼻舌根宗彼有用故因猶如眼
根喻彼中鼻舌如何有用有二種用一者起言説二為莊嚴身
若無此二身不端嚴及不能起言説等故是以根決定有用　論主
難云雖説鼻舌有用之因此亦不定　論若為嚴身及起説用
但須依處何用二根　釋曰如婆沙師説二用因是則但約二根依處
不在其根以莊嚴身及起言説唯要依處何用根為是根諍
色非現量得何能嚴飾起言説為如鼻舌依處有嚴身用故
應是有耶為如二根無嚴身等用故彼應無耶彼復救云論如

論云雖許鼻舌有用之因此亦不定　論若爲嚴身及起說用
但須依處何用二根　釋曰然婆沙師說二用因是則但約二根依處
不在其根以莊嚴身及起言說唯要依處何用根爲是根諍
色非現量得何能嚴飾起言說爲如鼻舌依處有嚴身用故
應是有耶爲如二根無嚴身等用故彼應無耶彼復救云論如
無男根亦無依處二根無者依處無亦　釋曰毗婆沙師意
欲成立有用因故引證救云若離於根無別依處要先有
根方有依處言依處有用者即是根有用義猶如男根彼
無男根亦無依處明知彼有鼻舌根故方有依處處有用
定知根亦有用又非色界中離鼻舌二根有別依宗与根爲依
處故因猶如男根依處喻　論主將出喻中之過故復論云
論於彼可無男根依處彼無用故鼻舌依處彼有用故離
根應有　釋曰此中法喻不齊男根依處彼無用故無亦不妨
鼻舌依處彼有用故離根應有鼻舌依處彼即有用男根依
處彼無用故故汝所引法喻不齊毗婆沙師復救前量義云
非無用故彼法定無其理云何　論有雖無用而有根生而處
胞胎定當死者　釋曰此中意云非無用者便言非有有
雖無用而立有者而處胞胎定當死者雖無無用豈便無
根如是應知色界之中鼻舌二根雖無其用何妨彼有故前
所難以無用故彼非有者理定不然　論主復云　論有雖無用而
非無因　釋曰此論主破婆沙師義雖有無用而得生者非定
無因以有爲法必有因故如胞胎中定當死者彼雖無用而亦有故
於彼色界鼻舌二根非但無用亦無別因故不成例　毗婆沙師
救論主云彼從何因得有根起　釋曰此之意云彼處胞胎定
當死者何別因許有根起色界鼻舌不許別因　論主又云
論於根有愛從勝業生若離境愛於根定然彼離境貪

無因以有為法必有因故如胞胎中定當死者彼雖無用而亦有故
於彼色界鼻舌二根非俓無用亦無別因故不成例　毗婆沙師
救論主云彼從何因得有根起　釋曰此之意云彼處胞胎定
當死者何別因許有根起色界鼻舌不許別因論主又云
論於根有愛彼殊勝業若離境愛於根定然彼離境貪
應無鼻舌　釋曰此論主出彼胞胎定當死者根起之因於
根有愛造殊勝業此業是彼根起之因若言色界於根有愛
理定不然彼於香味不生貪故於境既尒於根定然故離境貪
應無自鼻舌以於此中無根境用愛胞胎死者由愛生根理既不
然齊故不成例要受前境貪愛其根不緣受境即無根
愛如離婬觸即無男根如是色界既無根愛起業之因故
鼻舌根定應非有由是此說其理極成故立量云色界定
鼻舌二根宗無根起之因彼非有故因猶如男根喻　或如
無種之牙　論主總彼毗婆沙師重設難云　論或應許彼男
根亦生　釋曰此中意云鼻舌二根於彼無用尚猶許有男根
於彼雖即無用何妨亦生以婆沙師宗云色界有情相續與
鼻舌根俱生宗是色根故因如欲界有情相續　論主出彼
因喻之過故引男根難云男根亦是色根欲界有情相續
亦有故總令色界應有　論若謂不生由醜陋者　釋曰毗婆沙師
若云鼻舌雖有然非醜陋男根若生身即醜陋者　論主
云此亦不然　論陰藏隱密何容醜陋　釋曰論云非婆沙師以彼
宗云非男根於色界有宗以醜陋故因如眇跛者喻　論主出此
因不定過云陰藏隱密何容醜陋如諸仏及輪王等陰藏有
何醜陋　阿闍梨衆賢云色界之中離根愛故男根不生
由離根愛依處亦無此中何因作如是執若婬境愛根愛亦無
非根愛[illegible]而生境界不然如何

BD15240號　阿毗達磨俱舍論實義疏卷三　（64–45）

宗云非男根於色界有宗以醜陋故因如將跋者喻論主出此
因不定過云陰藏隱密何容醜陋如諸仏及輪王等陰藏有
何醜陋　阿闍梨衆賢云色界之中離根愛故男根不生
由離根愛依處亦無此中何因作如是執若境愛根愛亦無
非根愛無處愛亦離根与依處隣近而生境界不然如何
倒執男根依處於彼不生即顯男根於彼離愛既許鼻處
彼生故知二根彼愛未離故不應執彼離根愛未離處愛理如
前說彼說不然但離根愛未離依處亦無過失　猶如識依
如第二禪已上離眼等五識愛故無其五識　然彼識依
猶在此亦如是但無其根何妨於彼有其依處又衆賢云五眼
等相平相繫屬見諸瘂者多不耳聾塗足不塗眼便明
眛齊輪塗㳂津潤於唇枝鼻中毛中眼蒼濕諸如是等
其額寬繁故知諸根更相損益勿令眼等諸用缺故鼻
舌根色界定有此亦[此]理非以此但是毗婆沙語非經部宗經
部不許眼等諸根平相繫屬此是随一不成之過又色界天諸
根清淨豈有諸根更相損益然引例無相繫屬義皆成不
退其文意是故不然一一叙破　論又諸根生非由有用若有因力
無用亦生男根依彼雖為醜陋設有用有因於彼應起男根非有
鼻舌應無　釋曰此即論主重破有宗婆沙宗主云男有用
方生宗有蝸䗶用故因如猶女根喻論出有用因過故作如是
言又諸根生非由有用若有因力無用亦生如陰藏等是大人相
無經論說色界諸有大人相男根於彼雖有醜陋設有因者
彼亦應生以彼無因是故不起鼻舌亦尔彼無因力理定應
無故立量云男根非由有用故有宗約因生故因將而路者喻
毗婆沙師引契經證成前說云　論若尔便為契經所說彼無
交缺不減諸　釋曰言交缺者是依處不減者是諸根或諸

BD15240號　阿毗達磨俱舍論實義疏卷三　（64–46）

彼亦應生以彼無因是故不起自鼻舌亦尒彼無因力理定應
無故立量云男根非由有用故有宗約因生故因喻如路者喻
毗婆沙師引契經證成前說云　論若尒便為契經所說彼無
支缺不減諸　釋曰言支缺者是依處不減者是諸根或諸
缺者是根等無損害義不減者諸根具義此中意云如契
經說色界諸天根無缺減以彼自鼻舌二根有故所以世尊作如
是論主破云　論隨諸根應可有者說為不減何於相違若不
許然男根應有　釋曰意云此亦不違契經々唯約彼應有
根言無缺減非一切根契經若約欲界諸根如是說言於彼無應並有男根
了名無減何故論標自鼻舌不說男根故說所引經色不應　諸瑜伽師稱蒙
云　論如是說者鼻舌二根於彼非無但無香味以六根愛於內身生非境愛於男而
得現起其男根愛於婬觸生婬觸愛彼無男根非有於色界十八界中唯十四種
理得成立　釋曰此師意云非諸經說因明如為立量是故不應令彼義並六根
愛約我而起總約六根故非别約一二三寸世非於境而得現起所言境在境無即有愛
世是我愛名是根斷　五至當若有之時皆具足有若如是者彼男根愛何妨
亦約我愛如有對此我故瑜伽者云男根一向之愛一向依境而生雖有婬愛
而彼遠作生男根業非是我愛故於色界十八界中唯十四種理得成立
論無色界繫唯有後三亦得理意界法界及意識界要離色欲於彼得
生故無色中無十色界依識無故五識色無故唯後三無色界繫　釋曰
如論可知　論已說界繫十八界中幾有漏幾無漏　頌曰意法意識通
所　唯有漏　論曰彼意及意識道諦攝者名為無漏　餘名有漏法界若道是
諦無為名為無漏　十五界唯名有漏　釋曰問無學相續之中
五識既無煩惱其得色無與此五識相應之惑於聖道中先已知故應
名無漏何以此中言是有漏又十色界亦無煩惱或得亦無此
相應惑亦非惑體此於無學相續之中無應亦無漏何以此
中說為有漏答有為之中一句無漏者唯十六行相々應愛

BD15240 號　阿毗達磨俱舍論實義疏卷三　　（64–47）

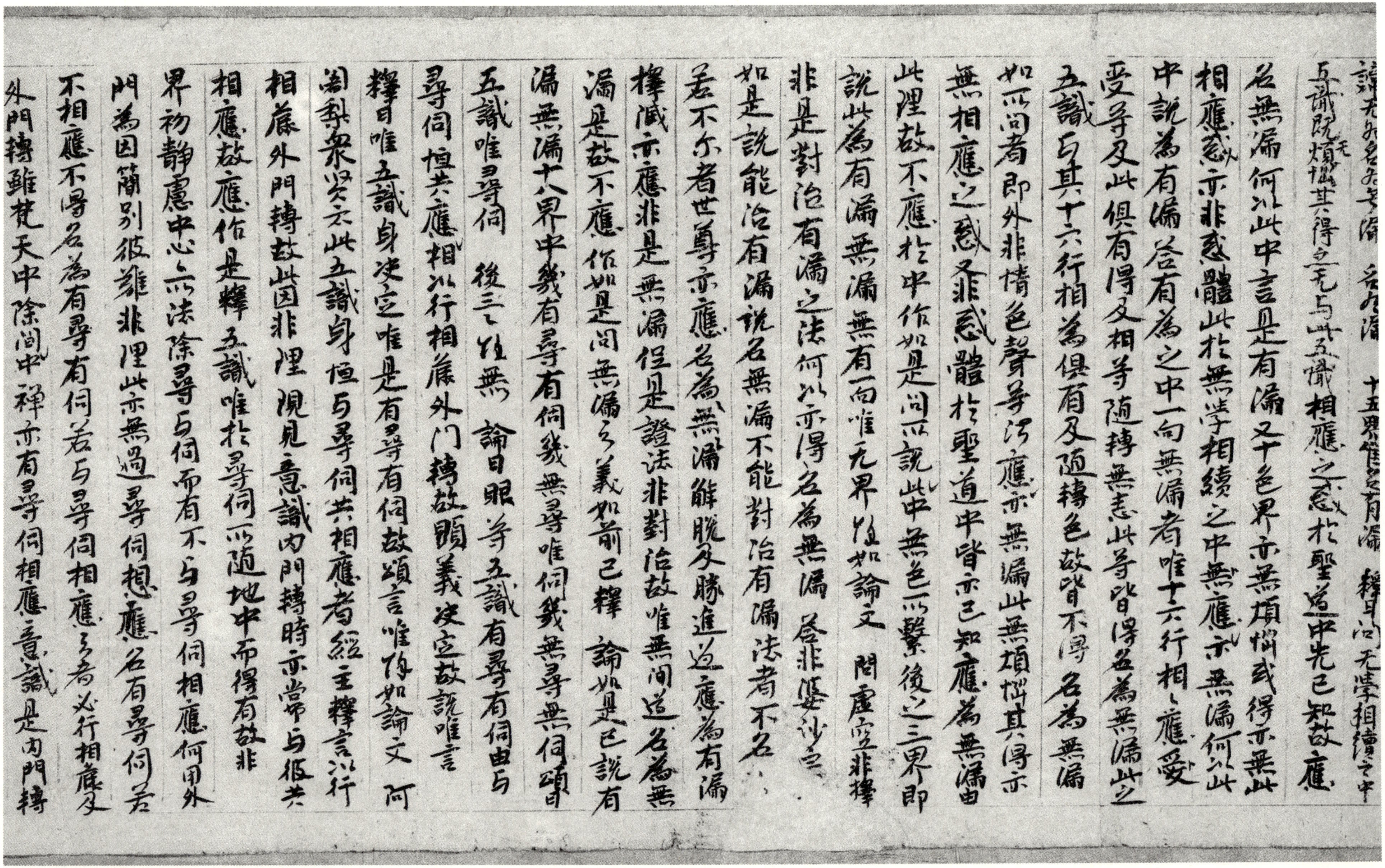
諸无□名无漏　名有漏　十五界唯是有漏　釋曰□无學相續之中
五識既无煩惱其得色无与此五識相應之惑於聖道中先已知故應
名無漏何以此中言是有漏又十色界亦無煩惱或得亦無此
相應惑亦非惑體此於無學相續之中無應亦無漏何以此
中說為有漏答有為之中一向無漏者唯十六行相〻應愛
受等及此俱有得及相等隨轉無表此等皆得名為無漏此之
五識与其十六行相為俱有及隨轉色故皆不得名為無漏
如所問者即外非情色聲等所應亦無漏此無煩惱其得亦
無相應之惑又非惑體於聖道中皆亦已知應為無漏由
此理故不應於中作如是問所說此中無色一所繫後之三界即
說此為有漏無漏無有一向唯无界性如論文　問虛空非擇
非是對治有漏之法何以亦得名為無漏　答非婆沙宗
如是說能治有漏說名無漏不能對治有漏法者不名
若不尒者世尊亦應名為無漏解脫及勝進道應為有漏
擇滅亦應非是無漏但是證法非對治故唯無間道名為無
漏是故不應作如是問無漏〻義如前已釋　論如是已說有
漏無漏十八界中幾有尋有伺幾無尋唯伺幾無尋無伺頌曰
五識唯尋伺　後三〻性無　論曰眼等五識有尋有伺由与
尋伺恒共應相以行相麁外門轉故顯義決定故說唯言
釋曰唯五識身決定唯是有尋有伺故頌言唯傳如論文　阿
闍梨衆賢云此五識身恒与尋伺共相應者經主釋言以行
相麁外門轉故此因非理現見意識內門轉時亦常与彼共
相應故應作是釋五識唯於尋伺所隨地中而得有故非
界初靜慮中心心所法除尋与伺而有不与尋伺相應何用外
門為因簡別彼雖非理此亦無過尋伺想應名有尋伺若
不相應不得名為有尋有伺若与尋伺相應〻者必行相麁及
外門轉雖梵天中除間中禪亦有尋伺相應意識是內門轉

BD15240號　阿毗達磨俱舍論實義疏卷三　（64–48）

相應故應作是釋五識唯於尋伺亦隨地中而得有故非
界初靜慮中心心所法除尋與伺而有不與尋伺相應何用外
門為因簡別彼雖非理此亦無過尋伺相應名有尋伺若
不相應不得名為有尋有伺若與尋伺相應名者必行相應及
外門轉雖梵天中除間中禪亦有尋伺相應意識是內門轉
少故不言以多分皆是外門轉故論亦釋亦無有失 論後三謂
是意法意識相境識中各居後故此後三界皆通三品意
界意識界及相應法界除尋與伺若在欲界初靜慮中
有尋有伺靜慮中間無尋唯伺第二靜慮已上諸地乃至有
頂無尋無伺法界亦攝非相應法靜慮中間伺亦如是尋
一切時無尋唯伺無第二尋故但伺相應故 釋曰此後三中有
二決定一者決定通於三品二者決定此三通三何以言後又居後
故次第學者亦後取故名為後若在欲界初靜慮中除尋
伺體伺相應法有尋有伺意界法界及意識界皆通三
界初靜慮已上無尋中間禪已上無伺亦以於欲界初靜
慮中三通三非於餘地此中何以除尋伺體雖於欲界初靜
慮中與相應法俱然自體相應是以除之不相應法不與
尋伺而共相應是故簡言唯相應法除法界中非相應行
相應法中除尋之與伺餘相應法及意界意識界於中
間禪無尋唯伺中間禪已上乃至有頂無尋無伺如於欲
界初靜慮中非相應法及中間禪伺無皆無尋無伺尋
一切時無尋唯伺無第二尋故但伺相應故是唯第品攝
尋一切時不離於伺故言唯伺是以離伺無有尋起而或離
尋得於有伺論伺在欲界初靜慮中三品不收應名何等
此應名曰無伺唯尋無第二伺故但尋相應故由此故言有尋
伺地有四品以一有尋有伺謂除尋伺餘相應法二無尋唯
伺謂即是尋三無尋無伺謂即一切非相應法四無伺唯尋

尋一切時不離於伺故言唯伺是以離伺無有尋起而或離
尋得於有伺 論伺在欲界初靜慮中三品不攝應名何等
此應名曰無伺唯尋 無第二伺故但尋相應故由此故言有尋
伺地有四品法 一有尋有伺謂除尋伺收相應法 二無尋唯
伺謂即是尋 三無尋無伺謂即一切非相應法 四無伺唯尋
謂即是伺 釋曰此何故諸經論之中唯說三品謂有尋有伺
無尋唯伺無尋無伺不說第四品 三品即應攝諸法盡今
於此中伺於欲界初靜慮中三品不攝且初品不攝此雖有
尋而無其伺以除自體無第二伺共相應故初品不攝於
第二品亦復不攝此与尋相應故不得言无尋 復無餘伺
共相應故不得言唯伺故第二品不攝第三品亦不攝以第三
品是尋無 無伺此秖得為無伺不得為無尋故不攝也 故起
問云應名何等 論自答云此應名曰無伺唯尋 無第二伺故但
尋相應故為第四品此中論意說三品者唯約一切地非約一切法
三品攝一切地盡攝一切法不盡今約攝一切法故應說為四品同此
論主引對法云有尋有伺地四品法故 一有尋有伺謂除尋伺收
相應法有尋有伺地者謂即欲界及初靜慮謂除尋伺
收相應法者除其自體 體不与自體相應無第二尋及第
二伺共相故應此為初品 二無尋唯伺謂即是尋者与伺相應
故無第二尋故為第二品 三無尋無伺謂即一切非相應法為
此以尋伺無相應義為第三品 四無尋唯伺謂即是伺者与
尋相應故無第二伺故為第四品 阿闍梨衆賢云豈不經主
言無第二尋故證有第二許相應耶有第二受而不相應 第
二言非為之證此但應言自體應不与自體相應義為明顯
今於此中不見有過唯為成立別法与彼別法相應彼聚之中
無別尋故 論主云無第二尋有何過失所言有第二受而不相

尋相應故無第二伺故為第四品　阿闍梨衆賢云豈不經主
言無第二尋故設有第二許相應耶有第二受而不相應第
二言非為定證此但應言自體應不与自體相應義為明顯
今於此中不見有過唯為成立別法与彼別法相應彼聚之中
無別尋故　論主云無第二尋有何過失所言有第二受而不相
應者雖有二受非聚中設一聚有誰遮相應是以一聚之中無有
二故二不相應由是論善說此義無第二尋　論從十色界尋
伺俱無常与尋伺不相應故　釋曰有十色界必定無伺相應之
義在心心所此十是色故不相應是以論云尋伺俱無常与
尋伺不相應故　論若五識身有尋有伺如何得說無分別
耶　釋曰此中尋是分別異名五識決定与尋相應如何說此為
無分別又何處說為分別意識即於彼處有說為有分別義
准五識是無分別未知有尋何故有處名無分別故有斯問論
頌曰說五無分別　由計度隨念　以意地散惠　意諸念為體
論曰傳說分別略有三種一自性分別二計度分別三隨念分別由五
識身雖有自性而無餘二說無分別如一足馬名為無足　釋曰此
中何以為傳說言經部宗無自性分別如五蘊論云尋云何謂心有
尋求是思惠之差別此中意說離思之外無別尋體三分別中
經部不許自性分別由斯故置傳說之言或復處說八種分別今此
說三論主不許故云傳說八種分別者一自性二差別三總執四義五
我所六愛七非愛八彼俱相違釋此名義如對法第三分別中五識
唯有自性分別而無計度隨念分別唯一分別名無分別如一足馬無其
三足唯有一足無行步用亦名無足五識亦尔　問若五識身唯
一分別故名無分別者意識有時亦一分別如二禅已上定中意
識彼中無尋故彼無有自性分別非散惠故亦無計度唯餘
隨念一分別俱是故亦應名無分別答曰雖有意識唯一分別約
意識類作如是說意識有時具三分別有時具二有時有一五識

三足唯有一足無行歩用亦名無足五識亦尔 問若五識身唯
一分別故名無分別者意識有時亦一分別如二禪已上定中意
識彼中無尋故彼無有自性分別非散慧故亦無計度唯餘
隨念一分別俱是故亦應名無分別 答曰 雖有意識唯一分別約
意識類作如是說意識有時具三分別有時具二有時有一五識
不尔唯一非餘是以意識名有分別非五識也 論自分別體唯是
尋後心所中自當辯釋 路二分別如其次第意地散慧諸念為
體散謂非定意識相應散慧名為計度分別若定若散意
識相應諸念名為隨念分別 釋曰散謂非定者是別々緣非
一境轉此是聞思慧生得慧攝此何以得計度之名隨彼々名計度
而轉謂隨色受相行等名空中徐慧此即離名不隨名轉所以不名
計度分別所以五識相應之慧不得計度分別之名不緣名故總
麁相自性分別故名為尋 阿毗達磨衆[illegible]云夫分別者推求行相
故說名尋自性分別簡擇明記所似順尋故分別名亦通慧念
由此三行善別攝持皆令於境明了轉異於境已了境遮簡行
生故分別名不通於想於未了境不能印持故分別名不通勝解
理未必然諸心所法依緣行相時事等故於境齊轉甚難分別今獨何
說尋名為自性分別 理極通令於此中未釋 必所後至其次當即廣明
故論主云心所法中自當辯釋計度分別隨念分別下無釋處故
此應明慧有二種謂五識俱及意々識々俱者復有二種謂定与
散言意地者即簡五識散者簡定々中之慧不為計度如前已釋
念亦有二謂二五識俱及意識俱此中意言簡五識諸念攝
定散二位以定散位於所緣境明記用同不随名轉其義亦同是
以總名分別隨念五識俱以念不明利差別用此故不得名隨念分
別若在欲界及初靜慮不定意識具三分別若初靜慮在定

散言意地者即簡五識散者簡定〻中之恵不為計度如前已釋
念亦有二謂二五識俱及意識俱此中意言簡五謂識俱諸念攝
定散二位〻定散位於所緣境明記用同不道名轉其義亦同是
以想名分别随念五識俱以念不明利差别用微故不得名随念分
别差在欲界及初静慮不定意識具三分别若初静慮在定
意識及上静心各二分别上地意識若在定中及五識身各一分别
論曰是已説有尋伺等十八界中幾有所緣幾無所緣幾有執
受幾無執受　頌曰七法心界半有所緣作無　前八界及聲　無執
受作二　論曰六識意界及法界攝諸心所法名為所緣能取境故
餘十色界及法界攝不相應法名無所緣義准成故　釋曰心界及
法界一分决定皆是有〻所〻緣〻者有所緣故名為所緣〻者何所緣
所行及与境名雖差别其義並同言法界半者謂即此中法界
所攝諸心所法言作無者即七心界及法界一分〻〻餘十色界及法
界一分不相應法定無所緣　阿闍梨宝利羅多云五識依緣俱
非實有極微〻〻不成所依所緣事故衆微合成所依所緣事故攝
如盲者一〻亦任無見色用衆盲集聚見用亦無如是極微一〻亦任
無依緣用衆多和集此用無亦故處是假唯界是實此中意云
五識依緣皆非實有以〻微不成依緣非任一〻不成依緣縱合
衆多極微和集亦非依緣唯此和集極微之中和合以為五識依
緣此之和合復是假有是故五識依之与緣俱非實有　毗婆沙師
云五識緣不非實有境　和集極微為所緣故又五識身無分别故不緣
衆微和合為境非和合名利自少法可離分别所見乃至所觸事
成以假和合無别法故唯是計度分别所取五識無有計度功
能是故不緣和合為境即諸極微和合安布恒為五識生起依緣無
有極微不和合故設有極微不和合集者是微顆故亡屬依緣無五識

BD15240號　阿毗達磨俱舍論實義疏卷三　（64–53）

衆微和合為境非和合名刹自少法可離分別所覓乃至所觸事
成以微和合無別法故唯是計度分別所取五識無有計度功
能是故不緣和合為境即諸極微和合安布恒為五識生起依緣無
有極微不和合故設有極微不和合者是微顯故亦屬依緣然五識身
唯依和集為所緣故不緣微起猶瓶如瓶等過去未來色等境
界以五識身唯現境故不緣彼起雖緣不微而五境攝又眼識身
不緣和合為境以青等顯色應非實故若眼識緣和合為境青
黃等覺應決定無青等不應和合故若是和合應非實有
是則顯色亦假真非充容眼識不取青等如經說云依眼緣
色生依眼識乃至依意緣法生依意識由是故知和合非是色
聲等法是故不能為五識境室利羅多復言若五識身了勝義境
何緣五識不斷結耶　彼難非理可自相故以門能故若等引故
無分別故隨一境故所緣少故雖了勝義不亦斷結故說七界在
所緣中五界唯緣勝義為境餘緣勝義二緣世俗　論如是已
說九所緣等十八界中九是執受前七及後四界全此八及聲皆
是執受所餘九界各通二門謂有執受无執受故眼等五根
住現在世不離五根名有執受若住現在非不離根過去
未來名無執受如在身內除與根合髮毛爪齒大小便利洟唾
血等及在身外地水等中色香觸須在世如无執受　釋曰十
八界中九是執受何等為九謂前所說七九所緣并全法界此八及聲
皆無執受頌中又言具含二義一顯總集謂八及聲總無執受
二顯異門謂餘師說不離根聲亦有執受餘九通二此之二九皆
決定義謂前九種定無執受後之九界決定通二後九者何眼
等五根除聲四境通有執受及無執受頌云前八界及聲
無執受不言餘二即怨疑之後之九界唯有執受但以故置依

BD15240號　阿毗達磨俱舍論實義疏卷三　（64–54）

二頭異門謂餘師說不離根聲亦有執受餘九通二此之二九皆
决定義謂前九種定無執受後之九界决定通二後九者何眼
等五根除聲四境通有執受及無執受頌云前八界及聲
無執受不言餘二即思疑之後之九界唯有執受但以數量恊
二之言合决定知通有執受及無執受眼等五根住現在世名有
執受者此与心心所法展轉損益更相隨故名有執受過去未來
名無執受者不隨心等有損益故色香味觸住現在世不離五根
名有執受者亦而五根種類而說不離於根義故釋根若住
在現非不離根過去未來亦名無執受者過去未來一向皆唯是
無執受現在離根名無執受此類是何如論自云如在身內除
与根合髮毛爪齒此之四界若与根合剪截之時即有苦受大
小便利涕唾血等者屎精汗痰癃及在身外地水等等者屎尿
瓦石草木塼塊如此等中色香味觸雖在現而無執受　論有
執受者此言何義心心所法共所執持攝為依處名有執受損益展
轉更相隨故即諸世間說有覺觸衆緣所觸覺樂等故与此相
違者名無執受　釋曰何以起問有為之法無我我所無有主宰眼
等諸根云何可得名有執受故有斯問問云有執受者此言何義
本論中說已身所攝名有執受復此云何論主釋云心心所法共所執
持攝為依處名有執受損益展轉更相隨故等心心所法共所執持攝
為依處義應已備何更用言損益展轉更相隨故等心心所法非色
無有方所依處雖知是故論主復言損益展轉更相隨故如何名
為損益展轉如眼等根以安善那等藥塗之眼根淨朗眼識明
利此即名為根益於識翻此名損若時識樂身受相應能益於
根名識益根翻此名損此即名為展轉損益即諸世間說有觸覺
衆緣所觸覺樂等故者以世間說若所依損即有苦受以常妨護等

為損益展轉如眼等根以其善部等藥塗之眼根爽朗發識明
利此即名為根益於識翻此名損若時識樂与受相應能益於
根名識益根翻此名損此即名為展轉損益即諸世間說有觸覺
衆緣所觸覺樂苦故有以世間說若所依損即有苦受以常妨護弟
厌火剌霜雹等緣及內貪嗔怖憂悲等因如是事即便變異
若火剌等損所依即有苦受若喜悅事意適所依即有樂受
世間說此名為執受　問前於聖教已說執受何用更依世俗說耶
答眼等諸根是所執受心心所法是能執受今有執受義唯在諸根
非於心所若更不依世俗說者遇緣所依有苦樂受等同所依根是
有執受是以更依世俗釋之今其了知心心所等非有執受毗婆沙師
說若諸色法逼迫斷壞便能生苦与此相違即能生樂是已身攝
名為執受　有餘師說若我執之為我所有名為執受若爾即
隨心心所法為有執受以於心所亦執我故此雖不然無如是執失恐
之与我執俱執彼根等為我所有故唯九界通有執受諸心亦与
我執俱為能執非能執法為有執受我復心所為能執受義不
定故非有執受復有餘云不離身根名有執受此應思擇前
所說義如言心心所法共所執持攝為依處者色等四法體非是根
不能与心心所為依處應名無執　答無如是失此色等四不離
根於雖不能与心心所為根依然亦能為依處故無斯過　論如是已
說有執受等十八界中幾大種性幾所造性幾可積集幾非積集頌曰
觸界中有二　餘九色所造　法一分亦然　十色可積集　論曰觸界
通二謂大種及所造大種有四謂堅性等所造有七謂滑性等
依大種生故名所造餘九色界唯是所造謂五色根色等四境
法界一分無表業色亦唯所造餘七心界法界一分除無表色俱
非二種　釋曰此文之中有決定疑義謂觸決定通大種及所

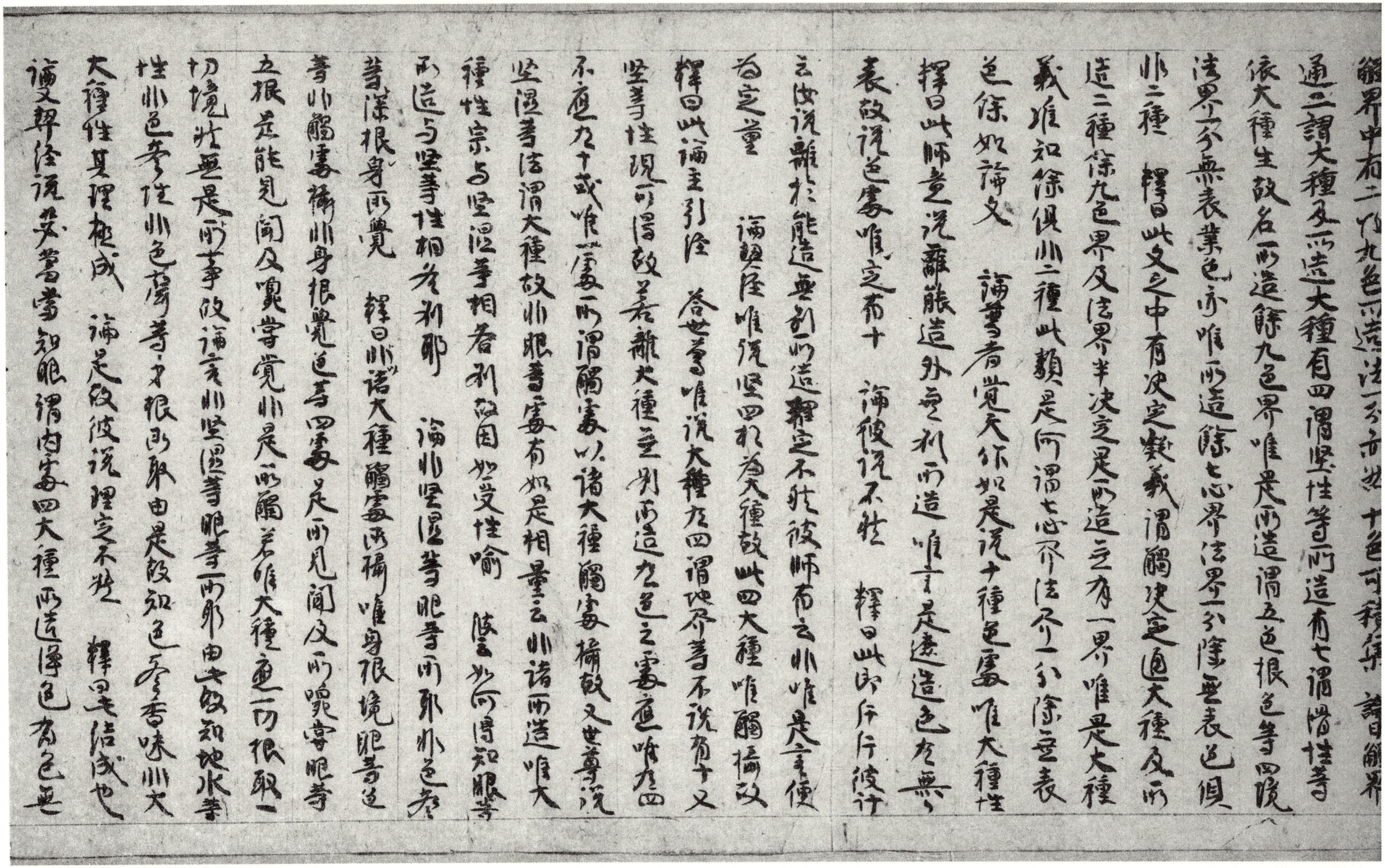

BD15240號　阿毗達磨俱舍論實義疏卷三　（64–57）

切境非無是所事故論言小堅濕等眼等一所取由是故知地水等
性小色香性小色聲等等根所取由是故知色香味小大
大種性其理極成　論是故彼說理定不然　釋曰去結成也
論又契經說眼當知眼謂內處四大種所造淨色有色無
見有對乃至身處廣說應知亦爾意當知色謂外處四大種所
造有色有見有對聲謂外處四大種所造有色無見有對香
味二處廣說亦爾觸謂外處是四大種及四大種所造有色無見
有對如是經中唯說觸處攝四大種分明顯示餘有色處皆非
大種　釋曰去論主引經重成經中世尊不說眼等為境為顯
自性是身內處及別顯境內此故知根境體相所顯差異
即去經說大種唯四觸處所攝是身根取異色外處是所
外處由去故說有色處非唯能造雖此大種觸處所攝然
不遍攝一切觸處以性中說觸謂外處是四大種及四大種
所造四大種言攝根性等所造之言攝滑性等故四大種唯能
彼觸處少分故決定知餘有色處皆非大種所有色皆
大種者何故世尊唯說觸處即說為二類餘眼等處即不如是
以能造造色與所造色其性各異故佛世尊作如是說通
無異因若說色處雖大種性是則此說與經相違　論
若爾何故契經中說謂於眼肉團中若內外別堅性堅
類乃至廣說　釋曰覺天又云若眼等根非大種者何故
契經作如是說眼肉團中堅性堅類即是地界乃至
廣說世尊意說地等大種聚集為根故於經中置
肉團言若不爾者此言何用論不離眼根肉團有堅性等無相違過
釋曰此經不言約意趣說不離眼根所依內團作如是說非約
眼根推徵此約所依雜然依故非此內團即名眼根所是淨色

BD15240號　阿毗達磨俱舍論實義疏卷三　（64–58）

廣說世尊意說地等大種聚集為根故於經中置
內團言若不爾者此言何用 論不離眼根內團有堅性者無相違過
釋曰此經所言內意趣說不離眼根所依內團作如是說非謂
眼根極微此即所依能然依故非此內團即名眼根而是淨色
九餘師說彼隨世想故如此言世間相似所依內團大種造色而
眼想非想淨色若不爾者應但應言眼堅性堅類何用更說
內團〻言所依內團者第七轉即約此釋顯彼根微所依之種及
眼依內團大種皆攝在此說天言又言若眼等根及色等境是
種者是則復與聖教相違入胎經說若蘊當知地等六界即
是士夫若離大種及眼等相色等境者不應唯說地等六界
爲體〻除非應 論還所不盡說 論入胎經中唯說六界爲士夫者
顯能成士夫本〻非唯末故 釋曰此論依主今彼覺天所引契經
此入胎經約〻主起彼內本〻以依前初羯羅藍位唯此六界
爲士夫體眼耳鼻舌彼此非九雖九〻根未於覺觸從九色
等未能爲境此〻六界從續生心至故終心住持相續非無其用
有餘師說唯四大種爲所造依更無餘法非此所造爲大種依 三界緣
眼皆因相識非由相我受等心所皆依心五空界〻義已如前說故
此六界是極本事問何大種爲所造依色等非能爲大種依 答以大四
種遍諸〻色〻聚中有堅等性青等不爾以是義〻言故覺天又言所
滑知契經〻言如然所說心識我所言 論彼經復六觸處故 釋曰此論
主通眼入胎經說六界已無間又說六觸處故謂眼觸處至意觸
處所說觸處且攝根境三和生故由此應知非如汝說是造色
亦不爾者在世尊但應說是六界不應復說此六觸處說六觸
言應未無用復是餘過 論九諸心所應非九故 釋曰此論主重說
理證如是經中唯說堅等不說眼等故據無造色又此經中唯說於

處所說觸處是攝根境三和生故由此應知非如彼說是士造色
義不爾者若世尊但應說士六界不應復說此六觸處謂大觸
言應來無用復成餘過　論九諸心所應非有故　釋曰此論主重破
理證如是經中唯說堅等不說眼等故撥無造色又此經中唯說於
識不說受等應無心所　覺天又云如雜大種無別所造如是離心無
別心所有何過　論云不應執心所即心　釋曰此論引喻餘經證雜不
与胎經相違於一違解經覺天又云我違何經　論契經言想受
等心所法依止心故　釋曰論主引經若唯有心無心所者然但應
言想受等心而不應言想等心所又此經言依心心故非心自體
還依止心能依所依相合異故量云想等心所離自所依定有別
體宗依彼轉故因如壁持畫喻前又違餘經　論又云說有貪心等
故　釋曰論主又餘性契經言有貪心有嗔心有癡心等乃至廣說於此經
言有貪心者有彼貪心名有貪心心對貪等方名有貪非獨自體而言有
彼由此故知貪等心所離心別有　論由此如前所說諸界大種所造差別義
成　釋曰此論主結成正義　論如是已說大種性等十八界中五根五境十有
色界是可積集極微聚故義准餘八非可積集非極微故　釋曰此有唯
義有色界是可積集頌雖不說義准可知餘諸之八界非可積集之義唯
在極微聚聚積名積集故十色界是可積集餘如論文如是已說
可積集等十八界中幾能斫幾所斫幾能燒幾所燒幾能稱幾所稱
頌曰謂唯外四界能斫及所斫二所燒能稱能燒所稱諍　論曰色香
味觸成斧薪等此即名為能斫所斫　釋曰頌言謂唯外四界能斫
及所斫者　論意還因四者謂香外六界中都法二界言斧薪等
者未言過斧及薪二處斧等之聚乃斫此為能斫薪等之聚諸草木
等此為所斫論中從勝作如是釋理實此等亦乎其通能斫所
斫是為斧能斫為斧是為壁鎚草木之類能斫為斧論何法名斫

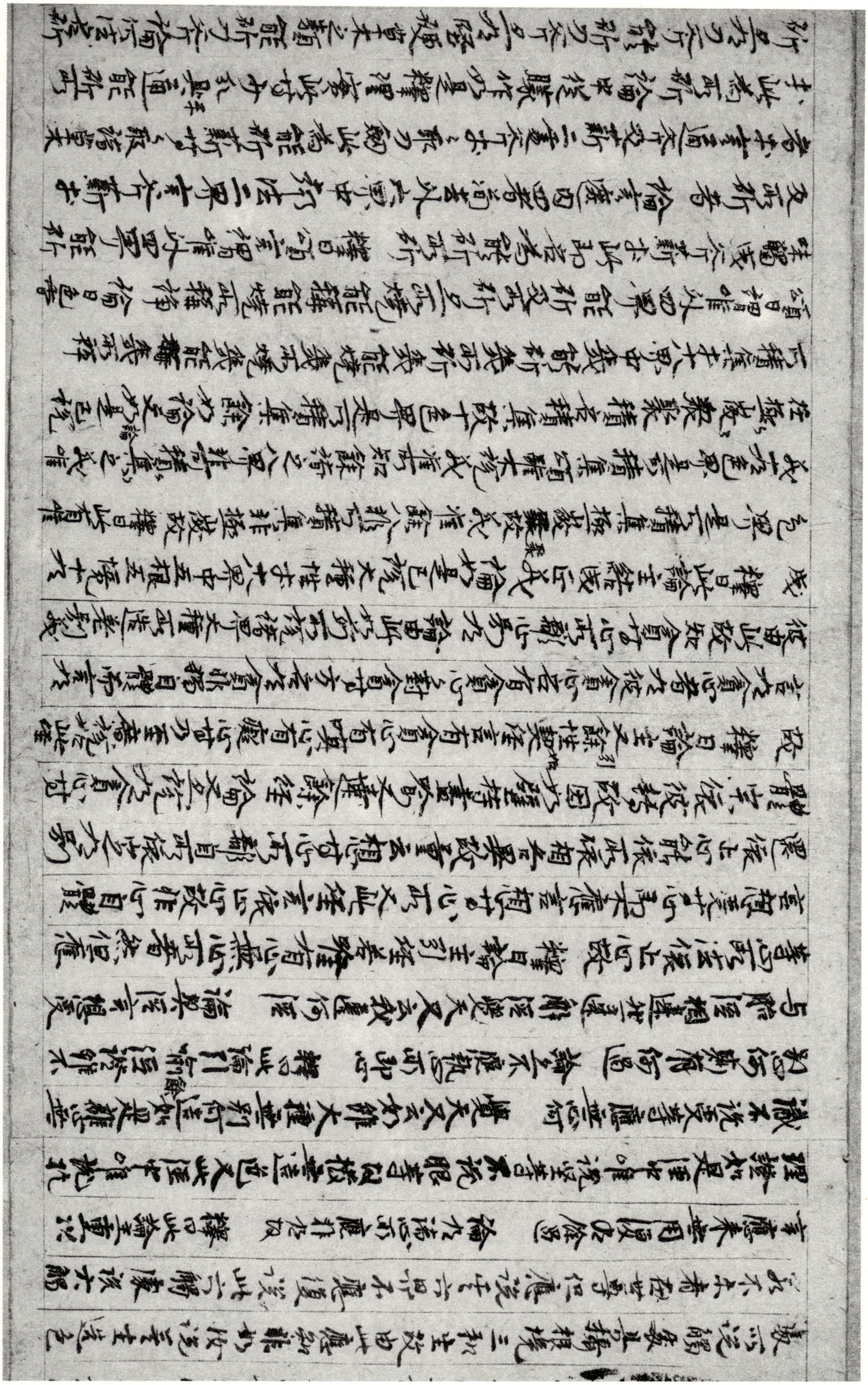

又所斷者 論云遍內四者謂香外六界中部法二界意等分斷者
者未言遍等及薪二處等分斷者等乃取刀劒此為能斷薪等乃取諸草木
等此為所斷 論中從勝作如是釋理實此等亦名與道能斷所
斷亦名刀等能斷刀等亦名隆種草木之類能斷刀等 論何法名斷
釋曰此問也何以名斷可起名為之法生已即滅不得至於可斷之用
剎那之中生便滅故若就剎那五不可斷一剎那中時極促故若第
剎那義立不可前後剎那不相待故不得經停至第二念即應
是常是以問云何法名斷 論薪等色聚於遍續生等等名障念
名續起此名為斷 釋曰此答也故不應執此更另於能所斷竟色
聚者如一極微定不可分為之二分此無斷義要微聚集方書所斷
於遍續生者如一事中相續於剎二義不並於剎法中亦無斷義故所
斷義在於續中長於續中等等時分隔得名為斷剎那之法不假刀等
自然斷絕故不名斷是相續法等等時分隔令之名續起即名為斷異如
於法一類續起中有異因隔為二分以異因故有異果生異類續
起是以色等四外種界名為能斷離此非餘 問若唯聚集及
長續生名能所斷眼等諸根亦是聚集亦相續生應名所斷等
何以說言離色等四餘無斷義為對此問 論身等色根不名所斷
非可令斷令成二故非身根等可成二分支分離身則無根故
釋曰離身支分即無身根不覺觸故由此義知眼等諸根不
名所斷 問若如是者如見劓鼻雖被劓已卻安本處封藥附
之後復如本亦能覺觸故前所截支分離身便不覺觸者義如何答
彼異熟根既被截已更不相續彼卻續者是長養根還能覺觸又問
若說身根不可斷者現見蜴蜥被截尾已其尾跳動若無身根動者
是何答彼跳動者非是身根唯是風界動是風用身根之用但是
能觸是故動者不名身根 論又身根等亦非能斷以清妙故如珠寶

彼異熟根既被截已更不相續彼卻續者是長養根還能覺觸云問
若說身根不可斷者現見蜴蜥被截尾已其尾跳動若無身根動者
是何答彼跳動者非是身根唯是風界動是風用身根之用但是
能觸是故動者不名身根　論又身根等亦非能斫以淨妙故如珠寶
光　釋曰如說身根不為所斫又非能斫以淨妙故猶如珠光不可斫之乱
為二乱既非所斫又非能斫非所斫故非常相續自間斷
故非與色等常相續轉故無能斫又所斫義如能所能燒所
燒能稱所稱如是二義七心法界六義皆無非有質故非聚故論如
能斫所斫體唯外四界所燒能稱其體亦爾　釋曰燒者是何相續
色中火等因緣起於作用今此變異異相續起名之為燒眼等諸根
非是所燒以淨妙故遇火等緣即便滅盡非等變異異相續起
方者為燒諸根既無故不名燒　論謂唯外四界名所燒能稱燒身等色根
亦非二事以淨妙故如珠寶光彼界物非不相續故能稱所稱於異
淨論謂或有說能燒所稱體亦如前唯外四界或復有說唯火界
所燒能燒所稱為重　釋曰此二師中前師意云火界雖即以為能
燒非獨能燒亦得於色香味觸後師之意說增勝說能火界
與色香味觸俱轉而於正能燒用火界偏增勝亦爾其性偏增
問既六種用唯外四界於何因故為能所斫乃至能燒所稱差別
答是四界中火種作用於勝等義堅等用勝則為能斫堅等用
等則為所斫能燒所稱義亦如是現見斧等猛風消水烈火
等中堅等增盛而能壞於木山薪等如趣豆等壇合味隨味但
盛香而光覺如是色等四界之中隨大種用於勝等故於能
所斫等此中能斫所斫等作用應知皆是彼外四界非謂大種
前云偏以火界增盛為能燒者即應悉斧等能斫義中地界偏
增如是等皆應唯是大種作用由此義故不應執言唯於火

等中堅等增盛而能懷等木山薪等如趣豆等壇合味隨味准
盛香即光晃如是色等四界之中隨大種用如勝劣故名能
所所等此中能所所所等作用應知皆是彼以四界非謂大種
等言備以火界增盛爲能燒者即應等等能所義中地界偏
增如是一切皆應唯是大種作用由此義故不應執言唯火大
界方爲能燒薪釋唯其性應知一切皆以四界隨應勝劣即
爲能所所所能燒所釋義亦如是　問等如是者論主何以不遮
後師所說之義　答論主但約增盛聚義故不今遮以此師立能
燒之中火界增盛所釋之中其性增盛此二之中二性積增
論主雖許能所之中雖地性增〻非唯地世間現見正所之時
斧等刃熱如彼亦有火界等增不同前二唯火唯其彼中偏
盛其所遮者遮彼唯火不兼餘界其所許者許彼增
盛故不今遮已上來大門分別十八界有見無見及能所
燒薪等義意

阿毗達磨俱舍論實義疏卷第三

釋門法律法嚴奉　寫記

BD15240號　阿毗達磨俱舍論實義疏卷三　（64–64）

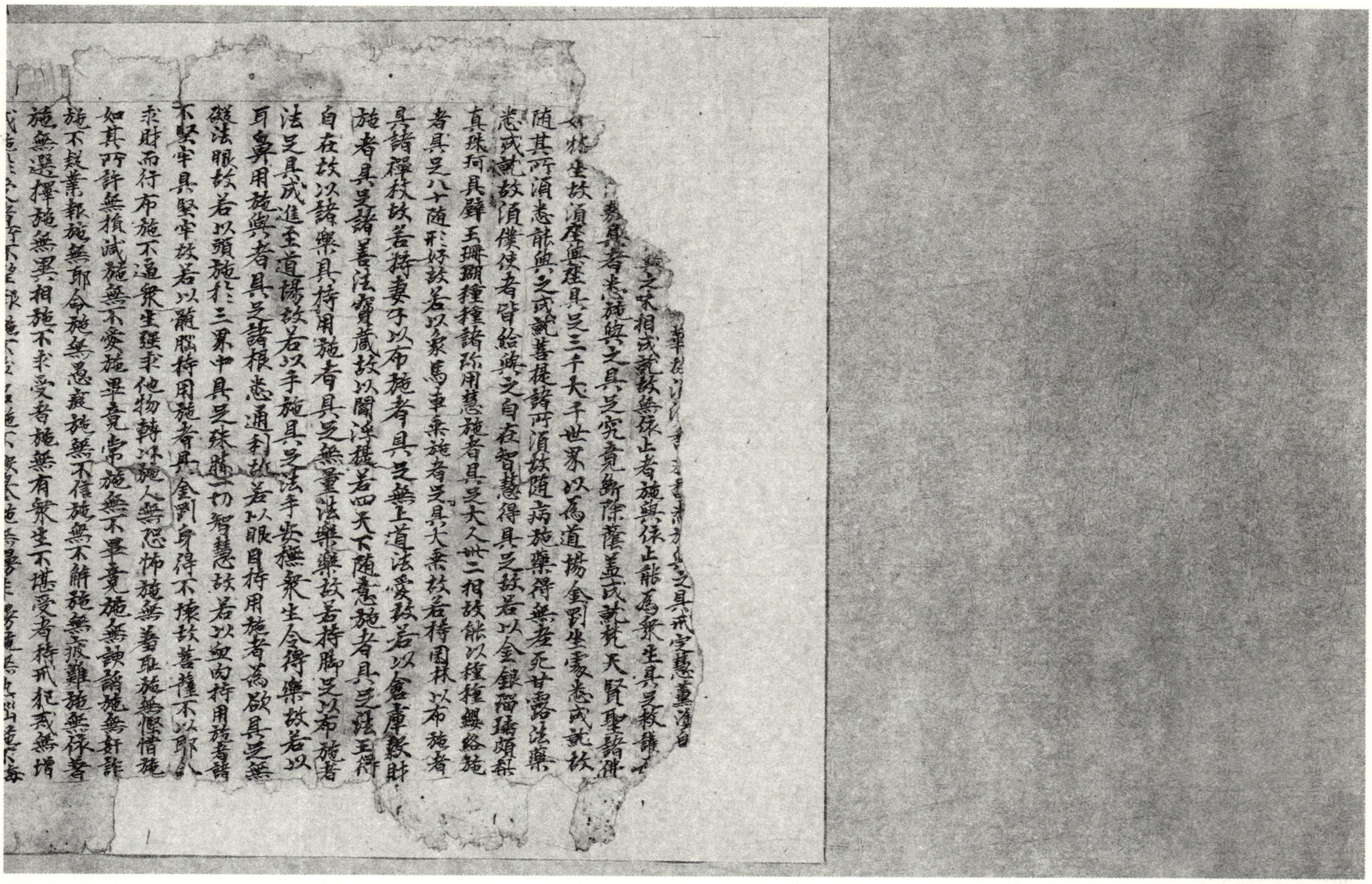
…之具戒定慧薰淨白
…之味相成就故無依止者施與依止能為衆生具足救護
…病者悉施與之具足究竟斷除蓋成就梵天賢聖諸佛
如於坐故須座與座具足三千大千世界以為道場金剛坐處悉成就故
隨其所須悉能與之成就菩提諸所須故隨病施藥得無老死甘露法藥
悉成就故須僕使者皆給與之自在智慧得具足故若以金銀瑠璃頗梨
真珠珂貝璧玉珊瑚種種諸珍用慧施者具足大人卅二相故能以種種瓔珞施
者具足八十隨形好故若以象馬車乘施者足具大乘故若持園林以布施者
具諸禪枝故若持妻子以布施者具足無上道法愛故若以倉庫穀財
施者具足諸善法寶藏故以閻浮提若四天下隨意施者具足法王得
自在故以諸樂具持用施者具足無量法樂樂故若持腳足以布施者
法足具成進至道場故若以手施具足法手安樂衆生令得樂故若以
耳鼻用施與者具足諸根悉通利故若以眼目持用施者為欲具足無
礙法眼故若以頭施於三界中具足殊勝一切智慧故若以血肉持用施者諸
不堅牢具堅牢故若以髓腦持用施者具金剛身得不壞故菩薩不以邪
求財而行布施不逼衆生强求他物轉以施人無恐怖施無奪取施無慳惜施
如其所許無損減施無不愛施畢竟常施無不畢竟施無諂誑施無奸詐
施不疑業報施無邪命施無愚癡施無不信施無不解施無疲難施無係著
施無選擇施無異相施不求受者施無有衆生不堪受者持戒犯戒無增
[illegible]

BD15241 號 1　無盡意菩薩經（六卷本）卷二　（47–1）

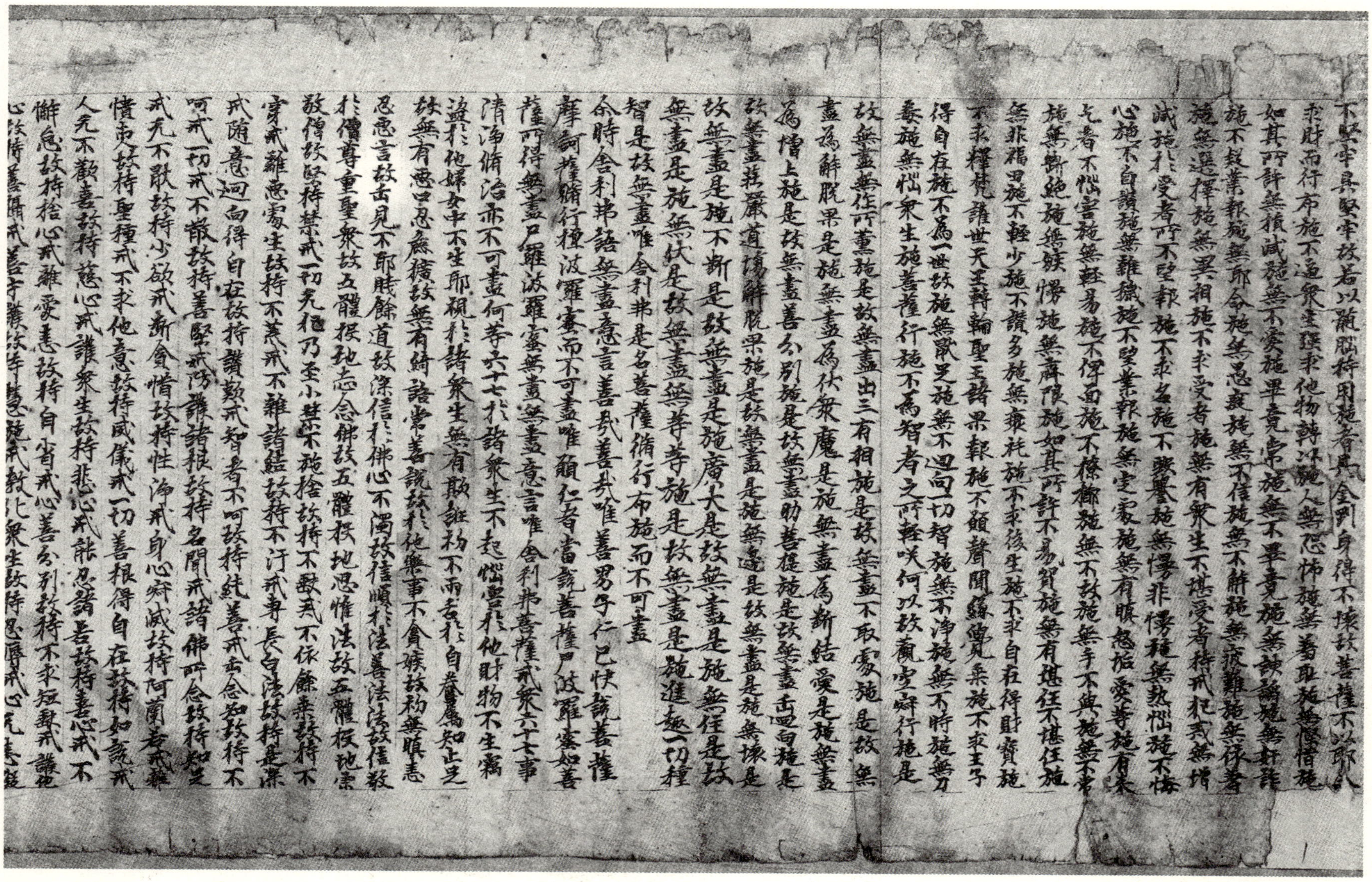
不堅牢具堅牢故若以髓腦持用施者具金剛身得不壞故菩薩不以邪
求財而行布施不逼衆生强求他物轉以施人無恐怖施無奪取施無慳惜施
如其所許無損減施無不愛施畢竟常施無不畢竟施無諂誑施無奸詐
施不疑業報施無邪命施無愚癡施無不信施無不解施無疲難施無係著
施無選擇施無異相施不求受者施無有衆生不堪受者持戒犯戒無增
減施於受者所不望報施不求名施不讚譽施無慢非慢施無熱惱施不悔
心施不自讚施無離識施不望業報施無空處施無有瞋怒諂愛等施有來
乞者不惱害施無輕易施不傍面施不嫌鄙施無不敬施無手不與施無不常
施無斷絶施無嫉妒施無齊限施如其所許不易貿施無有堪任不堪任施
無非福田施不輕少施不讚多施無棄耗施不求後生施不求自在得財寶施
不求釋梵護世天王轉輪聖王諸果報施不願聲聞緣覺乘施不求王子
得自在施不為一世故施無厭足施無不迴向一切智施無不淨施無不時施無刀
毒施無惱衆生施菩薩行施不為智者之所輕咲何以故觀空舍行施是
故無盡無作所薰施是故無盡出三有相施是故無盡不取處施是故無
盡為解脫果是施無盡為伏衆魔是施無盡為斷結愛是施無盡
為增上施是故無盡善分別施是故無盡助菩提施是故無盡迴向施是
故無盡莊嚴道場解脫果施是故無盡是施無邊是故無盡是施無壞是
故無盡是施不斷是故無盡是施廣大是故無盡是施無住是故
無盡是施無伏是故無盡無等等施是故無盡是施進趣一切種
智是故無盡唯舍利弗是名菩薩脩行布施而不可盡
爾時舍利弗語無盡意言善哉善哉唯善男子仁已快說菩薩
摩訶薩脩行檀波羅蜜而不可盡唯願仁者當說菩薩尸波羅蜜如菩
薩所得無盡尸羅波羅蜜無盡意言唯舍利弗菩薩戒衆六十七事
清淨脩治亦不可盡何等六十七於諸衆生不起惱害於他財物不生竊
盜於他婦女中不生耶觀於諸衆生無有欺誑初不兩舌於自眷屬知止足
故無有惡口忍無穢故無有綺語常善說故於他樂事不貪嫉故初無瞋恚
忍惡言故正見不耶賤餘道故深信於佛心不濁故信順於法善法故信敬
於僧尊重聖衆故五體投地志念佛故五體投地思惟法故五體投地崇
敬僧故堅持禁戒一切无犯乃至小罪不施捨故持不毀戒不依餘乘故持不
穿戒離惡處生故持不蕪戒不雜諸結故持不汙戒專長白法故持是潔
戒隨意迴向得自在故持讚歎戒智者不呵故持純善戒正念知故持不
呵戒一切戒不散故持善堅戒防護諸根故持名聞戒諸佛所念故持知足
戒无不厭故持少欲戒斷貪惜故持性淨戒身心寂滅故持阿蘭若戒離
憒丙故持聖種戒不求他意故持威儀戒一切善根得自在故持如說戒
人无不歡喜故持慈心戒護衆生故持悲心戒能忍諸苦故持喜心戒不
懈怠故持捨心戒離愛恚故持自省戒心善分別故持不求短卻戒護他
心故持善攝戒善守護故持隨施戒教化衆生故持忍辱戒心无恚礙

BD15241 號 1　無盡意菩薩經（六卷本）卷二　（47–2）

穿戒離惡處生故持不燕戒不離諸結故持不汙戒專長白法故持是衆
戒隨意迴向得自在故持讚歎戒智者不呵故持純善戒出念知故持不
呵戒一切戒不嫌故持善堅戒防護諸根故持名聞戒諸佛所念故持知足
戒无不厭故持少欲戒斷貪惜故持性淨戒身心寂滅故持阿蘭若戒離
憒市人故持聖種戒不求他意故持威儀戒一切善根得自在故持如說戒
人无不歎善故持護心戒護衆生故持悲心戒能忍諸苦故持喜心戒不
懈怠故持捨心戒離愛恚故持自省戒心善分別故持不求短戒護他
心故持善攝戒善守護故持慧施戒教化衆生故持忍辱戒心无恚礙
故持精進戒不退還故持禪定戒長諸禪枝故持智慧戒多聞善根无
厭足故持多聞戒博學堅牢故持親近善知識戒助成菩提故持遠離
惡知識戒捨遠離惡道故持不惜身戒觀无常想故持不惜命戒勤
行善根故持不悔戒心清淨故持不耶命戒心行清淨故持不集戒畢
竟清淨故持不燒戒備善行業故持无悔戒心下不憍故持不悖戒遠
離諸欲故持不高戒心平直故持柔和戒心无粗憙故持調伏戒无惱害
故持寂滅戒心无垢穢故持順語戒如說行故持化衆生戒不離攝法故
持讓去法戒不違如實故持如願戒成就於諸衆生心平等故持親近
佛戒入佛三昧戒具足一切諸佛法故舍利弗是名菩薩六十七事淨治戒衆
而不可盡又舍利弗菩薩无清淨戒中无有我著所謂我人衆生壽命
養育士夫色受想行識地水火風是淨戒中无眼色相耳聲鼻香舌味
身觸意法等相亦无身心是戒定相一向不共故戒分別相方便緣一切
法故是戒定相得无相際不離三界故是戒不住无生忍故是淨戒中无
有已住今住當住是清淨過去不滅未來不來現在不住又舍利弗是
淨戒中心淨无垢識不止住思不親近是清淨戒不依欲界不近色界不
住无色界是清淨戒捨離欲塵除瞋恚癡滅无明鄣是清淨戒不斷
不常不違因緣是清淨戒无有我相捨我所相不住身見是清淨戒不
取假名不住色相不離名色是清淨戒不繫於因不起諸見不作疑悔
是清淨戒不住貪瞋癡不善根是清淨戒不惱不熱寂滅離相是清淨
戒不斷佛種求出法故不斷法種不分別法性故不斷僧種脩无爲故舍
利弗持淨戒者相續不斷故不盡所以者何凡夫戒者在所受生是故有
盡人中十善盡故有盡欲界諸天福報功德盡故有盡色界諸天禪无
量心盡故有盡无色界天所入諸定盡故有盡外道仙人所有諸戒退失神
通盡故有盡一切聲聞學无學戒入涅槃除盡故有辟支佛戒无大悲
心盡故有盡舍利弗菩薩淨戒皆无有盡何以故於是戒中出一切戒如
種无盡果亦无盡是菩提種不可盡故如來戒聚亦无有盡以是故諸
大士等所持諸戒皆不可盡舍利弗是名菩薩脩持淨戒而不可盡
尒時舍利弗語无盡意言善哉善哉善男子仁已快說菩薩尸羅波羅蜜

BD15241 號 1　無盡意菩薩經（六卷本）卷二　　（47–3）

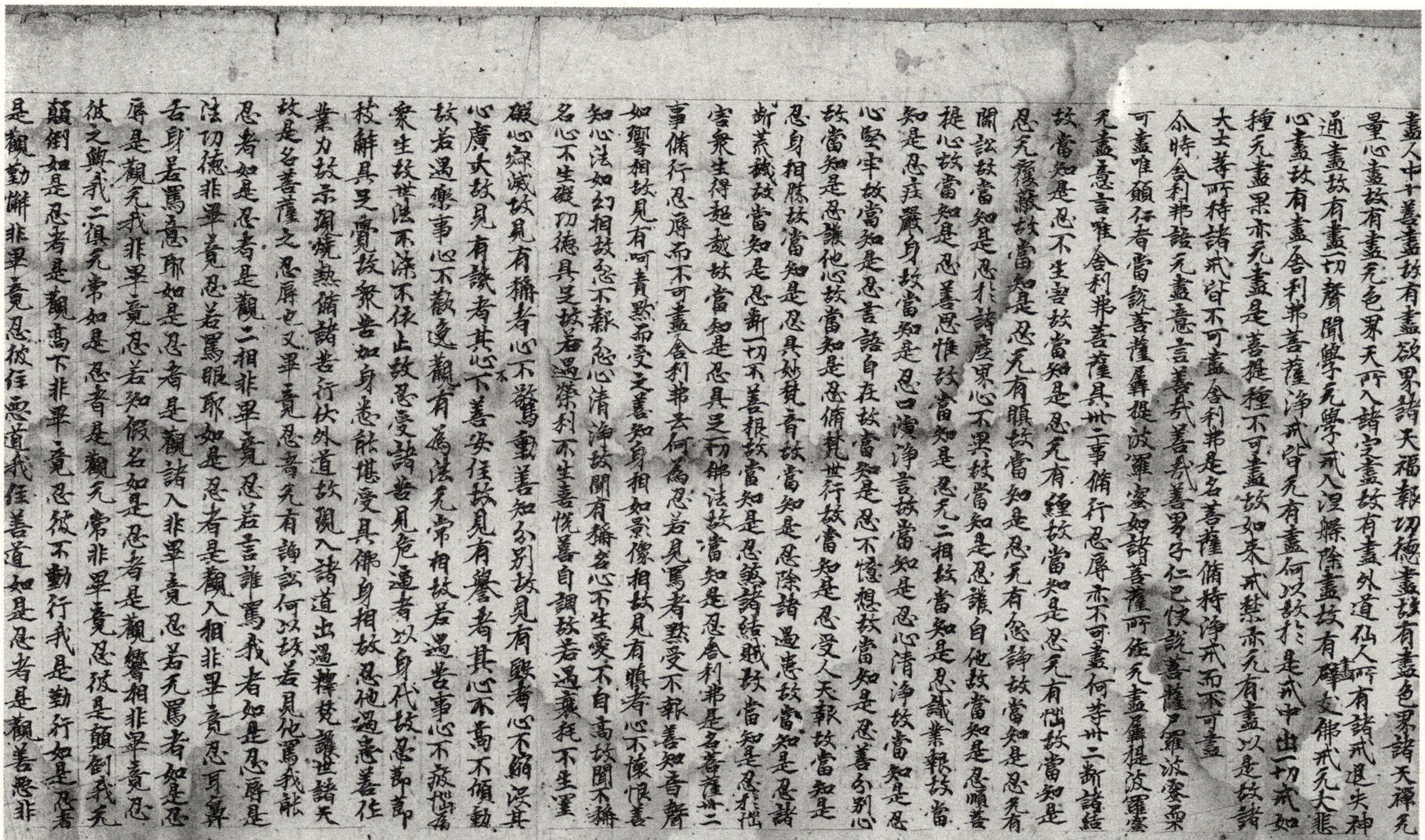

盡人中十善盡故有盡欲界諸天福報功德盡故有盡色界諸天禪无
量心盡故有盡无色界天所入諸定盡故有盡外道仙人所有諸戒退失神
通盡故有盡一切聲聞學无學戒入涅槃除盡故有辟支佛戒无大悲
心盡故有盡舍利弗菩薩淨戒皆无有盡何以故於是戒中出一切戒如
種无盡果亦无盡是菩提種不可盡故如來戒聚亦无有盡以是故諸
大士等所持諸戒皆不可盡舍利弗是名菩薩脩持淨戒而不可盡
尒時舍利弗語无盡意言善哉善哉善男子仁已快說菩薩尸羅波羅蜜
可盡唯願仁者當說菩薩羼提波羅蜜如諸菩薩所住无盡羼提波羅蜜
无盡意言唯舍利弗菩薩具卅二事脩行忍辱亦不可盡何等卅二斷諸結
故當知是忍不生害故當知是忍无有纏故當知是忍无有惱故當知是
忍无覆藏故當知是忍无有瞋故當知是忍无有怨諍故當知是忍无有
鬭訟故當知是忍於諸塵界心不異故當知是忍无二相故當知是忍順善
提心故當知是忍善思惟故當知是忍識業報故當
知是忍莊嚴身故當知是忍口淨言故當知是忍心清淨故當知是忍
心堅牢故當知是忍善語自在故當知是忍不憶想故當知是忍善分別心
故當知是忍謙他心故當知是忍脩梵世行故當知是忍受人天報故當知是
忍身相勝故當知是忍具妙梵音故當知是忍除諸過患故當知是忍諸
斷荒穢故當知是忍斷一切不善根故當知是忍能斷諸結賊故當知是忍於
害衆生得超越故當知是忍具足一切佛法故當知是忍舍利弗是名菩薩卅二
事脩行忍辱而不可盡舍利弗云何爲忍若見罵者默受不報善知音聲
如響相故見有呵責默而受之善知身相如影像相故見有瞋者心不懷恨善
知心法如幻相故忍不報忍心清淨故聞有稱名心不生愛不自高故聞不稱
名心不生礙功德具足故若遇榮利不生喜悅善自調故若遇衰耗不生憂
礙心寂滅故見有稱者心不驚動善知分別故見有毀者心不縮沒其
心廣大故見有讚者其心不下善安住故見有譽者其心不高不傾動
故若遇樂事心不歡逸觀有爲法无常相故若遇苦事心不疲惱
衆生故世法不染不依止故忍受諸苦見危逼者以身代故忍鄣
枝解具足覺故衆苦如身患能堪受具佛身相故忍他過惡善住
業力故示現燒熱脩諸苦行伏外道故現入諸道出過釋梵護世諸天
故是名菩薩之忍辱也又畢竟忍者无有諍訟何以故若見他罵我能
忍者如是忍者是觀二相非畢竟忍若言誰罵我者如是忍辱是
法功德非畢竟忍若罵眼耶如是忍者是觀入相非畢竟忍耳鼻
舌身若罵意耶如是忍者是觀諸入非畢竟忍若无罵者如是忍
辱是觀无我非畢竟忍若知假名如是忍者是觀響相非畢竟忍
彼之與我二俱无常如是忍者是觀无常非畢竟忍彼是顛倒我无
顛倒如是忍者是觀高下非畢竟忍彼不動行我是勤行如是忍者
是觀勤懈非畢竟忍彼住惡道我住善道如是忍者是觀善惡非

BD15241 號 1　無盡意菩薩經（六卷本）卷二　　（47–4）

忍者如是忍者是觀二相非畢竟忍若言誰罵我者如是忍辱是
法切德非畢竟忍若罵眼耶如是忍者是觀入相非畢竟忍耳鼻
舌身若罵意耶如是忍者是觀諸入非畢竟忍若无罵者如是忍
辱是觀无我非畢竟忍若知假名如是忍者是觀響相非畢竟忍
彼之與我二俱无常如是忍者是觀无常非畢竟忍彼是顛倒我无
顛倒如是忍者是觀高下非畢竟忍彼不動行我是勤行如是忍者
是觀勤懈非畢竟忍彼住惡道我住善道如是忍者是觀善惡非
畢竟忍我忍无常不忍有常我能忍惡不受諸樂我忍无我不忍有
我我忍不淨不忍於淨如是忍者是觀有對非畢竟忍我忍於空不
忍諸見我忍无相不忍諸覺我忍无願不忍於願我忍无作不忍於作
我忍結盡不忍結在我忍於善不忍不善我忍出世不忍在世我忍无淨
不忍於淨我忍無漏不忍於漏我忍白法不忍黑法我忍寂滅不忍生死
如是忍者是觀相對非畢竟忍云何名為畢竟忍耶若入空寂不與
諸見和合不猗善空是諸見等亦復皆空如是忍者是無二相是畢竟忍
若入相無不與諸覺和合不猗无相是覺皆空如是忍者是无二相
畢竟忍若入无願不與願合不猗无願是願皆空如是忍者是无二相
是畢竟忍若入无作不與作合不猗无作是作皆空如是忍者是无
二相是畢竟忍若入盡結不與結合不猗盡結諸結皆空如是忍者
是无二相是畢竟忍若入於善不與不善和合不猗於善不善皆空如
是忍者是无二相是畢竟忍若入出世不與世合不猗出世在世皆空如是
忍者是无二相是畢竟忍若入无諍不與諍合不猗无諍是諍皆空如
是忍者是无二相畢竟是忍若入无漏不與漏合不猗无漏諸漏皆空
如是忍者是无二相是畢竟忍若入白法不與黑合不猗白法黑法
皆空如是忍者是无二相是畢竟忍若入寂滅不與生死和合不猗
寂滅生死皆空如是忍者是无二相是畢竟忍若性不自生不從
他生不和合生亦无有出不可破壞不可壞者是不可盡如是忍者
是畢竟忍无作非作无所猗著无分別无莊嚴无循治法无發進終不
造生若无生者是不可盡如是忍者是无生忍无生忍者是不出忍不
出忍者是畢竟忍如是菩薩備行是忍得受記忍舍利弗是名菩薩行
忍无盡說是忍時一切大衆讚无盡意言善男子善哉善哉快說此言
即而種種𢍰有諸華末香塗香无數雜衣幢幡寶蓋以用供養於无盡
意百千伎樂於上虛空自然出聲作如是言若有衆生欲得如來甚深忍
者聞作是說不應驚怖時諸華香雜衣幡蓋普遍充滿此三千大
千世界尒時佛告无盡意言善男子汝所供養華香等物可自求器除去
并當无盡意言唯然世尊我今當以神通之力即身為器時无盡意即入菩
薩色身三昧入三昧已一切所有供養之具悉入齊中身界如故不增不減尒時

BD15241 號 1　無盡意菩薩經（六卷本）卷二　（47-5）

出忍者是畢竟忍如是菩薩備行是忍得受記忍舍利弗是名菩薩行
忍无盡說是忍時一切大衆讚无盡意言善男子善哉善哉快說此言
即而種種𢍰有諸華末香塗香无數雜衣幢幡寶蓋以用供養於无盡
意百千伎樂於上虛空自然出聲作如是言若有衆生欲得如來甚深忍
者聞作是說不應驚怖時諸華香雜衣幡蓋普遍充滿此三千大
千世界尒時佛告无盡意言善男子汝所供養華香等物可自求器除去
并當无盡意言唯然世尊我今當以神通之力即身為器時无盡意即入菩
薩色身三昧入三昧已一切所有供養之具悉入齊中身界如故不增不減尒時
衆中有一菩薩名大莊嚴問无盡意善男子所入三昧名為何等而仁入已諸
供養具悉入身中身界如故而不增減无盡意言善男子其三昧者名為
一切色身三昧大莊嚴言是三昧定頗復更有餘力勢不无盡意言是三昧力
能令身界悉受三千大千世界所有色相身界如故亦无增減尒時衆中或
有人天作是思惟寧可得見是定力不尒時佛知一切大衆人天所念告无盡意
善男子汝可示現是定神力時无盡意菩薩摩訶薩於是三昧久已通達
是故能以一切大衆十方諸來大菩薩等佛及聖僧悉內身中尒時其身猶
如大寶莊嚴世界受諸菩薩摩訶薩等所有種種莊嚴之事是時大衆悉
自見形在无盡意菩薩身內時無盡意示現如是大神通已是時大衆各還
如本時大莊嚴菩薩摩訶薩問无盡意善男子我從昔來未曾見聞如是
三昧神通變化无盡意言善男子假使三千大千世界一切所有悉入我身猶
无增減况於此說是无盡意現大神變時七十六那由他天及人發阿耨多羅
三藐三菩提心万二千菩薩摩訶薩得无生法忍舍利弗是名菩薩備行忍辱
而不可盡　尒時舍利弗語无盡意言善哉善哉唯善男子汝已
快說菩薩羼提波羅蜜而不可盡唯願仁者當說菩薩毗梨耶波羅蜜
如諸菩薩所得无盡毗梨耶波羅蜜无盡意言唯舍利弗菩薩具足八事
備行精進而不可盡何等八發大莊嚴而无有盡積集勇進而不可盡備行
諸善而不可盡教化衆生而不可盡助道功德而不可盡助无上智而不可盡
助无上慧而不可盡集助佛法而不可盡云何菩薩莊嚴无盡於諸生死心不
疲倦不計劫數當成佛道若千劫而住莊嚴若千劫在不住莊嚴菩薩莊
嚴所逕劫數不可稱計如從今日至生死本為一日一夜如是卅日為一月十二月為
一歲於是百千万歲一發道心一見如來如是發心所見諸佛如恒沙數於尒所
佛邊方得知一衆生心行如是遍知一切衆生心之所行猶不退沒是則名曰不
懈莊嚴无盡莊嚴逕於如是見佛發心知他衆生心所行時常備具足檀波
羅蜜尸波羅蜜羼提波羅蜜毗梨耶波羅蜜禪波羅蜜般若波羅蜜
備集一切助菩提法具備相好十力无畏不共之法具備一切諸佛法故是名不
懈莊嚴无盡莊嚴若有菩薩聞作是說不驚不怖不畏當知是菩薩不懈
精進是名菩薩莊嚴无盡云何菩薩勇進无盡若三千大千世界滿中盛火

BD15241 號 1　無盡意菩薩經（六卷本）卷二　（47-6）

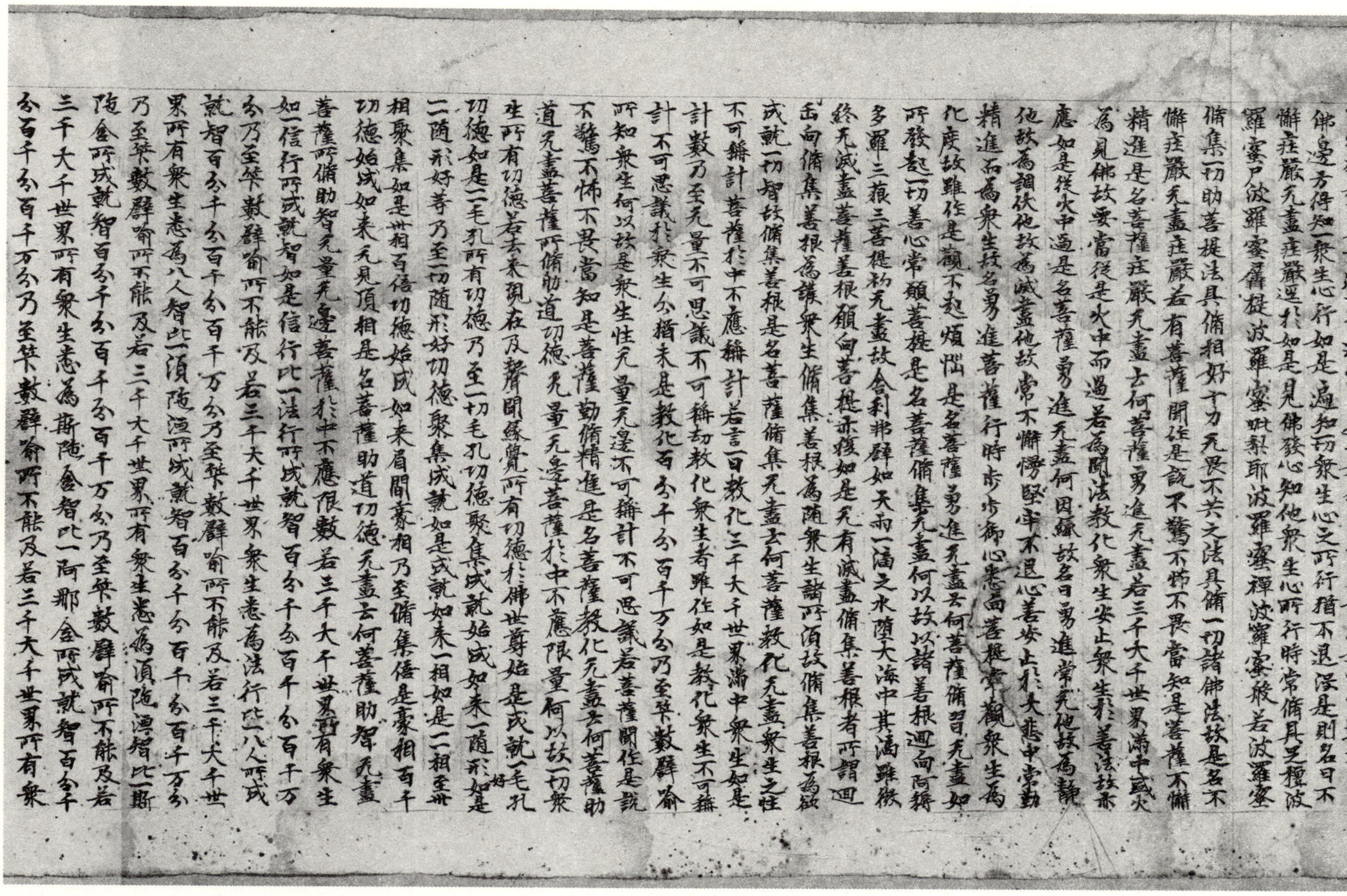

一歲於是百千万歲一發道心一見如來如是發心所見諸佛如恒沙數於今所
佛邊方得知一衆生心行如是遍知一切衆生心之所行猶不退沒是則名曰不
懈莊嚴无盡莊嚴遲於如是見佛發心知他衆生心所行時常備具足檀波
羅蜜尸波羅蜜羼提波羅蜜毗梨耶波羅蜜禪波羅蜜般若波羅蜜
備集一切助菩提法具備相好十力无畏不共之法具備一切諸佛法故是名不
懈莊嚴无盡莊嚴若有菩薩聞作是說不驚不怖不畏當知是菩薩不懈
精進是名菩薩莊嚴无盡云何菩薩勇進无盡若三千大千世界滿中盛火
為見佛故要當從是火中而過若為聞法教化衆生安止衆生於善法故亦
應如是從火中過是名菩薩勇進无盡何因緣故名曰勇進常无他故為靜
他故為調伏他故為滅盡他故常不懈惓堅牢不退心善安止於大悲中常勤
精進而為衆生故名勇進菩薩行時步步御心悲而菩提常觀衆生為
化度故雖作是觀不起煩惱是名菩薩勇進无盡云何菩薩備習无盡如
所發起一切善心常願菩提是名菩薩備集无盡何以故以諸善根迴向阿耨
多羅三藐三菩提初无盡故舍利弗譬如天雨一滴之水墮大海中其滴雖微
終无滅盡菩薩善根願向菩提亦復如是无有滅盡備集善根者所謂迴
向備集善根為護衆生備集善根為隨衆生諸所須故備集善根為欲
成就一切智故備集善根是名菩薩備集无盡云何菩薩教化无盡衆生之性
不可稱計菩薩於中不應稱計若言一日教化三千大千世界滿中衆生如是
計數乃至无量不可思議不可稱劫教化衆生者雖作如是教化衆生不可稱
計不可思議於衆生分猶未是教化百分千分百千万分乃至筭數譬喻
所知衆生何以故是衆生性无量无邊不可稱計不可思議若菩薩聞作是說
不驚不怖不畏當知是菩薩勤備精進是名菩薩教化无盡云何菩薩助
道无盡菩薩所備助道功德无量无邊菩薩於中不應限量何以故一切衆
生所有功德若去來現在及聲聞緣覺所有功德於佛世尊始是成就一毛孔
功德如是一毛孔所有功德乃至一切毛孔功德聚集成就始成如來一隨形好如是
二隨形好等乃至一切隨形好功德聚集成就如是成就如來一相如是一相至卅
相聚集如是卅相百倍功德始成如來眉間豪相乃至備集倍是豪相百千
功德始成如來无見頂相是名菩薩助道功德无盡云何菩薩助智无盡
菩薩所備助智无量无邊菩薩於中不應限數若三千大千世界所有衆生
如一信行所成就智如是信行比一法行所成就智百分千分百千分百千万
分乃至筭數譬喻所不能及若三千大千世界衆生悉為法行比八人所成
就智百分千分百千分百千万分乃至筭數譬喻所不能及若三千大千世
界所有衆生悉為八人智比一須陀洹所成就智百分千分百千分百千万分
乃至筭數譬喻所不能及若三千大千世界所有衆生悉為須陀洹智比一斯
陀含所成就智百分千分百千分百千万分乃至筭數譬喻所不能及若
三千大千世界所有衆生悉為斯陀含智比一阿那含所成就智百分千
分百千分百千万分乃至筭數譬喻所不能及若三千大千世界所有衆

BD15241 號 1　無盡意菩薩經（六卷本）卷二　　（47–7）

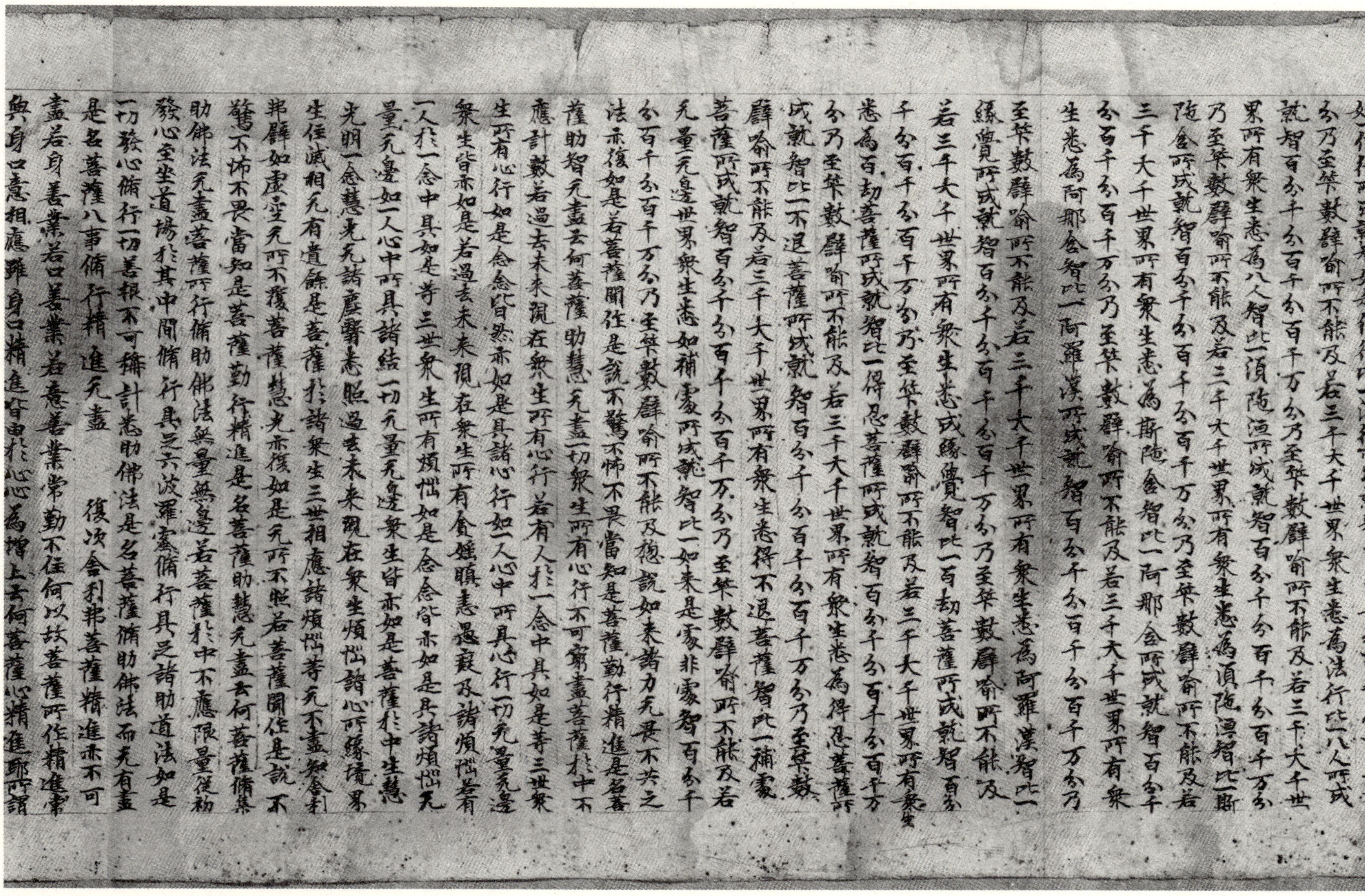

如一信行所成就智如是信行比一法行所成就智百分千分百千分百千万
分乃至筭數譬喻所不能及若三千大千世界衆生悉為法行比八人所成
就智百分千分百千分百千万分乃至筭數譬喻所不能及若三千大千世
界所有衆生悉為八人智比一須陀洹所成就智百分千分百千分百千万分
乃至筭數譬喻所不能及若三千大千世界所有衆生悉為須陀洹智比一斯
陀含所成就智百分千分百千分百千万分乃至筭數譬喻所不能及若
三千大千世界所有衆生悉為斯陀含智比一阿那含所成就智百分千
分百千分百千万分乃至筭數譬喻所不能及若三千大千世界所有衆
生悉為阿那含智比一阿羅漢所成就智百分千分百千分百千万分乃
至筭數譬喻所不能及若三千大千世界所有衆生悉為阿羅漢智比一
緣覺所成就智百分千分百千分百千万分乃至筭數譬喻所不能及
若三千大千世界所有衆生悉成緣覺智比一百劫菩薩所成就智百分
千分百千分百千万分乃至筭數譬喻所不能及若三千大千世界所有衆生
悉為百劫菩薩所成就智比一得忍菩薩所成就智百分千分百千分百千万
分乃至筭數譬喻所不能及若三千大千世界所有衆生悉為得忍菩薩所
成就智比一不退菩薩所成就智百分千分百千分百千万分乃至筭數
譬喻所不能及若三千大千世界所有衆生悉得不退菩薩智比一補處
菩薩所成就智百分千分百千分百千万分乃至筭數譬喻所不能及若
无量无邊世界衆生悉如補處所成就智比一如來是處非處智百分千
分百千分百千万分乃至筭數譬喻所不能及以總說如來諸力无畏不共之
法亦復如是若菩薩聞作是說不驚不怖不畏當知是菩薩勤行精進是名菩
薩助智无盡云何菩薩助慧无盡一切衆生所有心行不可窮盡菩薩於中不
應計數若過去未來現在衆生所有心行若有人於一念中具如是等三世衆
生所有心行如是念念皆悉亦如是具諸心行如一人心中所具心行一切无量无邊
衆生皆亦如是若過去未來現在衆生所有貪婬瞋恚愚癡及諸煩惱若有
一人於一念中具如是等三世衆生所有煩惱如是念念皆亦如是具諸煩惱无
量无邊如一人心中所具諸結一切无量无邊衆生皆亦如是菩薩於中生慧
光明一念慧光无諸塵翳悉照過去未來現在衆生煩惱諸心所緣境界
生住滅相无有遺餘是菩薩於諸衆生三世相應諸煩惱等无不盡知舍利
弗譬如虛空无所不覆菩薩慧光亦復如是无所不照若菩薩聞作是說不
驚不怖不畏當知是菩薩勤行精進是名菩薩助慧无盡云何菩薩備集
助佛法无盡菩薩所行備助佛法無量無邊若菩薩於中不應限量從初
發心至坐道場於其中間備行具足六波羅蜜備行具足諸助道法如是
一切發心備行一切善根不可稱計悉助佛法是名菩薩備助佛法而无有盡
是名菩薩八事備行精進无盡　　復次舍利弗菩薩精進亦不可
盡若身善業若口善業若意善業常勤不住何以故菩薩所作精進常
與身口意相應雖身口精進皆由於心心為增上云何菩薩心精進耶所謂

BD15241 號 1　無盡意菩薩經（六卷本）卷二　　（47–8）

驚不怖不畏當知是菩薩勤行精進是名菩薩助慧无盡云何菩薩脩集
助佛法无盡菩薩所行脩助佛法無量無邊若菩薩於中不應限量從初
發心至坐道場於其中間脩行具足六波羅蜜脩行具足諸助道法如是
一切發心脩行一切善根不可稱計悉助佛法是名菩薩脩助佛法而无有盡
是名菩薩八事脩行精進无盡　復次舍利弗菩薩精進亦不可
盡若身善業若口善業若意善業常勤不住何以故菩薩所作精進常
與身口意相應雖身口精進皆由於心心為增上云何菩薩心精進耶所謂
心始心終云何心始初發心故云何心終菩提心寂滅故云何心始於諸眾生
起大悲故云何心終无我人故云何心始攝眾生故云何心終不取諸法故
云何心始不猒生死故云何心終无三界故云何心始捨所有故云何心終无
所輕故云何心始受持戒故云何心終不持戒故云何心始脩行忍故云
何心終无怨諍故云何心始發行諸善故云何心終獨不離故云
何心始脩集定故云何心終心清淨故云何心始多聞无猒故云何
心終善思惟故云何心始習聞義故云何心終法无言說故云何心
始求智慧故云何心終斷戲論故云何心始脩四梵行故云何心終捨
真智故云何心始具五通故云何心終具漏盡故云何心始發念處
故云何心終念无思惟故云何心始發正勤故云何心終說善不善故
云何心始發意如分別故云何心終具報得故云何心始發諸根方便故
云何心終觀諸根法故云何心始集諸力故云何心終智不壞故云
何心始發助菩提分故云何心終善知分別諸導方便故云何心始
求助道法故云何心終无進趣故云何心始求寂滅故云何心終心永
寂故云何心始發慧起故云何心終善知法故云何心始覺知因故
云何心終善知因故云何心始從他聞故云何心終於諸法中无放逸
故云何心始發嚴飾故云何心終知身性故云何心始莊飾口故云何
心終聖嘿然故云何心始行三昧故云何心終无所作故云何心始降四
魔故云何心終捨結習故云何心始知方便故云何心終了於慧故云何
心始善知發故云何心終善知度故云何心始知世俗故云何心終善知真
諦故是名菩薩心精進也是心具足精進无盡故說始終菩薩具足
如是住相而心未常住於作業是菩薩於諸業相知而故作云何菩
薩知而故作為諸善根故為諸眾生脩大悲故不離有為為一切佛
真妙知故不隨生死是名菩薩摩訶薩毗梨耶波羅蜜而不可盡說
是法時七十那由他諸天及人發阿耨多羅三藐三菩提心三万二千
菩薩摩訶薩得無生法忍

無盡意菩薩經第二

無盡意菩薩經卷第三

BD15241 號 1　無盡意菩薩經（六卷本）卷二　（47–9）

如是住相而心未常住於作業是菩薩於諸業相知而故作云何菩
薩知而故作為諸善根故為諸眾生脩大悲故不離有為為一切佛
真妙知故不隨生死是名菩薩摩訶薩毗梨耶波羅蜜而不可盡說
是法時七十那由他諸天及人發阿耨多羅三藐三菩提心三万二千
菩薩摩訶薩得無生法忍

無盡意菩薩經第二

無盡意菩薩經卷第三

尒時舍利弗語無盡意言善哉善哉唯善男子仁已快說菩薩
毗梨耶波羅蜜而不可盡唯願仁者當說菩薩禪波羅蜜如諸善
薩所得無盡禪波羅蜜無盡意言若菩薩摩訶薩以十六事脩
行禪定而無有盡不與聲聞辟支佛共何等十六菩薩脩定無有
吾我具足如來諸禪定故菩薩脩定不味不著不求己樂故菩薩
脩定行於大悲斷諸眾生煩惱結故菩薩脩定增益諸禪觀見欲界
諸過患故菩薩脩定具諸通業為知眾生諸心行故菩薩脩定其心柔
耎於眾生中得自在故菩薩脩定諸禪三昧善知入出過於色界無色
界故菩薩脩定其心寂滅勝於二乘諸禪三昧故菩薩脩定更無有發
畢竟已作故菩薩脩定無諸衰耗善斷除滅諸習氣故菩薩脩定常入
智慧過諸世間到彼岸故菩薩脩定為知眾心度脫一切諸眾生故菩薩
脩定不斷三寶種具足無盡諸禪定故菩薩脩定無有退失其心常定
無錯謬故菩薩脩定而得自在具足一切諸善法故菩薩脩定內善思惟斷
入出息得勝智故舍利弗是名菩薩以十六事脩行禪定而無有盡不與
聲聞辟支佛共云何名為菩薩脩定具諸通智故云何為通云何為智若諸
色相是名為通若知一切色盡法性而不證盡是名為智若聞音聲是
名為通解了三世一切音聲無言辭相是名為智若知一切眾生心行是名
為通若知心行悉皆滅盡不證於滅是名為智若念過去是名為通若
知三世無有罣礙是名為智若能遍至諸佛世界為通若知佛界同虛空
相是名為智若求諸法無破壞相是名為通若不見法是名為智若不
壞世間是名為通若不離行是名為智若過梵釋護世天王是名為通過
於二乘學無學智是名為智是名菩薩脩行禪定通智差別唯舍利弗
菩薩若知一切眾生煩惱亂心是故脩集諸禪定法助成住心舍利弗如是
眾生煩惱心亂菩薩於中善脩聚集助成禪定令與禪定住平等心是
名菩薩脩行禪定若住眾生平等智中是名為定心行平等性相平等
畢竟平等發行平等是名為定住於施戒忍辱精進禪定智慧及諸法
等是名為定如定等者則眾生等眾生等者則諸法等入如是等是
名為定如是等定則等等於空等於空者則眾生等眾生等者諸法

BD15241 號 2　無盡意菩薩經（六卷本）卷三　（47–10）

知三世無有罣礙是名[illegible]智若有通[illegible]諸佛世界[illegible]通若[illegible]佛[illegible]
相是名為智若求諸法無破壞相是名為通若不見法是名為智若不
壞世間是名為通若不離行是名為智若過梵釋護世天王是名為通過
於二乘學無學智是名為智是名菩薩脩行禪定通智差別唯舍利弗
菩薩若知一切衆生煩惱亂心是故脩集諸禪定法助成住心舍利弗如是
衆生煩惱心乱菩薩於中善脩聚集助成禪定令此禪定住平等心是
名菩薩脩行禪定若住衆生平等智中是名為定心行平等性相平等
畢竟平等發行平等是名為定住於施戒忍辱精進禪定智慧及諸法
等是名為定如定等者則衆生等衆生等者則諸法等入如是等是
名為定如是等定則等等於空等於空者則衆生等衆生等者諸法
得等入如是等是名為定如空等者則無相等無相等者則無願等
無願等者則無作等無作等者則衆生等衆生等者則諸法等入如
是等是名為定自心等故他心亦等是名為定一切等者所謂利衰如地
水火風得等心心如虛空無有高下常住不動所行威儀常定不轉
本性自尒不恌不高自在無畏寂嘿無言知義知法知時非時隨世所行
不離於世捨世八法滅一切結遠離憒丙樂於獨處菩薩如是脩行諸法於
諸禪定心安止住離世所作是菩薩以方便慧入禪波羅蜜入禪定時生
大悲心為諸衆生是名方便其心於寂是名為慧入時念佛是名方便不
不依止禪是名為慧入時攝取一切善法是名方便不分別法性是名為慧
入時趣向莊嚴佛身是名方便於佛法身不生分別是名為慧入時念佛聲
如梵音是名方便於法性中無言說相是名為慧入時受持心如金剛是名
方便思惟諸法本性不亂是名為慧入時不捨本所誓願教化衆生是
名方便於一切法思惟無我是名為慧入時思惟一切善根是名方便思惟
善根性無所住是名為慧入時遍觀諸佛世界是名方便見諸佛界同於
虛空是名為慧入時莊嚴菩提道場是名方便觀所莊嚴同於寂滅
是名為慧入時欲轉無上法輪是名方便思惟法輪無轉不轉是名為慧
入時一向脩助覺分是名方便為知衆生諸熱惱心是故脩集如來禪定
知一切法相應不相應有相無相一切相續隨順菩薩決定思惟是名為慧
是名菩薩入於禪定方便慧也如是菩薩禪波羅蜜方便智慧二事
俱行得佛法器一切諸魔不能破壞說是法時三万二千菩薩得日燈三
昧何因緣故名日燈三昧譬如日出燈火月光星宿諸明悉不復現菩薩
大士得是定已光所脩智一切二乘學與無學及餘衆生所得諸智皆
亦如是悉不復現是名日燈三昧菩薩住於禪波羅蜜即於無量百千種
種諸禪三昧而得自在令於此中當說少分其名日電燈三昧淨三昧月
光三昧淨莊嚴三昧日光三昧不可思議三昧勇出三昧照明三昧無垢光明
三昧功德光明三昧一切法中得自在三昧吉道三昧無憂三昧堅[illegible]三昧勇
出如須弥山等三昧法炬三昧法健三昧法尊三昧自在知一切法三昧住法

BD15241 號 2　無盡意菩薩經（六卷本）卷三　（47–11）

俱行得佛法器一切諸魔不能破壞說是法時三万二千菩薩得日燈三
昧何因緣故名日燈三昧譬如日出燈火月光星宿諸明悉不復現菩薩
大士得是定已光所脩智一切二乘學與無學及餘衆生所得諸智皆
亦如是悉不復現是名日燈三昧菩薩住於禪波羅蜜即於無量百千種
種諸禪三昧而得自在令於此中當說少分其名日電燈三昧淨三昧月
光三昧淨莊嚴三昧日光三昧不可思議三昧勇出三昧照明三昧無垢光明
三昧功德光明三昧一切法中得自在三昧吉道三昧無憂三昧堅[illegible]三昧勇
出如須弥山等三昧法炬三昧法健三昧法尊三昧自在知一切法三昧住法
聚三昧總持法淨三昧隨知他心行三昧法幢瓔珞三昧燒一切煩惱三昧破
四魔力三昧十力聲勇健三昧無礙斷礙三昧手燈三昧施得名聞三昧持
地三昧住無我如須弥山三昧勝諸明三昧智焰三昧生慧三昧脩禪三昧
無量自在三昧心調伏無我我所成就三昧水月三昧日聲三昧無有高
下如佛三昧離相三昧如善調象師子遊戲三昧念佛三昧念法得智自在
無礙三昧無不退三昧不眴三昧勝淨無我三昧空三昧無相三昧無願三
昧住心平等三昧金剛三昧增上三昧無能勝三昧旋三昧淨聲三昧
善分別三昧離煩惱三昧廣大如空三昧入諸功德三昧念意進覺三
昧勇慧三昧辯無盡三昧語無盡三昧總持三昧不忘三昧善作三
昧觀一切世三昧善知所樂三昧生踊躍三昧勇意心淨三昧大悲根本
三昧入喜三昧捨離二纏三昧法義三昧法作三昧智炬三昧智海三昧
不放蕩三昧一切心喜三昧調伏三昧解脫智三昧已自在三昧法場金剛
幢三昧蓮華三昧蓮華增上三昧離世法三昧不動三昧慧增上三昧
諸佛所念首楞嚴三昧無諍三昧火三昧大明三昧解脫勝智三昧莊
嚴佛身三昧遍照三昧入衆生心歡喜三昧順助道三昧莊嚴諸波羅
蜜三昧寶[illegible]三昧與諸覺華三昧與解脫果三昧甘露三昧速疾
如風三昧寶際三昧遮海濤三昧山相博三昧廣大神足三昧見無量
諸佛三昧聞持三昧不乱三昧一念智無量功德海淨三昧如是等不可計
那由他諸三昧入禪波羅蜜時悉得清淨舍利弗是名菩薩脩行禪定
而不可盡尒時舍利弗語無盡意言善哉善哉善男子仁已快說
菩薩禪波羅蜜唯願仁者當說菩薩般若波羅蜜如諸菩薩所得
無盡般若波羅蜜善男子般若波羅蜜云何行云何入無盡意言
唯舍利弗般若波羅蜜如聞脩行善入思惟舍利弗言唯善男子云
何如聞脩行無盡意言聞者具八十行何等八十欲脩行順心行畢竟
心行常發起行親近善友行無憍慢行不放逸行恭敬行隨順教行
從善語行數往佛所行至心聽法行善思惟行不乱心行勤心進行[illegible]
想行起藥想行除諸病行念器行進覺行意喜行入覺行聞無猒
行增長捨行調智行親近多聞行發歡喜行身輕悅心柔軟行聞無

BD15241 號 2　無盡意菩薩經（六卷本）卷三　（47–12）

無盡般若波羅蜜善男子般若波羅蜜云何行云何入無盡意言
唯舍利弗般若波羅蜜如聞脩行善入思惟舍利弗言唯善男子云
何如聞脩行無盡意言聞者具八十行何等八十欲脩行順心行畢竟
心行常發起行親近善友行無憍慢行不放逸行恭敬行隨順教行
從善語行數往佛所行至心聽法行善思惟行不乱心行勤心進行生實
想行起樂想行除諸病行念器行進覺行意喜行入覺行聞無厭
行增長捨行調智行親近多聞行發歡喜行身輕悅心柔和行聞無
疲倦行聞義行聞法行聞威儀行聞他說行聞所未聞行聞諸通行
不求餘乘行聞諸波羅蜜行聞菩薩藏行聞攝法行聞方便行
聞四梵行聞念正智行聞生方便行聞無生方便行觀不淨行思惟慈
行觀因緣行觀無常行觀苦行觀無我行觀寂滅行觀空行觀無相
行觀無願行觀無作行往善行持真實行不失行好惡住處防護心
行勤進無懈行善分別諸法行知諸煩惱非伴侶行讓諸善法自伴
侶行降伏煩惱非伴侶行親近正法財行斷諸貧窮行智者所讚行
欣樂利根行衆聖所勸行令非聖者生歡喜行觀諸諦行觀陰過
患行思量有為多過患行思義行不作一切惡行自利利他行隨順增
進諸善業行進增上行得一切佛法行舍利弗是名菩薩如其所聞
具八十行舍利弗菩薩摩訶薩行般若波羅蜜具卅二事善入思惟何
等卅二善入受持定善入分別慧善入心柔和善入身獨行善入十二緣
善入不斷善入不常善入因緣生法善入無衆生無命無人善入無來
去住處善入無進不斷因果善入空不懈善入無相不疲善入無願不
捨善入不發空無相無願善入生諸禪三昧善入不隨禪定生善入
生諸通智善入不證無漏法善入內觀法善入不證決定善入思量
有為法過患善入不著有為法善入觀一切衆生無我而不捨大悲
善入一切趣諸怖畏處善入離生諸趣非業故生善入離欲善入不證
離欲法善入捨所樂欲善入不捨法樂善入捨一切戲論諸覺善入不
捨方便諸觀舍利弗是名菩薩行般若波羅蜜卅二事善入思惟又
復善思惟者所謂善順善順句者是不始句是不終句是不住句是
不依句是不動句是不猗句是平等句是非等句是真實句是正真
句是不變句是清淨句是永寂句是不然句是不舉句是不下句
是不滅句是不增句是不共句是不戲論句是如句是不如句是如
非如句是非如非不如句是如實句是三世平等句是三際句是不住
色句是不住受想行識句是不住地大句是不住水火風句是不住
眼界色界眼識界句是不住耳界聲界耳識界句是不住鼻界香
界鼻識界句是不住舌界味界舌識界句是不住身界觸界身識
界句是不住意界法界意識界句是念義句是念智句是了義

BD15241 號 2　無盡意菩薩經（六卷本）卷三　（47–13）

句是不變句是清淨句是永寂句是不然句是不舉句是不下句
是不滅句是不增句是不共句是不戲論句是如句是不如句是如
非如句是非如非不如句是如實句是三世平等句是三際句是不住
色句是不住受想行識句是不住地大句是不住水火風句是不住
眼界色界眼識界句是不住耳界聲界耳識界句是不住鼻界香
界鼻識界句是不住舌界味界舌識界句是不住身界觸界身識
界句是不住意界法界意識界句是念義句是念智句是了義
經句是念法句是名菩薩善入思惟又復善思惟者所謂一切諸法若
我無我如是諸法隨順觀察若知衆生無有我者即是隨順觀察
諸法如是觀察即是善入思惟如善思惟即是思惟生死涅槃同一法
界觀是二句無有差別如是見者是名勤進善入思惟若觀黑法及
以白法二性平等無有差別是名勤進善入思惟若觀諸厄及以無厄
不動不恃是名勤進善入思惟若菩薩起善思惟為諸衆生而不捨離
於諸法相亦不分別是名菩薩發善思惟舍利弗如聞行者如是得入
報善思惟是名為慧舍利弗菩薩慧者有十二法不於中住云何十二
不住無明行識名色六入觸受愛取有生老死乃至不住無明滅至生死
滅不住根本身見乃至不住六十二見不住高下乃至不住世法利衰毀譽
稱譏苦樂不住憍慢增上慢勝慢我慢下慢憍慢邪慢乃至不住世煩
惱不住因貪所起諸結若麁若細若上中下乃至不住貪欲所起一切諸
結不住癡闇覆蓋諸纏乃至不住因癡所起一切諸結不住婬欲愛濁不住
陰死煩惱天魔乃至不住因魔所起諸魔事等不住我人衆生壽命養
育士夫乃至不住取衆生相不住業鄣報鄣法鄣煩惱鄣諸見鄣乃至
不住一切習氣不住思想憶想分別想緣想境界見聞覺知乃至不
住一切諸結不住隨衆生心行智乃至不住八万四千法聚不住慳貪布施
破戒持戒瞋恚忍辱懈怠精進乱意禪定愚癡智慧乃至不住諸波
羅蜜伴非伴等不住定乱邪正善不善世間出世間可作不可作有漏無
漏有為無為黑法白法生死涅槃乃至不住一切諸法伴非伴等不住乘
生異相諸乘異相佛界異相諸佛異相諸法異相聖衆異相乃至不
住一切異相不住知不知識不識世諦真諦乃至不住一切諸相所謂菩
薩思惟慧者無聞無行無身無相無形無為如是真慧不住一切憶
想思惟心作止住名字異相舍利弗是名菩薩真智慧者不住如是十
六法中舍利弗云何菩薩慧者處所具八方便何等八諸陰方便諸界方
便諸入方便諸諦方便諸緣方便三世方便諸乘方便諸法方便云
何諸陰方便若說諸陰如沫如泡如熱時焰如芭蕉樹如幻如夢如呼
聲響如鏡中像如影如化如水沫如水沫性非我非衆生非命非人色亦
如是能如是知是名菩薩觀色方便受喻如泡想喻如焰行如芭蕉識
喻如幻如泡如焰如芭蕉幻性無我無衆生無命無人受想行識亦復如

BD15241 號 2　無盡意菩薩經（六卷本）卷三　（47–14）

想思惟心作止住名字異相舍利弗是名菩薩真智慧者不住如是十
六法中舍利弗云何菩薩慧者處所具八方便何等八諸陰方便諸界方
便諸入方便諦方便諸緣方便三世方便諸乘方便諸法方便云
何諸陰方便若說諸陰如沫如泡如熱時焰如芭蕉樹如幻如夢如呼
聲響如鏡中像如影如化如水沫水沫性非我非衆生非命非人色亦
如是能如是知是名菩薩觀色方便受喻如泡想喻如焰行如芭蕉識
喻如幻如泡如焰如芭蕉幻性無我無衆生無命無人受想行識亦復如
是能如是知是名菩薩觀受想行識方便諸陰如夢如響如像如影如
化如化等性無我無衆生無命無人是諸陰等亦復如是能如是知是
名菩薩觀陰方便所謂陰者即世間相世間相者是可壞相如可壞相即
無常性苦性無我性寂滅性能如是知是名菩薩觀陰方便云何菩薩
知界方便法界地界水火風界是法界中無有堅相濕相熱相動相法界
眼界耳界鼻舌身意界是法中無有見相聞相嗅相覺相知相法界色
界聲香味觸法是法界中無眼可見相耳可聞相鼻可嗅相舌可別相
身可覺相意可知相法界眼識界耳鼻舌身意識界是法界中無眼
識知色乃至無意識知法法界色界法界非色作相乃至法界亦復如
是法界我界無二無別法界欲界色界無色界我界生死界涅槃界
無二無別法界虛空界一切法界我界空界無相無願無作不出不生
無所有等如涅槃虛空涅槃及一切法等無有二如是無量有為法界入
無為界能如是知如是說者是名菩薩知界方便云何菩薩觀入方便
如佛所說眼空我空我所空何以故是眼性中無我無我所耳鼻舌身意
空亦復如是觀是入者見一切法若善不善無有二相是名菩薩觀入
方便若眼入色入若見眼色離欲不證離欲法是名菩薩觀入方便
耳入聲入鼻入香入舌入身入觸入意入法入若見離欲不證離欲法
是名菩薩觀入方便所謂入者若聖入非聖入云何聖入若脩集道
云何非聖入不脩集道若菩薩住道於不脩道者生大悲心不捨入
道是名菩薩觀入方便云何菩薩觀諦方便所謂甚深難入云何難
入若苦智集智滅智道智苦智者觀陰無生集智者觀斷愛受因
滅智者觀無明等諸煩惱無有和合道智者得平等觀於一切法無
所猗著菩薩若於四聖諦中住如是觀而不取證為化衆生是名菩
薩觀諦方便復有三諦何等三俗諦第一義諦相諦云何俗諦若世間
所用語言文字假名法等云何第一義諦乃至無有心行何況當有言
語文字云何相諦觀一切相同於一相一相者即是無相菩薩隨順俗諦
而不厭倦觀第一義諦而不取證觀諸相諦一相無相是名菩薩觀
諦方便復有二諦何等二俗諦第一義諦何等俗諦若說苦集道諦
若世間語言文字假名法等云何第一義諦若於涅槃法終不忘失

BD15241 號 2　無盡意菩薩經（六卷本）卷三　　（47–15）

滅智者觀無明等諸煩惱無有和合道智者得平等觀於一切法無
所猗著菩薩若於四聖諦中住如是觀而不取證為化衆生是名菩
薩觀諦方便復有三諦何等三俗諦第一義諦相諦云何俗諦若世間
所用語言文字假名法等云何第一義諦乃至無有心行何況當有言
語文字云何相諦觀一切相同於一相一相者即是無相菩薩隨順俗諦
而不厭倦觀第一義諦而不取證觀諸相諦一相無相是名菩薩觀
諦方便復有二諦何等二俗諦第一義諦何等俗諦若說苦集道諦
若世間語言文字假名法等云何第一義諦若於涅槃法終不忘失
何以故如與法界其性常故菩薩隨俗不生厭倦觀第一義而不取證
復有一諦何等為一於一切法無所倚著為化衆生現有所者是名菩
薩觀諦方便復次五陰苦若見五陰苦相是名為苦觀苦即空是
名苦智觀苦聖諦若觀五陰諸煩惱愛因見因是名為集若觀愛
因見因不取不著不希不求是名集智觀集聖諦若五陰畢竟盡
相過去已滅未來未生現在不住是名為滅能如是知是名滅智觀滅
聖諦若得道者證集滅智比智知已是名為道若於是中悲見空
性是名道智觀道聖諦若能如是觀四聖諦是名菩薩觀諦方便
若一切受是名為苦若於諸受思惟分別是名苦智觀苦聖諦受因
和合是名為集若於受因知如實是名集智觀集聖諦若除諸受
無受者受觀受滅盡不證於滅為化衆生是名滅智觀滅聖諦若有
所受是名為道雖有和合猶如筏喻不為所受不求於道是名道智
觀道聖諦作如是知見四聖諦清淨平等是名菩薩觀諦方便復次
略說生苦是名為苦若觀於生是名苦智觀苦聖諦生從因緣是
是名為集若觀有非有是名集智觀集聖諦一切生非生是即非
滅若法不生即無有滅是名為滅若觀此滅即是滅智觀滅聖諦若
如是等推求稱量思惟分別是名為道若滅如是求稱量等入法門
者是名道智觀道聖諦若住於智不證聖諦是名菩薩觀諦方
便云何菩薩觀緣方便集不善思惟故無明集無明集故行集行集故
名色集名色集故識集識集故六入集六入集故觸集觸集故受集受
集故取集取集故有集有集故生集生集故老死集老死集故憂悲
苦惱集若知如是諸苦聚集是名菩薩觀緣方便若住如是諸法聚
集則不長養無所作無諍訟無有主無所屬無繫縛所謂若因善法
因不善法因不熏法若因向涅槃法如是等法如實分別若諸衆生根
量齊限因是諸根所作諸業若有受報及非受報善知其因聚集方
便是名菩薩觀緣方便不善思惟滅則無明滅無明滅故行滅行滅故
名色滅名色滅故識滅識滅故六入滅六入滅故觸滅觸滅故受滅受滅
故愛滅愛滅故取滅取滅故有滅有滅故生滅生滅故老死滅老死滅

BD15241 號 2　無盡意菩薩經（六卷本）卷三　　（47–16）

苦惱集若知如是諸苦聚集是名菩薩觀緣方便若住如是諸法聚
集則不長養無所作無諍訟無有主無所屬無繫縛所謂若因善法
因不善法因不動法若因向涅槃法如是等法如實分別若諸衆生根
量壽限因是諸根所作諸業若有受報及非受報善知其因聚集方
便是名菩薩觀緣方便不善思惟滅則無明滅無明滅故行滅行滅故
患色滅名色滅故識滅識滅故六入滅六入滅故觸滅觸滅故受滅受滅
故愛滅愛滅故取滅取滅故有滅有滅故生滅生滅故老死滅老死滅
故憂悲苦惱諸苦聚滅若知如是諸苦聚滅是名菩薩觀緣方便
一切諸法屬因屬緣屬和合若法屬因緣和合是法則不屬我人衆生壽
命若法不屬我人衆生壽命則不入法數能如是知是名菩薩觀緣方
便若菩薩所脩諸法爲助菩提女止菩提如是緣悉見滅盡而不取證
爲化衆生是名菩薩觀緣方便云何觀三世方便若念過去已身他身
善不善心心數法不善心法呵責毀呰善心數法悉以迴向無上菩提是
名菩薩過去方便若未來世心心數法一向專念菩提之道若起善心願悉
迴向無上菩提所有不善心心數法不令入心發如是願是名菩薩未來
方便若現在世心心數法善思惟等所作諸業悉以迴向無上菩提是名
菩薩觀現在方便作如是方便是名菩薩觀三世方便復次菩薩解三世
空無所有若作是觀觀三世空智慧力故若於三世諸佛所種無量功
德悉以迴向無上菩提方便力故如是方便是名菩薩觀三世方便復次
雖見過去盡法不至未來而常脩善精勤不懈觀未來法雖無生出
不捨精進願向菩提觀現在法雖念念滅其心不忘發趣菩提如是
方便是名菩薩觀三世方便過去已滅未來未至現在不住雖如是觀
心心數法生滅散壞而常不捨聚集善根助菩提法如是方便是名
菩薩觀三世方便復次若神通念過去世所作善根念已迴向無上菩
提念未來世未生善根願心所畜如意成就現在世中常生善根專
念不懈迴向無上菩提之道如是方便是名菩薩觀三世方便復次若
化衆生念過去世所作善根助道功德所謂隨衆生心應可化者如其
所樂悉已化訖若未來世所有衆生或須見佛及諸聖人而得度者隨
形應適悉令得度若現在世所有衆生若應聞法應現神力亦隨所
應皆悉化之隨所教化諸衆生已則三世成自他利如是之利悉爲菩提
具無礙智如是方便是名菩薩觀三世方便舍利弗云何菩薩觀諸乘
方便世有三乘何等三聲聞乘緣覺乘大乘復有二乘何等二天乘人乘
云何菩薩觀聲聞乘佛未出世無聲聞乘何以故從他聞法生於正見所
謂聞者持戒威儀戒威儀具故戒聚具足戒聚具足已定聚具足定
聚具足已慧聚具足慧聚具足已解脫聚具足解脫聚具足已解
脫知見聚具足如是方便是名菩薩觀聲聞乘方便復次觀聲聞乘

BD15241號2　無盡意菩薩經（六卷本）卷三　（47–17）

形應適悉令得度若現在世所有衆生若應聞法應現神力亦隨所
應皆悉化之隨所教化諸衆生已則三世成自他利如是之利悉爲菩提
具無礙智如是方便是名菩薩觀三世方便舍利弗云何菩薩觀諸乘
方便世有三乘何等三聲聞乘緣覺乘大乘復有二乘何等二天乘人乘
云何菩薩觀聲聞乘佛未出世無聲聞乘何以故從他聞法生於正見所
謂聞者持戒威儀戒威儀具故戒聚具足戒聚具足已定聚具足定
聚具足已慧聚具足慧聚具足已解脫聚具足解脫聚具足已解
脫知見聚具足如是方便是名菩薩觀聲聞乘方便復次觀聲聞乘
若善不善及不動行心常毀呰厭離三界觀一切行無常苦無我寂滅涅
槃乃至一念不希受生常懷怖懼心不甘樂觀陰如怨界如毒蛇入如空聚
於一切趣不願受生若能如是開示分別是名菩薩觀聲聞乘方便云何
菩薩觀緣覺乘方便若緣覺出世觀其所行如實知之緣覺所行出
過聲聞所有功德欲精進不放逸持戒少聞不多供養諸佛世尊給侍
使令以中根故常有厭心所作衆事皆悉鮮少厭患憒閙常樂遠離獨
住空閑威儀詳序出入凝重安心靜默簡於人事能爲衆生現世福田其
心樂觀十二緣常念一法出世涅槃數遊禪定不從他聞自然覺了少分
境界因緣悟道故名緣覺若能如是開示分別是名菩薩觀緣覺方便
云何菩薩觀大乘方便其乘無量令於此中當說少分是乘無量悉能
容受一切衆生無罣礙故是乘增長一切善根令無量衆生得受用
故是乘具足諸波羅蜜能隨衆生心行化故是乘能過助道之法進趣
無礙至道場故是乘平等無礙光明照於一切無量衆生悉堪受故是
乘無畏過諸弱道悉示現諸佛法故是乘難壞一切諸魔外道耶衆
了十二緣遠離佐助菩提幢故是乘能除一切諸邊有無斷常因緣諸
見所起煩惱鄣礙覆蓋疑网調戲得佛無礙真智慧故是乘富
足具諸珍寶真實不虛能盡衆生大悲勇猛本願成就故是乘具
足十力無畏不共之法相好嚴身身口意故如是方便是名菩薩觀大
乘方便云何菩薩觀一切法方便所謂若有爲若無爲菩薩於中善知
方便云何善觀有爲方便所有身善業口善業意善業願以迴向無上
菩提是名有爲方便若觀身口意業同菩提相迴向菩提是名菩薩
觀無爲方便復次有爲方便若能聚集五波羅蜜是名有爲方便
雖知般若波羅蜜其性無爲於所聚集終無厭賤要欲具足諸波
羅蜜深解善根同無漏菩提而猶願成一切種智是名菩薩無爲方
便復次有爲方便住於無礙平等心中以四攝法攝取衆生是名有爲
方便云何無爲方便善解衆生無我無人無所希求知四攝法同無
爲解脫而能迴向一切種智是名無爲方便復次有爲方便若諸煩
惱生死相續斷令不起所有善根助菩提者令不斷絕乃至不行少

BD15241號2　無盡意菩薩經（六卷本）卷三　（47–18）

菩提是名有為方便若觀身口意業同菩提相迴向菩提是名菩薩
觀無為方便復次有為方便若能聚集五波羅蜜是名有為方便
雖知般若波羅蜜其性無為於所聚集終無猒足要欲具足諸波
羅蜜深解善根同無漏菩提而猶願成一切種智是名菩薩無為方
便復次有為方便住於無礙平等心中以四攝法攝取眾生是名有為
方便云何無為方便善解眾生無我無人無所希求知四攝法同無
為解脫而能迴向一切種智是名無為方便復次有為方便善諸煩
惱生死相續斷令不起所有善根助菩提者令不斷絕乃至不行少
煩惱分是名有為方便云何無為方便雖觀空無相無願知此三空
即助方便道故能不證是名無為方便復次有為方便雖在三界不
為三界煩惱所汙是名有為方便云何無為方便雖出三界不證於
出是名無為方便知佛所說知諸法方便則能具足一切種智何以故
一切種智無量無邊具足正念慧方便故是故名為一切方便舍利
弗是名菩薩智慧所緣八方便也舍利弗是八方便能攝菩薩無盡
智慧舍利弗是慧能解觀了善法不善法故是慧如箭善射法
故是慧財行聖法現在故是慧真解斷除諸見煩惱鄣礙諸覆
蓋故是慧定顛倒能滿足本所求故是慧消融能除煩惱諸熱
故是慧悅豫不斷法樂故是慧正念了所緣義故是慧安住具世
助道法故是慧得相如所行乘能具足故是慧解相性知照故是
慧能度過諸流故是慧能進成正定決定故是慧正取具足一切諸
善法故是慧觀善覆煩惱者能救濟故是慧殊勝得須法故是
慧微妙自然覺故是慧不行不近三世故是慧攝取具一切方便故
是慧能斷過諸思想故是慧不放逸捨離闇曚故是慧初始發行一
切諸善法故是慧能發具諸乘故是慧照明除無明因故是慧與
眼一切眾生如其所解得明了故是慧無依過眼色故是慧第一義
出真實故是慧無諍善分別故是慧明了向智門故是慧無盡
能通行故是慧不逆見十二緣故是慧解脫諸纏縛悉善斷故
是慧不雜離於一切鄣礙法故舍利弗一切眾生所有心行如是智慧
悉能照達如眾生心行慧思智諸煩惱門如是智慧皆悉觀了若
聲聞緣覺菩薩如來所有智慧是菩薩悉能遍學舍利弗是名
菩薩無盡之慧以是無盡慧具無盡智說是法時三万二千菩薩
善根熟者得無生法忍

無盡意菩薩經卷第三

無盡意菩薩經卷第四

BD15241 號 2　無盡意菩薩經（六卷本）卷三　（47-19）

善根熟者得無生法忍

無盡意菩薩經卷第三

無盡意菩薩經卷第四

尒時無盡意菩薩復語舍利弗菩薩脩慈亦不可盡何
以故菩薩之慈無量無邊是脩慈者無有齊限等眾生界
菩薩脩慈發心普覆舍利弗辟如虛空無不普覆是菩薩
慈亦復如是一切眾生無不覆者舍利弗如眾生界無量無邊
不可窮盡菩薩脩慈亦復如是無量無邊無有窮盡虛空
無盡故眾生無盡眾生無盡故菩薩脩慈亦不可盡是謂大士
所脩慈心不可得盡舍利弗言善男子齊幾名眾生界無盡意
言亦有地界水火風界其量無邊而猶不多於眾生界舍利弗
言唯善男子頗可得說辟喻比不無盡意言可說但不得以小
事為喻舍利弗東方去此盡一恒沙佛世界南西北方四維上下
皆一恒沙佛世界作一大海其水滿溢使一恒河沙等諸眾生聚
集共以一毛破為百分以一分毛渧取一渧如是一恒河沙共取一渧
二恒河沙共取二渧如是展轉乃至渧大海水是眾生界猶不可
盡菩薩慈心悉能遍覆如是眾生舍利弗於意云何是脩慈
善根豈可盡耶舍利弗言實不可盡唯善男子是虛空性尚
可得盡菩薩慈心不可盡也若有菩薩聞作是說不生驚怖
當知是人得無盡慈舍利弗是慈能自擁護己身是慈亦能利
益他人是慈無諍是慈能折一切瞋恚荒穢繫縛是慈能離
諸結及使是慈歡喜是慈不見一切眾生破戒之過是慈無
熱身心受樂是慈遠離一切惱害是慈能離一切怖畏是慈能
順眾聖人道是慈能令瞋者歡喜是慈能勝一切鬪諍是慈
能生利養稱歎是慈莊嚴釋梵威德是慈常為智人所讚是慈
常護凡夫愚人是慈常能隨順梵道是慈不離遠離欲界是
慈能向脫解法門是慈能攝一切諸乘是慈能攝非財功德是
慈長養一切功德是慈過諸無作功德是慈悉能莊嚴相好是
慈能離下劣鈍根是慈能開天人涅槃諸善之道是慈能離
三惡八難是慈愛樂諸善法等是慈如願一切所欲成就自在是
慈平等於諸眾生是慈發行離諸異相是慈去向持戒之門是
慈能護諸犯禁者是慈能成無上忍力是慈能離諸慢放
逸是慈發起無諍精進入於正道是慈根本入聖禪定是慈生
能分別於心離諸惱煩是慈思慧而生揔持語言文字是慈

BD15241 號 3　無盡意菩薩經（六卷本）卷四　（47-20）

可得盡菩薩慈心不可盡也若有菩薩聞作是說不生驚怖
當知是人得無盡慈舍利弗是慈能自擁護己身是慈亦能利
益他人是慈無諍是慈能斷一切瞋恚荒穢繫縛是慈能離
諸結及使是慈歡喜是慈不見一切衆生破戒之過是慈無
熱身心受樂是慈遠離一切惱害是慈能離一切怖畏是慈能
順衆聖人道是慈能令瞋者歡喜是慈能勝一切鬪諍是慈
能生利養稱歎是慈莊嚴釋梵威德是慈常爲智人所讚是慈
常護凡夫愚人是慈常能隨順梵道是慈不離遠離欲界是
慈能向脫解法門是慈能攝一切諸乘是慈能攝非財功德是
慈長養一切功德是慈過諸無作功德是慈悲能莊嚴相好是
慈能離下劣鈍根是慈能開天人涅槃諸善正道是慈能離
三惡八難是慈愛樂諸善法等是慈如願一切所欲成就自在是
慈平等於諸衆生是慈發行離諸異相是慈正向持戒之門是
慈能護諸犯禁者是慈能成無上忍力是慈能離諸憍放
逸是慈發起無諍精進入於正道是慈根本入聖禪定是慈善
能分別於心離諸惱煩是慈恩慧而生攝持語言文字是慈
定伴離魔結伴是慈常與歡樂同止是慈善爲心之所使
是慈堅持威儀法式是慈能離諸掉動等是慈能滅蘇蘇
諸相是慈善香熏愧塗身是慈能除煩惱臭氣舍利弗夫
脩慈者悲能擁護一切衆生能捨己樂與他衆生聲聞脩慈
齊爲己身菩薩之慈悲爲一切無量衆生舍利弗夫脩慈
者能度諸流慈所及處有緣衆生又緣於法無所緣緣衆生
者初發心也緣法緣者已習行也緣無者得深法忍也舍
利弗是名菩薩脩行大慈而不可盡復次舍利弗菩薩
摩訶薩脩行大悲亦不可盡何以故舍利弗如人命根即
以出息入息爲本菩薩如是脩學大乘以大悲爲本如轉
輪聖王以輪寶爲本菩薩如是脩一切智以大悲爲本如大
長者唯有一子慈愛情重菩薩大悲亦復如是於諸衆生
愛之若子如是大悲我已行已如是大悲作已利已如是大
悲不假他事如是大悲己心所作亦不諂曲如是大悲所畢
竟亦正決定如是大悲種種性所作亦於真道如是大悲心
無邪曲亦生正直如是大悲無有憍慢亦衆生境如是大悲
損捨己身亦如來身如是大悲不貪壽命亦不作惡如是大悲
擁護衆生亦於菩提如是大悲護真實法亦心清淨如是
大悲見諸窮厄亦拔濟事如是大悲本擔堅固亦不動
心如是大悲不欺己身人天賢聖亦不虛誑如是大悲其行

損捨己身亦如來身如是大悲不貪壽命亦不作惡如是大悲
擁護衆生亦於菩提如是大悲護真實法亦心清淨如是
大悲見諸窮厄亦拔濟事如是大悲本擔堅固亦不動
心如是大悲不欺己身人天賢聖亦不虛誑如是大悲其行
清淨亦於善業如是大悲自捨己樂亦與他樂如是大悲不
與他苦亦不焦熱如是大悲能令衆生捨於重擔亦堅精進
如是大悲有忍勢力亦護無力如是大悲不厭可汙亦醫
病者如是大悲得法自在亦教化鈍根如是大悲覆自功
德亦顯他功業如是大悲亦離諸苦如是大悲亦求無漏樂
如是大悲亦捨所愛物如是大悲亦作衆善業無所嬈惱
如是大悲亦善持禁不捨毀戒如是大悲亦教化衆生如是
大悲亦不惜身命如是大悲亦捨自支節如是大悲亦生
他善根如是大悲亦自利益善根如是大悲亦無味諸禪如
是大悲亦不厭欲界如是大悲亦於觀慧如是大悲亦不汙
善根如是大悲亦諸衆生如所願成如是大悲亦有爲無爲
如是大悲亦不證無爲如是大悲亦諸衆生性同無爲而能
教化如是大悲亦護發戒者如是大悲亦讚歎佛戒如是大
乘諸悲亦於大悲以是因緣故名大悲謂大悲者必定善
行布施持戒忍辱精進禪定智慧諸助道法爲得自然無
師智慧營他衆生所作事業精勤尊著如脩己務以是因
緣故名大悲舍利弗是名菩薩脩行大悲而不可盡
復次舍利弗菩薩摩訶薩脩行於喜亦不可盡云何爲
喜常念於法歡喜踊躍不生懈怠無諸惱熱離五欲樂
往法樂樂心和悅穆身輕柔爽意勤勸習心常生悲樂求如
是無上法身樂脩相好以自莊嚴聽法無厭念行正法行正法
已心生歡喜生歡喜已具得法悲常於衆生不生礙心以增上
欲勤求於法生欲法已深心得解甚深佛法遠離二乘發無
上心除諸慳惜發於捨心見來乞者心生歡喜捨時歡喜施
已無悔如是布施三場清淨得清淨已心則悅穆於持戒者
常行布施於毀禁者喜心攝取自持禁戒心則清淨能
令惡道怖懼衆生得無所畏遠離惡處一切迴向如來禁
戒堅持牢固不可虧壞惡罵加己堪忍不報於諸衆生
心無憍慢於諸尊長謙下恭敬言常和悅離於頻蹙先以愛
語終無諂曲不以邪心誑誑於人不以利養爲他執役其心
清淨無有廉曲於諸不可不見其過不求他短不舉人罪
尊心正念諸和敬法於諸菩薩生如來想愛說法者重於
己於愛重如來如惜己命於諸師長生父母想於諸衆

上心除諸慳惜發於捨心見來乞者心生歡喜捨時歡喜施
已無悔如是布施三場清淨得清淨已心則悅豫於持戒者
常行布施於毀禁者喜心攝取自持禁戒心則清淨能
令惡道怖懼眾生得無所畏遠離惡處一切迴向如來禁
戒堅持牢固不可虧壞惡罵加己堪忍不報於諸眾生
心無憍慢於諸尊長謙下恭敬言常和悅離於頻蹙先以愛
語終無諂曲不以邪心誑誑於人不以利養為他執役其心
清淨無有廉曲於諸不可不見其過不求他短不舉人罪
尊心正念諸和敬法於諸菩薩生如來想愛說法者重於
己於愛重如來如惜己命於諸師長生父母想於諸眾
生生兒息想於諸威儀如護頭首於諸波羅蜜如愛手
足於諸善法生珍寶想於教誨者生五欲想於知足行
生無病想愛樂求法生妙藥想於舉罪者生良醫想攝
御諸根無有懈怠是故名喜是喜寂靜覺知微妙故是喜
寂滅無調慢故是喜行猗不戲論故是喜本根心不亂故
是喜多聞取善語故是喜平等心柔軟故是喜勇猛善
作業是故喜不誑尊行善故是喜正住不懈怠故是喜不動
無所依故是喜不共難摧伏故是喜實義不忘失故是喜
真實無變異故是喜誠諦如所作故是喜能捨力堅牢故
是喜大力無能勝故是喜能作諸佛神力求諸佛法故舍
利弗是名菩薩脩行於喜亦不可盡復次舍利弗菩薩摩
訶薩脩行於捨亦不可盡云何菩薩脩捨無盡菩薩行
捨捨有三種云何為三捨諸煩惱捨護己他捨時〔非時〕云何捨諸
煩惱恭敬供養其心不高輕篾毀呰心亦不下若得利養
心不貪恃若遭衰惱心亦不愁若遇稱讚心無喜慶若
若遭毀者心不退縮若遇譏者心無虧赦若有稱者無任
法界若遭苦事心力忍受若遇樂事明見無常放捨所
愛斷於瞋恚於親非親得平等心持戒毀戒意無增減作
惡無有二相於愛非愛心無所著聞善不善心能堪忍
於善惡語心不繫著於味過患其量無二於諸眾生得
平等心於上中下得等光明不惜身命好惡名聞同於法
界於實不實心得清淨於世法等得菩薩捨是名菩薩
捨於煩惱云何菩薩捨護己他若被割截身體支節心無
瞋恨不求饒報以得捨心故能捨二內外身口於此二中不生
諍訟於眼與色無有欲汙耳聲鼻香舌味身觸意法亦
復如是故於二中不生諍訟是故名捨不傷不害是故名捨
於利非利行平等是故名捨於弟一義不生諍論是故

BD15241 號 3　無盡意菩薩經（六卷本）卷四　（47–23）

於善惡語心不繫著於味過患其量無二於諸眾生得
平等心於上中下得等光明不惜身命好惡名聞同於法
界於實不實心得清淨於世法等得菩薩捨是名菩薩
捨於煩惱云何菩薩捨護己他若被割截身體支節心無
瞋恨不求饒報以得捨心故能捨二內外身口於此二中不生
諍訟於眼與色無有欲汙耳聲鼻香舌味身觸意法亦
復如是故於二中不生諍訟是故名捨不傷不害是故名捨
於利非利行平等是故名捨於弟一義不生諍論是故
名捨於己心中善能分別是故名捨觀捨己身是故名捨
不害他身是故名捨菩薩脩捨於諸禪定常行捨心諸
佛世尊不聽菩薩於諸眾生而行捨心何以故菩薩常
脩精進為利自他勤求善根是名菩薩捨護己他云何
捨時非時器眾生捨不引接衰毀譏呰捨而不受捨求
聲聞緣覺決定者行布施時捨脩持戒時捨於布施脩忍辱
時捨施戒進脩精進時捨施戒忍行禪定時捨於布施脩
智慧時捨五波羅蜜所不應作終不復作如是諸法安住戒
行精勤勇猛具足脩行是名菩薩脩無盡捨復次舍利
弗菩薩諸通亦不可盡云何諸通天眼通耳通他心
通宿命通如意通云何天眼通菩薩天眼於諸天龍神
鬼諸乾闥婆學無學人聲聞緣覺所有天眼為最一弟
微妙殊勝開達明了向一切智功德所成不與天龍二乘共
之若有十方無量無邊諸佛世界有形貌色像光明若
麁若細若近若遠菩薩天眼一切悉見照了分別善
解善見亦見其中所有眾生生諸趣者除無色天餘業
行生死相續若業業果分別諸根悉知無遺若於十方無
量無邊諸佛世尊所有莊嚴淨妙國土悉見無餘如是見
已清淨持戒願以迴向莊嚴己土住是持戒如其所願
悉得成就無量大利菩薩天眼亦見其中菩薩大眾
脩行於道身四威儀及正憶念得解脫法安住摠持辯
才方便入慧方便見已自脩如是諸行悉令備足是菩
薩眼清淨無礙得見色故是眼不汙不着色故是眼解
脫遠離諸見煩惱故是眼清淨性明了故是眼不依離
所緣故是眼不發斷煩惱故是眼無翳斷疑悶故是不起
斷鄣礙故是眼得明照了法故是眼念知不行識故是
無貪瞋恚愚癡能斷一切諸結使故是眼無上趣聖本故
是眼無礙平等光明照眾生故是眼無垢斷惡法故是
眼不染唯清淨故是眼入佛眼畢竟不捨故是眼不縛斷

BD15241 號 3　無盡意菩薩經（六卷本）卷四　（47–24）

才方便入慧方便見已自脩如是諸行悉令備足是菩
薩眼清淨無礙得見色故是眼不汙不着色故是眼解
脫遠離諸見煩惱故是眼清淨性明了故是眼不依離
所緣故是眼不發斷煩惱故是眼無翳斷疑网故是不起
斷鄣礙故是眼得明照了法故是眼念知不行識故是
無貪瞋恚愚癡能斷一切諸結使故是眼無上趣聖本故
是眼無礙平等光明照衆生故是眼無垢斷惡法故是
眼不染唯清淨故是眼入佛眼畢竟不捨故是眼不縛斷
愛恚故是眼行義出於真實脩行念知淨道法故何
以故是大士安住大悲深解法相善分別義無有諍訟
隨見聞說背不善法趣向道場心無鄣礙見慳惜人能
捨財施見毀禁者脩持淨戒見瞋恚者脩忍不諍見懈
怠者攝取勸厲見散心者示諸禪枝無智慧者施與慧
眼行邪道者示以正道脩下行者為說甚深微妙佛
法令入一切智不退諸通具足菩提舍利弗是名菩薩
天眼神通而不可盡云何菩薩天耳神通若十方無量
無邊諸佛世界所有諸聲所謂天龍鬼神乾闥婆阿脩
羅迦樓羅緊那羅摩睺羅伽人非人聲及以聖聲所謂
聲聞緣覺菩薩正遍知聲一切凡是耳根所對乃至地獄
餓鬼畜生蜫蟲蚊蝱所有諸聲一切悉聞若諸衆生心所
緣處若善不善無記所作事業出諸音聲一切悉解若
口善業口不善業口無記業如是諸業悉如實知若有
口業因於愛欲說瞋說癡若有口業因於瞋恚說欲說
癡若有口業因於愚癡說欲說瞋若因欲說欲因瞋說瞋因
癡說癡如是諸聲亦皆能知或有口業口淨心淨或有口
業口淨心穢或有口業心淨口穢或有口業口穢心穢如
是一切無礙耳通能如實知是菩薩天耳亦知聖聲及非
聖聲若聞聖聲不生愛着聞非聖聲心不生礙於聖人
聲得具大慈非聖人聲得具大悲若聞過去未來諸佛
得盡本際如實無智是菩薩天耳得聞一切諸佛世尊所
說妙法聞已憶念無智攝持不忘不失隨衆生器而為說法
善知諸法堅不堅相是菩薩若聽一佛說法不聞餘佛
所說法者無有是處一切諸佛所可演說悉能聽受菩
薩若聞善不善無記法聲皆悉善知時與非時所謂若
有衆時非說法時聞已嘿然而無所說若有說時非有衆
時所謂無為一人能堪受者是故雖說不為一切事若真

BD15241 號 3　無盡意菩薩經（六卷本）卷四　（47–25）

聲得具大慈非聖人聲得具大悲若聞過去未來諸佛
得盡本際如實無智是菩薩天耳得聞一切諸佛世尊所
說妙法聞已憶念無智攝持不忘不失隨衆生器而為說法
善知諸法堅不堅相是菩薩若聽一佛說法不聞餘佛
所說法者無有是處一切諸佛所可演說悉能聽受菩
薩若聞善不善無記法聲皆悉善知時與非時所謂若
有衆時非說法時聞已嘿然而無所說若有說時非有衆
時所謂無為一人能堪受者是故雖說不為一切事若真
實或畏傷他故不為說事若不實為利益他以清淨心
方便得說若所喜聲即能得聞所不喜者便不復聞若
於大衆為諸衆生演說法時隨其耳識所受是菩薩天
耳悉得聞知若說法時或有衆生應解悟者使得聞
法不解悟者則便不聞是菩薩耳界法界其性清淨知
見我人衆生悉清淨故是菩薩無分別耳界如言語文
字所說之相若有五趣雜類衆生隨其所解言語音聲而
為說持是天耳迴向如來所得耳界不求餘乘故舍利弗
是名菩薩天耳神通而不可盡復次舍利弗菩薩知他
心通若諸衆生上中下心菩薩悉知知是衆生因施根心
相知是衆生因戒根心相知是衆生因忍根心相知是衆生
因進根心相知是衆生因定根心相知是衆生因智根心相
知是衆生因慈悲喜捨根心相知是衆生因聲聞緣覺大
乘根心相知是衆生因力增上善根具足知是衆生因行增
上善故得生此知是衆生其行清淨心不清淨知是衆生
其行不淨而心清淨知是衆生心行俱淨知是衆生行之
與心二俱不淨知是衆生過去世心諸根行因知是衆生
隨緣悟法是名菩薩智他心智又復知他未來世心知
是衆生未來世中有持戒因現在世中有布施因知
是衆生未來世中有忍辱因現在世中有持戒因知是
衆生未來世中有精進因現在世中有忍辱因知是衆
生未來世中有禪定因現在世中有精進因知是衆生未
來世中有智慧因現在世中行俗心因知是衆生未來
世中發大乘因現在世中有下根因未來衆生有如是
等諸因諸緣是諸因緣能如實知是菩薩於未受化衆
生終不疲猒知其心根如實能知隨其器量而為說法若
衆少聞則不多說說必有益初不唐損是名菩薩知他心
智若現在世衆生所行心心數法悉如實知所謂欲心如實
知欲心離欲心如實知離欲心恚心如實知恚心離恚心如實

BD15241 號 3　無盡意菩薩經（六卷本）卷四　（47–26）

衆生未來世中有精進因現在世中有忍辱因知是衆
生未來世中有禪定因現在世中有精進因知是衆生未來
來世中有智慧因現在世中行禪心因知是衆生未來
世中發大乘因現在世中有下根因未來衆生有如是
等諸因諸緣是諸因緣能如實知是菩薩於未受化衆
生終不疲猒如其心根如實能知隨其器量而為說法若
樂少聞則不多說說必有益功不唐捐是名菩薩知他心
智若現在世衆生所行心心數法悉如實知所謂欲心如實
知欲心離欲心如實知離欲心恚心如實知恚心離恚心如
實知離恚心癡心如實知癡心離癡心如實心懈怠心如
實知懈怠心精進心如實知精進心下心如實知下心上
心亂心如實知亂心定心如實知定心無解脫心如實知無
解脫心有解脫心如實知有解脫心無寂靜心如實知無
寂靜心有寂靜心如實知有寂靜心如實知量心無量心
如實知無量心一一衆生一一煩惱纏覆心者一切皆知如是
知已如其出道而為說法又是菩薩所住之處先觀衆生
知其根量隨而為說出要之法是諸衆生上中下根悉
如實知是菩薩心知他心時無有鄣礙何以故是菩薩心
智猛利善分別故念意進慧之所知故善能解了菩
提相故斷諸習氣故清淨無垢故明了無諍故無諸
煩惱故無有漏流故照一切法故善入一切衆生心故能如
是解是名菩薩心智猛利於如是法出入智者是名菩
薩他心智通而不可盡復次舍利弗菩薩宿命智通
無盡云何菩薩宿命智通是菩薩念宿命事若自若
他善受憶持安住法界無有傾動無顛動者能善解
了善住夢業故是念無惱安住禪定故是念無畏攝智
慧故是念不從他求現得善知故是念出憶畢竟不失
故是念助功德善解大乘故是念助能到一切佛法故
是宿命智若念一生二生三生四生五生十五廿生卅生五十
生乃至百生千生百千生無量百生無量千生無量千生
百千生及天地成壞無量成世無量壞世無量成壞世
無量成壞劫知是衆生於是中生如是種姓如是名字如
是色像如是飲食如是壽命受苦樂等於是中死還
是中生於彼中死還彼中生是菩薩念如是等無量生
死自念宿世及他衆生盡過去際是菩薩念自善根迴
向阿耨多羅三藐三菩提念他善根願令發阿耨多羅

BD15241 號 3　無盡意菩薩經（六卷本）卷四　（47–27）

故是念助功德善解大乘故是念助能到一切佛法故
是宿命智若念一生二生三生四生五生十五廿生卅生五十
生乃至百生千生百千生無量百生無量千生無量千生
百千生及天地成壞無量成世無量壞世無量成壞世
無量成壞劫知是衆生於是中生如是種姓如是名字如
是色像如是飲食如是壽命受苦樂等於是中死還
是中生於彼中死還彼中生是菩薩念如是等無量生
死自念宿世及他衆生盡過去際是菩薩念自善根迴
向阿耨多羅三藐三菩提念他善根願令發阿耨多羅
三藐三菩提心是菩薩以出念心於本生死行苦若觀
無常苦無我若觀無常苦無我者於諸色欲封祿壽
命眷屬自在悉無貪著亦復不貪釋梵護世轉輪聖王
及受生處五欲歡樂為化衆生故現受生是菩薩念於
無常苦無我已過去繖行發露懺悔現世諸惡乃至失
命終不為之過去善根欲命增廣迴向阿耨多羅三藐三
菩提現在善根與衆生共迴向阿耨多羅三藐三菩提是菩
薩離諸惡願不斷三寶種故所有善根悉已迴向阿耨
多羅三藐三菩提舍利弗是名菩薩念宿命智而不
可盡
復次舍利弗菩薩摩訶薩如意神通亦不可盡云何
菩薩如意神通若欲進心慧所攝諸法調伏柔和心得
自在善脩集故現在能得是如意通是菩薩住種種神
通變化以是神通為化衆生是菩薩一一示現種種神通教
化衆生所謂若色相若力勢若變化是菩薩示種種色相
令衆生見見已心伏所謂若佛色像若緣覺色像若
聲聞色像若釋梵護世轉輪聖王色像及餘種種色像
乃至示現畜生色像化衆生故作是示現示現是已隨其
所應而為說法若有衆生自為己身有大勢力而起
憍慢瞋恚貢高菩薩謂欲調伏如是諸衆生故示現大
力所謂示現那羅延四分之一或四分之二或四分之三或
全示現須彌山王高十六万八千由旬縱廣八万四千由延
以指舉擲置他方無量世界譬如擲一阿摩勒菓於菩
薩力而無損減斷取三千大千世界下盡水際以手舉之
高至有頂逕一劫菩薩成就示現如是大勢力時能令如
是瞋恚憍慢貢高衆生善調伏知調伏已然後隨應而
為說法是菩薩脩如住悉得成就能變大海以為牛跡大
海不小牛跡不大又變牛跡以為大海若劫欲盡大災

BD15241 號 3　無盡意菩薩經（六卷本）卷四　（47–28）

力所謂示現那羅延四分之一或四分之二或四分之三或
全示現須彌山王高十六万八千由旬縱廣八万四千由旬
以指舉擲置他方無量世界譬如擲一阿摩勒菓於菩
薩力而無損減斷取三千大千世界下盡水際以手舉之
高至有頂至一劫菩薩成就示現如是大勢力時能令如
是瞋恚憍慢貢高衆生內善調伏如調伏已然後隨應而
為說法是菩薩脩如住意得成就能變大海以為牛跡
海不小牛跡不大又變牛跡以為大海若劫欲盡火災
起時欲變為水如意能變水災起時能變為大風災起
時能變為火火災起時能變為風風災起時能變為水
水災起時能變為風如是變化皆悉成就若上中下法
隨意變化唯除諸佛更無有人能移動留礙破壞菩
薩如意神通所謂釋梵天王魔王波旬及其眷屬是菩
薩作種種變示諸衆生令歡喜已然後隨意而為說法
是菩薩神通勇健自在能過諸魔煩惱境界入於佛界
不惱衆生所有善根皆悉成就一切魔衆無能斷者舍
利弗是名菩薩如意神通而不可盡復次舍利弗菩薩
四攝亦不可盡云何為四一者布施二者愛語三者利行
四者同利云何布施施有二種財施法施云何愛語於求財
人及聽法者柔和語與云何利行於求財人及聽法者隨
其所求悉令滿足云何同利求財法者以大乘已利令彼安
止又復施者見諸乞求心生清淨愛語者於諸乞士心生歡
喜利行者於諸乞士隨其所利而令具足同利者常以大
乘勸誨衆生復次施者所謂捨心愛語者行無限齊利
行者畢竟不悔同利者迴向大乘復次施者起慈行捨
喜心利行者大悲莊嚴利於衆生同利者捨所高下發心
迴向一切種種智復次施者如法求財清淨行施愛語者
將導受者安上善法利行者說於己利以利益他同利
者令諸衆生發一切智心復次施者捨於內外愛語者功德
智慧心無慳惜利行者捨自利行而行利他同利者棄
捨重任心初無悔復次法施者如所聞法悉能演說愛語
者不為利養而演說法利行者誨他諷誦心無疲猒同利者
一切智心所得妙法即以此法勸屬衆生復次法施者若
有衆生一一聽法次第為說而無錯謬愛語者為人演
法不餘遠近利行者有求法人供給衣服飲食臥具病
瘦醫藥令無所乏既施所安然後隨應而為演說同利者
凡所講說常勸衆生迴向阿耨多羅三藐三菩薩復次

BD15241 號 3　無盡意菩薩經（六卷本）卷四　（47–29）

者令諸衆生發一切智心復次施者捨於內外愛語者功德
智慧心無慳惜利行者捨自利行而行利他同利者棄
捨重任心初無悔復次法施者如所聞法悉能演說愛語
者不為利養而演說法利行者誨他諷誦心無疲猒同利者
一切智心所得妙法即以此法勸屬衆生復次法施者若
有衆生一一聽法次第為說而無錯謬愛語者為人演
法不餘遠近利行者有求法人供給衣服飲食臥具病
瘦醫藥令無所乏既施所安然後隨應而為演說同利者
凡所講說常勸衆生迴向阿耨多羅三藐三菩薩復次
法施者於諸施中知其實勝以此勝法為演說愛語者
常為利益衆生故說利行者隨義而說而隨文字同利
者常為具足佛法故說復次施者具足檀波羅蜜愛語
者具足尸波羅蜜羼提波羅蜜利行者具足毗梨耶波
羅蜜同利者具足禪那般若波羅蜜復次施者初發菩
提愛語者脩行菩提利行者不退菩提同利者一生補
處復次施者安住菩提種子根本愛語者滋長菩提牙
莖枝葉利行者漸已開敷生菩提華同利者已能成
熟菩提果實舍利弗是名菩薩以四攝法攝取衆生
而不可盡

無盡意菩薩經卷第四

無盡意菩薩經卷第五

復次舍利弗菩薩摩訶薩四無礙智亦不可盡云何為四一者義無礙二者法
無礙三者辭無礙四者樂說無礙云何義無礙於諸法中知第一義是比
智是因智是緣智是和合智是不墮邊智是不住中智是十二因緣智是
不異法性智是如實智是真際智是覺空空智是無相相智是無願願
智是無為為智是觀一相智是觀無我智是觀無衆生智是觀無命智
是觀無我第一義智是觀過去無罣礙智是觀未來無有邊智是觀現在
一切種智是觀諸陰如怨賊智是觀諸界如毒蛇智是觀諸入空聚智是觀內
法永寂滅智是觀外法無行處智是觀所緣如幻化智是觀念正住智是觀悉
正去智是觀自身智是觀了諸諦智是皆不和合智是集不作智是滅自性
智是道能到智是分別諸法智是觀衆生諸根心行隨所入智是諸力無能伏智
是諸覺如實解智是禪定受持智是慧光明智是幻化莊嚴智是熱時焰迷
惑智是夢中所欲智是響所緣智是鏡中像無去來智是種種相無相智是拖
離拖智是取生離生智是聲聞乘從他聞智是緣覺乘觀十二緣智是大乘具
之一切善根智舍利弗是名菩薩義無礙智又復義無礙者者思一切法義何以故

BD15241 號 3　無盡意菩薩經（六卷本）卷四　（47–30）
BD15241 號 4　無盡意菩薩經（六卷本）卷五

一切種智是觀諸陰如怨賊智是觀諸界如毒蛇智是觀諸入如空聚智是觀內
法永寂滅智是觀外法無行處智是觀所緣如幻化智是觀念正住智是觀念
正去智是觀自身智是觀了諸諦智是苦不和合智是集不作智是滅自性
智是道能到智是分別諸法智是觀眾生諸根心行隨所入智是諸力無能伏智
是諸覺如實解智是禪定受持智是慧光明智是幻化莊嚴智是熱時焰迷
惑智是夢中所欲智是響所緣智是鏡中像無去來智是種種相無相智是施
離施智是取生離生智是聲聞乘從他聞智是緣覺乘觀十二緣智是大乘具
足一切善根智舍利弗是名菩薩義無礙智又復義無礙者者思一切法義何以故
是一切法無我眾生無命無人如無我眾生無命無人即名為義如命義者色
等諸法亦復如是是名義無礙又復義無礙者是無住說是無盡說是得一切法
說如是義無礙者諸佛所許是真實義無別無異智慧分別無有障礙是
名菩薩義無礙智舍利弗云何菩薩法無礙智若觀諸法所謂善法不善
法世法出世法可作法不可作法有漏法無漏法有為法無為法黑法白法生死
涅槃法是法性平等是智菩提平等是智性平等是名法無礙智又復法無
礙者觀於眾生多欲心行少欲心行初發欲心行欲相心行現在所緣欲心行現在因緣
欲心行有眾生內有欲行外無欲行外有欲行內無欲行有內外欲行有內外無欲
行有色欲行非聲香味觸有聲欲行非色香味觸有香欲行非色聲味觸有
味欲行非色聲香觸有觸欲行非色聲香味入如是觀眾生諸欲行門行欲行
者二万一千行恚行者二万一千行癡行者二万一千等分行者二万一千行觀如是眾
生八万四千心之所行如實而知隨其所應而為說法舍利弗是名菩薩法無礙
智舍利弗云何菩薩辭無礙智於諸音聲悉觀了知所謂天龍鬼神乾闥
阿脩羅迦樓羅緊那羅摩睺伽人非人等如是言語文字音聲悉皆能知如是
五道雜類眾生隨其種類一一音聲語言文字而為說法是名辭無礙智如是諸
法文字思惟覺了無礙是菩薩智一語二語三語乃至多語男語女語非男女
語過去語未來語現在語知積一字至多字語是名辭無礙智是辭無礙智
說時無謬無有滯礙妙語通暢所言審諦正直無麁所有文辭具足莊嚴大
眾聞者無不歡喜如是種種微妙音聲深遠廣普莊嚴俗諦第一義諦以智慧
簡善射邪見是辭無礙諸佛所許云何能令眾生皆得歡喜舍利弗是名菩
薩辭無礙智而不可盡舍利弗菩薩樂說無礙智不可窮盡所說無礙所
說不住所說速疾所說捷利如所問答無障礙答無違逆答是相應答住念
力答依二諦答依施戒忍進定慧答依一切法章句而答依於念處正勤如意
根力覺道甚深義答依寂滅思惟答所謂樂說無礙智者若一切言語文字
口所分別正直而答所謂一切禪定三摩跋提真諦智答辯暢三乘隨諸眾生
一切心行如應而答所言巧妙非如瘂羊猩猩廣惡卒暴戲如是之語悉無穢
有所宣辯滅人所受用威德之言無諸纏縛相應無違微妙柔耎無可譏呵
聖人所讚如如世尊所教誨語梵音清徹一切悉聞是樂說無礙智諸佛所

BD15241號4　無盡意菩薩經（六卷本）卷五　（47–31）

薩辯無礙智而不可盡舍利弗菩薩樂說無礙智不可窮盡所說無礙所
說不住所說速疾所說捷利如所問答無障礙答無違逆答是相應答住念
力答依二諦答依施戒忍進定慧答依一切法章句而答依於念處正勤如意
根力覺道甚深義答依寂滅思惟答所謂樂說無礙智者若一切言語文字
口所分別正直而答所謂一切禪定三摩跋提真諦智答辯暢三乘隨諸眾生
一切心行如應而答所言巧妙非如瘂羊猩猩廣惡卒暴戲如是之語悉無穢
有所宣辯滅人所受用威德之言無諸纏縛相應無違微妙柔耎無可譏呵
聖人所讚如如世尊所教誨語梵音清徹一切悉聞是樂說無礙智諸佛所
許為他眾生說微妙法聞是法者得出世樂滅盡諸苦是名樂說無礙智
也舍利弗是名菩薩摩訶薩四無礙智而不可盡復次舍利弗菩薩摩
訶薩有四依法亦不可盡何等為四依義不依語依智不依識依了義經不
依不了義經依法不依人云何依義不依語語者若入世法而有所說義者解
出世法無文字相語者若說布施調伏擁護義者知施戒忍入於平等語者稱
說生死義者知生死無性語者說涅槃味義者知涅槃無性語者若說諸乘
隨所安止義者善知諸乘入一相智門語者若說諸捨義者三種清淨語者說身
口意受持淨戒功德威儀義者了身口意皆無所作而能護持一切淨戒語者
若說忍辱斷除恚怒貢高憍慢義者了達諸法得無生忍語者若說勤行
一切善根義者安作精進無有終始語者若說諸禪解脫三昧三摩跋提義者
知滅盡定語者悉能聞持一切文字智慧根本義者知是慧義不可宣說語者說
卅七助道之法義者正知脩行諸助道法能證於果語者說苦集道諦義者證於
滅諦語者說無明根本乃至生緣老死義者知無明滅乃至老死滅語者說助定慧
法義者明解脫智語者說貪恚癡義者解不善根即是解脫語者說鄣礙法義
者得無礙解脫語者稱說三寶無量功德義者三寶功德離欲法性無為相語
者說從發心至道場脩集莊嚴菩提功德義者以一念慧覺一切法舍利弗舉
要言之能說八万四千法聚是名語為知諸文字不可宣說是名為義云何依智
不依於識識者四識住處何等四色識住處受想行識住處智者解了四識
性無所住識者若識地大水火風大智者識住四大法性無別識者眼識色住耳鼻
舌身意識法住智者內性寂滅外無所行了知諸法無有憶想識者專取所緣
思惟分別智者心無所緣不取相貌於諸法中無所希求識者行有為法智者知
無為法識無所行無為法性無有識知識者生住滅相智者無生住滅相舍利
弗是名依智不依於識云何依了義經不依不了義經不了義經者分別脩道
了義經者不分別果不了義經者所作行業信有果報了義經者盡諸煩惱不
了義經者呵諸煩惱了義經者讚白淨法不了義經者說生死苦惱了義經
者生死涅槃一相無二不了義經者讚說種種莊嚴文字了義經者說甚深經難
持難了不了義經者多為眾生說罪福相令聞法者心生欣感了義經者凡所
演說必令聽者心得調伏不了義經者若說我人眾生壽命養育士夫作者受者

BD15241號4　無盡意菩薩經（六卷本）卷五　（47–32）

思惟分別智者心無所緣不取相貌於諸法中無所希求識者行有為法智者知
無為法識無所行無為法性無有識知識者生住滅相智者無生住滅相舍利
弗是名依智不依於識云何依了義經不依不了義經不了義經者分別脩道
了義經者不分別果不了義經者所作行業信有果報了義經者盡諸煩惱不
了義經者呵諸煩惱了義經者讚白淨法不了義經者說生死苦惱了義經
者生死涅槃一相無二不了義經者讚說種種莊嚴文字了義經者說甚深經難
持難了不了義經者多為眾生說罪福相令聞法者心生厭惑了義經者凡所
演說必令聽者心得調伏不了義經者若說我人眾生壽命養育士夫作者受者
種種文辭諸法無有施者受者而為他說有施有受了義經者說空無相無願
無作無生無有我人眾生壽命養育士夫作者受者常說無量諸解脫門是
名依了義經不依不了義經云何依法不依於人人者攝取人見作者受者法者解
無人見作者受者人者凡夫善人信行人法行人八人須陀洹人斯陀含人阿那含人阿
羅漢人辟支佛人菩薩人一人出世多所利益多人受樂憐愍世間生大悲心於人
天中多所饒益所謂佛世尊如是等名依世諦為化眾生故作是說若有攝取
如是見者是謂依人如來為化攝人見者故說依法不依於人是法性者不變不易
無作非作無住不住一切平等等亦平等不平等者亦復平等無憶無緣得正
決定於一切法無別無異性相無礙猶如虛空是名法性各有依止是法性者終不
復離一相之法入是門者觀一切法同一法性是故說言依一切法不依於人舍利弗是名
菩薩摩訶薩四依無盡復次舍利弗菩薩摩訶薩脩集助道功德智慧亦
不可盡云何脩集功德無盡若布施持戒心所脩集發行慈悲自所有罪發
露懺悔亦代眾生發懺悔已行懺悔次當隨喜一切眾生學無學人及辟支佛
發心菩薩已習行者堅住不退一生補處如是諸人於三世中所集功德當以一心隨
其歡喜復於過去未來現在諸佛世尊所有善根生隨喜心是隨喜菩薩
悲當成就如是功德隨喜已說次當勸請十方世界一切諸佛始成道者請轉法
輪亦涅槃者常住於世及請一切菩薩聖人常為眾生住世說法如是善根如善
提相悲以迴向無上菩提菩薩未發心者勸令發心已發心者為說諸度有貧窮
者救攝以財病施醫藥隨時瞻療無勢力者勸行忍辱有犯禁者令不覆
藏已覆藏者勸令發露現在諸佛及涅槃者悉皆發心供養恭敬敬重師長如
佛世尊若求法時役命不惜於此法寶生無價想於說法者生諸佛想為聽
法故過百由旬心方踴躍無疲勞想凡所講說不為利養於父母所知恩報恩供
養給事心初無悔所作功德常無猒足護身口意令無諂曲建立佛塔所得
功德等於梵天勸請之福具足諸相開門大施故得隨形好脩諸善根故莊嚴
身者無憍慢故莊嚴口者離口過故莊嚴意者不住法故莊嚴佛土者神通教
化故莊嚴法者離諸欲故莊嚴大眾者兩舌惡口不破壞他故於受法者如實說故
說法歡喜稱讚善哉所作功業不唐捐故離覆蓋者故任聽法故莊嚴菩
提樹者以妙園林奉施佛故莊嚴道場者成就一切諸善根故出生清淨者
不為煩惱所染汙故得寶手者能捨一切所重物故得無盡者無量寶藏以

BD15241 號 4　無盡意菩薩經（六卷本）卷五　（47–33）

佛世尊若求法時役命不惜於此法寶生無價想於說法者生諸佛想為聽
法故過百由旬心方踴躍無疲勞想凡所講說不為利養於父母所知恩報恩供
養給事心初無悔所作功德常無猒足護身口意令無諂曲建立佛塔所得
功德等於梵天勸請之福具足諸相開門大施故得隨形好脩諸善根故莊嚴
身者無憍慢故莊嚴口者離口過故莊嚴意者不住法故莊嚴佛土者神通教
化故莊嚴法者離諸欲故莊嚴大眾者兩舌惡口不破壞他故於受法者如實說故
說法歡喜稱讚善哉所作功業不唐捐故離覆蓋者故任聽法故莊嚴菩
提樹者以妙園林奉施佛故莊嚴道場者成就一切諸善根故出生清淨者
不為煩惱所染汙故得寶手者能捨一切所重物故得無盡者無量寶藏以
布施故見者歡喜常和悅故體得法性者心慧光明等照眾生故莊嚴光
明者不輕未學善誘道故生生清淨者持戒功德悉成就故家胎清淨
者不見他罪故生天者淨行十善故慧明獨步者所可教化不生分別故於
法自在者所愛重法無悋惜故世中獨勝者畢竟清淨故微妙解脫者不求少
分行故行一切功德者不捨一切智心故七財滿具者信為根本故攝取正法者不
惜身命故不誑世間者本誓願故具足一切佛法者諸善根本本已行故舍利
弗是名略說菩薩功德若廣說者若過一劫若過一劫不可得盡云何菩薩
智慧無盡若一一因聞說智慧若二一緣得於智慧云何為因內增上欲云何
為緣外勤求法如是因緣依佛智慧非依聲聞緣覺智慧親近智者心無憍
慢常於其人起世尊想是諸智者知受法人心已柔和為說智慧教令依止隨
其正器說無染法聽法之人於是法中勤脩聚集助法精進是為智慧云何菩
薩助法精進若無希求簡絕事務省少語言於諸所欲心常知足初夜後夜
減損睡眠凡所聞義能善思惟籌量分別數求善法心無愛濁除諸陰蓋無
有鄣蔽所犯過失尋能除滅正行堅固趣向傾仰尊敬法行具精進行求法不
懈如救頭然無有我行不遲緩行不捨本行心增上行可眾愛樂內行獨行向阿蘭
若處思惟行聖種知足行不動頭陀行欣樂法行不思惟世間言語行求出
世間法行不失正念行發諸法義行真正道行知緣起行慚愧莊嚴行智慧
堅牢行除無明網纏結繫縛淨慧眼行善覺了行廣覺了行不誠覺行
分析覺行現在知行不從他功德行不自恃功德行讚嘆他人諸功德行善脩作
業行因果不動行知清淨業行舍利弗是名助法精進復次舍利弗菩薩摩訶
薩有四種施具足智慧何等為四一者以紙筆墨施與法師令書寫經二者
種種挍飾莊嚴妙坐以施法師三者以諸所須供養之具奉上法師四者無諂
曲心讚歎法師舍利弗是名菩薩四種布施具足智慧菩薩復有四持禁戒
具足智慧何等為四一者持戒常讚說法二者持戒常勤求法三者持戒正分別法
四者持戒迴向菩提是名菩薩四種持戒具足智慧菩薩復有四種忍辱具足
智慧何等為四一者於求法時忍他惡罵二者於求時不避飢渴寒熱風雨三者
於求法時隨順和上阿闍梨行四者於求法時能忍空無相無願舍利弗是名

BD15241 號 4　無盡意菩薩經（六卷本）卷五　（47–34）

業行因果不動行知清淨業行舍利弗是名助法精進復次舍利弗菩薩摩訶
薩有四種施具足智慧何等為四一者以紙筆墨施與法師令書寫經二者
種種校飾莊嚴妙坐以施法師三者以諸所須供養之具奉上法師四者無諂
曲心讚歎法師舍利弗是名菩薩四種布施具足智慧菩薩復有四持禁戒
具足智慧何等為四一者持戒常演說法二者持戒常勤求法三者持戒正分別法
四者持戒迴向菩提是名菩薩四種持戒具足智慧菩薩復有四種忍辱具足
智慧何等為四一者於求法時忍他惡罵二者於求時不避飢渴寒熱風雨三者
於求法時隨順和上阿闍棃行四者於求法時能忍空無相無願舍利弗是名
菩薩四種忍辱具足智慧菩薩復有四種精進具足智慧何等為四一者勤於
多聞二者勤於惣持三者勤於樂說四者勤於正行舍利弗是名菩薩四
種精進具足智慧菩薩復有四種禪定具足智慧何等為四一者常樂獨
處二者常樂一心三者求禪及四通者求無礙解智舍利弗是名菩薩四種
禪定具足智慧菩薩復有四種智慧具足智慧何等為四一者不住斷見
二者不入常見三者了十二緣四者忍無我行舍利弗是名菩薩修行四慧具
足智慧菩薩復有四種護法具足智慧何等為四一者擁護法師如己君
主二者護諸善根三者將護世間四者護利益他舍利弗是名菩薩四
擁護法具足智慧菩薩復有四滿足法具足智慧何等為四一者說法
滿足二者智慧滿足三者利益滿足四者諸法滿足舍利弗是名菩薩四滿
足法具足智慧菩薩復有四力具足智慧何等為四者精進力求於多聞
得解脫故二者念力菩提之心不忘失故三者定力等無分別故四者慧力
備多聞故是名四力具足智慧復有四方便具足智慧何等為四一者隨世
所行二者隨衆生行三者隨諸法行四者隨智慧行是名四方便具足智慧
菩薩復有四道具足智慧何等為四一者諸波羅蜜道二者助菩提道三者
行八聖道四者求一切智慧道是名四道具足智慧菩薩復有四無猒足行具足
智慧何等為四一者樂於多聞無有猒足二者樂於說法無有猒足三
者行慧無猒四者行智無猒是名菩薩四無猒足具足智慧復次助智
慧者隨衆生心行隨一切法行隨布施行隨持戒忍辱精進禪定智慧
行隨慈悲喜捨行得具足智慧何以故如諸菩薩所發起行皆以智
慧而為根本智慧成已還依止智是菩薩安住於智依一切智諸魔
眷屬不能留難是故能得具一切智舍利弗是名菩薩助智無盡復次舍
利弗菩薩摩訶薩四念處亦不可盡是菩薩觀身循身行見過去未
來現在諸身顛倒和合如外草木牆壁瓦石從因緣有不可長養無所繫
屬此身如是從因緣生不可長養無所繫屬是陰界入中我我所空常
無常空是身無我無有我所是身不堅不可依怙當求菩提正覺之身
云何菩提正覺之身所謂法身金剛之身不可壞身堅牢身出三界身
我身雖有無量過患願當除滅成如來身是菩薩所以堪忍久處四大

慧而為根本智慧成已還依止智是菩薩安住於智依一切智諸魔
眷屬不能留難是故能得具一切智舍利弗是名菩薩助智無盡復次舍
利弗菩薩摩訶薩四念處亦不可盡是菩薩觀身循身行見過去未
來現在諸身顛倒和合如外草木牆壁瓦石從因緣有不可長養無所繫
屬此身如是從因緣生不可長養無所繫屬是陰界入中我我所空常
無常空是身無我無有我所是身不堅不可依怙當求菩提正覺之身
云何菩提正覺之身所謂法身金剛之身不可壞身堅牢身出三界身
我身雖有無量過患願當除滅成如來身是菩薩所以堪忍久處四大
諸結集然皆為利益諸衆生故如外四大地水火風種種門種種所作種
種形貌種種器物種種所用皆為利益一切衆生我令此身為利衆生亦復
如是菩薩摩訶薩見如是利益已觀身衆苦不生猒離觀身無常不猒
生死觀身無我不捨教化觀身寂滅不隨於捨是菩薩觀內身時不生煩惱
觀於外身亦復如是是菩薩離黑汙身成白淨身業具足妙相以自莊嚴
於天人中多所利益是名菩薩觀身循身行云何菩薩觀受循受行菩薩
如是思惟諸受一切皆苦善分別受智慧籌量知受寂滅若受樂時不貪
所欲若受苦時觀三惡道起大悲心不生瞋恚若受不苦不樂時不起愚癡
是菩薩正念受處如其所受若苦若樂不苦不樂於是諸受知出知備
觀衆生受寂滅莊嚴是諸衆生於諸受中不知出備若受樂時生於貪
著若受苦時便生瞋恚若受不苦不樂時便生愚癡我今要當進
備智慧除一切受發諸善根起大悲心攝取智慧亦為衆生除斷諸受
而為說法未解受者受苦解受者受樂云何解受者所謂無受者無
我人衆生壽命養育士夫除攝取受者攝者受取者受者受有者受
顛倒者受分別者受諸見者受眼相者受耳鼻舌身意相者受色相
者受聲香味觸法想者受眼緣色生觸受苦受樂受不苦不樂受耳
聲鼻香舌味身觸心緣法生觸受苦受樂受不苦不樂是名為受復有
一受心意覺了復有二受內受外受復有三受過去未來現在受復有四受
覺了四大復有五受思惟五陰復有六受分別六入復有七受七識住處復有
八受八邪法也復有九受九衆生居處復有十受十不善法舍利弗舉要言
之無量衆生諸受思惟所緣境界一切名受菩薩於中備受觀行起大智慧
知諸衆生善不善受生住滅相舍利弗是名菩薩正受念處而不可盡
云何菩薩觀心念處菩提之心不忘不失正念不亂如是觀心心生已滅无
有住相不於內住不從外來我初所發菩提心者是心已盡過去變異不至
方所不可宣說無有住處若心所集諸善根等亦是過去盡滅變異不至
方所不可宣說無有住處善心善根迴向阿耨多羅三藐三菩提是亦滅盡
變異之法不至方所不可宣說無有住處心不知心心不見心心不生心我以何心
成阿耨多羅三藐三菩提心不與善根心合善根心不與迴向心合迴向心不

之無量衆生諸受思惟所緣境界一切名受菩薩於中脩受觀行起大智慧
知諸衆生善不善受生住滅相舍利弗是名菩薩正受念處而不可盡
云何菩薩觀心念處菩提之心不忘不失正念不亂如是觀心心生已滅无
有住相不於内住不從外來我初所發菩提心者是心已盡過去變異不至
方所不可宣說無有住處善心所集諸善根等亦是過去盡滅變異不至
方所不可宣說無有住處善心善根迴向阿耨多羅三藐三菩提是亦滅盡
變異之法不至方所不可宣說無有住處心不知心心不見心心不生心我以何心
成阿耨多羅三藐三[菩提是]菩提心不與善根心合善根心不與迴向心合迴向心不
與菩提心合若菩薩作是觀時不驚不怖是名菩薩勤精進也又復思惟
觀察甚深十二因緣不失因果知是心性屬衆因緣不可長養無作無繫
一切諸法亦復如是如法脩行如所莊嚴我今當勤脩集莊嚴不離心性云何
心性云何莊嚴心性者猶如幻化無主無作無有施設莊嚴者所作布施悉
以迴向嚴淨佛土心性者如夢所見心相寂滅莊嚴者具足持戒脩集諸通心
性者如鏡中像其相清淨莊嚴者所脩忍辱悉以迴向無生法忍心性者如熱
時焰究竟寂滅莊嚴者於一切善深發精進迴向具足無上佛法心性者无
色無動無所為作莊嚴者一切所脩禪定解脫三摩跋提迴向具足佛之禪
定心性者不可得見亦不可取莊嚴者於一切問難善能分別迴向具足佛之
智慧心性者無緣不生莊嚴者常觀善根心性者無因不生莊嚴者因助
菩提而發起心心性者捨離六塵心則無起莊嚴者入佛境界是菩薩觀是
心行繫念神通得神通已能知一切衆生諸心既知心已如其心量而為說法
又觀心行繫念大悲教化衆生無有厭惓又觀心行不起盡滅變異之相
不捨生死相續煩惱正念是心知無生起成正覺定如是行者不隨聲聞
辟支佛地發是心勢以一念智成阿耨多羅三藐三菩提舍利弗是名菩薩
正心念處而不可盡舍利弗云何菩薩觀法念處常以慧眼見一切法至坐
道場未曾中失是菩薩當觀法時不見一法乃至微相離空無相無願無作
無生無滅無物亦不見一法乃至微相不入十二緣者菩薩觀法見諸非法無不
是法云何為法謂無我義無衆生義無壽命義無人義是名為法云何非法
謂我見衆生見壽命見人見斷見常見有見無見是名非法復次一切法是
法一切法是非法何以故觀空無相無願是名一切法是法我慢憍慢我及我
所攝取諸見是名一切法非法是菩薩觀法時不見有法非菩提因出世道
因是菩薩知一切法悉是出世得無礙大悲觀一切法煩惱結縛如幻化相知是
諸法非有煩惱非無煩惱何以故了諸法義無有二性是諸煩惱無隱藏處無
有聚集若解煩惱即解菩提如煩惱性即菩提性是菩薩安住正念無有
一法可住分別無諸鄣礙善能解了正住法性如住法性即住衆生性如住衆生
性即住虚空性如住虚空性即住一切法性菩薩觀法時依於佛法解一切法即
是佛法其心尒時不生盡智無為雖盡而亦不盡入無生智亦觀衆生不捨

BD15241 號 4　無盡意菩薩經（六卷本）卷五　（47–37）

因是菩薩知一切法悉是出世得無礙大悲觀一切法煩惱結縛如幻化相知是
諸法非有煩惱非無煩惱何以故了諸法義無有二性是諸煩惱無隱藏處無
有聚集若解煩惱即解菩提如煩惱性即菩提性是菩薩安住正念無有
一法可住分別無諸鄣礙善能解了正住法性如住法性即住衆生性如住衆生
性即住虚空性如住虚空性即住一切法性菩薩觀法時依於佛法解一切法即
是佛法其心尒時不生盡智無為雖盡而亦不盡入無生智亦觀衆生不捨
假名法念處者安住正念一切諸法所謂聲聞緣覺菩薩正覺所知一切假名
諸法盡未來際終不忘失又法念處者說無量行親近佛法壞諸魔衆
得自然智舍利弗是名菩薩正法念處而不可盡

無盡意菩薩經卷第五

无盡意菩薩經卷六

无盡意菩薩經卷第六

復次舍利弗菩薩摩訶薩四正勤亦不可盡何等為四若未生惡不
善法不生故生欲勤進攝心正除已生惡不善法為斷故生欲勤
進攝心正除未生善法為生故生欲勤進攝心正除已生善法安住
脩集為增廣不失故生欲勤進攝心正除未生惡不善法為不生故
生欲勤進所欲者善思惟也勤精進者不捨善思惟也攝心正除
者正觀善思惟也何以故善思時惡不善法不令入心云何惡不善
法惡不善法非戒衆伴非禪定伴非智慧伴云何非戒衆伴若
破重戒及毀餘戒是名非戒衆伴若毀威儀及餘亂心法是非定衆
伴云何非智慧伴若攝取諸見及餘見鄣礙是非慧伴是名惡
不善法善思惟時如是等惡法不令入心是名初正勤已生惡不善
法為斷故生欲勤進攝心正除如上所說惡不善法心不聚集無有方
所無有住處是不善法心行斷故已覺了故從緣生故淨故生欲礙故
生恚無明緣故生於愚癡是善思惟觀不淨時滅於欲心脩集
慈心滅於瞋恚觀十二因緣滅[於]愚癡如是煩惱永寂滅者即是新[除]
一切假名亦復不見有可斷者是名第二正勤未生善法為生故生
欲勤進攝心正除是諸善法說有无量何以故无量善法菩薩脩集於[盡]
是法中欲為根本勤進脩集攝心者出過善法正除者在在處處常在
善法是名第三正勤已生善法安住集脩為增廣不失故攝心正住
住是諸善根悉已迴向阿耨多羅三藐三菩提何以故善根迴向无上菩
提者則不可盡所以者何以是善根不依三界若依三界是則損耗是
故迴向一切種智諸善根等不可得盡是名第四正勤舍利弗是名菩
薩脩四正勤不可窮盡復次舍利弗菩薩摩訶薩四如意足亦不可盡
何等為四欲進心思惟如是四法以慈悲喜捨而為根本是四无量心

BD15241 號 4　無盡意菩薩經（六卷本）卷五　（47–38）

BD15241 號 5　無盡意菩薩經（六卷本）卷六

欲勤進攝心正除是諸善法説有无量何以故无量善法菩薩脩集於
是法中欲爲根本勤進脩集攝心者出過善法正除者在在處常在
善法是名第三正勤已生善法安住集脩爲增廣不失故攝心正住
住是諸善根悉已迴向阿耨多羅三藐三菩提何以故善根迴向无上菩
提者則不可盡所以者何以是善根不依三界若依三界是則損耗是
故迴向一切種智諸善根等不可得盡是名第四正勤舍利弗是名菩
薩脩四正勤不可窮盡復次舍利弗菩薩摩訶薩四如意分亦不可盡
何等爲四欲進心思惟如是四法以慈悲喜捨而爲根本是四无量心
常親近常親近故心得調柔心調柔故得入初禪第二禪第三禪第
四禪入諸禪故身得輕耎成就如是身輕心柔入如意分已即生神
通若欲若進若心若思惟欲者專向彼法精進者成就彼法心者
觀察彼法思惟者彼法方便是如意分已具足故能得神通欲者
莊嚴進者成就心者正住思惟者能善分別是菩薩得如意分
隨其所解如其所作心得自在隨意所往善作諸業畢竟成就一
切本行如風行空无所罣礙舍利弗是名菩薩四如意分不可窮
盡　復次舍利弗菩薩摩訶薩五根亦不可盡何等爲五信根
進根念根定根慧根云何信根信於四法何等四於生死中行世
正見信於業報乃至失命終不作惡信菩薩行不隨諸見專求菩
提不求餘乘信解諸法同空无相无願之法同第一義同於了義甚
深因緣无我衆生无有分別信一切佛十力四无所畏十八不共法
如是信已消除疑網脩集佛法是名信根何等進根若法信根所
攝是法即爲進根所脩是名進根云何念根若法進根所脩是
法終不忘失是名念根云何定根若法念根所攝是法不忘不
失一心不亂是名定根云何慧根若法定根所攝是慧所觀是
慧體性内自照了不從他知自住正行是名慧根是五根者共相
續生具一切法得受記別譬如外道五通神仙不能定知胎中差
別男女相現然後乃知多有菩薩无信等根諸佛世尊不
爲授記若成就者便與授記舍利弗是名菩薩五根无盡復
次舍利弗菩薩五力亦不可盡何等爲五信力進力念力定力
慧力云何信力是信一向不可阻壞乃至天魔變爲佛身示現
出入禪定解脫不能傾動菩薩信力是名信力云何進力菩薩
精進於諸善法得堅固力如所得力脩諸禪定諸天及人所不能
壞如本所願皆悉成就是名進力云何念力菩薩住諸法不爲煩
惱之所破壞何以故是菩薩正念之力能摧伏故如是念力无
能壞者是名念力云何定力遠離憒閙常樂獨行是菩薩雖有
所說言語音聲不礙初禪善住覺觀不礙二禪心生歡喜不礙

BD15241 號 5　無盡意菩薩經（六卷本）卷六　（47–39）

爲授記若成就者便與授記舍利弗是名菩薩五根无盡復
次舍利弗菩薩五力亦不可盡何等爲五信力進力念力定力
慧力云何信力是信一向不可阻壞乃至天魔變爲佛身示現
出入禪定解脫不能傾動菩薩信力是名信力云何進力菩薩
精進於諸善法得堅固力如所得力脩諸禪定諸天及人所不能
壞如本所願皆悉成就是名進力云何念力菩薩住諸法不爲煩
惱之所破壞何以故是菩薩正念之力能摧伏故如是念力无
能壞者是名念力云何定力遠離憒閙常樂獨行是菩薩雖有
所說言語音聲不礙初禪善住覺觀不礙二禪心生歡喜不礙
三禪是菩薩雖樂化衆生不捨佛法而亦不礙於第四禪是善
行四禪時諸妨定法无能爲也菩薩尒時不捨於定亦不隨定而能
自在處處往生是名定力云何慧力是菩薩知世間法出世間法无
有一法能壞是智菩薩在在所生之處一切伎藝不從師受悉自
然知世間外道苦行難行是菩薩爲教化故亦悉現受同其所行是出
世法能過世者慧力成就故諸天及人所不能伏是名慧力舍利弗是
名方便菩薩五力无盡復次舍利弗菩薩摩訶薩七覺分亦不可盡
何等爲七念覺分擇法覺分進覺分喜覺分除覺分定覺分捨覺分
云何念覺分若念念覺分能觀於法能分別法撰集思智亦能觀
察諸法自相何等爲自相觀一切法自性皆空念如是等令其覺了是名
念覺分云何擇法覺分若能分別曉了八万四千法聚如所了法了義
是了義不了義是不了義世諦是世諦第一義諦是第一義諦假名
是假名正了无疑是正了无疑如是等法分別選擇是名擇法覺
分云何進覺分若念法擇法善法除法定法捨法以智攝取精進勇猛欲
不退轉勤脩力廣不捨本意行於正道是名進覺分云何喜覺分所脩
法喜於无量法心生悅豫无有懈怠清淨樂法是喜踊躍能除身心捨
諸煩惱是名喜覺分云何除覺分若除身心及諸煩惱離於覆蓋入定
境界令心正住是名除覺分云何定覺分如所入定悉能覺了非不入
定是覺了法又了諸見煩惱結縛无始无終其心平等一切諸法无別異
相能覺如是諸法等者是名定覺分云何捨覺分若法憂喜其心不
沒亦復不爲世法所牽无高无下正住不動无有諸漏无喜无著无
諸鄣礙正真隨順真正諦道是名捨覺分舍利弗是名菩薩七覺分亦
不可盡復次舍利弗菩薩摩訶薩八聖道分亦不可盡何等爲八正見
正思惟正語正業正命正精進正念正定云何正見若見出世不起我
見衆生壽命養育士夫斷見常見有見无見亦復不起善以不善
无記等見乃至不起生死涅槃二相之見是名正見云何正思惟若思能
起貪欲瞋癡諸煩惱等是不名正是正思惟不思不起如是等事唯思

BD15241 號 5　無盡意菩薩經（六卷本）卷六　（47–40）

没亦復不為世法所牽无高无下正住不動无有諸漏无喜无着无
諸鄣礙正真隨順真正諦道是名捨覺分舍利弗是名菩薩七覺分亦
不可盡復次舍利弗菩薩摩訶薩八聖道分亦不可盡何等為八正見
正思惟正語正業正命正精進正念正定云何正見若見出世不起我
見衆生壽命養育士夫斷見常見有見无見亦復不起善以不善
无記等見乃至不起生死涅槃二相之見是名正見云何正思惟若思能
起貪欲瞋癡諸煩惱等是不名正是正思惟不思不起如是等事唯思
戒定智慧解脫解脫知見是正思惟能思如是住戒等聚如是思
惟名正思惟云何正語凡所演說不令其身而有惱亦不損他成就
如是善妙好語趣於正道是名正語云何正業若業黑有黑報白有
白報黑白有黑白報終不敢作若業非黑非白有非黑非白報若
業能盡業是業必作是菩薩所依止業勤備如是諸正業等
是名正業云何正命若不捨聖種頭陁威儀不動不轉无諸奸諂
不為世間利養所牽易養易滿常自堅持威儀礼節見他得
利心不生熱於已利養常知止足如是正行聖人所讚是名正命云
何正進若進向邪非聖所讚所謂貪婬瞋恚愚癡煩惱是不正精
進終不為之若法能入正歸聖道寂滅涅槃攀緣正路是正精進備
集勤行是名正進云何正念若念不失不動於法正直不曲見生
死過進向涅槃繫心不忘不失正道是名正念云何正定若定不亂
於一切法是菩薩如定住時成正決定是名正定菩薩住是三昧
為一切衆生得解脫故成正決定是名正定是八聖道悉是過去未
來現在諸佛之道是菩薩覺了已演說開示分別顯識現成就佛道舍
利弗是名菩薩八聖道分亦不可盡復次舍利弗菩薩摩訶薩備行定慧
亦不可盡云何為定若心寂靜至寂靜寂滅不然心常不亂守護諸根
不動不轉无有卒暴安詳靜嘿堅持不失善調柔耎獨處閑靜其
身遠離心不迴轉思樂空寂阿練若處无有思求亦无所求非有多
求正命正行威儀堅固知時隨時常知止足易養易滿堪忍力故
无高下能忍惡罵發心專向善法思惟樂思惟處及諸禪技發起慈
心入於悲心安住喜心善備捨心正入初禪二禪三禪四禪空處識處无
所有處非有想非无想處善能思惟八次第定是名為定舉要言
之菩薩助定无量无邊勤行精備集是名菩薩定不可盡云何為慧
是慧備道入於諸法无我无人衆生壽命如是智慧分別諸陰界
如化諸界平等入如空聚分別諸諦皆悉明了隨順觀知十二因緣分別
諸見因果果證所謂分別者於一切法能得正見如實而見真見空見无相
願見又分別者无分別故分別所謂見者亦无所見无所別知如是見者為
真實見見真實者即得方便是菩薩如是見不隨无為備行諸善心
无所住是名為慧舍利弗是名菩薩備行定慧而不可盡復次舍利

BD15241 號 5　無盡意菩薩經（六卷本）卷六　（47–41）

所有處非有想非无想處善能思惟八次第定是名為定舉要言
之菩薩助定无量无邊勤行精備集是名菩薩定不可盡云何為慧
是慧備道入於諸法无我无人衆生壽命如是智慧分別諸陰界
如化諸界平等入如空聚分別諸諦皆悉明了隨順觀知十二因緣分別
諸見因果果證所謂分別者於一切法能得正見如實而見真見空見无相
願見又分別者无分別故分別所謂見者亦无所見无所別知如是見者為
真實見見真實者即得方便是菩薩如是見不隨无為備行諸善心
无所住是名為慧舍利弗是名菩薩備行定慧而不可盡復次舍利
弗菩薩摩訶薩惣持辯才亦不可盡云何惣持所備善根正念積集所
有八万四千法聚能正受持不忘不失是名惣持又復惣持若一切佛所
說妙法一切菩薩緣覺聲聞凡夫衆生音聲善語悉能受持是名惣持設
劫火起捨命餘生菩薩尒時正念惣持不忘不失如觀掌中阿摩勒果菩
薩觀見一切諸法亦復如是名曰惣持云何辯才菩薩所說无有滞礙所
說无住所說无斷所說通利所說善隊所說摧疾如是所說皆是先業清
淨果報諸佛讚念諸天稱受說无錯謬初不唐捐進向涅槃菩薩成就如
是辯才所有色像及衆生類辯才應機不豫思惟不豫分別善能讚
說解經偈設若至大衆剎利衆婆羅門衆長者衆沙門衆四天王衆卅
三天衆魔衆梵衆在在處處自然能知衆生根量以无礙辯而為
說法是菩薩如本喜樂講宣法要終身不斷是名辯才舍利弗是名
菩薩惣持辯才亦不可盡舍利弗菩薩摩訶薩撰集四法亦不可盡何
等四是菩薩知一切行无常一切行苦一切法无我一切法寂滅涅槃云何无
有是无常義无所
常義无所破壞是无常義者即无我義若法无我无能壞者
性寂滅故是名无常義云何苦義无所求故是苦義受讓盡故是苦
義无所願故是苦義空无有故是苦義是名苦義云何无我義畢竟
无我是无我義如无我義即是空義无所有義虛誑不實義是名
无我義云何寂滅義是寂滅義非念念滅如非念念滅即是寂
滅菩薩得是无盡智慧知一切法相同於寂滅寂滅者即是涅槃是
名寂滅涅槃舍利弗是名菩薩撰集四法而不可盡復次舍利弗菩薩
摩訶薩一道亦不可盡云何一道菩薩所得真實智慧不從他聞又一道者
菩薩獨一无有伴侶已於阿耨多羅三藐三菩提能大莊嚴以自力勢
精進稱取畢竟自備不假他作自以因緣勇猛之力建立如是堅固
莊嚴如諸衆生所作善業我亦如是悉當作之及諸聖人從初發
心所作諸行我亦當行施非我伴我是施伴戒忍精進禪定智慧非
是我伴我是彼伴諸波羅蜜不能使我而我能使諸波羅蜜一切
善根皆亦如是如是等法雖非我伴我要當行不恃於他勇猛自力獨
行无伴坐於道場金剛坐處壞諸魔衆以一念慧成阿耨多羅三藐

BD15241 號 5　無盡意菩薩經（六卷本）卷六　（47–42）

菩薩獨一无有伴侶已於阿耨多羅三藐三菩提能大莊嚴以自力勢
精進攝取畢竟自備不假他作自以因緣勇猛之力建立如是堅固
莊嚴如諸衆生所作善業我亦如是悉當作之及諸聖人從初發
心所作諸行我亦當行施非我伴我是施伴戒忍精進禪定智慧非
是我伴我是彼伴諸波羅蜜不能使我而我能使諸波羅蜜一切
善根皆亦如是如是等法雖非我伴我要當行不恃於他勇猛自力獨
行无伴坐於道場金剛坐處壞諸魔衆以一念慧成阿耨多羅三藐
三菩提我當如是覺了分別舍利弗是名菩薩一道无盡復次舍利弗
菩薩摩訶薩所脩方便亦不可盡云何方便見一切法是方便發起
諸法是方便為菩薩使是方便畢竟分別是方便无有齊限是
方便悉意常求世間之法是方便於布施時即能具足諸波羅
蜜是方便持禁戒時在在處自在往生是方便行忍辱莊嚴自
身及菩提道是方便行精進時心无所住是方便脩禪定時无有
退失是方便脩行慧時不證无為是方便脩慈心時愍无力勢是
方便脩悲心時不厭生死是方便脩喜心時无樂處樂是方便脩捨
心時發心脩集一切善根是方便能脩天眼為欲成就諸佛眼故是方
便脩集天耳為欲成就諸佛耳故是方便脩他心智為得佛智知諸衆
生根量深淺故是方便脩宿命智為得佛智知於三世无罣礙故是方
便脩集神通力為得諸佛神通是方便脩衆生心是方便既自曉了復了衆生是方便能
自度已示現求度而方勤脩求於度世是方便已離煩惱示有煩惱是
方便已捨重擔示有重擔是方便能知根量隨量說法是方便善能
誘進鈍根衆生是方便知時非時是方便知可行道墮邪衆生安置正
道是方便能令量作无量无量作量是方便損壞者還復如本是
方便示現勝他是方便示說涅槃有五欲樂是方便已得解脫示有
繫縛是方便處在生死不墮生死是方便於諸威儀无所專當亦
不退失是方便雖觀衆生不觀持戒及以毀戒是方便攝諸見緣不
生諍競是方便悉是音聲假名无實是方便常行三界是方便解
脫相行是方便親近凡夫如親近聖人是方便不證涅槃常處生
死是方便於魔行處顯大光明无有煩惱是方便一切是一切非是
是方便舍利弗是名菩薩脩行方便亦不可盡舍利弗是名菩薩
摩訶薩八十无盡是八十无盡悉能含受一切佛法无盡意菩薩摩
訶薩說是法門品時六十七百千衆生未發心者即發阿耨多羅三
藐三菩提心五百二千菩薩摩訶薩得无生法忍尒時大衆以種
種花香種種花鬘種種花蓋供養如來及无盡意并是經典
於上空中有无量天樂自然出聲作如是言諸佛世尊於无量劫
所集阿耨多羅三藐三菩提无盡意菩薩今於是大乘經中已說其

BD15241 號 5　無盡意菩薩經（六卷本）卷六　（47–43）

是方便舍利弗是名菩薩脩行方便亦不可盡舍利弗是名菩薩
摩訶薩八十无盡是八十无盡悉能含受一切佛法无盡意菩薩摩
訶薩說是法門品時六十七百千衆生未發心者即發阿耨多羅三
藐三菩提心五百二千菩薩摩訶薩得无生法忍尒時大衆以種
種花香種種花鬘種種花蓋供養如來及无盡意并是經典
於上空中有无量天樂自然出聲作如是言諸佛世尊於无量劫
所集阿耨多羅三藐三菩提无盡意菩薩今於是大乘經中已說其
義若有聞是无盡法門信解受持讀誦解說當知是人為具足
是无盡法尒時世尊以覆肩衣與无盡意讚言善哉善哉大
士快說是義非但我許十方諸佛亦復如是尒時无盡意菩薩
摩訶薩兩手捧衣置自頂上而白佛言世尊諸天世人當視是衣
過於塔想以是如來所受用故尒時多有種種寶衣種種寶蓋種
種寶幡種種寶樹種種寶鬘從十方世界自然而來覆无盡意
而為供養是時寶衣幡蓋樹鬘自然演出如是之言善哉善哉
善男子善能說是无盡法門如汝所說我等所許尒時舍利弗白
佛言世尊如是寶衣供養之具從何處來乃出是言佛告舍利
弗是无盡意菩薩初發阿耨多羅三藐三菩提心時所化衆生
皆於十方已成阿耨多羅三藐三菩提是彼諸佛正遍知等知恩
故遣是來稱揚讚歎是无盡意真實功德并復供養所說經
典尒時大衆於无盡意菩薩摩訶薩倍生恭敬尊重讚歎作如是
言我等今者快得大利得見无盡意菩薩恭敬供養尊重讚歎
并得聞是无盡法門若有直得聞无盡意菩薩名字亦得善利
何況眼見兼聞是典尒時世尊於大衆中聞是語已告舍利弗
若有善男子善女人學菩薩道於一劫中供養諸佛學戒威
儀以堪忍力盡諸衆生生死邊際精勤脩集如救頭然於諸禪
定一心成就智慧方便若離此經我說是人未能具足六波羅蜜
舍利弗若有善男子善女人聞是經典信解受持讀誦解義如
說脩行我說是人已為具足諸波羅蜜速得成就阿耨多羅三藐
三菩提何以故舍利弗若有菩薩受持此經為他演說即為具足
檀波羅蜜何以故於諸施中法施為勝初不忘失菩薩之心若持
此經即是持戒故能具足尸波羅蜜何以故一切菩薩所學禁戒
是經所攝若於此經能堪忍樂一切衆生所不能壞能於是中進脩
忍辱即為具足羼提波羅蜜若是經典勤行轉說身口意業
精勤脩集即為具足毗離耶波羅蜜若於是經其心寂滅无有
散亂一心定意分別法相即為具足禪那波羅蜜若於此經皆
得現智不從他聞得正行智即為具足般若波羅蜜舍利弗
若有菩薩勤學是經若欲具足諸波羅蜜則為不離舍利弗

BD15241 號 5　無盡意菩薩經（六卷本）卷六　（47–44）

三菩提何以故舍利弗若有菩薩受持此經為他演說即為具足
檀波羅蜜何以故於諸施中法施為勝初不忘失菩薩之心若持
此經即是持戒故能具足尸波羅蜜何以故一切菩薩所學禁戒
是經所攝若於此經能堪忍樂一切衆生所不能壞能於是中進修
忍辱即為具足羼提波羅蜜若是經典勤行轉說身口意業
精勤修集即為具足毗離耶波羅蜜若於是經其心寂滅无有
散亂一心定意分別法相即為具足禪那波羅蜜若於此經自
得現智不從他聞得正行智即為具足般若波羅蜜舍利弗
若有菩薩勤學是經若欲具足諸波羅蜜則為不難舍利弗
若有菩薩學習此經受持讀誦如說修行書寫經卷當知是人
一切佛法已為在手四大之性可變令異
是菩薩心於阿耨多羅三藐三菩提不可復轉舍利弗此經典
者即是菩薩不退轉印是故菩薩當求是印若有善男子
善女人親近是印者則為親近一切佛法尒時四天王及其眷
屬即從坐起合掌向佛白佛言世尊我等四王是佛弟子已
得道迹若有善男子善女人受持是經我等堪任為作衛護
供給侍使當於是人起如來想何以故是經典中出諸乘故
尒時釋提桓因即從坐起合掌向佛白佛言世尊我數從佛聞
量无无邊百千經典未曾得聞如是經典分別深義世尊在在
處處國土郡縣城邑村落有說此經者我躬當與三十三天故往
聽受并護法師益其氣力勇猛精進正念辯才令是法師於諸
大乘得无所畏廣能宣說如是經典佛言善哉善哉憍尸迦
汝欲擁護是說法者令得勇進正念辯才憍尸迦若欲擁護
是說法人即為擁護諸正法者則為擁護一切衆生尒時梵自
在天王合掌長跪前白佛言世尊若是經典流布之處我躬當
與其餘梵衆并諸眷屬捨禪喜樂往詣彼所聽受諮請我
往彼時當現四瑞令其覺知云何為四一者令見微妙光明
二者得聞殊異之香三者令說法者得无礙辯及正憶念所
說吉祥不失章句四者令其大衆發善欲心喜樂聽法无
有猒足以是四瑞應知梵天王與其眷屬躬來聽法
尒時第六魔王波旬合掌白佛言世尊如是經典令我勢力
一切羸劣何以故若有菩薩聞是經典受持讀誦為他廣說
當知其人即為受記世尊如是菩薩所住之處至諸佛界當
知如佛世尊我今所有憍慢嫉妬貢高之心以无盡意威德
力故皆已摧伏我今當護如是經典及說法者是經所在流
布之處乃至不起一念之心而作留難何況身往故作因緣

BD15241 號 5　無盡意菩薩經（六卷本）卷六　（47–45）

說吉祥不失章句四者令其大衆發善欲心喜樂聽法无
有猒足以是四瑞應知梵天王與其眷屬躬來聽法
尒時第六魔王波旬合掌白佛言世尊如是經典令我勢力
一切羸劣何以故若有菩薩聞是經典受持讀誦為他廣說
當知其人即為受記世尊如是菩薩所住之處至諸佛界當
知如佛世尊我今所有憍慢嫉妬貢高之心以无盡意威德
力故皆已摧伏我今當護如是經典及說法者是經所在流
布之處乃至不起一念之心而作留難何況身往故作因緣
尒時佛告尊者阿難汝從今日當為正法久住世故受是
經典受持讀誦解說尒時阿難正服而起偏露右肩右膝
着地前白佛言世尊我今敬奉佛教受持是經但恨不能
廣宣流布如諸菩薩佛告阿難汝且自安今此會中有諸
菩薩摩訶薩等自能護持令此經典廣宣流布會中有六
十億諸菩薩摩訶薩應護法者即從坐起合掌白佛言世尊
我等要當宣傳此經令至十方娑婆世界彌勒大士自當
於中護持是典及說法者世尊若佛滅後後五百歲若
有菩薩聞是經典受持讀誦當知皆是彌勒神力之所建
立尒時佛讚護法菩薩摩訶薩衆善哉善哉諸善男子
汝等不但令於我前護持正法亦曾護持過去恒沙諸佛
正法尒時无盡意菩薩摩訶薩白佛言世尊我今自以少
智慧分說是經典文字句義必不具足令於佛前及无
盡法所可成就諸菩薩等懺悔過失佛告无盡意菩
薩善男子若有菩薩得四无礙智凡所講說无有錯謬
如是菩薩得真空義分別法門乃能宣說如是經典
善男子汝今已到第一之處成就四辯自在无礙是大乘
經不從他聞而能分別善男子汝今成就如是住位身
口意業无有錯謬何以故菩薩所修三業成就常
以智慧為根本故善男子已有无量百千万億諸佛
世尊皆共稱揚聽汝所說无盡意汝本已於我所及
諸佛所畢竟懺悔无有漏失尒時尊者阿難白佛
言世尊此經何名云何奉持佛告阿難此經名无盡
意所說不可盡義章句之門又名大集當如是奉
持阿難汝應信受如是經典何以故汝受是已所得
持念倍前千數若為他說則立佛事佛說是已无盡
意菩薩摩訶薩尊者阿難舍利弗諸天龍神乾
闥婆阿脩羅等一切大衆莫不歡喜作禮而去

BD15241 號 5　無盡意菩薩經（六卷本）卷六　（47–46）

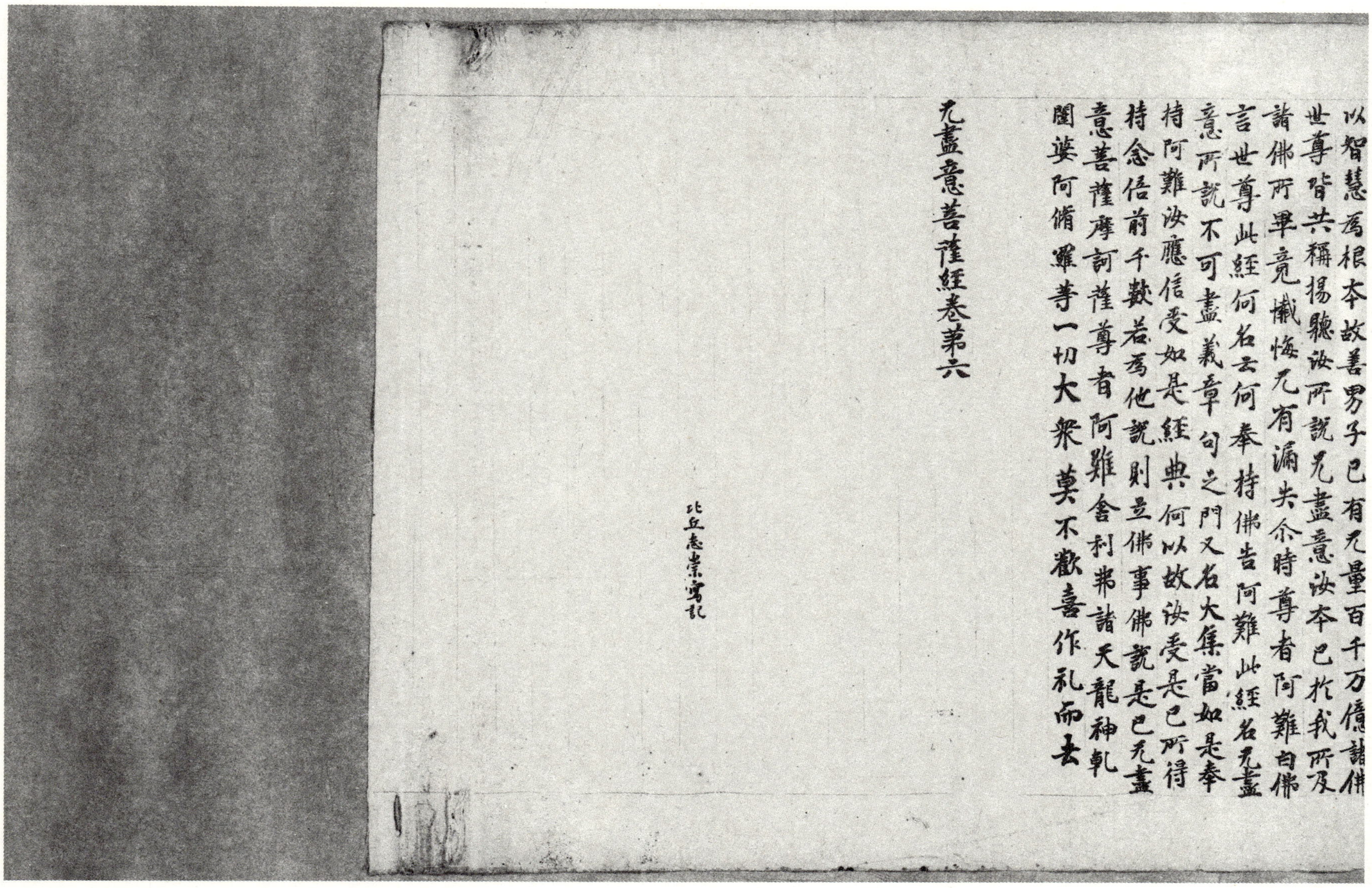

以智慧為根本故善男子已有无量百千万億諸佛
世尊皆共稱揚聽汝所說无盡意汝本已於我所及
諸佛所畢竟懺悔无有漏失尒時尊者阿難白佛
言世尊此經何名云何奉持佛告阿難此經名无盡
意所說不可盡義章句之門又名大集當如是奉
持阿難汝應信受如是經典何以故汝受是已所得
持念倍前千數若為他說則立佛事佛說是已无盡
意菩薩摩訶薩尊者阿難舍利弗諸天龍神乹
闥婆阿脩羅等一切大衆莫不歡喜作礼而去

无盡意菩薩經卷第六

比丘惠崇寫記

BD15241 號 5　無盡意菩薩經（六卷本）卷六　（47–47）

勘了

BD15241 號背　勘記　（1–1）

依心无心為善

BD15241 號背　裱補紙文字　（1–1）

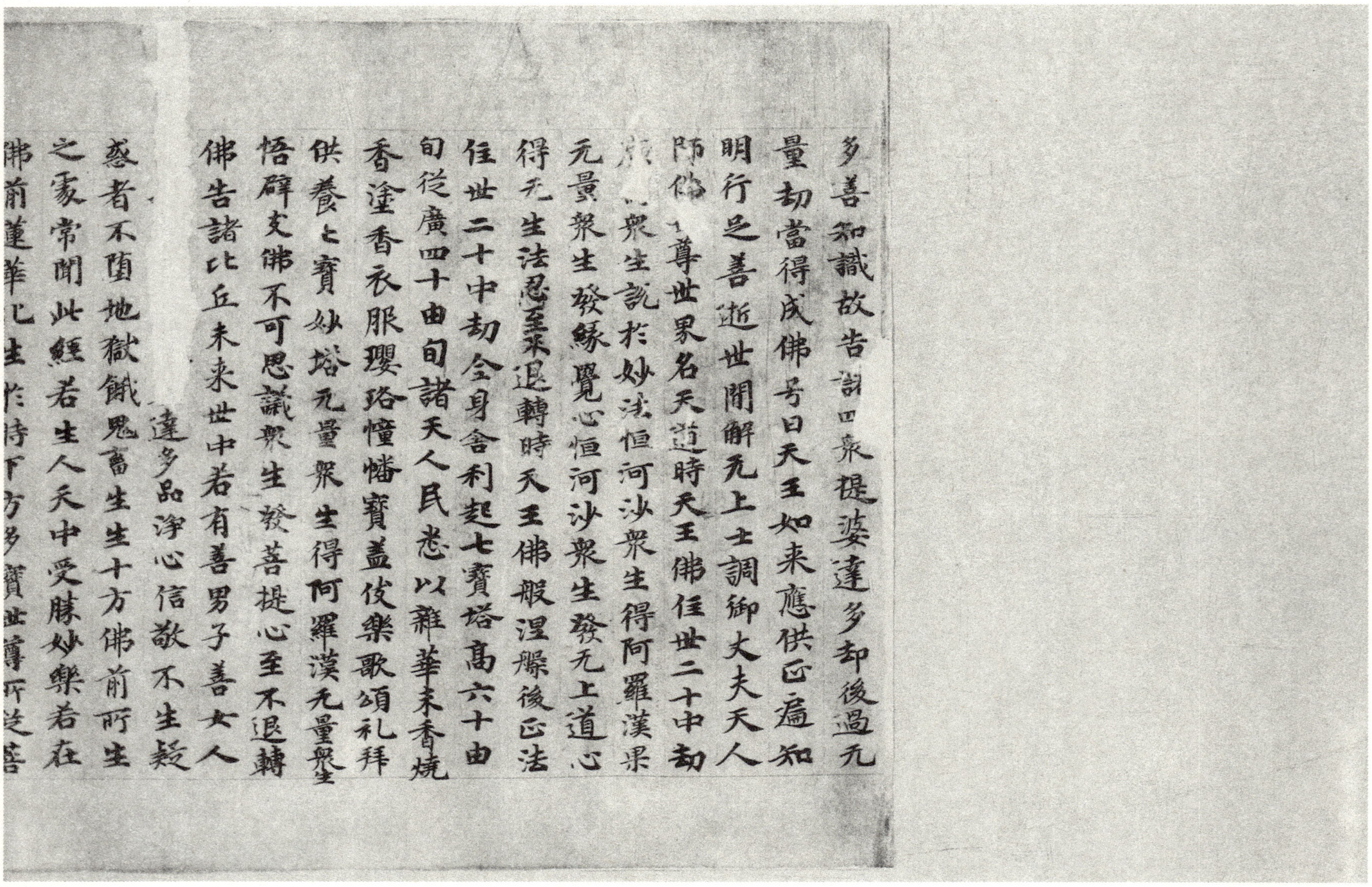

多善知識故告諸四衆提婆達多却後過无
量劫當得成佛号曰天王如来應供正遍知
明行足善逝世間解无上士調御大夫天人
師佛世尊世界名天道時天王佛住世二十中劫
廣為衆生說於妙法恒河沙衆生得阿羅漢果
无量衆生發緣覺心恒河沙衆生發无上道心
得无生法忍至不退轉時天王佛般涅槃後正法
住世二十中劫全身舍利起七寶塔高六十由
旬從廣四十由旬諸天人民悉以雜華末香燒
香塗香衣服瓔珞幢幡寶蓋伎樂歌頌礼拜
供養七寶妙塔无量衆生得阿羅漢无量衆生
悟辟支佛不可思議衆生發菩提心至不退轉
佛告諸比丘未来世中若有善男子善女人
達多品淨心信敬不生疑
惑者不墮地獄餓鬼畜生生十方佛前所生
之處常聞此經若生人天中受勝妙樂若在
佛前蓮華化生於時下方多寶世尊所從菩

BD15242 號 1　妙法蓮華經卷四　（23–1）

惑者不墮地獄餓鬼畜生生十方佛前所生
之處常聞此經若生人天中受勝妙樂若在
佛前蓮華化生於時下方多寶世尊所從菩
薩名曰智積啓多寶佛當還本土釋迦牟尼
佛告智積曰善男子且待須臾此有菩薩名
文殊師利可與相見論說妙法可還本土尒
時文殊師利坐千葉蓮華大如車輪俱來菩
薩亦坐寶華從於大海娑竭羅龍宮自然踊
出住虛空中詣靈鷲山從蓮華下至於佛所
頭面敬礼二世尊足脩敬已畢往智積所共
相慰問却坐一面智積菩薩問文殊師利仁
往龍宮所化衆生其數幾何文殊師利言其
數无量不可稱計非口所宣非心所測且待
須臾自當有證所言未竟无數菩薩坐寶蓮
華從海踊出詣靈鷲山住在虛空此諸菩薩
皆是文殊師利之所化度具菩薩行皆共論
說六波羅蜜本聲聞人在虛空中說聲聞行
今皆脩行大乘空義文殊師利謂智積曰於
海教化其事如此尒時智積菩薩以偈讚曰
大智德勇健　化度无量衆　今此諸大會　及我皆已見
演暢實相義　開闡一乘法　廣度諸群生　令速成菩提
文殊師利言我於海中唯常宣說
智積問文殊師利言此經甚深微妙諸經中
寶世所希有頗有衆生勤加精進脩行此經
速得佛不文殊師利言有娑竭羅龍王女年
始八歲智慧利根善知衆生諸根行業得陁

BD15242 號 1　妙法蓮華經卷四　（23–2）

速得佛不文殊師利言有娑竭羅龍王女年
始八歲智慧利根善知衆生諸根行業得陁
羅尼諸佛所說甚深祕藏悉能受持深入禪
定了達諸法於剎那頃發菩提心得不退轉
辯才无閡慈念衆生猶如赤子功德具足心
念口演微妙廣大慈悲仁讓志意和雅能至
菩提智積菩薩言我見釋迦如來於无量劫
難行苦行積功累德求菩薩道未曾止息觀
三千大千世界乃至无有如芥子許无非菩
薩捨身命處為衆生故然後乃得成菩提道
不信此女於須臾頃便成正覺言論未訖時龍
王女忽現於前頭面礼敬却住一面以偈讚曰
深達罪福相　遍照於十方　微妙淨法身　具相三十二
以八十種好　用莊嚴法身　天人所戴仰　龍神咸恭敬
一切衆生類　无不宗奉者　又聞成菩提　唯佛能證知
我闡大乘教　度脫苦衆生
尒時舍利弗語龍女言汝謂不久得无上道是
事難信所以者何女身垢穢非是法器云何
能得无上菩提佛道懸曠經无量劫勤苦
積行具脩諸度然後乃成又女人身猶有五
鄣一者不得作梵天王二者帝釋三者魔王四
者轉輪聖王五者佛身云何女身速得成佛
尒時龍女有一寶珠價直三千大千世界持
以上佛佛即受之龍女謂智積菩薩尊者舍
利弗言我獻寶珠世尊納受是事疾不荅言
甚疾女言以汝神力觀我成佛復速於此當

BD15242 號 1　妙法蓮華經卷四　（23–3）

以上佛佛即受之龍女謂智積菩薩尊者舍
利弗言我獻寶珠世尊納受是事疾不答言
甚疾女言以汝神力觀我成佛復速於此當
時衆會皆見龍女忽然之間變成男子具菩
薩行即往南方无垢世界坐寶蓮華成等正
覺三十二相八十種好普為十方一切衆生
演說妙法尒時娑婆世界菩薩聲聞天龍八
部人與非人皆遥見彼龍女成佛普為時會
人天說法心大歡喜悉遥敬礼无量衆生聞
法解悟得不退轉无量衆生得受道記无垢
世界六種震動娑婆世界三千衆生住不退
地三千衆生發菩提心而得授記智積菩薩
及舍利弗一切衆會默然[illegible]
尒[illegible]說菩薩摩訶
薩與二万菩薩眷[illegible]俱皆於佛前作是誓言
惟願世尊不以為慮我等於佛滅後當奉持
讀誦說此經典後惡世衆生善根轉少多增
上慢貪利供養增不善根遠離解脫雖難可
教化我等當起大忍力讀誦此經持說書寫
種種供養不惜身命尒時衆中五百阿羅漢
得受記者白佛言世尊我等亦自誓願於異
國土廣說此經復有學无學八千人得受記
者從坐而起合掌向佛作是誓言世尊我等
亦當於他國土廣說此經所以者何是娑婆
國中人多弊惡懷增上慢功德淺薄瞋濁諂

BD15242 號 1　妙法蓮華經卷四　（23–4）

亦當於他國土廣說此經所以者何是娑婆
國中人多弊惡懷增上慢功德淺薄瞋濁諂
曲心不實故尒時佛姨母摩訶波闍波提比
丘尼與學无學比丘尼六千人俱從座而起一
心合掌瞻仰尊顏目不暫捨於時世尊告憍曇
弥何故憂色而視如來汝心將无謂我不說
汝名得受阿耨多羅三藐三菩提記耶憍曇
弥我先惣說一切聲聞皆已受記今汝欲知
記者將來之世當於六万八千億諸佛法中
為大法師及六千學无學比丘尼俱為法師
汝如是漸漸具菩薩道當得作佛号一切衆
生喜見如來應供正遍知明行足善逝世間
解无上士調御丈夫天人師佛世尊憍曇弥
是一切衆生喜見佛及六千菩薩轉次授記
得阿耨多羅三藐三菩提尒時羅睺羅母耶
輸陀羅比丘尼作是念世尊於授記中獨不
說我名佛告耶輸陀羅汝於來世百万億諸
佛法中脩菩薩行為大法師漸具佛道於善
國中當得作佛号具足千万光相如來應供
正遍知明行足善逝世間解无上士調御丈
夫天人師佛世尊佛壽无量阿僧祇劫尒時
摩訶波闍波提比丘尼及耶輸陀羅比丘尼并
其眷屬皆大歡喜得未曾有即於佛前而說偈言
世尊導師　安隱天人　我等聞記　心安具足
諸比丘尼說是偈已白佛言世尊我等亦能
於他方國土廣宣此經

BD15242 號 1　妙法蓮華經卷四　（23–5）

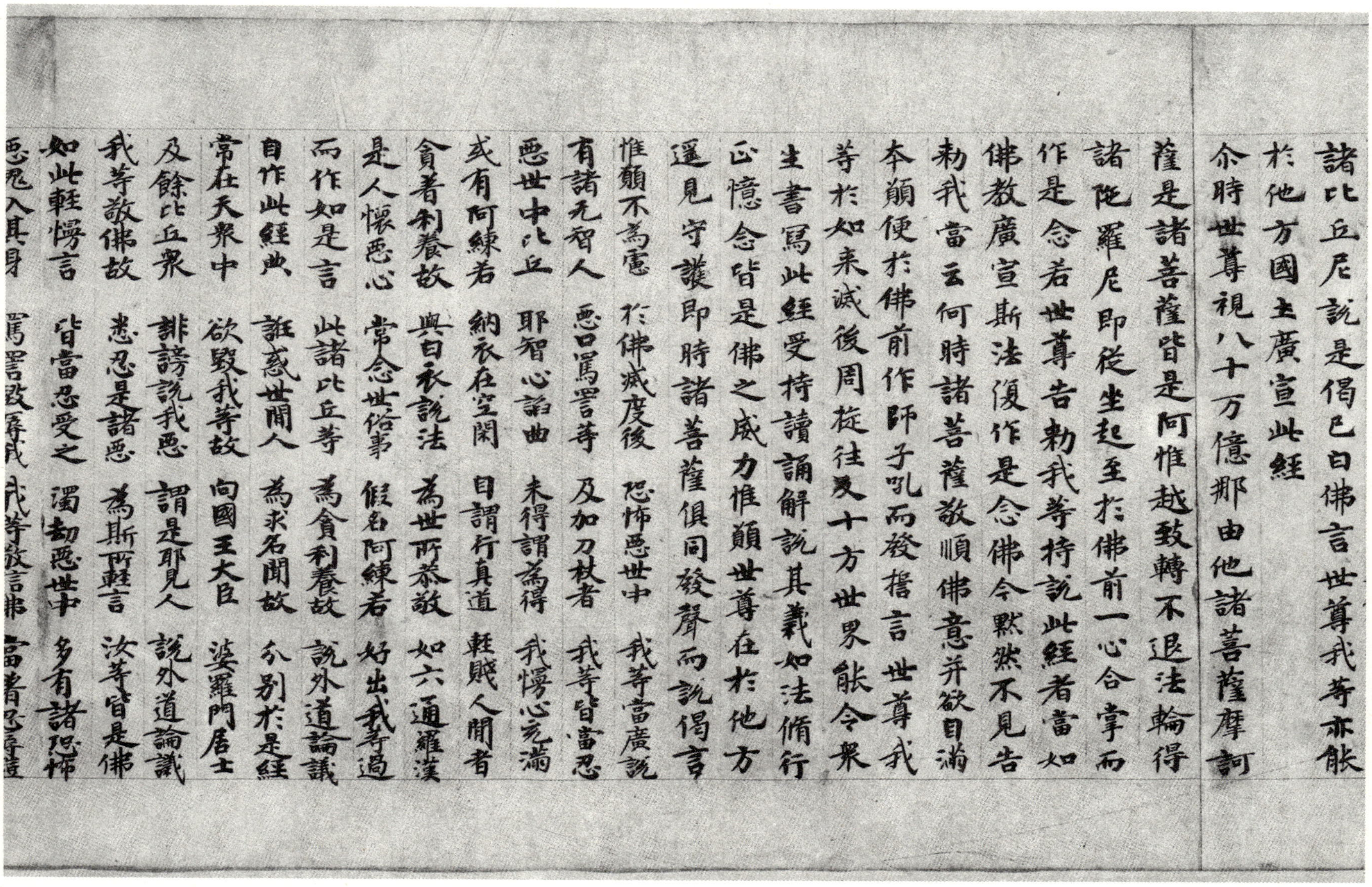
諸比丘尼說是偈已白佛言世尊我等亦能
於他方國土廣宣此經
尒時世尊視八十万億那由他諸菩薩摩訶
薩是諸菩薩皆是阿惟越致轉不退法輪得
諸陁羅尼即從坐起至於佛前一心合掌而
作是念若世尊告勑我等持說此經者當如
佛教廣宣斯法復作是念佛今默然不見告
勑我當云何時諸菩薩敬順佛意并欲自滿
本願便於佛前作師子吼而發誓言世尊我
等於如來滅後周旋往返十方世界能令衆
生書寫此經受持讀誦解說其義如法脩行
正憶念皆是佛之威力唯願世尊在於他方
遥見守護即時諸菩薩俱同發聲而說偈言
唯願不為慮　於佛滅度後　恐怖惡世中　我等當廣說
有諸无智人　惡口罵詈等　及加刀杖者　我等皆當忍
惡世中比丘　耶智心諂曲　未得謂為得　我慢心充滿
或有阿練若　納衣在空閑　自謂行真道　輕賤人間者
貪著利養故　與白衣說法　為世所恭敬　如六通羅漢
是人懷惡心　常念世俗事　假名阿練若　好出我等過
而作如是言　此諸比丘等　為貪利養故　說外道論議
自作此經典　誑惑世間人　為求名聞故　分別於是經
常在大衆中　欲毀我等故　向國王大臣　婆羅門居士
及餘比丘衆　誹謗說我惡　謂是耶見人　說外道論議
我等敬佛故　悉忍是諸惡　為斯所輕言　汝等皆是佛
如此輕慢言　皆當忍受之　濁劫惡世中　多有諸恐怖
惡鬼入其身　罵詈毀辱我　我等敬信佛　當著忍辱鎧

BD15242 號 1　妙法蓮華經卷四　（23–6）

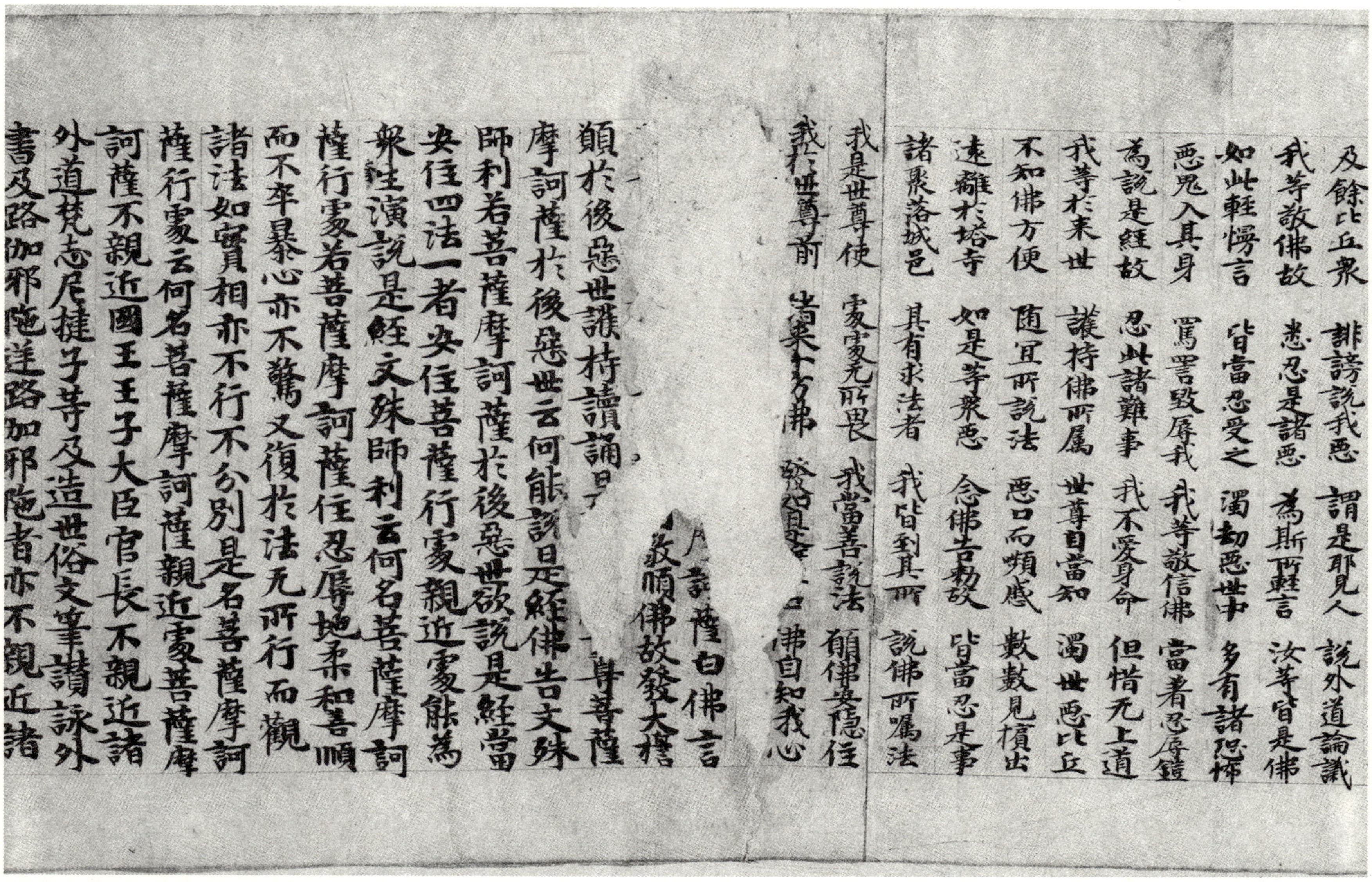
及餘比丘衆　誹謗說我惡　謂是耶見人　說外道論議
我等敬佛故　悉忍是諸惡　為斯所輕言　汝等皆是佛
如此輕慢言　皆當忍受之　濁劫惡世中　多有諸恐怖
惡鬼入其身　罵詈毀辱我　我等敬信佛　當著忍辱鎧
為說是經故　忍此諸難事　我不愛身命　但惜无上道
我等於來世　護持佛所屬　世尊自當知　濁世惡比丘
不知佛方便　随宜所說法　惡口而顰蹙　數數見擯出
遠離於塔寺　如是等衆惡　念佛告勑故　皆當忍是事
諸聚落城邑　其有求法者　我皆到其所　說佛所囑法
我是世尊使　處衆无所畏　我當善說法　願佛安隱住
我於世尊前　諸來十方佛　發如是誓言　佛自知我心
[illegible]訶薩白佛言
[illegible]敬順佛故發大誓
願於後惡世護持讀誦[illegible]尊菩薩
摩訶薩於後惡世云何能說是經佛告文殊
師利若菩薩摩訶薩於後惡世欲說是經當
安住四法一者安住菩薩行處親近處能為
衆生演說是經文殊師利云何名菩薩摩訶
薩行處若菩薩摩訶薩住忍辱地柔和善順
而不卒暴心亦不驚又復於法无所行而觀
諸法如實相亦不行不分別是名菩薩摩訶
薩行處云何名菩薩摩訶薩親近處菩薩摩
訶薩不親近國王王子大臣官長不親近諸
外道梵志尼揵子等及造世俗文筆讃詠外
書及路伽耶陁逆路伽耶陁者亦不親近諸

BD15242 號 1　妙法蓮華經卷四　（23–7）

訶薩不親近國王王子大臣官長不親近諸
外道梵志尼揵子等及造世俗文筆讃詠外
書及路伽耶陁逆路伽耶陁者亦不親近諸
有凶戲相扠相撲及那羅等種種變現之戲
又不親近旃陁羅及畜猪羊雞狗田獵魚捕
諸惡律儀如是人等或時來者則為說法无
所悕望又不親近求聲聞比丘比丘尼優婆
塞優婆夷亦不問訊若於房中[illegible]處若
在講堂中不共住止或時來[illegible]
所悕求文殊師利又菩薩摩訶[illegible]女
人身取能生欲想相而為說法亦不樂見若
入他家不與小女處女寡女等共語亦復不
近五種不男之人以為親厚不獨入他家若
有因緣須獨入時但一心念佛若為女人說
法不露齒咲不現匈臆乃至為法猶不親厚
況復餘事不樂畜年少弟子沙弥小兒亦不
樂與同師常好坐禪在於閑處脩攝其心文
殊師利是名初親近處復次菩薩摩訶薩觀
一切法空如實相不顛倒不動不退不轉如
虛空无所有性一切語言道斷不生不出不
起无名无相實无所有无量无邊无礙无鄣
但以因緣有從顛倒生故說常樂觀如是法
相是名菩薩摩訶薩第二親近處尒時世尊
欲重宣此義而說偈言
若有菩薩　於後惡世　无怖畏心　欲說是經
應入行處　及親近處　常離國王　及國王子

BD15242號2　妙法蓮華經卷五　（23–8）

欲重宣此義而說偈言
若有菩薩　於後惡世　无怖畏心　欲說是經
應入行處　及親近處　常離國王　及國王子
大臣官長　凶險戲者　及旃陁羅　外道梵志
亦不親近　增上慢人　貪著小乘　三藏學者
破戒比丘　名字羅漢　及比丘尼　好戲咲者
深著五欲　求現滅度　諸優婆夷　皆勿親近
若是人等　以好心來　到菩薩所　為聞佛道
菩薩則以　无所畏心　不懷悕望　而為說法
寡女處女　及諸不男　皆勿親近　以為親厚
亦莫親近　屠兒魁膾　田獵魚捕　為利殺害
販肉自活　衒賣女色　如是之人　皆勿親近
凶險相撲　種種嬉戲　諸婬女等　盡勿親近
莫獨屏處　為女說法　若說法時　无得戲咲
入里乞食　將一比丘　若无比丘　一心念佛
是則名為　行處近處　以此二處　能安樂說
又復不行　上中下法　有為无為　實不實法
亦不分別　是男是女　不得諸法　不知不見
是則名為　菩薩行處
一切諸法　空无所有　无有常住　亦无起滅
是名智者　所親近處
顛倒分別　諸法有无　是實非實　是生非生
在於閑處　脩攝其心　安住不動　如須弥頂
觀一切法　皆无所有　猶如虛空　无有堅固
不生不出　不動不退　常住一相　是名近處
若有比丘　於我滅後　入是行處　及親近處

BD15242號2　妙法蓮華經卷五　（23–9）

觀一切法　皆无所有　猶如虛空　无有堅固
不生不出　不動不退　常住一相　是名近處
若有比丘　於我滅後　入是行處　及親近處
說斯經時　无有怯弱
菩薩有時　入於靜室　以正憶念　隨義觀法
從禪定起　為諸國王　王子臣民　婆羅門等
開化演暢　說斯經典　其心安隱　无有怯弱
文殊師利是名[illegible]後世說
又[illegible]中欲說是經
應住安樂行若口宣說若讀經時不樂說人
及經典過亦不輕慢諸餘法師不說他人好
惡長短於聲聞人亦不稱名說其過惡亦不
稱名讚嘆其美又亦不生怨嫌之心善脩如
是安樂心故諸有聽者不逆其意有所難問
不以小乘法荅但以大乘而為解說令得一
切種智尒時世尊欲重宣此義而說偈言
菩薩常樂　安隱說法　於清淨地　而施牀坐
以油塗身　澡浴塵穢　著新淨衣　內外俱淨
安處法坐　隨問為說
若有比丘　及比丘尼　諸優婆塞　及優婆夷
國王王子　群臣士民　以微妙義　和顏為說
若有難問　隨義而荅　因緣譬喻　敷演分別
以是方便　皆使發心　漸漸增益　入於佛道
除懶惰意　及懈怠想　離諸憂惱　慈心說法
晝夜常說　无上道教　以諸因緣　无量譬喻

BD15242 號 2　妙法蓮華經卷五　（23–10）

以是方便　皆使發心　漸漸增益　入於佛道
除懶惰意　及懈怠想　離諸憂惱　慈心說法
晝夜常說　无上道教　以諸因緣　无量譬喻
開示眾生　咸令歡喜
衣服卧具　飲食醫藥　而於其中　无所悕望
但一心念　說法因緣　願成佛道　令眾亦尒
是則大利　安樂供養
我滅度後　若有比丘　能演說[illegible]
心无嫉恚　諸惱鄣礙　亦无憂愁[illegible]
又无怖畏　加刀杖等　亦无擯出　安住忍故
智者如是　善修其心　能住安樂　如我上說
其人功德　千億萬劫　筭數譬喻　說不能盡
又文殊師利菩薩摩訶薩於後末世法欲滅
時受持讀誦斯經典者无懷嫉妬諂誑之心
亦勿輕罵學佛道者求其長短若比丘比丘
尼優婆塞優婆夷求聲聞者求辟支佛者求
菩薩道者无得惱之令其疑悔語其人言汝
等去道甚遠[illegible]
汝是放逸之[illegible]
諸法有所諍競當於一切眾生起大悲想於
諸如來起慈父想於諸菩薩起大師想於十
方諸大菩薩常應深心恭敬禮拜於一切眾
生平等說法以順法故不多不少乃至深愛
法者亦不為多說文殊師利是菩薩摩訶薩
於後末世法欲滅時有成就是第三安樂行
者說是法時无能惱亂得好同學共讀誦是

BD15242 號 2　妙法蓮華經卷五　（23–11）

法者亦不為多説文殊師利是菩薩摩訶薩
於後末世法欲滅時有成就是第三安樂行
者説是法時无能惱亂得好同學共讀誦是
經亦得大衆而來聽受聽已能持持已能誦
誦已能説説已能書若使人書供養經卷恭
敬尊重讚嘆尒時世尊欲重宣此義而説偈
言
若欲説是經　當捨嫉恚慢　諂誑邪偽心　常脩質直行
不輕蔑於人　亦不戲論法　不令他疑悔　云汝不得佛
是佛子説法　常柔和能忍　慈悲於一切　不生懈怠心
十方大菩薩　愍衆故行道　應生恭敬心　是則我大師
於諸佛世尊　生无上父想　破於憍慢心　説法无鄣礙
第三法如是　智者應守護　一心安樂行　无量衆所敬
又文殊師利菩薩摩訶薩於後末世法欲滅
時[illegible]在家出家人中生大
慈心於非菩薩人中生大悲心應作是念如
是之人則為大失如來方便隨宜説法不聞
不知不覺不問不信不解其人雖不問不信
不解是經我得阿耨多羅三藐三菩提時隨
在何地以神通力智慧力引之令得住是法
中文殊師利是菩薩摩訶薩於如來滅後有
成就此第四法者説是法時[illegible]
比丘比丘尼優婆塞優[illegible]
人民婆羅門居士等供養恭敬尊重讚歎虛
空諸天為聽法故亦常隨侍若在聚落城邑
空閑林中有人來欲難問者諸天晝夜常為

人民婆羅門居士等供養恭敬尊重讚歎虛
空諸天為聽法故亦常隨侍若在聚落城邑
空閑林中有人來欲難問者諸天晝夜常為
法故而衛護之能令聽者皆得歡喜所以者
何此經是一切過[illegible]現在諸佛神力所
護故文殊師利是[illegible]无量國中乃至
名字不可得聞何況得見受持讀誦文殊師
利譬如强力轉輪聖王欲以威勢降伏諸國
而諸小王不順其命時轉輪王起種種兵而
往討罰王見兵衆戰有功者即大歡喜隨功
賞賜或與田宅聚落城邑或與衣服嚴身之
具或與種種珍寶金銀琉璃車𤦲馬瑙珊瑚
虎珀象馬車乘奴婢人民唯髻中明珠不以
與之所以者何獨王頂上有此一珠若以與之
王諸眷屬必大驚怪文殊師利如來亦復
如是以禪定智慧力得法國土王於三界而
諸魔王不肯順伏如來賢聖諸將與之共戰
其有功者心亦歡喜於四衆中為説諸經令
其心悦賜以禪定解脱无漏根力諸法之財
又復賜與涅槃之城言得滅度引導其心令
皆歡喜而不為説[illegible]文殊師利如轉
輪王見諸兵衆有大功者心甚歡喜以此難
信之珠久在髻中不妄與人而今與之如來
亦復如是於三界中為大法王以法教化一
切衆生見賢聖軍與五陰魔煩惱魔死魔共
戰有大功勳滅[illegible]破魔網尒時如

信之珠久在髻中不妄與人而今與之如來
亦復如是於三界中為大法王以法教化一
切衆生見賢聖軍與五陰魔煩惱魔死魔共
戰有大功勳滅[illegible]破魔網尒時如
來亦大歡喜[illegible]令衆生至一切智
一切世間多怨難信先所未說而今說之文
殊師利[illegible]是諸如來第一之說於諸
說中最為甚深末後賜與如彼強力之王久
護明珠今乃與之文殊師利[illegible]諸佛
如來祕密之藏於諸經中最在其上長夜守
護不妄宣說始於今日乃與汝等而敷演之
尒時世尊欲重宣此義而說偈言
常行忍辱 哀愍一切 乃能演說 佛所讚經
後末世時 持此經者 於家出家 及非菩薩
應生慈悲 斯等不聞 不信是經 則為大失
我得佛道 以諸方便 為說此法 令住其中
譬如強力 轉輪之王 兵戰有功 賞賜諸物
象馬車乘 嚴身之具 及諸田宅 聚落城邑
或與衣服 種種珍寶 奴婢財物 歡喜賜與
如有勇健 能為難事 王解髻中 明珠與之
如來亦尒 為諸法王 忍辱大力 智慧寶藏
以大慈悲 如法化世 見一切人 受諸苦惱
欲求解脫 與諸魔戰 為是衆生 說種種法
以大方便 說此諸經 既知衆生 得其力已
末後乃為 說[illegible] [illegible]髻 明珠與人
此經為尊 衆經中上 我常守護 不妄開示

末後乃為 說[illegible] [illegible]髻 明珠與人
此經為尊 衆經中上 我常守護 不妄開示
今正是時 為汝等說
我滅度後 求佛道者 欲得安隱 演說斯經
應當親近 如是四法 讀是經者 常无憂惱
又无病痛 顏色鮮白 不生貧窮 卑賤醜陋
衆生樂見 如慕賢聖 天諸童子 以為給使
刀杖不加 毒不能害 若人惡罵 口則閉塞
遊行无畏 如師子王 智慧光明 如日之照
若於夢中 但見妙事 見諸如來 坐師子座
諸比丘衆 圍繞說法 又見龍神 阿脩羅等
數如恒沙 恭敬合掌 自見其身 而為說法
又見諸佛 身相金色 放无量光 照於一切
以梵音聲 演說諸法 佛為四衆 說无上法
見身處中 合掌讚佛 聞法歡喜 而為供養
得陁羅尼 證不退智 佛知其心 深入佛道
即為授記 成最正覺 汝善男子 當於來世
得无量智 佛之大道 國土嚴淨 廣大无比
亦有四衆 合掌聽法 又見自身 在山林中
脩習善法 證諸實相 深入禪定 見十方佛
諸佛身金色 百福相莊嚴 聞法為人說 常有是好夢
又夢作國王 捨宮殿眷屬 及上妙五欲 行詣於道場
在菩提樹下 而處師子座 求道過七日 得諸佛之智
成无上道已 起而轉法輪 為四衆說法 經千萬億劫
說[illegible] [illegible]无量衆生 後當入涅槃 如烟盡燈滅

在菩提樹下 而處師子座 求道過七日 得諸佛之智
成无上道已 起而轉法輪 為四衆說法 逕千萬億劫
說无[illegible]量衆生 後當入涅槃 如烟盡燈滅
[illegible]一法 是人得大利 如上諸功德
尒時他方國土諸來菩薩摩訶薩過八恒河
沙數於大衆中起合掌作礼而白佛言世尊
若聽我等於佛滅後在此娑婆世界勤加精
進護持讀誦書寫供養是經典者當於此土
而廣說之尒時佛告諸菩薩摩訶薩衆止善
男子不須汝等護持此經所以者何我娑婆
世界自有六萬恒河沙等菩薩摩訶薩一一
菩薩各有六萬恒河沙眷屬是諸人等能於
我滅後護持讀誦廣說此經佛說是時娑婆
世界三千大千國土地皆震裂而於其中有
无量千萬億菩薩摩訶薩同時踊出是諸菩
薩身皆金色三十二相无量光明先盡在此
娑婆世界之下此界虛空中住是諸菩薩聞
釋迦牟尼佛所說音聲從下發来一一菩薩
皆是大衆唱導之首各將六萬恒河沙眷屬
況將五萬四萬三萬二萬一萬恒河沙等眷
屬者況復乃至一恒河沙半恒河沙四分之
一乃至千萬億那由他分之一況復千萬億
那由他眷屬況復億萬眷屬況復千萬百萬
乃至一萬況復一千一百乃至一十況復將
五四三二一弟子者況復單己樂遠離行如

乃至一萬況復一千一百乃至一十況復將
五四三二一弟子者況復單己樂遠離行如
是等比无量无邊筭數譬喻所不能知是諸
菩薩從地出已各詣虛空七寶妙塔多寶如
来釋迦牟尼佛所到已向二世尊頭面礼足
及至諸寶樹下師子座上佛所亦皆作礼右
繞三帀合掌恭敬以諸菩薩種種讚法而以
讚嘆住在一面欣樂瞻仰於二世尊是諸菩
薩摩訶薩從初踊出以諸菩薩種種讚法而
讚於佛如是時間逕五十小劫是時釋迦牟
尼佛嘿然而坐及諸四衆亦皆嘿然五十小
劫佛神力故令諸大衆謂如半日尒時四衆
亦以佛神力故見諸菩薩遍滿无量百千萬
億國土虛空是菩薩衆中有四導師一名上
行二名无邊行三名淨行四名安立行是四
菩薩於其衆中冣為上首唱導之師在大衆
前各共合掌觀釋迦牟尼佛而問訊言世尊
少病少惱安樂行不所應度者受教易不不
令世尊生疲勞邪尒時四大菩薩而說偈
言
世尊安樂 少病少惱 教化衆生 得无疲倦
又諸衆生 受化易不 不令世尊 生疲勞邪
尒時世尊於諸菩薩大衆中而作是言如是
如是諸善男子如来安樂少病少惱諸衆生
等易可化度无有勞疲所以者何是諸衆生
世世已来常受我化亦於過去諸佛供養尊

等易可化度无有勞疲所以者何是諸衆生
世世已来常受我化亦於過去諸佛供養尊
重種諸善根此諸衆生始見我身聞我所說
即皆信受入如来慧除先脩習學小乘者如
是之人我今亦令得聞此經入於佛慧尒時
諸大菩薩而說偈言
善哉善哉　大雄世尊　諸衆生等　易可化度
能問諸佛　甚深智慧　聞已信行　我等隨喜
於時世尊讚歎上首諸大菩薩善哉善哉善
男子汝等能於如来發隨喜心尒時弥勒菩
薩及八千恒河沙諸菩薩衆皆作是念我等
從昔已来不見不聞如是大菩薩摩訶薩衆
從地踊出住世尊前合掌供養問訊如来時
弥勒菩薩摩訶薩知八千恒河沙諸菩薩等
心之所念并欲自決所疑合掌向佛以偈問
曰
无量千萬億　大衆諸菩薩　昔所未曾見　願兩足尊說
是從何所来　以何因緣集　巨身大神通　智慧叵思議
其志念堅固　有大忍辱力　衆生所樂見　為從何所来
一一諸菩薩　所將諸眷屬　其數无有量　如恒沙等
或有大菩薩　將六萬恒沙　如是諸大衆　一心求佛道
是諸大師等　六萬恒河沙　俱来供養佛　及護持是經
將五萬恒沙　其數過於是　四萬及三萬　二萬至一萬
一千一百等　乃至一恒沙　半及三四分　億萬分之一
千萬那由他　萬億諸弟子　乃至於半億　其數復過上
百萬至一萬　一千及一百　五十與一十　乃至三二一

BD15242 號 2　妙法蓮華經卷五　（23–18）

一千一百等　乃至一恒沙　半及三四分　億萬分之一
千萬那由他　萬億諸弟子　乃至於半億　其數復過上
百萬至一萬　一千及一百　五十與一十　乃至三二一
單己无眷屬　樂於獨處者　俱来至佛所　其數轉過上
如是諸大衆　若人行籌數　過於恒沙劫　猶不能盡知
是諸大威德　精進菩薩衆　誰為其說法　教化而成就
從誰初發心　稱揚何佛法　受持行誰經　脩習何佛道
如是諸菩薩　神通大智力　四方地震裂　皆從中踊出
世尊我昔来　未曾見是事　願說其所從　國土之名号
我常遊諸國　未曾見是衆
我於此衆中　乃不諸一人　忽然從地出　願說其因緣
今此之大會　无量百千億　是諸菩薩等　皆欲知此事
是諸菩薩衆　本末之因緣　无量德世尊　唯願決衆疑
尒時釋迦牟尼分身諸佛從无量千萬億他
方國土来者在於八方諸寶樹下師子座上
結跏趺坐其佛侍者各各見是菩薩大衆於
三千大千世界四方從地踊出住於虛空各
白其佛言世尊此諸无量无邊阿僧祇菩薩
大衆從何所来尒時諸佛各告侍者諸善男
子且待須臾有菩薩摩訶薩名曰弥勒釋迦
牟尼佛之所受記次後作佛已問斯事佛今
荅之汝等自當因是得聞尒時釋迦牟尼佛
告弥勒菩薩善哉善哉阿逸多乃能問佛如
是大事汝等當共一心被精進鎧發堅固意
如来今欲顯發宣示諸佛智慧諸佛自在神
通之力諸佛師子奮迅之力諸佛威猛大勢力

BD15242 號 2　妙法蓮華經卷五　（23–19）

是大事汝等當共一心被精進鎧發堅固意
如来今欲顯發宣示諸佛智慧諸佛自在神
通之力諸佛師子奮迅之力諸佛威猛大勢
之力尒時世尊欲重宣此義而說偈言
當精進一心 我欲說此事 勿得有疑悔 佛智叵思議
汝今出信力 住於忍善中 昔所未聞法 今皆當得聞
我今安慰汝 勿得懷疑懼 佛无不實語 智慧不可量
所得第一法 甚深叵分別 如是今當說 汝等一心聽
尒時世尊說此偈已告弥勒菩薩我今於此
大衆宣告汝等阿逸多是諸大菩薩摩訶薩
无量无數阿僧祇從地踊出汝等昔所未見
者我於是娑婆世界得阿耨多羅三藐三菩
提已教化示導是諸菩薩調伏其心令發道
意此諸菩薩皆於是娑婆世界之下此界虛
空中住於諸經典讀誦通利思惟分別正憶
念阿逸多是諸善男子等不樂在衆多有所
說常樂靜處勤行精進未曾休息亦不依止
人天而住常樂深智无有鄣礙亦常樂於諸
佛之法一心精進求无上慧尒時世尊欲重
宣此義而說偈言
阿逸汝當知 是諸大菩薩 從无數劫来 脩習佛智慧
悉是我所化 令發大道心 此等是我子 依止是世界
常行頭陀事 志樂於靜處 捨大衆憒鬧 不樂多所說
如是諸子等 學習我道法 晝夜常精進 為求佛道故
在娑婆世界 下方空中住
志念力堅固 常勤求智慧 說種種妙法 其心无所畏

BD15242號2　妙法蓮華經卷五　（23-20）

如是諸子等 學習我道法 晝夜常精進 為求佛道故
在娑婆世界 下方空中住
志念力堅固 常勤求智慧 說種種妙法 其心无所畏
我於伽耶城 菩提樹下坐 得成最正覺 轉无上法輪
尒乃教化之 令初發道心 今皆住不退 悉當得成佛
我今說實語 汝等一心信 我從久遠来 教化是等衆
尒時弥勒菩薩摩訶薩及无數諸菩薩等心
生疑惑怪未曾有而作是念云何世尊於少
時間教化如是无量无邊阿僧祇諸大菩薩
令住阿耨多羅三藐三菩提即白佛言世尊
如来為太子時出於釋宮去伽耶城不遠坐
於道場得成阿耨多羅三藐三菩提從是以
来始過卌餘年世尊云何於此少時大作佛
事以佛勢力以佛功德教化如是无量大菩
薩衆當成阿耨多羅三藐三菩提世尊此大
菩薩衆假使有人於千萬億劫數不能盡不
得其邊斯等久遠以来於无量无邊諸佛所
殖諸善根成就菩薩道常脩梵行世尊如此
之事世所難信譬如有人色美髮黑年二十
五指百歲人言是我子其百歲人亦指年少
言是我父生育我等是事難信佛亦如是得
道以来其實未久而此大衆諸菩薩等已於
无量千萬億劫為佛道故勤行精進善入出
住无量百千萬億三昧得大神通久脩梵行
善能次第習諸善法巧於問荅人中之寶一
切世間甚為希有今日世尊方云得佛道時

BD15242號2　妙法蓮華經卷五　（23-21）

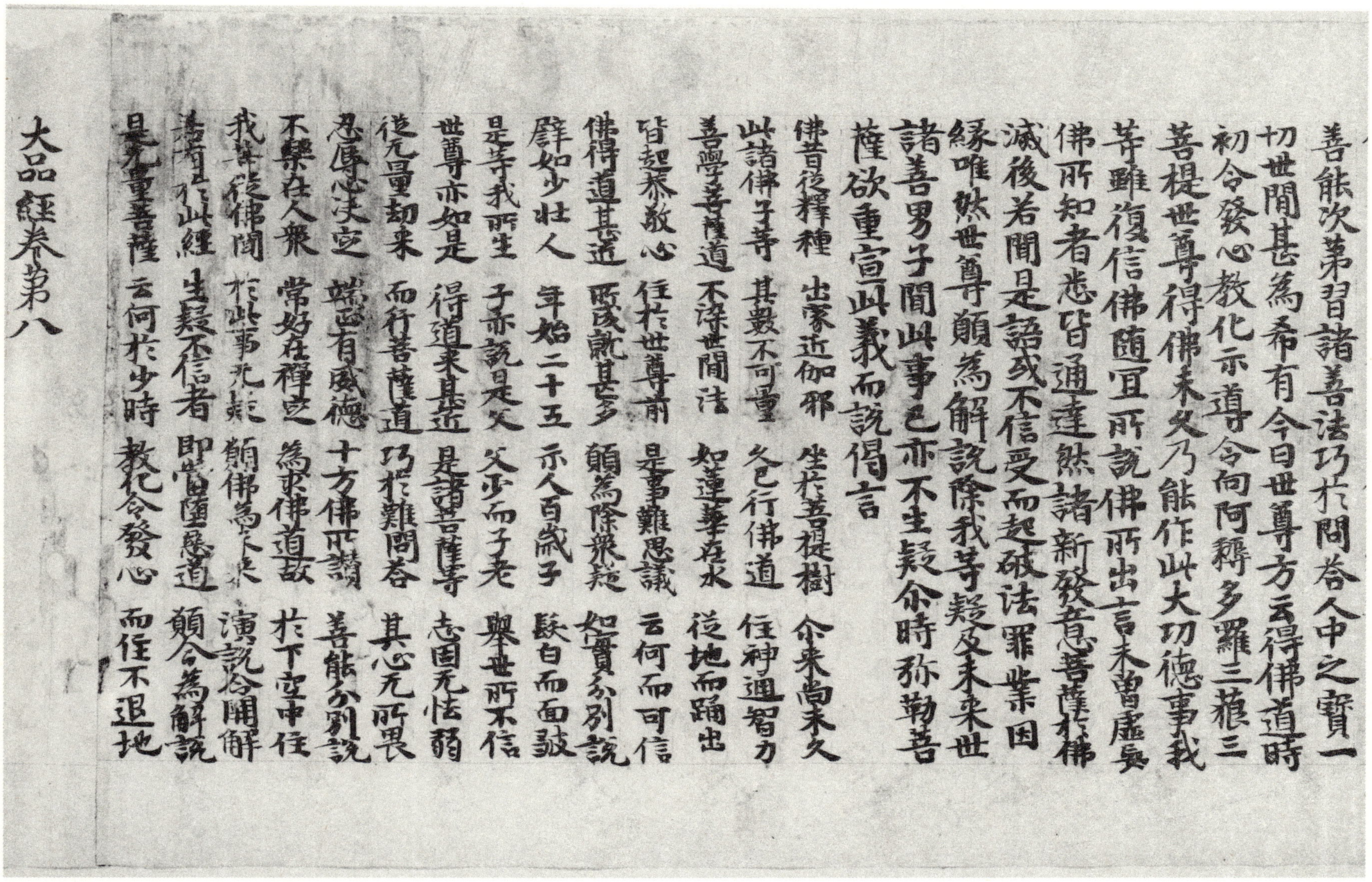

善能次第習諸善法巧於問答人中之寶一
切世間甚為希有今日世尊方云得佛道時
初令發心教化示導令向阿耨多羅三藐三
菩提世尊得佛未久乃能作此大功德事我
等雖復信佛隨宜所說佛所出言未曾虛妄
佛所知者皆悉通達然諸新發意菩薩於佛
滅後若聞是語或不信受而起破法罪業因
緣唯然世尊願為解說除我等疑及未来世
諸善男子聞此事已亦不生疑尒時彌勒菩
薩欲重宣此義而說偈言
佛昔從釋種　出家近伽耶　坐於菩提樹　尒来尚未久
此諸佛子等　其數不可量　久已行佛道　住神通智力
善學菩薩道　不染世間法　如蓮華在水　從地而踊出
皆起恭敬心　住於世尊前　是事難思議　云何而可信
佛得道甚近　所成就甚多　願為除衆疑　如實分別說
譬如少壯人　年始二十五　示人百歲子　髮白而面皺
是等我所生　子亦說是父　父少而子老　舉世所不信
世尊亦如是　得道来甚近　是諸菩薩等　志固无怯弱
從无量劫来　而行菩薩道　巧於難問答　其心无所畏
忍辱心決定　端正有威德　十方佛所讚　善能分別說
不樂在人衆　常好在禪定　為求佛道故　於下空中住
我等從佛聞　於此事无疑　願佛為未来　演說令開解
若有於此經　生疑不信者　即當墮惡道　願今為解說
是无量菩薩　云何於少時　教化令發心　而住不退地
大品經卷第八

BD15242 號 2　妙法蓮華經卷五　（23–22）

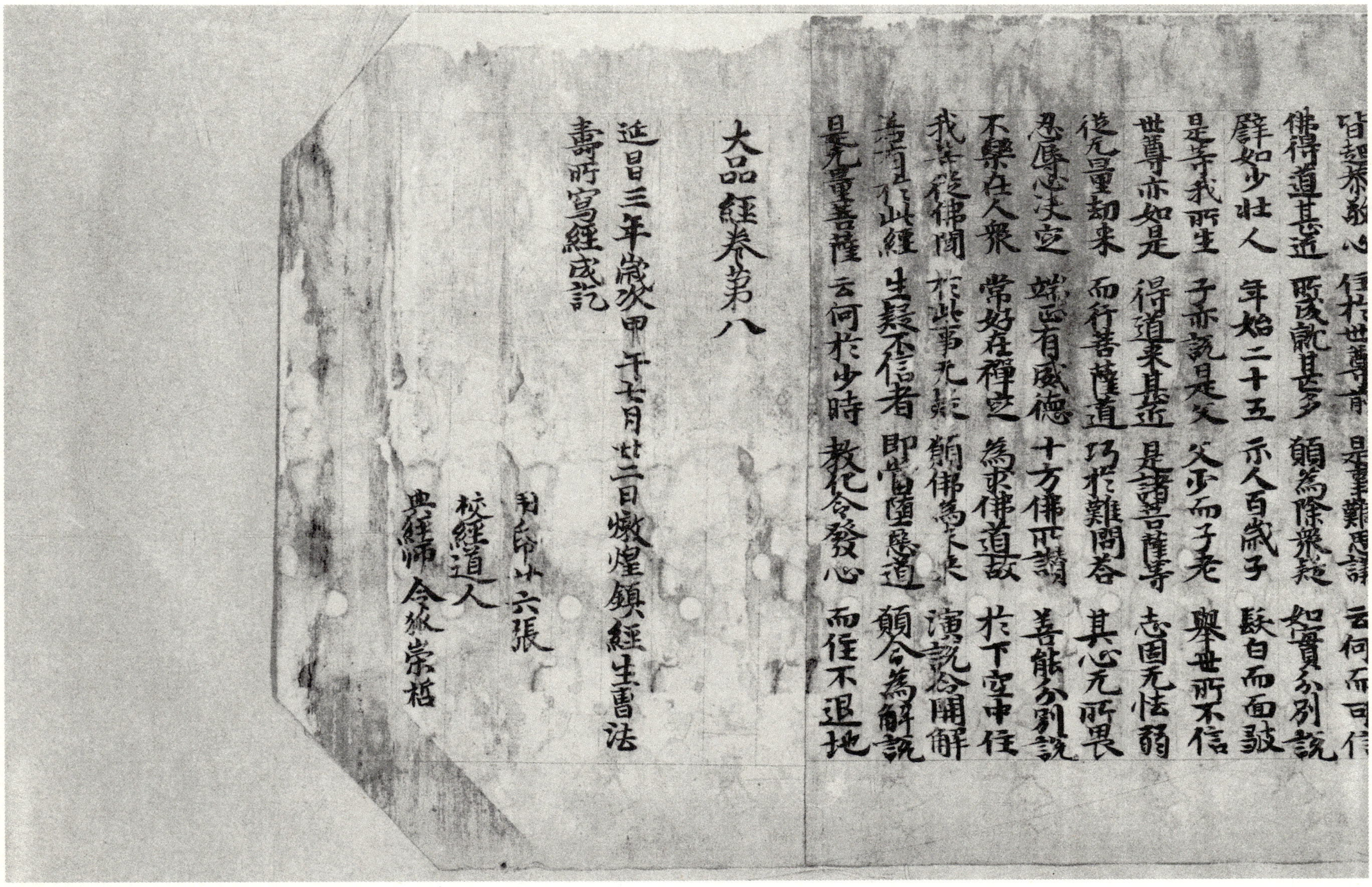

皆起恭敬心　住於世尊前　是事難思議　云何而可信
佛得道甚近　所成就甚多　願為除衆疑　如實分別說
譬如少壯人　年始二十五　示人百歲子　髮白而面皺
是等我所生　子亦說是父　父少而子老　舉世所不信
世尊亦如是　得道来甚近　是諸菩薩等　志固无怯弱
從无量劫来　而行菩薩道　巧於難問答　其心无所畏
忍辱心決定　端正有威德　十方佛所讚　善能分別說
不樂在人衆　常好在禪定　為求佛道故　於下空中住
我等從佛聞　於此事无疑　願佛為未来　演說令開解
若有於此經　生疑不信者　即當墮惡道　願今為解說
是无量菩薩　云何於少時　教化令發心　而住不退地
大品經卷第八
延昌三年歲次甲午七月廿二日敦煌鎮經生曹法
壽所寫經成訖
用紙廿六張
校經道人
典經帥令狐崇哲

BD15242 號 2　妙法蓮華經卷五　（23–23）

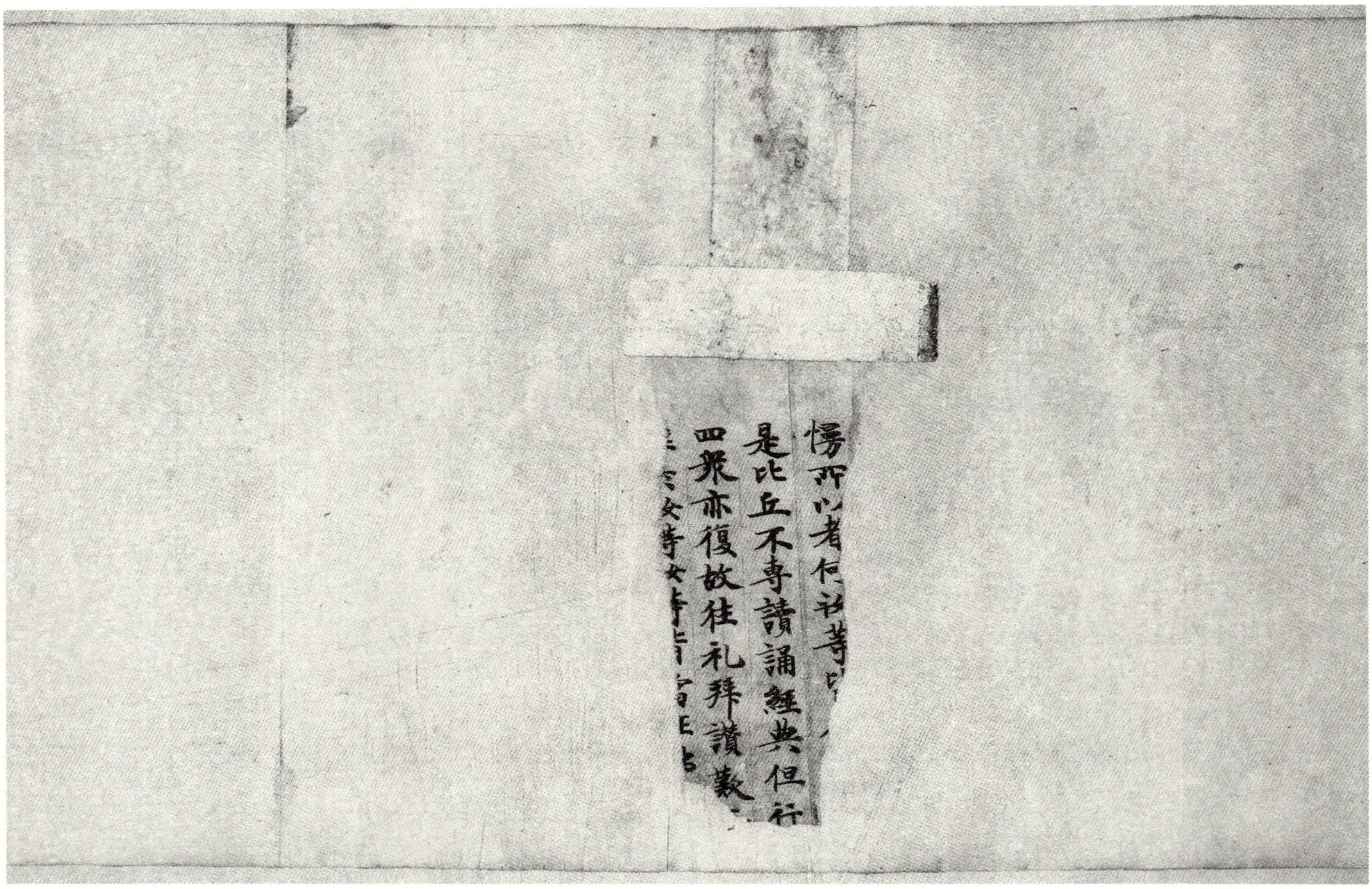

BD15242 號背 1　妙法蓮華經卷六　　　　（7–1）

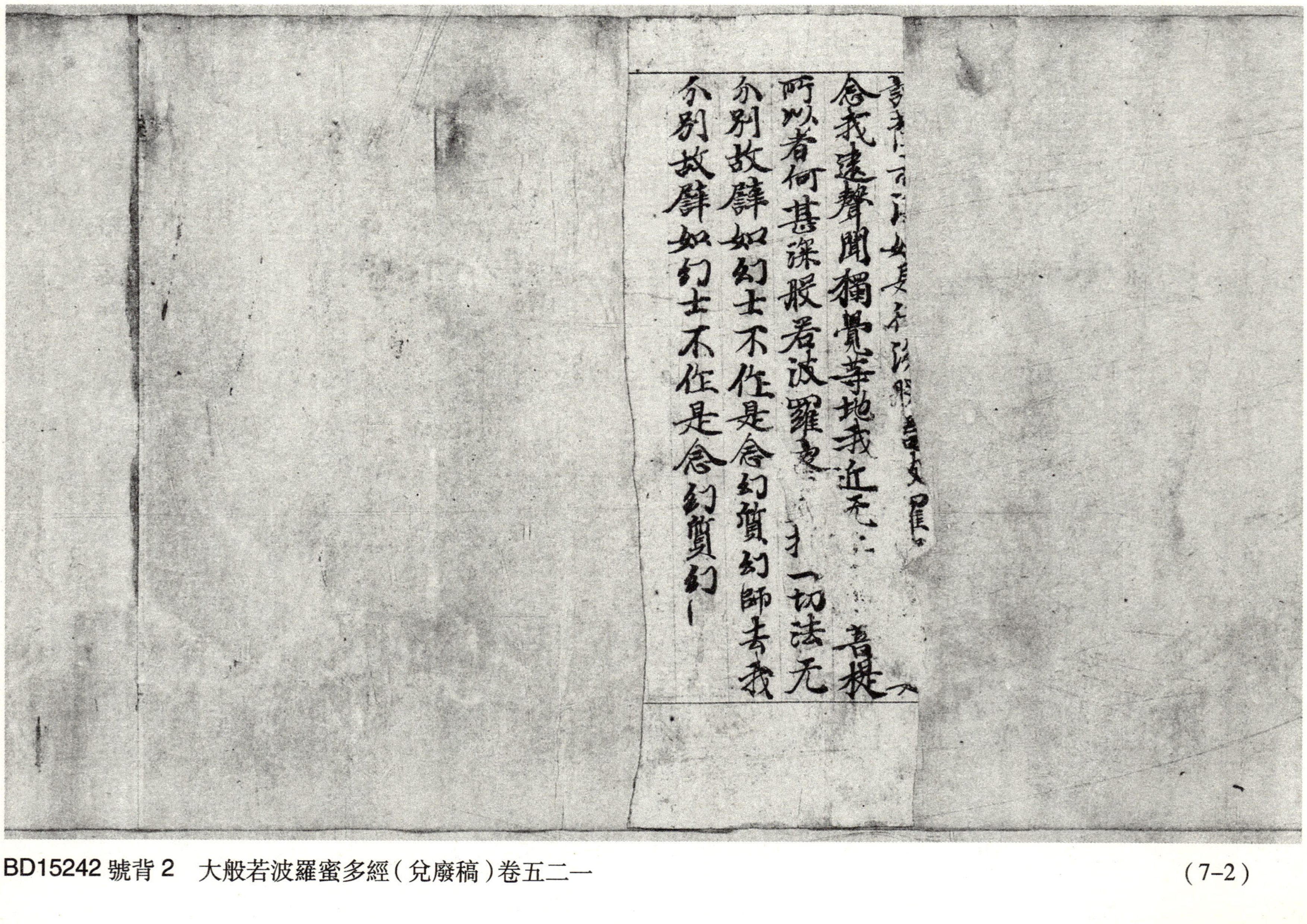

BD15242 號背 2　大般若波羅蜜多經（兌廢稿）卷五二一　　　　（7–2）

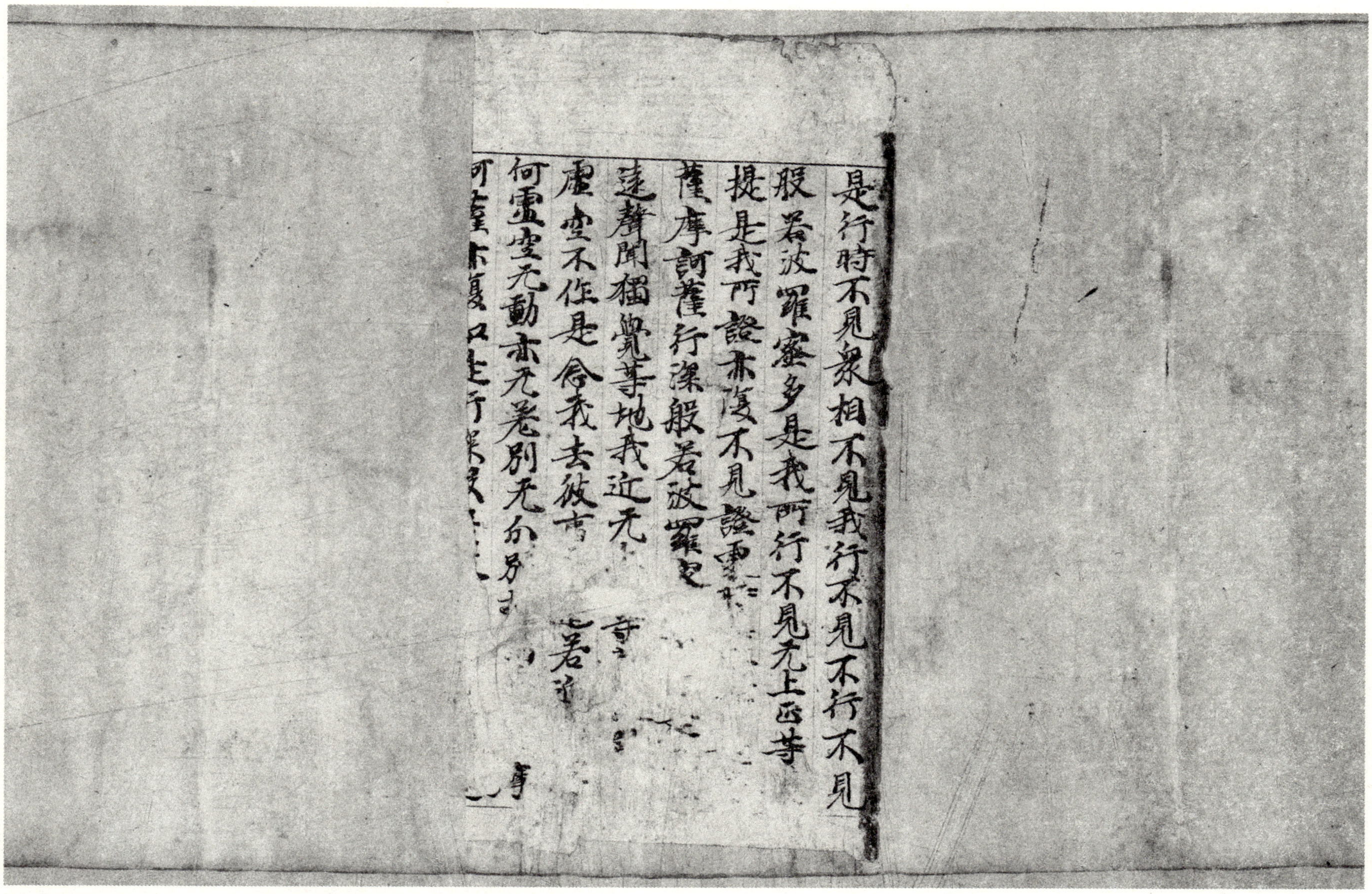

是行時不見衆相不見我行不見不行不見
般若波羅蜜多是我所行不見无上正等
提是我所證亦復不見證事於
薩摩訶薩行深般若波羅蜜
遠聲聞獨覺等地我近无
虛空不作是念我去彼
何虛空无動亦无差別无分別
何虛空亦復

BD15242 號背 2　大般若波羅蜜多經（兌廢稿）卷五二一　　　（7–3）

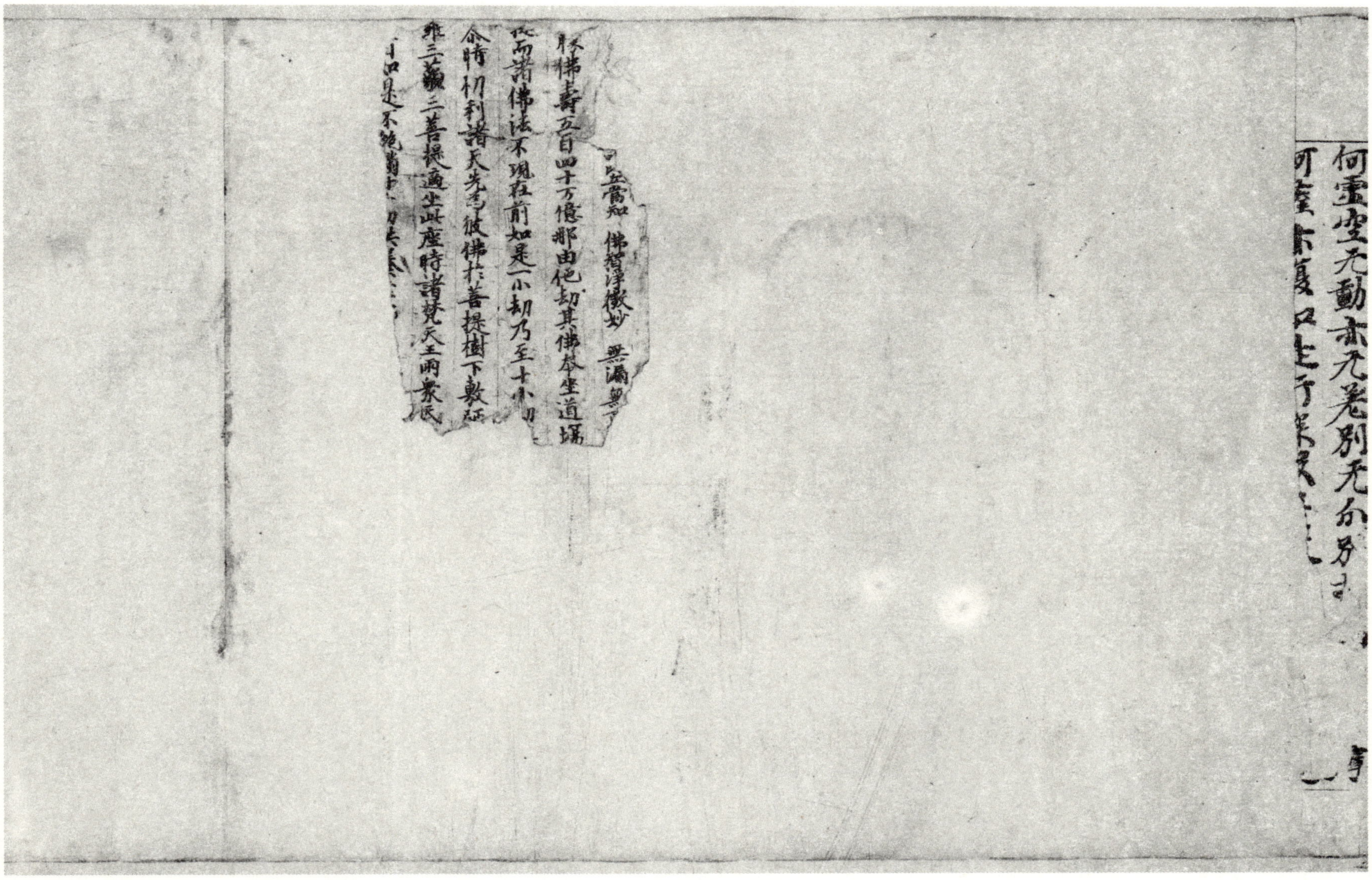

比丘當知　佛智淨微妙　無漏無
彼佛壽五百四十万億那由他劫其佛本坐道場
而諸佛法不現在前如是一小劫乃至十小
爾時忉利諸天先為彼佛於菩提樹下敷師
羅三藐三菩提適坐此座時諸梵天王雨衆天

何虛空无動亦无差別无分別
何虛空亦復

BD15242 號背 3　妙法蓮華經卷三　　　（7–4）

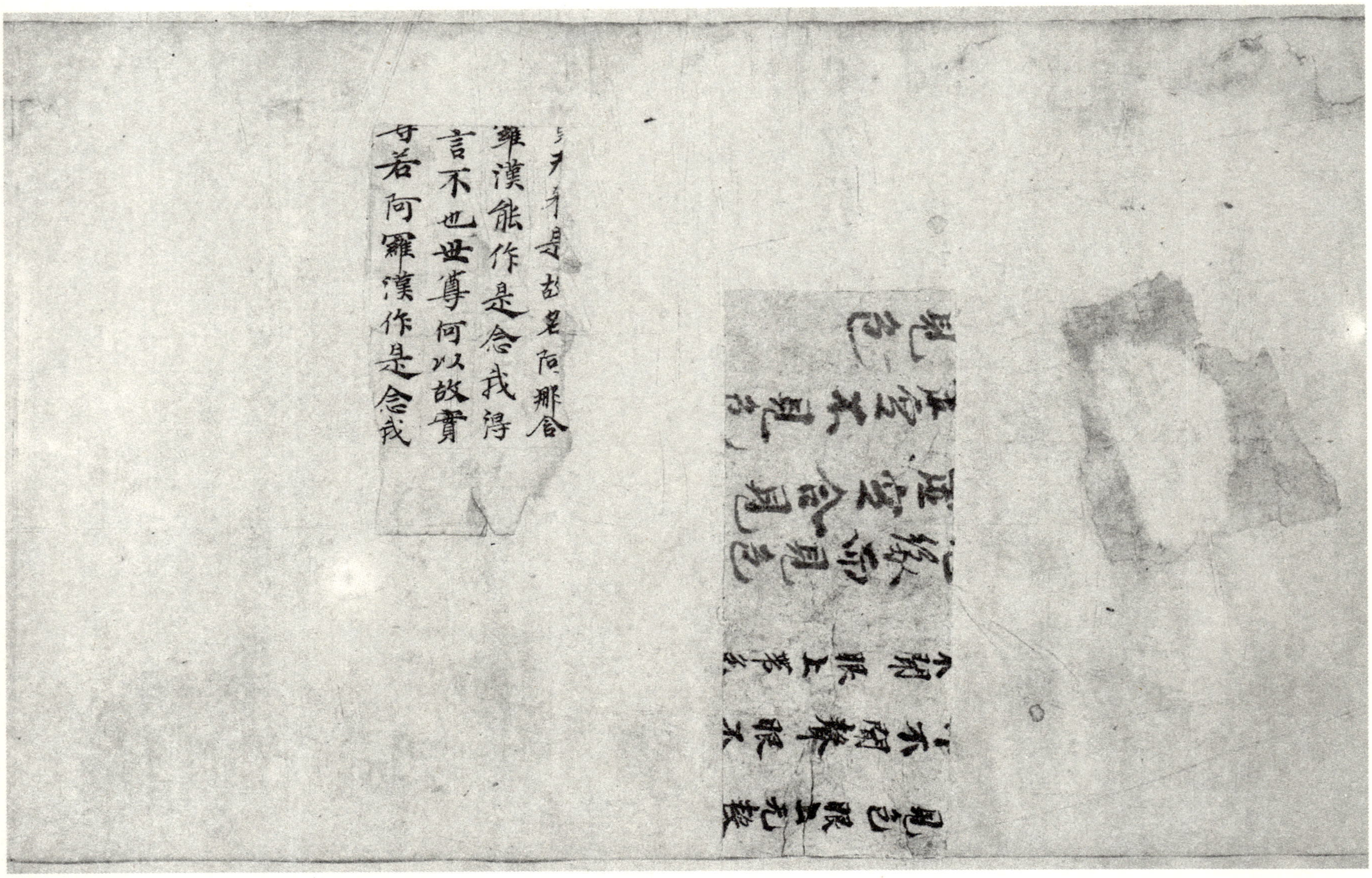

BD15242 號背 4　金剛般若波羅蜜經　（7–5）
BD15242 號背 5　唯識析義（兑廢稿）（擬）

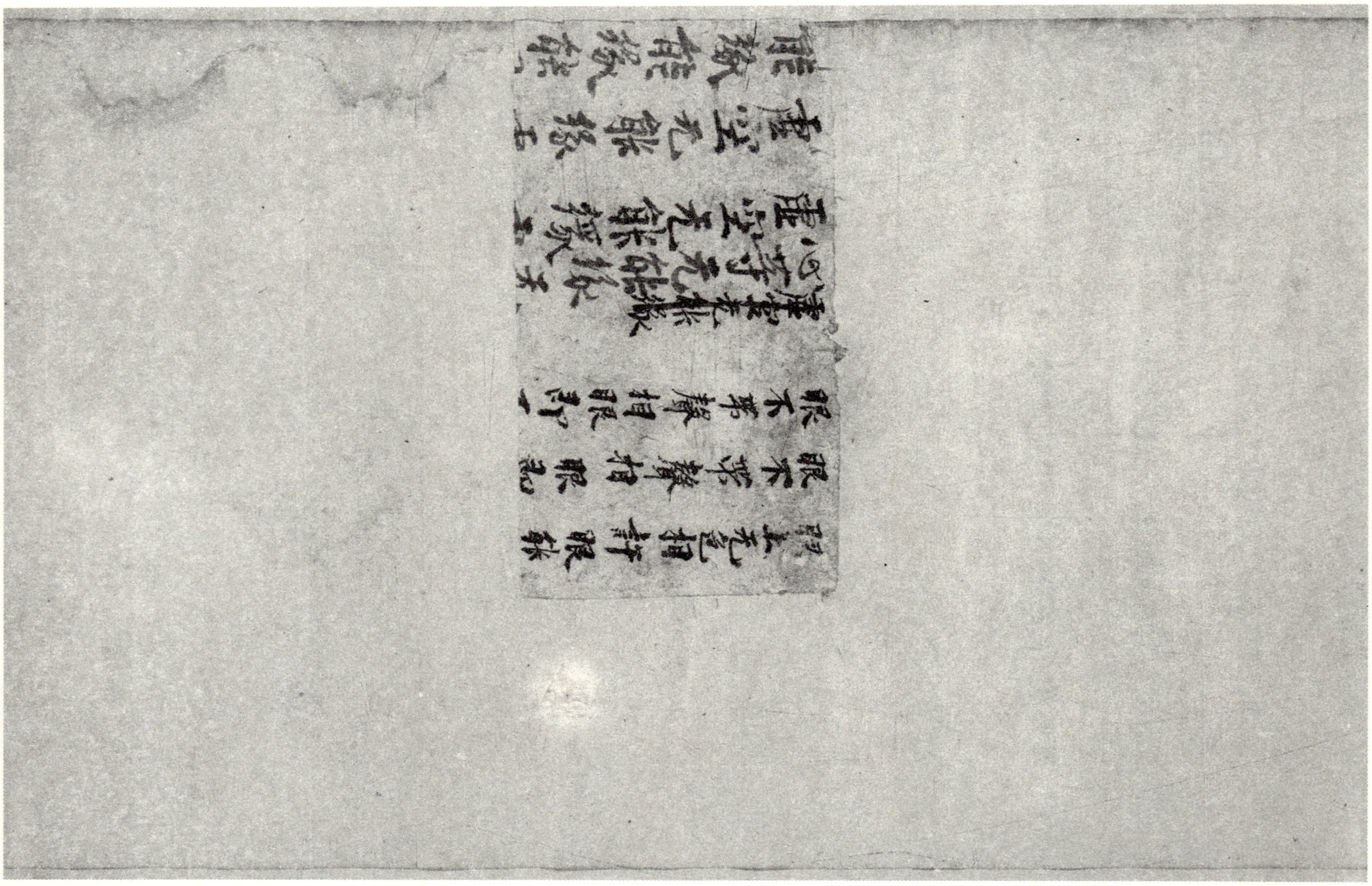

BD15242 號背 5　唯識析義（兑廢稿）（擬）　（7–6）

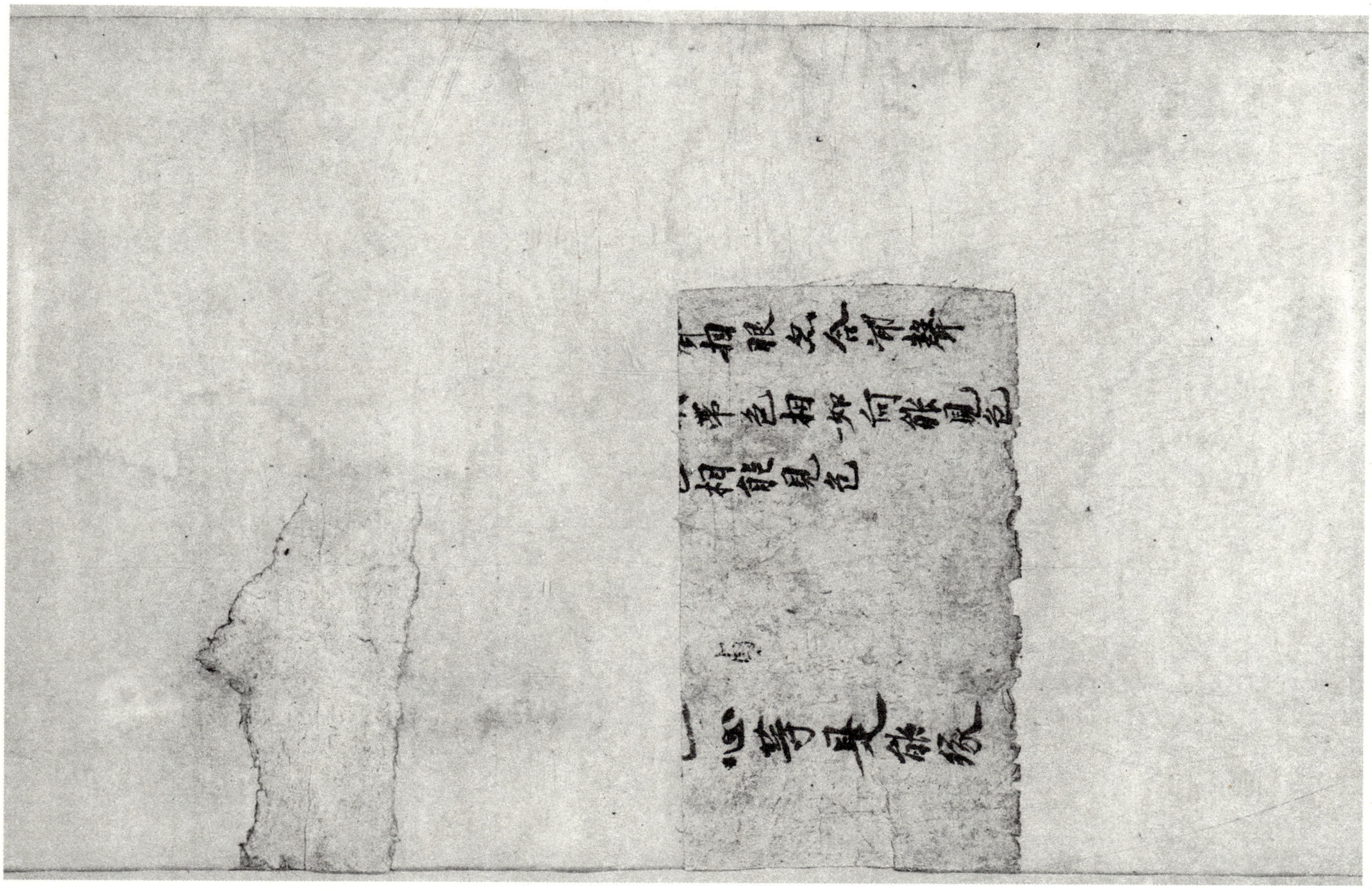

BD15242 號背 5　唯識析義（兌廢稿）（擬）　　（7–7）

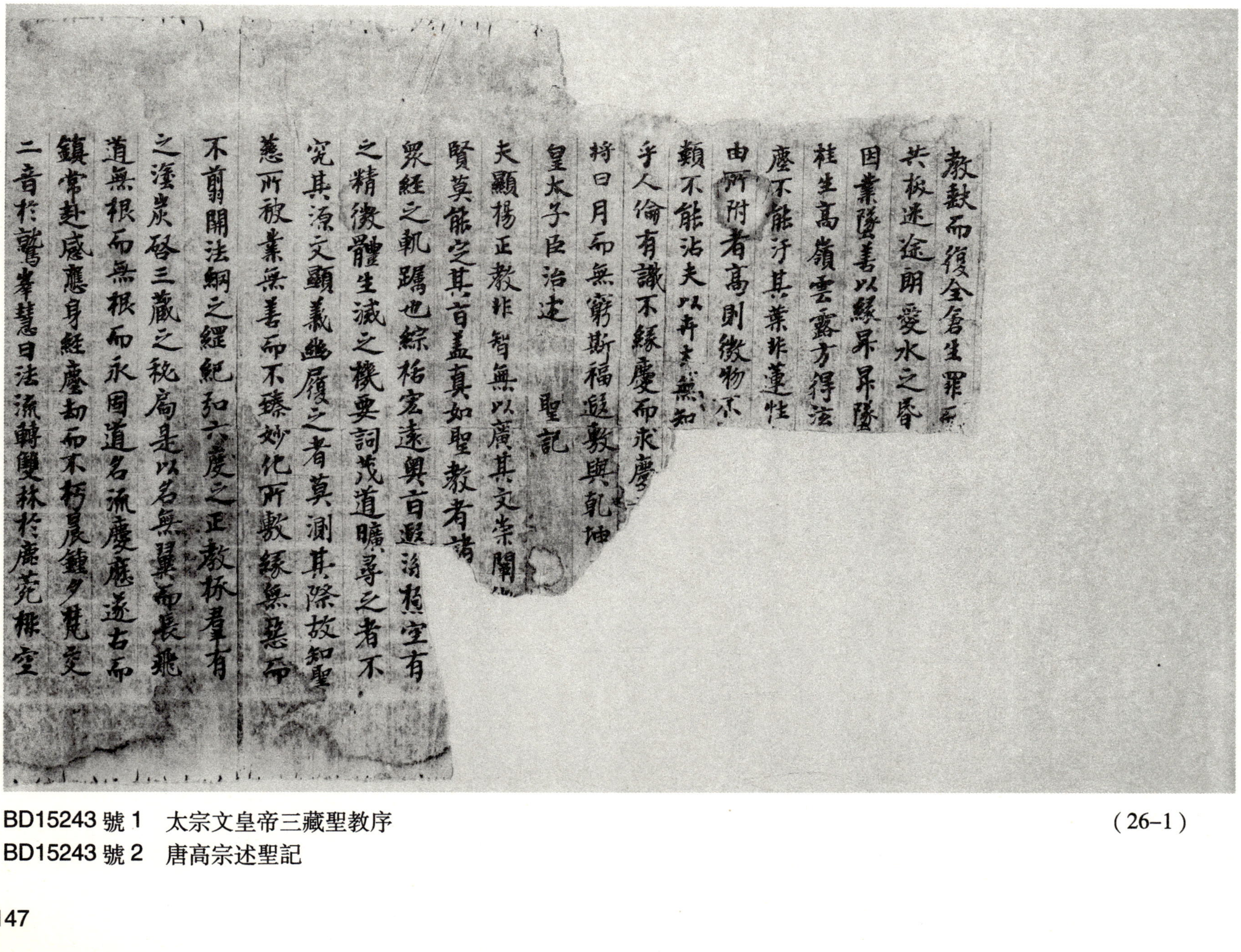

教缺而復全蒼生罪而
共拔迷途朗愛水之昏
因業墜善以緣昇昇墜
桂生高嶺雲露方得泫
塵不能汙其葉非蓮性
由所附者高則微物不
類不能沾夫以卉木無知
乎人倫有識不緣慶而求慶
將日月而無窮斯福遐敷與乾坤
皇太子臣治述　聖記
夫顯揚正教非智無以廣其文崇闡
賢莫能定其旨蓋真如聖教者諸
衆經之軌躅也綜括宏遠奧旨遐深極空有
之精微體生滅之機要詞茂道曠尋之者不
究其源文顯義幽履之者莫測其際故知聖
慈所被業無善而不臻妙化所敷緣無惡而
不翦開法網之綱紀弘六度之正教拯羣有
之塗炭啓三藏之秘扃是以名無翼而長飛
道無根而永固道名流慶歷遂古而
鎮常赴感應身經塵劫而不朽晨鍾夕梵交
二音於鷲峰慧日法流轉雙輪於鹿菀排空

BD15243 號 1　太宗文皇帝三藏聖教序　　（26–1）
BD15243 號 2　唐高宗述聖記

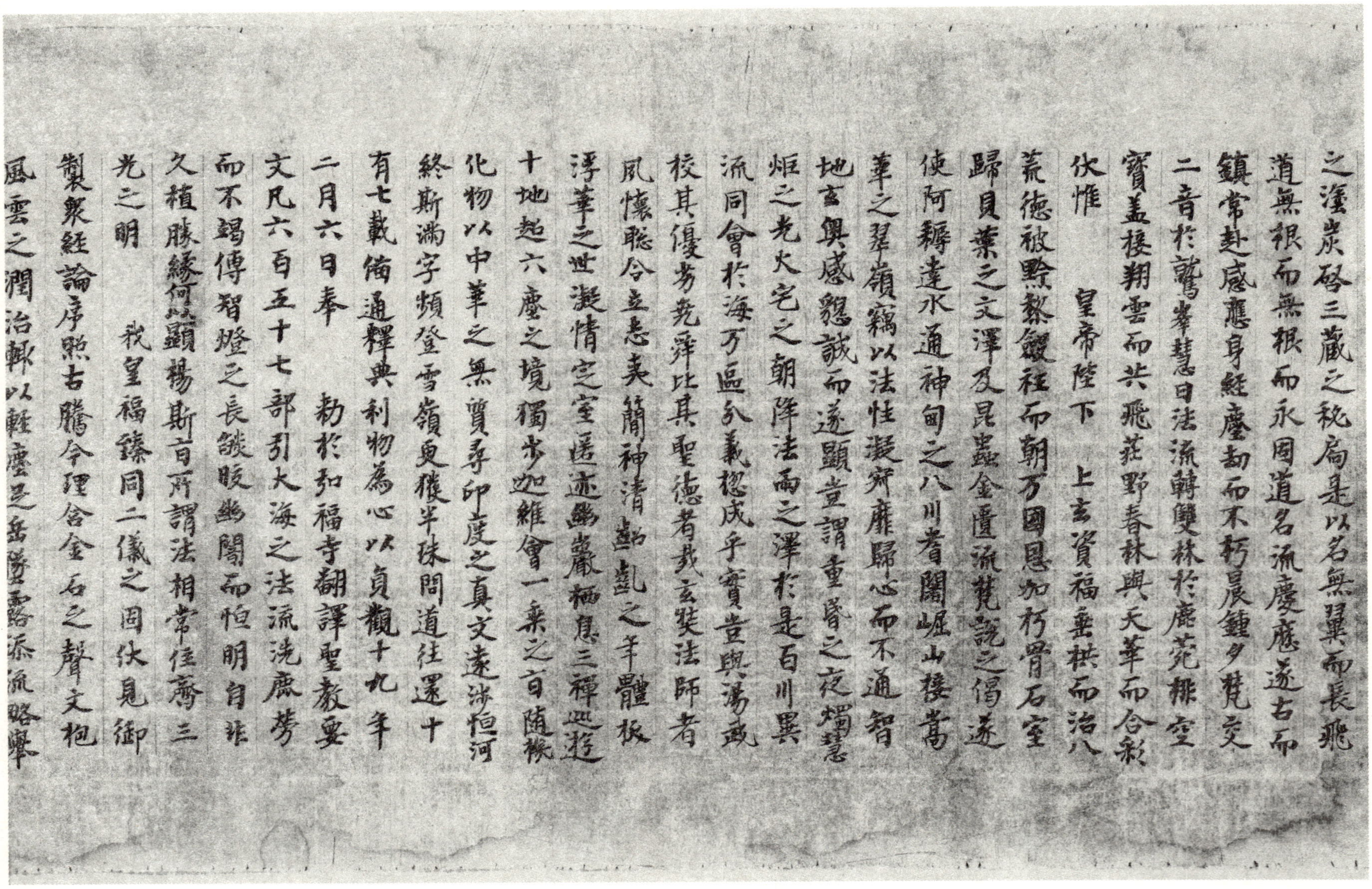
之塗炭啓三藏之秘扃是以名無翼而長飛
道無根而無根而永固道名流慶歷遂古而
鎮常赴感應身經塵劫而不朽晨鍾夕梵交
二音於鷲峯慧日法流轉雙林於鹿苑排空
寶蓋接翔雲而共飛莊野春林與天華而合彩
伏惟
皇帝陛下 上玄資福垂拱而治八
荒德被黔黎斂衽而朝万國恩加朽骨石室
歸貝葉之文澤及昆蟲金匱流梵說之偈遂
使阿耨達水通神甸之八川耆闍崛山接嵩
華之翠嶺竊以法性凝寂靡歸心而不通智
地玄奧感懇誠而遂顯豈謂重昏之夜燭慧
炬之光火宅之朝降法雨之澤於是百川異
流同會於海万區分義惣成乎實豈與湯武
校其優劣堯舜比其聖德者哉玄奘法師者
夙懷聰令立志夷簡神清齠齔之年體拔
浮華之世凝情定室匿迹幽巖栖息三禪巡遊
十地超六塵之境獨步迦維會一乘之旨隨機
化物以中華之無質尋印度之真文遠涉恒河
終期滿字頻登雪嶺更獲半珠問道往還十
有七載備通釋典利物爲心以貞觀十九年
二月六日奉 勑於弘福寺翻譯聖教要
文凡六百五十七部引大海之法流洗塵勞
而不竭傳智燈之長燄皎幽闇而恒明自非
久植勝緣何以顯揚斯旨所謂法相常住齊三
光之明 我皇福臻同二儀之固伏見御
製衆經論序照古騰今理含金石之聲文抱
風雲之潤治輙以輕塵足岳墜露添流略舉

BD15243 號 2　唐高宗述聖記　（26–2）

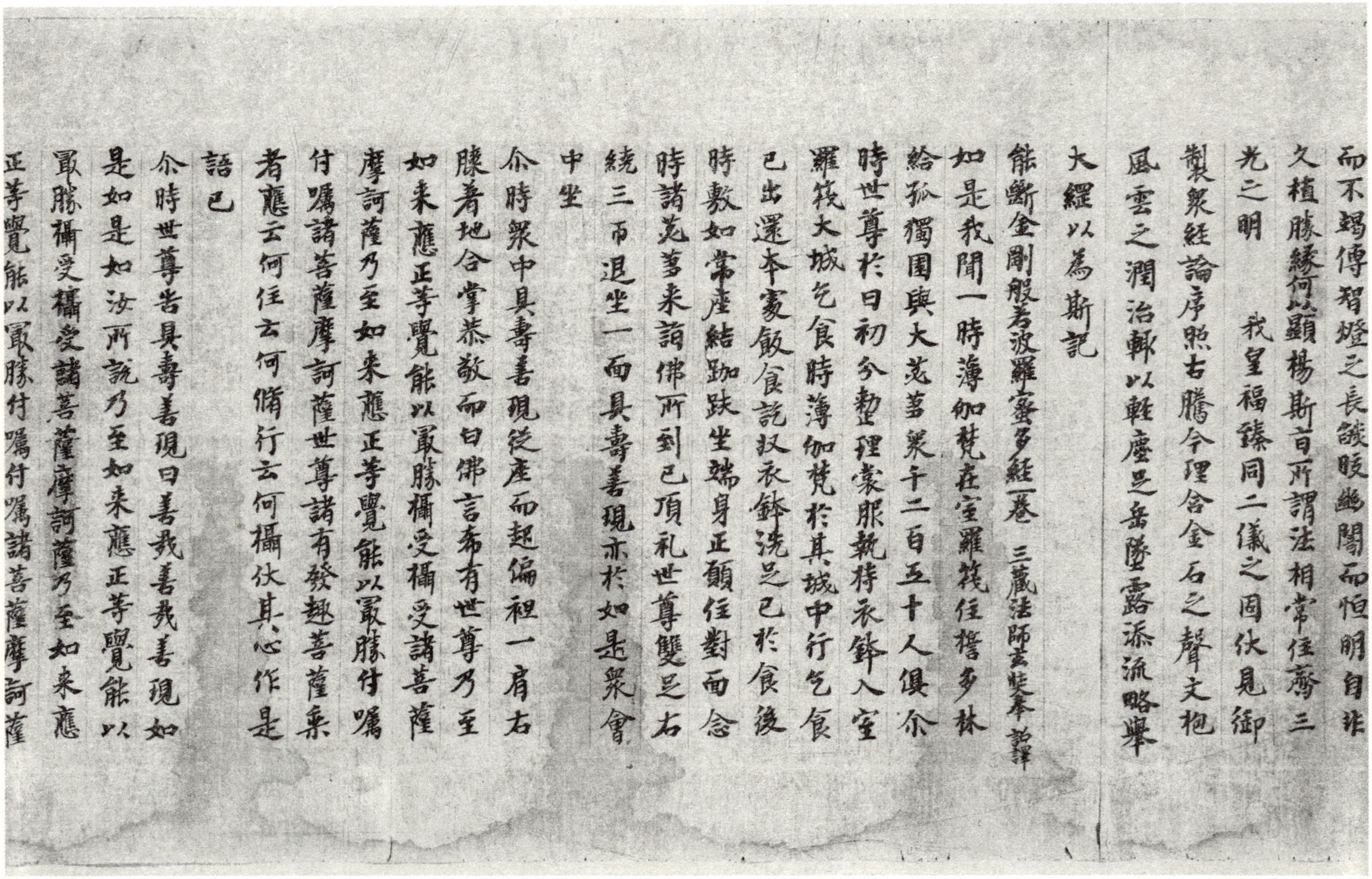
而不竭傳智燈之長燄皎幽闇而恒明自非
久植勝緣何以顯揚斯旨所謂法相常住齊三
光之明 我皇福臻同二儀之固伏見御
製衆經論序照古騰今理含金石之聲文抱
風雲之潤治輙以輕塵足岳墜露添流略舉
大綱以爲斯記
能斷金剛般若波羅蜜多經一卷 三藏法師玄奘奉 詔譯
如是我聞一時薄伽梵在室羅筏住誓多林
給孤獨園與大苾芻衆千二百五十人俱尒
時世尊於日初分整理裳服執持衣鉢入室
羅筏大城乞食時薄伽梵於其城中行乞食
已出還本處飯食訖收衣鉢洗足已於食後
時敷如常座結跏趺坐端身正願住對面念
時諸苾芻來詣佛所到已頂禮世尊雙足右
繞三帀退坐一面具壽善現亦於如是衆會
中坐
尒時衆中具壽善現從座而起偏袒一肩右
膝著地合掌恭敬而白佛言希有世尊乃至
如來應正等覺能以最勝攝受攝受諸菩薩
摩訶薩乃至如來應正等覺能以最勝付囑
付囑諸菩薩摩訶薩世尊諸有發趣菩薩乘
者應云何住云何脩行云何攝伏其心作是
語已
尒時世尊告具壽善現曰善哉善哉善現如
是如是如汝所說乃至如來應正等覺能以
最勝攝受攝受諸菩薩摩訶薩乃至如來應
正等覺能以最勝付囑付囑諸菩薩摩訶薩

BD15243 號 2　唐高宗述聖記　（26–3）
BD15243 號 3　能斷金剛般若波羅蜜多經

尒時世尊告具壽善現曰善哉善哉善現如
是如是如汝所說乃至如来應正等覺能以
最勝攝受攝受諸菩薩摩訶薩乃至如来應
正等覺能以最勝付囑付囑諸菩薩摩訶薩
是故善現汝應諦聽極善作意吾當為汝分
別解說諸有發趣菩薩乘者應如是住如是
脩行如是攝伏其心具壽善現白佛言如是
世尊願樂欲聞
佛言善現諸有發趣菩薩乘者應當發起如
是之心所有諸有情有情攝所攝若卵生若
胎生若濕生若化生若有色若无色若有想
若无想若非有想非无想乃至有情界施設
所施設如是一切我當皆令於无餘依妙涅
槃界而般涅槃雖度如是无量有情令滅度
已而无有情得滅度者何以故善現若諸菩
薩摩訶薩有情想轉不應說名菩薩摩訶薩
所以者何善現若諸菩薩摩訶薩不應說言
有情想轉如是命者想士夫想補特伽羅想
意生想摩納婆想作者想受者想轉當知亦
尒何以故善現无有少法名為發趣菩薩乘
者
復次善現菩薩摩訶薩不住於事應行布施
都无所住應行布施不住於色應行布施不
住聲香味觸法應行布施善現如是菩薩摩
訶薩如不住相想應行布施何以故善現若
菩薩摩訶薩都无所住而行布施其福德聚
不可取量佛告善現於汝意云何東方虛空

BD15243 號 3　能斷金剛般若波羅蜜多經　（26–4）

住聲香味觸法應行布施善現如是菩薩摩
訶薩如不住相想應行布施何以故善現若
菩薩摩訶薩都无所住而行布施其福德聚
不可取量佛告善現於汝意云何東方虛空
可取量不善現荅言不也世尊善現如是南
西北方四維上下周遍十方一切世界虛空
可取量不善現荅言不也世尊佛言善現如
是如是若菩薩摩訶薩都无所住而行布施
其福德聚不可取量亦復如是善現菩薩如
是如不住相想應行布施
佛告善現於汝意云何可以諸相具足觀如
来不善現荅言不也世尊不應以諸相具足
觀於如来何以故如来說諸相具足即非諸
相具足說是語已佛復告具壽善現言善現
乃至諸相具足皆是虛妄乃至非相具足皆非
虛妄如是以相非相應觀如来說是語已
具壽善現復白佛言世尊頗有有情於當来
世後時後分後五百歲正法將滅時分轉時
聞說如是色經典句生實想不佛告善現勿
作是說頗有有情於當来世後時後分後五
百歲正法將滅時分轉時聞說如是色經典
句生實想不然復善現有菩薩摩訶薩於當
来世後時後分後五百歲正法將滅時分轉
時具足尸羅具德具慧復次善現彼菩薩摩
訶薩非於一佛所承事供養非於一佛所種
諸善根然復善現彼菩薩摩訶薩於其非一
百千佛所承事供養於其非一百千佛所種

BD15243 號 3　能斷金剛般若波羅蜜多經　（26–5）

来世後時後分後五百歲正法將滅時分轉時具足尸羅具德具慧復次善現彼菩薩摩訶薩非於一佛所承事供養非於一佛所種諸善根然復善現彼菩薩摩訶薩於其非一百千佛所承事供養於其非一百千佛所種諸善根乃能聞說如是色經典句當得一淨信心善現如来以其佛智悉已知彼如来以其佛眼悉已見彼善現如来悉已覺彼一切有情當生无量无數福聚當攝无量无數福聚何以故善現彼菩薩摩訶薩无我想轉无有情想无命者想无士夫想无補特伽羅想无意生想无摩納婆想无作者想无受者想轉善現彼菩薩摩訶薩无法想轉无非法想轉无想轉亦无非想轉所以者何善現若菩薩摩訶薩有法想轉彼即應有我執有情執命者執補特伽羅等執若有非法想轉彼亦應有我執有情執命者執補特伽羅等執何以故善現不應取法不應取非法是故如来密意而說筏喻法門諸有智者法尚應斷何況非法

佛復告具壽善現言善現於汝意云何頗有少法如来應正等覺證得阿耨多羅三藐三菩提耶頗有少法如来應正等覺是所說耶善現荅言世尊如我解佛所說義者无有少法如来應正等覺證得阿耨多羅三藐三菩提亦无有少法是如来應正等覺所說何以故世尊如来應正等覺所證所說所思惟法

BD15243 號 3　能斷金剛般若波羅蜜多經　（26–6）

菩提耶頗有少法如来應正等覺是所說耶善現荅言世尊如我解佛所說義者无有少法如来應正等覺證得阿耨多羅三藐三菩提亦无有少法是如来應正等覺所說何以故世尊如来應正等覺所證所說所思惟法皆不可取不可宣說非法非非法何以故以諸賢聖補特伽羅皆是无為之所顯故

佛告善現於汝意云何若善男子或善女人以此三千大千世界盛滿七寶持用布施是善男子或善女人由此因緣所生福聚寧為多不善現荅言甚多世尊甚多善逝是善男子或善女人由此因緣所生福聚其量甚多何以故世尊福德聚福德聚者如来說為非福德聚是故如来說名福德聚福德聚

佛復告善現言善現若善男子或善女人以此三千大千世界盛滿七寶持用布施若善男子或善女人於此法門乃至四句伽他受持讀誦究竟通利及廣為他宣說開示如理作意由是因緣所生福聚甚多於前无量无數何以故一切如来應正等覺阿耨多羅三藐三菩提皆從此經出諸佛世尊皆從此經生所以者何善現諸佛法諸佛法者如来說為非諸佛法是故如来說名諸佛法諸佛法

佛告善現於汝意云何諸預流者頗作是念我能證得預流果不善現荅言不也世尊諸預流者不作是念我能證得預流之果何以故世尊諸預流者无少所預故名預流不預

BD15243 號 3　能斷金剛般若波羅蜜多經　（26–7）

為非諸佛法是故如來說名諸佛法諸佛法
佛告善現於汝意云何諸預流者頗作是念
我能證得預流果不善現荅言不也世尊諸
預流者不作是念我能證得預流之果何以
故世尊諸預流者无少所預故名預流不預
色聲香味觸法故名預流世尊若預流者作
如是念我能證得預流之果即為執我有情
命者士夫補特伽羅等佛告善現於汝意云
何諸一來者頗作是念我能證得一來果不
善現荅言不也世尊諸一來者不作是念我
能證得一來之果何以故世尊以无少法證
一來性故名一來佛告善現於汝意云何諸
不還者頗作是念我能證得不還果不善現
荅言不也世尊諸不還者不作是念我能證
得不還之果何以故世尊以无少法證不還
性故名不還佛告善現於汝意云何諸阿羅
漢頗作是念我能證得阿羅漢不善現荅言
不也世尊諸阿羅漢不作是念我能證得阿
羅漢性何以故世尊以无少法名阿羅漢由
是因緣名阿羅漢世尊若阿羅漢作如是念
我能證得阿羅漢性即為執我有情命者士
夫補特伽羅等所以者何世尊如來應正等
覺說我得无諍住最為第一世尊我雖是阿
羅漢永離貪欲而我未曾作如是念我得阿
羅漢永離貪欲世尊我若作如是念我得阿
羅漢永離貪欲者如來不應記說我言善現
善男子得无諍住最為第一以都无所住是

BD15243 號 3　能斷金剛般若波羅蜜多經　（26–8）

覺說我得无諍住最為第一世尊我雖是阿
羅漢永離貪欲而我未曾作如是念我得阿
羅漢永離貪欲世尊我若作如是念我得阿
羅漢永離貪欲者如來不應記說我言善現
善男子得无諍住最為第一以都无所住是
故如來說名无諍住无諍住
佛告善現於汝意云何如來昔在然燈如來
應正等覺所頗於少法有所取不善現荅言
不也世尊如來昔在然燈如來應正等覺所
都无少法而有所取佛告善現若有菩薩作
如是言我當成辦佛土功德莊嚴如是菩薩
非真實語何以故善現佛土功德莊嚴佛土
功德莊嚴者如來說非莊嚴是故如來說名
佛土功德莊嚴佛土功德莊嚴是故善現菩
薩如是都无所住應生其心不住於色應生
其心不住非色應生其心不住聲香味觸法
應生其心不住非聲香味觸法應生其心都
无所住應生其心
佛告善現如有士夫具身大身其色自體假
使譬如妙高山王善現於汝意云何彼之自
體為廣大不善現荅言彼之自體廣大世尊
廣大善逝何以故世尊彼之自體如來說非
彼體故名自體非以彼體故名自體
佛告善現於汝意云何乃至殑伽河中所有
沙數假使有如是沙等殑伽河是諸殑伽河
沙寧為多不善現荅言甚多世尊甚多善逝
諸殑伽河尚多无數何況其沙佛言善現吾

BD15243 號 3　能斷金剛般若波羅蜜多經　（26–9）

佛告善現於汝意云何乃至殑伽河中所有
沙數假使有如是沙等殑伽河是諸殑伽河
沙寧為多不善現荅言甚多世尊甚多善逝
諸殑伽河尚多无數何況其沙佛言善現吾
今告汝開覺於汝假使若善男子或善女人
以妙七寶盛滿尒所殑伽河沙等世界奉施
如來應正等覺善現於汝意云何是善男子
或善女人由此因緣所生福聚寧為多不善
現荅言甚多世尊甚多善逝是善男子或善
女人由此因緣所生福聚其量甚多佛復告善
現若以七寶盛滿尒所沙等世界奉施如來
應正等覺若善男子或善女人於此法門乃
至四句伽他受持讀誦究竟通利及廣為他
宣說開示如理作意由此因緣所生福聚甚
多於前无量无數
復次善現若地方所於此法門乃至為他宣
說開示四句伽他此地方所尚為世間諸天及
人阿素洛等之所供養如佛靈廟何況有能
於此法門具足究竟書寫受持讀誦究竟通
利及廣為他宣說開示如理作意如是有情
成就冣勝希有功德此地方所大師所住或
隨一一尊重處所若諸有智同梵行者說是
語已
具壽善現復白佛言世尊當何名此法門我
當云何奉持作是語已佛告善現言具壽今
此法門名為般若波羅蜜多如是名字汝當
奉持何以故善現如是般若波羅蜜多如來

BD15243 號 3　能斷金剛般若波羅蜜多經　（26–10）

具壽善現復白佛言世尊當何名此法門我
當云何奉持作是語已佛告善現言具壽今
此法門名為般若波羅蜜多如是名字汝當
奉持何以故善現如是般若波羅蜜多如來
說為非波羅蜜多是故如來說名般若波羅
蜜多
佛告善現於汝意云何頗有少法如來可說
不善現荅言不也世尊无有少法如來可說
佛告善現乃至三千大千世界大地微塵寧
為多不善現荅言此地微塵甚多世尊甚多
善逝佛言善現大地微塵如來說非微塵是
故如來說名大地微塵諸世界如來說非世
界是故如來說名世界
佛告善現於汝意云何應以三十二大士夫
相觀於如來應正等覺不善現荅言不也世
尊不應以三十二大士夫相觀於如來應正
等覺何以故世尊三十二大士夫相如來說
為非相是故如來說名三十二大士夫相
佛復告善現言假使若有善男子或善女人
於日日分捨施殑伽河沙等自體如是經殑
伽河沙等劫數捨施自體復有善男子或善
女人於此法門乃至四句伽他受持讀誦究
竟通利及廣為他宣說開示如理作意由是
因緣所生福聚甚多於前无量无數
尒時具壽善現聞法威力悲泣墮淚俛仰捫
淚而白佛言甚奇希有世尊最極希有善逝
如來今者所說法門普為發趣冣上乘者作

BD15243 號 3　能斷金剛般若波羅蜜多經　（26–11）

竟通利及廣為他宣說開示如理作意由是
因緣所生福聚甚多於前无量无數
尒時具壽善現聞法威力悲泣墮淚俛仰捫
淚而白佛言甚奇希有世尊最極希有善逝
如來今者所說法門普為發趣最上乘者作
諸義利普為發趣最勝乘者作諸義利世尊
我昔生智以来未曾得聞如是法門世尊若
諸有情聞說如是甚深經典生真實想當知
成就最勝希有何以故世尊諸真實想真實
想者如来說為非想是故如来說名真實想
真實想世尊我今聞說如是法門領悟信解
未為希有若諸有情於當来世後時後分後
五百歲正法將滅時分轉時當於如是甚深
法門領悟信解受持讀誦究竟通利及廣為
他宣說開示如理作意當知成就最勝希有
何以故世尊彼諸有情无我想轉无有情想
无命者想无士夫想无補特伽羅想无意生
想无摩納婆想无作者想无受者想轉所以
者何世尊諸我想即是非想諸有情想命者
想士夫想補特伽羅想意生想摩納婆想作
者想受者想即是非相何以故諸佛世尊離
一切想作是語已
尒時世尊告具壽善現言如是如是善現若
諸有情聞說如是甚深經典不驚不懼无有
怖畏當知成就最勝希有何以故善現如来說
最勝波羅蜜多謂般若波羅蜜多善現如来
所說最勝波羅蜜多无量諸佛世尊所共宣

BD15243 號 3　能斷金剛般若波羅蜜多經　（26–12）

諸有情聞說如是甚深經典不驚不懼无有
怖畏當知成就最勝希有何以故善現如来說
最勝波羅蜜多謂般若波羅蜜多善現如来
所說最勝波羅蜜多无量諸佛世尊所共宣
說故名最勝波羅蜜多如来說最勝波羅蜜
多即非波羅蜜多是故如来說名最勝波羅
蜜多
復次善現如来說忍辱波羅蜜多即非波羅
蜜多是故如来說名忍辱波羅蜜多何以故
善現我昔過去世曾為羯利王斷支節肉我
於尒時都无我想或有情想或命者想或士
夫想或補特伽羅想或意生想或摩納婆想
或作者想或受者想我於尒時都无有想亦
非无想何以故善現我於尒時若有我想即
於尒時應有恚想我於尒時若有有情想命
者想士夫想補特伽羅想意生想摩納婆想
作者想受者想即於尒時應有恚想何以故
善現我憶過去五百生中曾為自号忍辱仙
人我於尒時都无我想无有情想无命者想
无士夫想无補特伽羅想无意生想无摩納
婆想无作者想无受者想我於尒時都无有
想亦非无想是故善現菩薩摩訶薩遠離一
切想應發阿耨多羅三藐三菩提心不住於
色應生其心不住非色應生其心不住聲香
味觸法應生其心不住非聲香味觸法應生
其心都无所住應生其心何以故善現諸有
所住則為非住是故如来說諸菩薩應无所

BD15243 號 3　能斷金剛般若波羅蜜多經　（26–13）

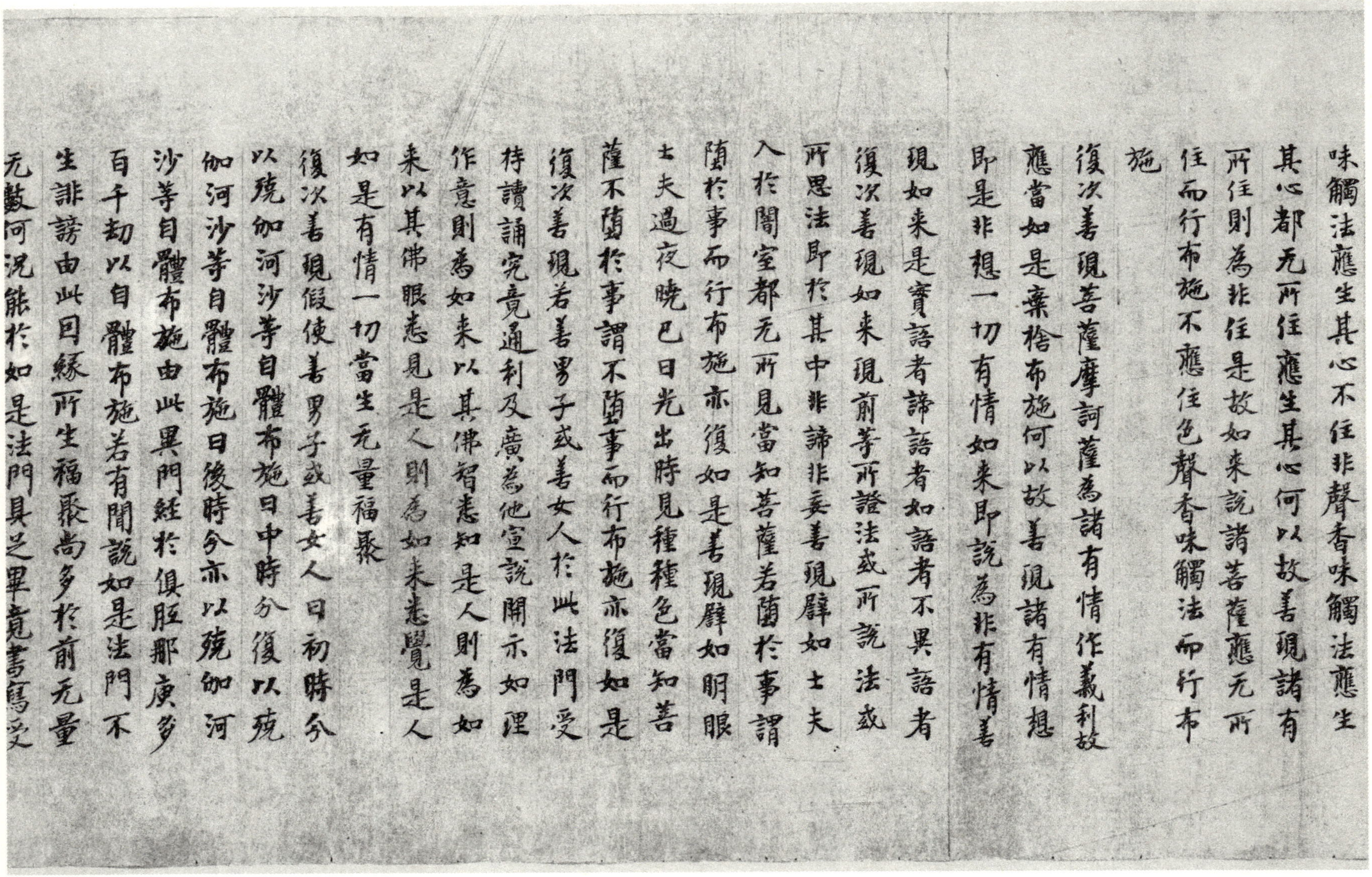

味觸法應生其心不住非聲香味觸法應生
其心都无所住應生其心何以故善現諸有
所住則為非住是故如来說諸菩薩應无所
住而行布施不應住色聲香味觸法而行布
施
復次善現菩薩摩訶薩為諸有情作義利故
應當如是棄捨布施何以故善現諸有情想
即是非想一切有情如来即說為非有情善
現如来是實語者諦語者如語者不異語者
復次善現如来現前等所證法或所說法或
所思法即於其中非諦非妄善現譬如士夫
入於闇室都无所見當知菩薩若墮於事謂
墮於事而行布施亦復如是善現譬如明眼
士夫過夜曉已日光出時見種種色當知菩
薩不墮於事謂不墮事而行布施亦復如是
復次善現若善男子或善女人於此法門受
持讀誦究竟通利及廣為他宣說開示如理
作意則為如来以其佛智悉知是人則為如
来以其佛眼悉見是人則為如来悉覺是人
如是有情一切當生无量福聚
復次善現假使善男子或善女人日初時分
以殑伽河沙等自體布施日中時分復以殑
伽河沙等自體布施日後時分亦以殑伽河
沙等自體布施由此異門經於俱胝那庾多
百千劫以自體布施若有聞說如是法門不
生誹謗由此因緣所生福聚尚多於前无量
无數何況能於如是法門具足畢竟書寫受

BD15243 號 3　能斷金剛般若波羅蜜多經　（26–14）

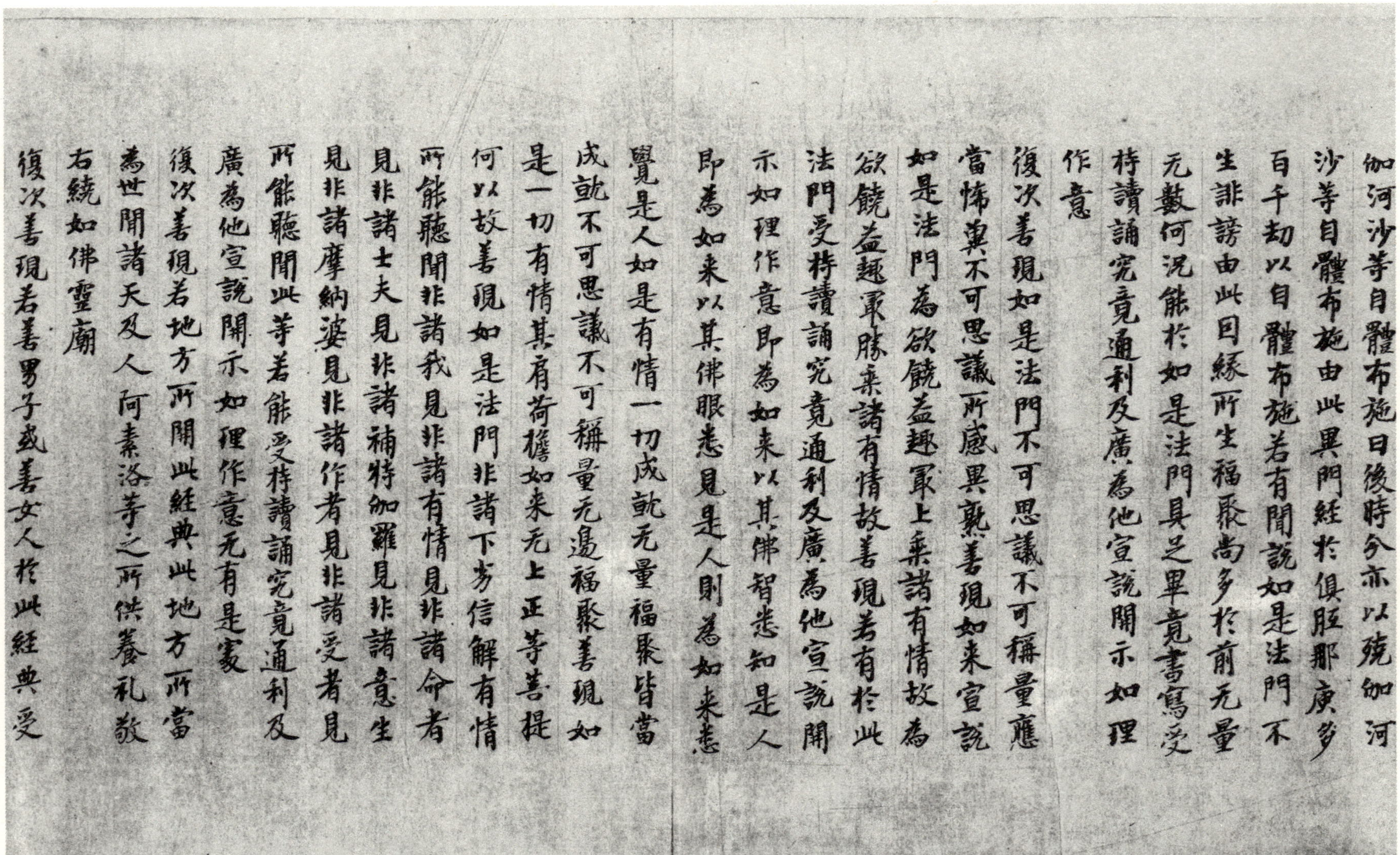

伽河沙等自體布施日後時分亦以殑伽河
沙等自體布施由此異門經於俱胝那庾多
百千劫以自體布施若有聞說如是法門不
生誹謗由此因緣所生福聚尚多於前无量
无數何況能於如是法門具足畢竟書寫受
持讀誦究竟通利及廣為他宣說開示如理
作意
復次善現如是法門不可思議不可稱量應
當悕冀不可思議所感異熟善現如来宣說
如是法門為欲饒益趣最上乘諸有情故為
欲饒益趣最勝乘諸有情故善現若有於此
法門受持讀誦究竟通利及廣為他宣說開
示如理作意即為如来以其佛智悉知是人
即為如来以其佛眼悉見是人則為如来悉
覺是人如是有情一切成就无量福聚皆當
成就不可思議不可稱量无邊福聚善現如
是一切有情其肩荷擔如来无上正等菩提
何以故善現如是法門非諸下劣信解有情
所能聽聞非諸我見非諸有情見非諸命者
見非諸士夫見非諸補特伽羅見非諸意生
見非諸摩納婆見非諸作者見非諸受者見
所能聽聞此等若能受持讀誦究竟通利及
廣為他宣說開示如理作意无有是處
復次善現若地方所聞此經典此地方所當
為世間諸天及人阿素洛等之所供養禮敬
右繞如佛靈廟
復次善現若善男子或善女人於此經典受

BD15243 號 3　能斷金剛般若波羅蜜多經　（26–15）

復次善現若地方所開此經典此地方所當
為世間諸天及人阿素洛等之所供養礼敬
右繞如佛靈廟
復次善現若善男子或善女人於此經典受
持讀誦究竟通利及廣為他宣說開示如理
作意若遭輕毀極遭輕毀所以者何善現是
諸有情宿生所造諸不淨業應感惡趣以現
法中遭輕毀故宿生所造諸不淨業皆悉消
盡當得无上正等菩提何以故善現我憶過
去於无數劫復過无數於然燈如来應正等
覺先復過先曾值八十四俱胝那庾多百千
諸佛我皆承事既承事已皆无違犯善現我
於如是諸佛世尊皆得承事既承事已皆无
違犯若諸有情後時後分後五百歲正法將
滅時分轉時於此經典受持讀誦究竟通利
及廣為他宣說開示如理作意善現我先福
聚於此福聚百分計之所不能及如是千分
若百千分若俱胝百千分若俱胝那庾多百
千分若數分若計分若筭分若喻分若鄔波
尼殺曇分亦不能及善現我若具說當於尒
時是善男子或善女人所生福聚乃至是善
男子是善女人所攝福聚有諸有情則便迷
悶心或狂亂是故善現如来宣說如是法門
不可思議不可稱量應當悕冀不可思議
所感異熟
尒時具壽善現復白佛言世尊諸有發趣菩
薩乘者應云何住云何脩行云何攝伏其心

BD15243號3　能斷金剛般若波羅蜜多經　（26–16）

不可思議不可稱量應當悕冀不可思議
所感異熟
尒時具壽善現復白佛言世尊諸有發趣菩
薩乘者應云何住云何脩行云何攝伏其心
佛告善現諸有發趣菩薩乘者應當發起如
是之心我當皆令一切有情於无餘依妙涅槃
界而般涅槃雖度如是一切有情令滅度已
而无有情得滅度者何以故善現若諸菩薩
摩訶薩有情想轉不應說名菩薩摩訶薩
所以者何若諸菩薩摩訶薩不應說言有情
想轉如是命者想士夫想補特伽羅想意生
想摩納婆想作者想受者想轉當知亦尒何
以故善現无有少法名為發趣菩薩乘者
佛告善現於汝意云何如来昔於然燈如来
應正等覺所頗有少法能證阿耨多羅三藐
三菩提不作是語已具壽善現白佛言世尊
如我解佛所說義者如来昔於然燈如来應
正等覺所无有少法能證阿耨多羅三藐三
菩提說是語已佛告具壽善現言如是如是
善現如来昔於然燈如来應正等覺所无有
少法能證阿耨多羅三藐三菩提何以故善
現如来昔於然燈如来應正等覺所若有少
法能證阿耨多羅三藐三菩提者然燈如来
應正等覺不應授我記言汝摩納婆於當来
世名釋迦牟尼如来應正等覺善現以如来
无有少法能證阿耨多羅三藐三菩提是故
然燈如来應正等覺授我記言汝摩納婆於

BD15243號3　能斷金剛般若波羅蜜多經　（26–17）

世名釋迦牟尼如來應正等覺善現以如來
无有少法能證阿耨多羅三藐三菩提是故
然燈如來應正等覺授我記言汝摩納婆於
當來世名釋迦牟尼如來應正等覺所以者
何善現言如來者即是真實真如增語言
如來者即是无生法性增語言如來者即是
永斷道路增語言如來者即是畢竟不生增
語何以故善現若實无生即最勝義善現若
如是說如來應正等覺能證阿耨多羅三藐
三菩提者當知此言為不真實所以者何善
現由彼謗我起不實執何以故善現无有少法
如來應正等覺能證阿耨多羅三藐三菩提
善現如來現前等所證法或所說法或所思
法即於其中非諦非妄是故如來說一切法
皆是佛法善現一切法一切法者如來說非
一切法是故如來說名一切法一切法
佛告善現譬如士夫具身大身具壽善現即
白佛言世尊如來所說士夫具身大身如來
說為非身是故說名具身大身佛言善現如
是如是若諸菩薩作如是言我當滅度无量
有情是則不應說名菩薩何以故善現頗有
少法名菩薩不善現答言不也世尊无有少
法名為菩薩佛告善現有情有情者如來說
非有情故名有情是故如來說一切法无有
有情无有命者无有士夫无有補特伽羅等
善現若諸菩薩作如是言我當成辦佛土功
德莊嚴亦如是說何以故善現佛土功德莊

BD15243 號 3　能斷金剛般若波羅蜜多經　（26–18）

非有情故名有情是故如來說一切法无有
有情无有命者无有士夫无有補特伽羅等
善現若諸菩薩作如是言我當成辦佛土功
德莊嚴亦如是說何以故善現佛土功德莊
嚴佛土功德莊嚴者如來說非莊嚴是故如
來說名佛土功德莊嚴佛土功德莊嚴善現
若諸菩薩於无我法无我法深信解者如來
應正等覺說為菩薩菩薩
佛告善現於汝意云何如來等現有肉眼不
善現答言如是世尊如來等現有肉眼佛言
善現於汝意云何如來等現有天眼不善現
答言如是世尊如來等現有天眼佛言善
現於汝意云何如來等現有慧眼不善現答
言如是世尊如來等現有慧眼佛言善現於
汝意云何如來等現有法眼不善現答言如
是世尊如來等現有法眼佛言善現於汝意
云何如來等現有佛眼不善現答言如是世
尊如來等現有佛眼
佛告善現於汝意云何乃至殑伽河中所有
諸沙如來說是沙不善現答言如是世尊如
是善逝如來說是沙佛言善現於汝意云何
乃至殑伽河中所有沙數假使有如是等殑
伽河乃至是諸殑伽河中所有沙數假使有
如是等世界是諸世界寧為多不善現答言
如是世尊如是善逝是諸世界其數甚多佛
言善現乃至爾所諸世界中所有有情彼諸
有情各有種種其心流注我悉能知何以故

BD15243 號 3　能斷金剛般若波羅蜜多經　（26–19）

如是等世界是諸世界寧為多不善現荅言
如是世尊如是善逝是諸世界其數甚多佛
言善現乃至尒所諸世界中所有有情彼諸
有情各有種種其心流注我悉能知何以故
善現心流注心流注者如来說非流注是故
如来說名心流注心流注所以者何善現過
去心不可得未来心不可得現在心不可得佛
告善現於汝意云何若善男子或善女人以
此三千大千世界盛滿七寶奉施如来應正
等覺是善男子或善女人由是因緣所生福
聚寧為多不善現荅言甚多世尊甚多善逝
佛言善現如是如是彼善男子或善女人由
此因緣所生福聚其量甚多何以故善現若
有福聚如来不說福聚福聚
佛告善現於汝意云何可以色身圓實觀如
来不善現荅言不也世尊不可以色身圓實
觀於如来何以故世尊色身圓實色身圓實
者如来說非圓實是故如来說名色身圓實
色身圓實
佛告善現於汝意云何可以諸相具足觀如
来不善現荅言不也世尊不可以諸相具足
觀於如来何以故世尊諸相具足諸相具足
者如来說為非相具足是故如来說名諸相
具足諸相具足
佛告善現於汝意云何如来頗作是念我當
有所說法耶善現汝今勿當作如是觀何以
故善現若言如来有所說法即為謗我為非

BD15243號3　能斷金剛般若波羅蜜多經　（26–20）

佛告善現於汝意云何如来頗作是念我當
有所說法耶善現汝今勿當作如是觀何以
故善現若言如来有所說法即為謗我為非
善取何以故善現說法說法者无法可得故
名說法
尒時具壽善現白佛言世尊於當来世後時
後分後五百歲正法將滅時分轉時頗有有
情聞說如是色類法已能深信不佛言善現彼
非有情非不有情何以故善現一切有情者
如来說非有情故名一切有情
佛告善現於汝意云何頗有少法如来應正
等覺現證无上正等菩提耶具壽善現白佛
言世尊如我解佛所說義者无有少法如来
應正等覺現證无上正等菩提佛言善現如
是如是於中少法无有无得故名无上正等
菩提復次善現是法平等於其中間无不平
等故名无上正等菩提以无我性无有情性
无命者性无士夫性无補特伽羅等性平等
故名无上正等菩提一切善法无不現證一
切善法无不妙覺善現善法善法者如来一
切說為非法是故如来說名善法善法
復次善現若善男子或善女人集七寶聚量
等三千大千世界其中所有妙高山王持用
布施若善男子或善女人於此般若波羅蜜
多經中乃至四句伽他受持讀誦究竟通利
及廣為他宣說開示如理作意善現前說福
聚於此福聚百分計之所不能及如是千分

BD15243號3　能斷金剛般若波羅蜜多經　（26–21）

等三千大千世界其中所有妙高山王持用
布施若善男子或善女人於此般若波羅蜜
多經中乃至四句伽他受持讀誦究竟通利
及廣為他宣說開示如理作意善現前說福
聚於此福聚百分計之所不能及如是千分
若百千分若俱胝百千分若俱胝那庾多百
千分若數分若計分若算分若喻分若鄔波
尼殺曇分亦不能及
佛告善現於汝意云何如來頗作是念我當
度脫諸有情耶善現汝今勿當作如是觀何
以故善現无少有情如來度者善現若有
有情如來度者如來即應有其我執有有
情執有命者執有士夫執有補特伽羅等
執善現我等執者如來說為非執故名我等執
而諸愚夫異生強有此執善現愚夫異生者
如來說為非生故名愚夫異生
佛告善現於汝意云何可以諸相具足觀如
來不善現答言如我解佛所說義者不應以
諸相具足觀於如來佛言善現善哉善哉如
是如是如汝所說不應以諸相具足觀於如
來善現若以諸相具足觀如來者轉輪聖王
應是如來是故不應以諸相具足觀於如來
如是應以諸相非相觀於如來尒時世尊而
說頌曰
諸以色觀我 以音聲尋我 彼生履邪斷 不能當見我
應觀佛法性 即導師法身 法性非所識 故彼不能了
佛告善現於汝意云何如來應正等覺以諸

BD15243 號 3　能斷金剛般若波羅蜜多經　（26–22）

諸以色觀我 以音聲尋我 彼生履邪斷 不能當見我
應觀佛法性 即導師法身 法性非所識 故彼不能了
佛告善現於汝意云何如來應正等覺以諸
相具足現證无上正等覺耶善現汝今勿當
作如是觀何以故善現如來應正等覺不以
諸相具足現證无上正等菩提
復次善現如是發趣菩薩乘者頗施設少法
若壞若斷耶善現汝今勿當作如是觀諸有
發趣菩薩乘者終不施設少法若壞若斷
復次善現若善男子或善女人以殑伽河沙
等世界盛滿七寶奉施如來應正等覺若有
菩薩於諸无我无生法中獲得堪忍由是因
緣所生福聚甚多於彼
復次善現菩薩不應攝受福聚具壽善現即
白佛言世尊云何菩薩不應攝受福聚佛言
善現所應攝受不應攝受是故說名所應攝
受
復次善現若有說言如來若去若來若住若
坐若臥是人不解我所說義何以故善現言
如來者即是真實真如增語都无所去无所
從來故名如來應正等覺
復次善現若善男子或善女人乃至三千大
千世界大地極微塵量等世界即以如是无
數世界色像為墨如極微聚善現於汝意云
何是極微聚寧為多不善現答言是極微聚
甚多世尊甚多善逝何以故世尊若極微聚
是實有者佛不應說為極微聚所以者何如

BD15243 號 3　能斷金剛般若波羅蜜多經　（26–23）

千世界大地極微塵量等世界即以如是无
數世界色像為墨如極微聚善現於汝意云
何是極微聚寧為多不善現荅言是極微聚
甚多世尊甚多善逝何以故世尊若極微聚
是實有者佛不應說為極微聚所以者何如
来說極微聚即為非聚故名極微聚如来說
三千大千世界即非世界故名三千大千世
界何以故世尊若世界是實有者即為一合
執如来說一合執即為非執故名一合執佛
言善現此一合執不可言說不可戲論然彼
一切愚夫異生強執是法何以故善現若作
是言如来宣說我見有情見命者見士夫見
補特伽羅見意生見摩納婆見作者見受者
見於汝意云何如是所說為正語不善現荅
言不也世尊不也善逝如是所說非為正語
所以者何如来所說我見有情見命者見士
夫見補特伽羅見意生見摩納婆見作者見
受者見即為非見故名我見乃至受者見
佛告善現諸有發趣菩薩乘者於一切法應
如是知應如是見應如是信解如不住法想
何以故善現法想法想者如来說為非想是
故如来說名法想法想
復次善現若菩薩摩訶薩以无量无數世界
盛滿七寶奉施如来應正等覺若善男子或
善女人於此般若波羅蜜多經中乃至四句
伽他受持讀誦究竟通利如理作意及廣為
他宣說開示由此因緣所生福聚甚多於前

BD15243 號 3　能斷金剛般若波羅蜜多經　（26–24）

故如来說名法想法想
復次善現若菩薩摩訶薩以无量无數世界
盛滿七寶奉施如来應正等覺若善男子或
善女人於此般若波羅蜜多經中乃至四句
伽他受持讀誦究竟通利如理作意及廣為
他宣說開示由此因緣所生福聚甚多於前
无量无數云何為他宣說開示如不為他宣
說開示故名為他宣說開示尒時世尊而說
頌曰
諸和合所為　如星翳燈幻　露泡夢電雲　應作如是觀
時薄伽梵說是經已尊者善現及諸苾芻苾
芻尼鄔波索迦鄔波斯迦并諸世間天人向
素洛健達縛等聞薄伽梵所說經已皆大歡
喜信受奉行

能斷金剛般若波羅蜜多經一卷

貞觀廿二年十月一日於雍州宜君縣玉華宮弘法臺三藏法師玄奘奉　詔譯
直中書長安杜行顗筆受
弘福寺沙門玄謨證梵語
大總持寺沙門辯機證文

BD15243 號 3　能斷金剛般若波羅蜜多經　（26–25）

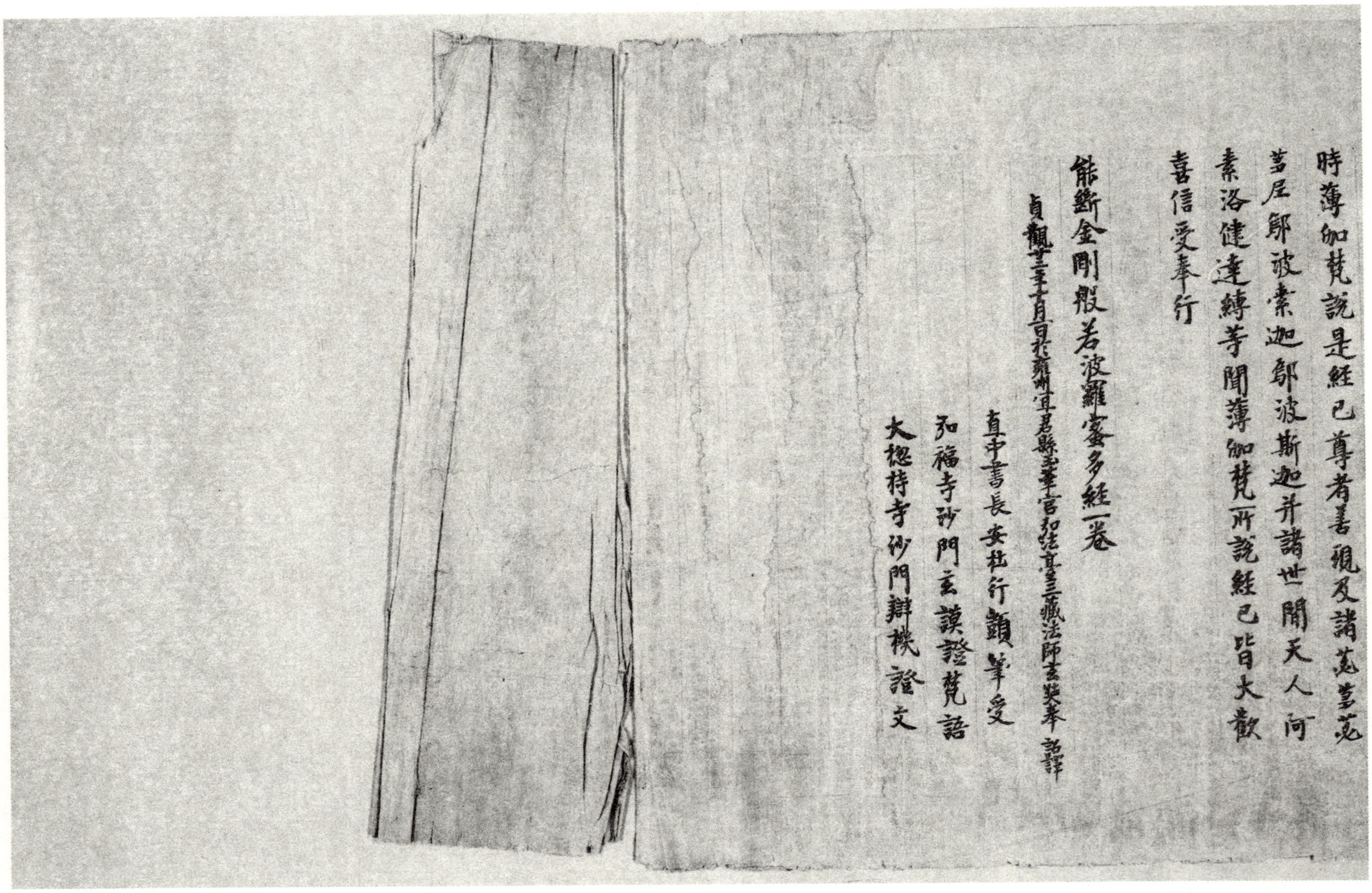

時薄伽梵說是經已尊者善現及諸苾芻苾
芻尼鄔波索迦鄔波斯迦并諸世間天人阿
素洛健達縛等聞薄伽梵所說經已皆大歡
喜信受奉行

能斷金剛般若波羅蜜多經一卷

貞觀廿二年十月一日於雍州宜君縣玉華宮弘法臺三藏法師玄奘奉 詔譯
直中書長安杜行顗筆受
知福寺沙門玄謨證梵語
大總持寺沙門辯機證文

BD15243 號 3　能斷金剛般若波羅蜜多經　（26–26）

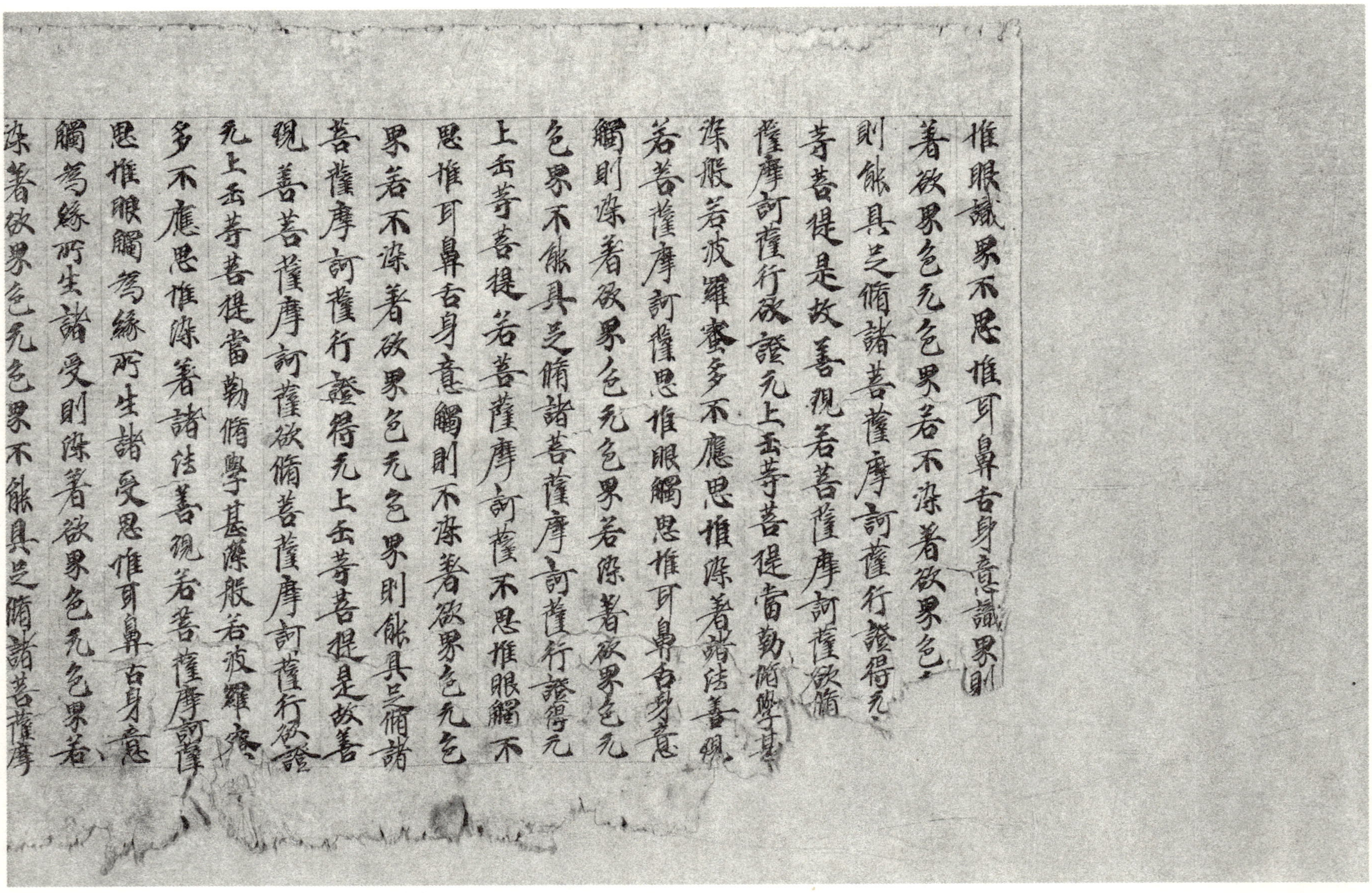

惟眼識界不思惟耳鼻舌身意識界則
著欲界色无色界若不染著欲界色无
則能具足脩諸菩薩摩訶薩行證得无
等菩提是故善現若菩薩摩訶薩欲脩
薩摩訶薩行欲證无上正等菩提當勤脩學甚
深般若波羅蜜多不應思惟染著諸法善現
若菩薩摩訶薩不思惟眼觸思惟耳鼻舌身意
觸則染著欲界色无色界若染著欲界色无
色界不能具足脩諸菩薩摩訶薩行證得无
上正等菩提若菩薩摩訶薩不思惟眼觸不
思惟耳鼻舌身意觸則不染著欲界色无色
界若不染著欲界色无色界則能具足脩諸
菩薩摩訶薩行證得无上正等菩提是故善
現善菩薩摩訶薩欲脩菩薩摩訶薩行欲證
无上正等菩提當勤脩學甚深般若波羅蜜
多不應思惟染著諸法善現若菩薩摩訶薩
思惟眼觸為緣所生諸受思惟耳鼻舌身意
觸為緣所生諸受則染著欲界色无色界若
染著欲界色无色界不能具足脩諸菩薩摩

BD15244 號　大般若波羅蜜多經卷三五三　（21–1）

思惟眼觸爲緣所生諸受思惟耳鼻舌身意
觸爲緣所生諸受則深著欲界色无色界若
深著欲界色无色界不能具足脩諸菩薩摩
訶薩行證得无上正等菩提若菩薩摩訶薩
不思惟眼觸爲緣所生諸受不思惟耳鼻舌
身意觸爲緣所生諸受則不深著欲界色无
色界若不深著欲界色无色界則能具足脩
諸菩薩摩訶薩行證得无上正等菩提是故
善現若菩薩摩訶薩欲脩菩薩摩訶薩行欲
證无上正等菩提當勤脩學甚深般若波羅
蜜多不應思惟深著諸法善現若菩薩摩訶
薩思惟地界思惟水火風空識界則深著欲
界色无色界若深著欲界色无色界不能具
足脩諸菩薩摩訶薩行證得无上正等菩提
若菩薩摩訶薩不思惟地界不思惟水火風
空識界則不深著欲界色无色界若不深著
欲界色无色界則能具足脩諸菩薩摩訶薩
行證得无上正等菩提是故善現若菩薩摩
訶薩欲脩菩薩摩訶薩行欲證无上正等菩
提當勤脩學甚深般若波羅蜜多不應思惟
深著諸法善現若菩薩摩訶薩思惟无明思
惟行識名色六處觸受愛取有生老死愁歎
苦憂惱則深著欲界色无色界若深著欲界
色无色界不能具足脩諸菩薩摩訶薩行證
得无上正等菩提若菩薩摩訶薩不思惟无

BD15244號　大般若波羅蜜多經卷三五三　　（21–2）

色无色界不能具足脩諸菩薩摩訶薩行證
得无上正等菩提若菩薩摩訶薩不思惟无
明不思惟行乃至老死愁歎苦憂惱則不深
著欲界色无色界若不深著欲界色无色界
則能具足脩諸菩薩摩訶薩行證得无上正
等菩提是故善現若菩薩摩訶薩欲脩菩
薩摩訶薩行欲證无上正等菩提當勤脩學
甚深般若波羅蜜多不應思惟深著諸法
善現若菩薩摩訶薩思惟布施波羅蜜多思
惟淨戒安忍精進靜慮般若波羅蜜多則深
著欲界色无色界若深著欲界色无色界不
能具足脩諸菩薩摩訶薩行證得无上正等
菩提若菩薩摩訶薩不思惟布施波羅蜜
多不思惟淨戒乃至般若波羅蜜多則不深著
欲界色无色界若不深著欲界色无色界則
能具足脩諸菩薩摩訶薩行證得无上正等
菩提是故善現若菩薩摩訶薩欲脩菩薩摩
訶薩行欲證无上正等菩提當勤脩學甚深
般若波羅蜜多不應思惟深著諸法善現
若菩薩摩訶薩思惟內空思惟外空內外空
空空大空勝義空有爲空无爲空畢竟空无
際空散空无變異空本性空自相空共相空一
切法空不可得空无性空自性空无性自性
空則深著欲界色无色界若深著欲界色无
色界不能具足脩諸菩薩摩訶薩行證得无

BD15244號　大般若波羅蜜多經卷三五三　　（21–3）

切法空不可得空无性空自性空无性自性
空則深著欲界色无色界若深著欲界色无
色界不能具足修諸菩薩摩訶薩行證得无
上正等菩提若菩薩摩訶薩不思惟內空不
思惟外空乃至无性自性空則不深著欲界
色无色界若不深著欲界色无色界則能具
足修諸菩薩摩訶薩行證得无上正等菩提
是故善現若菩薩摩訶薩欲修菩薩摩訶
薩行欲證无上正等菩提當勤修學甚深般
若波羅蜜多不應思惟深著諸法善現若菩
薩摩訶薩思惟真如思惟法界法性不虛妄性
不變異性平等性離生性法定法住實際虛
空界不思議界則深著欲界色无色界若深
著欲界色无色界不能具足修諸菩薩摩訶
薩行證得无上正等菩提若菩薩摩訶薩不
思惟真如不思惟法界乃至不思議界則不
深著欲界色无色界若不深著欲界色无色
界則能具足修諸菩薩摩訶薩行證得无
上正等菩提是故善現菩薩摩訶薩欲修菩
薩摩訶薩行欲證无上正等菩提當勤修學
甚深般若波羅蜜多不應思惟深著諸法
善現若菩薩摩訶薩思惟苦聖諦思惟集滅
道聖諦則深著欲界色无色界若深著欲界
色无色界不能具足修諸菩薩摩訶薩行證得
无上正等菩提若菩薩摩訶薩不思惟苦聖

BD15244號　大般若波羅蜜多經卷三五三　（21–4）

道聖諦則深著欲界色无色界若深著欲界
色无色界不能具足修諸菩薩摩訶薩行證得
无上正等菩提若菩薩摩訶薩不思惟苦聖
諦不思惟集滅道聖諦則不深著欲界色无
色界若不深著欲界色无色界則能具足修
諸菩薩摩訶薩行證得无上正等菩提是故
善現若菩薩摩訶薩欲修菩薩摩訶薩行
欲證无上正等菩提當勤修學甚深般若波羅
蜜多不應思惟深著諸法善現若菩薩摩訶
薩思惟四靜慮思惟四无量四无色定則深
著欲界色无色界若深著欲界色无色界不
能具足修諸菩薩摩訶薩行證得无上正等
菩提若菩薩摩訶薩不思惟四靜慮不思惟
四无量四无色定則不深著欲界色无色界
若不深著欲界色无色界則能具足修諸菩
薩摩訶薩行證得无上正等菩提是故善現
若菩薩摩訶薩欲修菩薩摩訶薩行欲證无
上正等菩提當勤修學甚深般若波羅蜜多
不應思惟深著諸法善現若菩薩摩訶薩思
惟八解脫思惟八勝處九次第定十遍處則
深著欲界色无色界若深著欲界色无色界
不能具足修諸菩薩摩訶薩行證得无上正
等菩提若菩薩摩訶薩不思惟八解脫不思
惟八勝處九次第定十遍處則不深著欲界
色无色界若不深著欲界色无色界則能具

BD15244號　大般若波羅蜜多經卷三五三　（21–5）

等菩提若菩薩摩訶薩不思惟八解脫不思
惟八勝處九次第定十遍處則不深著欲界
色無色界若不深著欲界色無色界則能具
足修諸菩薩摩訶薩行證得無上正等菩提是
故善現若菩薩摩訶薩欲修菩薩摩訶薩
行欲證無上正等菩提當勤修學甚深般若
波羅蜜多不應思惟深著諸法善現若菩
薩摩訶薩思惟四念住思惟四正斷四神足
五根五力七等覺支八聖道支則深著欲界
色無色界若深著欲界色無色界不能具足
修諸菩薩摩訶薩行證得無上正等菩提若
菩薩摩訶薩不思惟四念住不思惟四正斷
乃至八聖道支則不深著欲界色無色界若
不深著欲界色無色界則能具足修諸菩薩
摩訶薩行證得無上正等菩提是故善現若
菩薩摩訶薩欲修菩薩摩訶薩行欲證無上
正等菩提當勤修學甚深般若波羅蜜多不
應思惟深著諸法善現若菩薩摩訶薩思
惟空解脫門思惟無相無願解脫門則深著欲
界色無色界若深著欲界色無色界不能具
足修諸菩薩摩訶薩行證得無上正等菩提
若菩薩摩訶薩不思惟空解脫門不思惟無
相無願解脫門則不深著欲界色無色界若
不深著欲界色無色界則能具足修諸菩薩
摩訶薩行證得無上正等菩提是故善現若

BD15244號　大般若波羅蜜多經卷三五三　（21–6）

不深著欲界色無色界則能具足修諸菩薩
摩訶薩行證得無上正等菩提是故善現若
菩薩摩訶薩欲修菩薩摩訶薩行欲證無上
正等菩提當勤修學甚深般若波羅蜜多不
應思惟深著諸法
善現若菩薩摩訶薩思惟五眼思惟六神通
則深著欲界色無色界若深著欲界色無色
界不能具足修諸菩薩摩訶薩行證得無上
正等菩提若菩薩摩訶薩不思惟五眼不思
惟六神通則不深著欲界色無色界若不深
著欲界色無色界則能具足修諸菩薩摩訶
薩行證得無上正等菩提是故善現若菩薩
摩訶薩欲修菩薩摩訶薩行欲證無上正等
菩提當勤修學甚深般若波羅蜜多不應
思惟深著諸法善現若菩薩摩訶薩思惟佛
十力思惟四無所畏四無礙解大慈大悲大喜
大捨十八佛不共法則深著欲界色無色界
若深著欲界色無色界不能具足修諸菩薩
摩訶薩行證得無上正等菩提若菩薩摩訶
薩不思惟佛十力不思惟四無所畏乃至十
八佛不共法則不深著欲界色無色界若不
深著欲界色無色界則能具足修諸菩薩
摩訶薩行證得無上正等菩提是故善現若
菩薩摩訶薩欲修菩薩摩訶薩行欲證無上正
等菩提當勤修學甚深般若波羅蜜多不應

BD15244號　大般若波羅蜜多經卷三五三　（21–7）

摩訶薩行證得无上正等菩提是故善現若
菩薩摩訶薩欲修菩薩摩訶薩行欲證无上正
等菩提當勤修學甚深般若波羅蜜多不應
思惟染著諸法善現若菩薩摩訶薩思惟无
忘失法思惟恒住捨性則染著欲界色无色
界若染著欲界色无色界不能具足修諸菩
薩摩訶薩行證得无上正等菩提若菩薩摩
訶薩不思惟无忘失法不思惟恒住捨性則
不染著欲界色无色界若不染著欲界色无
色界則能具足修諸菩薩摩訶薩行證得无
上正等菩提是故善現若菩薩摩訶薩欲修
菩薩摩訶薩行欲證无上正等菩提當勤修
學甚深般若波羅蜜多不應思惟染著諸法
善現若菩薩摩訶薩思惟一切智思惟道相
智一切相智則染著欲界色无色界若染著
欲界色无色界不能具足修諸菩薩摩訶薩
行證得无上正等菩提若菩薩摩訶薩不思
惟一切智不思惟道相智一切相智則不染著
欲界色无色界若不染著欲界色无色界
則能具足修諸菩薩摩訶薩行證得无上正
等菩提是故善現若菩薩摩訶薩欲修菩薩
摩訶薩行欲證无上正等菩提當勤修學甚
深般若波羅蜜多不應思惟染著諸法善現
若菩薩摩訶薩思惟一切陁羅尼門思惟一
切三摩地門則染著欲界色无色界若染著

BD15244號　大般若波羅蜜多經卷三五三　（21–8）

深般若波羅蜜多不應思惟染著諸法善現
若菩薩摩訶薩思惟一切陁羅尼門思惟一
切三摩地門則染著欲界色无色界若染著
欲界色无色界不能具足修諸菩薩摩訶薩
行證得无上正等菩提若菩薩摩訶薩不思
惟一切陁羅尼門不思惟一切三摩地門則
不染著欲界色无色界若不染著欲界色无
色界則能具足修諸菩薩摩訶薩行證得无
上正等菩提是故善現若菩薩摩訶薩欲修
菩薩摩訶薩行欲證无上正等菩提當勤修
學甚深般若波羅蜜多不應思惟染著諸法
善現若菩薩摩訶薩思惟預流果思惟一來
不還阿羅漢果則染著欲界色无色界若染
著欲界色无色界不能具足修諸菩薩摩訶
薩行證得无上正等菩提若菩薩摩訶薩不
思惟預流果不思惟一來不還阿羅漢果則
不染著欲界色无色界若不染著欲界色无
色界則能具足修諸菩薩摩訶薩行證得
无上正等菩提是故善現若菩薩摩訶薩欲
修菩薩摩訶薩行欲證无上正等菩提當勤
修學甚深般若波羅蜜多不應思惟染著諸法
善現若菩薩摩訶薩思惟獨覺菩提則染著
欲界色无色界若染著欲界色无色界不能
具足修諸菩薩摩訶薩行證得无上正等菩
提若菩薩摩訶薩不思惟獨覺菩提則不染

BD15244號　大般若波羅蜜多經卷三五三　（21–9）

具足修諸菩薩摩訶薩行證得无上正等菩
提若菩薩摩訶薩不思惟獨覺菩提則不染
著欲界色无色界若不染著欲界色无色界
則能具足修諸菩薩摩訶薩行證得无上正
等菩提是故善現若菩薩摩訶薩欲修菩薩
摩訶薩行欲證无上正等菩提不應思惟染
著諸法善現若菩薩摩訶薩思惟一切菩薩
摩訶薩行則染著欲界色无色界若染著欲
界色无色界不能具足修諸菩薩摩訶薩
行證得无上正等菩提若菩薩摩訶薩不思
惟一切菩薩摩訶薩行則不染著欲界色无色
界若不染著欲界色无色界則能具足修諸
菩薩摩訶薩行證得无上正等菩提是故善
現若菩薩摩訶薩欲修菩薩摩訶薩行欲證
无上正等菩提當勤修學甚深般若波羅蜜
多不應思惟染著諸法善現若菩薩摩訶薩
思惟諸佛无上正等菩提則染著欲界色无
色界若染著欲界色无色界不能具足修諸
菩薩摩訶薩行證得无上正等菩提若菩薩
摩訶薩不思惟諸佛无上正等菩提則不染
著欲界色无色界若不染著欲界色无色界
則能具足修諸菩薩摩訶薩行證得无上正
等菩提是故善現若菩薩摩訶薩欲修菩薩
摩訶薩行欲證无上正等菩提當勤修學甚
深般若波羅蜜多不應思惟染著諸法

BD15244 號　大般若波羅蜜多經卷三五三　（21–10）

摩訶薩行欲證无上正等菩提當勤修學甚
深般若波羅蜜多不應思惟染著諸法
具壽善現復白佛言世尊若菩薩摩訶薩精
勤修學甚深般若波羅蜜多當於何住佛言
善現若菩薩摩訶薩精勤修學甚深般若波
羅蜜多不應住色亦不應住受想行識善現
若菩薩摩訶薩精勤修學甚深般若波羅蜜
多不應住眼處亦不應住耳鼻舌身意處善
現若菩薩摩訶薩精勤修學甚深般若波羅
蜜多不應住色處亦不應住聲香味觸法處
善現若菩薩摩訶薩精勤修學甚深般若
波羅蜜多不應住眼界亦不應住耳鼻舌身意
界善現若菩薩摩訶薩精勤修學甚深般若
波羅蜜多不應住色界亦不應住聲香味觸
法界善現若菩薩摩訶薩精勤修學甚深
般若波羅蜜多不應住眼識界亦不應住耳鼻
舌身意識界善現若菩薩摩訶薩精勤修學
甚深般若波羅蜜多不應住眼觸亦不應住
耳鼻舌身意觸善現若菩薩摩訶薩精勤修
學甚深般若波羅蜜多不應住眼觸為緣所
生諸受亦不應住耳鼻舌身意觸為緣所生
諸受善現若菩薩摩訶薩精勤修學甚深
般若波羅蜜多不應住地界亦不應住水火風
空識界善現若菩薩摩訶薩精勤修學甚深
般若波羅蜜多不應住无明亦不應住行識

BD15244 號　大般若波羅蜜多經卷三五三　（21–11）

諸受善現若菩薩摩訶薩精勤脩學甚深
般若波羅蜜多不應住地界亦不應住水火風
空識界善現若菩薩摩訶薩精勤脩學甚深
般若波羅蜜多不應住无明亦不應住行識
名色六處觸受愛取有生老死愁歎苦憂惱
善現若菩薩摩訶薩精勤脩學甚深般若波
羅蜜多不應住布施波羅蜜多亦不應住淨
戒安忍精進靜慮般若波羅蜜多善現若菩
薩摩訶薩精勤脩學甚深般若波羅蜜多
不應住內空亦不應住外空內外空空空大空
勝義空有為空无為空畢竟空无際空散空
无變異空本性空自相空共相空一切法空
不可得空无性空自性空无性自性空善現
若菩薩摩訶薩精勤脩學甚深般若波羅蜜
多不應住真如亦不應住法界法性不虛妄
性不變異性平等性離生性法定法住實際
虛空界不思議界善現若菩薩摩訶薩精勤
脩學甚深般若波羅蜜多不應住苦聖諦亦
不應住集滅道聖諦善現若菩薩摩訶薩精
勤脩學甚深般若波羅蜜多不應住四靜慮
亦不應住四无量四无色定善現若菩薩摩
訶薩精勤脩學甚深般若波羅蜜多不應住
八解脫亦不應住八勝處九次第定十遍處
善現若菩薩摩訶薩精勤脩學甚深般若
波羅蜜多不應住四念住亦不應住四正斷四

BD15244號　大般若波羅蜜多經卷三五三　（21–12）

八解脫亦不應住八勝處九次第定十遍處
善現若菩薩摩訶薩精勤脩學甚深般若
波羅蜜多不應住四念住亦不應住四正斷四
神足五根五力七等覺支八聖道支善現若
菩薩摩訶薩精勤脩學甚深般若波羅蜜
多不應住空解脫門亦不應住无相无願解脫
門善現若菩薩摩訶薩精勤脩學甚深般
若波羅蜜多不應住五眼亦不應住六神通善
現若菩薩摩訶薩精勤脩學甚深般若波羅
蜜多不應住佛十力亦不應住四无所畏四无
礙解大慈大悲大喜大捨十八佛不共法
善現若菩薩摩訶薩精勤脩學甚深般若波
羅蜜多不應住无忘失法亦不應住恒住捨
性善現若菩薩摩訶薩精勤脩學甚深般若
波羅蜜多不應住一切智亦不應住道相智
一切相智善現若菩薩摩訶薩精勤脩學甚
深般若波羅蜜多不應住一切陀羅尼門亦
不應住一切三摩地門善現若菩薩摩訶薩
精勤脩學甚深般若波羅蜜多不應住預流
果亦不應住一來不還阿羅漢果善現若菩
薩摩訶薩精勤脩學甚深般若波羅蜜多不
應住獨覺菩提善現若菩薩摩訶薩精勤
脩學甚深般若波羅蜜多不應住一切菩薩摩
訶薩行善現若菩薩摩訶薩精勤脩學甚深
般若波羅蜜多不應住諸佛无上正等菩提

BD15244號　大般若波羅蜜多經卷三五三　（21–13）

修學甚深般若波羅蜜多不應住一切菩薩摩
訶薩行善現若菩薩摩訶薩精勤修學甚深
般若波羅蜜多不應住諸佛无上正等菩提
具壽善現復白佛言世尊何緣菩薩摩訶
薩精勤學甚深般若波羅蜜多不應住色亦
不應住受想行識世尊何緣菩薩摩訶薩精
勤修學甚深般若波羅蜜多不應住眼處亦
不應住耳鼻舌身意處世尊何緣菩薩摩
訶薩精勤學甚深般若波羅蜜多不應住色
處亦不應住聲香味觸法處世尊何緣菩薩
摩訶薩精勤修學甚深般若波羅蜜多不應
住眼界亦不應住耳鼻舌身意界世尊何緣
菩薩摩訶薩精勤修學甚深般若波羅蜜多
不應住色界亦不應住聲香味觸法界世尊
何緣菩薩摩訶薩精勤修學甚深般若波羅
蜜多不應住眼識界亦不應住耳鼻舌身意
識界世尊何緣菩薩摩訶薩精勤修學甚深
般若波羅蜜多不應住眼觸亦不應住耳鼻
舌身意觸世尊何緣菩薩摩訶薩精勤修學
甚深般若波羅蜜多不應住眼觸為緣所生
諸受亦不應住耳鼻舌身意觸為緣所生諸
受世尊何緣菩薩摩訶薩精勤修學甚深般
若波羅蜜多不應住地界亦不應住水火風空
識界世尊何緣菩薩摩訶薩精勤修學甚深
般若波羅蜜多不應住无明亦不應住行識

BD15244號　大般若波羅蜜多經卷三五三　（21–14）

若波羅蜜多不應住地界亦不應住水火風空
識界世尊何緣菩薩摩訶薩精勤修學甚深
般若波羅蜜多不應住无明亦不應住行識
名色六處觸受愛取有生老死愁歎苦憂惱
世尊何緣菩薩摩訶薩精勤修學甚深般
若波羅蜜多不應住布施波羅蜜多亦不應住
淨戒安忍精進靜慮般若波羅蜜多世尊何
緣菩薩摩訶薩精勤修學甚深般若波羅蜜
多不應住內空亦不應住外空內外空空空
大空勝義空有為空无為空畢竟空无際空
散空无變異空本性空自相空共相空一切
法空不可得空无性空自性空无性自性空
世尊何緣菩薩摩訶薩精勤修學甚深般若
波羅蜜多不應住真如亦不應住法界法性
不虛妄性不變異性平等性離生性法定法
住實際虛空界不思議界世尊何緣菩薩摩
訶薩精勤修學甚深般若波羅蜜多不應
住苦聖諦亦不應住集滅道聖諦世尊何緣
菩薩摩訶薩精勤修學甚深般若波羅蜜多不
應住四靜慮亦不應住四无量四无色定世
尊何緣菩薩摩訶薩精勤修學甚深般若波
羅蜜多不應住八解脫亦不應住八勝處九
次第定十遍處世尊何緣菩薩摩訶薩精勤
修學甚深般若波羅蜜多不應住四念住亦
不應住四正斷四神足五根五力七等覺支

BD15244號　大般若波羅蜜多經卷三五三　（21–15）

脩學甚深般若波羅蜜多不應住四念住亦
不應住四正斷四神足五根五力七等覺支
八聖道支世尊何緣菩薩摩訶薩精勤脩學
甚深般若波羅蜜多不應住空解脫門亦不
應住无相无願解脫門世尊何緣菩薩摩訶
薩精勤脩學甚深般若波羅蜜多不應住五
眼亦不應住六神通世尊何緣菩薩摩訶薩
精勤脩學甚深般若波羅蜜多不應住佛十
力亦不應住四无所畏四无礙解大慈大悲
大喜大捨十八佛不共法世尊何緣菩薩摩
訶薩精勤脩學甚深般若波羅蜜多不應住
无忘失法亦不應住恒住捨性世尊何緣菩
薩摩訶薩精勤脩學甚深般若波羅蜜多不
應住一切智亦不應住道相智一切相智世
尊何緣菩薩摩訶薩精勤脩學甚深般若
波羅蜜多不應住一切陀羅尼門亦不應住一
切三摩地門世尊何緣菩薩摩訶薩精勤脩
學甚深般若波羅蜜多不應住預流果亦不
應住一來不還阿羅漢果世尊何緣菩薩摩
訶薩精勤脩學甚深般若波羅蜜多不應住
獨覺菩提世尊何緣菩薩摩訶薩精勤脩學
甚深般若波羅蜜多不應住一切菩薩摩訶
薩行世尊何緣菩薩摩訶薩精勤脩學甚深
般若波羅蜜多不應住諸佛无上正等菩提
佛言善現若菩薩摩訶薩精勤脩學甚深

BD15244號　大般若波羅蜜多經卷三五三　（21–16）

薩行世尊何緣菩薩摩訶薩精勤脩學甚深
般若波羅蜜多不應住諸佛无上正等菩提
佛言善現若菩薩摩訶薩精勤脩學甚深
波若波羅蜜多於一切法无執著故不應住色
亦不應住受想行識不應住眼處亦不應住
耳鼻舌身意處不應住色處亦不應住聲香
味觸法處不應住眼界亦不應住耳鼻舌身
意界不應住色界亦不應住聲香味觸法界
不應住眼識界亦不應住耳鼻舌身意識界
不應住眼觸亦不應住耳鼻舌身意觸不應
住眼觸爲緣所生諸受亦不應住耳鼻舌身
意觸爲緣所生諸受不應住地界亦不應住
水火風空識界不應住无明亦不應住行識
名色六處觸受愛取有生老死愁歎苦憂惱
不應住布施波羅蜜多亦不應住淨戒安忍
精進靜慮般若波羅蜜多不應住內空亦不
應住外空內外空空空大空勝義空有爲空
无爲空畢竟空无際空散空无變異空本性
空自相空共相空一切法空不可得空无性空
自性空无性自性空應住真如亦不應
住法界法性不虛妄性不變異性平等性離
生性法定法住實際虛空界不思議界不應
住苦聖諦亦不應住集滅道聖諦不應住四
靜慮亦不應住四无量四无色定不應住八
解脫亦不應住八勝處九次第定十遍處不

BD15244號　大般若波羅蜜多經卷三五三　（21–17）

住苦聖諦亦不應住集滅道聖諦不應住四
靜慮亦不應住四无量四无色定不應住八
解脫亦不應住八勝處九次第定十遍處不
應住四念住亦不應住四正斷四神足五根
五力七等覺支八聖道支不應住空解脫門
亦不應住无相无願解脫門不應住五眼亦
不應住六神通不應住佛十力亦不應住四
无所畏四无礙解大慈大悲大喜大捨十八
佛不共法不應住无忘失法亦不應住恒住
捨性不應住一切智亦不應住道相智一切
相智不應住一切陁羅尼門亦不應住一切
三摩地門不應住預流果亦不應住一來不
還阿羅漢果不應住獨覺菩提不應住一切
菩薩摩訶薩行不應住諸佛无上正等菩提
何以故善現是菩薩摩訶薩不見有法可於
其中而起執着及安住故善現如是菩薩摩
訶薩以无執着及无安住而為方便行深般
若波羅蜜多
復次善現若菩薩摩訶薩作如是念若能如
是无所執着无所安住行深般若波羅蜜多
是行般若波羅蜜多若能如是无所執着
无所安住脩深般若波羅蜜多是脩般若波羅
蜜多我應如是行深般若波羅蜜多我應如
是脩深般若波羅蜜多善現是菩薩摩訶薩
由如是念取相執着遠離般若波羅蜜多若

BD15244號　大般若波羅蜜多經卷三五三　（21–18）

是脩深般若波羅蜜多善現是菩薩摩訶薩
由如是念取相執着遠離般若波羅蜜多若
遠離般若波羅蜜多則遠離靜慮精進安忍
淨戒布施波羅蜜多亦遠離內空外空內外
空空空大空勝義空有為空无為空畢竟
空无際空散空无變異空本性空自相空共相
空一切法空不可得空无性空自性空无性
自性空亦遠離真如法界法性不虛妄性不
變異性平等性離生性法定法住實際虛空
界不思議界亦遠離苦聖諦集滅道聖諦
亦遠離四靜慮四无量四无色定亦遠離八解
脫八勝處九次第定十遍處亦遠離四念住
四正斷四神足五根五力七等覺支八聖道
支亦遠離空解脫門无相无願解脫門亦遠
離五眼六神通亦遠離佛十力四无所畏四
无礙解大慈大悲大喜大捨十八佛不共法
亦遠離无忘失法恒住捨性亦遠離一切智
道相智一切相智亦遠離一切陁羅尼門一
切三摩地門亦遠離一切菩薩摩訶薩行亦
遠離諸佛无上正等菩提何以故善現甚深
般若波羅蜜多於一切法无所執着非深般
若波羅蜜多有執着性所以者何善現甚
深般若波羅蜜多都无自性可於諸法有所執
着是故善現諸菩薩摩訶薩脩行般若波
羅蜜多於一切法及深般若波羅蜜多皆无執

BD15244號　大般若波羅蜜多經卷三五三　（21–19）

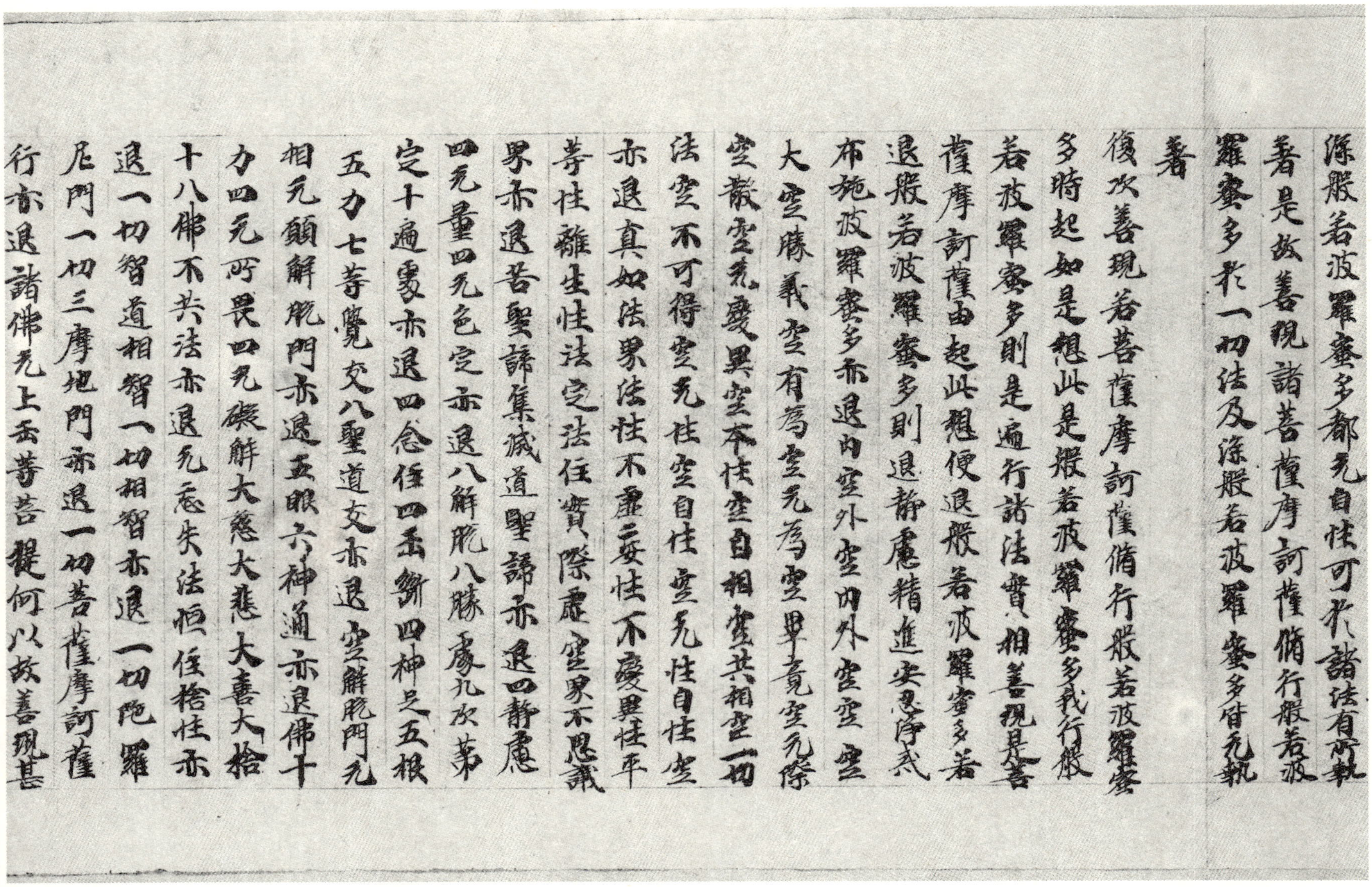

除般若波羅蜜多都无自性可於諸法有所執
著是故善現諸菩薩摩訶薩脩行般若波
羅蜜多於一切法及除般若波羅蜜多皆无執
著
復次善現若菩薩摩訶薩脩行般若波羅蜜
多時起如是想此是般若波羅蜜多我行般
若波羅蜜多則是遍行諸法實相善現是菩
薩摩訶薩由起此想便退般若波羅蜜多若
退般若波羅蜜多則退靜慮精進安忍淨戒
布施波羅蜜多亦退內空外空內外空空空
大空勝義空有為空无為空畢竟空无際
空散空无變異空本性空自相空共相空一切
法空不可得空无性空自性空无性自性空
亦退真如法界法性不虛妄性不變異性平
等性離生性法定法住實際虛空界不思議
界亦退苦聖諦集滅道聖諦亦退四靜慮
四无量四无色定亦退八解脫八勝處九次第
定十遍處亦退四念住四正斷四神足五根
五力七等覺支八聖道支亦退空解脫門无
相无願解脫門亦退五眼六神通亦退佛十
力四无所畏四无礙解大慈大悲大喜大捨
十八佛不共法亦退无忘失法恒住捨性亦
退一切智道相智一切相智亦退一切陀羅
尼門一切三摩地門亦退一切菩薩摩訶薩
行亦退諸佛无上正等菩提何以故善現甚

BD15244 號　大般若波羅蜜多經卷三五三　（21–20）

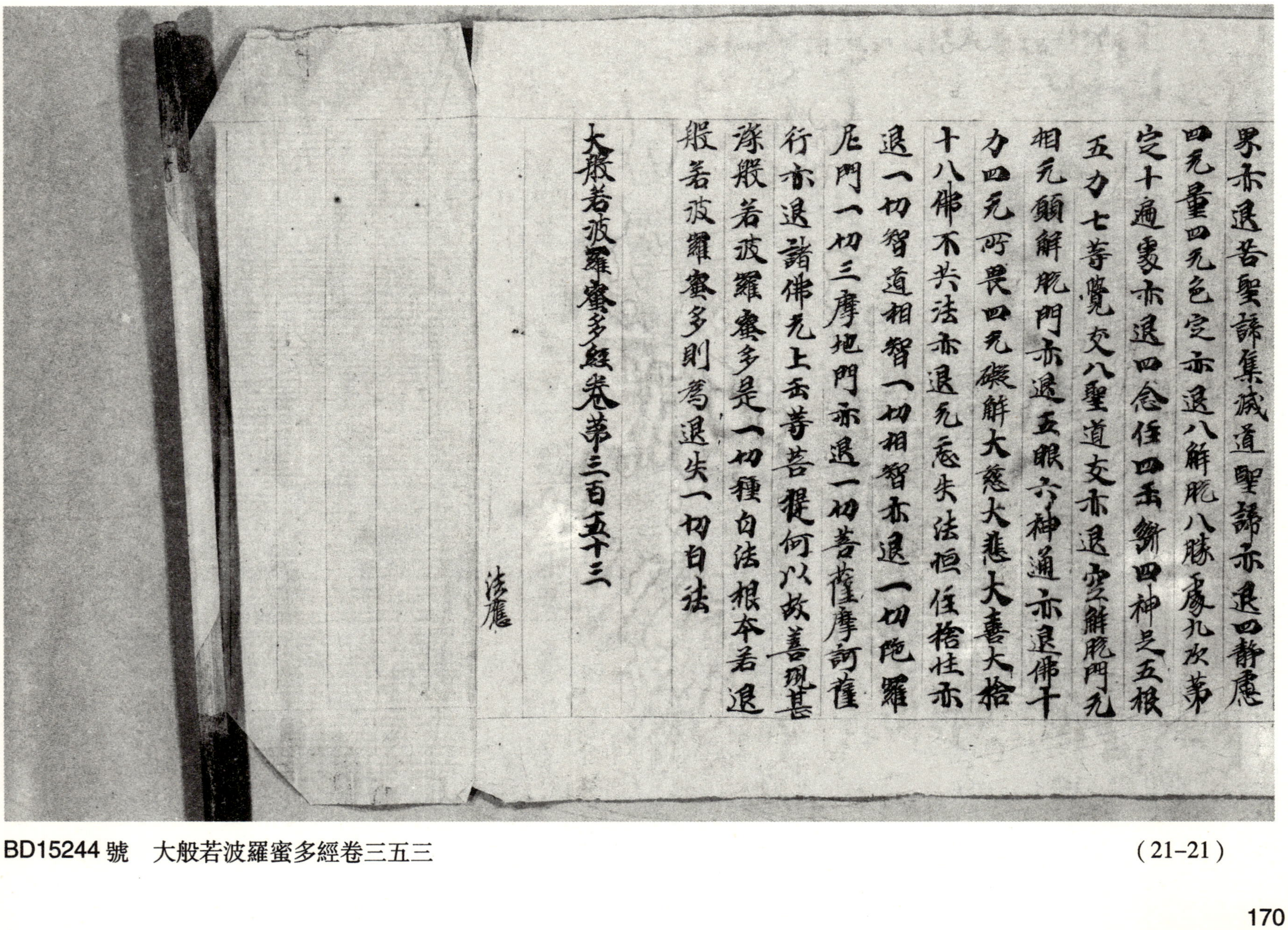

界亦退苦聖諦集滅道聖諦亦退四靜慮
四无量四无色定亦退八解脫八勝處九次第
定十遍處亦退四念住四正斷四神足五根
五力七等覺支八聖道支亦退空解脫門无
相无願解脫門亦退五眼六神通亦退佛十
力四无所畏四无礙解大慈大悲大喜大捨
十八佛不共法亦退无忘失法恒住捨性亦
退一切智道相智一切相智亦退一切陀羅
尼門一切三摩地門亦退一切菩薩摩訶薩
行亦退諸佛无上正等菩提何以故善現甚
深般若波羅蜜多是一切種白法根本若退
般若波羅蜜多則為退失一切白法

大般若波羅蜜多經卷第三百五十三

法應

BD15244 號　大般若波羅蜜多經卷三五三　（21–21）

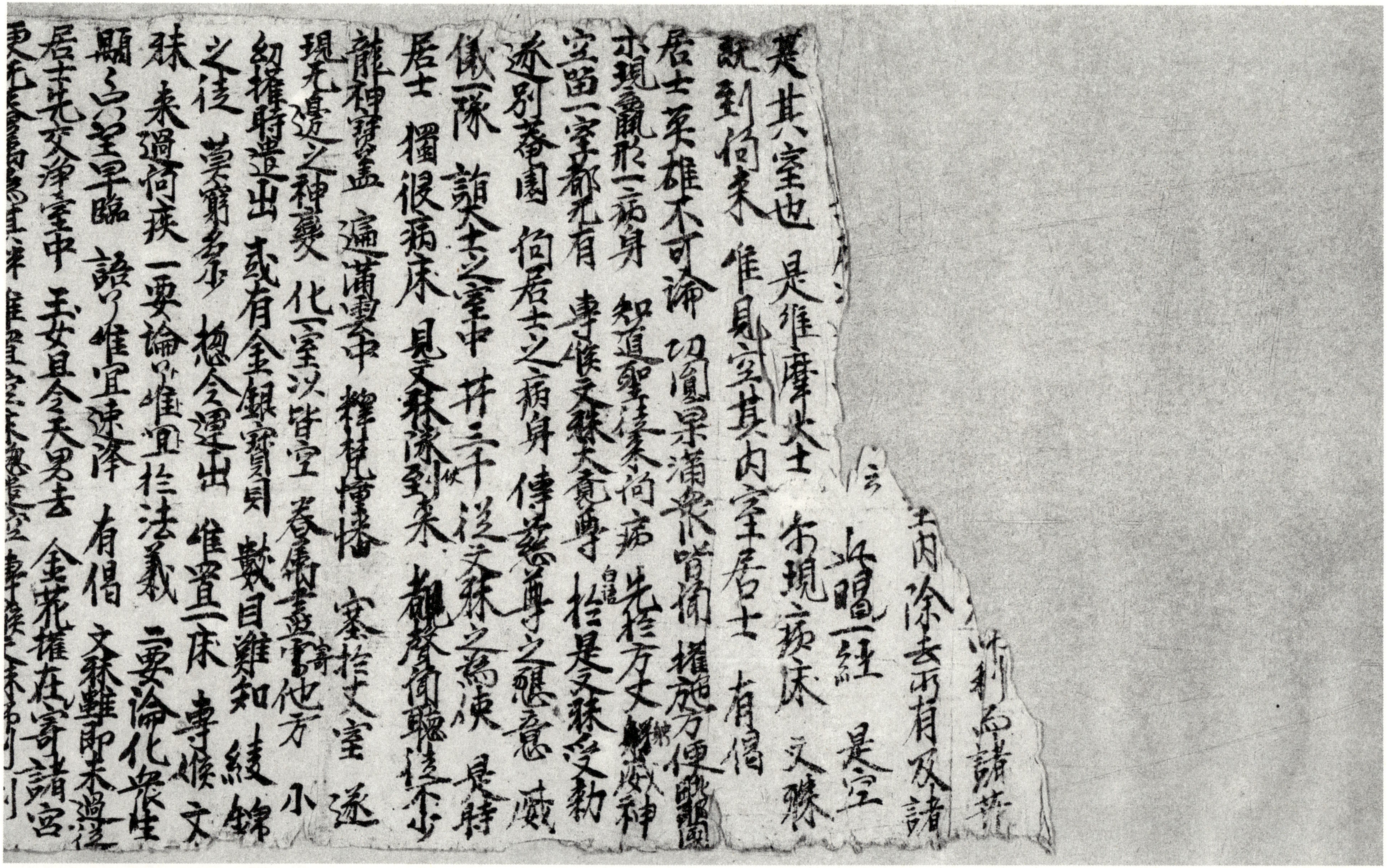

BD15245 號　維摩詰經講經文（擬）　　（8–1）

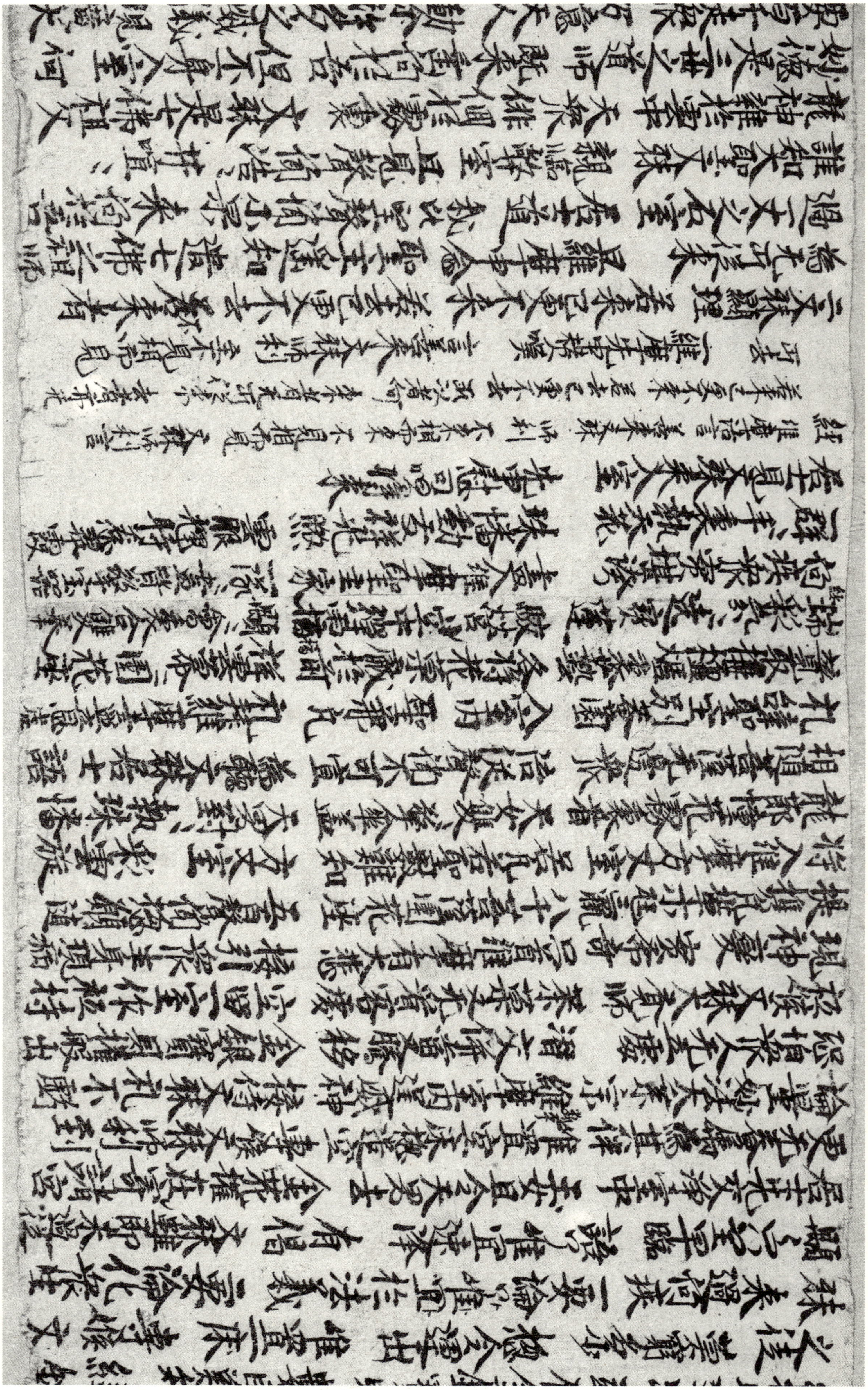

BD15245號　維摩詰經講經文（擬）

（8–2）

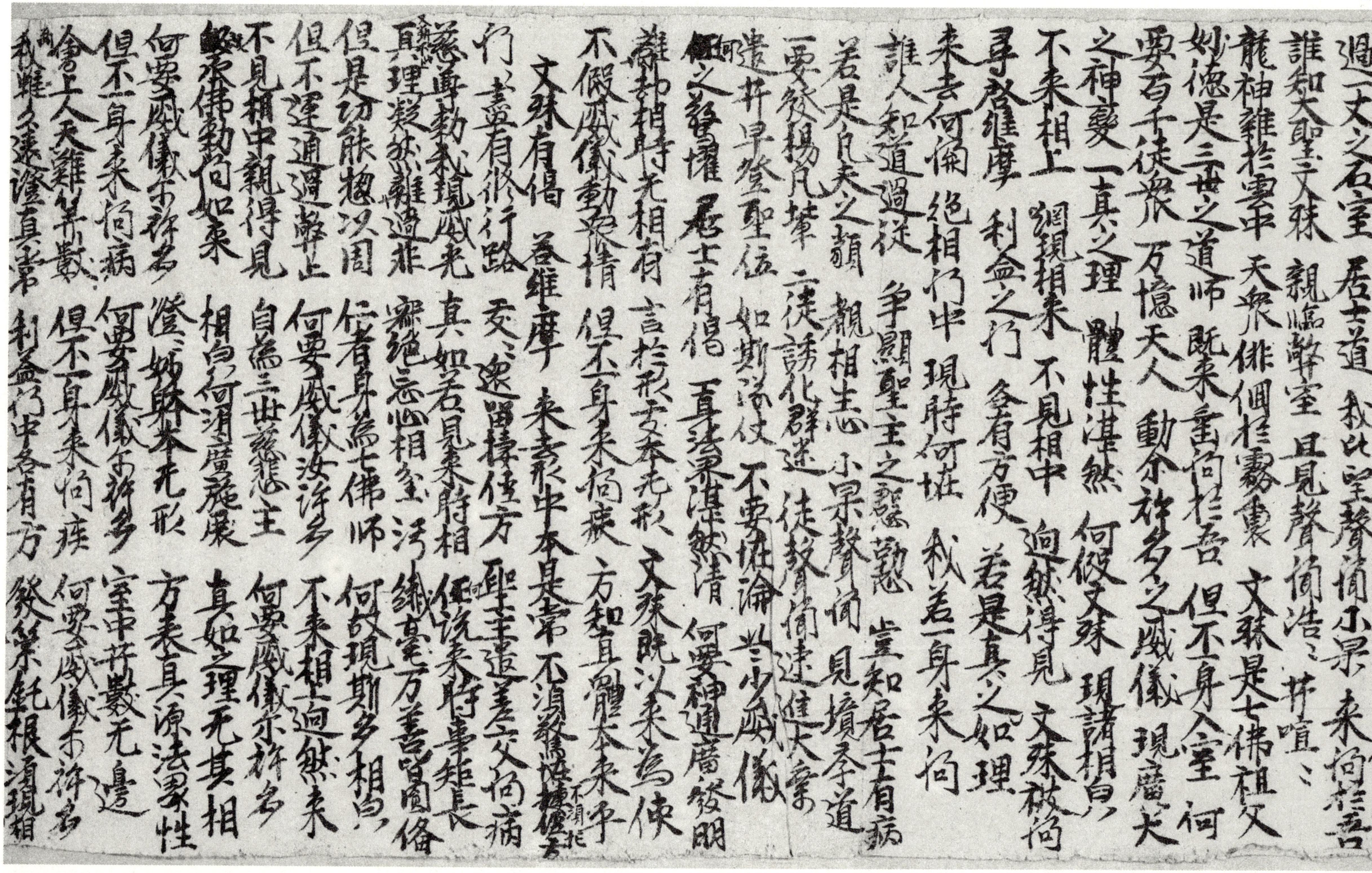

BD15245號　維摩詰經講經文（擬）　（8–3）

鞞求佛勑向如來　相向何須廣施展　真如之理无其相
何要威儀不許多　澄澄妙體本无形　方表真源法界性
但不一身來問病　何要威儀不許多　室中許數无邊
會上人天難筭數　但不一身來問疾　何要威儀不許多
我雖久遠澄真常　利益門中各有方　發策紀根須現相
提携凡輩逞威光　侍承佛勑來相問　須現神通指道場
勸誘衆生過貴室　只從親礼法中王　莫向形中道未聞
來去本无分別相　真如之理躰常存　世尊遣我為其使
現相親徒誘衆人　要顯釋迦慈父語　來於為使不因循
菩薩分跡道理俑　先家居士讚奇才　既談真相无差錯
能說真經義不乖　再向衆中師子吼　重於會裏震春雷
勸化壽威儀合掌立　陳佛情揭也唱將來

經　文殊師利言　且置　至當云何滅

文殊既入其室　將問維摩　歸月愛之慈光　問淨疾
之大士　淨名纔見　便嗟善來　文殊占言　且置斯事
居士且莫談法　別有啓陳　侍我中慈父之言　侍我
問居士之病本　文殊有倡　告居士曰
親蒙聖主會中差　特遣前來問病來　侍我申傳慈父語
表於為使禮无乖　懃懃合掌前頭問　漸漸將身近寶臺
居士病因何事得　乞垂指引為宣揚　故經云
居士是病　從何所起　其生久如　當云何滅　世尊慇懃
致問　凡望居士　白語　居士此疾　莫是風黃疾飲
罕天乖和　便无邊之苦惱愁生
遣一室內呻吟潸潸　喫何湯藥　稍得安和　遣誰人主持
患身　如何知其病本　我蒙聖主委令得故問來
大覺丁寧專來丈室　今日幸為指示　殷起宣陳
令我昔知此病因　使人天疑心息斷
文殊對衆申情言　便把心懷啓居士　我奉金仙便委令來

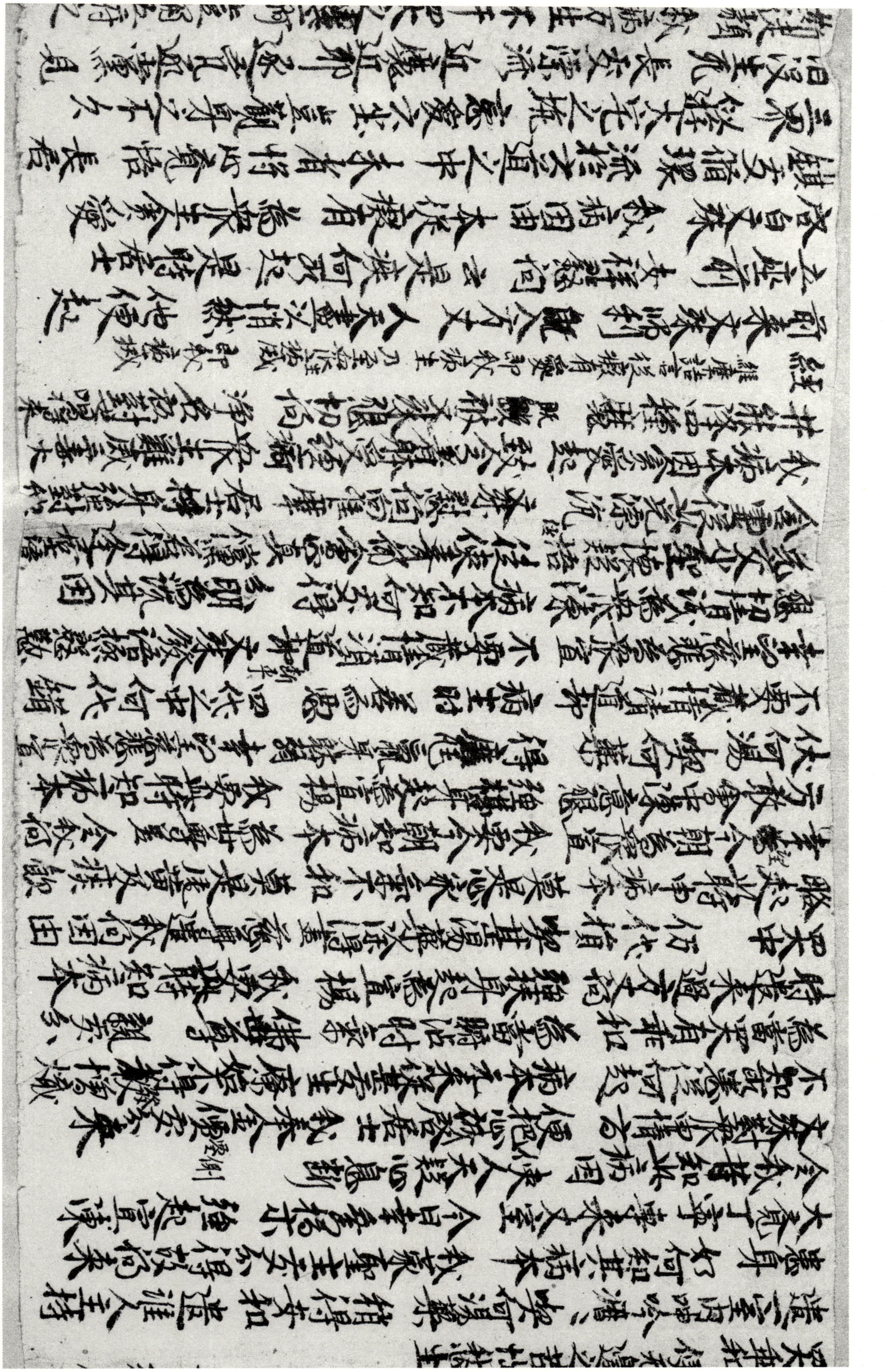

BD15245號　維摩詰經講經文（擬）　（8–5）

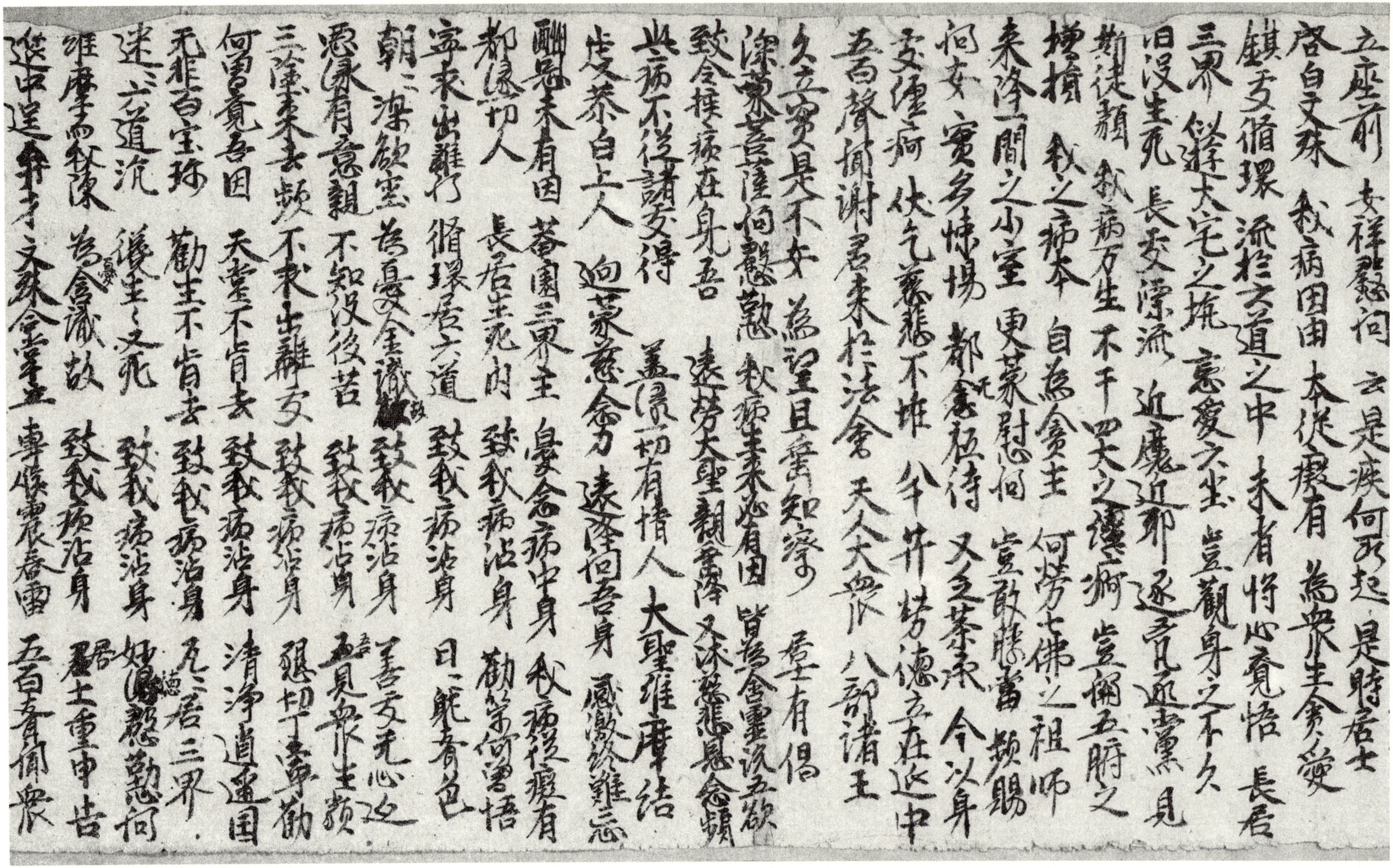

立座前 去祥疑問 云是疾何所起 是時居士
啓白文殊 我病因由 本從癡有 爲衆生貪愛
鎖妄循環 流於六道之中 未有惺心覺悟 長居
三界 縱遊火宅之坑 意愛六塵 豈觀身之不久
旧没生死 長受漂流 近魔近邪 逐[illegible] 見
斯徒類 我病方生 不干四大之纏痾 豈關五腑之
增損 我之病本 自爲貪生 何勞七佛之祖師
來降一間之小室 更蒙慰問 豈敢勝當 頻賜
問安 實多慚惕 都無祗侍 又乏茶湯 今以身
變纏痾 伏乞慈悲不罪 [illegible]德 立在近中
五百聲聞 謝君來於法會 天人大衆 八部諸王
久立[illegible]是不安 爲望且垂知察 居士有偈
染[illegible]菩薩何懃懃 我病未必有因 皆爲含靈没五欲
致令摊病在身吾 遠勞大聖觀垂澤 又沐慈悲[illegible]念頻
世病不從諸妄得 蓋緣一切有情人 大聖維摩詰
[illegible]文殊白上人 迴蒙慈念力 遠降問吾身 感激難忘
酬[illegible]來有因 菩薗三界主 [illegible]含病中身 我病從癡有
都緣一切人 長居生死内 致我病沾身 勸[illegible]何[illegible]悟
寧來出離行 循環居六道 致我病沾身 日日貪色
朝朝染欲[illegible] 爲[illegible]含識故 致我病沾身 善友無心近
惡緣有意親 不知没後苦 致我病沾身 五見衆生頻
三塗來去數 不求出離安 致我病沾身 [illegible]切[illegible]勸
何曾覺吾因 天堂不肯去 致我病沾身 清淨逍遥國
無非百寶珠 勸生不肯去 致我病沾身 凡凡居三界
迷迷六道流 [illegible]生生死 致我病沾身 [illegible]懃懃問
維摩[illegible]陳 爲含識故 居士重申告
[illegible]文殊合掌立 專候[illegible]春雷 五百尊聞衆

BD15245 號　維摩詰經講經文（擬）

（8–6）

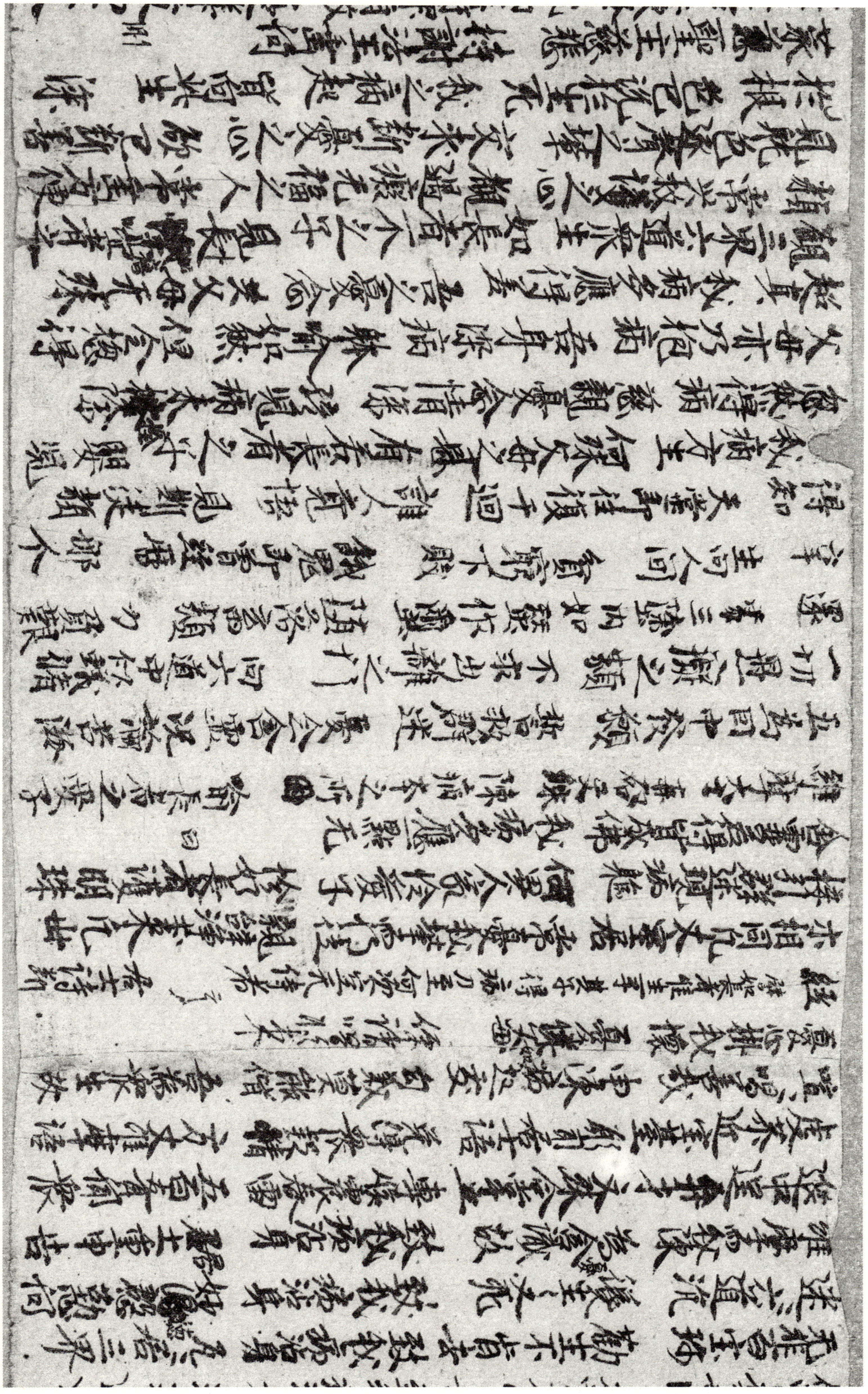

（8–7）

[illegible]
觀三界六道衆生　如長者不之子　見長[illegible]者之
類　常興救護之心　觀過瘢無福之人　常生方便
見耽色逐聲之輩　文來斷憂之心　欲已斷善
拦根　色已沉拦生死　我之病起　皆向此生　除
蒙慈聖主慈悲　特謝法王垂問　憂慄三界四生人
菩薩返中并陳啓　我病生時深有故　恰似人家男女
長日沉淪向惡趣　大士志　憂愛遍布
見子綿父不安　菩薩慈悲堪比喻　孩子嬌　有病苦
病疾也沾拦父母　孩子身安父母安　菩薩慈悲同此喻
見舍靈　沉惡路　沒不心中生覺悟　憂愛怜我拏有情
菩薩慈悲同此喻　似人　家具　留　有一孩兒長守護
兒若非安母不安　菩薩慈悲同此喻　我今患在拦身
為見衆生沉惡趣　衆生安了我亦安　菩薩慈悲同此喻
來又去　來又去　沉淪惡道千万度　怜如長者有嬌兒
菩薩慈悲同此喻　三界中　實是苦　誰人略離生覺悟
怜如長者有嬌兒　菩薩慈悲同此喻　菩薩慈悲同此喻
助我釋迦大慈父　怜如長者有嬌兒　歸淨方　來穢土
淨土中　好來去　且沒三寶并八苦　為怜一切有情人
菩薩慈悲同此喻　正當由論我法筵開　菩薩聲聞百万埄
无限聖人居丈室　幾多天衆繞花臺　會中有不聲偷桂
獨自思量暗起精　為見无人无座位　如何依念唱將來
文殊弟二終

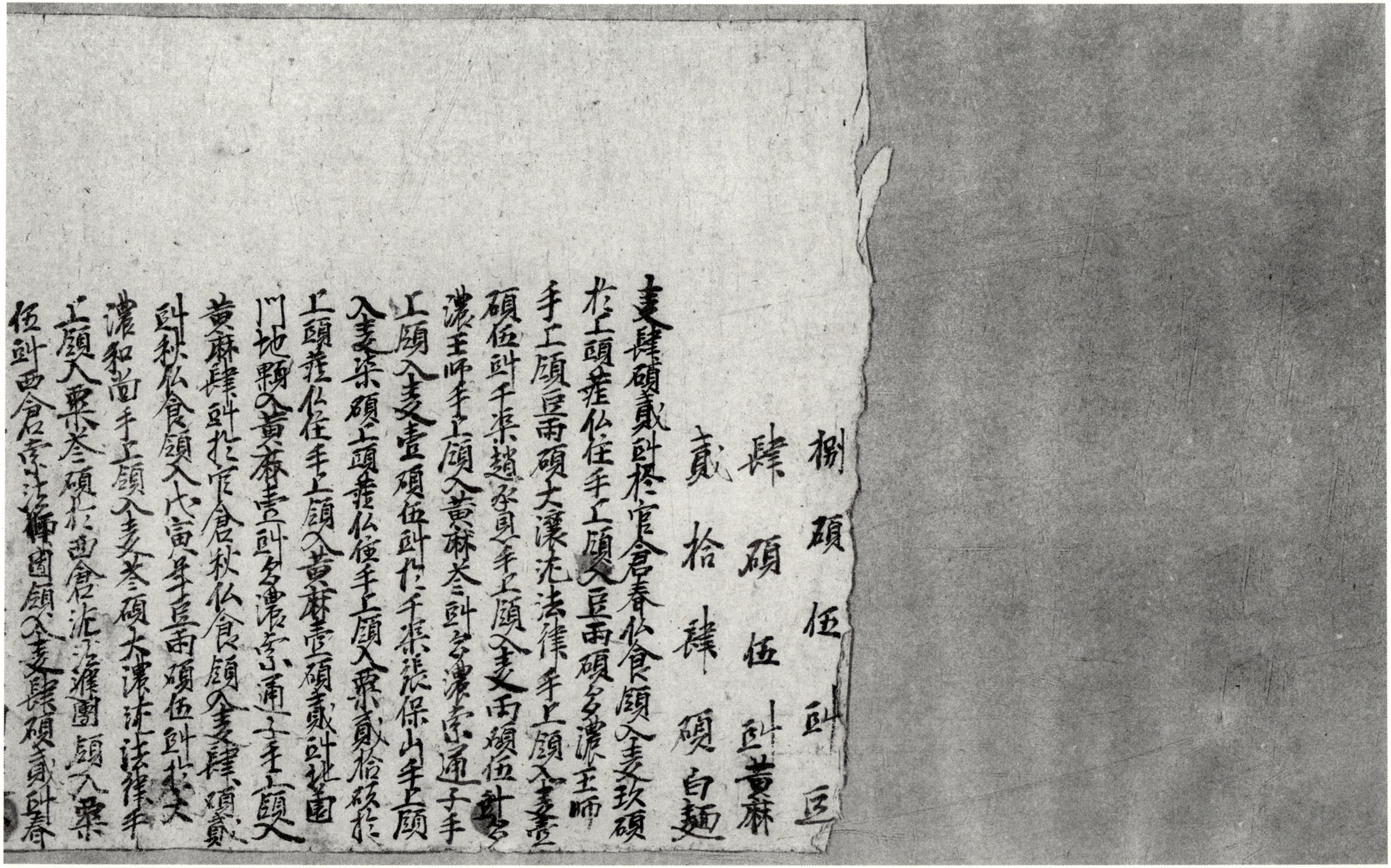

BD15246 號 1　諸糧食計會及入歷（擬）　（5–1）

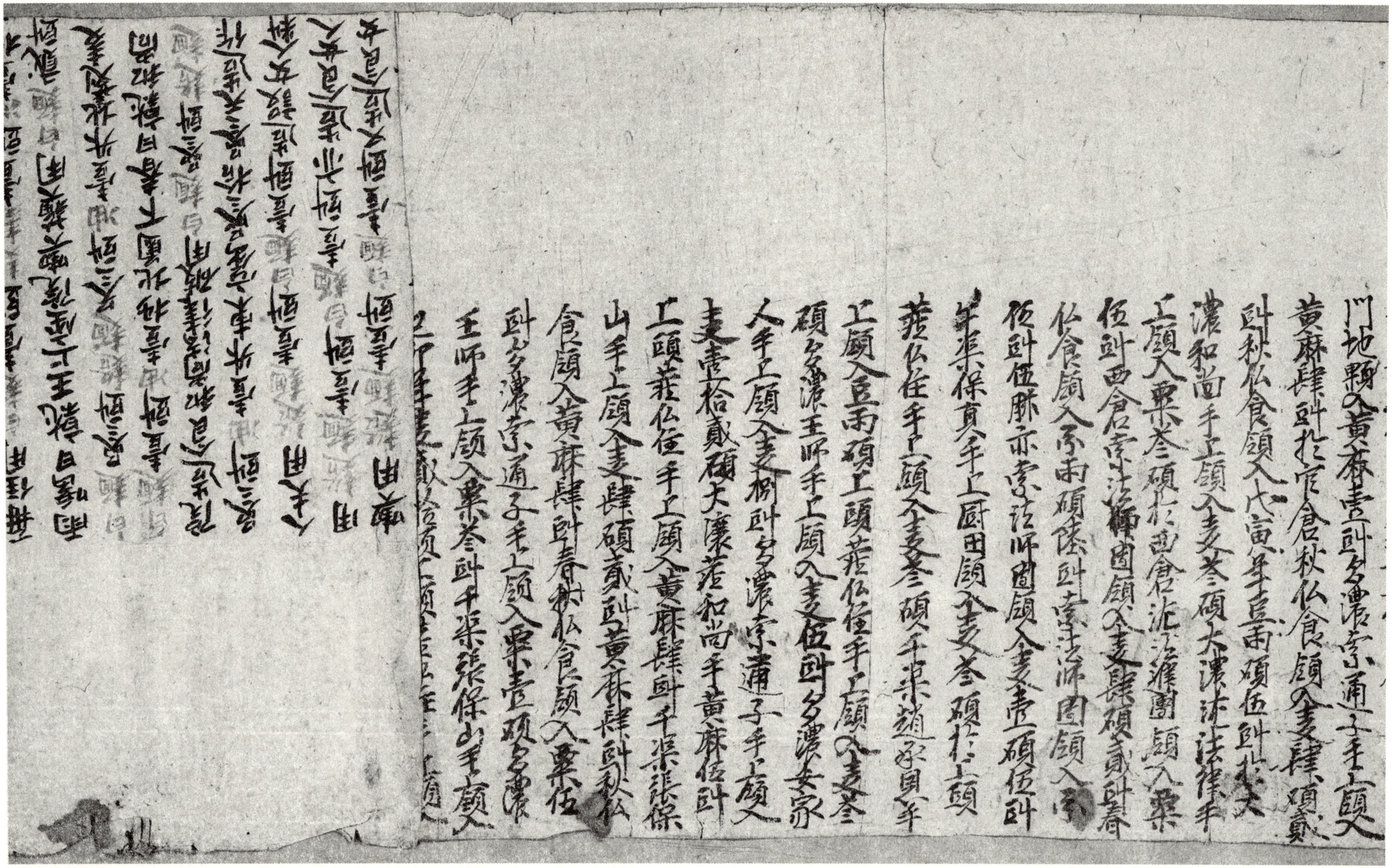

BD15246 號 1　諸糧食計會及入歷（擬）
BD15246 號 2　諸糧食破用歷（擬

（5–2）

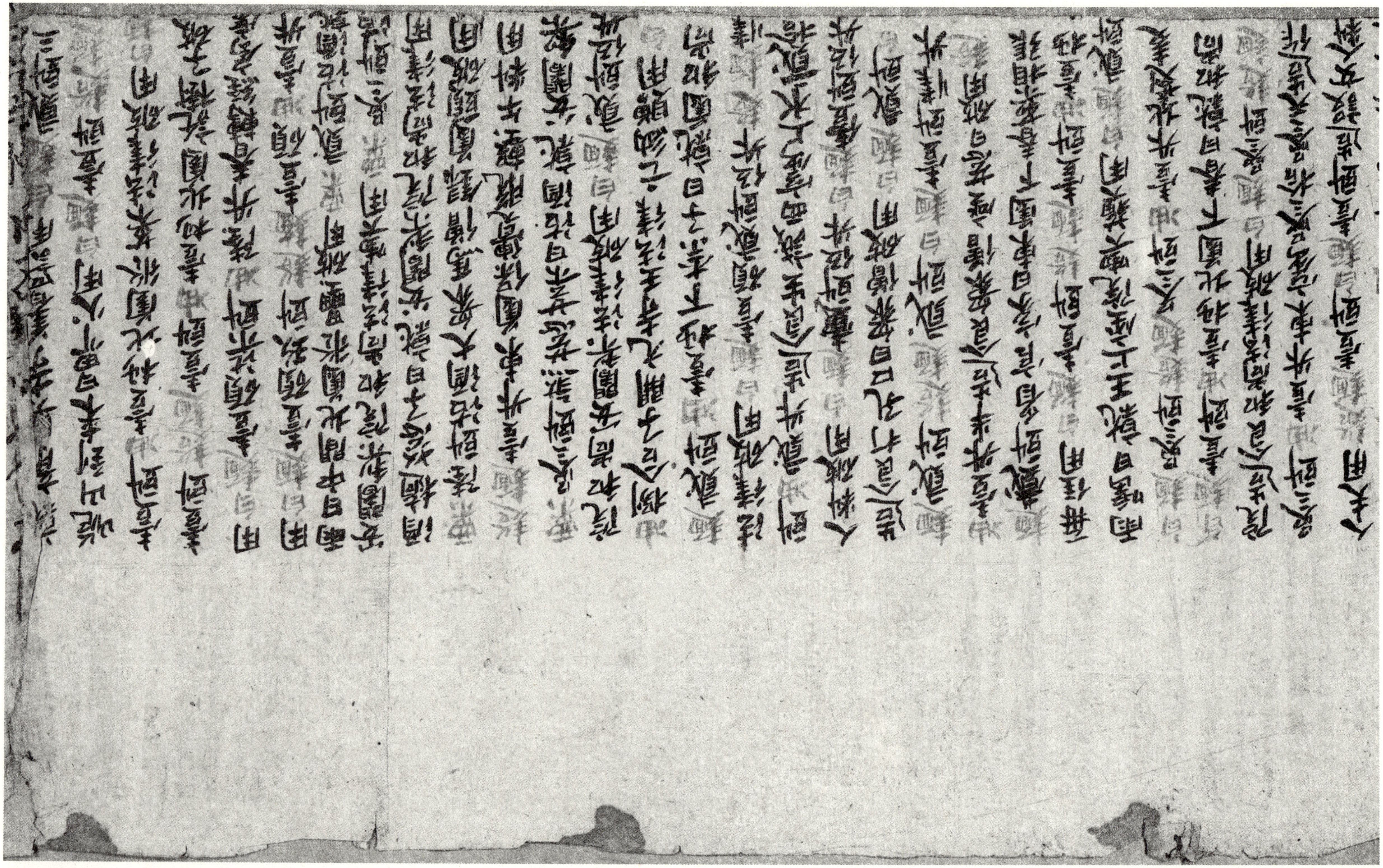

BD15246 號 2　諸糧食破用歷（擬）　　（5–3）

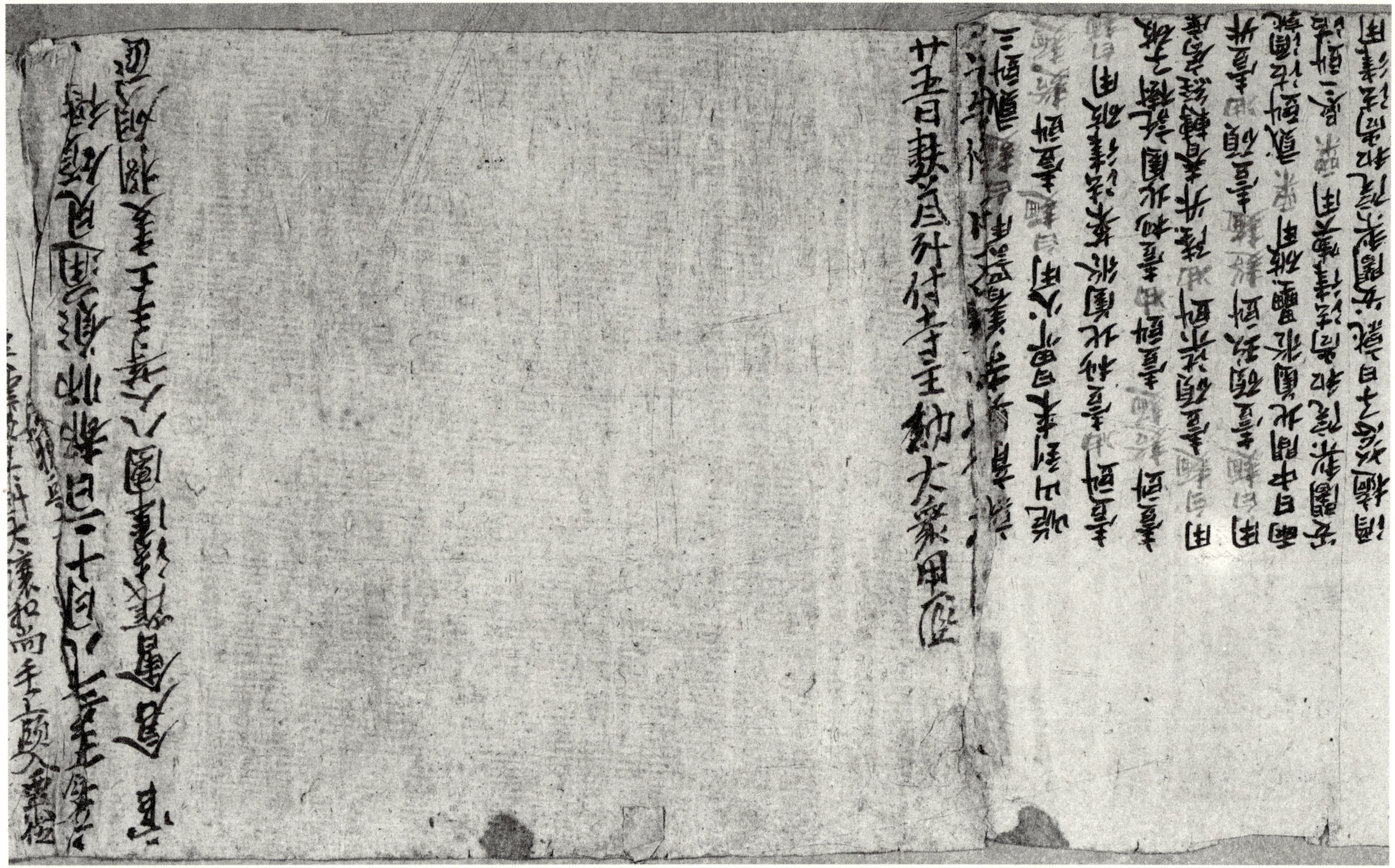

BD15246 號 2　諸糧食破用歷（擬）　（5–4）
BD15246 號 3　某人領手工麥及麩歷各一條（擬）

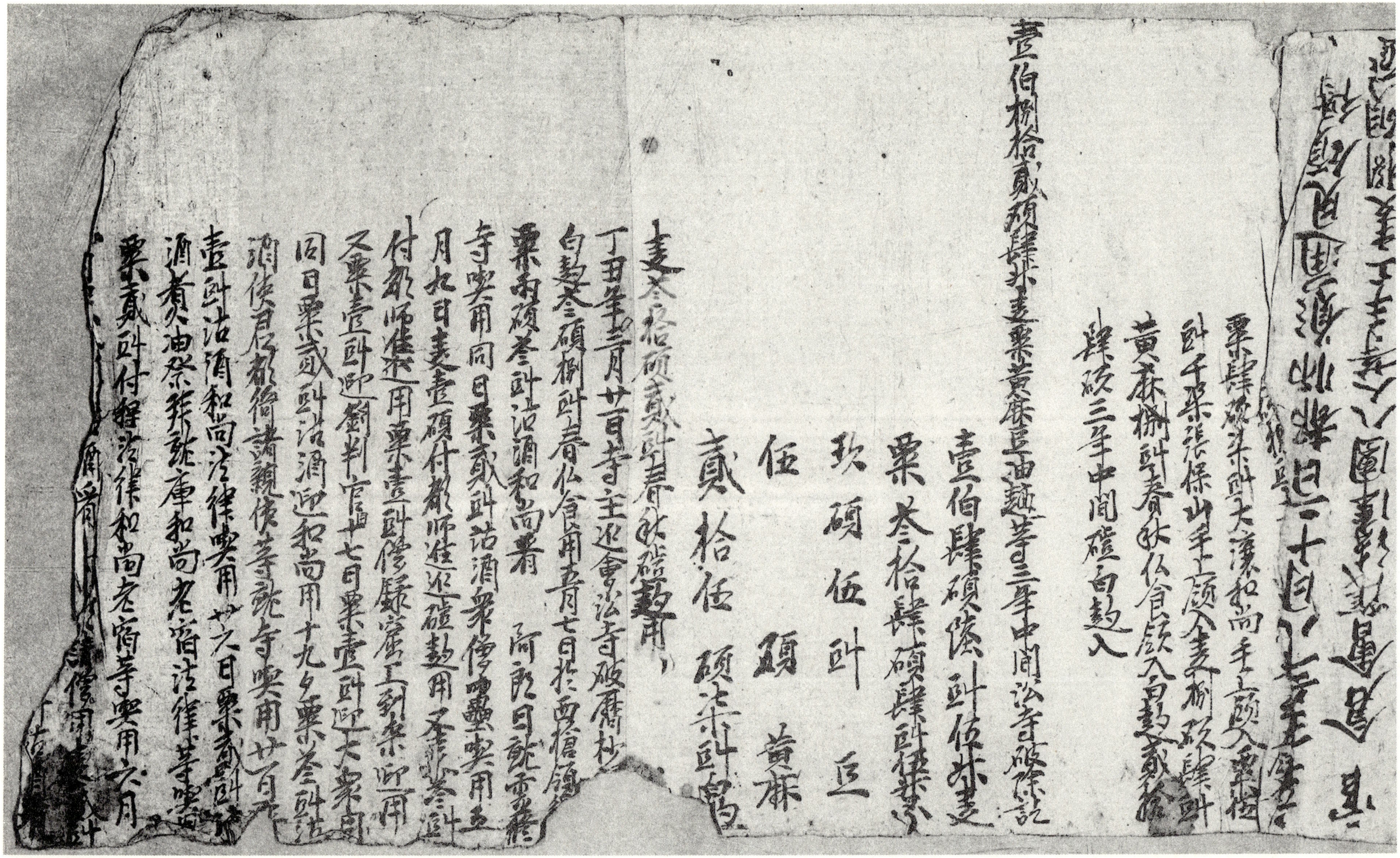

BD15246 號 4　諸糧食入歷及三年中間沿寺破歷計會及破歷（擬）　（5–5）
BD15246 號 5　丁丑年三月二十一日寺主延會沿寺破歷抄

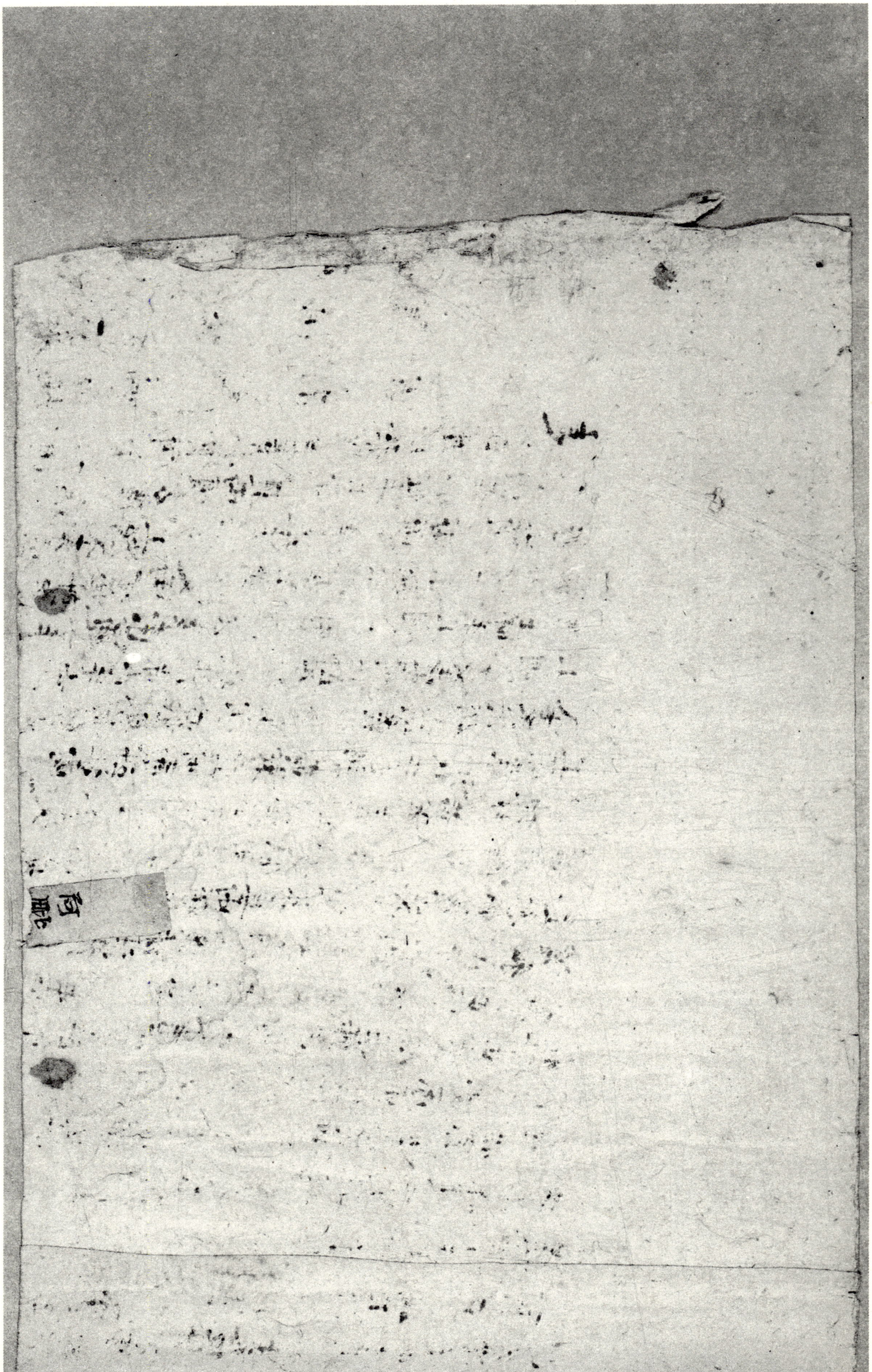

BD15246號背　雜寫、裱補紙、花押

（3–3）

雖復寄胎誕肉身　不及真根生慧命
教化下愚聞上解　接引小乘登大聖
利益平等混怨親　隨順世間无與諍
常說因緣假名法　顯發中道真實性
亦教一切離有无　非有非无皆畢竟
法王聖德无有邊　非世言辭所歌詠
我今略讚一豪端　勸發學者令心盛
尒時大衆聞道陵說微妙偈頌歎道君已同
時發聲讚道陵曰善哉善哉三天法師正一
真人紹尊位者乃能如實稱說道君无量功
德音聲清妙義趣深遠我等聞已增益精
進獲大法利將来衆生當承此慶出離愛獄
决了大乘善哉大師能開甘露不死法門引進
我等令入法爐靈无為室有深智慧巧方便
者聞此要言皆即解悟而是我等久習小乘
根撲淺鈍飡稟妙訓疑不能了譬如口爽之
人雖食甘膳天廚百味上妙肴藥終身且爵
不得其味我等亦尒虛飡法食不得其味譬
如盲人雖復遊入七寶瓊林終不覩見金花

BD15247 號　太玄真一本際經卷四　（3–1）

根撲淺鈍飡稟妙訓疑不能了譬如口爽之
人雖食甘膳天廚百味上妙肴藥終身且爵
不得其味我等亦尒虛飡法食不得其味譬
如盲人雖復遊入七寶瓊林終不覩見金花
玉實我等如是遊入大師无漏寶林不能了
見真法花菓有善醫師曉了方術授以良藥
祛其內病又以金錍决其眼膜郭翳消除眼
瞳明淨能見寶林花菓枝葉唯願大師賜我
慧藥除愚癡病以善言說决无明翳使智慧
瞳清淨明了照見實相无著花菓我等今者
雖復覩見奇特瑞相聞希有法轉生疑網滯
礙之心唯願大師為我開演令得曉悟知實
相味見真道色及為来世習學真道未入位
者作法舟航以法燈炬照耶惑暗令識正路趍
趣玉城如蒙哀許當陳請問緣慈上啓懽觸
尊顏於是仙人且子明紀法成等同聲合唱
而作頌曰
我等志小亦鈍根　聞值深法不能解
今此大會奇特事　无量世来未曾覩
見已發起求道心　譬如飛蛾思赴大
遠或天真所言說　不能前進行退墮
唯願哀許述所疑　得離不信愚癡禍
令衆决定了大乘　究竟道場真淨果
尒時道陵斂容正色荅言子等當一心聽我
以宿慶積行累功勇猛精進脩學上道億曾
流聞妙导轉輪豎品聖真超出三界雖悟真

BD15247 號　太玄真一本際經卷四　（3–2）

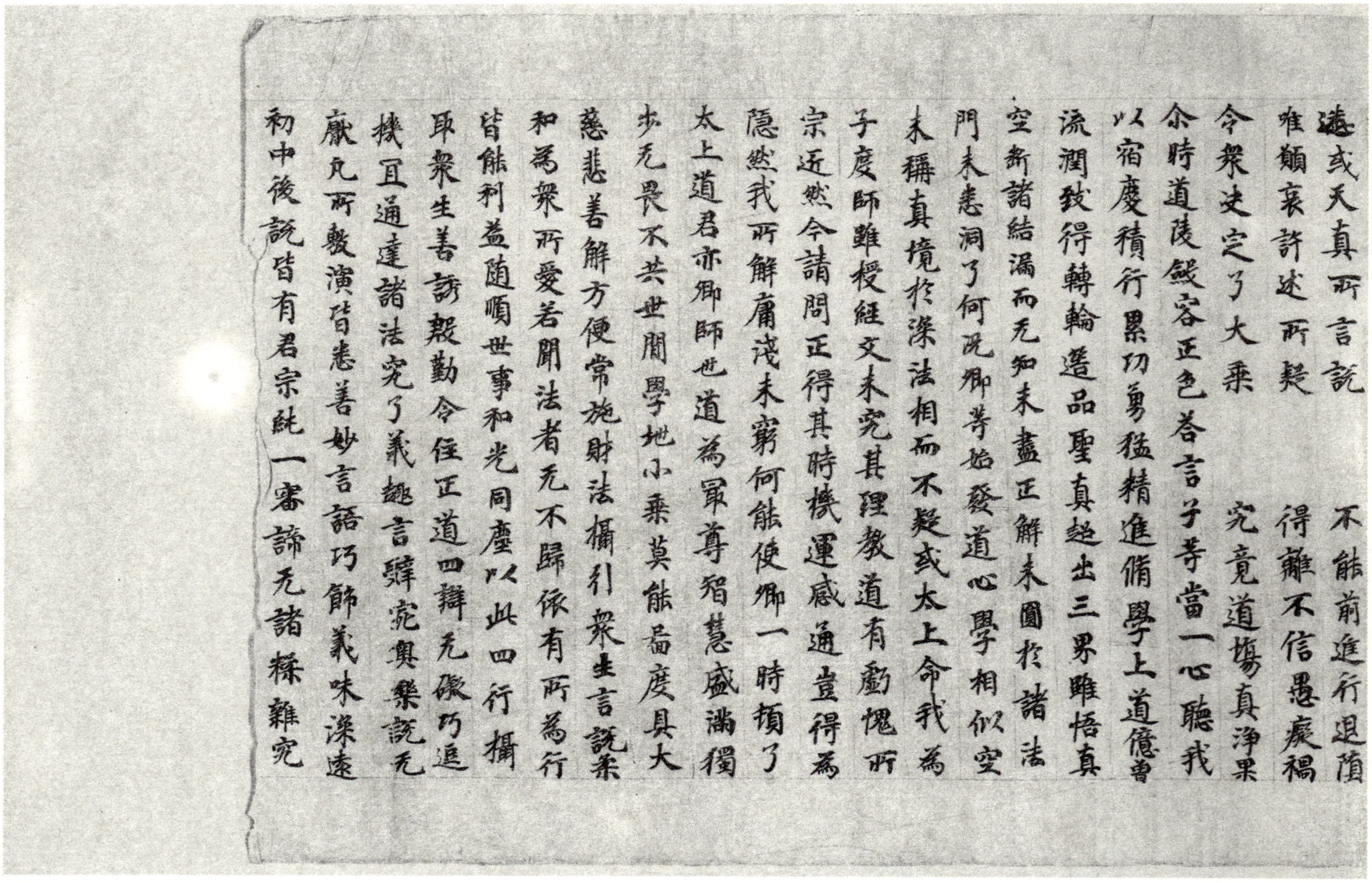

遠或天真所言說　不能前進行退隨
难頗衰許述所疑　得難不信愚癡禍
令衆決定了大乘　究竟道場真淨果
尒時道陵歛容正色荅言子等當一心聽我
以宿慶積行累功勇猛精進脩學上道億曾
流潤致得轉輪遷品聖真超出三界雖悟真
空斷諸結漏而无知未盡正解未圓於諸法
門未悉洞了何况卿等始發道心學相似空
未稱真境於深法相而不疑或太上命我為
子度師雖授經文未究其理教道有慚愧所
宗近然今請問正得其時機運感通豈得為
隱然我所解庸淺未窮何能使卿一時頓了
太上道君亦卿師也道為寵尊智慧盛滿獨
步无畏不共世間學地小乘莫能為度具大
慈悲善解方便常施財法攝引衆生言說柔
和為衆所愛若聞法者无不歸依有所為行
皆能利益隨順世事和光同塵以此四行攝
取衆生善誘艱勤令住正道四辯无礙巧追
機宜通達諸法究了義趣言辭究竟樂說无
猒凡所敷演皆悉善妙言語巧飾義味深遠
初中後說皆有君宗統一審諦无諸𮎲雜究

BD15247 號　太玄真一本際經卷四　（3–3）

以是因
更說阿
男若女為思於善善
若我已於先佛得受阿耨多羅三藐
深心欲得阿耨多羅三藐三菩提若我所行
處聲聞辟支佛心又當應得阿耨多羅三藐三
菩提非不應得於今現在十方无量阿僧祇佛是諸无
所不知无所不見无所不得无所不識若諸佛知我深心
者又當得阿耨多羅三藐三菩提以此實語力故今是男
女為非人所持者非人當疾去若是善薩說是語時非人不
去者當知是菩薩先佛未與受阿耨多羅三藐三菩提記
須菩提若菩薩說是語時非人去者當知是菩薩已於
先佛得受阿耨多羅三藐三菩提記復次須菩提有菩
薩未得受記而作誓願若我已於先佛得受記者非人今
當捨是人去惡魔即便來至其所令非人去何以故惡魔
威力勝非人故非人即去菩薩於此便自念言是我力故非
人遠去而不能知惡魔之力以是事故輕慢憍賤諸餘菩

BD15248 號　小品般若波羅蜜經（宮本）卷七　（15–1）

當捨是人去惡魔即便來至其所令非人去何以故惡魔
威力勝非人故非人即去菩薩於此便自念言是我力故非
人遠去而不能知惡魔之力以是事故輕蔑毀賤諸餘菩
薩我於先佛已得受記是諸人等於先佛所未受阿耨多
羅三藐三菩提記以是因緣增長憍慢以憍慢因緣故遠
離薩婆若佛無上智慧是菩薩以少因緣生於憍慢
當知是為無有方便失墮二地若聲聞地若辟支佛地如是
須菩提以是誓願因緣起於魔事菩薩於此若不親
近善知識者為魔所縛轉更牢固須菩提當知是為菩
薩魔事復次須菩提惡魔或以名字因緣壞亂菩薩
作種種形至菩薩所而作是言汝善男子諸佛已與汝受
阿耨多羅三藐三菩提記汝今字某父母字某兄弟姊妹知識
字某乃至七世父母當說其名字汝生某國某城某聚落某
家若是人性行柔和便說其先世性行柔和若其性急亦
復說其先世性急若是人受阿練若法若乞食若著納衣
若食後不飲漿若一坐食若節量食若住死屍間若坐
空地若坐樹下若常坐不臥若隨敷坐若少欲知足遠離
若不受塗脚油若樂少語少論惡魔亦說其先世阿練若
法乃至樂少語少論汝今世有頭陀功德先世亦有頭陀功
德須菩提是菩薩聞說如上名字及說頭陀功德憍慢
心喜故即時惡魔復作是言汝於過去已受阿耨多羅三
藐三菩提記何以故阿鞞跋致功德相貌汝今有之須菩
提我所說阿鞞跋致菩薩真實相貌是人無有須菩
提當知是菩薩為魔所著何以故阿鞞跋致菩薩相貌
是人無有但聞惡魔所說名字則便輕賤諸餘菩薩須
菩提當知是菩薩因名字故起於魔事復次須菩提復有

BD15248號　小品般若波羅蜜經（宮本）卷七　（15–2）

藐三菩提記何以故阿鞞跋致功德相貌汝今有之須菩
提我所說阿鞞跋致菩薩真實相貌是人無有須菩
提當知是菩薩為魔所著何以故阿鞞跋致菩薩相貌
是人無有但聞惡魔所說名字則便輕賤諸餘菩薩須
菩提當知是菩薩因名字故起於魔事復次須菩提復有
菩薩因名字故起於魔事所謂魔至其所作是言汝於先
佛得受阿耨多羅三藐三菩提記汝作佛時名號如是、菩
薩本所願名號同魔所說無智無方便故便作是念我
得阿耨多羅三藐三菩提時所願名號是比丘所說同
我本願便隨惡魔所著比丘信受其語但以名字因緣
故則便輕賤諸餘菩薩須菩提我所說真實阿鞞跋
致菩薩相貌是人無有以輕慢因緣故遠離薩婆若佛無
上智慧是菩薩若離善方便及善知識遇惡知識若隨二
地若聲聞地辟支佛地須菩提若是菩薩即於此身悔先
諸心遠離聲聞辟支佛地當久在生死乃復還因般若波
羅蜜得阿耨多羅三藐三菩提何以故是諸心罪重故譬
如比丘犯四重禁若一若二則非沙門非釋種子是菩薩
以名字輕餘菩薩故其所獲罪重於四禁須菩提置是四
禁如是之罪重於五逆所謂以名字故生憍慢心須菩提以是
名字因緣起此微細魔事菩薩應當覺之覺已遠離復次
須菩提惡魔見菩薩有遠離行便至其所作是言善男
子遠離行者如來常所稱讚須菩提我不說菩薩遠離
在於阿練若處空閑處山間樹下曠絕之處世尊若阿練若
處空閑處山間樹下曠絕之處不名遠離者更有何等遠
離須菩提若菩薩遠離聲聞辟支佛心如是遠離若住聚
落亦名遠離若在阿練若處空閑處山間樹下曠絕之處亦

BD15248號　小品般若波羅蜜經（宮本）卷七　（15–3）

子遠離行者如來常所稱讚須菩提我不說菩薩遠離
在於阿練若處空閑處山間樹下曠絕之處世尊若阿練若
處空閑處山間樹下曠絕之處不名遠離者更有何等遠
離須菩提若菩薩遠離聲聞辟支佛心如是遠離若近聚
落亦名遠離若在阿練若處空閑處山間樹下曠絕之處亦
名遠離須菩提如是遠離我所聽許若菩薩晝夜將
行如是遠離若近聚落亦名遠離若在阿練若處空閑
處山間樹下曠絕之處亦名遠離須菩提若惡魔所
稱讚遠離阿練若處空閑處山間樹下曠絕之處是
菩薩雖有如是遠離而不遠離聲聞辟支佛心不修般
若波羅蜜不為具足一切智慧是則名為雜糅行者是
菩薩行是遠離則不清淨輕餘菩薩近聚落住心清
淨者遠離聲聞辟支佛心者不雜惡不善法得諸禪定
解脫三昧諸神通力通達般若波羅蜜者是无方便
菩薩雖在百由旬空閑之處但有鳥獸寇賊惡鬼所
行處住若百千万億歲若過是數而不能知真遠離相
遠於真遠離不知深心發阿耨多羅三藐三菩提心如是
菩薩亦名濁雜行者若貪著依止如是遠離是則不能
我心喜何以故我所聽許遠離行中不見是人是人无有如
是遠離須菩提復有惡魔到菩薩所住虛空中作是
言善哉善哉汝所行者是真遠離佛所稱讚以是遠離汝
當疾得阿耨多羅三藐三菩提是菩薩從遠離所
來至聚落見餘比丘求佛道者心性和柔便生輕慢汝
是憒鬧行者須菩提是菩薩以憒鬧為真遠離以真遠
離為憒鬧如是說其過惡不生恭敬心應恭敬而反輕慢應
輕慢而反恭敬作是念我見非人念我而來助我而來佛所

BD15248號　小品般若波羅蜜經（宮本）卷七　（15–4）

來至聚落見餘比丘求佛道者心性和柔便生輕慢汝
是憒鬧行者須菩提是菩薩以憒鬧為真遠離以真遠
離為憒鬧如是說其過惡不生恭敬心應恭敬而反輕慢應
輕慢而反恭敬作是念我見非人念我而來助我而來佛所
聽許真遠離行我則行之汝近聚落誰當念汝誰當
助汝作是念已輕餘菩薩清淨行者須菩提當知是人
是菩薩旃陀羅當知是人污餘菩薩身穢不淨當知
是人是像菩薩當知是人一切世間天人之大罪賊沙門形
賊須菩提求佛道者不應親近如是之人何以故如是人
等名為增上慢者須菩提若菩薩愛惜薩婆若愛惜
阿耨多羅三藐三菩提深心欲得阿耨多羅三藐三菩
提欲得一切利益一切眾生不應親近如是等人求佛道者
常求己利常應厭離怖畏三界於此人中當生慈悲喜捨之
心我當如是懃行精進得阿耨多羅三藐三菩提時无
如是惡若其起者當疾除滅須菩提如是學者是為
菩薩智慧之力

摩訶般若波羅蜜深心求菩提品第廿

佛告須菩提若菩薩欲得阿耨多羅三藐三菩提應
當親近善知識須菩提白佛言世尊何等是菩薩
善知識佛告須菩提諸佛世尊是菩薩善知識何以
故能教菩薩令入般若波羅蜜故須菩提是名菩薩善
知識復次須菩提六波羅蜜是菩薩善知識六波羅
蜜是菩薩大師六波羅蜜是菩薩道六波羅蜜是菩
薩光明六波羅蜜是菩薩炬須菩提過去諸佛皆從
六波羅蜜生未來諸佛皆從六波羅蜜生現在十方
无量阿僧祇世界諸佛皆從六波羅蜜生又三世諸佛薩婆

BD15248號　小品般若波羅蜜經（宮本）卷七　（15–5）

蜜是菩薩大師六波羅蜜是菩薩道六波羅蜜是菩
薩光明六波羅蜜是菩薩炬須菩提過去諸佛皆從
六波羅蜜生未來諸佛皆從六波羅蜜生現在十方
无量阿僧祇世界諸佛皆從六波羅蜜生又三世諸佛薩婆
若皆從六波羅蜜生何以故諸佛行六波羅蜜以四攝法
攝取衆生所謂布施愛語利益同事得阿耨多羅三藐
三菩提須菩提是故當知六波羅蜜是大師是父是母是
舍是歸是洲是救是究竟道六波羅蜜利益一切衆生
是故菩薩欲自深智明了不隨他語不信他法若欲斷一
切衆生疑應當學是般若波羅蜜世尊何等相是般若
波羅蜜須菩提无导相是般若波羅蜜世尊頗有因緣
如般若波羅蜜无导相一切法亦无导相耶有須菩提如般若
波羅蜜无导相一切法亦无导相何以故須菩提一切法離
相一切法空相是故須菩提當知是般若波羅蜜亦離相
空相一切法亦離相空相世尊若一切法離相空相云何衆
生有垢有淨何以故離相法无垢无淨空相法无垢无淨
離相法空相法不能得阿耨多羅三藐三菩提離〻空
更无有法能得阿耨多羅三藐三菩提世尊我今云何當
知是義須菩提我還問汝隨意荅我須菩提去於意
云何衆生長夜著我〻所不如〻是〻世尊衆生長夜著我〻
所須菩提於意云何我〻所空不世尊我〻所空須菩提
於意云何衆生以我〻所故往來生死不如〻是〻世尊
衆生以我〻所故往來生死須菩提如是衆生名為有
垢隨衆生所受所著故是中實无有垢亦无受垢
者須菩提若不受一切法則无我〻所是名為淨是
中實相无有淨亦无有受淨者菩薩如是行名為行

BD15248號　小品般若波羅蜜經（宮本）卷七　（15-6）

於意云何衆生以我〻所故往來生死不如〻是〻世尊
衆生以我〻所故往來生死須菩提如是衆生名為有
垢隨衆生所受所著故是中實无有垢亦无受垢
者須菩提若不受一切法則无我〻所是名為淨是
中實相无有淨亦无有受淨者菩薩如是行名為行
般若波羅蜜世尊若菩薩如是行則不行色不行受
想行識若菩薩如是行者一切世間天人阿脩羅不能
降伏世尊菩薩如是行者勝一切聲聞辟支佛所行住
无勝處世尊无勝菩薩晝夜行是應般若波羅蜜念
近於阿耨多羅三藐三菩提疾得阿耨多羅三藐三菩提
佛告須菩提於意云何假使閻浮提所有衆生一時皆得
人身發阿耨多羅三藐三菩提心發心已盡形布施以是布
施迴向阿耨多羅三藐三菩提須菩提於意云何是人以
是因緣得福多不須菩提言甚多世尊佛言若菩薩
乃至一日行應般若波羅蜜念其福勝彼隨菩薩行
應般若波羅蜜念能為一切衆生而作福田何以故唯除
諸佛其餘衆生无如是深慈心如菩薩摩訶薩諸菩薩
因般若波羅蜜能生如是慧以是慧見一切衆生受諸苦
惱如彼形戮菩薩即得大悲之心得大悲已以天眼觀諸
衆生見无量衆生有无間罪臨於諸難即生憐愍之心
不住是相亦不住餘相須菩提是名諸菩薩大智光明
行是道者則為一切衆生福田而不退轉阿耨多羅三藐
三菩提所受供養衣服飲食臥具醫藥所須之物一心
稱揚般若波羅蜜故能淨報施恩而近薩婆若是故菩
薩若欲不空食國中施若欲利益一切衆生若欲示一切衆

BD15248號　小品般若波羅蜜經（宮本）卷七　（15-7）

難是人不為惡魔得便復次阿難菩薩云何為惡
魔得便若菩薩聞深般若波羅蜜語餘菩薩言
是般若波羅蜜甚深我等猶尚不能得底汝等何
用聞為是人不為惡魔得便阿難若菩薩輕餘菩
薩言我是遠離行者汝等无此功德尒時惡魔
甚大歡喜踊躍阿難若菩薩為惡魔稱其名字以
是名字故輕餘清淨善心菩薩是等无有阿鞞跋致
菩薩功德相根而假託阿鞞跋致功德增長煩惱
自高其身而下他人作是言我所有功德汝无是事
尒時惡魔即大歡喜即作是念我之宮殿則為不空
增益地獄餓鬼畜生惡魔加其神力故是人所說人
皆信受信受已隨所見學隨所說行隨所學見隨
所說行已復增益煩惱如是人等以顛倒心故所起
身口意業果報皆苦以是因緣故增益地獄餓鬼畜
生阿難惡魔見是不大歡喜阿難若求佛道者与聲
聞人共諍惡魔復作是念是人雖遠離薩婆若而不
大遠離阿難若菩薩共菩薩諍惡魔即大歡喜作
是念是人俱離薩婆若遠阿難若未得受記菩薩
瞋恨受記者而共諍競惡口罵詈若麦借薩婆
若隨其起念一念一劫尒乃還得發大莊嚴阿難白
佛言世尊如是罪者可得悔不要當具其隨念劫數尒
乃還得發大莊嚴佛言我說菩薩聲聞皆有出罪
法不說无出阿難若菩薩共菩薩諍惡口罵詈不相
悔謝結恨在心我不說此人有出罪法是人若麦借薩
婆若畢其隨念劫數亦復還得發大莊嚴阿難若

BD15248號　小品般若波羅蜜經（宮本）卷七　（15–12）

法不說无出阿難若菩薩共菩薩諍惡口罵詈不相
悔謝結恨在心我不說此人有出罪法是人若麦借薩
婆若畢其隨念劫數亦復還得發大莊嚴阿難若
菩薩共菩薩諍惡口罵詈即相悔謝後不復作
是念我應謙下一切眾生我若瞋諍加報於人則為
大失我應當為一切眾生而作橋梁我尚不應輕於
他人何況加報應如聾啞不應自以護深心我得阿耨
多羅三藐三菩提時當度是等云何可加惡自起瞋
㝵阿難求菩薩道者於聲聞人乃至不應生於瞋㝵
阿難白佛言世尊菩薩与菩薩共住云何佛言菩薩
相視當如佛想是我大師同載一乘共一道行如我所學
我亦應學彼若　行非我所學若彼清淨學應薩婆
若念我亦應學薩婆若如是學是名同學尒時須菩
提白佛言世尊若菩薩為盡學則學薩婆若為无
生學為離學為滅學則學薩婆若佛告須菩提如
是所說菩薩為盡學則學薩婆若為无生學為離
學為滅學則學薩婆若者須菩提於意云何如來以
如得名如來是如非盡非離非滅耶如是世尊須菩提如
是學者名為學薩婆若學薩婆若名為學般若波
羅蜜學佛地學佛十力四无所畏十八不共法須菩提菩
薩如是學者則到諸學彼岸如是學者魔若魔民
不能降伏如是學者疾得阿鞞跋致如是學者疾坐
道場如是學者學自行處如是學者學救護法如
是學者學大慈大悲如是學者學三轉十二相法輪如
是學者學度眾生如是學者學不斷佛種如是學

BD15248號　小品般若波羅蜜經（宮本）卷七　（15–13）

不能降伏如是學者疾得阿鞞跋致如是學者疾生
道場如是學者學自行處如是學者學救護法如
是學者學大慈大悲如是學者學三轉十二相法輪如
是學者學度衆生如是學者學不斷佛種如是學
者學開甘露門須菩提凡夫下劣不能如是學所謂
御一切衆生者能如是學須菩提菩薩如是學者不
墮地獄畜生餓鬼不生邊地如是學者不生旃陀羅
家不生竹草作家不生除糞人家不生諸餘貧賤之
家須菩提菩薩如是學者不盲不瞎不眯眼不痤痓
不聾瘂不傾缺不刑殘衆根具足須菩提菩薩如
是學者不奪他命不盜他物不邪婬不妄語不兩
舌不惡口不无益語不貪疾不瞋惱不邪見不邪命
不畜邪見眷屬不畜破戒眷屬須菩提菩薩如是
學者不生長壽天何以故菩薩成就方便故何等
為方便所謂從般若波羅蜜起雖能入禪而不隨禪
生須菩提菩薩如是學者得佛清淨力清淨无畏
世尊若一切法本淨相者菩薩復得何等清淨法
佛言如是如是須菩提一切法本淨清相菩薩於是
本清淨法相中行般若波羅蜜不驚不怖不没不退
是名菩薩清淨般若波羅蜜須菩提凡夫不知不
見一切法本清淨相是故菩薩發懃精進於是中學
得清淨諸力諸无畏須菩提菩薩如是學者悉能
通達一切衆生心心所行須菩提譬如少所地出閻浮
提金衆生處中亦少能如是學般若波羅蜜譬如衆
生少有能起轉輪王業多有能起諸小王業如是須
菩提少有衆生能行般若波羅蜜道多有發聲聞

BD15248號　小品般若波羅蜜經（宮本）卷七　（15–14）

世尊若一切法本淨相者菩薩復得何等清淨法
佛言如是如是須菩提一切法本淨清相菩薩於是
本清淨法相中行般若波羅蜜不驚不怖不没不退
是名菩薩清淨般若波羅蜜須菩提凡夫不知不
見一切法本清淨相是故菩薩發懃精進於是中學
得清淨諸力諸无畏須菩提菩薩如是學者悉能
通達一切衆生心心所行須菩提譬如少所地出閻浮
提金衆生處中亦少能如是學般若波羅蜜譬如衆
生少有能起轉輪王業多有能起諸小王業如是須
菩提少有衆生能行般若波羅蜜道多有發聲聞
辟支佛乘須菩提少有衆生能學阿耨多羅三藐
三菩提心者於阿耨多羅三藐三菩提中少能如所
說行者於如說行中少能隨學般若波羅蜜者於隨
學中少能得阿鞞跋致者是故須菩提菩薩欲於少
中之少當學般若波羅蜜循習般若波羅蜜

比丘志念所寫供養

一校竟

BD15248號　小品般若波羅蜜經（宮本）卷七　（15–15）

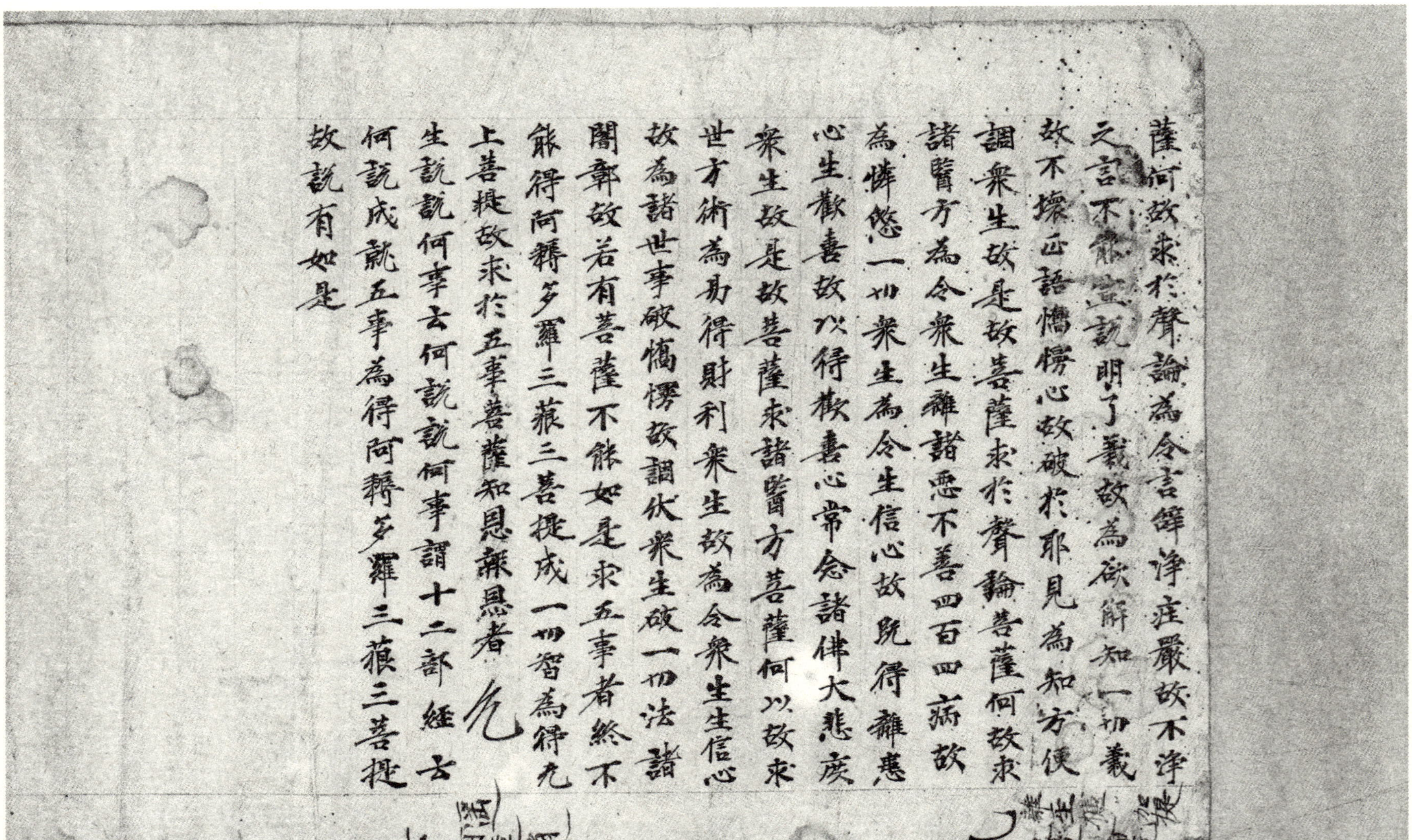

薩何故求於聲論為令言辭淨莊嚴故不淨
之言不能宣說明了顯故為欲解知一切義
故不壞正語憍慢心故破於邪見為知方便
調衆生故是故菩薩求於聲論菩薩何故求
諸醫方為令衆生離諸惡不善四百四病故
為憐愍一切衆生為令生信心故既得離患
心生歡喜故以得歡喜心常念諸佛大悲疾
衆生故是故菩薩求諸醫方菩薩何以故求
世方術為易得財利衆生故為令衆生生信心
故為諸世事破憍慢故調伏衆生破一切法諸
闇鄣故若有菩薩不能如是求五事者終不
能得阿耨多羅三藐三菩提成一切智為得无
上菩提故求於五事菩薩知恩報恩者
生說說何事云何說說何事謂十二部經云
何說成就五事為得阿耨多羅三藐三菩提
故說有如是

BD15249號　大方便佛報恩經（兌廢稿）卷七　　（2–1）

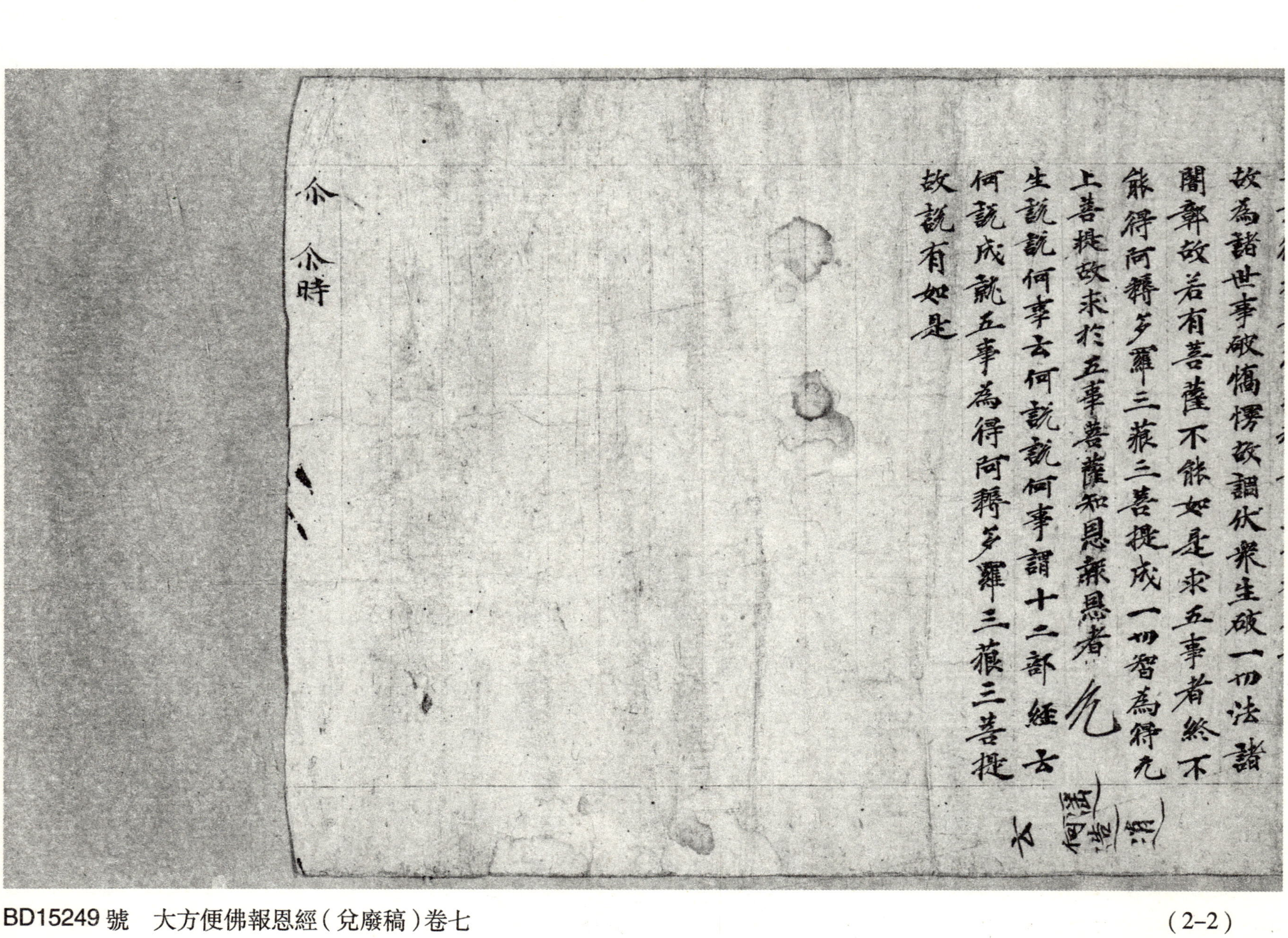

故為諸世事破憍慢故調伏衆生破一切法諸
闇鄣故若有菩薩不能如是求五事者終不
能得阿耨多羅三藐三菩提成一切智為得无
上菩提故求於五事菩薩知恩報恩者
生說說何事云何說說何事謂十二部經云
何說成就五事為得阿耨多羅三藐三菩提
故說有如是

尒
尒時

BD15249號　大方便佛報恩經（兌廢稿）卷七　　（2–2）

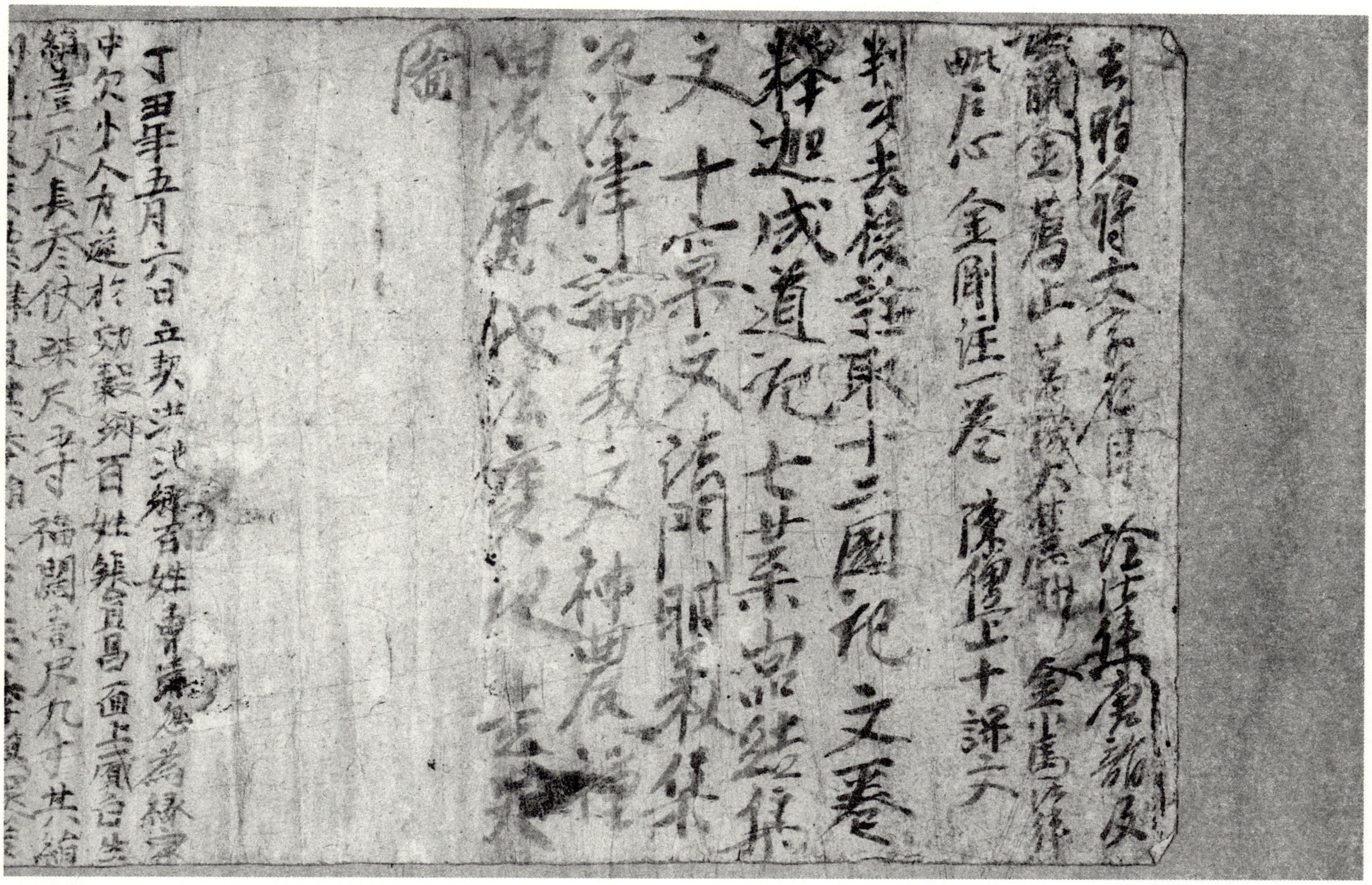

BD15249 號背 1　去時人將文字名目（擬）　（2–1）

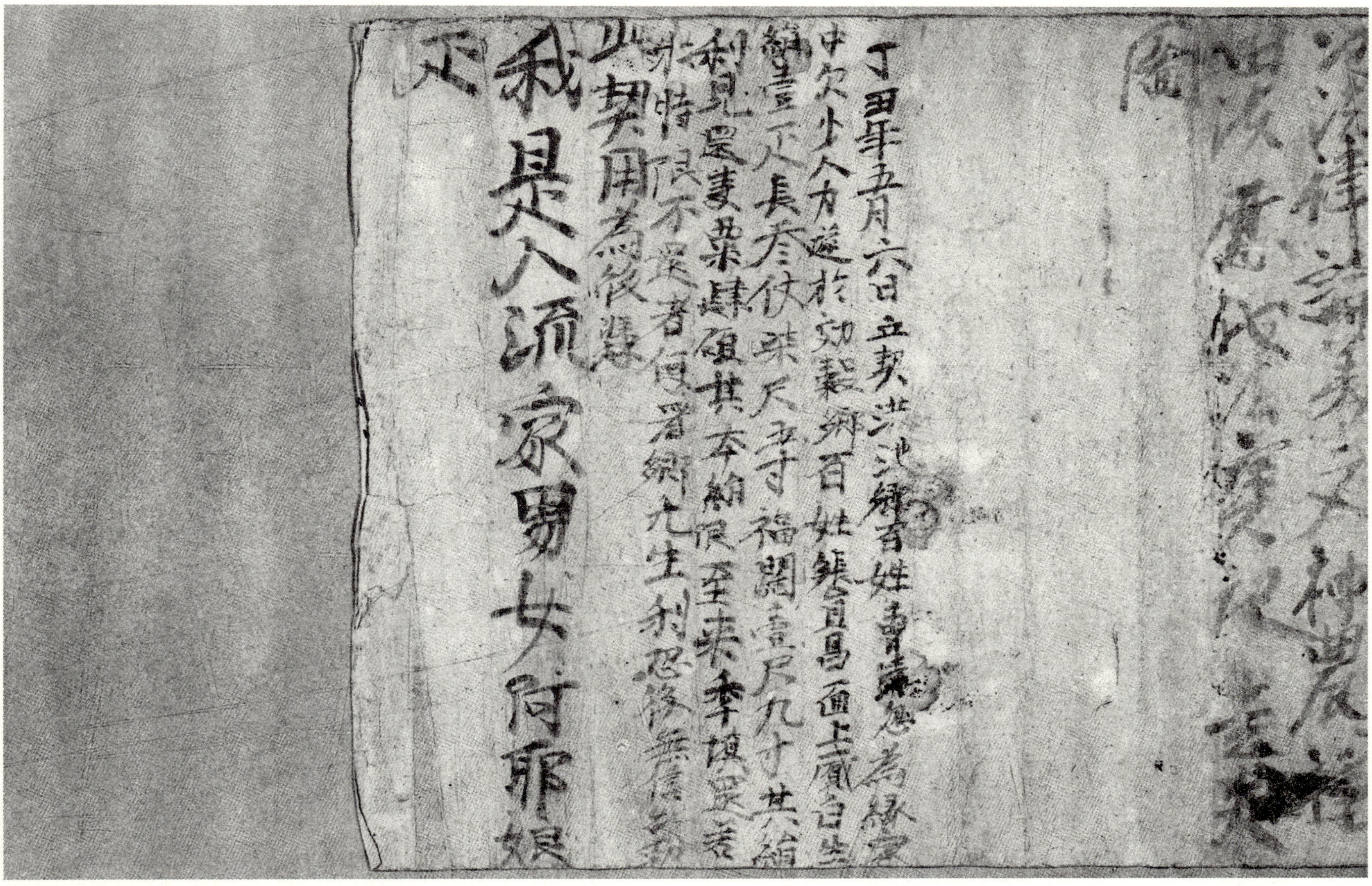

BD15249 號背 2　曹清忽貸白生絹契稿（擬）　（2–2）

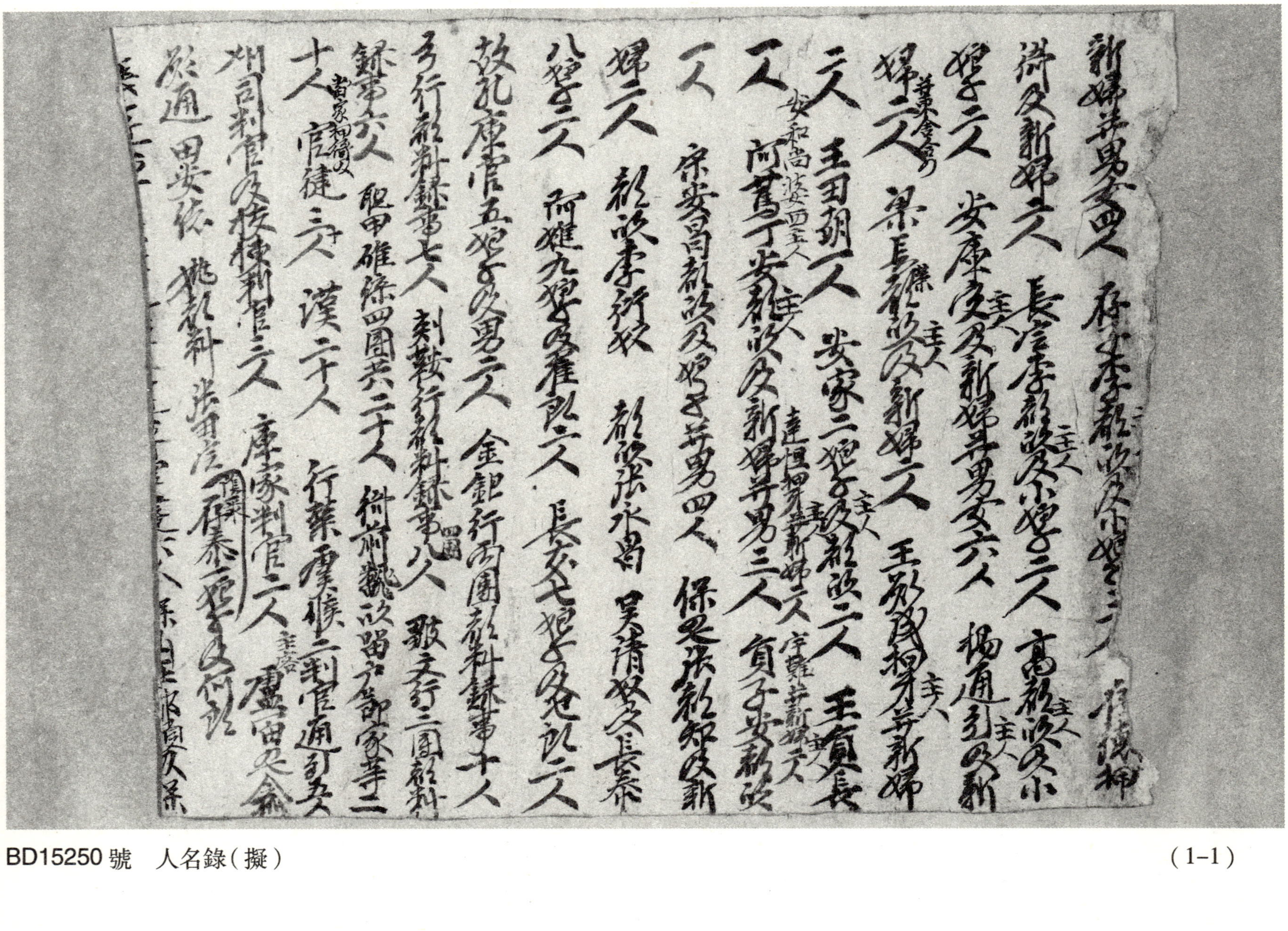

BD15250 號　人名錄（擬）　　（1–1）

BD15250 號背　人名錄（擬）　　（1–1）

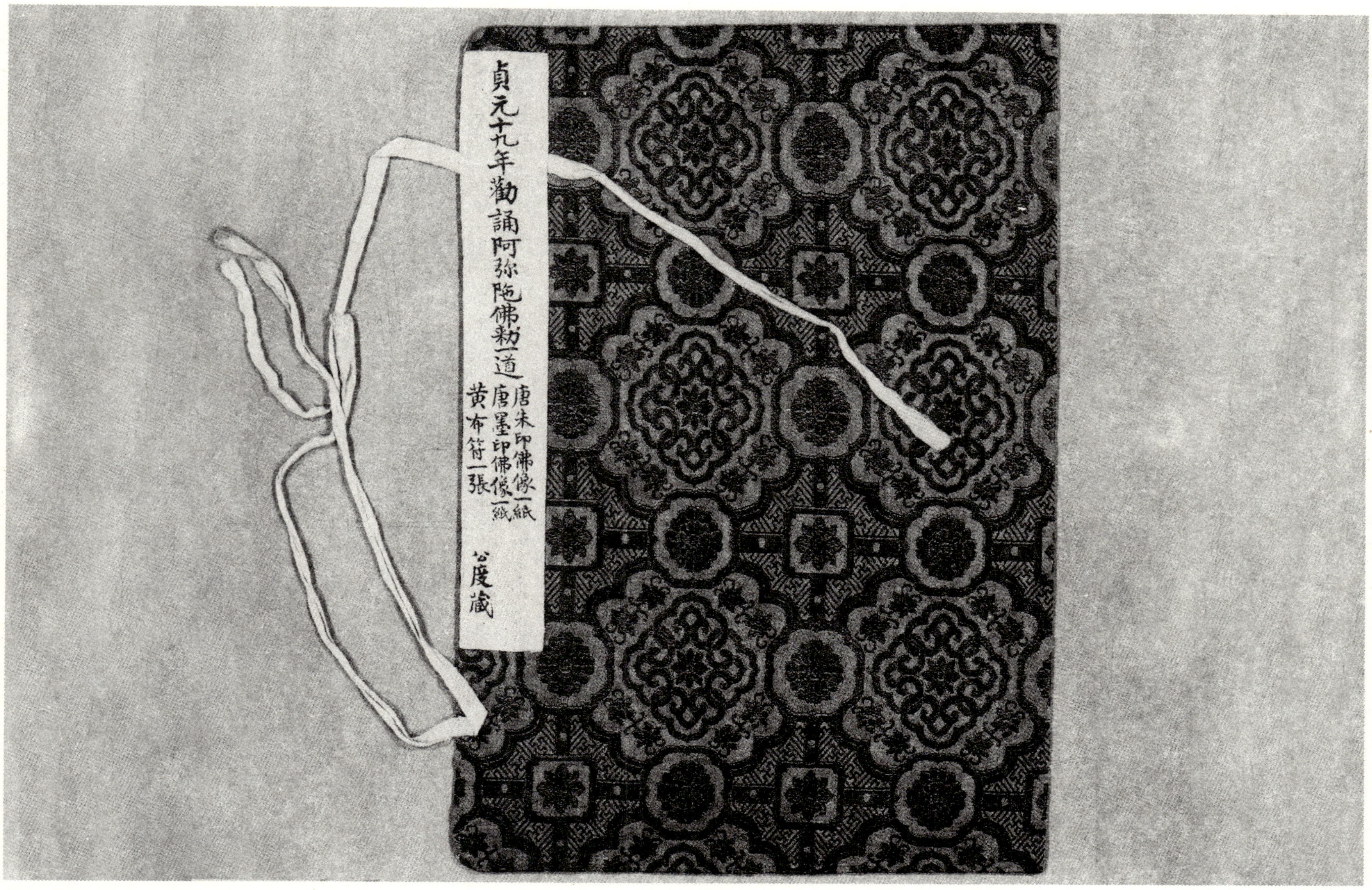

BD15251 號背　護首　　　　　　（1–1）

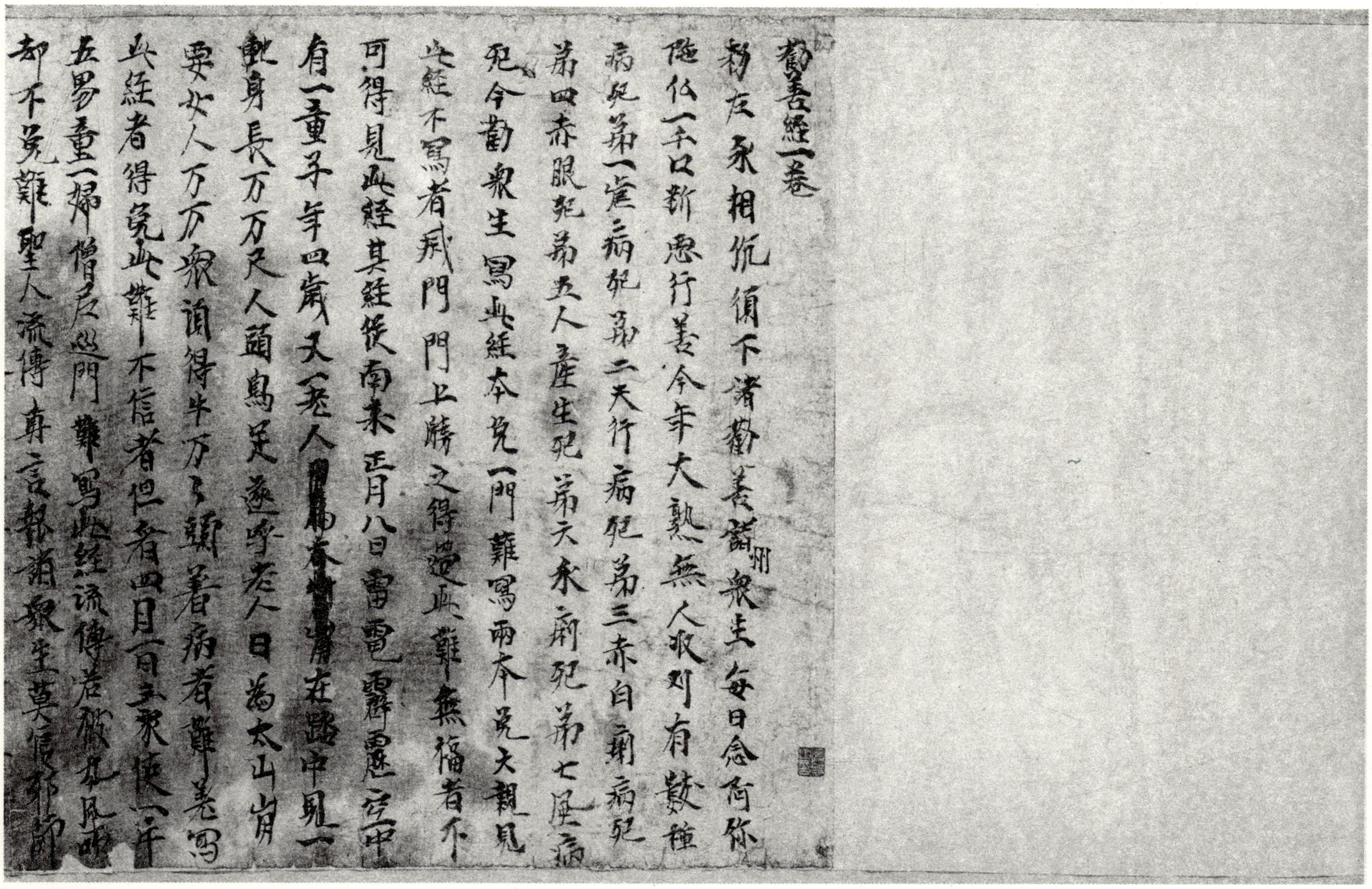

勸善經一卷

勑左永相伉須下諸勸善州衆生每日念阿弥

陁佛一千口斷惡行善今年大熟無人收刈有數種

病死第一虐病死第二天行病死第三赤白痢病死

第四赤眼死第五人產生死第六水痢死第七風病

死今勸衆生寫此經本免一門難寫兩本免六親見

此經不寫者滅門門上牓之得過此難無福者不

可得見此經其經從南來正月八日雷電霹靂空中

有一童子年四歲又一老人[illegible]在路中見一

虵身長万万尺人頭鳥足遂喚老人日為太山肖

要女人万万衆須得牛万万頭着病者難差寫

此經者得免此難不信者但看四月一日三家使一牛

五男童一婦僧尼巡門難寫此經流傳者救其風

却不免難聖人流傳身言報諸衆生莫信邪師

BD15251 號　勸善經卷一　　　　　　（2–1）

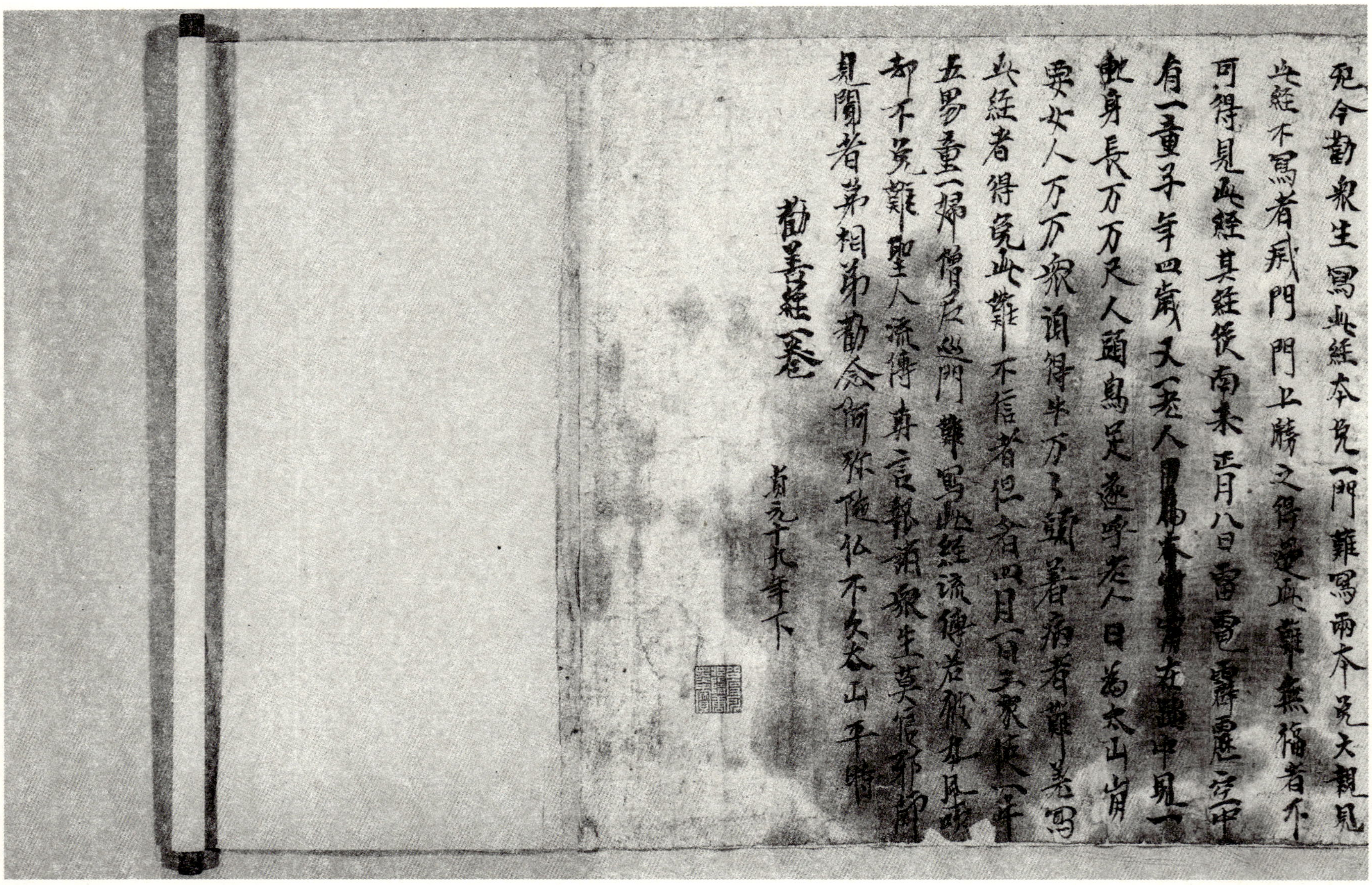
死今勸衆生寫此經本免一門難寫兩本免大親見
此經不寫者滅門門上牓之得逆此難無福者不
可得見此經其經從南來正月八日雷電霹靂空中
有一童子年四歲又一老人[illegible]在雲中見一
虵身長万万尺人頭鳥足遂呼老人曰為太山肯
要女人万万衆須得牛万〻頭著病者難差寫
此經者得免此難不信者但看四月一日天下衆使一年
五男童一婦僧尼此門難寫此經流傳若[illegible]
却不免難聖人流傳真言報諸衆生莫信邪師
見聞者弟相弟勸念阿弥陁仏不久太山平時
勸善經一卷
貞元十九年下

BD15251 號　勸善經卷一　（2–2）

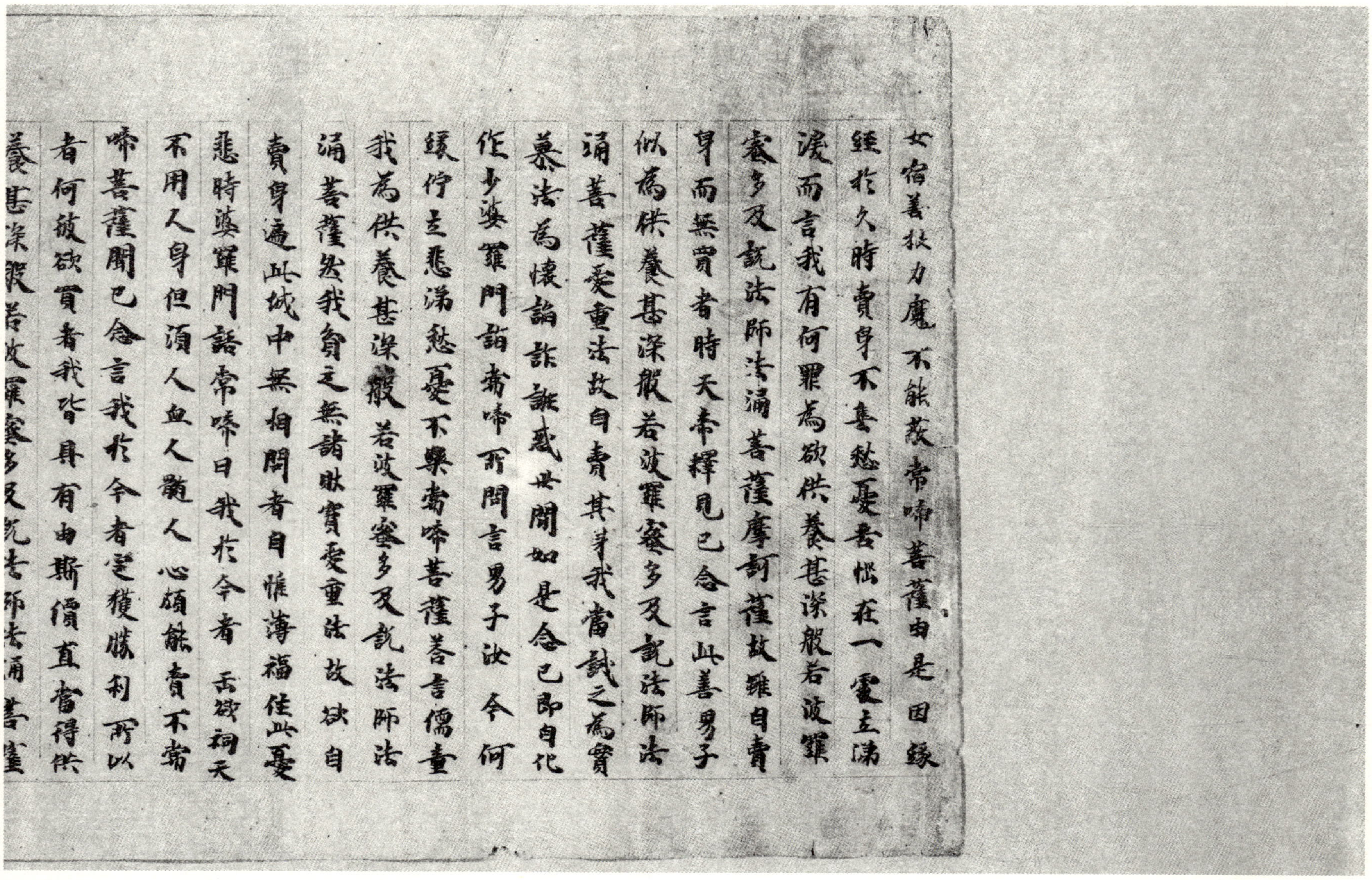
女宿善根力魔不能蔽常啼菩薩由是因緣
經於久時賣身不售愁憂苦惱在一處立流
淚而言我有何罪為欲供養甚深般若波羅
蜜多及說法師法涌菩薩摩訶薩故雖自賣
身而無買者時天帝釋見已念言此善男子
似為供養甚深般若波羅蜜多及說法師法
涌菩薩愛重法故自賣其身我當試之為實
慕法為懷諂詐誑惑世間如是念已即自化
作少婆羅門詣常啼所問言男子汝今何
緣停立悲泣愁憂不樂常啼菩薩答言儒童
我為供養甚深般若波羅蜜多及說法師法
涌菩薩然我貧乏無諸財寶愛重法故欲自
賣身遍此城中無相問者自惟薄福住此憂
悲時婆羅門語常啼曰我於今者而欲祠天
不用人身但須人血人髓人心頗能賣不常
啼菩薩聞已念言我於今者定獲勝利所以
者何彼欲買者我皆具有由斯價直當得供
養甚深般若波羅蜜多及說法師法涌菩薩

BD15252 號　大般若波羅蜜多經卷三九八　（4–1）

啼菩薩聞已念言我於今者定獲勝利所以
者何彼欲買者我皆具有由斯價直當得供
養甚深般若波羅蜜多及說法師法涌菩薩
令我具足甚深般若波羅蜜多方便善巧疾
證無上正等菩提作是念時歡喜踊躍以柔
濡語報婆羅門仁所買者我悉能賣婆羅門
言須幾價直常啼報曰隨意相酬尒時常啼
作是語已即申右手執取利刀刺己左臂令
出其血復割右髀皮肉置地破骨出髓與婆
羅門復趣墻邊欲剖心出有長者女處於高
閣先見常啼聲自賣孩時復見自害其身
作是念言此善男子何因緣故困苦其身我
當問之念已下閣到常啼所作是問言汝何
因緣先唱自賣今出血髓復欲割心常啼報
曰姊不知耶我為供養甚深般若波羅蜜多
及說法師法涌菩薩然我貧乏無諸財寶愛
重法故先自賣身無相買者今賣三事與婆
羅門長者女言汝今自賣身血心髓欲持價
直供養般若波羅蜜多及說法師法涌菩薩
當獲何等功德勝利常啼答言法涌菩薩於
甚深法已得自在當為我說甚深般若波羅
蜜多方便善巧菩薩所學菩薩所乘菩薩所
行菩薩所作我得聞已如說脩行成熟有情
嚴淨佛土速證無上正等菩提得金色身具
三十二大丈夫相八十隨好圓滿莊嚴常光

BD15252號　大般若波羅蜜多經卷三九八　（4–2）

蜜多方便善巧菩薩所學菩薩所乘菩薩所
行菩薩所作我得聞已如說脩行成熟有情
嚴淨佛土速證無上正等菩提得金色身具
三十二大丈夫相八十隨好圓滿莊嚴常光
一尋餘光無量具佛十力四無所畏四無礙
解大慈大悲大喜大捨十八佛不共法無忘
失法恒住捨性五淨眼六神通不可思議清
淨戒蘊定蘊慧蘊解脫蘊解脫智見蘊無障
智見無上智見得一切智道相智一切相智
具足一切無上法寶分布施與一切有情與
諸有情作所依止我捨身命為供養故當獲
此等功德勝利時長者女聞說殊勝不可思
議微妙佛法歡喜踊躍身毛皆竪恭敬合掌
白常啼言大士所說第一廣大最勝微妙甚
為希有為獲如是一一佛法尚應棄捨如殑
伽沙所重身命況唯捨一所以者何若得如
是微妙功德則能利樂一切有情大士家貧
尚為如是微妙功德不惜身命況我家富多
有珍財為是功德而不棄捨大士今應勿復
自害所須供具盡當相與所謂金銀吠瑠璃
寶頗胝迦寶末尼真珠杵藏石藏螺貝璧
帝青大青珊瑚虎魄及餘無量異類珍財花
香瓔珞寶幢幡蓋伎樂燈明車乘衣服并餘
種種上妙供具可持供養甚深般若波羅蜜
多及說法師法涌菩薩唯願大士勿復自害
我身亦願隨大士往法涌菩薩摩訶薩所俱

BD15252號　大般若波羅蜜多經卷三九八　（4–3）

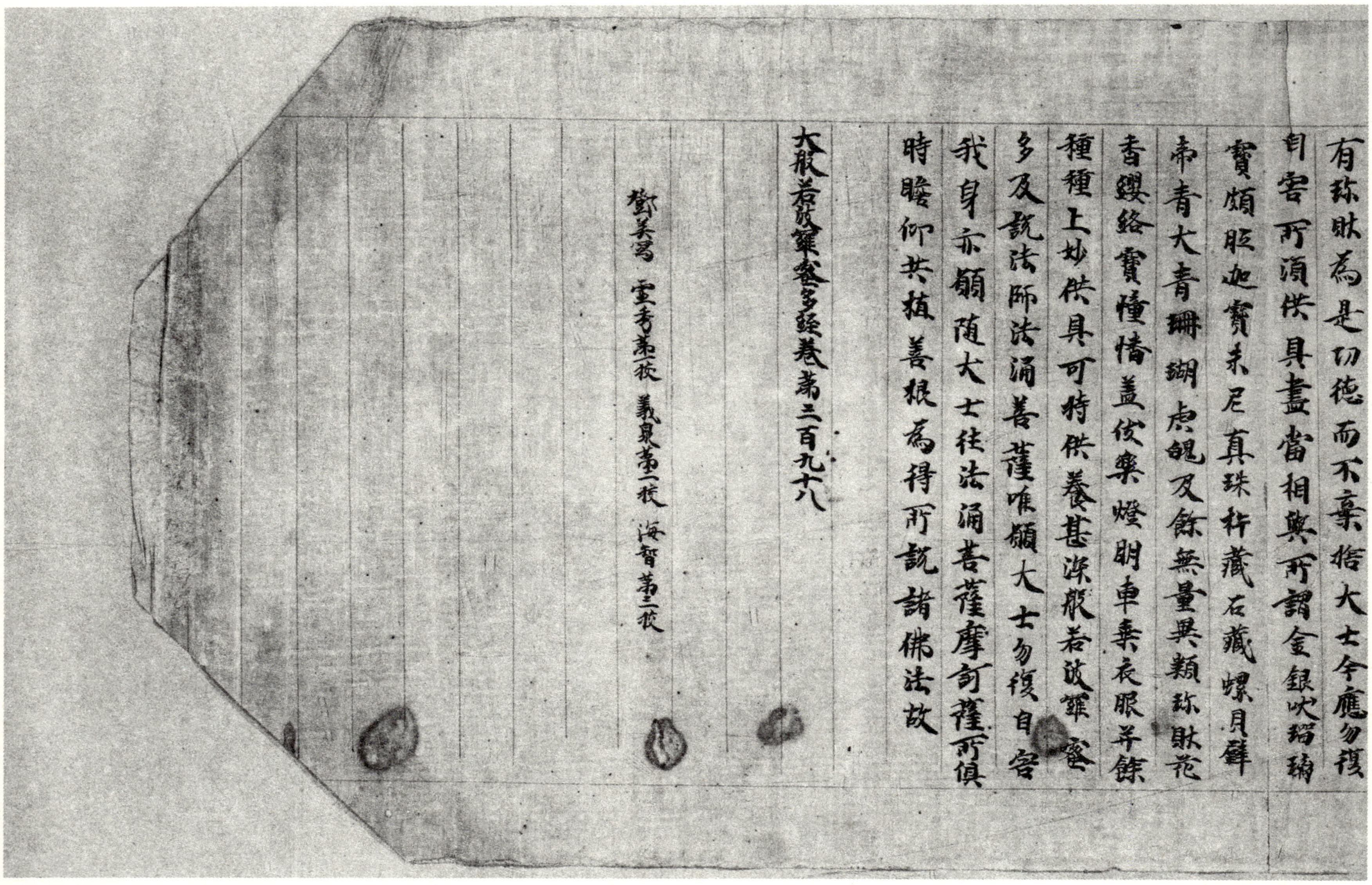

有所財為是功德而不棄捨大士今應勿復
自害所須供具盡當相與所謂金銀吠瑠璃
寶頗胝迦寶末尼真珠杵藏石藏螺貝璧
帝青大青珊瑚虎珀及餘無量異類財花
香瓔珞寶幢幡蓋伎樂燈明車乘衣服并餘
種種上妙供具可持供養甚深般若波羅蜜
多及說法師法涌菩薩唯願大士勿復自害
我身亦願隨大士往法涌菩薩摩訶薩所俱
時瞻仰共植善根為得所說諸佛法故
大般若波羅蜜多經卷第三百九十八
鄧美寫　靈秀第一校　義泉第二校　海智第三校

BD15252 號　大般若波羅蜜多經卷三九八　（4–4）

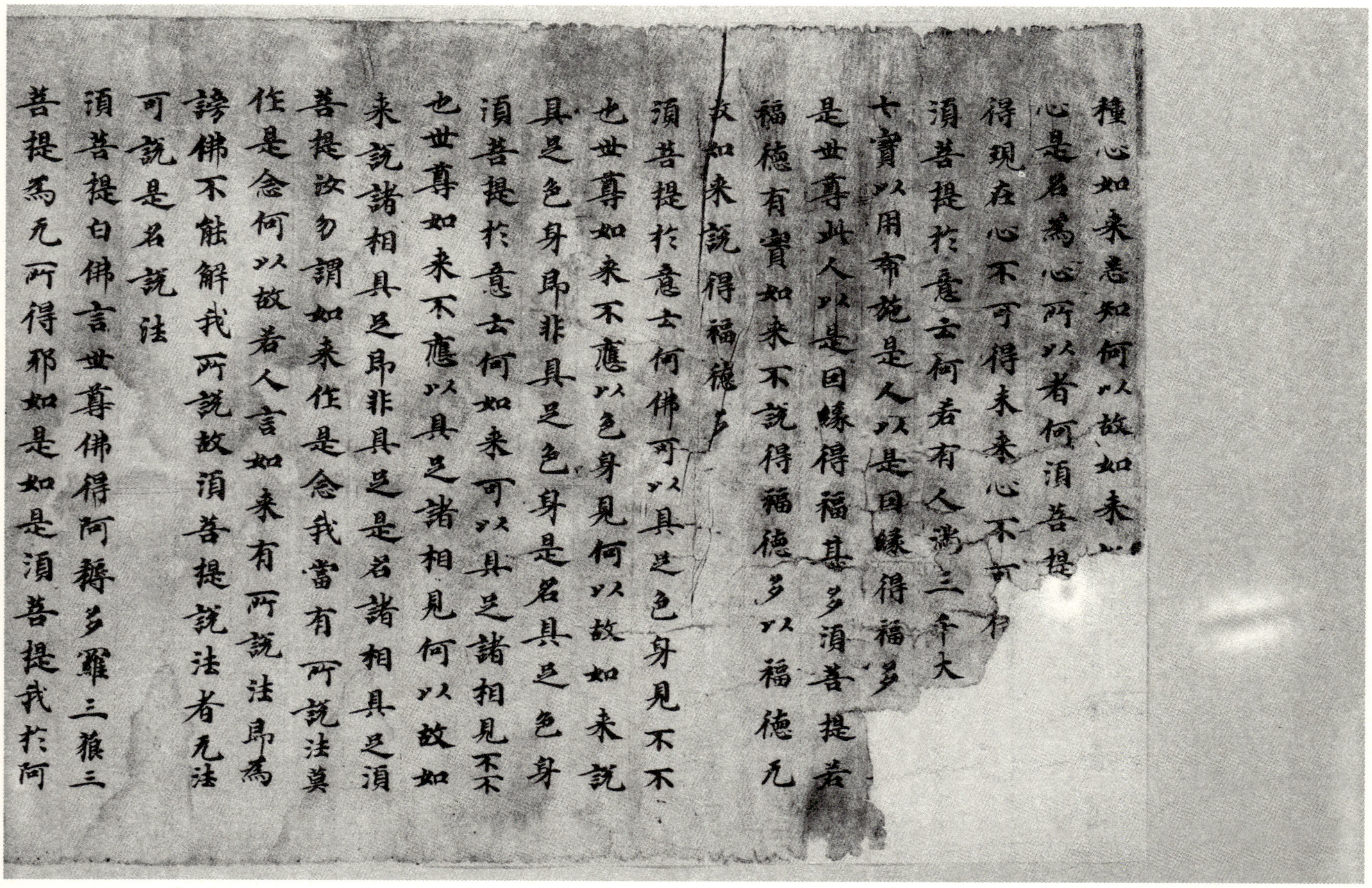

種心如來悉知何以故如來說
心是名為心所以者何須菩提
得現在心不可得未來心不可
須菩提於意云何若有人滿三千大
七寶以用布施是人以是因緣得福多
是世尊此人以是因緣得福甚多須菩提若
福德有實如來不說得福德多以福德无
故如來說得福德多
須菩提於意云何佛可以具足色身見不不
也世尊如來不應以色身見何以故如來說
具足色身即非具足色身是名具足色身
須菩提於意云何如來可以具足諸相見不不
也世尊如來不應以具足諸相見何以故如
來說諸相具足即非具足是名諸相具足須
菩提汝勿謂如來作是念我當有所說法莫
作是念何以故若人言如來有所說法即為
謗佛不能解我所說故須菩提說法者无法
可說是名說法
須菩提白佛言世尊佛得阿耨多羅三藐三
菩提為无所得耶如是如是須菩提我於阿

BD15253 號　金剛般若波羅蜜經　（4–1）

須菩提白佛言世尊佛得阿耨多羅三藐三
菩提為无所得耶如是如是須菩提我於阿
耨多羅三藐三菩提乃至无有少法可得是
名阿耨多羅三藐三菩提
復次須菩提是法平等无有高下是名阿耨
多羅三藐三菩提以无我无人无衆生无壽
者脩一切善法則得阿耨多羅三藐三菩提
須菩提所言善法者如來說非善法是名善
法須菩提若三千大千世界中所有諸須弥
山王如是等七寶聚有人持用布施若人以此
般若波羅蜜經乃至四句偈等受持為他人
說於前福德百分不及一百千万億分乃至
筭數譬喻所不能及
須菩提於意云何汝等勿謂如來作是念我
當度衆生須菩提莫作是念何以故實无有
衆生如來度者若有衆生如來度者如來則
有我人衆生壽者須菩提如來說有我者則
非有我而凡夫之人以為有我須菩提凡夫
者如來說則非凡夫
須菩提於意云何可以卅二相觀如來不須
菩提言如是如是以卅二相觀如來佛言須
菩提若以卅二相觀如來者轉輪聖王則是
如來須菩提白佛言世尊如我解佛所說義
不應以卅二相觀如來尒時世尊而說偈言

BD15253號　金剛般若波羅蜜經　（4–2）

如來須菩提白佛言世尊如我解佛所說義
不應以卅二相觀如來尒時世尊而說偈言
若以色見我　以音聲求我　是人行耶道　不能見如來
須菩提汝若作是念如來不以具足相故得阿
耨多羅三藐三菩提須菩提莫作是念如來
不以具足相故得阿耨多羅三藐三菩提須菩
提汝若作是念發阿耨多羅三藐三菩提者
說諸法斷滅相莫作是念何以故發阿耨多
羅三藐三菩提者於法不說斷滅相
須菩提若菩薩以滿恒河沙等世界七寶布
施若復有人知一切法无我得成於忍此菩薩
勝前菩薩所得功德須菩提以諸菩薩不
受福德故須菩提白佛言世尊云何菩薩不
受福德須菩提菩薩所作福德不應貪著
是故說不受福德
須菩提若有人言如來若來若去若坐若卧
是人不解我所說義何以故如來者无所從
來亦无所去故名如來
須菩提若善男子善女人以三千大千世界碎
為微塵於意云何是微塵衆寧為多不甚
多世尊何以故若是微塵衆實有者佛則不
說是微塵衆所以者何佛說微塵衆則非微
塵衆是名微塵衆世尊如來所說三千大千
世界則非世界是名世界何以故若世界實有

BD15253號　金剛般若波羅蜜經　（4–3）

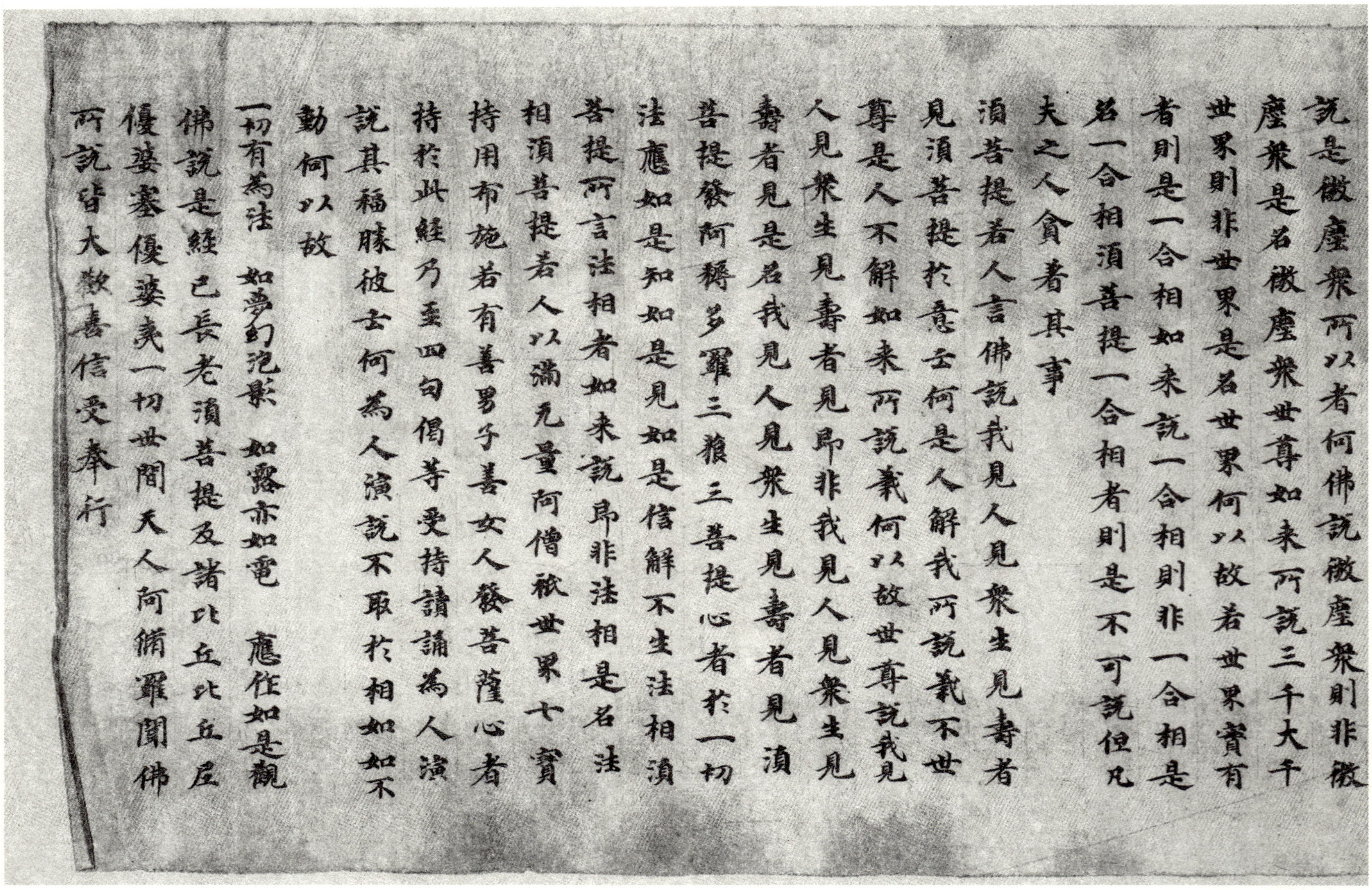

說是微塵衆所以者何佛說微塵衆則非微
塵衆是名微塵衆世尊如来所說三千大千
世界則非世界是名世界何以故若世界實有
者則是一合相如来說一合相則非一合相是
名一合相須菩提一合相者則是不可說但凡
夫之人貪著其事
須菩提若人言佛說我見人見衆生見壽者
見須菩提於意云何是人解我所說義不世
尊是人不解如来所說義何以故世尊說我見
人見衆生見壽者見即非我見人見衆生見
壽者見是名我見人見衆生見壽者見須
菩提發阿耨多羅三藐三菩提心者於一切
法應如是知如是見如是信解不生法相須
菩提所言法相者如来說即非法相是名法
相須菩提若人以滿无量阿僧祇世界七寶
持用布施若有善男子善女人發菩薩心者
持於此經乃至四句偈等受持讀誦為人演
說其福勝彼云何為人演說不取於相如如不
動何以故
一切有為法　如夢幻泡影　如露亦如電　應作如是觀
佛說是經已長老須菩提及諸比丘比丘尼
優婆塞優婆夷一切世間天人阿脩羅聞佛
所說皆大歡喜信受奉行

BD15253 號　金剛般若波羅蜜經　（4–4）

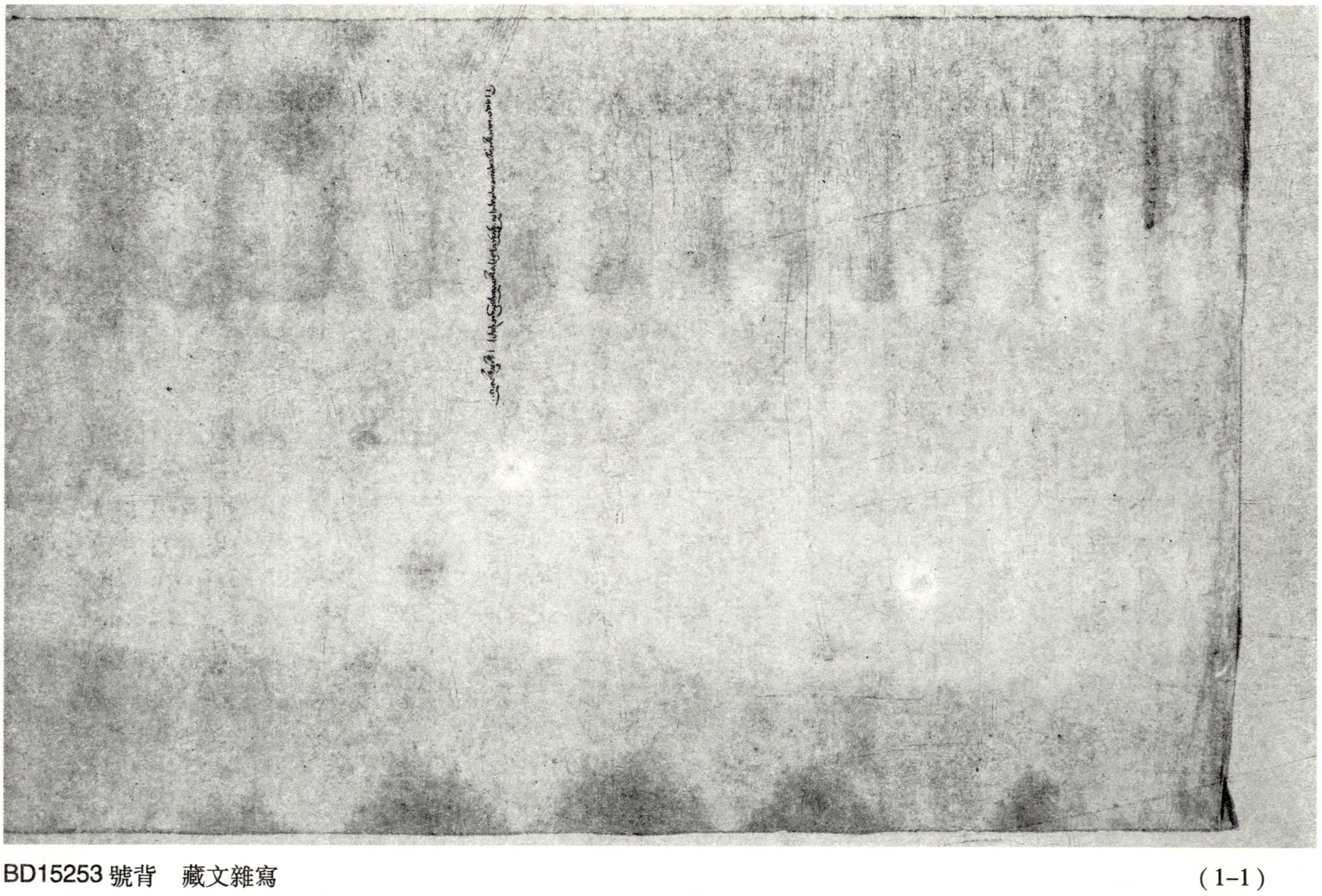

BD15253 號背　藏文雜寫　（1–1）

娑婆世界耆闍崛
寶臺以寶十瓔珞持至釋
迦牟尼佛所頭面礼足瓔珞而白佛言
世尊淨華宿王智佛問訊世尊少病少惱起
居輕利安樂行不四大調和不世事可忍不
衆生易度不無多貪欲瞋恚愚癡嫉妬慳慢
不無不孝父母不敬沙門邪見不善心不攝
五情不世尊衆生能降伏諸魔怨不久滅度
多寶如來在七寶塔中來聽法不又問訊多
寶如來安隱少惱堪忍久住不世尊我今欲
見多寶佛身唯願世尊示我令見尒時釋迦
牟尼佛語多寶佛是妙音菩薩欲得相見時
多寶佛告妙音言善哉善哉汝能為供養釋
迦牟尼佛及聽法華經并見文殊師利等故
来至此尒時華德菩薩白佛言世尊是妙音
菩薩種何善根脩何功德有是神力佛告華
德菩薩過去有佛名雲雷音王多陀阿伽度

BD15254號　妙法蓮華經卷七　（4–1）

菩薩種何善根脩何功德有是神力佛告華
德菩薩過去有佛名雲雷音王多陀阿伽度
阿羅呵三藐三佛陀國名現一切世間劫名
憙見妙音菩薩於万二千歲以十萬種伎樂
供養雲雷音王佛并奉上八萬四千七寶鉢
以是因緣果報今生淨華宿王智佛國有是
神力華德於汝意云何尒時雲雷音王佛所
妙音菩薩伎樂供養奉上寶器者豈異人乎
今此妙音菩薩摩訶薩是華德是妙音菩薩
已曾供養親近無量諸佛久殖德本又值恒
河沙等百千萬億那由他佛華德汝但見妙
音菩薩其身在此而是菩薩現種種身處處
為諸衆生說是經典或現梵王身或現帝釋
身或現自在天身大自在天身或現天大將
軍身或現毗沙門天王身或現轉輪聖王身
或現諸小王身或現長者身或現居士身或
現宰官身或現婆羅門身或現比丘比丘尼
優婆塞優婆夷身或現長者居士婦女身或
現宰官婦女身或現婆羅門婦女身或現童
男童女身或現天龍夜叉乾闥婆阿脩羅迦
樓羅緊那羅摩睺羅伽人非人等身而說是
經諸有地獄餓鬼畜生及衆難處皆能救濟
乃至於王後宮變為女身而說是經華德是
妙音菩薩能救護娑婆世界諸衆生者是妙

BD15254號　妙法蓮華經卷七　（4–2）

乃至於王後宮變為女身而說是經華德是
妙音菩薩能救護娑婆世界諸衆生者是妙
音菩薩如是種種變化現身在此娑婆國土
為諸衆生說是經典於神通變化智慧無所
損減是菩薩以若干智慧明照娑婆世界令
一切衆生各得所知於十方恒河沙世界中
亦復如是若應以聲聞形得度者現聲聞形
而為說法應以辟支佛形得度者現辟支佛
形而為說法應以菩薩形得度者現菩薩形
而為說法應以佛形得度者即現佛形而為
說法如是種種隨所應度而為現形乃至應
以滅度而得度者示現滅度華德妙音菩薩
摩訶薩成就大神通智慧之力其事如是尒
時華德菩薩白佛言世尊是妙音菩薩深種
善根世尊是菩薩住何三昧而能如是在所
變現度脫衆生佛告華德菩薩善男子其三
昧名現一切色身妙音菩薩住是三昧中能
如是饒益無量衆生說是妙音菩薩品時與
妙音菩薩俱来者八萬四千人皆得現一切
色身三昧此娑婆世界無量菩薩亦得是三
昧及陁羅尼尒時妙音菩薩摩訶薩供養釋
迦牟尼佛及多寶佛塔已還歸本土所經諸
國六種震動雨寶蓮華作百千萬億種種伎
樂既到本國與八萬四千菩薩圍繞至淨華

BD15254號　妙法蓮華經卷七　（4–3）

如是饒益無量衆生說是妙音菩薩品時與
妙音菩薩俱来者八萬四千人皆得現一切
色身三昧此娑婆世界無量菩薩亦得是三
昧及陁羅尼尒時妙音菩薩摩訶薩供養釋
迦牟尼佛及多寶佛塔已還歸本土所經諸
國六種震動雨寶蓮華作百千萬億種種伎
樂既到本國與八萬四千菩薩圍繞至淨華
宿王智佛所白佛言世尊我到娑婆世界饒
益衆生見釋迦牟尼佛及見多寶佛塔礼拜
供養又見文殊師利法王子菩薩及見藥王
菩薩得勤精進力菩薩勇施菩薩等亦令是
八萬四千菩薩得現一切色身三昧說是妙
音菩薩来往品時四萬二千天子得無生法
忍華德菩薩得法華三昧

妙法蓮華經觀世音普門品第二十五

尒時無盡意菩薩即從座起偏袒右肩合掌
向佛而作是言世尊觀世音菩薩以何因緣
名觀世音佛告無盡意菩薩善男子若有無
萬億衆生受諸苦惱聞是觀世音菩

BD15254號　妙法蓮華經卷七　（4–4）

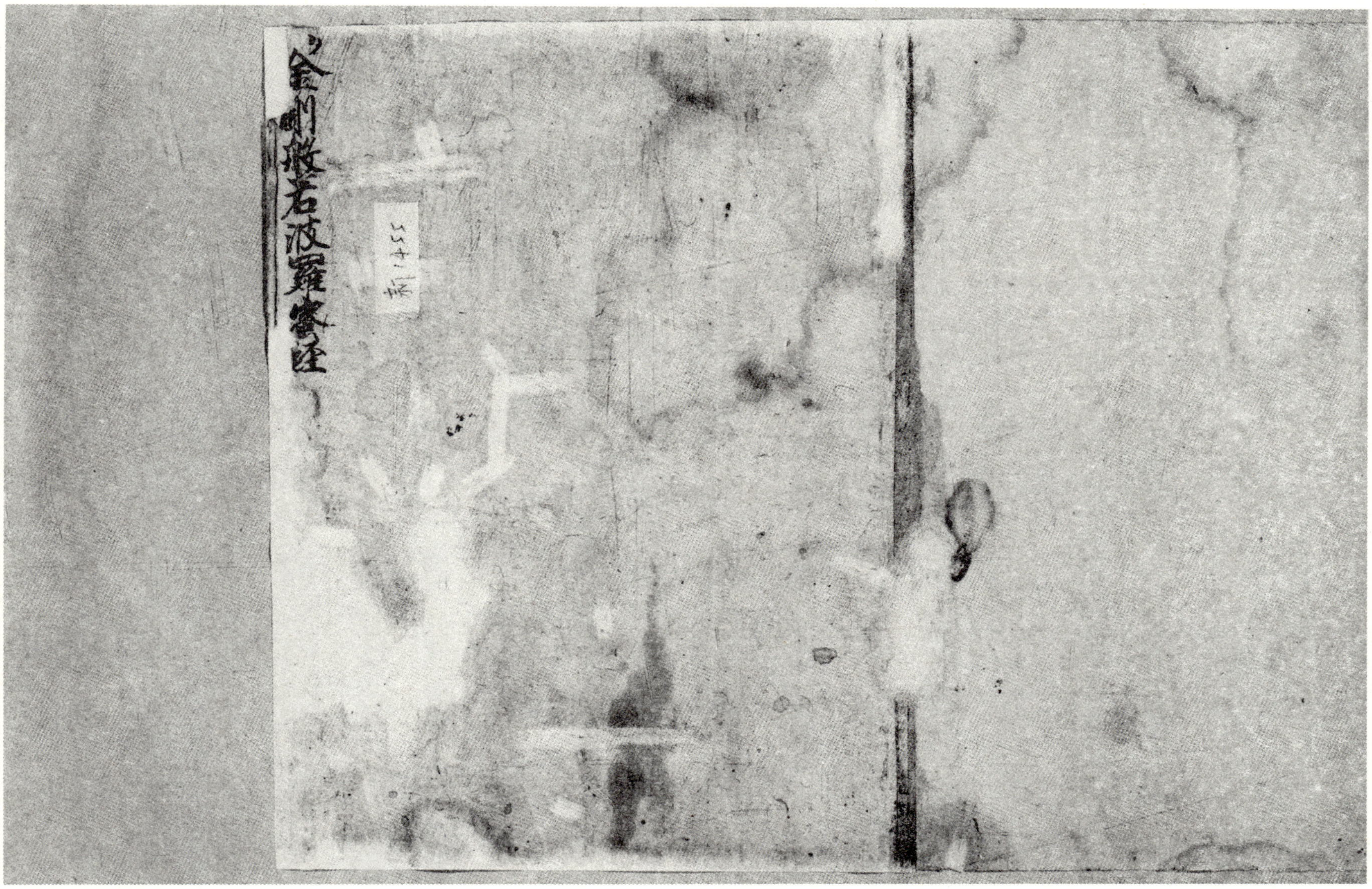

金剛般若波羅蜜經

BD15255 號背　護首　　（1–1）

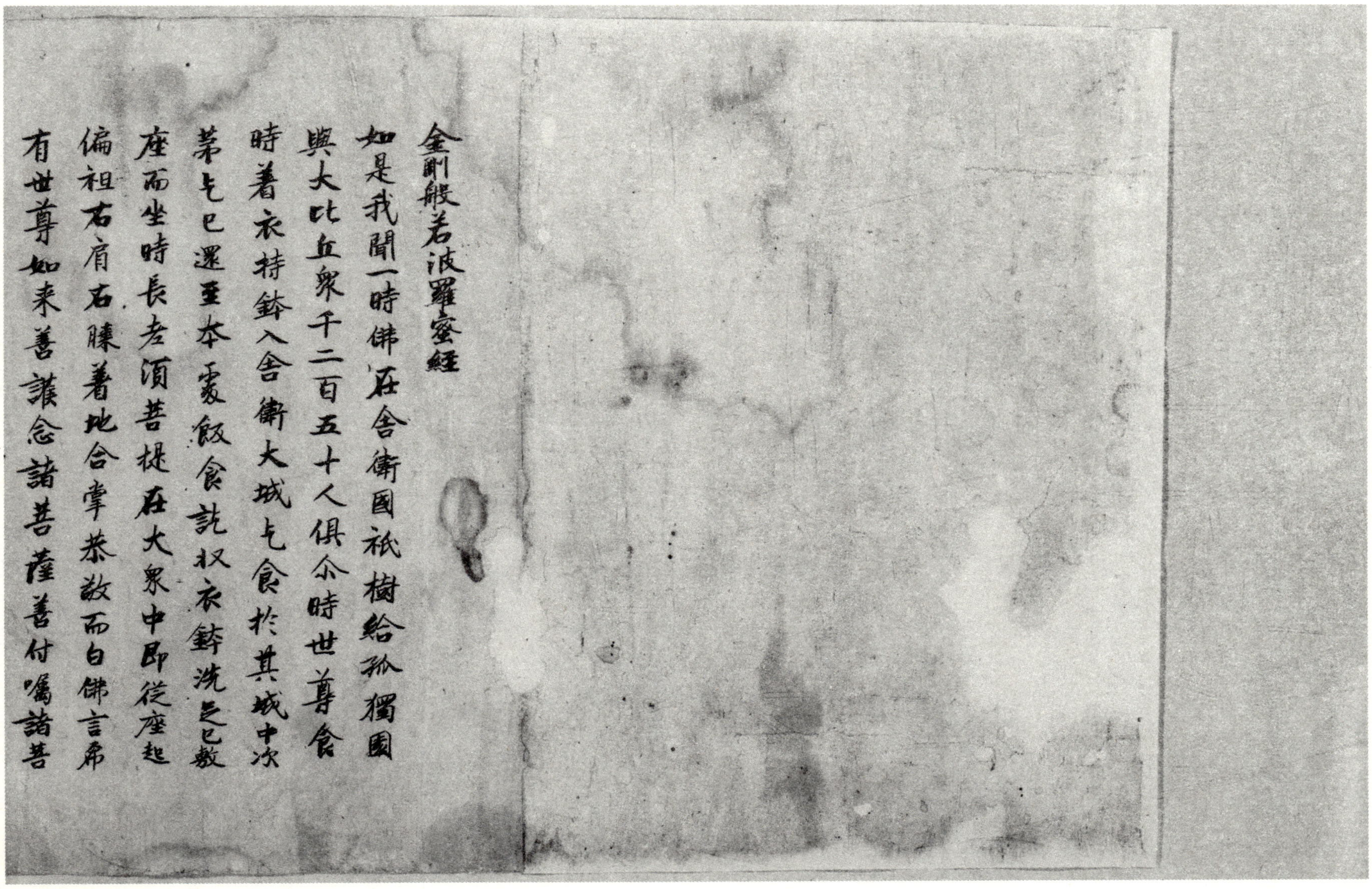

金剛般若波羅蜜經
如是我聞一時佛在舍衛國祇樹給孤獨園
與大比丘衆千二百五十人俱尒時世尊食
時著衣持鉢入舍衛大城乞食於其城中次
第乞已還至本處飯食訖收衣鉢洗足已敷
座而坐時長老須菩提在大衆中即從座起
偏袒右肩右膝著地合掌恭敬而白佛言希
有世尊如來善護念諸菩薩善付囑諸菩

BD15255 號　金剛般若波羅蜜經　　（11–1）

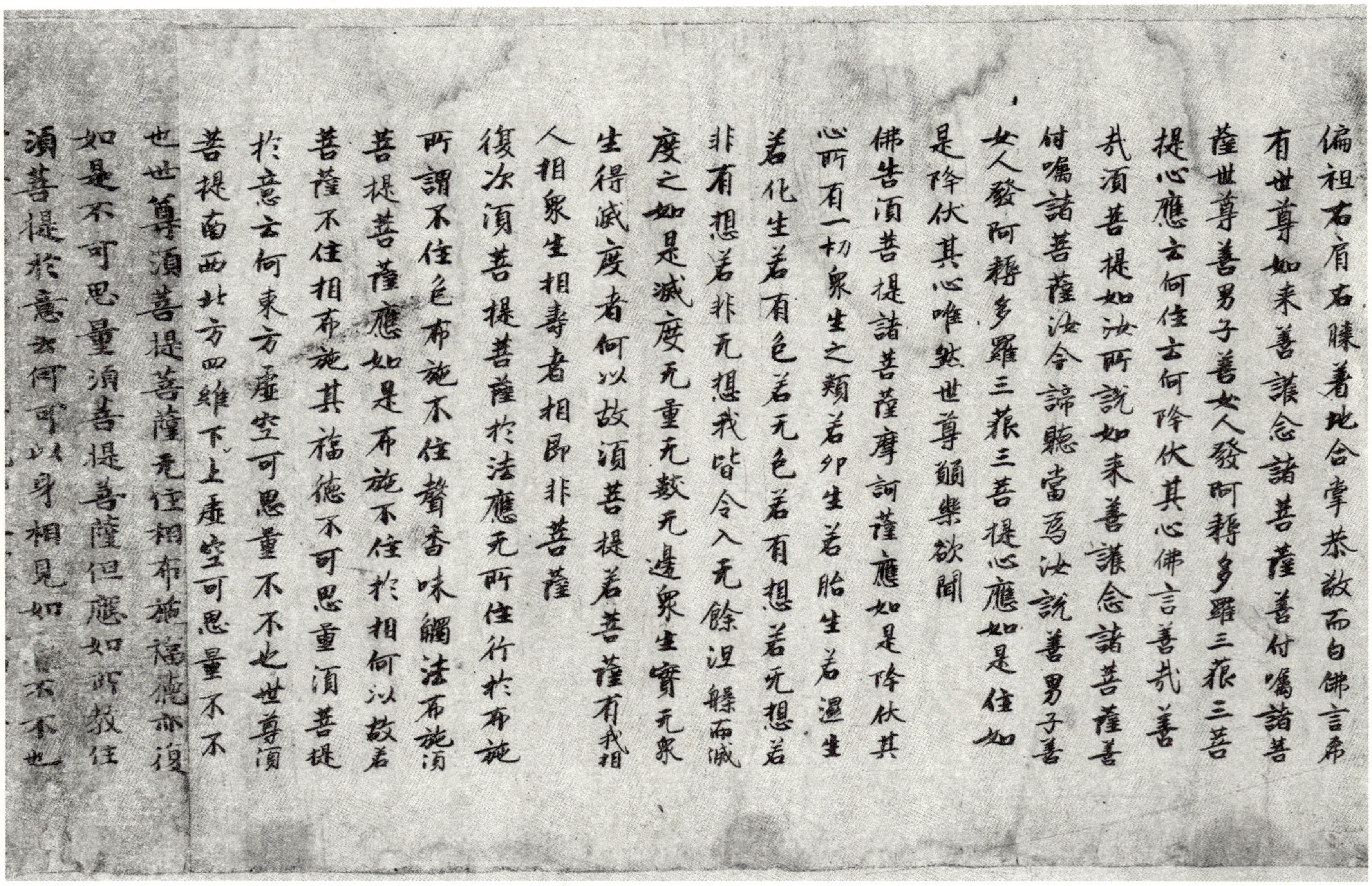

偏袒右肩右膝著地合掌恭敬而白佛言希
有世尊如来善護念諸菩薩善付囑諸菩
薩世尊善男子善女人發阿耨多羅三藐三菩
提心應云何住云何降伏其心佛言善哉善
哉須菩提如汝所説如来善護念諸菩薩善
付囑諸菩薩汝今諦聽當爲汝説善男子善
女人發阿耨多羅三藐三菩提心應如是住如
是降伏其心唯然世尊願樂欲聞
佛告須菩提諸菩薩摩訶薩應如是降伏其
心所有一切衆生之類若卵生若胎生若濕生
若化生若有色若无色若有想若无想若
非有想非无想我皆令入无餘涅槃而滅
度之如是滅度无量无數无邊衆生實无衆
生得滅度者何以故須菩提若菩薩有我相
人相衆生相壽者相即非菩薩
復次須菩提菩薩於法應无所住行於布施
所謂不住色布施不住聲香味觸法布施須
菩提菩薩應如是布施不住於相何以故若
菩薩不住相布施其福德不可思量須菩提
於意云何東方虚空可思量不不也世尊須
菩提南西北方四維下上虚空可思量不不
也世尊須菩提菩薩无住相布施福德亦復
如是不可思量須菩提菩薩但應如所教住
須菩提於意云何可以身相見如　不不也

BD15255 號　金剛般若波羅蜜經　（11–2）

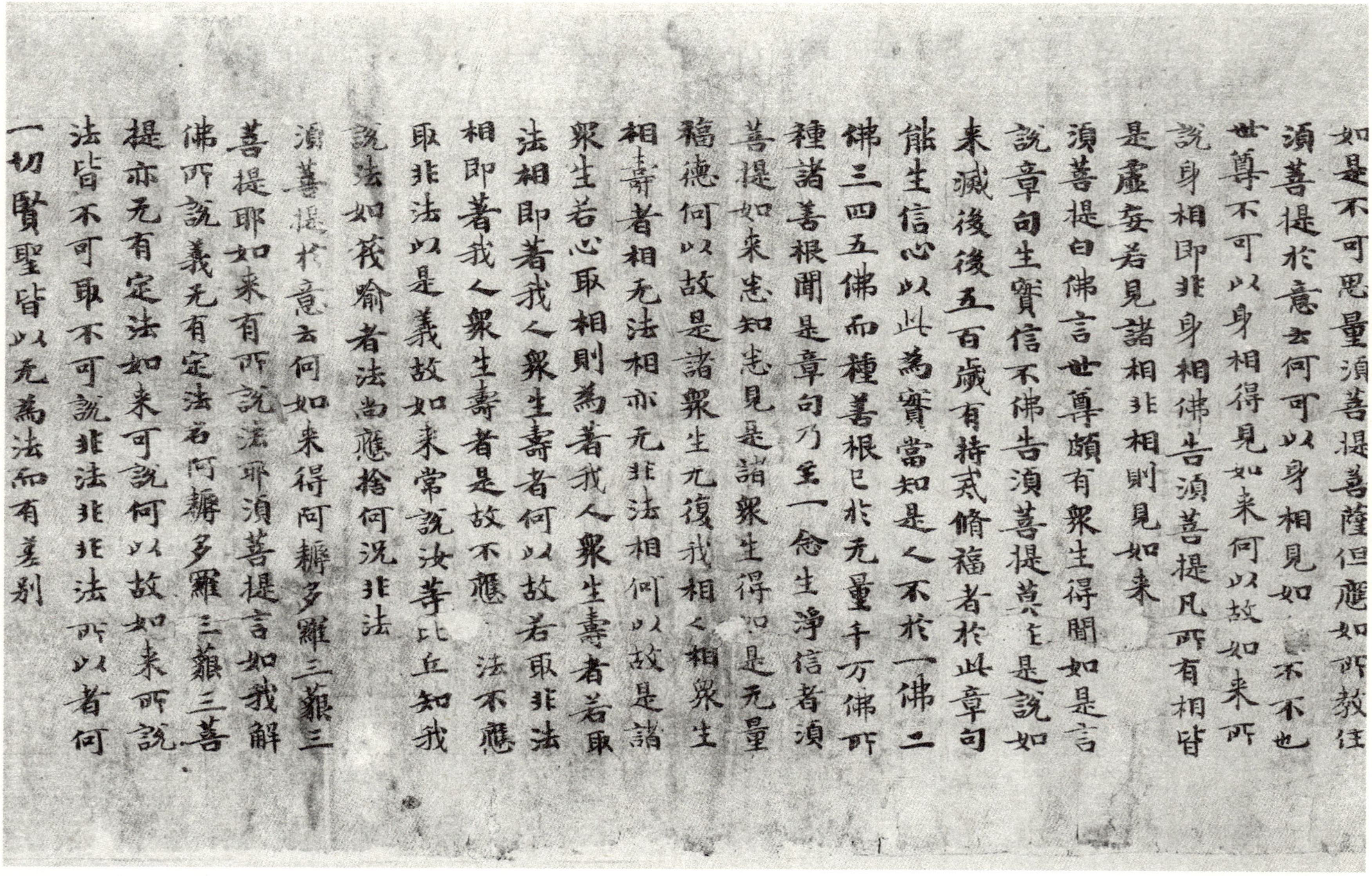

如是不可思量須菩提菩薩但應如所教住
須菩提於意云何可以身相見如　不不也
世尊不可以身相得見如来何以故如来所
説身相即非身相佛告須菩提凡所有相皆
是虚妄若見諸相非相則見如来
須菩提白佛言世尊頗有衆生得聞如是言
説章句生實信不佛告須菩提莫作是説如
来滅後後五百歲有持戒脩福者於此章句
能生信心以此爲實當知是人不於一佛二
佛三四五佛而種善根已於无量千万佛所
種諸善根聞是章句乃至一念生淨信者須
菩提如来悉知悉見是諸衆生得如是无量
福德何以故是諸衆生无復我相人相衆生
相壽者相无法相亦无非法相何以故是諸
衆生若心取相則爲著我人衆生壽者若取
法相即著我人衆生壽者何以故若取非法
相即著我人衆生壽者是故不應　法不應
取非法以是義故如来常説汝等比丘知我
説法如筏喻者法尚應捨何況非法
須菩提於意云何如来得阿耨多羅三藐三
菩提耶如来有所説法耶須菩提言如我解
佛所説義无有定法名阿耨多羅三藐三菩
提亦无有定法如来可説何以故如来所説
法皆不可取不可説非法非非法所以者何
一切賢聖皆以无爲法而有差别

BD15255 號　金剛般若波羅蜜經　（11–3）

法皆不可取不可說非法非非法所以者何
一切賢聖皆以无為法而有差別
須菩提於意云何若人滿三千大千世界七
寶以用布施是人所得福德寧為多不須菩
提言甚多世尊何以故是福德即非福德性
是故如來說福德多若復有人於此經中受
持乃至四句偈等為他人說其福勝彼何以
故須菩提一切諸佛及諸佛阿耨多羅三藐
三菩提法皆從此經出須菩提所謂佛法者
即非佛法
須菩提於意云何須陁洹能作是念我得須
陁洹果不須菩提言不也世尊何以故須陁
洹名為入流而无所入不入色聲香味觸法
是名須陁洹須菩提於意云何斯陁含能作
是念我得斯陁含果不須菩提言不也世尊
何以故斯陁含名一往來而實无往來是名
斯陁含須菩提於意云何阿那含能作是念
我得阿那含果不須菩提言不也世尊何以
故阿那含名為不來而實无來是故名阿那
含須菩提於意云何阿羅漢能作是念我得
阿羅漢道不須菩提言不也世尊何以故實
无有法名阿羅漢世尊若阿羅漢作是念我
得阿羅漢道即為著我人眾生壽者世尊佛
說我得无諍三昧人中最為第一是第一離

BD15255號　金剛般若波羅蜜經　（11–4）

得阿羅漢道即為著我人眾生壽者世尊佛
說我得无諍三昧人中最為第一是第一離
欲阿羅漢我不作是念我是離欲阿羅漢世
尊我若作是念我得阿羅漢道世尊則不說
須菩提是樂阿蘭那行者以須菩提實无所
行而名須菩提是樂阿蘭那行
佛告須菩提於意云何如來昔在然燈佛所
於法有所得不不也世尊如來在然燈佛所
於法實无所得須菩提於意云何菩薩莊嚴
佛土不不也世尊何以故莊嚴佛土者則非
莊嚴是名莊嚴是故須菩提諸菩薩摩訶薩
應如是生清淨心不應住色生心不應住聲
香味觸法生心應无所住而生其心須菩提
譬如有人身如須弥山王於意云何是身為
大不須菩提言甚大世尊何以故佛說非身
是名大身
須菩提如恒河中所有沙數如是沙等恒河
於意云何是諸恒河沙寧為多不須菩提言
甚多世尊但諸恒河尚多无數何況其沙須
菩提我今實言告汝若有善男子善女人以
七寶滿爾所恒河沙數三千大千世界以用
布施得福多不須菩提言甚多世尊佛告須
菩提若善男子善女人於此經中乃至受持
四句偈等為他人說而此福德勝前福德復

BD15255號　金剛般若波羅蜜經　（11–5）

善提若善男子善女人於此經中乃至受持
四句偈等為他人說而此福德勝前福德復
次須菩提隨說是經乃至四句偈等當知此
處一切世間天人阿脩羅皆應供養如佛塔
廟何況有人盡能受持讀誦須菩提當知是
人成就最上第一希有之法若是經典所在
之處則為有佛若尊重弟子
尒時須菩提白佛言世尊當何名此經我等
云何奉持佛告須菩提是經名為金剛般若
波羅蜜以是名字汝當奉持所以者何須菩
提佛說般若波羅蜜則非般若波羅蜜須菩
提於意云何如來有所說法不須菩提白佛
言世尊如來无所說須菩提於意云何三千
大千世界所有微塵是為多不須菩提言甚
多世尊須菩提諸微塵如來說非微塵是名
微塵如來說世界非世界是名世界須菩提
於意云何可以三十二相見如來不不也世
尊何以故如來說三十二相即是非相是名
三十二相須菩提若有善男子善女人以恒
河沙等身命布施若復有人於此經中乃至
受持四句偈等為他人說其福甚多
尒時須菩提聞說是經深解義趣涕淚悲泣
而白佛言希有世尊佛說如是甚深經典我
從昔來所得慧眼未曾得聞如是之經世尊

BD15255號　金剛般若波羅蜜經　（11–6）

尒時須菩提聞說是經深解義趣涕淚悲泣
而白佛言希有世尊佛說如是甚深經典我
從昔來所得慧眼未曾得聞如是之經世尊
若復有人得聞是經信心清淨則生實相當
知是人成就第一希有功德世尊是實相者
則是非相是故如來說名實相世尊我得聞
如是經典信解受持不足為難若當來世後
五百歲其有衆生得聞是經信解受持是人
則為第一希有何以故此人无我相人相衆
生相壽者相所以者何我相即是非相人相
衆生相壽者相即是非相何以故離一切諸
相則名諸佛佛告須菩提如是如是若復有
人得聞是經不驚不怖不畏當知是人甚為
希有何以故須菩提如來說第一波羅蜜非
第一波羅蜜是名第一波羅蜜須菩提忍辱
波羅蜜如來說非忍辱波羅蜜何以故須菩
提如我昔為歌利王割截身體我於尒時无
我相无人相无衆生相无壽者相何以故我
於往昔節節支解時若有我相人相衆生相
壽者相應生瞋恨須菩提又念過去於五百
世作忍辱仙人於尒所世无我相无人相无
衆生相无壽者相
是故須菩提菩薩應離一切相發阿耨多羅
三藐三菩提心不應住色生心不應住聲香

BD15255號　金剛般若波羅蜜經　（11–7）

衆生相无壽者相
是故須菩提菩薩應離一切相發阿耨多羅
三藐三菩提心不應住色生心不應住聲香
味觸法生心應生无所住心若心有住則為
非住是故佛說菩薩心不住色布施須菩提
菩薩為利益一切衆生應如是布施如来說
一切諸相即是非相又說一切衆生則非衆
生須菩提如来是真語者實語者如語者不
誑語者不異語者須菩提如来所得法此法
无實无虛須菩提若菩薩心住於法而行布
施如人入闇則无所見若菩薩心不住於法
而行布施如人有目日光明照見種種色須
菩提當来之世若有善男子善女人能於此
經受持讀誦則為如来以佛智慧悉知是人
悉見是人皆得成就无量无邊功德
須菩提若有善男子善女人初日分以恒河
沙等身布施中日分復以恒河沙等身布施
後日分亦以恒河沙等 无量百
千万億劫以身布施若 典信
心不逆其福勝彼何況 為人
解說須菩提以要言之 議不
可稱量无邊功德如来為發大乘者 為發
最上乘者說若有人能受持讀誦廣為人說
如来悉知是人悉見是人皆成就不可量不
可稱无有邊不可思議功德如是人等則為

BD15255號　金剛般若波羅蜜經　（11–8）

如来悉知是人悉見是人皆成就不可量不
可稱无有邊不可思議功德如是人等則為
荷擔如来阿耨多羅三藐三菩提何以故須
菩提若樂小法者著我見人見衆生見壽者
見則於此經不能聽受讀誦為人解說須菩
提在在處處若有此經一切世間天人阿脩
羅所應供養當知此處則為是塔皆應恭敬
作禮圍遶以諸華香而散其處復次須菩提
善男子善女人受持讀誦此經若為人輕賤
是人先世罪業應墮惡道以今世人輕 故
先世罪業則為消滅當得阿耨多羅
菩提須菩提我念過去无量阿僧祇
燈佛所得值八百四千万億那由他
皆供養承事无空過者若復有人於後
能受持讀誦此經所得功
佛功德百分不及一千万
喻所不能及須菩提若
末世有受持讀誦此經
者或有人聞心則狂亂
知是經義不可思議果
介時須菩提白佛言世
阿耨多羅三藐三菩提
伏其心佛告須菩提善
多羅三藐三菩提者當

BD15255號　金剛般若波羅蜜經　（11–9）

阿耨多羅三藐三菩提
伏其心佛告須菩提善
多羅三藐三菩提者當
一切衆生滅度一切衆
實滅度者何以故若菩
相壽者相則非菩薩所
有法發阿耨多羅三藐
意云何如来於然燈佛
佛於然燈佛前无有法
三藐三菩提不不也世
菩提佛言如是如是須
得阿耨多羅三藐三菩
来得阿耨多羅三藐三
我受記汝於来世當得
實无有法得阿耨多羅
燈佛與我受記作是言
号釋迦牟尼何以故如
有人言如来得阿耨多
提實无有法佛得阿耨
菩提如来所得阿耨多
中无實无虚是故如来
須菩提所言一切法者
一切法須菩提譬
尊如来說人身長大

BD15255號　金剛般若波羅蜜經　（11–10）

来得阿耨多羅三藐三
我受記汝於来世當得
實无有法得阿耨多羅
燈佛與我受記作是言
号釋迦牟尼何以故如
有人言如来得阿耨多
提實无有法佛得阿耨
菩提如来所得阿耨多
中无實无虚是故如来
須菩提所言一切法者
一切法須菩提譬
尊如来說人身長大
須菩提菩薩亦如是若
量衆生則不名菩薩
名為菩薩是故佛說一
生无壽者須菩提若菩
佛土是不名菩薩何以
者即非莊嚴是名莊嚴
无我法者如来說名真
須菩提於意

BD15255號　金剛般若波羅蜜經　（11–11）

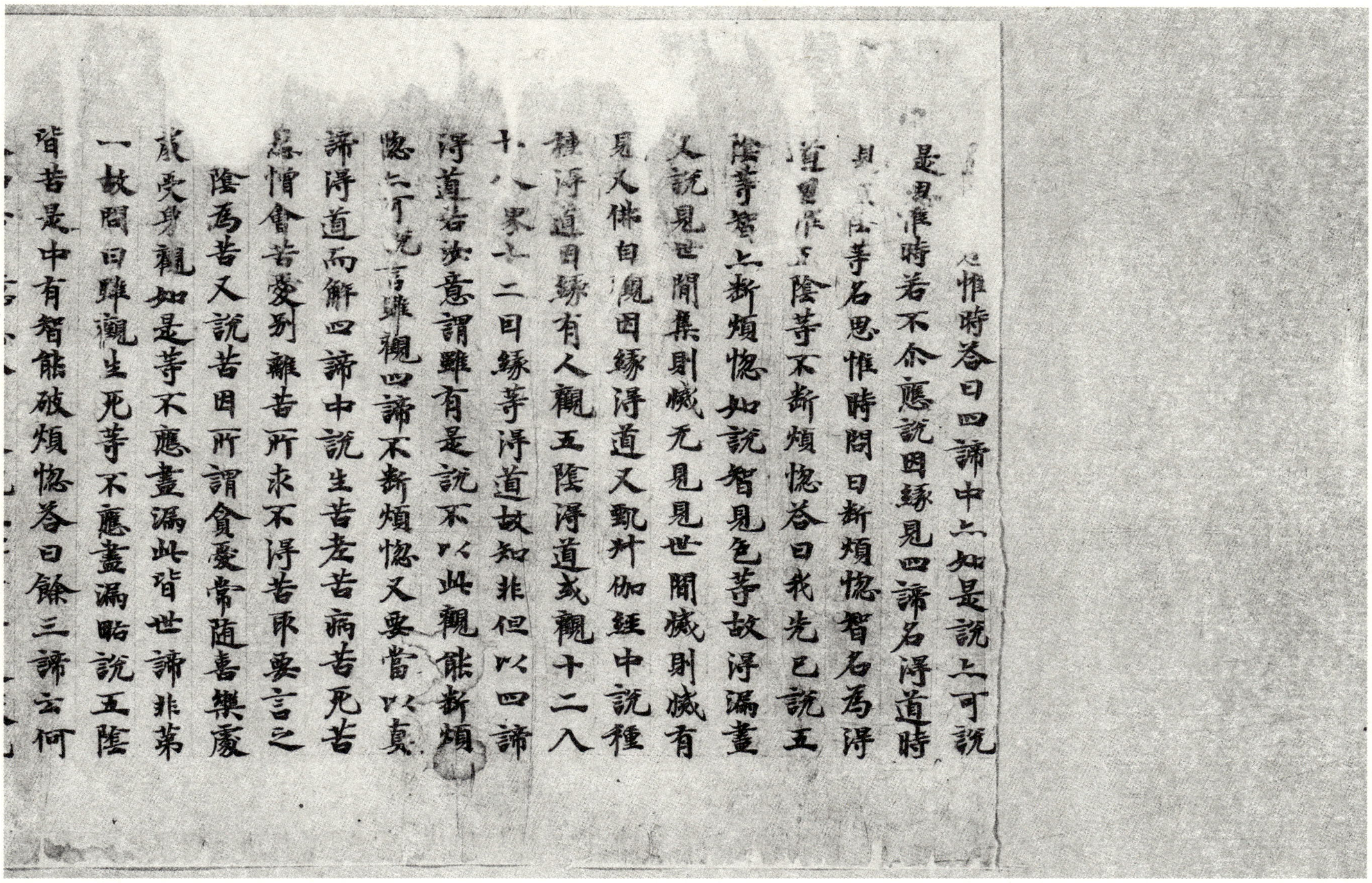

思惟時答曰四諦中亦如是說上可說
是思惟時若不尒應說因緣見四諦名淨道時
見五陰等名思惟時問曰斷煩惱智名為淨
道思惟五陰等不斷煩惱答曰我先已說五
陰等亦斷煩惱如說智見色等故得漏盡
又說見世間集則滅无見見世間滅則滅有
見又佛自說因緣得道又甄叔伽經中說種
種得道因緣有人觀五陰得道或觀十二入
十八界亦十二因緣等得道故知非但以四諦
得道若汝意謂雖有是說不以此觀能斷煩
惱亦可說雖觀四諦不斷煩惱又要當以真
諦得道而解四諦中說生苦老苦病苦死苦
怨憎會苦愛別離苦所求不得苦取要言之
陰為苦又說苦因所謂貪愛常隨喜樂處
處受身觀如是等不應盡漏此皆世諦非第
一故問曰雖觀生死等不應盡漏說五陰
皆苦是中有智能破煩惱答曰餘三諦云何

BD15256號　成實論卷一五　（6-1）

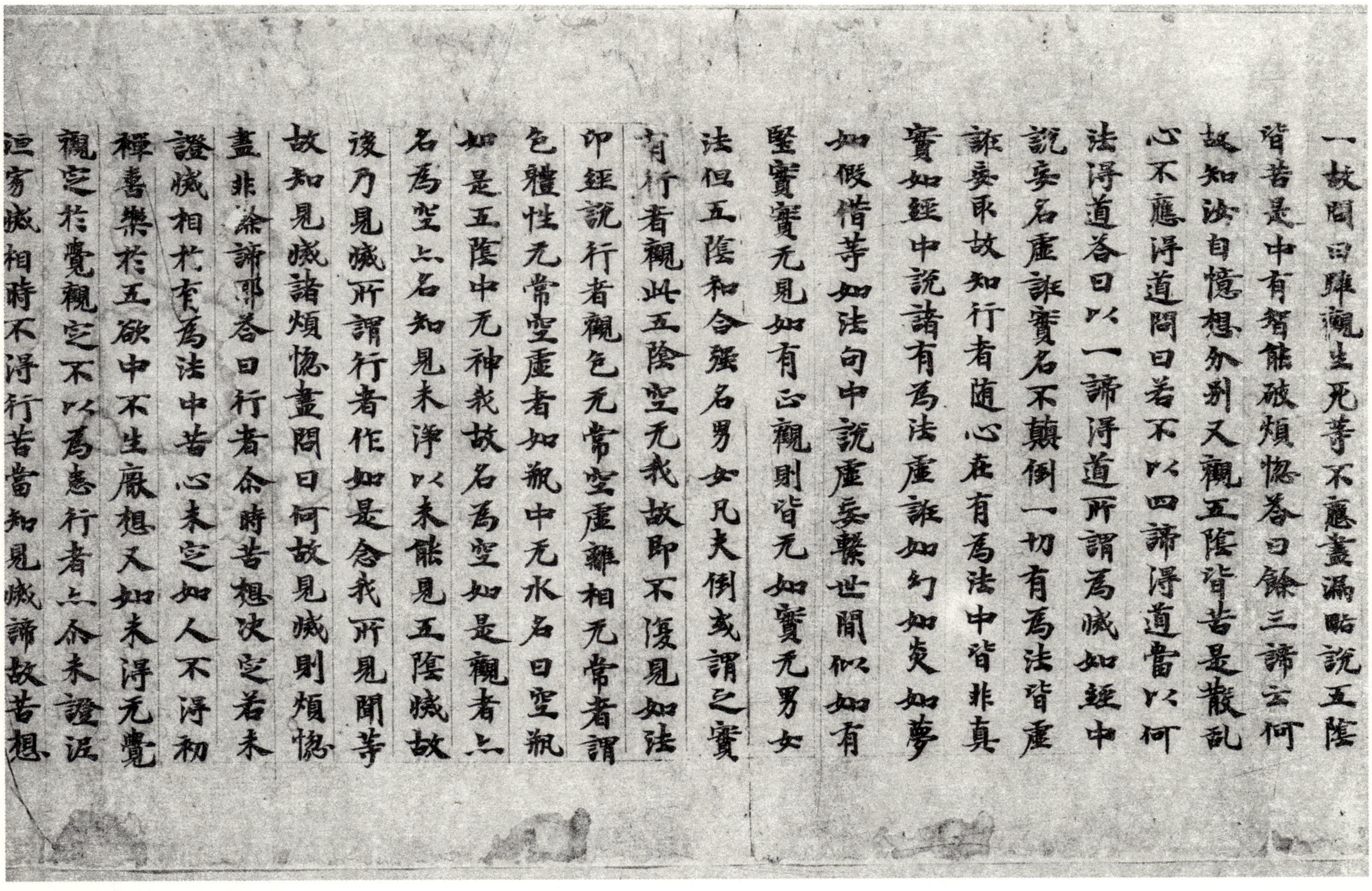

一故問曰雖觀生死等不應盡漏說五陰
皆苦是中有智能破煩惱答曰餘三諦云何
故知汝自憶想分別又觀五陰皆苦是散亂
心不應淨道問曰若不以四諦淨道當以何
法淨道答曰以一諦淨道所謂為滅如經中
說妄名虛誑實名不顛倒一切有為法皆虛
誑妄取故知行者隨心在有為法中皆非真
實如經中說諸有為法虛誑如幻如炎如夢
如假借等如法句中說虛妄繫世間似如有
堅實實无見如有正觀則皆无如實无男女
法但五陰和合強名男女凡夫倒或謂之實
有行者觀此五陰空无我故即不復見如法
印經說行者觀色无常空虛離相无常者謂
色體性无常空虛者如瓶中无水名曰空瓶
如是五陰中无神我故名為空如是觀者亦
名為空亦名知見未淨以未能見五陰滅故
後乃見滅所謂行者作如是念我所見聞等
故知見滅諸煩惱盡問曰何故見滅則煩惱
盡非余諦耶答曰行者尒時苦想決定若未
證滅相於有為法中苦心未定如人不淨初
禪喜樂於五欲中不生厭想又如未得无覺
觀定於覺觀定不以為患行者亦尒未證泥
洹寂滅相時不淨行苦當知見滅諦故苦想

BD15256號　成實論卷一五　（6-2）

禪喜樂於五欲中不生厭想又如來得无覺
觀定於覺觀定不以爲患行者亦尒未證泥
洹前滅相時不得行苦當知見滅諦故苦想
具足苦想具足故愛等結斷問曰若見滅諦
故苦想具足應見滅諦後煩惱方斷所以者
何見滅諦已苦想具足故答曰非後時斷隨
於滅中得前滅想即時苦想具足後當現前
如經中說行者於集生相法知盡滅相即於
法中得法眼淨又人於諸陰中常有我心雖
觀諸陰无常苦等未得永滅若見滅諦以无
相故我心永滅問曰若見滅諦則我心盡何
故佛觀前人柔濡心等爲說四諦不但說滅
答曰此中有慣道行者以无常想无我想具
足故得此苦觀以其近道是故合說問曰若
得道時斷身見者何故復說戒取疑耶答曰行
者得道現見諸法皆空无我即不復疑不同
凡夫聞思等觀若見道諦則知唯此一實更
无餘道是故說三問曰若得道時見諦所斷
諸煩惱盡何故但說三結盡耶答曰一切煩
惱皆以身見爲本如佛問比丘人以何事因
何事見何事故生如是見唯有此身死則斷
滅如是等一切見比丘白佛佛爲法王唯願
解說佛言人以色因色見色是我故起此見

BD15256號　成實論卷一五　（6–3）

何事見何事故生如是見唯有此身死則斷
滅如是等一切見比丘白佛佛爲法王唯願
解說佛言人以色因色見色是我故起此見
乃至識亦如是當知因見我故生諸煩惱所
以者何若有身見則謂此我若常无常若定
見常則是常見定見无常則是斷見若我是
常則无業无報无苦解脫我若无常亦无業
報及苦解脫不以脩道而得泥洹若以此見
爲勝即是見取謂能得度即是戒取自見中
愛他見中恚以此見自高即是憍慢皆以不
如實知故起此結即是无明是故身見斷故
見諦結斷問曰若身見斷餘亦斷者何故別
說戒取疑耶答曰以其勝故行者現見法相
則无有疑此疑疑我爲有爲无亦疑此道得
清淨不今見苦諦則我見斷亦知唯此一道
更无有餘是故說斷身見名見真苦斷戒取
故名脩行道於知所知法中无疑若以正智
知所知法即斷集證滅名具四諦故說此三
亦无疑相此疑從我道生如經中說初得道
相謂見法得法智法度諸疑網不隨他教於
佛法中得无畏力安住果中
一切緣品第一百九十一
問曰何知能一切緣答曰若智行眾入等名
一切緣所以者何若說諸入諸眾法物事有

BD15256號　成實論卷一五　（6–4）

佛法中得无畏力安住果中
一切緣品第一百九十一
問曰何知能一切緣荅曰若智行界入等名
一切緣所以者何若說諸入諸界法物事有
諸緣諸塵可知識等皆盡諸法若智能緣名
一切緣問曰此智不知相應共生等法荅曰
能知若緣入等是名揔相揔相智故能緣一
切所以者何若說十二入更无餘法故知此
智亦緣自體問曰經中說二因緣生識是故
不應有自緣智又諸智无有因緣譬喻能緣
自體如指端不能自觸眼不能自見荅曰汝
說二因緣生識此事不定亦有无緣生智非
一切皆從二因緣生又第六識於自陰中都
无所緣无現法故是識不能緣色等法故若
能緣者盲人亦應見色此人尒時心心數法在
去來中去來无法爲何所緣但處計神故如
是說若諸識生皆由此二非四因緣或有識
以二因緣如經中說六入因緣觸而實无
觸以六入爲因緣若生則不出於六入爲處第
七入故如是處四因緣故佛說二又於過去
未來虛空時方等中知生而此法實无此即
是无緣智問曰若然者以此因緣過去未來
等法應有若无云何生知於兔角龜毛蛇足

BD15256號　成實論卷一五　（6–5）

七入故如是處四因緣故佛說二又於過去
未來虛空時方等中知生而此法實无此即
是无緣智問曰若然者以此因緣過去未來
等法應有若无云何生知於兔角龜毛蛇足
等中終不生知荅曰於作中知生如見人去
則憶亦時若聞人語則憶語時如是等過去
中无作是故不然問曰今於過去中爲何所
憶荅曰憶无所有法汝言何故不憶兔角等若
法生已而滅是則可憶若本來无何所憶耶
如法先名衆生今雖過去亦名衆生如是先
於此法生憶故即此心還憶非異心也又是
人先取此法相此法雖滅而能生憶想无別
法若法於此人心生此法失滅後意識生能知
此事是名相緣識又是相能与後緣相識作
因緣兔角等識无相爲因是故不生又亦應
以兔角等識若无云何能說問曰兔角性
非識所以者何終不生長短黑白等念故
過去法亦如是所以者何我等不能以過去
入現在前如聖人知未來事言此事當尒
不尒荅曰聖智力尒法雖未有而能豫
[illegible]發入出无尋此事亦尒[illegible]

BD15256號　成實論卷一五　（6–6）

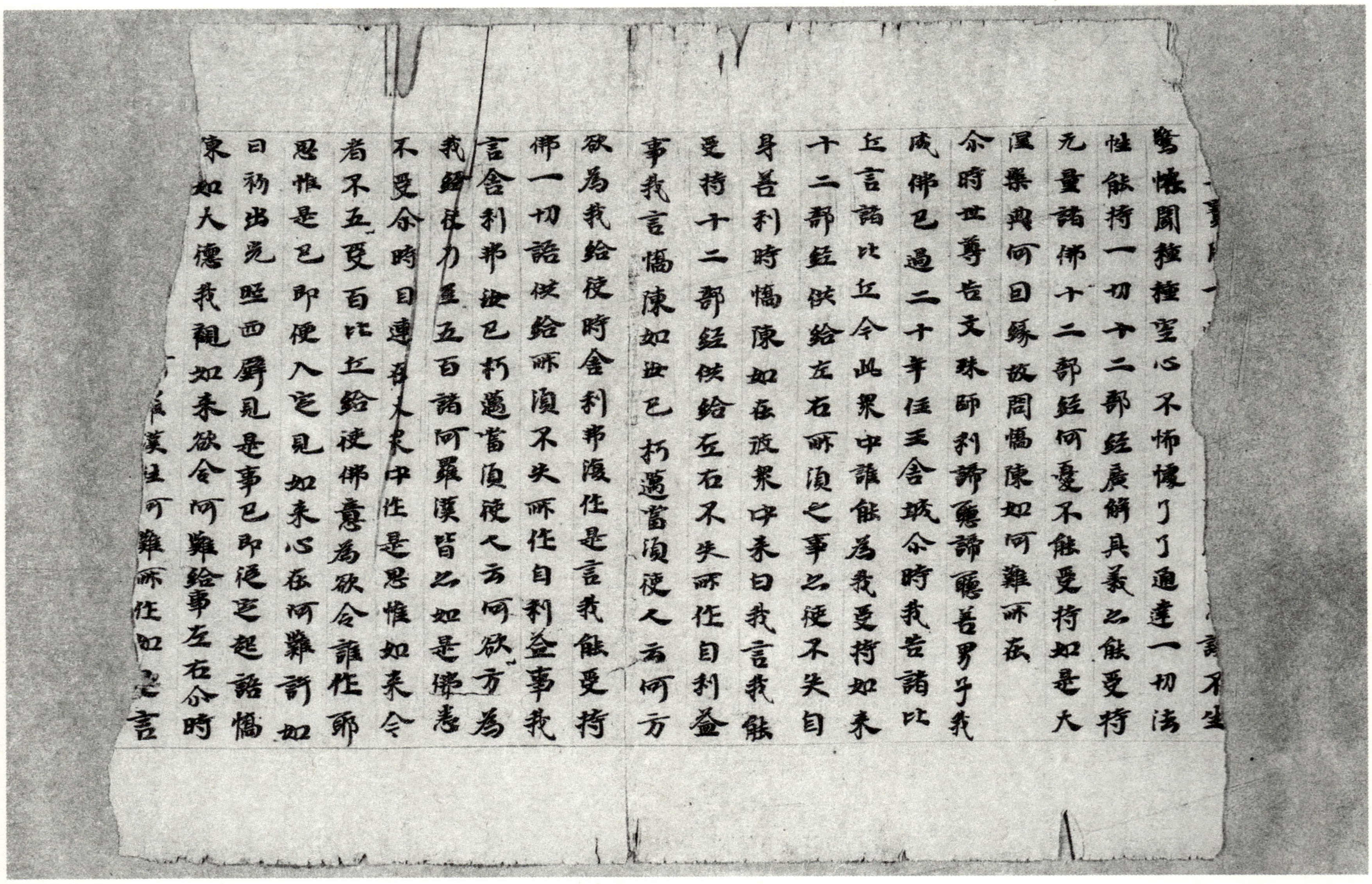

……誦不生
驚怖闇鈍種窒心不怖懅了了通達一切法
性能持一切十二部經廣解其義亦能受持
无量諸佛十二部經何憂不能受持如是大
涅槃典何因緣故問憍陳如阿難所在
尒時世尊告文殊師利諦聽諦聽善男子我
成佛已過二十年住王舍城尒時我告諸比
丘言諸比丘今此衆中誰能為我受持如來
十二部經供給左右所須之事亦使不失自
身善利時憍陳如在彼衆中來白我言我能
受持十二部經供給左右不失所作自利益
事我言憍陳如汝已朽邁當須使人云何方
欲為我給使時舍利弗復作是言我能受持
佛一切語供給所須不失所作自利益事我
言舍利弗汝已朽邁當須使人云何欲方為
我給使乃至五百諸阿羅漢皆亦如是佛悉
不受尒時目連在大衆中作是思惟如來今
者不受五百比丘給使佛意為欲令誰作耶
思惟是已即便入定見如來心在阿難許如
日初出光照西壁見是事已即從定起語憍
陳如大德我觀如來欲令阿難給事左右尒時
…羅漢往阿難所作如是言

BD15257 號　大般涅槃經（北本）卷四〇　　（1–1）

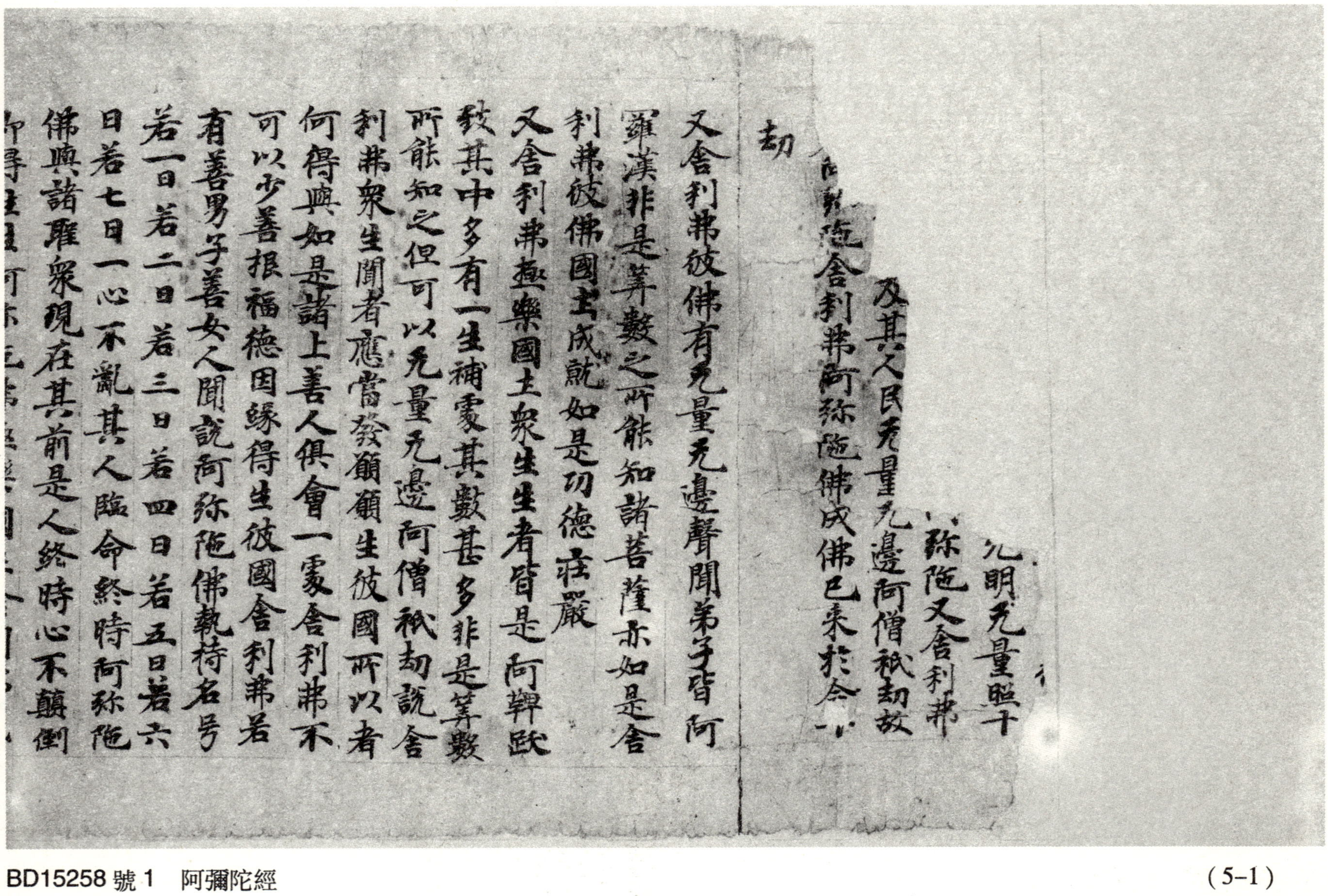

…光明无量照十…
…弥陁又舍利弗
及其人民无量无邊阿僧祇劫故
…陁舍利弗阿弥陁佛成佛已來於今十…
劫
又舍利弗彼佛有无量无邊聲聞弟子皆阿
羅漢非是筭數之所能知諸菩薩亦如是舍
利弗彼佛國土成就如是功德莊嚴
又舍利弗極樂國土衆生生者皆是阿鞞跋
致其中多有一生補處其數甚多非是筭數
所能知之但可以无量无邊阿僧祇劫說舍
利弗衆生聞者應當發願願生彼國所以者
何得與如是諸上善人俱會一處舍利弗不
可以少善根福德因緣得生彼國舍利弗若
有善男子善女人聞說阿弥陁佛執持名号
若一日若二日若三日若四日若五日若六
日若七日一心不亂其人臨命終時阿弥陁
佛與諸聖衆現在其前是人終時心不顛倒
即得往生阿弥陁佛極樂國…

BD15258 號 1　阿彌陀經　　（5–1）

日若七日一心不亂其人臨命終時阿弥陁
佛與諸聖衆現在其前是人終時心不顛倒
即得往生阿弥陁佛極樂國土舍利弗我
見是利故說此言若有衆生聞是說者應
當發願生彼國土
舍利弗如我今者讚嘆阿弥陁佛不可思議
功德東方亦有阿閦鞞佛須弥相佛大須弥
佛須弥光佛妙音佛如是等恒河沙數諸
佛各於其國出廣長舌相遍覆三千大千世界
說誠實言汝等衆生當信是稱讚不可思
議功德一切諸佛所護念經
舍利弗南方世界有日月燈佛名聞光佛
大焰肩佛須弥燈佛无量精進佛如是等
恒河沙數諸佛各於其國出廣長舌相遍
覆三千大千世界說誠實言汝等衆生當信
是稱讚不可思議功德一切諸佛所護念經
舍利弗西方世界有无量壽佛无量相佛
无量幢佛大光佛大明佛寶相佛淨光佛
如是等恒河沙數諸佛各於其國出廣長
舌相遍覆三千大千世界說誠實言汝等衆
生當信是稱讚不可思議功德一切諸佛所
護念經
舍利弗北方世界有焰肩佛最勝音佛難
沮佛日生佛網明佛如是等恒河沙數諸
佛各於其國出廣長舌相遍覆三千大千世界

BD15258 號 1　阿彌陀經　（5–2）

沮佛日生佛網明佛如是等恒河沙數諸
佛各於其國出廣長舌相遍覆三千大千世界
說誠實言汝等衆生當信是稱讚不可思
議功德一切諸佛所護念經
舍利弗下方世界有師子佛名聞佛名光
佛達摩佛法幢佛持法佛如是等恒河沙數
諸佛各於其國出廣長舌相遍覆三千大千世
界說誠實言汝等衆生當信是稱讚不可思
議功德一切諸佛所護念經
舍利弗上方世界有梵音佛宿王佛香上佛
香光佛大焰肩佛雜色寶華嚴身佛娑羅
樹王佛寶華德佛見一切義佛如須弥山佛
如是等恒河沙數諸佛各於其國出廣長舌
相遍覆三千大千世界說誠實言汝等衆
生當信是稱讚不可思議功德一切諸佛所護
念經
舍利弗於汝意云何何故名一切諸佛所護
念經舍利弗若有善男子善女人聞是諸
佛所說名及經名者是諸善男子善女人皆
為一切諸佛共所護念皆得不退轉於阿耨多
羅三藐三菩提是故舍利弗汝等皆當信受
我語及諸佛所說舍利弗若有人已發願今
發願當發願欲生阿弥陁佛國者是諸人等皆
得不退轉於阿耨多羅三藐三菩提於彼國

BD15258 號 1　阿彌陀經　（5–3）

我語及諸佛所說舍利弗若有人已發願今
發願當發願欲生阿弥陁佛國者是諸人等皆
得不退轉於阿耨多羅三藐三菩提於彼國
土若已生若今生若當生是故舍利弗諸
善男子善女人若有信者應當發願生彼國
土
舍利弗如我今者稱讚諸佛不可思議功德
彼諸佛等亦稱說我不可思議功德而作是
言釋迦牟尼佛能為甚難希有之事能於娑
婆國土五濁惡世劫濁見濁煩惱濁衆生濁
命濁中得阿耨多羅三藐三菩提為諸衆
生說是一切世間難信之法舍利弗當知我於
五濁惡世行此難事得阿耨多羅三藐三菩
提為一切世間說此難信之法是為甚難佛
說此經已舍利弗及諸比丘一切世間天人
阿脩羅等聞佛所說歡喜信受
阿弥陁佛說呪曰
那上謨上菩上陁夜(亲可反下同)那謨馱囉摩
夜那謨僧伽夜那摩阿弥多婆上夜跢
(丁可反下同)他伽多夜阿上阿羅上訶上鞊三藐三
菩陁夜跢姪他阿上弥唎上鞊阿弥唎都
婆鞞(菩迷反下同)阿弥唎跢三婆鞞卑上阿弥唎
跢鞞迦蘭鞊伽弥你伽伽那稽(居投反)唎底
迦上嚟婆上囉皤波跋乂(楚我反)焰迦嚟(一切惡業盡)

BD15258 號 1　阿彌陀經　（5–3）

我語及諸佛所說舍利弗若有人已發願今
發願當發願欲生阿弥陁佛國者是諸人等皆
得不退轉於阿耨多羅三藐三菩提於彼國
土若已生若今生若當生是故舍利弗諸
善男子善女人若有信者應當發願生彼國
土
舍利弗如我今者稱讚諸佛不可思議功德
彼諸佛等亦稱說我不可思議功德而作是
言釋迦牟尼佛能為甚難希有之事能於娑
婆國土五濁惡世劫濁見濁煩惱濁衆生濁
命濁中得阿耨多羅三藐三菩提為諸衆
生說是一切世間難信之法舍利弗當知我於
五濁惡世行此難事得阿耨多羅三藐三菩
提為一切世間說此難信之法是為甚難佛
說此經已舍利弗及諸比丘一切世間天人
阿脩羅等聞佛所說歡喜信受
阿弥陁佛說呪曰
那上謨上菩上陁夜(亲可反下同)那謨馱囉摩
夜那謨僧伽夜那摩阿弥多婆上夜跢
(丁可反下同)他伽多夜阿上阿羅上訶上鞊三藐三
菩陁夜跢姪他阿上弥唎上鞊阿弥唎都
婆鞞(菩迷反下同)阿弥唎跢三婆鞞卑上阿弥唎
跢鞞迦蘭鞊伽弥你伽伽那稽(居投反)唎底
迦上嚟婆上囉皤波跋乂(楚我反)焰迦嚟(一切惡業盡)

BD15258 號 1　阿彌陀經　（5–4）

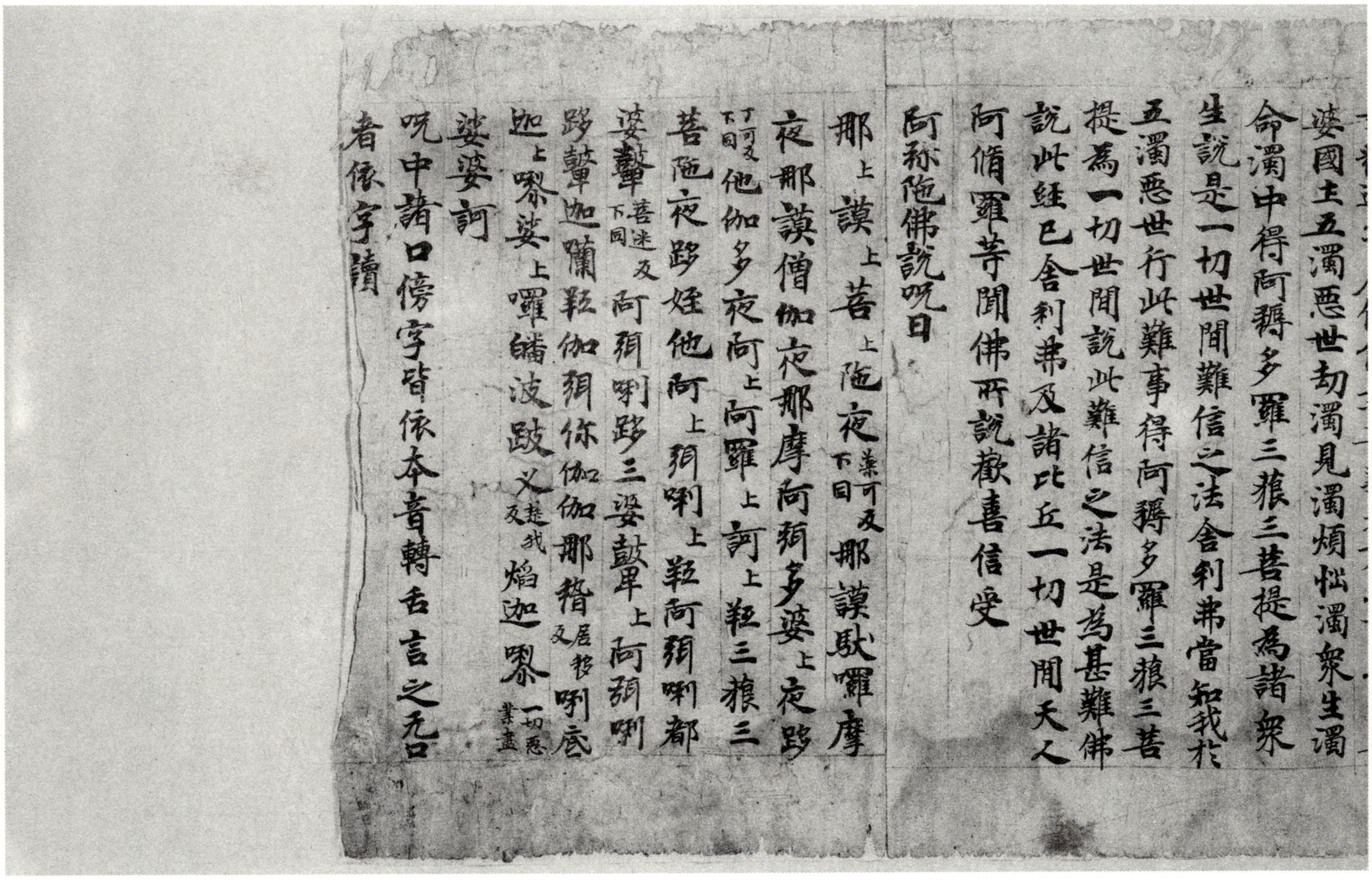
娑國土五濁惡世劫濁見濁煩惱濁衆生濁
命濁中得阿耨多羅三藐三菩提爲諸衆
生說是一切世間難信之法舍利弗當知我於
五濁惡世行此難事得阿耨多羅三藐三菩
提爲一切世間說此難信之法是爲甚難佛
說此經已舍利弗及諸比丘一切世間天人
阿脩羅等聞佛所說歡喜信受

阿弥陀佛說呪曰

那(上)謨(上)菩(上)陁夜(梁可反下同)那謨馱囉摩
夜那謨僧伽夜那摩阿弥多婆(上)夜跢
他伽多夜(丁可反下同)阿(上)向羅(上)訶(上)羝三藐三
菩陁夜跢姪他阿(上)弭唎(上)羝阿弭唎都
婆鞞(菩迷反下同)阿弭唎跢三婆鞞(上)阿弭唎
跢鞞迦蘭羝伽弭你伽伽那稽(居黠反)唎底
迦(上)嚟婆(上)囉鏽波跛(又捉我反)焔迦嚟(一切惡業盡)
娑婆訶
呪中諸口傍字皆依本音轉舌言之无口
者依字讀

BD15258號 1　阿彌陀經　（5–5）
BD15258號 2　阿彌陀佛說呪

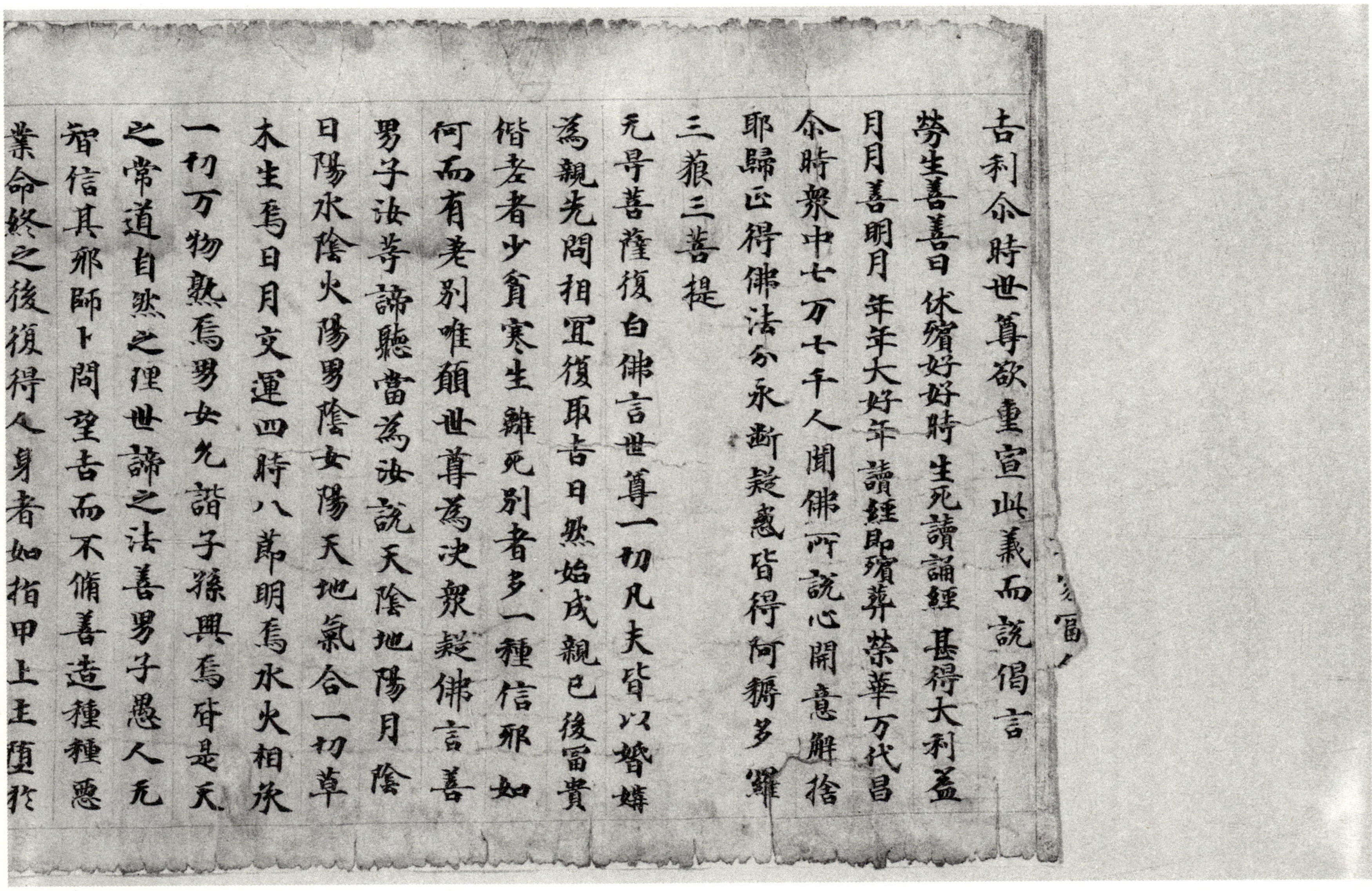
吉利尒時世尊欲重宣此義而說偈言
勞生善善日　休殯好好時　生死讀誦經　甚得大利益
月月善明月　年年大好年　讀經即殯葬　榮華万代昌
尒時衆中七万七千人聞佛所說心開意解捨
耶歸正得佛法分永斷疑惑皆得阿耨多羅
三藐三菩提
无导菩薩復白佛言世尊一切凡夫皆以婚姻
爲親先問相冝復取吉日然始成親已後冨貴
偕老者少貧寒生離死別者多一種信邪如
何而有差別唯願世尊爲決衆疑佛言善
男子汝等諦聽當爲汝說天陰地陽月陰
日陽水陰火陽男陰女陽天地氣合一切草
木生焉日月交運四時八節明焉水火相承
一切万物熟焉男女允諧子孫興焉皆是天
之常道自然之理世諦之法善男子愚人无
智信其邪師卜問望吉而不脩善造種種惡
業命終之後復得人身者如指甲上土墮於

BD15259號　天地八陽神呪經　（2–1）

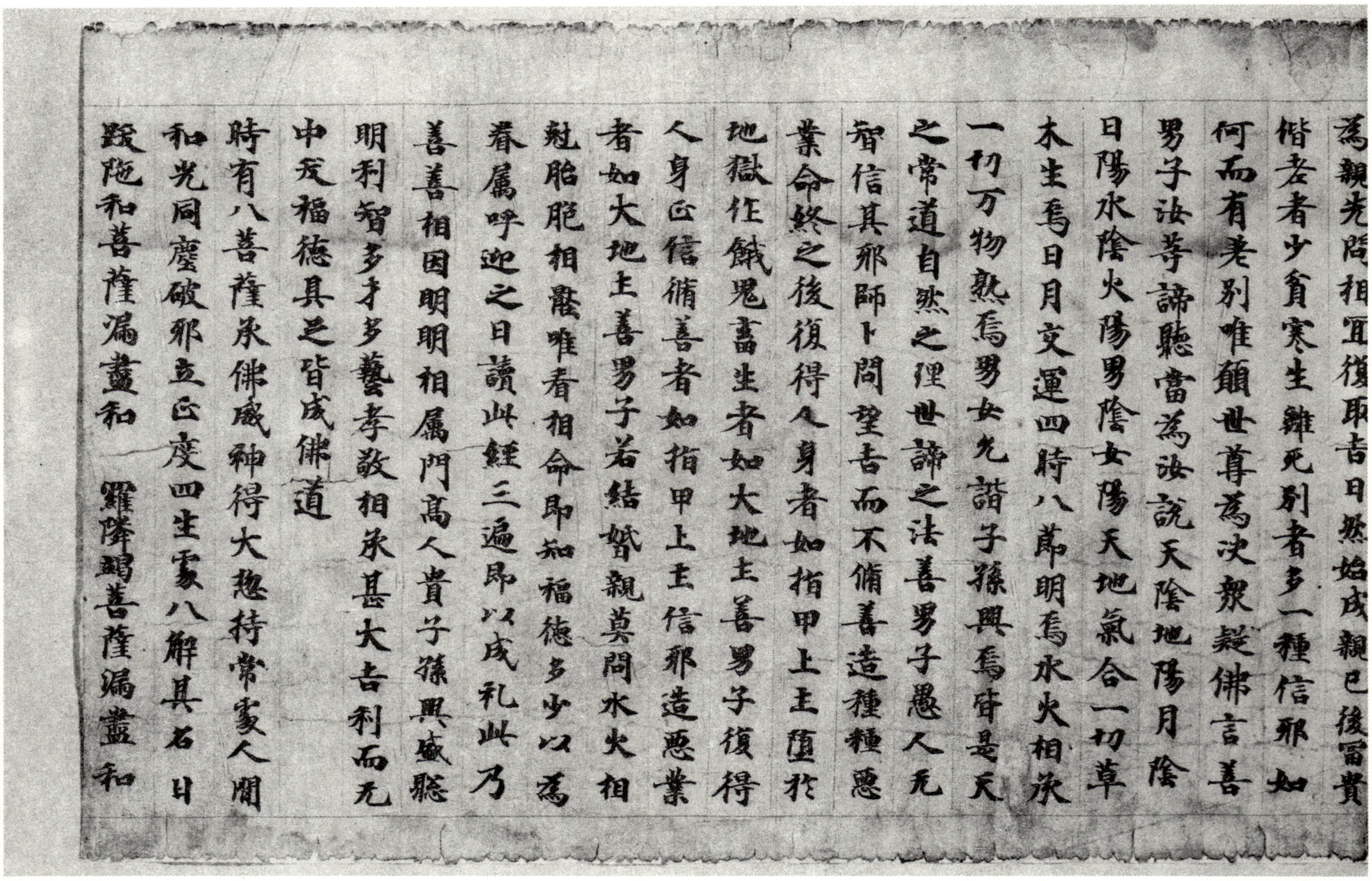

為親光問相宜復取吉日然始成親已後富貴
偕老者少貧寒生離死別者多一種信邪如
何而有差別唯願世尊為決衆疑佛言善
男子汝等諦聽當為汝說天陰地陽月陰
日陽水陰火陽男陰女陽天地氣合一切草
木生焉日月交運四時八節明焉水火相承
一切万物熟焉男女允諧子孫興焉皆是天
之常道自然之理世諦之法善男子愚人无
智信其邪師卜問望吉而不脩善造種種惡
業命終之後復得人身者如指甲上土墮於
地獄作餓鬼畜生者如大地土善男子復得
人身正信脩善者如指甲上土信邪造惡業
者如大地土善男子若結婚親莫問水火相
尅胎胞相壓唯看相命即知福德多少以為
眷屬呼迎之日讀此經三遍即以成礼此乃
善善相因明明相屬門高人貴子孫興盛聡
明利智多才多藝孝敬相承甚大吉利而无
中夭福德具足皆成佛道
時有八菩薩承佛威神得大揔持常處人間
和光同塵破邪立正度四生處八解具名曰
跋陁和菩薩漏盡和　羅隣竭菩薩漏盡和

BD15259號　天地八陽神咒經　（2–2）

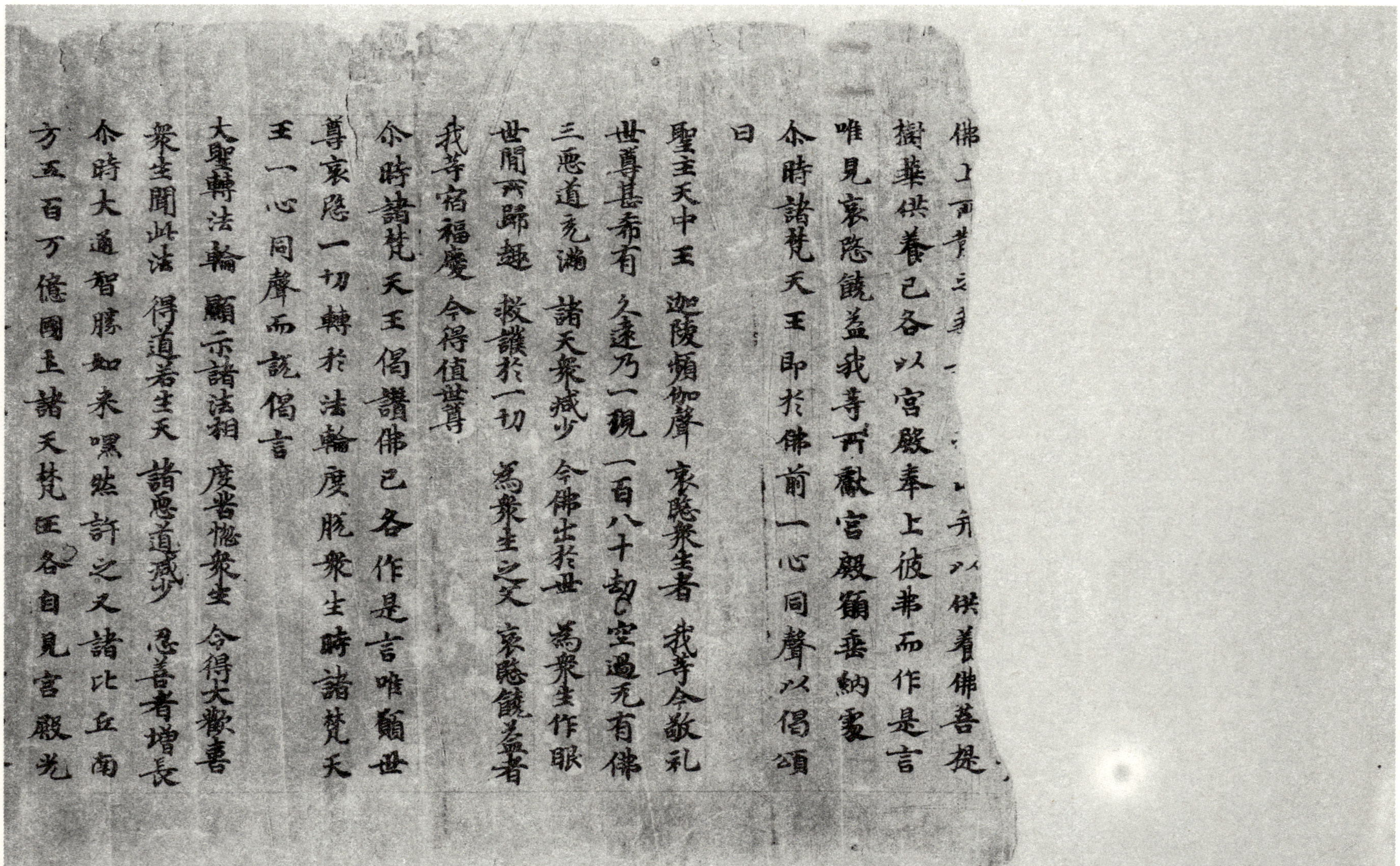

佛上而散之[illegible]并以供養佛菩提
樹華供養已各以宮殿奉上彼佛而作是言
唯見哀愍饒益我等所獻宮殿願垂納處
尒時諸梵天王即於佛前一心同聲以偈頌
曰
聖主天中王　迦陵頻伽聲　哀愍衆生者　我等今敬礼
世尊甚希有　久遠乃一現　一百八十劫　空過无有佛
三惡道充滿　諸天衆減少　今佛出於世　為衆生作眼
世間所歸趣　救護於一切　為衆生之父　哀愍饒益者
我等宿福慶　今得值世尊
尒時諸梵天王偈讚佛已各作是言唯願世
尊哀愍一切轉於法輪度脫衆生時諸梵天
王一心同聲而說偈言
大聖轉法輪　顯示諸法相　度苦惱衆生　令得大歡喜
衆生聞此法　得道若生天　諸惡道減少　忍善者增長
尒時大通智勝如來嘿然許之又諸比丘南
方五百万億國土諸天梵王各自見宮殿光

BD15260號　妙法蓮華經卷三　（2–1）

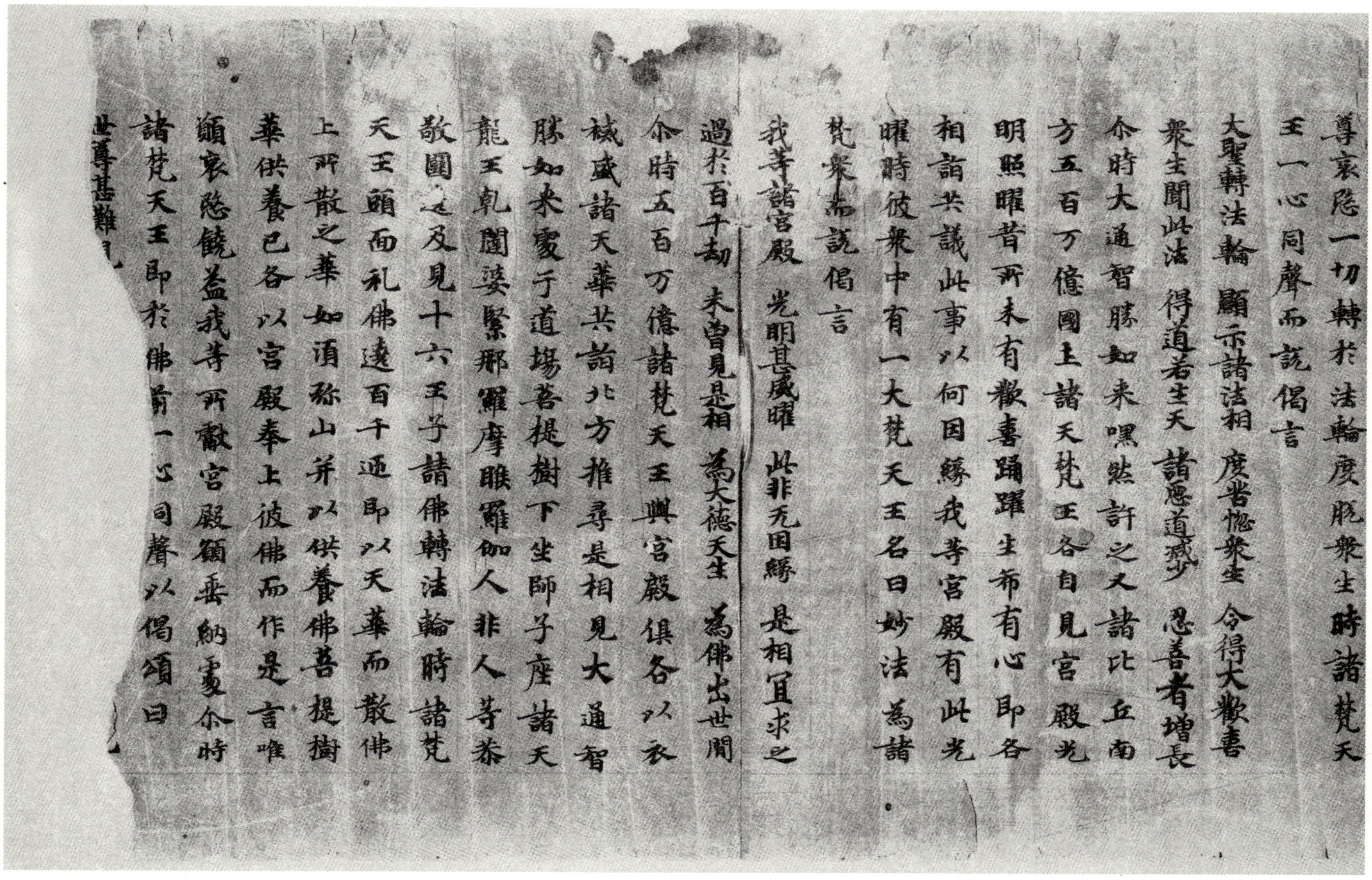
尊哀愍一切轉於法輪度脫衆生時諸梵天
王一心同聲而說偈言
大聖轉法輪 顯示諸法相 度苦惱衆生 令得大歡喜
衆生聞此法 得道若生天 諸惡道減少 忍善者增長
尒時大通智勝如來嘿然許之又諸比丘南
方五百万億國土諸天梵王各自見宮殿光
明照曜昔所未有歡喜踊躍生希有心即各
相詣共議此事以何因緣我等宮殿有此光
曜時彼衆中有一大梵天王名曰妙法為諸
梵衆而說偈言
我等諸宮殿 光明甚威曜 此非无因緣 是相宜求之
過於百千劫 未曾見是相 為大德天生 為佛出世間
尒時五百万億諸梵天王與宮殿俱各以衣
裓盛諸天華共詣北方推尋是相見大通智
勝如來處于道場菩提樹下坐師子座諸天
龍王乾闥婆緊那羅摩睺羅伽人非人等恭
敬圍遶及見十六王子請佛轉法輪時諸梵
天王頭面礼佛遶百千匝即以天華而散佛
上所散之華如須弥山并以供養佛菩提樹
華供養已各以宮殿奉上彼佛而作是言唯
願哀愍饒益我等所獻宮殿願垂納處尒時
諸梵天王即於佛前一心同聲以偈頌曰
世尊甚難見

BD15260 號　妙法蓮華經卷三　（2–2）

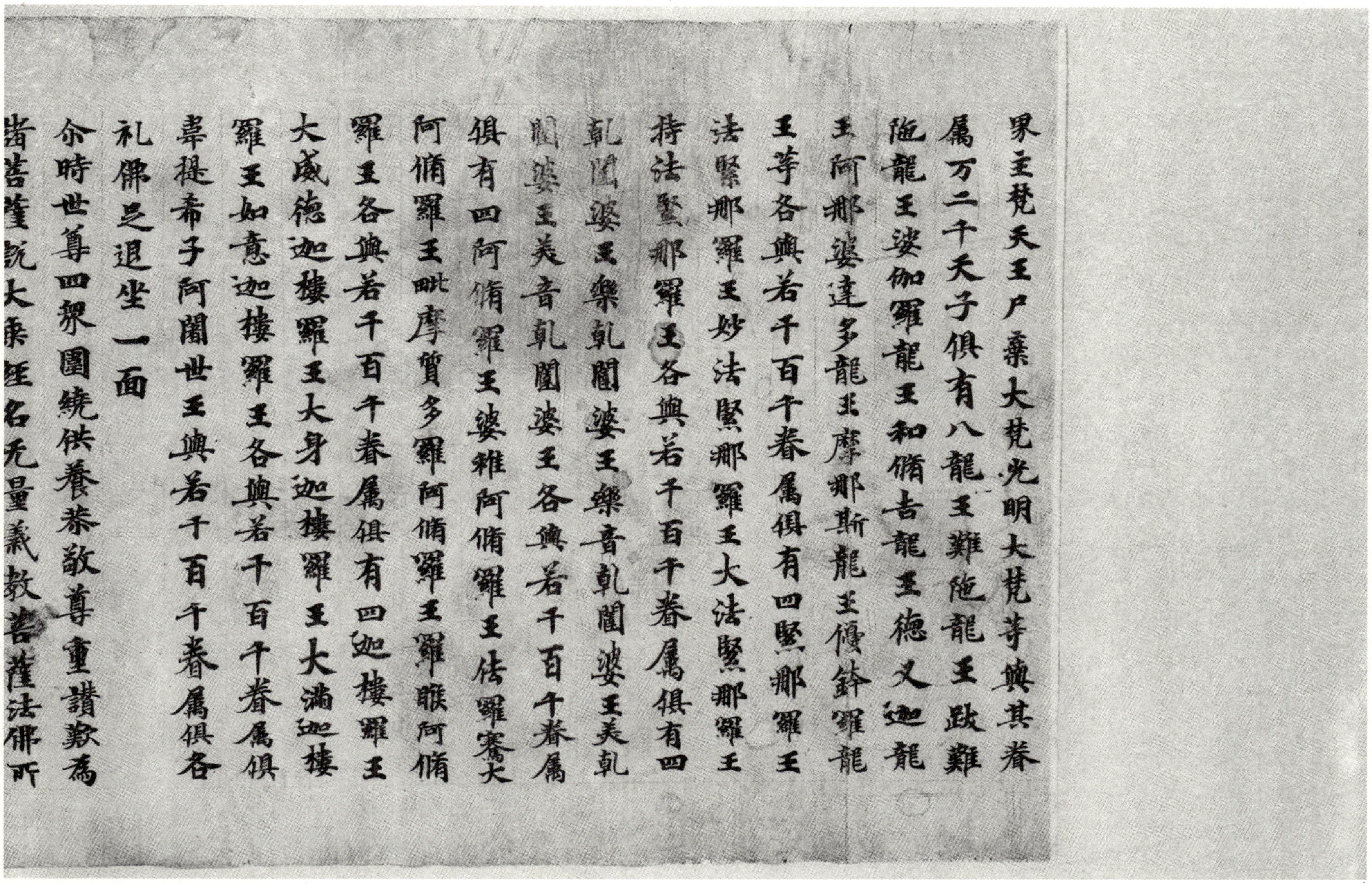
界主梵天王尸棄大梵光明大梵等與其眷
屬万二千天子俱有八龍王難陀龍王跋難
陁龍王娑伽羅龍王和脩吉龍王德叉迦龍
王阿那婆達多龍王摩那斯龍王優鉢羅龍
王等各與若干百千眷屬俱有四緊那羅王
法緊那羅王妙法緊那羅王大法緊那羅王
持法緊那羅王各與若干百千眷屬俱有四
乾闥婆王樂乾闥婆王樂音乾闥婆王美乾
闥婆王美音乾闥婆王各與若干百千眷屬
俱有四阿脩羅王婆稚阿脩羅王佉羅騫大
阿脩羅王毗摩質多羅阿脩羅王羅睺阿脩
羅王各與若干百千眷屬俱有四迦樓羅王
大威德迦樓羅王大身迦樓羅王大滿迦樓
羅王如意迦樓羅王各與若干百千眷屬俱
韋提希子阿闍世王與若干百千眷屬俱各
礼佛足退坐一面
尒時世尊四衆圍繞供養恭敬尊重讚歎為
諸菩薩說大乘經名无量義教菩薩法佛所

BD15261 號　妙法蓮華經卷一　（2–1）

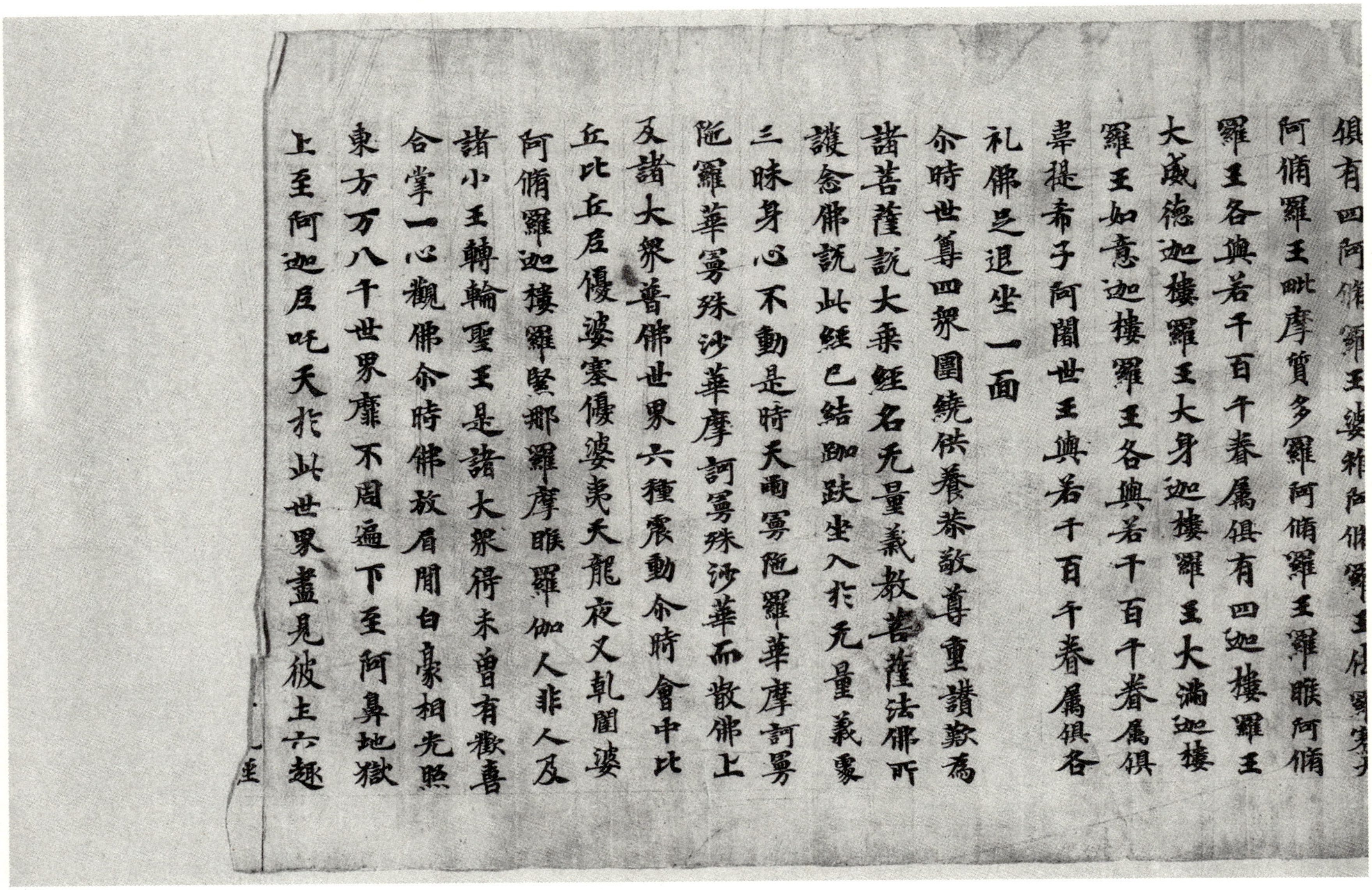
俱有四阿脩羅王婆稚阿脩羅王佉羅騫
阿脩羅王毗摩質多羅阿脩羅王羅睺阿脩
羅王各與若干百千眷屬俱有四迦樓羅王
大威德迦樓羅王大身迦樓羅王大滿迦樓
羅王如意迦樓羅王各與若干百千眷屬俱
韋提希子阿闍世王與若干百千眷屬俱各
礼佛足退坐一面
尒時世尊四衆圍繞供養恭敬尊重讚歎為
諸菩薩說大乘經名无量義教菩薩法佛所
護念佛說此經已結加趺坐入於无量義處
三昧身心不動是時天雨曼陁羅華摩訶曼
陁羅華曼殊沙華摩訶曼殊沙華而散佛上
及諸大衆普佛世界六種震動尒時會中比
丘比丘尼優婆塞優婆夷天龍夜叉乾闥婆
阿脩羅迦樓羅緊那羅摩睺羅伽人非人及
諸小王轉輪聖王是諸大衆得未曾有歡喜
合掌一心觀佛尒時佛放眉間白毫相光照
東方万八千世界靡不周遍下至阿鼻地獄
上至阿迦尼吒天於此世界盡見彼土六趣

BD15261 號　妙法蓮華經卷一　（2–2）

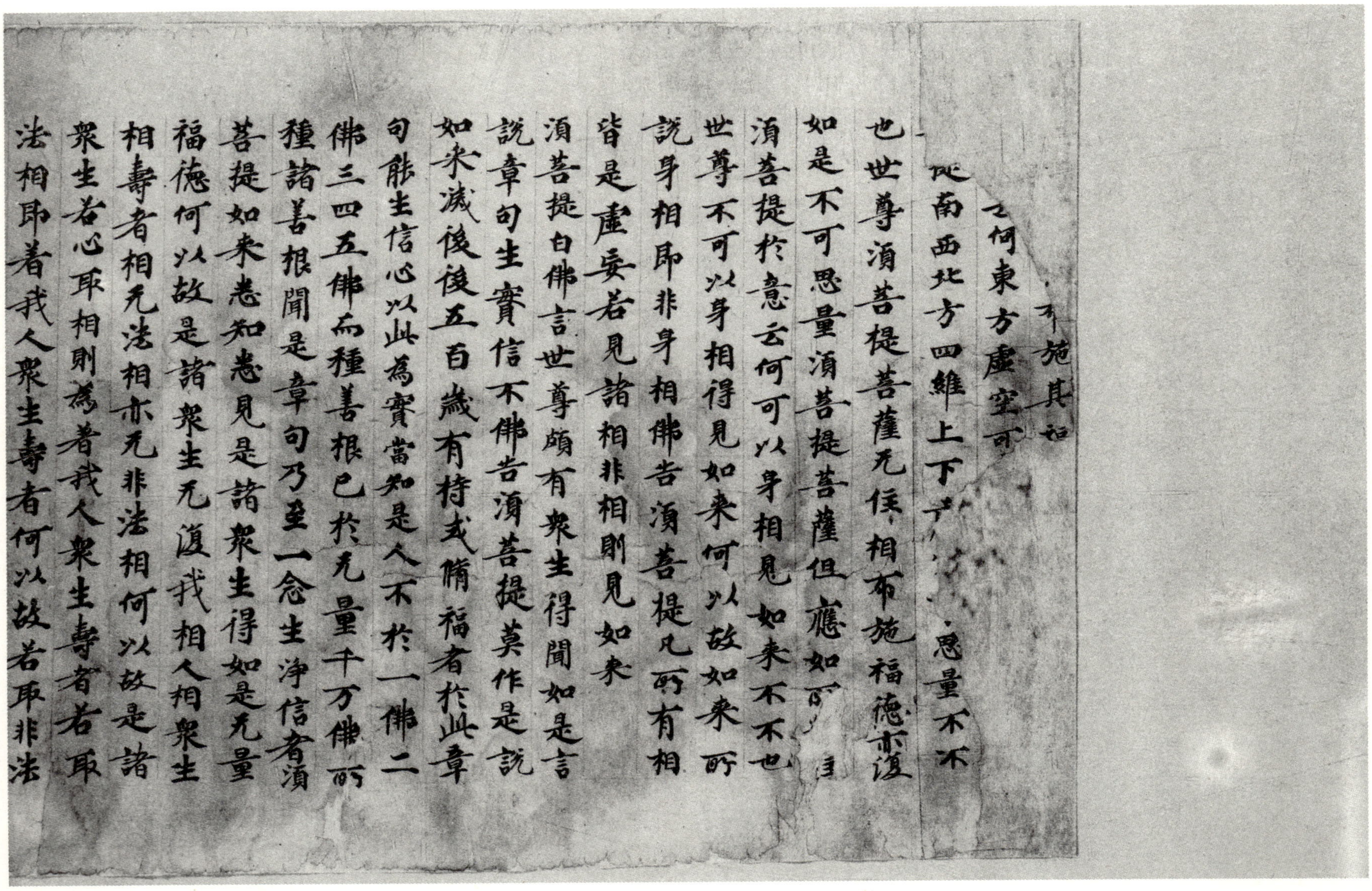
布施其福
云何東方虛空可
提南西北方四維上下　思量不不
也世尊須菩提菩薩无住相布施福德亦復
如是不可思量須菩提菩薩但應如所教住
須菩提於意云何可以身相見如來不不也
世尊不可以身相得見如來何以故如來所
說身相即非身相佛告須菩提凡所有相
皆是虛妄若見諸相非相則見如來
須菩提白佛言世尊頗有衆生得聞如是言
說章句生實信不佛告須菩提莫作是說
如來滅後後五百歲有持戒脩福者於此章
句能生信心以此為實當知是人不於一佛二
佛三四五佛而種善根已於无量千万佛所
種諸善根聞是章句乃至一念生淨信者須
菩提如來悉知悉見是諸衆生得如是无量
福德何以故是諸衆生无復我相人相衆生
相壽者相无法相亦无非法相何以故是諸
衆生若心取相則為著我人衆生壽者若取
法相即著我人衆生壽者何以故若取非法

BD15262 號　金剛般若波羅蜜經　（2–1）

如來滅後後五百歲有持戒脩福者於此章
句能生信心以此為實當知是人不於一佛二
佛三四五佛而種善根已於无量千万佛所
種諸善根聞是章句乃至一念生淨信者須
菩提如來悉知悉見是諸衆生得如是无量
福德何以故是諸衆生无復我相人相衆生
相壽者相无法相亦无非法相何以故是諸
衆生若心取相則為着我人衆生壽者若取
法相即着我人衆生壽者何以故若取非法
相即着我人衆生壽者是故不應取法不應
取非法以是義故如來常說汝等比丘知我
說法如筏喻者法尚應捨何況非法
須菩提於意云何如來得阿耨多羅三藐三
菩提耶如來有所說法耶須菩提言如我解
佛所說義无有定法名阿耨多羅三藐三菩
提亦无有定法如來可說何以故如來所言
法皆不可取不可說非法非非法所以者何
一切賢聖皆以无為法而有差別
須菩提於意云何若人滿三千大千世界七
寶以用布施是人所得福德寧為多不須菩
提言甚多世尊何以故是福德即非福德性
是故如來說福德多若復有人於此經中受
持乃至四句偈等為他人說其福勝彼何
故須菩提一切諸佛及皆[illegible]

BD15262 號　金剛般若波羅蜜經　（2–2）

不之言諸佛菩薩則
菩薩白佛言世尊
如來所有境界非諸
有菩薩住於大乘
大慈大悲心不佛
衆生中三品分別
中人於親人中復
分是菩薩摩訶薩於
下親怨復平等與
樂於中怨所與中品
菩薩如是轉增脩習於[illegible]中與中品樂於
下怨中等與增上樂轉復脩集於上中下等
與上樂若上怨中與上樂者今時得名慈
心成就菩薩今時於父母所及上怨中得平
等心无有差別善男子是名得慈非大慈也
世尊何緣菩薩得如是慈猶故不得名為大
慈善男子以難成故不名大慈何以故久於
過去无量劫中多集煩惱未脩善法是故不
能於一日中調伏其心善男子譬如豌豆乾
時鏵刺終不可着煩惱堅鞕亦復如是雖一
日夜繫心不散難可調伏又如家犬不畏於

BD15263 號　大般涅槃經（北本）卷一五　（7–1）

過去无量劫中多集煩惱未脩善法是故不
能於一日中調伏其心善男子譬如究豆乾
時鋒刺終不可著煩惱堅鞕亦復如是雖一
日夜繫心不散難可調伏又如家犬不畏於
人山林野鹿見人怖走瞋恚難去如守家狗
慈心易失如彼野鹿是故此心難可調伏以
是義故不名大慈復次善男子譬如畫石其
文常在畫水速滅勢不久住瞋如畫石諸善
根本如彼畫水是故此心難得調伏如大火
聚其明久住電光之明不得暫停瞋如火聚
慈如電明是故此心難得調伏以是義故不
名大慈善男子菩薩摩訶薩住是初地名曰
大慈何以故善男子最極惡者名一闡提初
住菩薩脩大慈時於一闡提心无差別不見
其過故不生瞋以是義故得名大慈善男子
為諸衆生除无利益是名大慈欲與衆生无
量利樂是名大悲於諸衆生心生歡喜是名
大喜无所擁護名為大捨若不見我法相己
身見一切法平等无二是名大捨自捨己樂
施與他人是名大捨善男子唯四无量能令
菩薩增長具足六波羅蜜其餘諸行不必能
尒善男子菩薩摩訶薩先得世間四无量心
然後乃發阿耨多羅三藐三菩提心次第方
得出世間者善男子因世无量得出世无量
以是義故名大无量迦葉菩薩白佛言世尊
除无利益與利樂者實无所為如是思惟即
是虛觀无有實利世尊譬如比丘觀不淨時

BD15263號　大般涅槃經（北本）卷一五　（7–2）

除无利益與利樂者實无所為如是思惟即
是虛觀无有實利世尊譬如比丘觀不淨時
見所著衣悉是皮相而實非皮可所食噉皆
作虫相而實非虫觀大豆羹作下汁相而實
非真觀所食飯猶如髓腦而實非腦觀骨碎
末猶如麨相而實非麨四无量心亦復如是
不能真實利益衆生令其得樂雖口發言與
衆生樂而實不得如是之觀非虛妄耶世尊
若非虛妄實與樂者而諸衆生何故不以諸
佛菩薩威德力故一切受樂若當真實不得
樂者如佛所說我念往昔獨脩慈心逕此劫
世七反成壞不來此世世界成時生梵天中
世界壞時生光音天若生梵天力勢自在无
能摧伏於千梵中最勝最上名大梵王有諸
衆生皆於我所生最上想三十六反作忉利
天王釋提桓因无量百千作轉輪王獨脩慈
心乃得如是人天果報若不實者云何得與
此義相應佛言善哉善哉善男子汝真勇猛
无所畏懼即為迦葉而說偈言

若於一衆生　不生瞋恚心　而願與彼樂　是名為慈善
一切衆生中　若起於悲心　是名聖種性　得福報无量
設使五通仙　悲滿此大地　有大自在主　奉施其所安
象馬種種物　所得福報果　不及脩一慈　十六分中一

善男子夫脩慈者實非妄想諦是真實若是
聲聞緣覺之慈是名虛妄諸佛菩薩真實不
虛云何知耶善男子菩薩摩訶薩脩行如是

BD15263號　大般涅槃經（北本）卷一五　（7–3）

聲聞緣覺之慈是名虛妄諸佛菩薩真實不
虛云何知耶善男子菩薩摩訶薩脩行如是
大般涅槃者觀土為金觀金為土地作水相
水作地相水作火相火作水相地作風相風
作地相隨意成就无有虛妄觀實衆生為非
衆生觀非衆生為實衆生悉隨意成无有虛
妄善男子當知菩薩四无量心是實思惟非
不真實復次善男子云何名為真實思惟謂
能斷除諸煩惱故善男子夫脩慈者能斷貪
欲脩悲心者能斷瞋恚脩喜心者能斷不樂
脩捨心者能斷貪恚及衆生相以是故名真
實思惟復次善男子菩薩摩訶薩四无量心
能為一切諸善根本善男子菩薩摩訶薩若
不得見貧窮衆生无緣生慈若不生慈則不
能起惠施之心以施因緣令諸衆生得安隱
樂所謂食飲車乘衣服香華牀臥舍宅燈明
如是施時心无繫縛不生貪著必定心迴
向阿耨多羅三藐三菩提其心尒時无所依
止妄想永斷不為怖畏名稱利養不求人天
所受快樂不生憍慢不望反報不為誑他故
行布施不求富貴凡行施時不見受者持戒
破戒是田非田此是知識此非知識施時不
見是器非器不擇日時是處非處亦復不計
飢饉豐樂不見因果此是衆生此非衆生是
福非福雖復不見施者受者及以財物乃至
不見斷及果報而常行施无有斷絕善男子

BD15263號　大般涅槃經（北本）卷一五　　（7-4）

飢饉豐樂不見因果此是衆生此非衆生是
福非福雖復不見施者受者及以財物乃至
不見斷及果報而常行施无有斷絕善男子
菩薩若見持戒破戒乃至果報終不能施若
見布施則不具足檀波羅蜜若不具足檀波
羅蜜則不能成阿耨多羅三藐三菩提善男
子譬如有人身被毒箭其人眷屬欲令安隱
為除毒故即命良醫而為拔箭彼人方言且
待莫觸我今當觀如是毒箭從何方來誰之
所射是剎利婆羅門毗舍首陀復更作念是
何木耶竹耶柳耶其鏃鐵者何冶所出剛耶
柔耶其毛羽者是何鳥翼烏鵄鷲耶所有毒
者為從作生自然而有為是人毒惡蛇毒耶
如是癡人竟未能知尋便命終善男子菩薩
亦尒若行施時分別受者持戒破戒乃至果
報終不能施若不能施則不具足檀波羅蜜
若不具足檀波羅蜜則不能成阿耨多羅三
藐三菩提善男子菩薩摩訶薩行布施時於
諸衆生起悲愍心譬如父母瞻視病子行施
之時其心歡喜猶如父母見子病愈既施之
後其心放捨猶如父母見子長大能自存活
是菩薩摩訶薩於慈心中布施食時常作是
願今我所施悉與一切衆生共之以是因緣
令諸衆生得大智食懃進迴向无上大乘願
諸衆生得善智食不求聲聞緣覺之食願諸
衆生得法喜食不求愛食願諸衆生悉得般

BD15263號　大般涅槃經（北本）卷一五　　（7-5）

諸衆生得善踋食不求聲聞緣覺之食願諸
衆生得法喜食不求愛食願諸衆生悉得般
若波羅蜜食皆令充滿攝取无导增上善根
願諸衆生悟解空相得无导身猶如虛空願
諸衆生常為受者憐愍一切為衆福田善男
子菩薩摩訶薩脩慈心時凡所施食應當堅
發如是等願復次善男子菩薩摩訶薩於慈
心中布施漿時當作是願我今所施悉與一切
衆生共之以是因緣令諸衆生趣大乘河飲
八味水速涉无上菩提之道離於聲聞緣覺
枯渴渇仰求於无上佛乘斷煩惱渇渇仰法
味離生死愛愛樂大乘大般涅槃具足法身
得諸三昧入於甚深智慧大海願諸衆生得
甘露味菩提出世離欲寂靜如是諸味願諸
衆生具足无量百千法味具法味已得見佛
性見佛性已能雨法雨雨法雨已佛性遍覆
猶如虛空復令其餘无量衆生得一法味所
謂大乘非諸聲聞辟支佛味願諸衆生得一
甜味无有六種差別之味願諸衆生唯求法
味无导佛法所行之味不求餘味善男子菩
薩摩訶薩於慈心中布施漿時應當堅發如
是等願復次善男子菩薩摩訶薩於慈心中
施車乘時應作是願我今所施悉與一切衆
生共之以是因緣普令衆生成於大乘得住
大乘不退於乘不動轉乘金剛座乘不求聲
聞辟支佛乘回於佛乘无能伏乘无羸之乘
不退沒乘无上乘十力乘大功德乘未曾有

BD15263號　大般涅槃經（北本）卷一五　（7–6）

是等願復次善男子菩薩摩訶薩於慈心中
施車乘時應作是願我今所施悉與一切衆
生共之以是因緣普令衆生成於大乘得住
大乘不退於乘不動轉乘金剛座乘不求聲
聞辟支佛乘回於佛乘无能伏乘无羸之乘
不退沒乘无上乘十力乘大功德乘未曾有
乘希有乘難得乘无邊乘知一切乘善男子
菩薩摩訶薩於慈心中施車乘時常應如是
堅發誓願復次善男子菩薩摩訶薩於心慈
中布施衣時當作是願我今所施悉與一切
衆生共之以是因緣令諸衆生得慚愧衣法
界覆身裂諸見衣衣服離身一尺六寸得金
色身所受諸觸柔濡无导光色潤澤皮膚細
濡常光无量无色離色願諸衆生悉皆普得
无色之身過一切色得入无色大般涅槃善
男子菩薩摩訶薩布施衣時應當如是堅發
誓願復次善男子菩薩摩訶薩於脩慈心中
華香塗末香時應作是願我今所施悉
生共之以是因緣令諸衆生一切
上妙騎鞢具肯須願諸衆
妙第一願諸衆生
隨意得見可
无导香離諸
上珍寶願諸口
登佛不

BD15263號　大般涅槃經（北本）卷一五　（7–7）

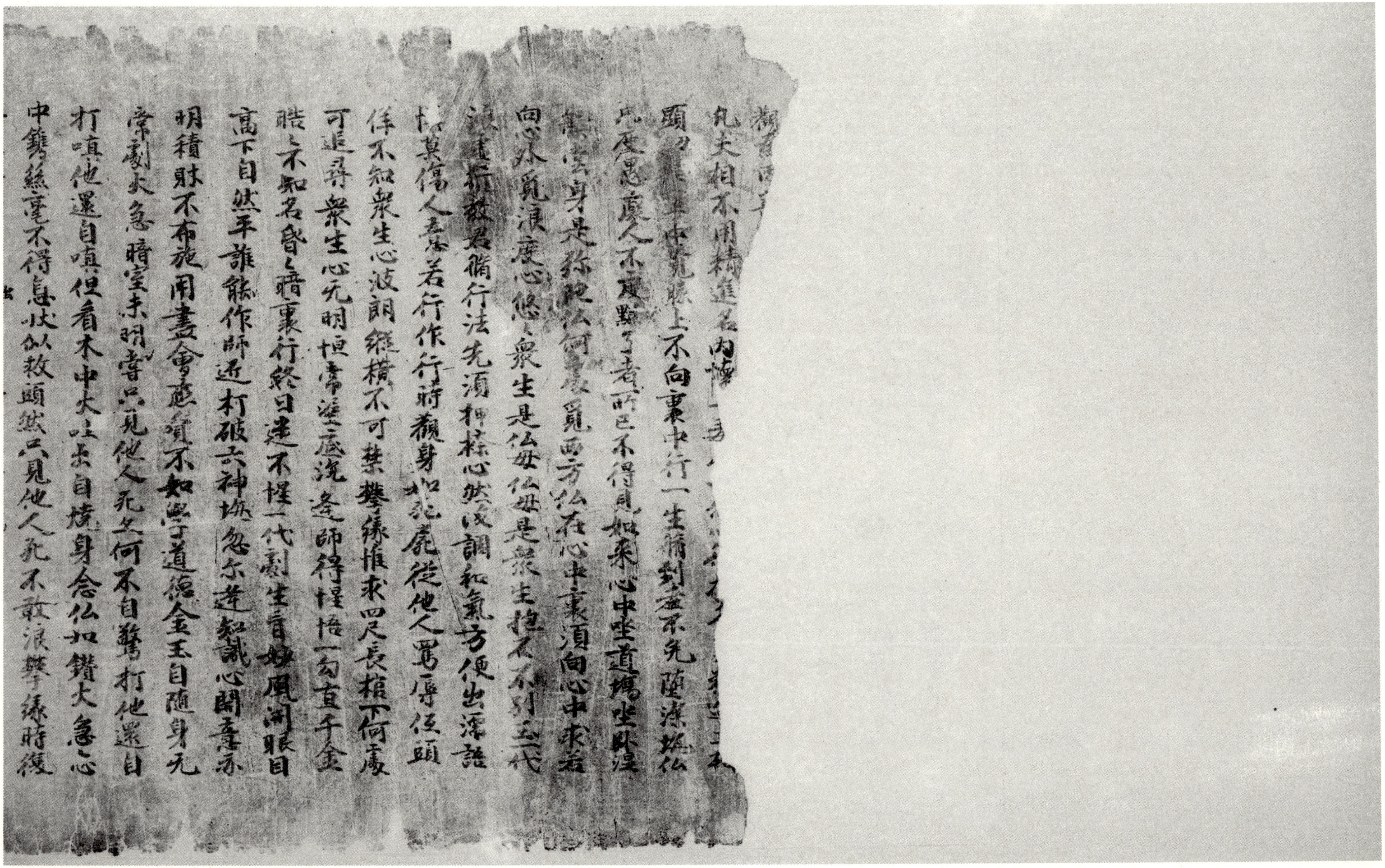

BD15264號　修道勸善文（擬）　　（5–1）

時[illegible]業行終日迷不悟一代劇生[illegible]眼目
高下自然爭誰能作師返打破六神嫌忽尒莊知識心鬪毒亦
明積財不布施用盡會亟須不如學道德金玉自隨身无
常劇火急晴室未明唯只見他人死之何不自驚打他還自
打嗔他還自嗔但看木中火出自燒身念仏如鑽火急心
中鑽絲毫不得息状似救頭然只見他人死不敢浪攀緣時復
念經禪口中刀劍出好揭他人過死入地獄闡提得作仏此人秉
出袍地之人雖有迴向多有漏失唯知逐名相求覓終日不能
得見仏一威儀唯只違供養堂中形像及向一切衆生上即起剎
宮心採獵禽獸以供身命婦兒朋友知識喫又用大升小秤械
剖衆生將爲閑已或有疎薄父母親族妻兒重財美味藏避
父母不遣知聞將与婦兒喫着如斯之類非是人也並与禽獸
豬狗不異願行者等脩道先須作行仏道仏是衆生慈父
能成就衆生能長養衆生既觧如斯之類現存父母則是現
世生仏之能長成汝之能養汝身与過去三世父母諸仏同根
種未正中間之須四事供養知其飢寒所有處分生業每須往
聲下氣温語謙接喻如承事公衙官長不異始得如法以是
之故時人喚本部官作侏父母君也世間人等雖學脩道唯欺
誑慈悲父母怕懼所部官長枷杖如此之輩並是嬌人愚癡人
等喻如懷中孩兒反罵父々母々不与其過何以故爲癡故此之
類也行者等既能迴向菩提須習四攝行之學四威儀於尊
行孝道於下起慈悲出去行来皆須諮聞父母去須辭去
来須報知堂上尊像之復如是堂中形像乃是過去七世祖父
母相似現存者即是生身父母皆須一種恭敬如對目前所有言
語嗔呵則須含忍悅色父母容顏勿令起恨不得迴頭怒目不
不得麁言大語聞存不能供養一旦无常去將金何處求繼
於妻子之輩之不得毀辱罵詈婆父皆須以理方便示誨若
惡口罵辱便得自損如行此悉仏道自然成未来入樂道不聞

母相似現存者即是生身父母皆須一種恭敬如對目前所有言
語嗔呵則須含笑悅色父母容顏勿令起恨不得迴頭怒目不
不得麤言大語聞飛不能供養一旦无常去將金何處求覓
於妻子之輩乞不得毀辱罵詈婆父皆須以理方便示誨若
惡口罵辱便得自損如行此惡仏道自然成未来入樂道不聞
地獄名不能行此事自外勿須脩　菩薩問曰人死後還復本
身以不　仏言不得可若有人死更復本身猶如取一瓶打破著
藏水不漏□始可得復本身乞未為難取一瓫打破著弃
宅外經百千□風日成灰糞成本泥始可得復本身　菩薩
尋暢然不樂又重問曰以何良藥依何善法得復本身
仏言若欲復本身用五戒為本喻如耕田以犁為本又如打鐵
以火為本　又問曰請為說　仏言一者不煞生　二者不偷盜
三者不邪婬　四者不妄言綺語　五者不飲酒及五辛　又仏言
雖持五戒仍須十善資助方可得復本身　又請為說十善因
果　仏言一者不煞生　二者不盜　三者不邪行　四者不妄語
五者不飲酒　六者不兩舌　七者不惡口　八者不綺言　九者
不貪嫉　十者嗔惱為前身持五戒十善有十箇指令得人
身若不持具戒十善後身恐須被毛戴角定不虛言凡
是脩道皆須莊嚴婆羅雙樹若造浮圖塔廟鈔經寫像
大大饒益不可得成仏是一切善法發起衆生心亦難得果報
則是苦果不是甜果不出三界不免生老病死業不出八難
八苦則名外求仏道難得成仏若莊嚴自許身心則速成仏
名自成就　問云何莊嚴自許身心　仏言勸惡一切惡於一切法
於衆生上發大慈悲心普敬不輕慢忍惡自呵心外觸來不起
嗔罵元不来狀似死屍人除身外普作佛毫釐不許犯若
能行此行即是莊嚴身絕斷煩惱心即到涅槃門凡是脩
道者皆須次第脩道者脩習智惠從凡至聖從暗至明
所已如来廣設方便接引愚癡故立三乘者不一法門

於衆生上發大慈悲心普救不輕慢忍惡自呵心外觸來不起
嗔罵元不來此似死屍人除身外普作佛毫釐不許犍若
能行此行即是莊嚴身絶斷煩惱心即到涅槃門凡是脩
道者皆須次第脩道者脩習智惠從凡至聖從暗至明
所已如來廣設方便接引愚癡故立三乘者不二法門
一聲聞乘　二菩薩乘　三仏乘寶中貴莫過於金味中貴
莫過醍醐　聲聞乘如銅如酪　菩薩乘如銀如蘇　仏乘
如金如醍醐脩道之人從鐵至金我至醍醐始得成就
問云何脩道　答道者智也有道則有德成一切智度脫若
衆生自身現受樂化度衆生復令皆普入樂是名脩道
園內一群羊數數殺人將人則知羊死羊即不知云如人養男
女譬如羊養羊三教俱論善咸言地獄滌万種脩功德會
是合天心　我本事老君即是老君臣鎮壽元為教則是
元為人　還樂上不樂逢嗔何忽嗔懸知百年後終歸一
聚塵　問供養云何得長壽金剛不壞身復脩何因緣得大
堅固力云何憶此經究竟到彼岸願仏開秘密廣為衆生
說　答除吾我去是非捨執著離住著斷愛憎若不除
吾我專心心既念細尋據理元量數劫挖心難得自元解脫心
惡由善知識衆生從衆生畜眼不知昏惛惛六道內恒常暗
中行　凡夫貪五欲猶如吞鉤魚只見鉤頭食不見食中鉤
內非自然生還從斷命得若人不斷肉還成劫命賊　正念除亂
相思惟心自明觀身不見我貪嗔何處生　有財不布施藏祛
畏人知捨身空手去餓鬼道中飢渴浮濁惡處咸須顛捨離
西方淨土處相將往去來譬如乾草子積聚如須弥焚火如
豆許燒盡滅元疑　五陰叢林下裹有智惠刀割斷諸煩
惱安心處處牢若　人不受戒喻若畜生身躶形露地坐元
戒又復然喻若弓弦無對賊元辜撓元戒又復然嗔如忍辱華
速生忍辱葉華生便趣劫葉從何處坐衆生肚皮薄不堪
感妙藥破儀感真珠出家還遍劫　若人種善根疑即
華不開信心青淨者開即見如來　大慈悲[illegible]

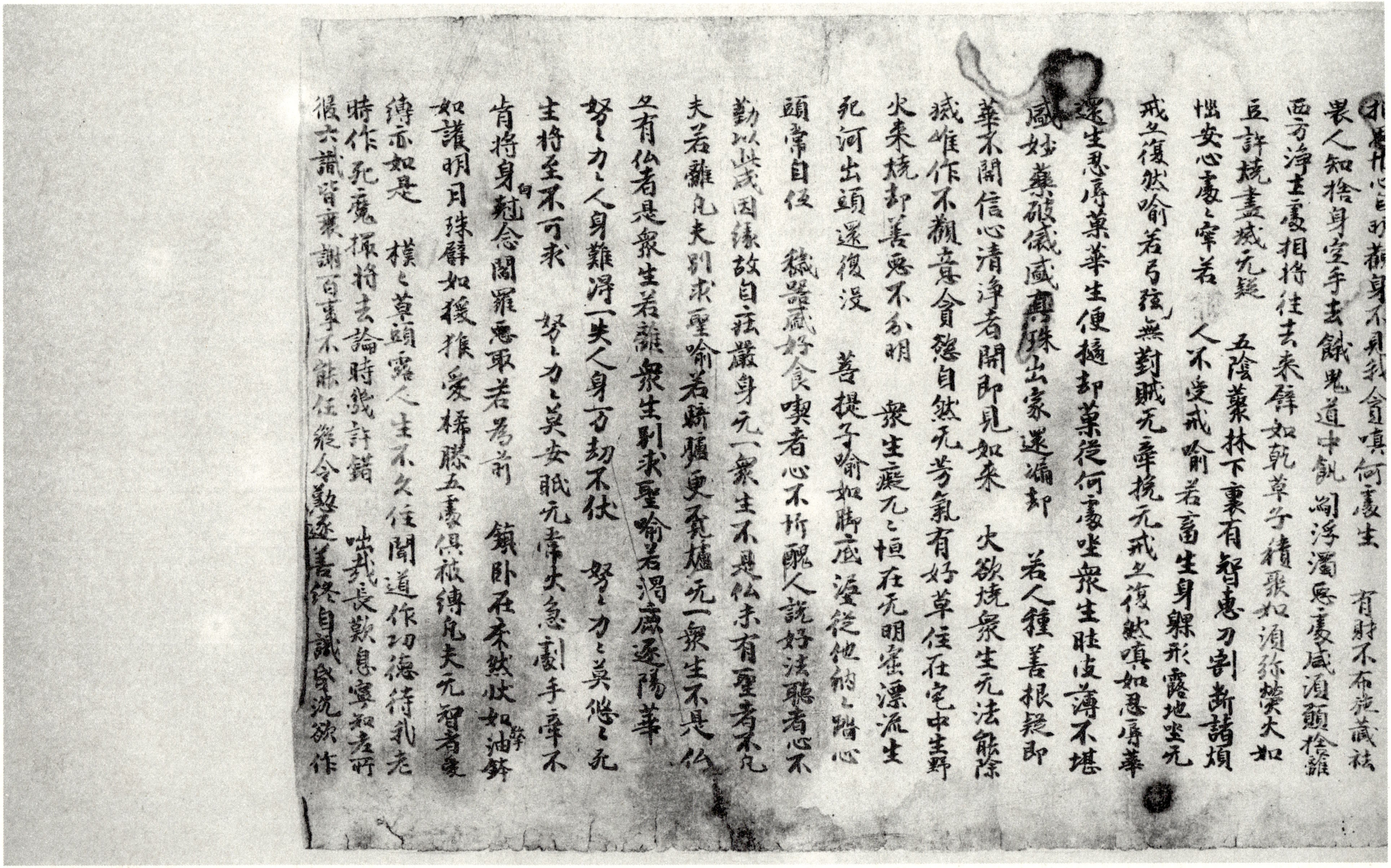

犯戒心口所顧身不見我貪嗔何處生　有財不布施藏祛
畏人知捨身空手去餓鬼道中飢　閻浮濁惡處々咸須頓捨離
西方淨土處相將往去來譬如乾草子積聚如須彌獎火如
豆許燒盡滅无疑　五陰叢林下裏有智惠刀割斷諸煩
惱安心處々牢若　人不受戒喻若畜生身裸形露地坐无
戒之復然喻若弓弦無對賊无牽挽无戒之復然嗔如惡毒華
還生惡毒菓華生便擿却菓從何處坐眾生肚皮薄不堪
風妙藥破儀威曹珠出家還漏却　若人種善根疑即
華不開信心清淨者開即見如來　火欲燒眾生无法能除
滅唯作不瀨意貪愁自然无芳氣有好草住在宅中生野
火來燒却善惡不分明　眾生癡无々恒在无明處漂流生
死河出頭還復沒　菩提子喻如腳底塗從他納々踏心
頭常自佞　穢器藏好食喫者心不抒醜人說好法聽者心不
勤以此識因緣故自莊嚴身无一眾生不是仏未有聖者不凡
夫若離凡夫別求聖喻若蹄驢更覓驢无一眾生不是仏
之有仏者是眾生若離眾生別求聖喻若渴鹿逐陽華
努々力々人身難得一失人身万劫不伏　努々力々莫懈々无
生將至不可求　努々力々莫安眠无常火急處手牢不
肯將身白魁念閻羅惡取若爲前　鎮卧在床然伏如油鉢
如護明月珠譬如猿猴愛椽勝五處俱被縛凡夫无智者愛
縛亦如是　樸々草頭露人生不久住聞道作功德待氣走
時作死魔掘將去論時幾許錯　咄哉長歎息寧知在所
假六識皆衰謝百事不能任縱令懃逐善終自識隨流欲作

BD15264號　修道勸善文（擬）　（5–5）

來復過於此百千万億那由他阿僧祇劫自
從是來我常在此娑婆世界說法教化亦於
餘處百千万億那由他阿僧祇國導利衆生
諸善男子於是中間我說然燈佛等又復言
其入於涅槃如是皆以方便分別諸善男子
若有衆生來至我所我以佛眼觀其信等諸
根利鈍隨所應度處處自說名字不同年紀
大小亦復現言當入涅槃又以種種方便說
微妙法能令衆生發歡喜心諸善男子如來
見諸衆生樂於小法德薄垢重者為是人說
我少出家得阿耨多羅三藐三菩提然我實
成佛已來久遠若斯但以方便教化衆生令
入佛道作如是說諸善男子如來所演經典
皆為度脫衆生或說己身或說他身或示己
身或示他身或示己事或示他事諸所言說
皆實不虛所以者何如來如實知見三界之
相无有生死若退若出亦无在世及滅度者
非實非虛非如非異不如三界見於三界如

BD15265號　妙法蓮華經卷五　（3–1）

身或示他身或示己事或示他事諸所言說
皆實不虛所以者何如來如實知見三界之
相无有生死若退若出亦无在世及滅度者
非實非虛非如非異不如三界見於三界如
斯之事如來明見无有錯謬以諸衆生有種
種性種種欲種種行種種憶想分別故欲令
生諸善根以若干因緣譬喻言辭種種說法
所作佛事未曾暫廢如是我成佛已來甚大
久遠壽命无量阿僧祇劫常住不滅諸善男
子我本行菩薩道所成壽命今猶未盡復倍
上數然今非實滅度而便唱言當取滅度如
來以是方便教化衆生所以者何若佛久住
於世薄德之人不種善根貧窮下賤貪著五
欲入於憶想妄見網中若見如來常在不滅
便起憍恣而懷厭怠不能生難遭之想恭敬
之心是故如來以方便說比丘當知諸佛出
世難可值遇所以者何諸薄德人過无量百
千万億劫或有見佛或不見者以此事故我
作是言諸比丘如來難可得見斯衆生等聞如
是語必當生於難遭之想心懷戀慕渴仰於
佛便種善根是故如來雖不實滅而言滅度
又善男子諸佛如來法皆如是為度衆生皆
實不虛譬如良醫智慧聰達明練方藥善治
衆病其人多諸子息若十二十乃至百數以

BD15265號　妙法蓮華經卷五　（3–2）

欲入於憶想妄見網中若見如來常在不滅
便起憍恣而懷厭怠不能生難遭之想恭敬
之心是故如來以方便說比丘當知諸佛出
世難可值遇所以者何諸薄德人過无量百
千万億劫或有見佛或不見者以此事故我
作是言諸比丘如來難可得見斯衆生等聞如
是語必當生於難遭之想心懷戀慕渴仰於
佛便種善根是故如來雖不實滅而言滅度
又善男子諸佛如來法皆如是為度衆生皆
實不虛譬如良醫智慧聰達明練方藥善治
衆病其人多諸子息若十二十乃至百數以
有事緣遠至餘國諸子於後飲他毒藥藥發
悶亂宛轉于地是時其父還來歸家諸子飲
毒或失本心或不失者遙見其父皆大歡喜
拜跪問訊善安隱歸我等愚癡誤服毒藥願
見救療更賜壽命父見子等苦惱如是依諸
經方求好藥草色香美味皆悉具足擣篩和
合與子令服而作是言此大良藥色
皆悉具足汝等可服速除
者子

BD15265 號　妙法蓮華經卷五　（3–3）

達磨修波利剎帝八……
阿㝹伽地十九 辛阿毗吉利地帝二十
世尊若有菩薩得聞是陀羅尼者當知普賢
神通之力若法華經行閻浮提有受持者應
作此念皆是普賢威神之力若有受持讀誦
正憶念解其義趣如說修行當知是人行普
賢行於无量无邊諸佛所深種善根為諸如
來手摩其頭若但書寫是人命終當生忉利
天上是時八万四千天女作衆伎樂而來迎
之其人即著七寶冠於婇女中娛樂快樂何
況受持讀誦正憶念解其義趣如說修行若
有人受持讀誦解其義趣是人命終為千佛
授手令不恐怖不墮惡趣即往兜率天上彌
勒菩薩所彌勒菩薩有三十二相大菩薩衆
所共圍繞有百千万億天女眷屬而於中生
有如是等功德利益是故智者應當一心自
書若使人書受持讀誦正憶念如說修行世
尊我今以神通力守護是經於如來滅後閻
浮提內廣令流布使不斷絕尒時釋迦牟尼
佛讚言善哉善哉普賢汝能護助是經令多

BD15266 號　妙法蓮華經卷七　（4–1）

尊我今以神通力守護是經於如來滅後閻
浮提內廣令流布使不斷絕尒時釋迦牟尼
佛讚言善哉善哉普賢汝能護助是經令多
所衆生安樂利益汝已成就不可思議功德
深大慈悲從久遠來發阿耨多羅三藐三菩
提意而能作是神通之願守護是經我當以
神通力守護能受持普賢菩薩名者普賢若
有受持讀誦正憶念修習書寫是法華經者
當知是人則見釋迦牟尼佛如從佛口聞此
經典當知是人供養釋迦牟尼佛當知是人
佛讚善哉當知是人為釋迦牟尼佛手摩其
頭當知是人為釋迦牟尼佛衣之所覆如是
之人不復貪著世樂不好外道經書手筆亦
復不喜親近其人及諸惡者若屠兒若畜猪
羊雞狗若獵師若衒賣女色是人心意質直
有正憶念有福德力是人不為三毒所惱亦
不為嫉妬我慢邪慢增上慢所惱是人少欲
知足能修普賢之行普賢若如來滅後後五
百歲若有人見受持讀誦法華經者應作是
念此人不久當詣道場破諸魔衆得阿耨多
羅三藐三菩提轉法輪擊法鼓吹法螺雨法
雨當坐天人大衆中師子法座上普賢若於

BD15266 號　妙法蓮華經卷七　　（4–2）

百歲若有人見受持讀誦法華經者應作是
念此人不久當詣道場破諸魔衆得阿耨多
羅三藐三菩提轉法輪擊法鼓吹法螺雨法
雨當坐天人大衆中師子法座上普賢若於
後世受持讀誦是經典者是人不復貪著衣
服臥具飲食資生之物所願不虛亦於現世得
其福報若有人輕毀之言汝狂人耳空作是
行終无所獲如是罪報當世世无眼若有
供養讚歎之者當於今世得現果報若復見
受持是經者出其過惡若實若不實此人
現世得白癩病若輕笑之者當世世牙齒踈缺
醜脣平鼻手脚繚戾眼目角睞身體臭穢惡
瘡膿血水腹短氣諸惡重病是故普賢若見
受持是經典者當起遠迎當如敬佛說是普
賢勸發品時恒河沙等无量无邊菩薩得百
千億旋陁羅尼三千大千世界微塵等諸菩
薩具普賢道佛說是經時普賢等諸菩薩舍
利弗等諸聲聞及諸天龍人非人等一切大
會皆大歡喜受持佛語作礼而去

妙法蓮華經卷第七

BD15266 號　妙法蓮華經卷七　　（4–3）

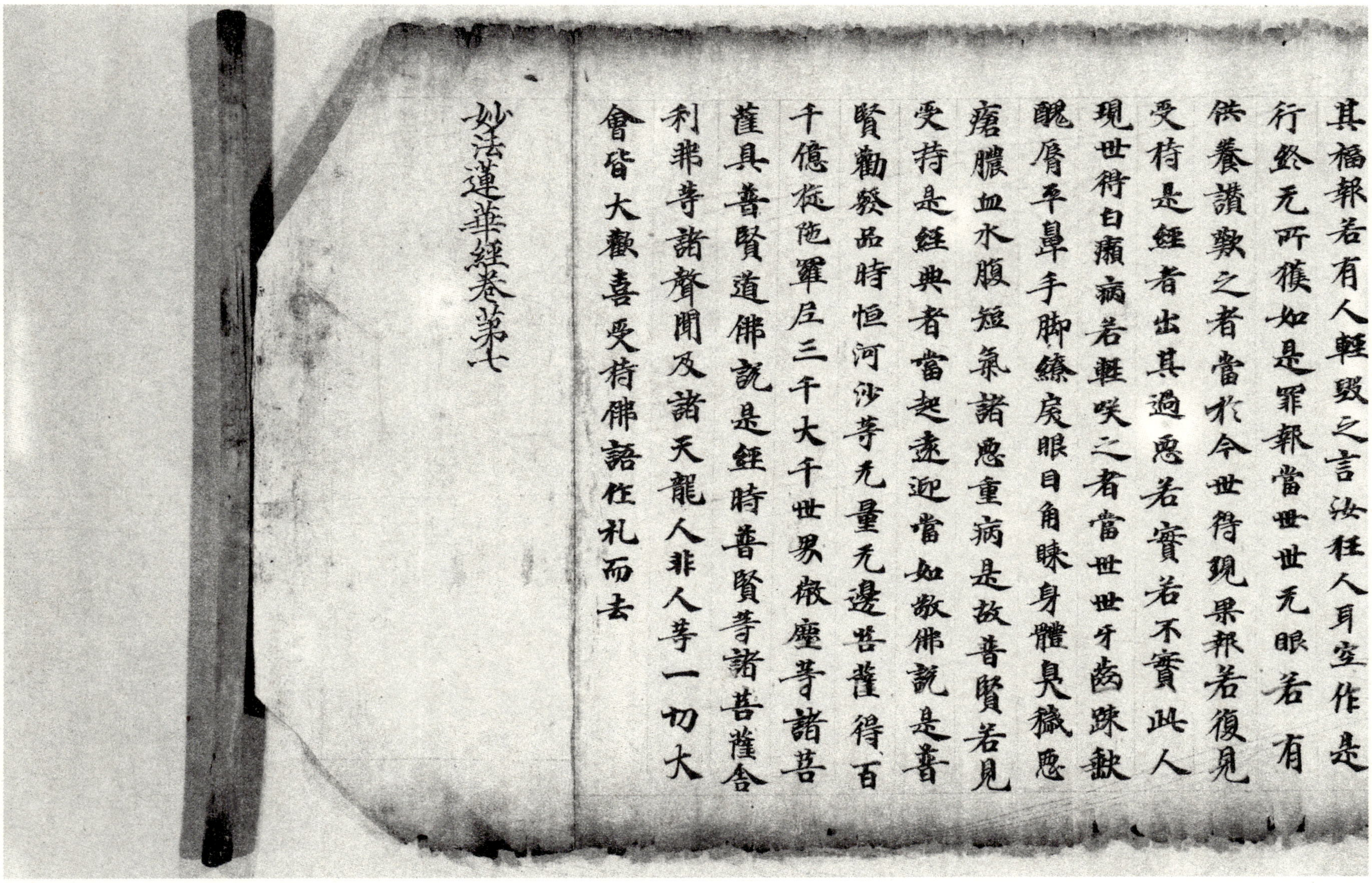
其福報若有人輕毀之言汝狂人耳空作是
行終无所獲如是罪報當世世无眼若有
供養讚歎之者當於今世得現果報若復見
受持是經者出其過惡若實若不實此人
現世得白癩病若輕笑之者當世世牙齒踈缺
醜脣平鼻手脚繚戾眼目角睞身體臭穢惡
瘡膿血水腹短氣諸惡重病是故普賢若見
受持是經典者當起遠迎當如敬佛說是普
賢勸發品時恒河沙等无量无邊菩薩得百
千億旋陁羅尼三千大千世界微塵等諸菩
薩具普賢道佛說是經時普賢等諸菩薩舍
利弗等諸聲聞及諸天龍人非人等一切大
會皆大歡喜受持佛語作礼而去

妙法蓮華經卷第七

BD15266號　妙法蓮華經卷七　（4–4）

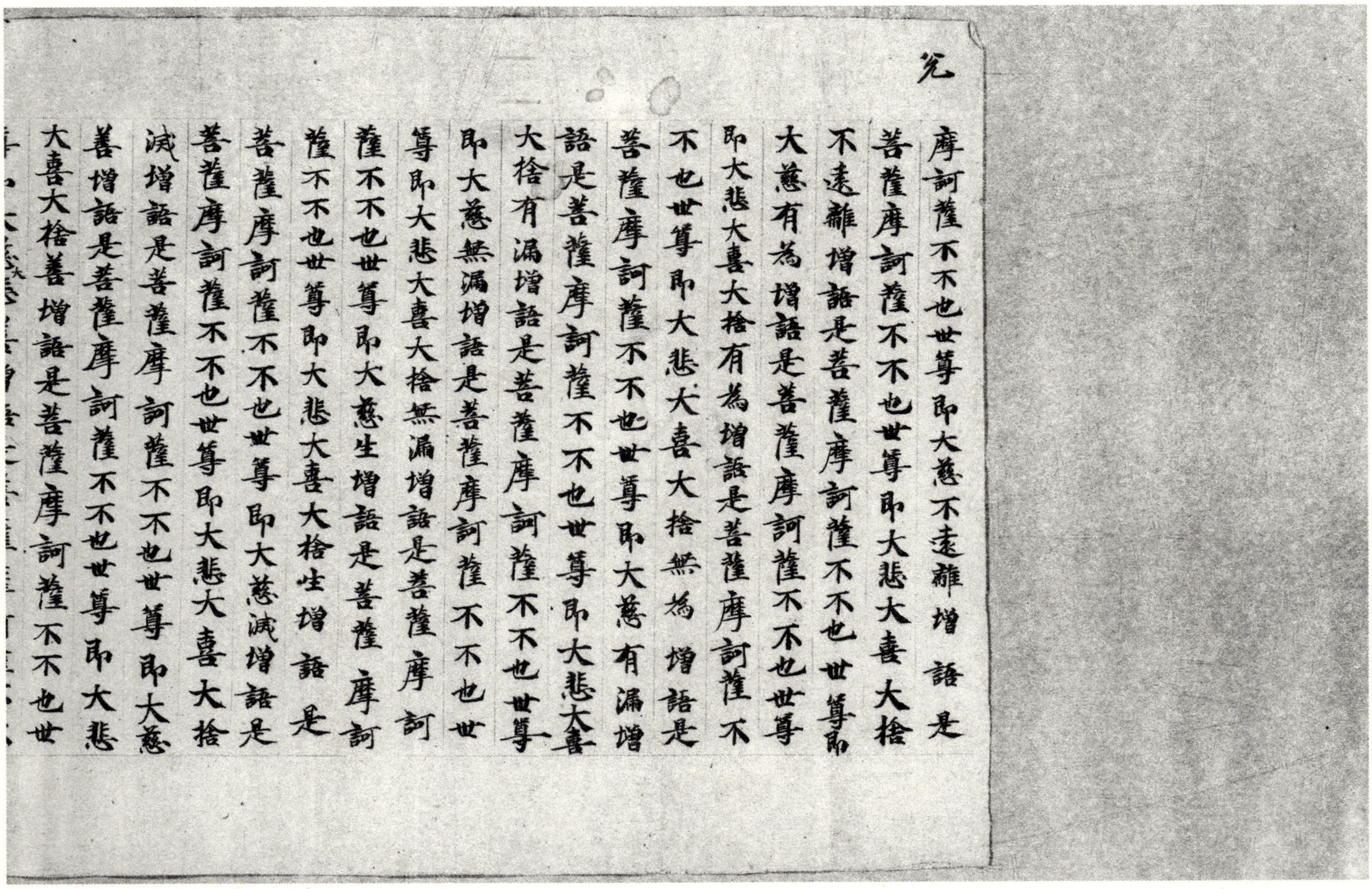
兌

摩訶薩不不也世尊即大慈不遠離增語是
菩薩摩訶薩不不也世尊即大悲大喜大捨
不遠離增語是菩薩摩訶薩不不也世尊即
大慈有為增語是菩薩摩訶薩不不也世尊
即大悲大喜大捨有為增語是菩薩摩訶薩不
不也世尊即大悲大喜大捨無為增語是
菩薩摩訶薩不不也世尊即大慈有漏增
語是菩薩摩訶薩不不也世尊即大悲大喜
大捨有漏增語是菩薩摩訶薩不不也世尊
即大慈無漏增語是菩薩摩訶薩不不也世
尊即大悲大喜大捨無漏增語是菩薩摩訶
薩不不也世尊即大慈生增語是菩薩摩訶
薩不不也世尊即大悲大喜大捨生增語是
菩薩摩訶薩不不也世尊即大慈滅增語是
菩薩摩訶薩不不也世尊即大悲大喜大捨
滅增語是菩薩摩訶薩不不也世尊即大慈
善增語是菩薩摩訶薩不不也世尊即大悲
大喜大捨善增語是菩薩摩訶薩不不也世

BD15267號　大般若波羅蜜多經（兌廢稿）卷二二　（2–1）

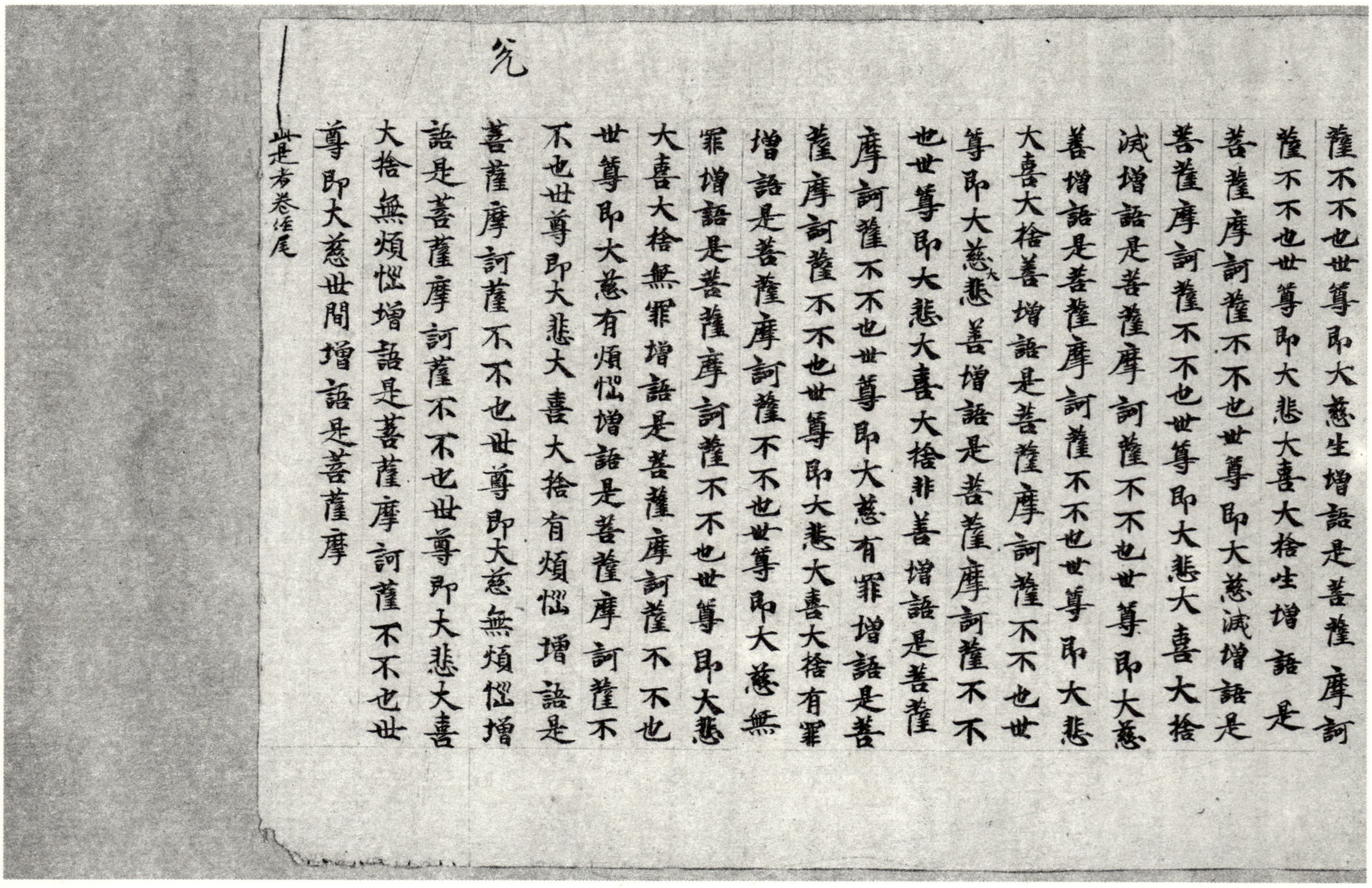

兌

薩不不也世尊即大慈生增語是菩薩摩訶
薩不不也世尊即大悲大喜大捨生增語是
菩薩摩訶薩不不也世尊即大慈滅增語是
菩薩摩訶薩不不也世尊即大悲大喜大捨
滅增語是菩薩摩訶薩不不也世尊即大慈
善增語是菩薩摩訶薩不不也世尊即大悲
大喜大捨善增語是菩薩摩訶薩不不也世
尊即大慈悲善增語是菩薩摩訶薩不不
也世尊即大悲大喜大捨非善增語是菩薩
摩訶薩不不也世尊即大慈有罪增語是菩
薩摩訶薩不不也世尊即大悲大喜大捨有罪
增語是菩薩摩訶薩不不也世尊即大慈無
罪增語是菩薩摩訶薩不不也世尊即大悲
大喜大捨無罪增語是菩薩摩訶薩不不也
世尊即大慈有煩惱增語是菩薩摩訶薩不
不也世尊即大悲大喜大捨有煩惱增語是
菩薩摩訶薩不不也世尊即大慈無煩惱增
語是菩薩摩訶薩不不也世尊即大悲大喜
大捨無煩惱增語是菩薩摩訶薩不不也世
尊即大慈世間增語是菩薩摩

此是本卷法尾

BD15267 號　大般若波羅蜜多經（兌廢稿）卷二二　（2–2）

張

BD15267 號背　雜寫　（1–1）

能問諸佛 甚深智慧 聞已信行 我等隨喜
於時世尊讚歎上首諸大菩薩 善哉善哉善
男子汝等能於如來發隨喜心 尒時弥勒菩
薩及八千恒河沙諸菩薩衆皆作是念 我等
從昔已來不見不聞如是大菩薩摩訶薩衆
從地踊出住世尊前合掌供養問訊如來 時
弥勒菩薩摩訶薩知八千恒河沙諸菩薩等
心之所念 并欲自決所疑 合掌向佛以偈問
曰
无量千万億 大衆諸菩薩 昔所未曾見 願兩足尊說
是從何所來 以何因緣集 巨身大神通 智慧叵思議
其志念堅固 有大忍辱力 衆生所樂見 爲從何所來
一一諸菩薩 所將諸眷屬 其數无有量 如恒河沙等
或有大菩薩 將六万恒沙 如是諸大衆 一心求佛道
是諸大師等 六万恒河沙 俱來供養佛 及護持是經
將五万恒沙 其數過於是 四万及三万 二万至一万
一千一百等 乃至一恒沙 半及三四分 億万分之一

BD15268號 妙法蓮華經卷五 （2–1）

曰
无量千万億 大衆諸菩薩 昔所未曾見 願兩足尊說
是從何所來 以何因緣集 巨身大神通 智慧叵思議
其志念堅固 有大忍辱力 衆生所樂見 爲從何所來
一一諸菩薩 所將諸眷屬 其數无有量 如恒河沙等
或有大菩薩 將六万恒沙 如是諸大衆 一心求佛道
是諸大師等 六万恒河沙 俱來供養佛 及護持是經
將五万恒沙 其數過於是 四万及三万 二万至一万
一千一百等 乃至一恒沙 半及三四分 億万分之一
千万那由他 万億諸弟子 乃至於半億 其數復過上
百万至一万 一千及一百 五十與一十 乃至三二一
單已无眷屬 樂於獨處者 俱來至佛所 其數轉過上
如是諸大衆 若人行籌數 過於恒沙劫 猶不能盡知
是諸大威德 精進菩薩衆 誰爲其說法 教化而成就
從誰初發心 稱揚何佛法 受持行誰經 脩習何佛道
如是諸菩薩 神通大智力 四方地震裂 皆從中踊出
世尊我昔來 未曾見是事 願說其所從 國土之名号
我常遊諸國 未曾見是衆
我於此衆中 乃不識一人 忽然從地出 願說其因緣
今此之大會 无量百千億 是諸菩薩等 皆欲知此事

BD15268號 妙法蓮華經卷五 （2–2）

日分以恒河
恒河沙等身布施
等身布施如是无量百
億劫以身布施若復有人聞此經典信
心不逆其福勝彼何況書冩受持讀誦為人
解說須菩提以要言之是經有不可思議不
可稱量无邊功德如來為發大乘者說為發
最上乘者說若有人能受持讀誦廣為人說
如來悉知是人悉見是人皆得成就不可量
不可稱无有邊不可思議功德如是人等則
為荷擔如來阿耨多羅三藐三菩提何以故
須菩提若樂小法者著我見人見衆生見壽
者見則於此經不能聽受讀誦為人解說須
菩提在在處處若有此經一切世間天人阿
脩羅所
養當知此處則為是塔皆應恭

BD15269 號　金剛般若波羅蜜經　（3–1）

者見則於此經不能聽受讀誦為人解說須
菩提在在處處若有此經一切世間天人阿
脩羅所應供養當知此處則為是塔皆應恭
敬作礼圍繞以諸華香而散其處
復次須菩提若善男子善女人受持讀誦此
經若為人輕賤是人先世罪業應墮惡道以
今世人輕賤故先世罪業則為消滅當得阿
耨多羅三藐三菩提須菩提我念過去无量
阿僧祇劫於然燈佛前得值八百四千万億
那由他諸佛悉皆供養承事无空過者若復
有人於後末世能受持讀誦此經所得功德
於我所供養諸佛功德百分不及一千万億
分乃至筭數譬喻所不能及須菩提若善男
子善女人於後末世有受持讀誦此經所得
功德我若具說者或有人聞心則狂亂狐疑
不信須菩提當知是經義不可思議果報亦
不可思議
尒時須菩提白佛言世尊善男子善女人發
阿耨多羅三藐三菩提心云何應住云何降
伏其心佛告須菩提善男子善女人發阿耨
多羅三藐三菩提者當生如是心我應滅度
一切衆生滅度一切衆生已而无有一衆生
實滅度者何以故若菩薩有我相人相衆生

BD15269 號　金剛般若波羅蜜經　（3–2）

有人於後末世能受持讀誦此經所得功德
於我所供養諸佛功德百分不及一千万億
分乃至筭數譬喻所不能及須菩提若善男
子善女人於後末世有受持讀誦此經所得
功德我若具說者或有人聞心則狂亂狐疑
不信須菩提當知是經義不可思議果報亦
不可思議
尒時須菩提白佛言世尊善男子善女人發
阿耨多羅三藐三菩提心云何應住云何降
伏其心佛告須菩提善男子善女人發阿耨
多羅三藐三菩提者當生如是心我應滅度
一切衆生滅度一切衆生已而无有一衆生
實滅度者何以故若菩薩有我相人相衆生
相壽者相則非菩薩所以者何須菩提實无
有法發阿耨多羅三藐三菩提者須菩提於
意云何如来於然燈佛所有法得阿耨多羅
三藐三菩提不不也世尊如我解佛所說義
佛於然燈佛所无有法得阿耨多羅三藐三
菩提佛言如是如是須菩提實无有法如来
得阿耨多羅三藐三菩提
須菩提若有法如来得阿耨多羅三藐三菩

BD15269 號　金剛般若波羅蜜經　（3–3）

應以卅二相觀如来尒時世尊而說
若以色見我 以音聲求我 是人行邪道 不能見如来
須菩提汝若作是念如来不以具足相故得
阿耨多羅三藐三菩提須菩提莫作是念如
来不以具足相故得阿耨多羅三藐三菩提
須菩提汝若作是念發阿耨多羅三藐三菩
提者說諸法斷滅莫作是念何以故發阿耨
多羅三藐三菩提者於法不說斷滅相須菩
提若菩薩以滿恒河沙等世界七寶布施若
復有人知一切法无我得成於忍此菩薩勝
前菩薩所得功德何以故須菩提以諸菩薩
不受福德故須菩提白佛言世尊云何菩薩
不受福德須菩提菩薩所作福德不應貪
著是故佛說不受福德須菩提若有人言如
来若来若去若坐若臥是人不解我所說義何以故
如来者无所從来亦无所去故名如来須菩提若
善男子善女人以三千大千世界碎為微塵

BD15270 號　金剛般若波羅蜜經　（2–1）

提者說諸法斷滅莫作是念何以故發阿耨
多羅三藐三菩提者於法不說斷滅相須菩
提若菩薩以滿恒河沙等世界七寶布施若
復有人知一切法无我得成於忍此菩薩勝
前菩薩所得功德何以故須菩提以諸菩薩
不受福德故須菩提白佛言世尊云何菩薩
不受福德須菩提菩薩所作福德不應貪
著是故佛說不受福德須菩提若有人言如
来若来若去若坐若卧是人不解我所說義何以故
如来者无所從来亦无所去故名如来須菩提若
善男子善女人以三千大千世界碎為微塵
於意云何是微塵衆寧為多不甚多世尊
何以故若是微塵衆實有者佛則不說是微
塵衆所以者何佛說微塵衆則非微塵衆是
名微塵衆世尊如来所說三千大千世界則非
世界是名世界何以故若世界實有者即是
一合相如来說一合相則非一合相是名一合
相須菩提一合相者則是不可說但凡夫之人

BD15270 號　金剛般若波羅蜜經　（2–2）

汙无垢猶
天子善根成熟
菩提記汝等天子於當来世
過无量无數百千万億那庾多劫於最勝因
陁羅尼高幢世界得成阿耨多羅三藐三菩
提同一種姓又同一名号日面目清淨優鉢
羅香山十号具足如是次第十千諸佛出現
於世尒時菩提樹神白佛言世尊是十千天
子從三十三天為聽法故来詣佛所云何如
来便与授記當得成佛世尊我未曾聞是諸
天子具足修習六波羅蜜多難行苦行捨於
手足頭目髓腦眷屬妻子象馬車乘奴婢僕
使宮殿園林金銀瑠璃硨磲碼碯珊瑚虎珀璧
玉珂貝飲食衣服卧具醫藥如餘无量百千
菩薩以諸供具供養過去无數百千万億那
庾多佛如是菩薩各經无量无邊劫數然後
方得受菩提記世尊是諸天子以何因緣修
何勝行種何善根從彼天来蹔時聞法便得
授記唯願世尊為我解說斷除疑網佛告地

BD15271 號　金光明最勝王經卷九　（4–1）

方得受菩提記世尊是諸天子以何因緣修
何勝行種何善根從彼天来暫時聞法便得
授記唯願世尊為我解說斷除疑網佛告地
神善女天如汝所說皆從勝妙善根因緣勤
苦修已方得授記此諸天子於妙天宮捨五
欲樂故来聽是金光明經既聞法已於是經
中心生慇重如淨瑠璃无諸瑕穢復得聞此
三大菩薩授記之事亦由過去久修正行誓
願因緣是故我今皆与授記於未来世當成
阿耨多羅三藐三菩提時彼樹神聞佛說已
歡喜信受

金光明最勝王經除病品第廿四

佛告菩提樹神善女天諦聽諦聽善思念
之是十千天子本願因緣今為汝說善女天過
去无量不可思議阿僧企耶劫尒時有佛出
現於世名曰寶髻如来應正遍知明行足善
逝世間解无上士調御丈夫天人師佛世尊
善女天時彼世尊般涅槃後正法滅已於像
法中有王名曰天自在光常以正法化於人
民猶如父母是王國中有一長者名曰持水
善解醫明妙通八術衆生病苦四大不調咸
能救療善女天尒時持水長者唯有一子名
曰流水顏容端正人所樂觀受性聰敏妙閑
諸論書畫筭印无不通達時王國內有无量
百千諸衆生類皆遇疫疾衆苦所逼乃至无
有歡樂之心善女天尒時長者子流水見是

BD15271號　金光明最勝王經卷九　（4-2）

曰流水顏容端正人所樂觀受性聰敏妙閑
諸論書畫筭印无不通達時王國內有无量
百千諸衆生類皆遇疫疾衆苦所逼乃至无
有歡樂之心善女天尒時長者子流水見是
无量百千衆生受諸病苦起大悲心作如是
念无量衆生為諸極苦之所逼迫我父長者
雖善醫方妙通八術能療衆病四大損然
已衰邁老耄虛羸要假扶策方能進步不復
能往城邑聚落救諸病苦今有无量百千衆
生皆遇重病无能救者我今當至大醫父所
諮問治病醫方秘法若得解已當往城邑聚
落之所救諸衆生種種疾病令於長夜得受
安樂時長者子作是念已即詣父所稽首礼
足合掌恭敬却住一面即以伽他請其父曰
慈父當哀愍　我欲救衆生　今請諸醫方　幸願為我說
云何身衰壞　諸大有增損　復在何時中　能生諸疾病
云何噉飲食　得受於安樂　能使內身中　火勢不衰損
衆生有四病　風黃熱痰癊　及以總集病　云何而療治
何時風病起　何時熱病發　何時動痰癊　何時總集生
時彼長者聞子請已復以伽他而答之曰
我今依古仙　所有療病法　次第為汝說　善聽救衆生
三月是春時　三月名為夏　三月名秋分　三月謂冬時
此據一年中　三三而別說　二二為一節　便成歲六時
初二是花時　三四名熱際　五六名雨際　七八謂秋時
九十是寒時　後二名氷雪　既知如是別　授藥勿令差
當隨此時中　調息於飲食　入腹令消散　衆病則不生

BD15271號　金光明最勝王經卷九　（4-3）

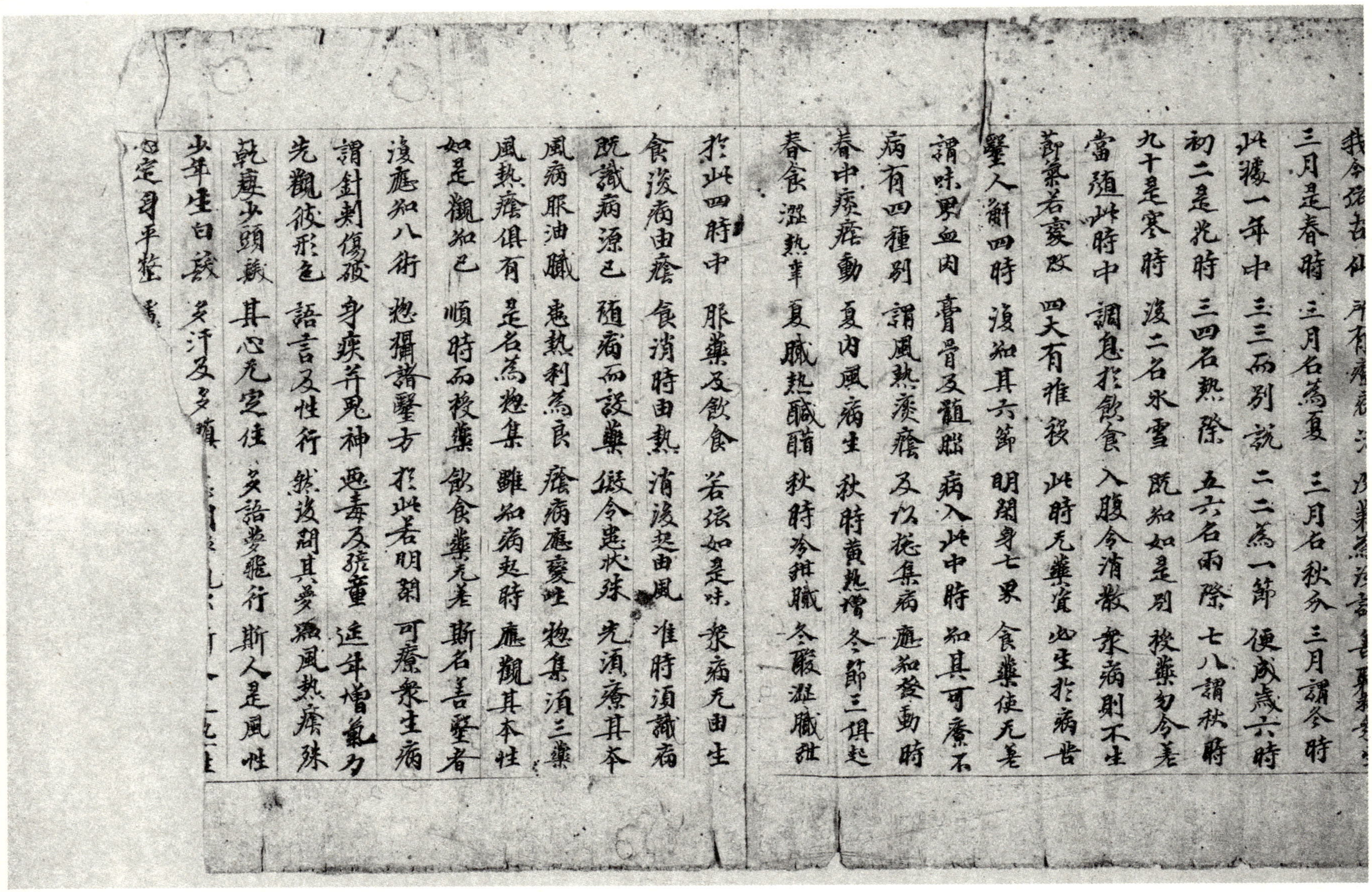

我今依古仙 所有療病法 次第為汝說 善[illegible]
三月是春時 三月名為夏 三月名秋分 三月謂冬時
此據一年中 三三而別說 二二為一節 便成歲六時
初二是花時 三四名熱際 五六名雨際 七八謂秋時
九十是寒時 後二名冰雪 既知如是別 授藥勿令差
當隨此時中 調息於飲食 入腹令消散 眾病則不生
節氣若變改 四大有推移 此時无藥資 必生於病苦
醫人解四時 復知其六節 明閑身七界 食藥使无差
謂味界血肉 膏骨及髓腦 病入此中時 知其可療不
病有四種別 謂風熱痰癊 及以總集病 應知發動時
春中痰癊動 夏內風病生 秋時黃熱增 冬節三俱起
春食澀熱辛 夏膩熱鹹醋 秋時冷甜膩 冬酸澀膩甜
於此四時中 服藥及飲食 若依如是味 眾病无由生
食後病由癊 食消時由熱 消後起由風 准時須識病
既識病源已 隨病而設藥 假令患狀殊 先須療其本
風病服油膩 患熱利為良 癊病應變吐 總集須三藥
風熱癊俱有 是名為總集 雖知病起時 應觀其本性
如是觀知已 順時而授藥 飲食藥无差 斯名善醫者
復應知八術 總攝諸醫方 於此若明閑 可療眾生病
謂針刺傷破 身疾并鬼神 惡毒及孩童 延年增氣力
先觀彼形色 語言及性行 然後問其夢 知風熱癊殊
乾瘦少頭髮 其心无定住 多語夢飛行 斯人是風性
少年生白髮 多汗及多瞋 [illegible] 斯人是熱性
心定身平整 [illegible]

BD15271號　金光明最勝王經卷九　（4–4）

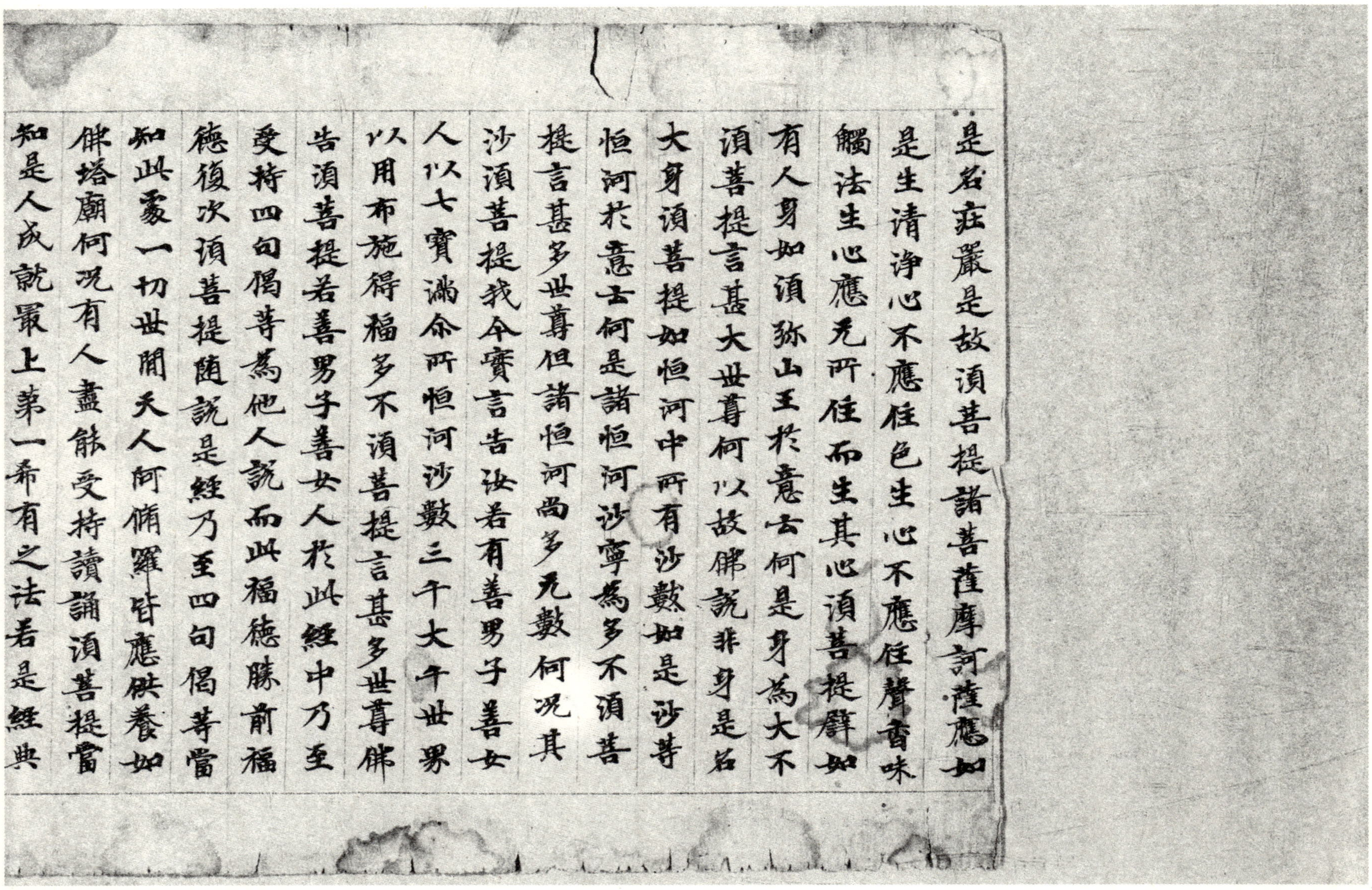

是名莊嚴是故須菩提諸菩薩摩訶薩應如
是生清淨心不應住色生心不應住聲香味
觸法生心應无所住而生其心須菩提譬如
有人身如須彌山王於意云何是身為大不
須菩提言甚大世尊何以故佛說非身是名
大身須菩提如恒河中所有沙數如是沙等
恒河於意云何是諸恒河沙寧為多不須菩
提言甚多世尊但諸恒河尚多无數何況其
沙須菩提我今實言告汝若有善男子善女
人以七寶滿爾所恒河沙數三千大千世界
以用布施得福多不須菩提言甚多世尊佛
告須菩提若善男子善女人於此經中乃至
受持四句偈等為他人說而此福德勝前福
德復次須菩提隨說是經乃至四句偈等當
知此處一切世間天人阿修羅皆應供養如
佛塔廟何況有人盡能受持讀誦須菩提當
知是人成就最上第一希有之法若是經典

BD15272號　金剛般若波羅蜜經　（2–1）

以用布施得福多不須菩提言甚多世尊佛
告須菩提若善男子善女人於此經中乃至
受持四句偈等爲他人說而此福德勝前福
德復次須菩提隨說是經乃至四句偈等當
知此處一切世間天人阿脩羅皆應供養如
佛塔廟何況有人盡能受持讀誦須菩提當
知是人成就最上第一希有之法若是經典
所在之處則爲有佛若尊重弟子
尒時須菩提白佛言世尊當何名此經我等
云何奉持佛告須菩提是經名爲金剛般若
波羅蜜以是名字汝當奉持所以者何須菩
提佛說般若波羅蜜則非般若波羅蜜須菩
提於意云何如來有所說法不須菩提白佛
言世尊如來无所說須菩提於意云何三千
大千世界所有微塵是爲多不須菩提言甚
多世尊須菩提諸微塵如來說非微塵是名
微塵如來說世界非世界是名世界須菩提
於意云何可以三十二相見如來不不也世

BD15272號　金剛般若波羅蜜經　（2–2）

太子能
凡夫地諸……
三寶守護一切菩薩種性……
道悉爲一切天人釋梵沙門婆羅門恭敬供
養以生佛家滿足一切大願藏故佛子菩薩
摩訶薩生如是家知一切法悉如電光一切
趣中受生无猒了趣如化雖現處中而无所
著達一切法悉无有我心无憂悔以大慈悲
教化衆生而不疲惓了達生死皆悉如夢於
一切劫行菩薩行而不懈廢了知五陰皆悉
如幻不畏生死知諸法界心无所著了一切法
如熱時炎於一切行不生倒惑遊戲幻法超
魔境界得淨法身離煩惱業於諸趣中而得
自在无顛倒我善男子我淨法身充滿一切法
界現一切衆生等色一切衆生等音聲一切
衆生等名号一切衆生等威儀現一切衆生
等隨順世間現一切衆生等受生現一切衆
生善童子身一切衆生等想出生一切菩薩
大願爲變化身與衆生等充滿法界若諸同
行失道心者還令發起菩提心故我於此閻
浮提……國內拘提聚落婆羅門家種
……父母及親

BD15273號　大方廣佛華嚴經（晉譯六十卷本）卷六〇　（1–1）

衣也皆作
人從索頭與頭索眼與眼乞妻與妻白子與子
求金銀弥寶皆大布施一時歡喜即發无上正
真道意
佛言若復有人受佛淨戒遵奉明法不解罪福
唯知明經不及中義不能分別曉了中事以自貢
高恒常憒憒乃興世間衆魔從事更作縛著不
解行之𢙣著婦女恩愛之情口爲說空行在有
中不能發覺復不自知但能論說他人是非如
此人輩皆當墮三惡道中聞我說是藥師瑠璃
光本願功德无不歡喜念欲捨家行作沙門者也
佛言世間有人好自稱譽皆是貢高當墮三惡
道中後還爲人牛馬奴婢生下賤中人常乘其力
負重而行困苦疲極亡去人身聞我說是藥師瑠
璃光如來本願功德者皆當一心歡喜踊躍更作
謙敬即得解脫衆苦之患長得歡喜聰明智慧

BD15274號　灌頂章句拔除過罪生死得度經　（4–1）

負重而行困苦疲極亡去人身聞我說是藥師瑠
璃光如來本願功德者皆當一心歡喜踊躍更作
謙敬即得解脫衆苦之患長得歡喜聰明智慧
遠離惡道得生善處與善知識共相值遇无復憂
患離諸魔縛佛言世間愚癡人輩兩舌鬪諍惡口
罵詈更相嫉恨或就山神樹下鬼神日月之神南
斗北辰諸鬼神所作諸呪詛或作人名字或作人
形像或作符書以相厭禱呪咀言說聞我說是
藥師瑠璃光本願功德无不兩作和解俱生慈心
惡意悉滅各各歡喜无復惡念
佛言若四輩弟子比丘比丘尼清信士清信女
常修月六齋年三長齋或晝夜精勤一心苦
行願欲往生西方阿弥陁佛國者憶念晝夜若一
日二日三日四日五日六日七日或復中悔聞我
或說是瑠璃光本願功德盡其壽命欲終之日
有八菩薩文殊師利菩薩觀世音菩薩德大勢
至菩薩无盡意菩薩寶檀華菩薩藥王菩薩
藥上菩薩弥勒菩薩皆當飛往迎其精神不
經八難生蓮華中自然音樂而相娛樂
佛言假使壽命自欲盡時臨終之日得聞我說
是瑠璃光佛本願功德者命終皆得上生 天上

BD15274號　灌頂章句拔除過罪生死得度經　（4–2）

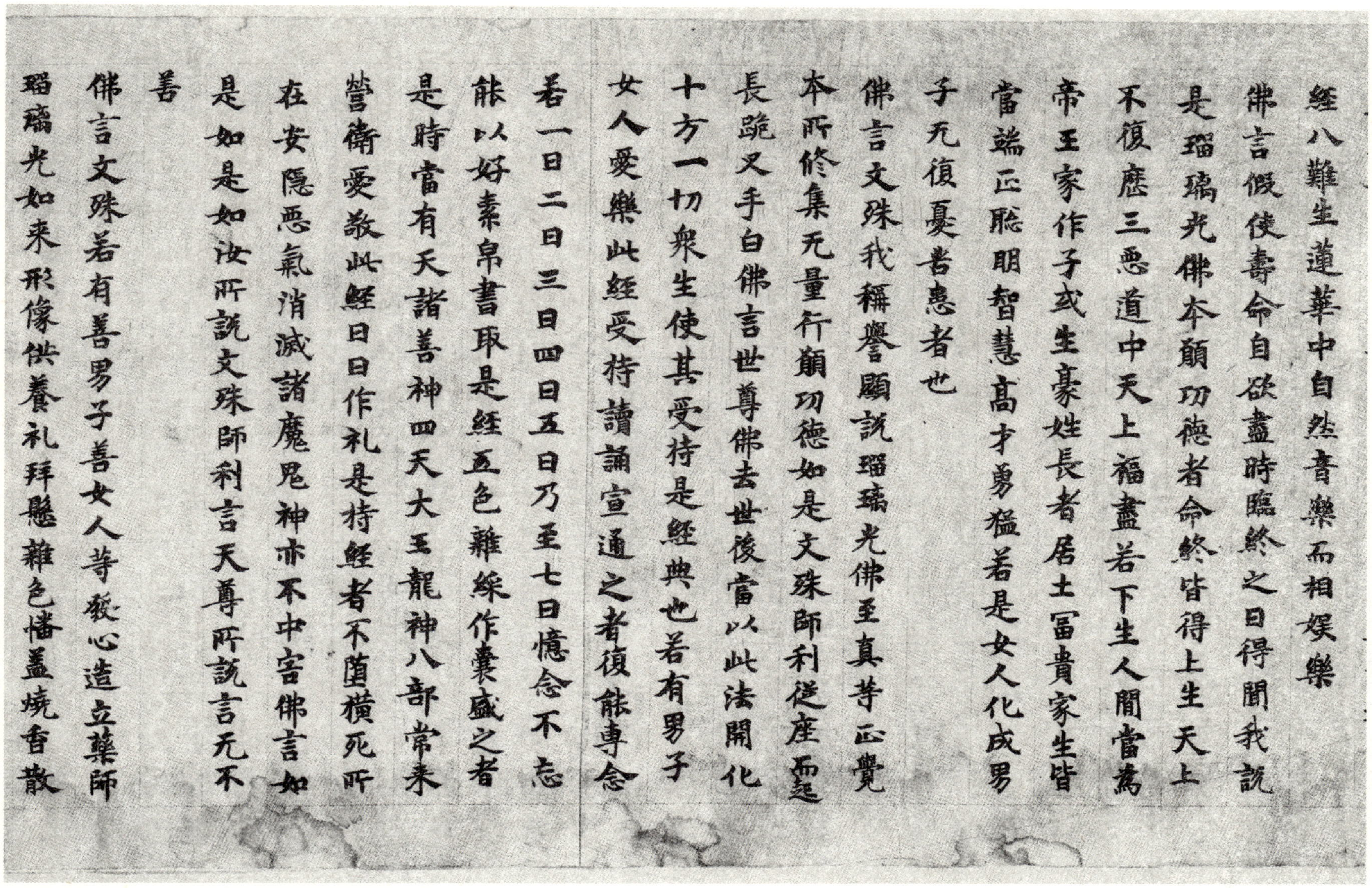

經八難生蓮華中自然音樂而相娛樂
佛言假使壽命自欲盡時臨終之日得聞我說
是瑠璃光佛本願功德者命終皆得上生天上
不復歷三惡道中天上福盡若下生人間當為
帝王家作子或生豪姓長者居士冨貴家生皆
當端正聰明智慧高才勇猛若是女人化成男
子无復憂苦患者也
佛言文殊我稱譽顯說瑠璃光佛至真等正覺
本所修集无量行願功德如是文殊師利從座而起
長跪叉手白佛言世尊佛去世後當以此法開化
十方一切衆生使其受持是經典也若有男子
女人愛樂此經受持讀誦宣通之者復能專念
若一日二日三日四日五日乃至七日憶念不忘
能以好素帛書取是經五色雜綵作囊盛之者
是時當有天諸善神四天大王龍神八部常來
營衛愛敬此經日日作礼是持經者不墮横死所
在安隱惡氣消滅諸魔鬼神亦不中害佛言如
是如是如汝所說文殊師利言天尊所說言无不
善
佛言文殊若有善男子善女人等發心造立藥師
瑠璃光如来形像供養礼拜懸雜色幡蓋燒香散

BD15274 號　灌頂章句拔除過罪生死得度經　（4–3）

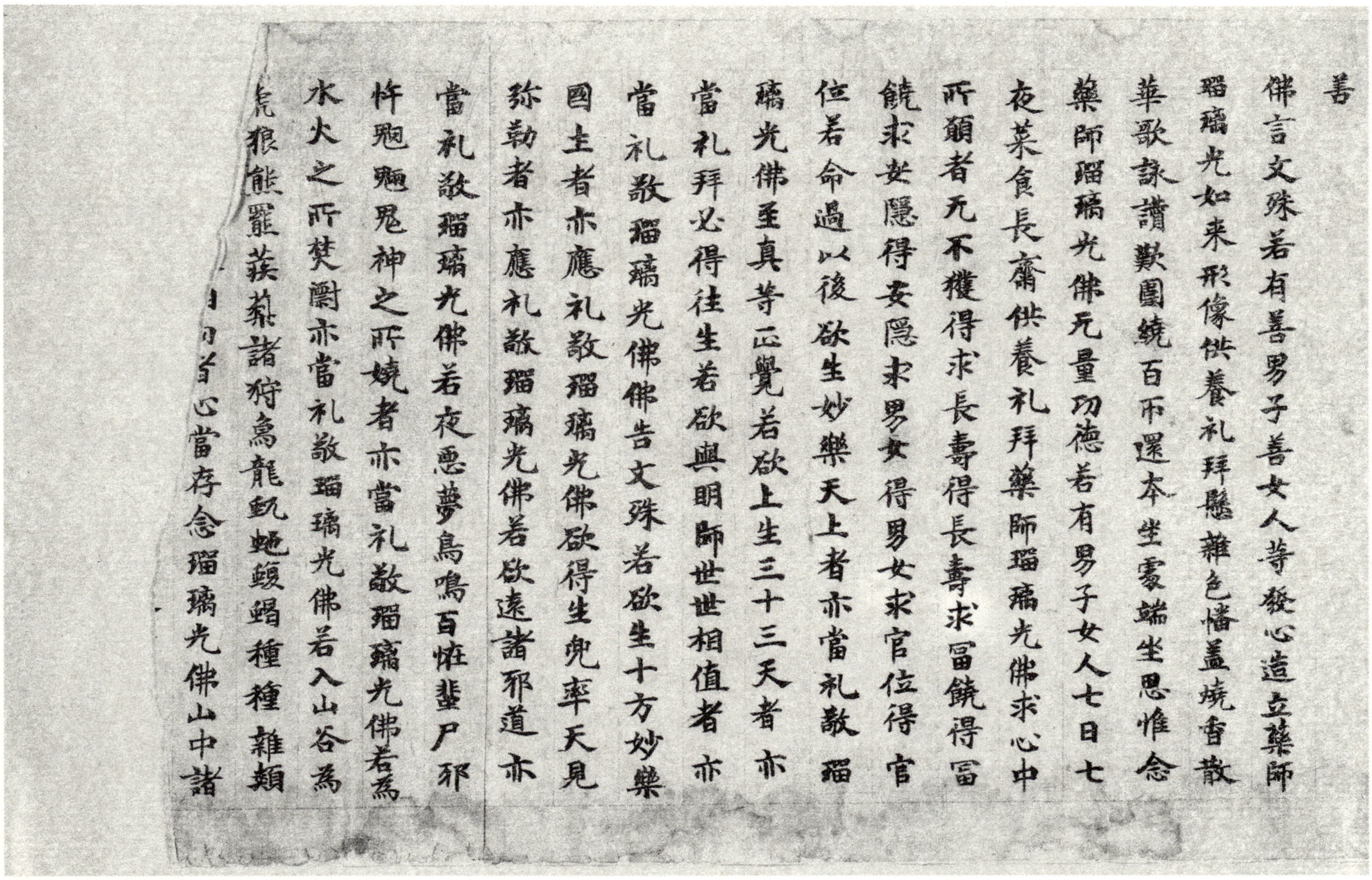

善
佛言文殊若有善男子善女人等發心造立藥師
瑠璃光如来形像供養礼拜懸雜色幡蓋燒香散
華歌詠讚歎圍繞百帀還本坐處端坐思惟念
藥師瑠璃光佛无量功德若有男子女人七日七
夜菜食長齋供養礼拜藥師瑠璃光佛求心中
所願者无不獲得求長壽得長壽求冨饒得冨
饒求安隱得安隱求男女得男女求官位得官
位若命過以後欲生妙樂天上者亦當礼敬瑠
璃光佛至真等正覺若欲上生三十三天者亦
當礼拜必得往生若欲與明師世世相值者亦
當礼敬瑠璃光佛佛告文殊若欲生十方妙樂
國土者亦應礼敬瑠璃光佛欲得生兜率天見
弥勒者亦應礼敬瑠璃光佛若欲遠諸邪道亦
當礼敬瑠璃光佛若夜惡夢鳥鳴百怪蜚尸邪
忤魍魎鬼神之所嬈者亦當礼敬瑠璃光佛若為
水火之所焚溺亦當礼敬瑠璃光佛若入山谷為
虎狼熊羆蒺藜諸狩為龍蚖蛇蝮蝎種種雜類
[illegible][illegible]首心當存念瑠璃光佛山中諸

BD15274 號　灌頂章句拔除過罪生死得度經　（4–4）

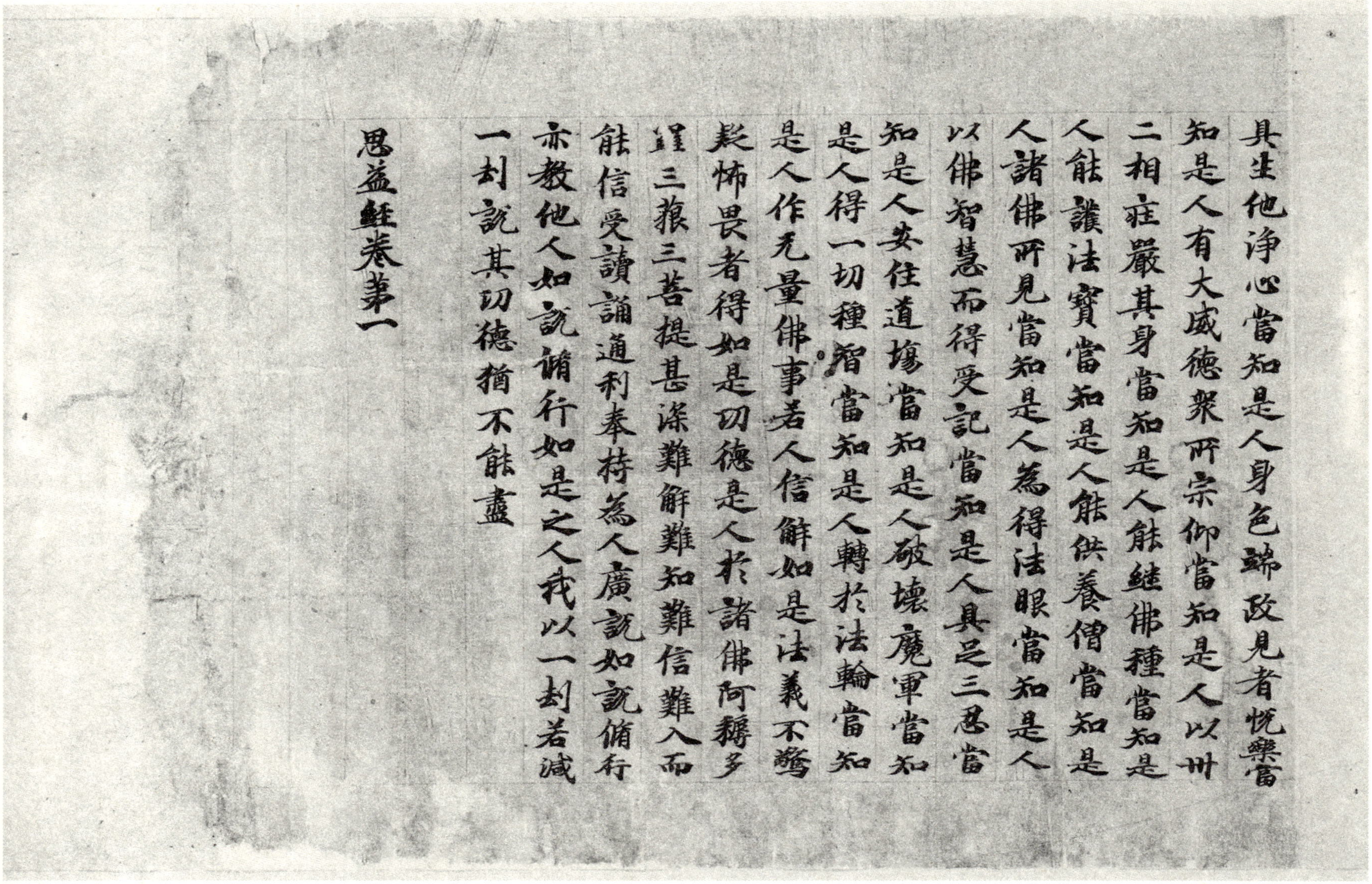
具生他淨心當知是人身色端政見者悅樂當
知是人有大威德衆所宗仰當知是人以卅
二相莊嚴其身當知是人能繼佛種當知是
人能護法寶當知是人能供養僧當知是
人諸佛所見當知是人為得法眼當知是人
以佛智慧而得受記當知是人具足三忍當
知是人安住道場當知是人破壞魔軍當知
是人得一切種智當知是人轉於法輪當知
是人作无量佛事若人信解如是法義不驚
[illegible]怖畏者得如是功德是人於諸佛阿耨多
羅三藐三菩提甚深難解難知難信難入而
能信受讀誦通利奉持為人廣說如說脩行
亦教他人如說脩行如是之人我以一劫若減
一劫說其功德猶不能盡

思益經卷第一

BD15275 號　思益梵天所問經卷一　　（1–1）

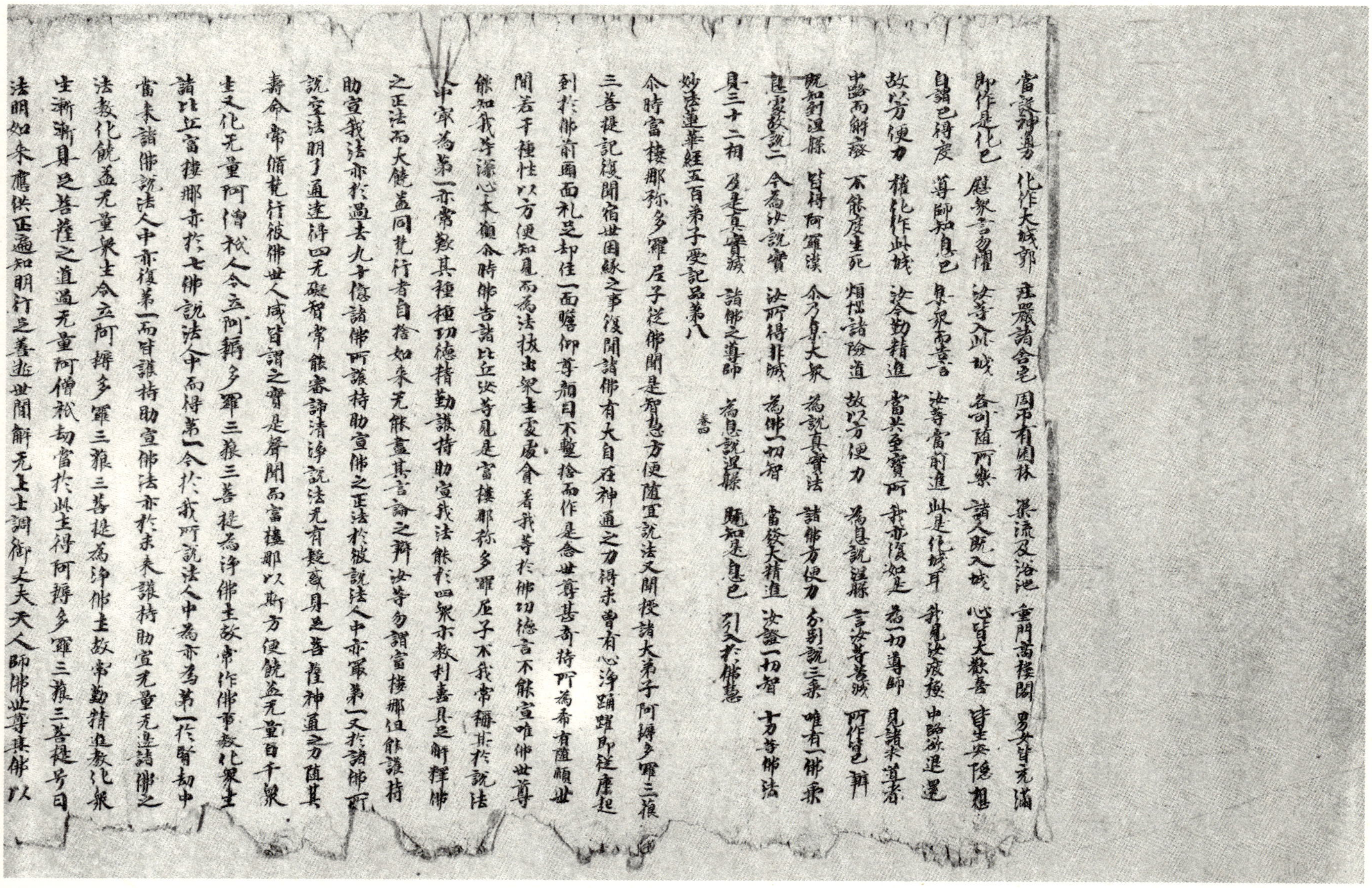
當設神通力　化作大城郭　莊嚴諸舍宅　周帀有園林　渠流及浴池　重門高樓閣　男女皆充滿
即作是化已　慰衆言勿懼　汝等入此城　各可隨所樂　諸人既入城　心皆大歡喜　皆生安隱想
自謂已得度　導師知息已　集衆而告言　汝等當前進　此是化城耳　我見汝疲極　中路欲退還
故以方便力　權化作此城　汝今勤精進　當共至寶所　我亦復如是　為一切導師　見諸求道者
中路而懈廢　不能度生死　煩惱諸險道　故以方便力　為息說涅槃　言汝等苦滅　所作皆已辦
既知到涅槃　皆得阿羅漢　尒乃集大衆　為說真實法　諸佛方便力　分別說三乘　唯有一佛乘
息處故說二　今為汝說實　汝所得非滅　為佛一切智　當發大精進　汝證一切智　十力等佛法
具三十二相　乃是真實滅　諸佛之導師　為息說涅槃　既知是息已　引入於佛慧

妙法蓮華經五百弟子受記品第八
尒時富樓那彌多羅尼子從佛聞是智慧方便隨宜說法又聞授諸大弟子阿耨多羅三藐
三菩提記復聞宿世因緣之事復聞諸佛有大自在神通之力得未曾有心淨踊躍即從座起
到於佛前頭面礼足却住一面瞻仰尊顏目不暫捨而作是念世尊甚奇特所為希有隨順世
間若干種性以方便知見而為說法拔出衆生處處貪著我等於佛功德言不能宣唯佛世尊
能知我等深心本願尒時佛告諸比丘汝等見是富樓那彌多羅尼子不我常稱其於說法
人中最為第一亦常歎其種種功德精勤護持助宣我法能於四衆示教利喜具足解釋佛
之正法而大饒益同梵行者自捨如來无能盡其言論之辯汝等勿謂富樓那但能護持
助宣我法亦於過去九十億諸佛所護持助宣佛之正法於彼說法人中亦最第一又於諸佛所
說空法明了通達得四无礙智常能審諦清淨說法无有疑惑具足菩薩神通之力隨其
壽命常脩梵行彼佛世人咸皆謂之實是聲聞而富樓那以斯方便饒益无量百千衆
生又化无量阿僧祇人令立阿耨多羅三藐三菩提為淨佛土故常作佛事教化衆生
諸比丘富樓那亦於七佛說法人中而得第一今於我所說法人中亦為第一於賢劫中
當來諸佛說法人中亦復第一而皆護持助宣佛法亦於未來護持助宣无量无邊諸佛之
法教化饒益无量衆生令立阿耨多羅三藐三菩提為淨佛土故常勤精進教化衆
生漸漸具足菩薩之道過无量阿僧祇劫當於此土得阿耨多羅三藐三菩提号曰
法明如來應供正遍知明行足善逝世間解无上士調御丈夫天人師佛世尊其佛以

BD15276 號 1　妙法蓮華經（小字本）卷三　　（2–1）

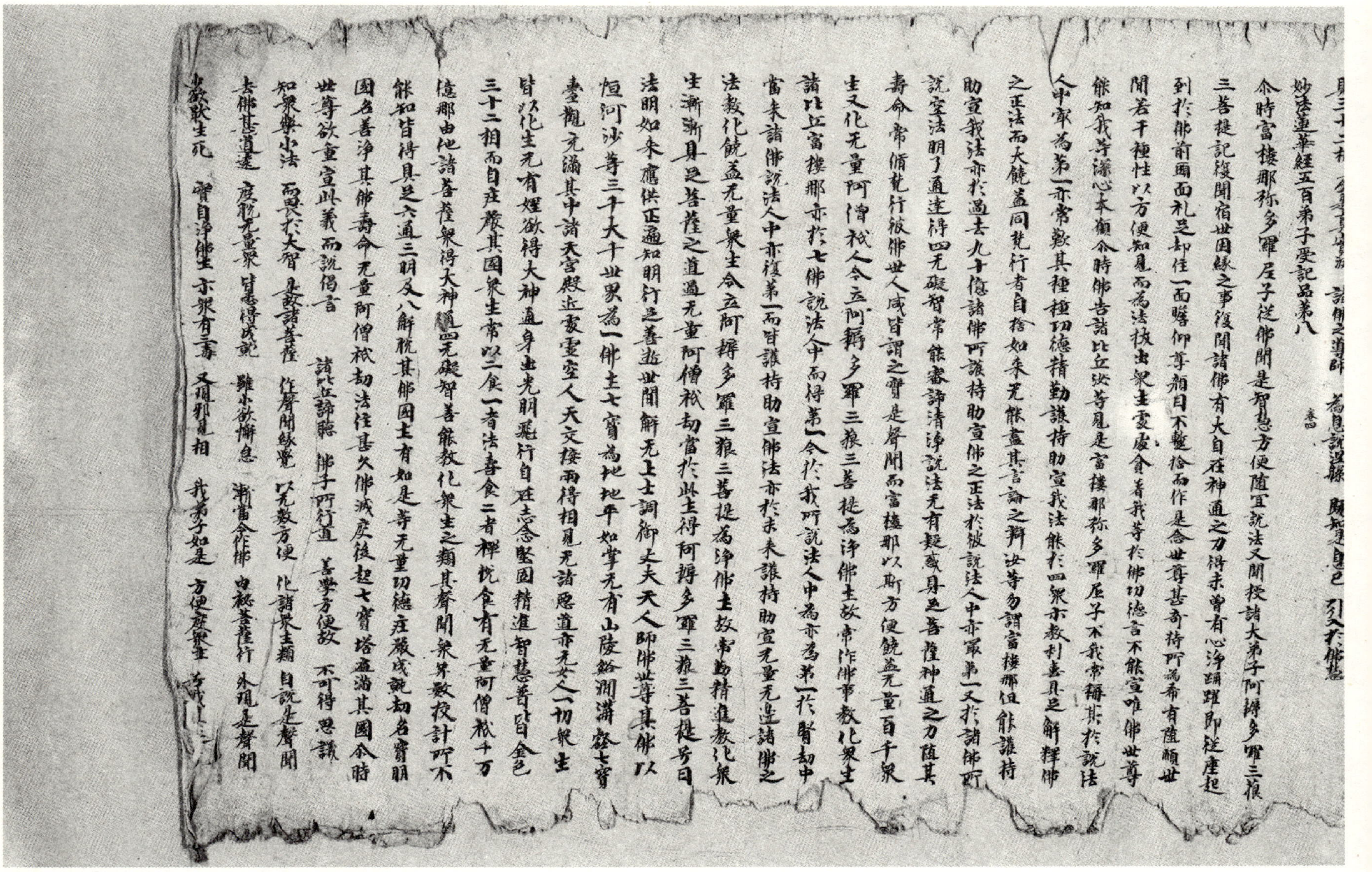

妙法蓮華經五百弟子受記品第八

尒時富樓那弥多羅尼子從佛聞是智慧方便隨宜說法又聞授諸大弟子阿耨多羅三藐三菩提記復聞宿世因緣之事復聞諸佛有大自在神通之力得未曾有心淨踊躍即從座起到於佛前頭面禮足却住一面瞻仰尊顏目不暫捨而作是念世尊甚奇特所為希有隨順世間若干種性以方便知見而為說法拔出衆生處處貪著我等於佛功德言不能宣唯佛世尊能知我等深心本願尒時佛告諸比丘汝等見是富樓那弥多羅尼子不我常稱其於說法人中最為第一亦常歎其種種功德精勤護持助宣我法能於四衆示教利喜具足解釋佛之正法而大饒益同梵行者自捨如來无能盡其言論之辯汝等勿謂富樓那但能護持助宣我法亦於過去九十億諸佛所護持助宣佛之正法於彼說法人中亦最第一又於諸佛所說空法明了通達得四无礙智常能審諦清淨說法无有疑惑具足菩薩神通之力隨其壽命常脩梵行彼佛世人咸皆謂之實是聲聞而富樓那以斯方便饒益无量百千衆生又化无量阿僧祇人令立阿耨多羅三藐三菩提為淨佛土故常作佛事教化衆生諸比丘富樓那亦於七佛說法人中而得第一今於我所說法人中亦為第一於賢劫中當來諸佛說法人中亦復第一而皆護持助宣佛法亦於未來護持助宣无量无邊諸佛之法教化饒益无量衆生令立阿耨多羅三藐三菩提為淨佛土故常勤精進教化衆生漸漸具足菩薩之道過无量阿僧祇劫當於此土得阿耨多羅三藐三菩提号曰法明如來應供正遍知明行足善逝世間解无上士調御丈夫天人師佛世尊其佛以恒河沙等三千大千世界為一佛土七寶為地地平如掌无有山陵谿澗溝壑七寶臺觀充滿其中諸天宮殿近處虛空人天交接兩得相見无諸惡道亦无女人一切衆生皆以化生无有婬欲得大神通身出光明飛行自在志念堅固精進智慧普皆金色三十二相而自莊嚴其國衆生常以二食一者法喜食二者禪悅食有无量阿僧祇千万億那由他諸菩薩衆得大神通四无礙智善能教化衆生之類其聲聞衆筭數校計所不能知皆得具足六通三明及八解脫其佛國土有如是等无量功德莊嚴成就劫名寶明國名善淨其佛壽命无量阿僧祇劫法住甚久佛滅度後起七寶塔遍滿其國尒時世尊欲重宣此義而說偈言

諸比丘諦聽　佛子所行道　善學方便故　不可得思議
知衆樂小法　而畏於大智　是故諸菩薩　作聲聞緣覺
以无數方便　化諸衆生類　自說是聲聞　去佛道甚遠
度脫无量衆　皆悉得成就　雖小欲懈怠　漸當令作佛
內祕菩薩行　外現是聲聞　少欲厭生死　實自淨佛土
示衆有三毒　又現邪見相　我弟子如是　方便度衆生

BD15276 號 1　妙法蓮華經（小字本）卷三　（2–2）

BD15276 號 2　妙法蓮華經（小字本）卷四

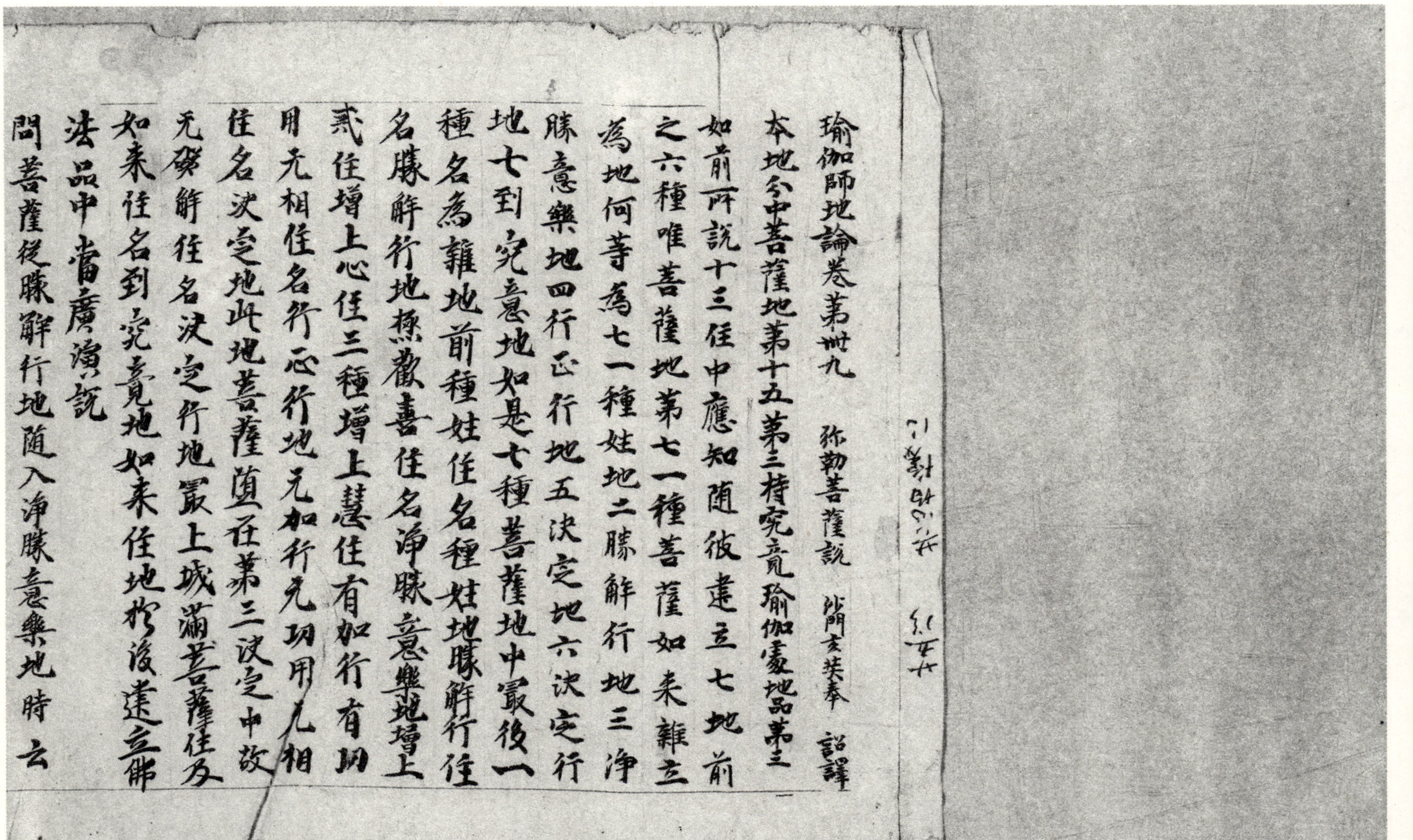

瑜伽師地論卷第卌九　彌勒菩薩說

本地分中菩薩地第十五第三持究竟瑜伽處地品第三　沙門玄奘奉　詔譯

如前所說十三住中應知隨彼建立七地前之六種唯菩薩地第七一種菩薩如來雜立為地何等為七一種姓地二勝解行地三淨勝意樂地四行正行地五決定地六決定行地七到究竟地如是七種菩薩地中最後一種名為雜地前種姓住名種姓地勝解行住名勝解行地極歡喜住名淨勝意樂地增上戒住增上心住三種增上慧住有加行有功用无相住名行正行地无加行无功用无相住名決定地此地菩薩墮在第三決定中故无礙解住名決定行地最上成滿菩薩住及如來住名到究竟地如來住地於後建立佛法品中當廣演說

問菩薩從勝解行地隨入淨勝意樂地時云

BD15277 號　瑜伽師地論卷四九　（2–1）

貳住增上心住三種增上慧住有加行有功
用无相住名行正行地无加行无功用无相
住名決定地此地菩薩蹔在第三決定中故
无礙解住名決定行地最上成滿菩薩住及
如來住名到究竟地如來住地於後建立品
法品中當廣演說
問菩薩從勝解行地隨入淨勝意樂地時云
何超過諸惡趣等答是諸菩薩依止世間清
淨靜慮於勝解行地已善積集菩提資糧於
如前說百一十苦諸有情類脩習哀愍无餘
思惟由此脩習為因緣故於彼色類諸有情
所得哀愍意樂及悲意樂由是因緣為利惡
趣諸有情故誓居惡趣如己舍宅作是誓
言我唯住如是處所能證无上正等菩提亦
能忍受為除一切有情苦故一切有情諸惡
趣業以淨意樂悲願自身代彼領受苦果與
果為令畢竟一切惡業永不現行一切善業
常現行故心發正願彼由脩習如是世間
清淨靜慮悲願力故一切惡趣諸煩惱品所
有麁重於自所依皆得除遣由此斷故菩薩
不久獲得轉依於諸惡趣所有惡業畢竟不
住於諸惡趣決定不往齊此菩薩說名超過
一切惡趣亦名超過勝解行地亦名已入淨
勝意樂地

BD15277 號　瑜伽師地論卷四九　（2–2）

六門陀羅尼經
如是我聞一時薄伽梵在淨居天上依空而住衆
妙七寶莊嚴道場與无央數菩薩衆俱尒時世
尊告諸菩薩善男子若欲利益安樂衆生汝當
受此六門陀羅尼法謂我流轉於生死中諸所受
苦勿令衆生同受斯苦諸有所受富貴世樂願
諸衆生同受斯樂我所作惡若未先悔終不發
言稱无上法我諸所有衆魔之業若未先覺
終不舉心緣无上法我諸所有波羅蜜多所攝一
切世及出世廣大善根願諸衆生皆當速證无
上智果我證解脫亦願衆生皆得解脫勿令住著
生死涅槃陀羅尼曰
㩙謎㩙謎　羼謕羼謕　跋迭麗跋迭麗　蘇跋
迭麗蘇跋迭麗　褐揭諦揭　戰迭麗戰迭麗
戰迭邏伐底　伍殊伐底　達摩伐底　薩縛結𨍏鑠
毗輸達你　薩縛阿剌祇娑達你　末諾僧輸達你莎
訶
若有淨信善男子善女人能於日夜六時讀誦如

BD15278 號　六門陀羅尼經　（2–1）

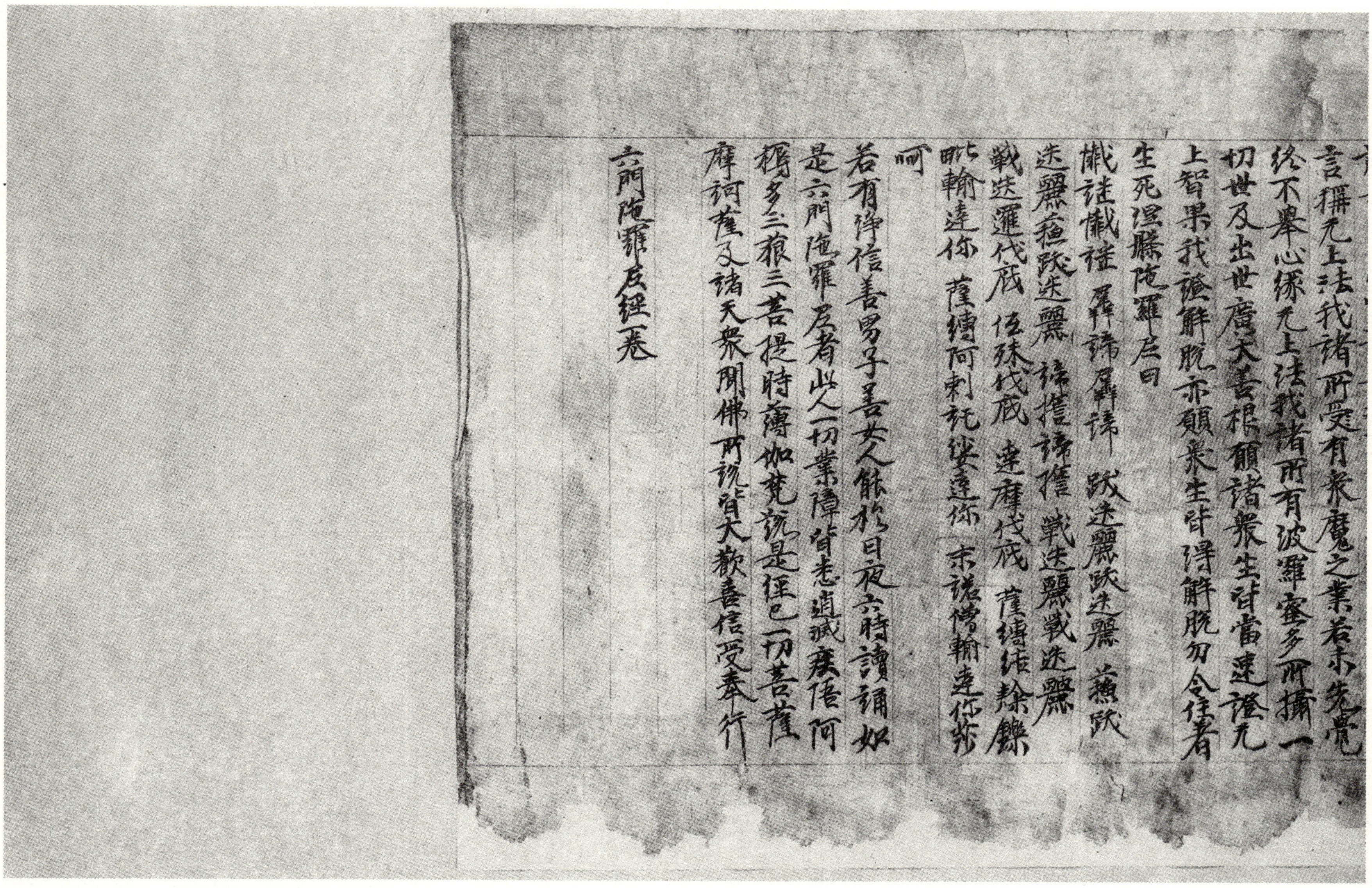

言攝无上法我諸所受有衆魔之業若不覺
知不舉心緣无上法我諸所有波羅蜜多所攝一
切世及出世廣大善根願諸衆生皆當速證无
上智果我證解脫亦願衆生皆得解脫勿令住著
生死涅槃陀羅尼曰
㦎諾㦎諾 羅𨁂羅𨁂 跋迷嚟跋迷嚟 蘇跋
迷嚟 諦撦諦撦 戰迷嚟戰迷嚟
戰達羅伐底 伍殊伐底 達摩伐底 薩縛結隸鑠
鉢輸達你 薩縛阿刺託娑達你 末諾輸達你莎
呵
若有淨信善男子善女人能於日夜六時讀誦如
是六門陀羅尼者此人一切業障皆悉消滅疾得阿
耨多三藐三菩提時薄伽梵說是經已一切菩薩
摩訶薩及諸天衆聞佛所說皆大歡喜信受奉行
六門陀羅尼經一卷

BD15278 號　六門陀羅尼經　（2–2）

BD15279 號　木捺佛像（硃印）（擬）　（4–1）

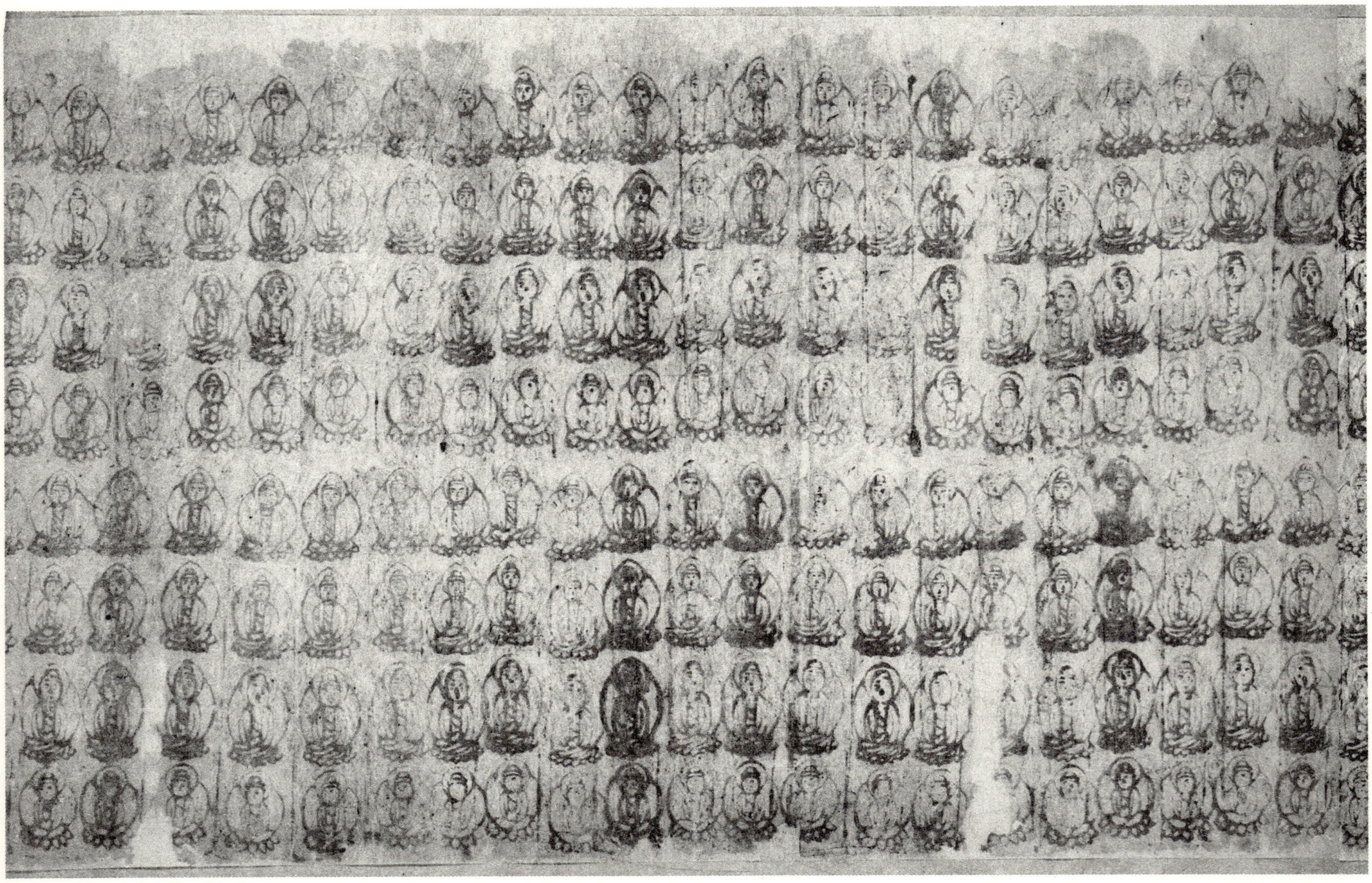

BD15279 號　木捺佛像（硃印）（擬）　　（4–2）

BD15279 號　木捺佛像（硃印）（擬）　　（4–3）

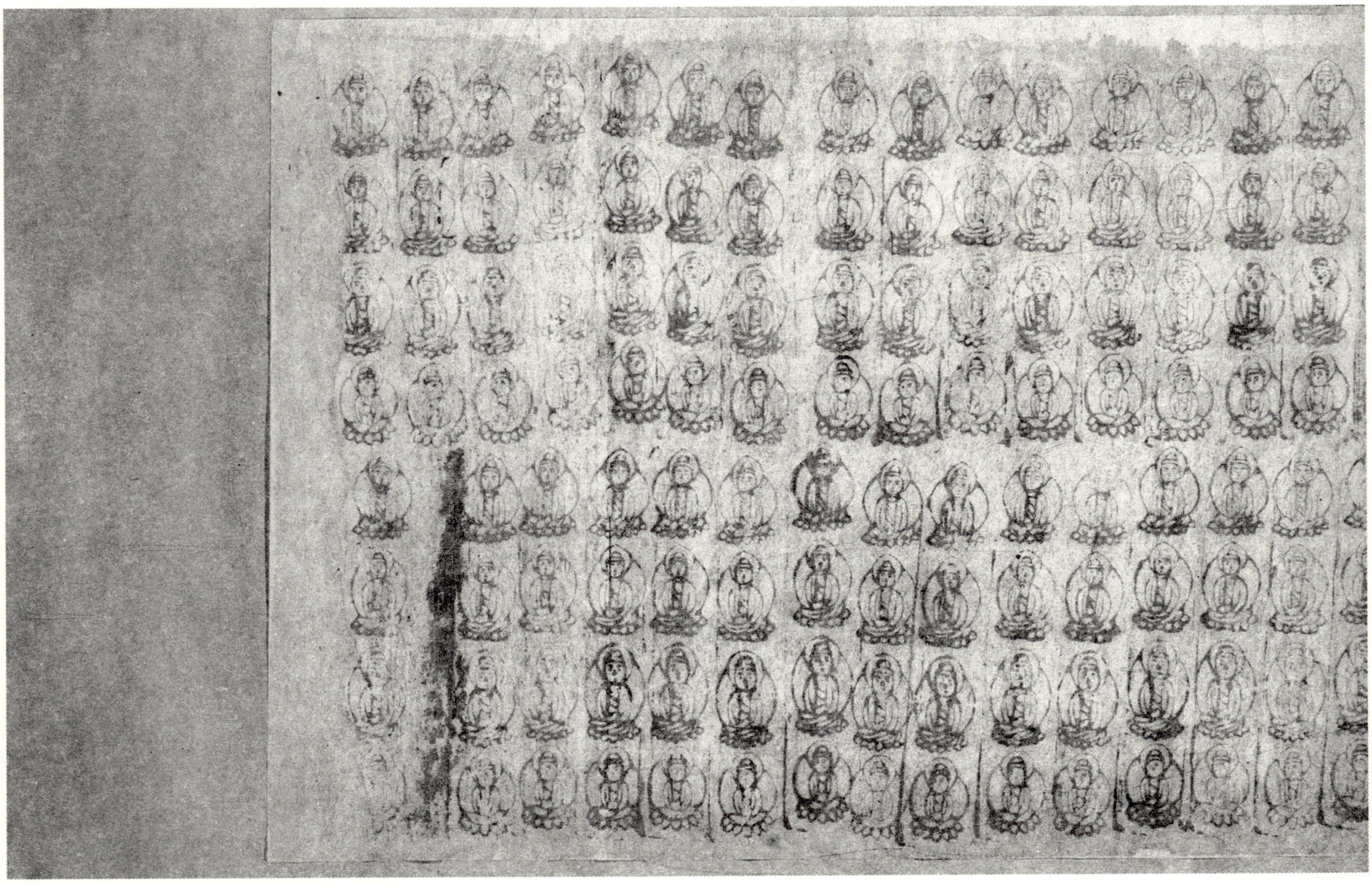

BD15279 號　木捺佛像（硃印）（擬）　（4–4）

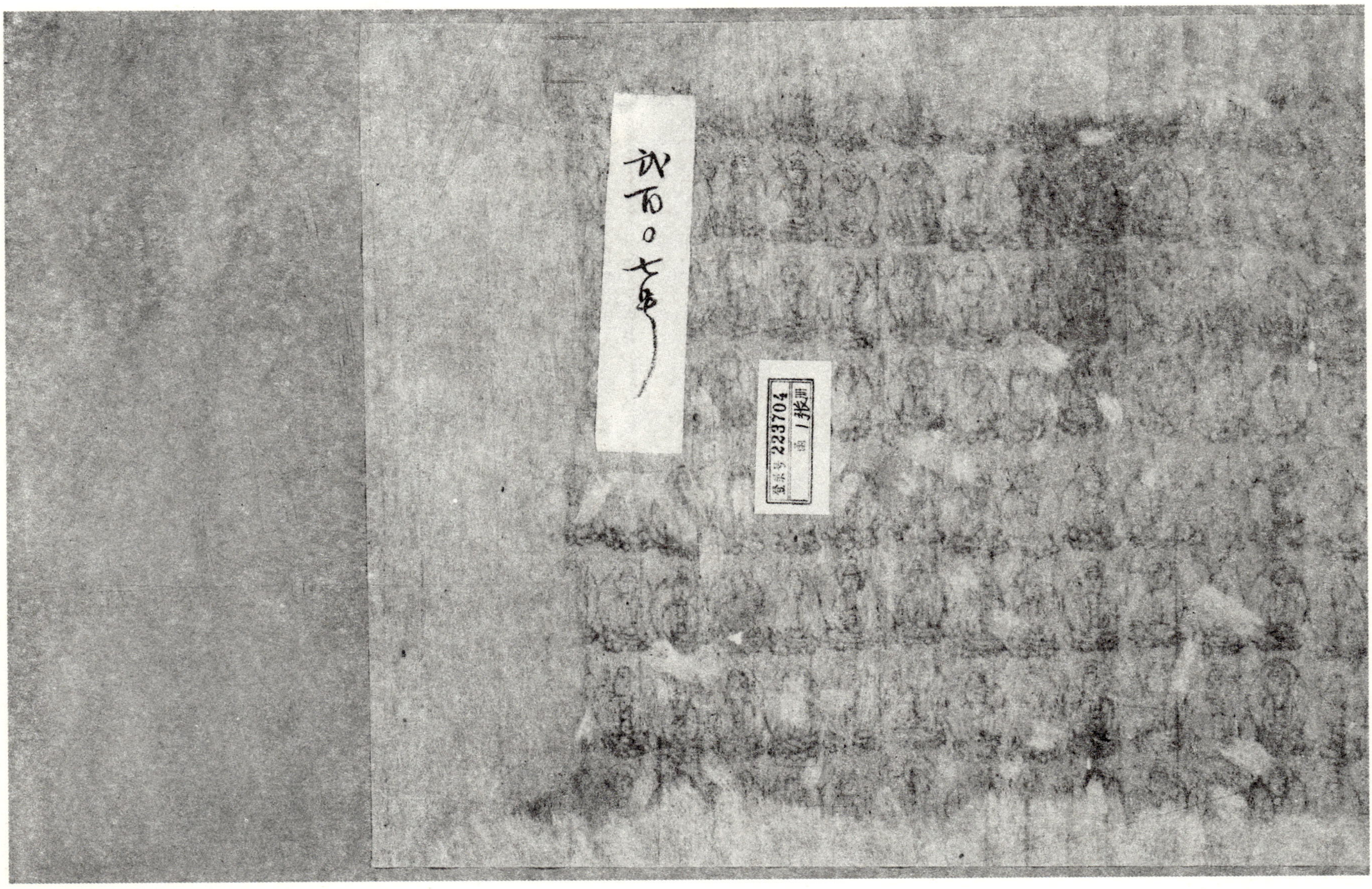

BD15279 號背　勘記　（1–1）

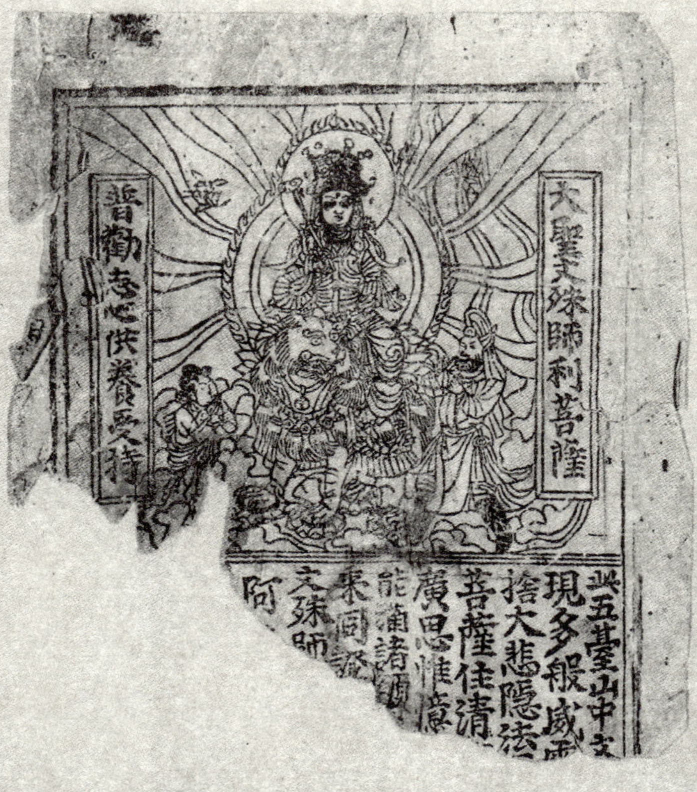

BD15280號　大聖文殊師利菩薩像（印本）　　（1–1）

BD15280號背　白畫（擬）　　（1–1）

BD15281 號　木捺佛像（擬）　　（1–1）

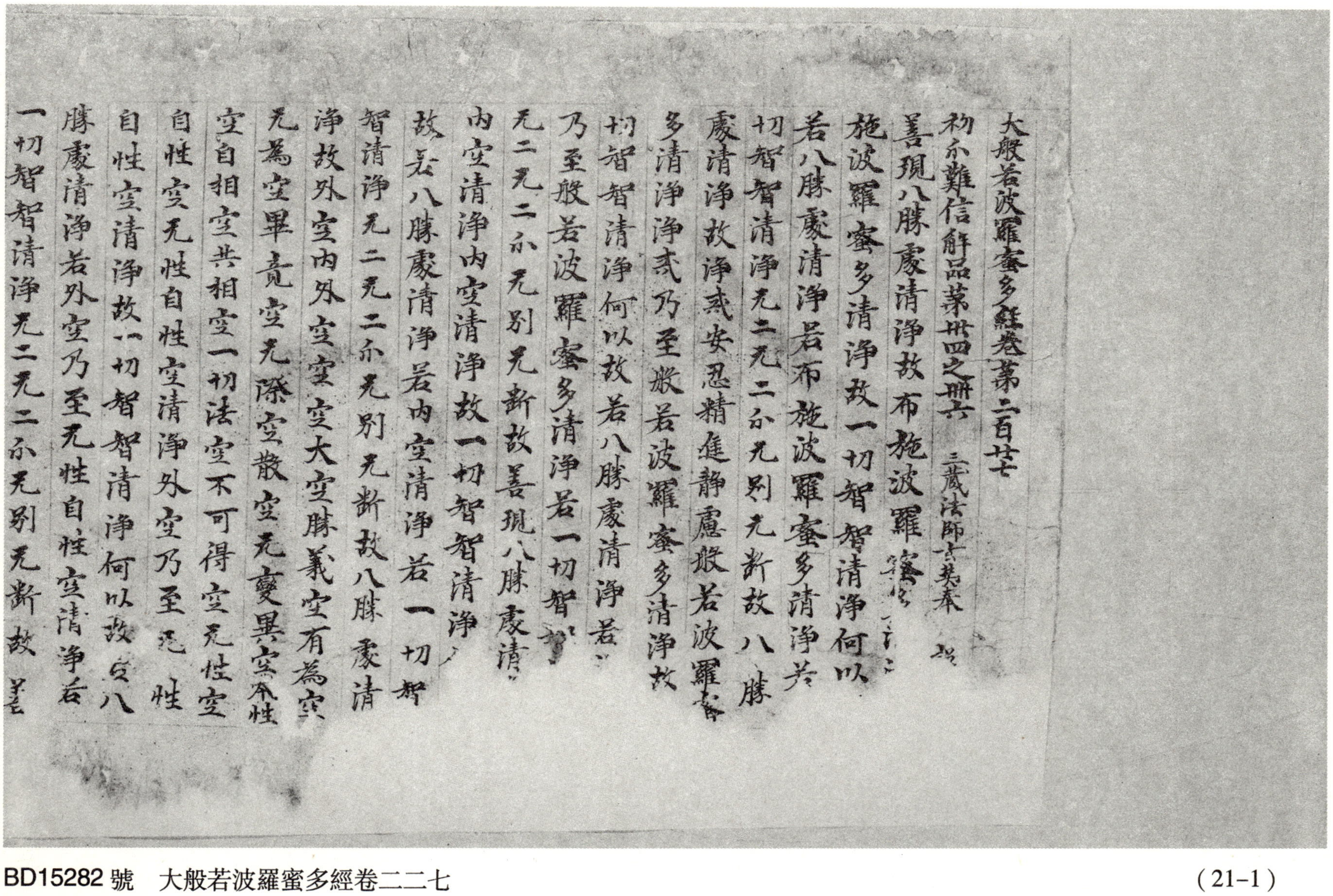

大般若波羅蜜多經卷第二百廿七
初分難信解品第卅四之卅六　三藏法師玄奘奉　詔譯
善現八勝處清淨故布施波羅蜜
施波羅蜜多清淨故一切智智清淨何以
若八勝處清淨若布施波羅蜜多清淨若
切智智清淨无二无二分无別无斷故八勝
處清淨故淨戒安忍精進靜慮般若波羅蜜
多清淨淨戒乃至般若波羅蜜多清淨故
切智智清淨何以故若八勝處清淨若
乃至般若波羅蜜多清淨若一切智
无二无二分无別无斷故善現八勝處清
內空清淨內空清淨故一切智智清淨
故若八勝處清淨若內空清淨若一切
智清淨无二无二分无別无斷故八勝處清
淨故外空內外空空空大空勝義空有為空
无為空畢竟空无際空散空无變異空本性
空自相空共相空一切法空不可得空无性空
自性空无性自性空清淨外空乃至无性
自性空清淨故一切智智清淨何以故若八
勝處清淨若外空乃至无性自性空清淨若
一切智智清淨无二无二分无別无斷故善

BD15282 號　大般若波羅蜜多經卷二二七　　（21–1）

自性空无性自性空清淨外空乃至无性
自性空清淨故一切智智清淨何以故若八
勝處清淨若外空乃至无性自性空清淨若
一切智智清淨无二无二分无別无斷故善
現八勝處清淨故真如清淨真如清淨故一
切智智清淨何以故若八勝處清淨若真如
清淨若一切智智清淨无二无二分无別无斷
故八勝處清淨故法界法性不虛妄性不變
異性平等性離生性法定法住實際虛空
界不思議界清淨法界乃至不思議界清淨
故一切智智清淨何以故若八勝處清淨若法
界乃至不思議界清淨若一切智智
二无二分无別无斷故善現八勝處清淨
苦聖諦清淨苦聖諦清淨故一切智智清
淨何以故若八勝處清淨若苦聖諦清淨若
一切智智清淨无二无二分无別无斷故八勝
處清淨故集滅道聖諦清淨集滅道聖諦清
淨故一切智智清淨何以故若八勝處清淨若
集滅道聖諦清淨若一切智智清淨无二
无二分无別无斷故善現八勝處清淨故四
靜慮清淨四靜慮清淨故一切智智清淨何
以故若八勝處清淨若四靜慮清淨若一切
智智清淨无二无二分无別无斷故八勝處
清淨故四无量四无色定清淨四无量四无
色定清淨故一切智智清淨何以故若八勝
處清淨若四无量四无色定清淨若一切
智智清淨无二无二分无別无斷故善現八

BD15282號　大般若波羅蜜多經卷二二七　（21–2）

清淨故四无量四无色定清淨四无量四无
色定清淨故一切智智清淨何以故若八勝
處清淨若四无量四无色定清淨若一切
智智清淨无二无二分无別无斷故善現八
勝處清淨故八解脫清淨八解脫清淨故一
切智智清淨何以故若八勝處清淨若八解
脫清淨若一切智智清淨无二无二分无別
无斷故八勝處清淨故九次第定十遍處清
淨九次第定十遍處清淨故一切智智清淨何
以故若八勝處清淨若九次第定十遍處清
淨若一切智智清淨无二无二分无別无斷
故善現八勝處清淨故四念住清淨四念住
清淨故一切智智清淨何以故若八勝處清
淨若四念住清淨若一切智智清淨无二无
二分无別无斷故八勝處清淨故四正斷四
神足五根五力七等覺支八聖道支清淨四
正斷乃至八聖道支清淨故一切智智清淨
何以故若八勝處清淨若四正斷乃至八聖
道支清淨若一切智智清淨无二无二分
无別无斷故善現八勝處清淨故空解脫門
清淨空解脫門清淨故一切智智清淨何以
故若八勝處清淨若空解脫門清淨若一切
智智清淨无二无二分无別无斷故八勝處
清淨故无相无願解脫門清淨无相无願解
脫門清淨故一切智智清淨何以故若八勝
處清淨若无相无願解脫門清淨若一切智
智清淨无二无二分无別无斷故善現八勝

BD15282號　大般若波羅蜜多經卷二二七　（21–3）

脫門清淨故一切智智清淨何以故若八勝
處清淨若无相无願解脫門清淨若一切智
智清淨无二无二分无別无斷故善現八勝
處清淨故菩薩十地清淨菩薩十地清淨故
一切智智清淨何以故若八勝處清淨若菩
薩十地清淨若一切智智清淨无二无二分
无別无斷故
善現八勝處清淨故五眼清淨五眼清淨故
一切智智清淨何以故若八勝處清淨若五
眼清淨若一切智智清淨无二无二分无別无
斷故八勝處清淨故六神通清淨六神通
清淨故一切智智清淨何以故若八勝處清
淨若六神通清淨若一切智智清淨无二无
二分无別无斷故善現八勝處清淨故佛十
力清淨佛十力清淨故一切智智清淨何以故
若八勝處清淨若佛十力清淨若一切智智
清淨无二无二分无別无斷故八勝處清淨
故四无所畏四无礙解大慈大悲大喜大捨
十八佛不共法清淨四无所畏乃至十八佛
不共法清淨故一切智智清淨何以故若八
勝處清淨若四无所畏乃至十八佛不共
法清淨若一切智智清淨无二无二分无別
无斷故善現八勝處清淨故无忘失法清淨
无忘失法清淨故一切智智清淨何以故若
八勝處清淨若无忘失法清淨若一切智智
清淨无二无二分无別无斷故八勝處清淨
故恒住捨性清淨恒住捨性清淨故一切智

BD15282號　大般若波羅蜜多經卷二二七　　（21–4）

无忘失法清淨故一切智智清淨何以故若
八勝處清淨若无忘失法清淨若一切智智
清淨无二无二分无別无斷故八勝處清淨
故恒住捨性清淨恒住捨性清淨故一切智
智清淨何以故若八勝處清淨若恒住捨性
清淨若一切智智清淨无二无二分无別无
斷故善現八勝處清淨故一切智清淨一切
智清淨故一切智智清淨何以故若八勝處
清淨若一切智清淨若一切智智清淨无二
无二分无別无斷故八勝處清淨故道相智
一切相智清淨道相智一切相智清淨故一
切智智清淨何以故若八勝處清淨若道相
智一切相智清淨若一切智智清淨无二无
二分无別无斷故善現八勝處清淨故一切
陁羅尼門清淨一切陁羅尼門清淨故一切
智智清淨何以故若八勝處清淨若一切陁
羅尼門清淨若一切智智清淨无二无二分
无別无斷故八勝處清淨故一切三摩地門
清淨一切三摩地門清淨故一切智智清淨
何以故若八勝處清淨若一切三摩地門清
淨若一切智智清淨无二无二分无別无斷
故
善現八勝處清淨故預流果清淨預流果清
淨故一切智智清淨何以故若八勝處清淨
若預流果清淨若一切智智清淨无二无二
分无別无斷故八勝處清淨故一來不還阿
羅漢果清淨一來不還阿羅漢果清淨故一

BD15282號　大般若波羅蜜多經卷二二七　　（21–5）

若預流果清淨若一切智智清淨无二无二
分无别无斷故八勝處清淨故一来不還阿
羅漢果清淨一来不還阿羅漢果清淨故一
切智智清淨何以故若八勝處清淨若一来
不還阿羅漢果清淨若一切智智清淨无二
无二分无别无斷故善現八勝處清淨故獨
覺菩提清淨獨覺菩提清淨故一切智智清
淨何以故若八勝處清淨若獨覺菩提清淨
若一切智智清淨无二无二分无别无斷故
善現八勝處清淨故一切菩薩摩訶薩行清
淨一切菩薩摩訶薩行清淨故一切智智清
淨何以故若八勝處清淨若一切菩薩摩訶
薩行清淨若一切智智清淨无二无二分无
别无斷故善現八勝處清淨故諸佛无上正
等菩提清淨諸佛无上正等菩提清淨故一
切智智清淨何以故若八勝處清淨若諸佛
无上正等菩提清淨若一切智智清淨无二无
二分无别无斷故
復次善現九次第定清淨故色清淨色清淨
故一切智智清淨何以故若九次第定清淨
若色清淨若一切智智清淨无二无二分无别
无斷故九次第定清淨故受想行識清淨
受想行識清淨故一切智智清淨何以故若
九次第定清淨若受想行識清淨若一切智
智清淨无二无二分无别无斷故善現九次第
定清淨故眼處清淨眼處清淨故一切智
智清淨何以故若九次第定清淨若眼處清

BD15282號　大般若波羅蜜多經卷二二七　（21–6）

智清淨无二无二分无别无斷故善現九次第
定清淨故眼處清淨眼處清淨故一切智
智清淨何以故若九次第定清淨若眼處清
淨若一切智智清淨无二无二分无别无斷故
九次第定清淨故耳鼻舌身意處清淨耳
鼻舌身意處清淨故一切智智清淨何以故
若九次第定清淨若耳鼻舌身意處清淨若
一切智智清淨无二无二分无别无斷故善現
九次第定清淨故色處清淨色處清淨故一
切智智清淨何以故若九次第定清淨若色
處清淨若一切智智清淨无二无二分无别
无斷故九次第定清淨故聲香味觸法處
清淨聲香味觸法處清淨故一切智智清淨
何以故若九次第定清淨若聲香味觸法處
清淨若一切智智清淨无二无二分无别无斷
故善現九次第定清淨故眼界清淨眼界清
淨故一切智智清淨何以故若九次第定清
淨若眼界清淨若一切智智清淨无二无二
分无别无斷故九次第定清淨故色界眼
識界及眼觸眼觸為緣所生諸受清淨色界
乃至眼觸為緣所生諸受清淨故一切智智
清淨何以故若九次第定清淨若色界乃至
眼觸為緣所生諸受清淨若一切智智清淨
无二无二分无别无斷故善現九次第定清
淨故耳界清淨耳界清淨故一切智智清淨
何以故若九次第定清淨若耳界清淨若一
切智智清淨无二无二分无别无斷故九次

BD15282號　大般若波羅蜜多經卷二二七　（21–7）

淨故耳界清淨耳界清淨故一切智智清淨
何以故若九次第定清淨若耳界清淨若一
切智智清淨无二无二分无別无斷故九次
第定清淨故聲界耳識界及耳觸耳觸為緣
所生諸受清淨聲界乃至耳觸為緣所生諸
受清淨故一切智智清淨何以故若九次第定
清淨若聲界乃至耳觸為緣所生諸受清
淨若一切智智清淨无二无二分无別无斷
故善現九次第定清淨故鼻界清淨鼻界清
淨故一切智智清淨何以故若九次第定清
淨若鼻界清淨若一切智智清淨无二无二
分无別无斷故九次第定清淨故香界鼻識
界及鼻觸鼻觸為緣所生諸受清淨香界乃
至鼻觸為緣所生諸受清淨故一切智智清
淨何以故若九次第定清淨若香界乃至鼻
觸為緣所生諸受清淨若一切智智清淨无
二无二分无別无斷故善現九次第定清淨
故舌界清淨舌界清淨故一切智智清淨何以
故若九次第定清淨若舌界清淨若一切智
智清淨无二无二分无別无斷故九次第定
清淨故味界舌識界及舌觸舌觸為緣所生
諸受清淨味界乃至舌觸為緣所生諸受
清淨故一切智智清淨何以故若九次第定
清淨若味界乃至舌觸為緣所生諸受清淨
若一切智智清淨无二无二分无別无斷故
善現九次第定清淨故身界清淨身界清淨
故一切智智清淨何以故若九次第定清淨若

BD15282號　大般若波羅蜜多經卷二二七　（21-8）

若一切智智清淨无二无二分无別无斷故
善現九次第定清淨故身界清淨身界清淨
故一切智智清淨何以故若九次第定清淨若
身界清淨若一切智智清淨无二无二分无
別无斷故九次第定清淨故觸界身識界
及身觸身觸為緣所生諸受清淨觸界乃至
身觸為緣所生諸受清淨故一切智智清淨
何以故若九次第定清淨若觸界乃至身觸
為緣所生諸受清淨若一切智智清淨无二
无二分无別无斷故善現九次第定清淨故
意界清淨意界清淨故一切智智清淨何以
故若九次第定清淨若意界清淨若一切智
智清淨无二无二分无別无斷故九次第定清
淨故法界意識界及意觸意觸為緣所生
諸受清淨法界乃至意觸為緣所生諸受清
淨故一切智智清淨何以故若九次第定清
淨若法界乃至意觸為緣所生諸受清淨若
一切智智清淨无二无二分无別无斷故善
現九次第定清淨故地界清淨地界清淨故
一切智智清淨何以故若九次第定清淨若地
界清淨若一切智智清淨无二无二分无別
无斷故九次第定清淨故水火風空識界清
淨水火風空識界清淨故一切智智清淨何
以故若九次第定清淨若水火風空識界清
淨若一切智智清淨无二无二分无別无斷
故善現九次第定清淨故无明清淨无明清
淨故一切智智清淨何以故若九次第定清

BD15282號　大般若波羅蜜多經卷二二七　（21-9）

淨若一切智智清淨无二无二分无別无斷
故善現九次第定清淨故无明清淨无明清
淨故一切智智清淨何以故若九次第定清
淨若无明清淨若一切智智清淨无二无
二分无別无斷故九次第定清淨故行識名
色六處觸受愛取有生老死愁歎苦憂惱清
淨行乃至老死愁歎苦憂惱清淨故一切智
智清淨何以故若九次第定清淨若行乃至
老死愁歎苦憂惱清淨若一切智智清淨无
二无二分无別无斷故
善現九次第定清淨故布施波羅蜜多清淨
布施波羅蜜多清淨故一切智智清淨何以
故若九次第定清淨若布施波羅蜜多清淨
若一切智智清淨无二无二分无別无斷故
九次第定清淨故淨戒安忍精進靜慮般若
波羅蜜多清淨淨戒乃至般若波羅蜜多清
淨故一切智智清淨何以故若九次第定清
淨若淨戒乃至般若波羅蜜多清淨若一
切智智清淨无二无二分无別无斷故善現九
次第定清淨故內空清淨內空清淨故一切
智智清淨何以故若九次第定清淨若內空
清淨若一切智智清淨无二无二分无別无
斷故九次第定清淨故外空內外空空空大
空勝義空有為空无為空畢竟空无際空
散空无變異空本性空自相空共相空一切法
空不可得空无性空自性空无性自性空清
淨外空乃至无性自性空清淨故一切智智

BD15282號　大般若波羅蜜多經卷二二七　（21–10）

散空无變異空本性空自相空共相空一切法
空不可得空无性空自性空无性自性空清
淨外空乃至无性自性空清淨故一切智智
清淨何以故若九次第定清淨若外空乃至
无性自性空清淨若一切智智清淨无二无
二分无別无斷故善現九次第定清淨故真
如清淨真如清淨故一切智智清淨何以故
若九次第定清淨若真如清淨若一切智智
清淨无二无二分无別无斷故九次第定清
淨故法界法性不虛妄性不變異性平等性
離生性法定法住實際虛空界不思議界清
淨法界乃至不思議界清淨故一切智智清
淨何以故若九次第定清淨若法界乃至不
思議界清淨若一切智智清淨无二无二分
无別无斷故善現九次第定清淨故苦聖諦
清淨苦聖諦清淨故一切智智清淨何以故
若九次第定清淨若苦聖諦清淨若一切智
智清淨无二无二分无別无斷故九次第定清
淨故集滅道聖諦清淨集滅道聖諦清淨
故一切智智清淨何以故若九次第定清淨
若集滅道聖諦清淨若一切智智清淨无二
无二分无別无斷故善現九次第定清淨故
四靜慮清淨四靜慮清淨故一切智智清淨
何以故若九次第定清淨若四靜慮清淨若
一切智智清淨无二无二分无別无斷故九次
第定清淨故四无量四无色定清淨四无量
四无色定清淨故一切智智清淨何以故若

BD15282號　大般若波羅蜜多經卷二二七　（21–11）

何以故若九次苐定清淨若四靜慮清淨若
一切智智清淨无二无二分无別无斷故九次
苐定清淨故四无量四无色定清淨四无量
四无色定清淨故一切智智清淨何以故若
九次苐定清淨若四无量四无色定清淨若
一切智智清淨无二无二分无別无斷故
善現九次苐定清淨故八解脫清淨八解脫
清淨故一切智智清淨何以故若九次苐定清
淨若八解脫清淨若一切智智清淨无二无
二分无別无斷故九次苐定清淨故八勝
處十遍處清淨八勝處十遍處清淨故一切
智智清淨何以故若九次苐定清淨若八勝
處十遍處清淨若一切智智清淨无二无二
分无別无斷故善現九次苐定清淨故四念
住清淨四念住清淨故一切智智清淨何以
故若九次苐定清淨若四念住清淨若一切
智智清淨无二无二分无別无斷故九次苐
定清淨故四正斷四神足五根五力七等覺
支八聖道支清淨四正斷乃至八聖道支清
淨故一切智智清淨何以故若九次苐定清
淨若四正斷乃至八聖道支清淨若一切智
智清淨无二无二分无別无斷故善現九次
苐定清淨故空解脫門清淨空解脫門清淨
故一切智智清淨何以故若九次苐定清淨若
空解脫門清淨若一切智智清淨无二无
二分无別无斷故九次苐定清淨故无相无
願解脫門清淨无相无願解脫門清淨故一

BD15282號　大般若波羅蜜多經卷二二七　（21–12）

空解脫門清淨若一切智智清淨无二无
二分无別无斷故九次苐定清淨故无相无
願解脫門清淨无相无願解脫門清淨故一
切智智清淨何以故若九次苐定清淨若无
相无願解脫門清淨若一切智智清淨无二
无二分无別无斷故善現九次苐定清淨故
菩薩十地清淨菩薩十地清淨故一切智智
清淨何以故若九次苐定清淨若菩薩十地
清淨若一切智智清淨无二无二分无別无
斷故
善現九次苐定清淨故五眼清淨五眼清淨
故一切智智清淨何以故若九次苐定清淨
若五眼清淨若一切智智清淨无二无二分
无別无斷故九次苐定清淨故六神通清淨
六神通清淨故一切智智清淨何以故若九
次苐定清淨若六神通清淨若一切智智清
淨无二无二分无別无斷故善現九次苐定
清淨故佛十力清淨佛十力清淨故一切智
智清淨何以故若九次苐定清淨若佛十力
清淨若一切智智清淨无二无二分无別无
斷故九次苐定清淨故四无所畏四无礙解
大慈大悲大喜大捨十八佛不共法清淨四
无所畏乃至十八佛不共法清淨故一切智
智清淨何以故若九次苐定清淨若四无所畏
乃至十八佛不共法清淨若一切智智清淨
无二无二分无別无斷故善現九次苐定
清淨故无忘失法清淨无忘失法清淨故一

BD15282號　大般若波羅蜜多經卷二二七　（21–13）

智清淨何以故若九次第定清淨若四无所畏
乃至十八佛不共法清淨若一切智智清淨
无二无二分无別无斷故善現九次第定
清淨故无忘失法清淨无忘失法清淨故一
切智智清淨何以故若九次第定清淨若无
忘失法清淨若一切智智清淨无二无二分
无別无斷故九次第定清淨故恒住捨性清
淨恒住捨性清淨故一切智智清淨何以故
若九次第定清淨若恒住捨性清淨若一切
智智清淨无二无二分无別无斷故善現九
次第定清淨故一切智清淨一切智清淨故一
切智智清淨何以故若九次第定清淨若一
切智清淨若一切智智清淨无二无二分无
別无斷故九次第定清淨故道相智一切
相智清淨道相智一切相智清淨故一切
智清淨何以故若九次第定清淨若道相智
一切相智清淨若一切智智清淨无二无二分
无別无斷故善現九次第定清淨故一切陁
羅尼門清淨一切陁羅尼門清淨故一切智
智清淨何以故若九次第定清淨若一切陁
羅尼門清淨若一切智智清淨无二无二分
无別无斷故九次第定清淨故一切三摩地
門清淨一切三摩地門清淨故一切智智清
淨何以故若九次第定清淨若一切三摩地
門清淨若一切智智清淨无二无二分无別
无斷故
善現九次第定清淨故預流果清淨預流果

BD15282 號　大般若波羅蜜多經卷二二七　（21–14）

門清淨若一切智智清淨无二无二分无別
无斷故
善現九次第定清淨故預流果清淨預流果
清淨一切智智清淨何以故若九次第定清
淨若預流果清淨若一切智智清淨无二无
二分无別无斷故九次第定清淨故一來不
還阿羅漢果清淨一來不還阿羅漢果清
淨故一切智智清淨何以故若九次第定清
淨若一來不還阿羅漢果清淨若一切智智
清淨无二无二分无別无斷故善現九次第
定清淨故獨覺菩提清淨獨覺菩提清淨故
一切智智清淨何以故若九次第定清淨若
獨覺菩提清淨若一切智智清淨无二无二
分无別无斷故善現九次第定清淨故一切
菩薩摩訶薩行清淨一切菩薩摩訶薩行清
淨故一切智智清淨何以故若九次第定清
淨若一切菩薩摩訶薩行清淨若一切智智
清淨无二无二分无別无斷故善現九次第
定清淨故諸佛无上正等菩提清淨諸佛无
上正等菩提清淨故一切智智清淨何以故
若九次第定清淨若諸佛无上正等菩提清
淨若一切智智清淨无二无二分无別无斷
故
復次善現十遍處清淨故色清淨色清淨故
一切智智清淨何以故若十遍處清淨若色
清淨若一切智智清淨无二无二分无別无
斷故十遍處清淨故受想行識清淨受想行

BD15282 號　大般若波羅蜜多經卷二二七　（21–15）

清淨若一切智智清淨无二无二分无別无
斷故十遍處清淨故受想行識清淨受想行
識清淨故一切智智清淨何以故若十遍處
清淨若受想行識清淨若一切智智清淨无
二无二分无別无斷故善現十遍處清淨故
眼處清淨眼處清淨故一切智智清淨何以
故若十遍處清淨若眼處清淨若一切智智
清淨无二无二分无別无斷故十遍處清淨故
耳鼻舌身意處清淨耳鼻舌身意處清淨故
一切智智清淨何以故若十遍處清淨若耳鼻
舌身意處清淨若一切智智清淨无二无二
分无別无斷故善現十遍處清淨故色處
清淨色處清淨故一切智智清淨何以故
若十遍處清淨若色處清淨若一切智智清
淨无二无二分无別无斷故十遍處清淨故
聲香味觸法處清淨聲香味觸法處清淨故
一切智智清淨何以故若十遍處清淨若聲
香味觸法處清淨若一切智智清淨无二无
二分无別无斷故善現十遍處清淨故眼界
清淨眼界清淨故一切智智清淨何以故若十
遍處清淨若眼界清淨若一切智智清淨无
二无二分无別无斷故十遍處清淨故色
界眼識界及眼觸眼觸為緣所生諸受清淨
色界乃至眼觸為緣所生諸受清淨故一切
智智清淨何以故若十遍處清淨若色界乃
至眼觸為緣所生諸受清淨若一切智智清
淨无二无二分无別无斷故善現十遍處清

BD15282號　大般若波羅蜜多經卷二二七　（21-16）

色界乃至眼觸為緣所生諸受清淨故一切
智智清淨何以故若十遍處清淨若色界乃
至眼觸為緣所生諸受清淨若一切智智清
淨无二无二分无別无斷故善現十遍處清
淨故耳界清淨耳界清淨故一切智智清淨
何以故若十遍處清淨若耳界清淨若一切
智智清淨无二无二分无別无斷故十遍處
清淨故聲界耳識界及耳觸耳觸為緣所生
諸受清淨聲界乃至耳觸為緣所生諸受清
淨故一切智智清淨何以故若十遍處清淨
若聲界乃至耳觸為緣所生諸受清淨若一
切智智清淨无二无二分无別无斷故善現
十遍處清淨故鼻界清淨鼻界清淨故一切
智智清淨何以故若十遍處清淨若鼻界清
淨若一切智智清淨无二无二分无別无斷故
十遍處清淨故香界鼻識界及鼻觸鼻觸
為緣所生諸受清淨香界乃至鼻觸為緣所
生諸受清淨故一切智智清淨何以故若十遍
處清淨若香界乃至鼻觸為緣所生諸受
清淨若一切智智清淨无二无二分无別无斷
故善現十遍處清淨故舌界清淨舌界清淨
故一切智智清淨何以故若十遍處清淨若
若舌界清淨若一切智智清淨无二无二分
无別无斷故十遍處清淨故味界舌識界及
舌觸舌觸為緣所生諸受清淨味界乃至舌
觸為緣所生諸受清淨故一切智智清淨何
以故若十遍處清淨若味界乃至舌觸為緣

BD15282號　大般若波羅蜜多經卷二二七　（21-17）

舌觸舌觸爲緣所生諸受清淨味界乃至舌
觸爲緣所生諸受清淨故一切智智清淨何
以故若十遍處清淨若味界乃至舌觸爲緣
所生諸受清淨若一切智智清淨无二无二
分无別无斷故善現十遍處清淨故身界清
淨身界清淨故一切智智清淨何以故若十
遍處清淨若身界清淨若一切智智清淨无
二无二分无別无斷故十遍處清淨故觸界
身識界及身觸身觸爲緣所生諸受清淨觸
界乃至身觸爲緣所生諸受清淨故一切智
智清淨何以故若十遍處清淨若觸界乃至
身觸爲緣所生諸受清淨若一切智智清淨
无二无二分无別无斷故善現十遍處清淨
故意界清淨意界清淨故一切智智清淨何
以故若十遍處清淨若意界清淨若一切智智
清淨无二无二分无別无斷故十遍處清淨
故法界意識界及意觸意觸爲緣所生諸
受清淨法界乃至意觸爲緣所生諸受清淨
故一切智智清淨何以故若十遍處清淨若
法界乃至意觸爲緣所生諸受清淨若一切
智智清淨无二无二分无別无斷故善現十遍
處清淨故地界清淨地界清淨故一切智智
清淨何以故若十遍處清淨若地界清淨若
一切智智清淨无二无二分无別无斷故
十遍處清淨故水火風空識界清淨水火風
空識界清淨故一切智智清淨何以故若十
遍處清淨若水火風空識界清淨若一切智

BD15282號　大般若波羅蜜多經卷二二七　（21–18）

十遍處清淨故水火風空識界清淨水火風
空識界清淨故一切智智清淨何以故若十
遍處清淨若水火風空識界清淨若一切智
智清淨无二无二分无別无斷故善現十遍
處清淨故无明清淨无明清淨故一切智智
清淨何以故若十遍處清淨若无明清淨若
一切智智清淨无二无二分无別无斷故十遍
處清淨故行識名色六處觸受愛取有生老
死愁歎苦憂惱清淨行乃至老死愁歎苦憂
惱清淨故一切智智清淨何以故若十遍處
清淨若行乃至老死愁歎苦憂惱清淨若一
切智智清淨无二无二分无別无斷故
善現十遍處清淨故布施波羅蜜多清淨布
施波羅蜜多清淨故一切智智清淨何以故
若十遍處清淨若布施波羅蜜多清淨若一
切智智清淨无二无二分无別无斷故十遍
處清淨故淨戒安忍精進靜慮般若波羅蜜
多清淨淨戒乃至般若波羅蜜多清淨故一
切智智清淨何以故若十遍處清淨若淨戒
乃至般若波羅蜜多清淨若一切智智清淨
无二无二分无別无斷故善現十遍處清淨
故內空清淨內空清淨故一切智智清淨何
以故若十遍處清淨若內空清淨若一切智
智清淨无二无二分无別无斷故十遍處清
淨故外空內外空空空大空勝義空有爲空
无爲空畢竟空无際空散空无變異空

BD15282號　大般若波羅蜜多經卷二二七　（21–19）

智清淨无二无二分无別无斷故十遍處清
淨故外空內外空空空大空勝義空有爲空
无爲空畢竟空无際空散空无變異空
本性空自相空共相空一切法空不可得空无
性自性空清淨故一切智智清淨何以故若十
遍處清淨若外空乃至无性自性空清淨若
一切智智清淨无二无二分无別无斷故善現
十遍處清淨故真如清淨真如清淨故一切
智智清淨何以故若十遍處清淨若真如
清淨若一切智智清淨无二无二分无別无
斷故十遍處清淨故法界法性不虛妄性不
變異性平等性離生性法定法住實際虛空
界不思議界清淨法界乃至不思議界清淨
故一切智智清淨何以故若十遍處清淨若
法界乃至不思議界清淨若一切智智清淨
无二无二分无別无斷故善現十遍處清淨
故苦聖諦清淨苦聖諦清淨故一切智智清
淨何以故若十遍處清淨若苦聖諦清淨若
一切智智清淨无二无二分无別无斷故十遍
處清淨故集滅道聖諦清淨集滅道聖諦
清淨故一切智智清淨何以故若十遍處清
淨若集滅道聖諦清淨若一切智智清淨无
二无二分无別无斷故

大般若波羅蜜多經卷第二百廿七

BD15282 號　大般若波羅蜜多經卷二二七　（21-20）

法界乃至不思議界清淨若一切智智清淨
无二无二分无別无斷故善現十遍處清淨
故苦聖諦清淨苦聖諦清淨故一切智智清
淨何以故若十遍處清淨若苦聖諦清淨若
一切智智清淨无二无二分无別无斷故十遍
處清淨故集滅道聖諦清淨集滅道聖諦
清淨故一切智智清淨何以故若十遍處清
淨若集滅道聖諦清淨若一切智智清淨无
二无二分无別无斷故

大般若波羅蜜多經卷第二百廿七

BD15282 號　大般若波羅蜜多經卷二二七　（21-21）

BD15283 號背　護首　（1–1）

羯磨卷下　比丘尼羯磨同卷

分衣法第七

分非時僧得施羯磨文（僧得施凡有二種一時僧得施為夏安居應時法故各隨安居處攝二非時僧得施無所居故作羯磨法分）大德僧聽此住處若衣若非衣現前僧應分若僧時到僧忍聽僧令與比丘某甲彼某甲當還與僧白如是

BD15283 號　羯磨（兩卷本）卷下　（25–1）

羯磨卷下
分衣法第七
分非時僧得施羯磨文 僧得施凡有二種一時僧得施爲夏安居應時法故各隨安居
處攝二非時僧得施無所居故作羯磨法分 大德僧聽此住處若衣若非
衣現前僧應分若僧時到僧忍聽僧今與比
丘某甲彼某甲當還與僧白如是
大德僧聽此住處若衣若非衣現前僧應分
僧今與比丘某甲彼某甲當還與僧誰諸長
老忍此住處若衣若非衣現前僧應分僧今
與比丘某甲彼比丘當還與僧者默然誰不
忍者說僧已忍與比丘某甲彼比丘當還與
僧竟僧忍默然故是事如是持 若住處有三人二人得施衣物
應各各相向作如是說言 長老一心念是住處得可分衣物
現前僧應分是中无僧此衣物屬我及長老
我及長老受用 第二第三亦如是說若一人應心念口言 是住處得可
分衣物現前僧應分是中无僧此衣物屬我
我應受用 第二第三亦如是說
分亡人衣物羯磨文 以出家人同遵出離身行所爲莫不皆是僧法所攝故身亡已
後所有生資皆屬四方僧義同非時僧得施又僧得施其用有二一者隨處二者隨人故非時僧得施從
主爲定亡比丘衣物據輕重爲判重者隨即入住處輕者僧作羯磨法分
看病人持亡者衣物資具僧中捨文
大德僧聽比丘某甲此住處命過所有若衣
若非衣此住處現前僧應分 第二第三亦如是說
持亡者衣鉢與看病人羯磨文
大德僧聽比丘某甲此住處命過所有衣鉢
坐具鍼筩盛衣褶器此現前僧應分若僧時

BD15283號　羯磨（兩卷本）卷下　（25–2）

坐具鍼筩盛衣褶器此現前僧應分若僧時
到僧忍聽僧今與比丘某甲看病比丘白如是
大德僧聽比丘某甲此住處命過所有衣鉢
坐具鍼筩盛衣褶器此現前僧應分僧今與
比丘某甲看病比丘誰諸長老忍僧與比丘
某甲看病比丘衣鉢坐具鍼筩盛衣褶器者
默然誰不忍者說僧已忍與比丘某甲看病比
丘衣鉢坐具鍼筩盛衣褶器竟僧忍默然故
是事如是持現前僧分亡者輕物羯磨文
大德僧聽比丘某甲此住處命過所有若衣
若非衣現前僧應分若僧時到僧忍聽僧今
與比丘某甲比丘某甲當還與僧白如是
大德僧聽比丘某甲此住處命過所有若衣
若非衣現前僧應分僧今與比丘某甲比丘
某甲當還與僧誰諸長老忍比丘某甲此住
處命過所有若衣若非衣現前僧應分僧今
與比丘某甲比丘某甲當還與僧者默然誰
不忍者說僧已忍與比丘某甲比丘某甲當
還與僧竟僧忍默然故是事如是持
三人二人分亡者衣物文 若住處有三人二人欲分亡者衣物應各
各相向住如是言
長老一心念比丘某甲此住處命過所有若
衣若非衣現前僧應分此處无僧是衣物屬
我及長老我及長老受用 第二第三亦如是說若獨一人應心念口言
比丘某甲此住處命過所有若衣若非衣現
前僧應分此處无僧是物屬我我應受用

BD15283號　羯磨（兩卷本）卷下　（25–3）

我及長老我及長老受用第二第三亦如是說若猶一人應心念口言
比丘某甲此住處命過所有若衣若非衣現
前僧應分此處无僧是物屬我我應受用
第二第三亦如是說

衣藥淨法第八

真實淨施文
長老一心念我比丘某甲有此長衣未作淨
今為作淨故捨與長老為真實淨施故

展轉淨施文
長老一心念我比丘某甲有此長衣未作淨
為展轉淨故施與長老彼受請者應如是言長老一心念
汝有此長衣未作淨為展轉淨故施與我我
已受之受已當問彼言汝施主是誰彼應荅言施主某甲受請者應語如是言
長老一心念汝有是長衣未作淨為展轉淨
故施與我我已受之是衣某甲已有汝為某
甲故護持用時隨意作真實施者應問主然後得用展轉淨施者若問若
不問隨意用

足食已作餘食文應持食至彼比丘前應如是言
大德我已足食長老看是知是作餘食法彼應
即取少許食已語言我已食止汝取食之若受請足食作餘食法亦如是
唯稱受請為異

受請已食前食後入村囑授文
長老一心念我比丘某甲已受某甲請有緣
事欲入某甲聚落至某甲家白長老令知

受七日藥文先從淨人邊受已持至大比丘所作如是言
長老一心念我比丘某甲有病因緣是七日
藥為共宿七日服故今於長老邊受第二第三亦如
是說

受盡形壽藥文先從淨人邊受持至大比丘所作如是言

BD15283號　羯磨（兩卷本）卷下　（25–4）

長老一心念我比丘某甲有病因緣是七日
藥為共宿七日服故今於長老邊受第二第三亦如
是說

受盡形壽藥文先從淨人邊受持至大比丘所作如是言
長老一心念我比丘某甲有病因緣此盡形
壽藥為共宿長服故今於長老邊受第二第三亦如是說

結淨地文淨地法有四種一者初作僧伽藍時處分二者僧伽藍半有墻障半无墻障三者新作僧伽藍未在中宿此三不須羯磨結四者僧已住宿作羯磨結若故僧伽藍起先有淨地應解已然後更結
大德僧聽若僧時到僧忍聽僧今結某處
作淨地白如是
大德僧聽今結某處作淨地誰諸長老忍僧
結某處作淨地者默然誰不忍者說僧已忍
結某處作淨地竟僧忍默然故是事如是持

房舍雜法第九

乞作小房羯磨文
大德僧聽我比丘某甲自乞作房无主自為
己今從僧乞處分无難處无妨處第二第三亦如是說僧應
當觀此比丘若可信即應聽若不可信一切僧應當到彼處看若遣信者看已作羯磨
大德僧聽比丘某甲自乞作房无主自為己
今從僧乞處分无難處无妨處若僧時到僧
忍聽僧今與比丘某甲處分无難處无妨處
白如是
大德僧聽此比丘某甲自乞作房无主自為
己從僧乞處分无難處无妨處僧今與比丘
某甲處分无難處无妨處誰諸長老忍僧與
比丘某甲處分无難處无妨處者默然誰不
忍者說僧已忍與比丘某甲處分无難處无

BD15283號　羯磨（兩卷本）卷下　（25–5）

某甲處分无難處无妨處誰諸長老忍僧與
比丘某甲處分无難處无妨處者默然誰不
忍者說僧已忍與比丘某甲處分无難處无
妨處竟僧忍默然故是事如是持次後大房羯磨與此
同但稱有主為異
結房作庫藏文
大德僧聽若僧時到僧忍聽僧結某甲房
作庫藏屋白如是
大德僧聽僧結某甲房作庫藏屋誰諸長
者默然誰不
庫藏屋竟僧忍
差守庫藏物人羯磨文
大德僧聽若僧時到僧忍聽僧差比丘某甲
作守物人白如是
大德僧聽僧差比丘某甲作守物人誰諸長
老忍僧差比丘某甲作守物人者默然誰不
忍者說僧已忍差比丘某甲作守物人竟僧
忍默然故是事如是持差作維那使如法作飲食淨果菜楊枝敷僧田具分
僧粥分餅分雨衣處分沙弥守僧園人如是等羯磨文同但稱事為異
老病比丘乞畜杖絡囊羯磨文
大德僧聽我比丘某甲老病不能无杖絡囊
而行今從僧乞畜杖絡囊願僧聽我比丘某
甲畜杖絡囊慈愍故第二第三亦如是說
與老病比丘畜杖絡囊羯磨文
大德僧聽比丘某甲老病不能无杖絡囊而

BD15283號　羯磨（兩卷本）卷下　（25–6）

與老病比丘畜杖絡囊羯磨文
大德僧聽比丘某甲老病不能无杖絡囊而
行今從僧乞畜杖絡囊若僧時到僧忍聽比
丘某甲畜杖絡囊白如是
大德僧聽比丘某甲老病不能无杖絡囊而
行今從僧乞畜杖絡囊僧今聽與比丘畜杖
絡囊誰諸長老忍僧聽比丘某甲畜杖絡囊
者默然誰不忍者說僧已忍聽比丘某甲畜
杖絡囊竟僧忍默然故是事如是持
非時入聚落囑授文
長老一心念我比丘某甲非時入某甲聚落
至某甲家為某緣事白長老令知
比丘尼羯磨法
結界法第一其諸結界羯磨作法一与上大僧同唯稱尼大姊為異
受戒法第二
比丘尼乞畜衆羯磨文若比丘尼欲度人者當往比丘尼僧中偏露右肩脫革
屣禮僧足已右膝著地合掌乞畜衆羯磨作如是白
大姊僧聽我比丘尼某甲今從僧乞度人授
具足戒願僧聽我度人授具足戒第二第三亦如是說
與畜衆羯磨文
大姊僧聽此比丘尼某甲今從僧乞度人授
人具足戒若僧時到僧忍聽僧今聽比丘尼某
甲度人授人具足戒白如是
大姊僧聽此比丘尼某甲今從僧乞度人授
人具足戒僧今聽比丘尼某甲度人授人具
足戒誰諸

BD15283號　羯磨（兩卷本）卷下　（25–7）

大姊僧聽此比丘尼某甲今從僧乞度人授
人具足戒僧今聽比丘尼某甲度人授人具
足戒誰諸
大姊忍僧聽比丘尼某甲度人授人具足戒
者默然誰不忍者說僧已忍聽比丘尼某甲度
人授人具足戒竟僧忍默然故是事如是持
度沙弥尼文 若欲在寺內剃髮者應白一切僧若不和合應房房語令知若和合應作
白然後与剃髮應作如是白
大姊僧聽此某甲欲從某甲求剃髮若僧時
到僧忍聽為某甲剃髮白如是 白已為剃髮欲在寺內出家者應白
一切僧若不和合應房房語令知若和合應作白然後与出家作如是白
大姊僧聽此某甲欲從某甲求出家若僧時
到僧忍聽與某甲出家白如是 應作如是出家教出家者
著袈裟已偏露右肩脫革屣右膝著地合掌教作如是言
我阿夷某甲歸依佛歸依法歸依僧我今隨
佛出家和上尼某甲如来无所著等正覺是
我世尊 第二第三亦如是說
我阿夷某甲歸依佛竟歸依法竟歸依僧竟
我今隨佛出家竟和上尼某甲如来无所著
等正覺是我世尊 第二第三亦如是說如是已應与受戒
盡形壽不得煞生是沙弥尼戒能持不 荅言能
盡形壽不得盜是沙弥尼戒能持不 荅言能
盡形壽不得婬是沙弥尼戒能持不 荅言能
盡形壽不得妄語是沙弥尼戒能持不 荅言能
盡形壽不得飲酒是沙弥尼戒能持不 荅言能
盡形壽不得著華鬘香油塗身是沙弥尼戒能持不 荅言能

BD15283號　羯磨（兩卷本）卷下　（25–8）

盡形壽不得飲酒是沙弥尼戒能持不 荅言能
盡形壽不得著華鬘香油塗身是沙弥尼戒能持不 荅言能
盡形壽不得歌儛倡伎亦不觀聽是沙弥尼戒能持不 荅言能
盡形壽不得高廣大牀上坐是沙弥尼戒能持不 荅言能
盡形壽不得非時食是沙弥尼戒能持不 荅言能
盡形壽不得捉持生像金銀寶物是沙弥尼戒能持不 荅言能
如是沙弥尼十戒盡形壽不得犯能持不 荅言能
汝已受戒竟當供養三寶佛寶法寶僧寶當
脩三業坐禪誦經勸助衆事 聽童女十八者二年學戒年滿廿二
部僧中受大戒若年十歲曾出適者聽二歲
學戒年滿十二与受大戒應如是与二歲學戒
式叉摩那受六法文 沙弥尼應往比丘尼衆中偏露右肩脫革屣礼比丘尼僧足已
右膝著地合掌白如是言
大姊僧聽我沙弥尼某甲今從僧乞二歲學
戒和上尼某甲願僧濟度我慈愍故與我二
歲學戒 第二第三亦如是說應將沙弥尼至離聞處著見處已衆中應差堪能作羯磨者如
上應作
白言
大姊僧聽此某甲沙弥尼今從僧乞二歲學
戒和上尼某甲若僧時到僧忍聽僧今與某
甲沙弥尼二歲學戒和上尼某甲白如是
大姊僧聽此某甲沙弥尼今從僧乞二歲學
戒和上尼某甲僧今與某甲沙弥尼二歲學
戒和上尼某甲誰諸大姊忍僧與某甲沙弥
尼二歲學戒和上尼某甲者默然誰不忍者
說是初羯磨 第二第三亦如是說 僧已忍與某甲沙弥尼
二歲學戒和上尼某甲竟僧忍默然故是事
如是持 應如是与六法 某甲諦聽如来无所著等正

BD15283號　羯磨（兩卷本）卷下　（25–9）

二歲學戒和上尼某甲竟僧忍默然故是事
如是持應如是与六法 某甲諦聽如來无所著等正
覺說六法　不得犯不淨行行婬欲法若式叉
摩那行婬欲法非式叉摩那非釋種女與除
行心男子共身相摩觸缺戒應更與受戒是
中盡形壽不得犯能持不答言能　不得偷盜乃
至草葉若式叉摩那取人五錢若過五錢若
自取教人取若自斫教人斫若自破教人破
若燒若埋若壞色非式叉摩那非釋種女若
取減五錢缺戒應更與受戒是中盡形壽不
得犯能持不答言能　不得故斷衆生命乃至蟻
子若式叉摩那故自手斷人命求刀授與人
教死勸死讚死若與非藥若墮胎厭禱呪術
自作教人作者非式叉摩那非釋種女若斷
畜生不能變化者命缺戒應更與受戒是中
盡形壽不得犯能持不答言能　不得妄語乃至
戲笑若式叉摩那不真實非己有自稱言得
上人法言得禪得解脫得三昧正受得須陁
洹果斯陁含果阿那含果阿羅漢果言天來
龍來鬼神來供養我此非式叉摩那非釋種
女若於衆中故作妄語缺戒應更與戒是中
盡形壽不得犯能持不答言能　不得非時食若
式叉摩那非時食犯戒應更與戒是中盡形
壽不得犯能持不答言能　不得飲酒若式叉摩
那飲酒犯戒應更與戒是中盡形壽不得犯
能持不答言能

BD15283號　羯磨（兩卷本）卷下　（25-10）

那飲酒犯戒應更與戒是中盡形壽不得犯
能持不答言能
式叉摩那於一切尼戒中應學除為比丘尼
過食自受食食
式叉摩那受大戒法若式叉摩那學戒已年滿廿若滿十二應與受大戒
先至比丘尼僧中請和上應如是說言 大姊一心念我某甲求阿
夷為和上願阿夷為我作和上我依阿夷故得受
大戒第二第三亦如是說和上尼應答言尒應如是受持受戒人離聞處著見處應差教授師是中戒
師應如是問言此衆中誰能為某甲作教授師若有者答
言我能今時戒師即應作白
大姊僧聽此某甲從和上尼某甲求受大戒
若僧時到僧忍聽某甲為教授師白如是教授
師應往至受戒人所語言此安陁會鬱多羅僧僧伽梨此
僧竭支覆肩衣此衣鉢是汝有不答言是 善女人
諦聽今是真誠時我今問汝有便言有无當
言无汝不犯邊罪不汝不犯淨行比丘不汝
不賊心受戒不汝不破內外道不汝非黃門
不汝不煞父煞母煞真人阿羅漢不汝不破
僧不汝不惡心出佛身血不汝非非人不汝
非畜生不汝非二根不汝字何等和上尼字
誰年歲滿不衣鉢具足不父母夫主聽汝不
汝不負債不汝非婢不汝是女人不女人有
如是諸病癩白癩疛消顛狂二根二道合道
小大小便常漏洟唾常出汝有如是諸病不
答言无應語言如我向問汝僧中亦當如是問如
汝向者答僧中亦當如是答教授師問已應至僧中如常威

BD15283號　羯磨（兩卷本）卷下　（25-11）

應語言如我向問汝僧中亦當如是問如
汝向者荅僧中〻當如是荅教授師問已應至僧中如常威儀至手及處立應作白
大姊僧聽此某甲從和上尼某甲求受大戒
若僧時到僧忍聽我已教授竟聽使來白如
是彼應語言來已應与長衣鉢教礼僧足已在戒師前手跪合掌教作如是乞大姊僧聽
我某甲從和上尼某甲求受大戒我某甲今
從僧乞受大戒和上尼某甲願僧濟度我慈
愍故第二第三亦如是説是中戒師應作白大姊僧聽此某甲從和
上尼某甲求受大戒此某甲今從僧乞受
大戒和上尼某甲若僧時到僧忍聽我問諸
難事白如是汝諦聽今是真誠時我今問汝
有當言有无當言无汝不犯邊罪不汝不
犯淨行比丘不汝不賊心受戒不汝不破
內外道不汝非黃門不汝不煞父煞母煞
真人阿羅漢不汝不破僧不汝不惡心出
佛身血不汝非非人不汝非畜生不汝不
二根不汝字何等和上尼字誰年歲滿不衣
鉢具足不父母夫主聽汝不汝不負債不汝
非婢不汝是女人不女人有如是諸病癩白
癩疥消顛狂二根二道合道小大小便常漏
汝有如是諸病不荅言无應作白大姊僧聽此某甲從
和上尼某甲求受大戒此某甲今從僧乞受
大戒和上尼某甲某甲所説清淨无諸難事
年滿廿衣鉢具足若僧時到僧忍聽僧今為
某甲受大戒和上尼某甲白如是

BD15283號　羯磨（兩卷本）卷下　（25–12）

年滿廿衣鉢具足若僧時到僧忍聽僧今為
某甲受大戒和上尼某甲白如是
大姊僧聽此某甲從和上尼某甲求受大戒
此某甲從僧乞受大戒和上尼某甲某甲自
説清淨无諸難事年歲已滿衣鉢具足僧
今為某甲受大戒和上尼某甲誰諸大姊忍
僧今為某甲受大戒和上尼某甲者默然誰
不忍者説是初羯磨第二第三亦如是説僧已忍與某
甲受大戒竟和上尼某甲僧忍默然故是事
如是持尼往比丘僧中受大戒法彼受戒者与比丘尼僧俱
至比丘僧中礼僧足已右膝著地合掌作如是言
大德僧聽我某甲從和上尼某甲求受大戒
我某甲今從僧乞受大戒和上尼某甲願僧
救濟我慈愍故如是三説此中戒師應問諸難事
大德僧聽此某甲從和上尼某甲求受大戒
此某甲今從僧乞受大戒和上尼某甲若僧
時到僧忍聽我問諸難事白如是善女人諦
聽今是真誠時實語時我今問汝有當言有
无當言无汝不犯邊罪不汝不犯淨行比丘
不汝不賊心受戒不汝不破內外道不汝非
黃門不汝不煞父不汝不煞母不汝不煞真
人羅漢不汝不破僧不汝不惡心出佛身血
不汝非非人不汝非畜生不汝不二根不汝
字何等和上尼字誰年滿廿未衣鉢具足不
父母夫主聽汝不汝不負債不汝非婢不汝
是女人不女人有如是諸病癩白癩疥消顛

BD15283號　羯磨（兩卷本）卷下　（25–13）

字何等和上尼字誰年滿廿未衣鉢具足不
父母夫主聽汝不汝不負債不汝非婢不汝
是女人不女人有如是諸病癩白癩疥消顛
狂二根二道合道小大小便常漏涕唾常出
汝有如是諸病不（答言无者應問言）汝學戒未清淨不
（答言學戒清淨應問餘比丘尼）某甲學戒未清淨不（答言已學戒清淨）
大德僧聽此某甲從和上尼某甲求受大戒
此某甲今從僧乞受大戒和上尼某甲某甲
自說清淨无諸難事年歲已滿衣鉢具足已
學戒清淨若僧時到僧忍聽僧今為某甲受
大戒和上尼某甲白如是
大德僧聽此某甲從和上尼某甲求受大戒
此某甲今從僧乞受大戒和上尼某甲某甲
自說清淨无諸難事年歲已滿衣鉢具足
已學戒清淨僧今為某甲受大戒和上尼某
甲誰諸長老忍僧為某甲受大戒和上尼某甲
者默然誰不忍者說是初羯磨（第二第三亦如是說）僧已
忍為某甲受大戒竟和上尼某甲僧忍默然
故是事如是持
善女人諦聽如來无所著等正覺說八波羅
夷法若比丘尼犯者非比丘尼非釋種女
不得犯不淨行行婬欲法若比丘尼作不淨
行行婬欲法乃至共畜生此非比丘尼非釋
種女是中盡形壽不得犯能持不（答言能）不得偷
盜乃至草葉若比丘尼盜人五錢若過五錢若
自取教人取若自所教人所若自破教人破

BD15283號　羯磨（兩卷本）卷下　（25–14）

不得犯不淨行行婬欲法若比丘尼作不淨
行行婬欲法乃至共畜生此非比丘尼非釋
種女是中盡形壽不得犯能持不（答言能）不得偷
盜乃至草葉若比丘尼盜人五錢若過五錢若
自取教人取若自所教人所若自破教人破
若燒若埋若壞色非比丘尼非釋種女是中
盡形壽不得犯能持不（答言能）不得斷衆生命
乃至蟻子若比丘尼若自手斷人命持刀授
與人教死讚死勸死與人非藥隨胎猒禱呪
術若作方便教人作方便彼非比丘尼非釋
種女是中盡形壽不得犯能持不（答言能）不得
妄語乃至戲笑若比丘尼不真實非已有自
稱言得上人法得禪得解脫三昧正受得須
陀洹果斯陀含果阿那含果阿羅漢果言天
來龍來鬼神來供養我彼非比丘尼非釋種
女是中盡形壽不得犯能持不（答言能）不得身
相觸乃至共畜生若比丘尼有染汙心與染
汙心男子身相觸腋已下膝已上若摩若捺
若逆摩若順摩若牽若推若舉若下若捉若
急捺彼非比丘尼非釋種女是中盡形壽不得
犯能持不（答言能）不得犯八事乃至共畜生若比丘
尼有染汙心與染汙心男子受捉手捉衣至
屏處屏處立屏處語若共行若身相近若共期
行犯此八事彼非比丘尼非釋種女是中盡形
壽不得犯能持不（答言能）不應覆藏他罪乃至
突吉羅懸說若比丘尼知比丘尼犯波羅夷

BD15283號　羯磨（兩卷本）卷下　（25–15）

行犯此八事彼非比丘尼非釋種女是中盡形
壽不得犯能持不答言能不應覆藏他罪乃至
突吉羅惡說若比丘尼知比丘尼犯波羅夷
不自舉亦不白僧不語人令知後於異時此
比丘尼若休道若滅擯若作不共住若入外
若後作如是言我先知此人如是如是彼非
比丘尼非釋種女覆藏重罪是中盡形壽不
得犯能持不答言能不得隨被舉比丘語乃至
沙弥若比丘尼知比丘為僧所舉如法如毗
尼如佛所教犯威儀未懺悔不作共住便隨
順彼比丘彼比丘尼諫此比丘尼言大姉彼
比丘為僧所舉如法如毗尼如佛所教犯威
儀未懺悔不作共住莫隨順彼比丘彼比丘尼
諫此比丘尼時堅持不捨彼比丘尼應乃至
三諫捨此事故乃至三諫捨者善若不捨者
彼非比丘尼非釋種女犯隨舉是中盡形壽
不得犯能持不答言能
善女人諦聽如來无所著等正覺說四依法
比丘尼依此出家受大戒是比丘尼法
依糞掃衣出家受大戒是比丘尼法是中盡
形壽能持不答言能若得長利若檀越施衣若
得輕衣若得割截衣應受
依乞食出家受大戒是比丘尼法是中盡形
壽能持不答言能若得長利僧差食若檀越送
食月八日食十五日食月初日食眾僧常食
檀越請食得受依樹下坐出家受大戒是比

食月八日食十五日食月初日食眾僧常食
檀越請食得受依樹下坐出家受大戒是比
丘尼法是中盡形壽能持不答言能若得長利
若別房樓閣小房石室兩房一戶應受
依腐爛藥出家受大戒是比丘尼法是中盡
形壽能持不答言能若得長利蘇油生蘇蜜石
蜜應受汝已受戒竟白四羯磨如法成就得
處所和上尼如法阿闍梨如法二部僧具足
滿當善受教法當勤供養佛法僧和上阿闍
梨一切如法教勅不得違逆當學問誦經勤
求方便於佛法中得須陁洹果斯陁含果阿那
含果阿羅漢果汝始出家功不唐捐果報不
絕餘所未知者當問和上阿闍梨使受戒人在前而去
尼受五衣鉢文其受三衣鉢如比丘法唯稱尼大姉為異若受餘二衣者應云
大姉一心念我某甲此衣覆肩衣受長四肘
廣二肘半是覆肩衣持三說
大姉一心念我某甲此衣僧祇支衣受長四
肘廣二肘半僧祇支衣持三說
除罪法第三
尼懺殘罪法尼以女弱事須相假以濟其懷如若私已容惡則自壞壞彼犯在不輕故尼覆僧
殘但僧罪治半月行摩那埵無別覆藏調伏法故尼
懺僧殘要在二部僧中作摩那埵羯磨大僧與尼二
部各滿四人若作出罪羯磨大
僧與尼二部各滿廿人不得減乞摩那埵羯磨文
比丘尼犯僧殘罪應二部僧中半月行摩那埵行摩
那埵時應至二部僧中偏露右肩脫革屣禮僧足右
膝著地合掌
作如是乞大德僧聽我比丘尼某甲犯某甲
若干僧殘罪今從二部僧乞半月摩那埵願僧
與我半月摩那埵慈愍故第二第三亦如是說

若干僧殘罪今從二部僧乞半月摩那埵願僧
與我半月摩那埵慈愍故第二第三亦如是說
與摩那埵羯磨文
大德僧聽此比丘尼某甲犯某甲若干僧殘
罪今從二部僧乞半月摩那埵若僧時到僧
忍聽僧今與比丘尼某甲半月摩那埵白如
是大德僧聽此比丘尼某甲犯某甲若干僧
殘罪今從二部僧乞半月摩那埵僧今與比
丘尼某甲半月摩那埵誰諸長老忍僧與比
丘尼某甲半月摩那埵者默然誰不忍者說
是初羯磨第二第三亦如是說僧已忍與比丘尼某甲半
月摩那埵竟僧忍默然故是事如是持比丘尼行
摩那埵法与上大僧同唯應二部僧中日日白應作如是白
大德僧聽我比丘尼某甲犯某甲若干僧殘
罪已從二部僧乞半月摩那埵僧已與我半
月摩那埵我比丘尼某甲今於二部僧中行半
月摩那埵已行若干日過餘有若干日在白
大德僧令知我行摩那埵
乞出罪羯磨文比丘尼半月行摩那埵竟應在二部僧中作如是乞
大德僧聽我比丘尼某甲犯某甲若干僧殘
罪已從二部僧乞半月摩那埵僧已與我半
月摩那埵我已於二部僧中行半月摩那埵
竟今從僧乞出罪羯磨願僧與我出罪羯磨
慈愍故第二第三亦如是說
與出罪羯磨文
大德僧聽此比丘尼某甲犯某甲若干僧殘

BD15283號　羯磨（兩卷本）卷下　（25–18）

慈愍故第二第三亦如是說
與出罪羯磨文
大德僧聽此比丘尼某甲犯某甲若干僧殘
罪已從二部僧乞半月摩那埵僧已與比丘
尼某甲半月摩那埵此比丘尼某甲已於二
部僧中行半月摩那埵竟今從僧乞出罪羯
磨若僧時到僧忍聽僧為某甲比丘尼出罪
白如是
大德僧聽此比丘尼某甲犯某甲若干僧殘
罪已從二部僧乞半月摩那埵僧已與比丘
尼某甲半月摩那埵此比丘尼某甲已於二
部僧中行半月摩那埵竟今從僧乞出罪羯
磨僧今與比丘尼某甲出罪羯磨誰諸長老
忍僧今與比丘尼某甲出罪羯磨者默然誰
不忍者說是初羯磨第二第三亦如是說僧已忍與比
丘尼某甲出罪羯磨竟僧忍默然故是事如
是持
說戒法第四其說戒法一与上大僧同
尼僧差請教授人羯磨文尼僧半月半月至大僧中請教誡故今須差此使為尼僧請教誡應如是差
大姊僧聽若僧時到僧忍聽僧今差比丘尼
某甲為比丘尼僧故半月往比丘僧中求教
授白如是
大姊僧聽僧今差比丘尼某甲為比丘尼僧
故半月往比丘僧中求教授誰諸大姊忍僧
差比丘尼某甲為比丘尼僧故半月往比丘

BD15283號　羯磨（兩卷本）卷下　（25–19）

大姊僧聽僧今差比丘尼某甲為比丘尼僧
故半月往比丘僧中求教授誰諸大姊忍僧
差比丘尼某甲為比丘尼僧故半月往比丘
僧中求教授者默然誰不忍者說僧已忍差
比丘尼某甲為比丘尼僧故半月往比丘僧
中求教授竟僧忍默然故是事如是持（更差人為伴往）
（大僧中至舊住比丘所礼足曲身低頭合掌白如是言）
大德一心念比丘尼僧某甲等和合礼比丘
僧足求教授（第二第三亦如是說受屬比丘說戒時應作如是白）比丘尼
僧某甲衆和合礼大德僧足求教授（第二第三亦如是說）
比丘尼明日應問可否比丘教授師應期往
比丘尼應期迎比丘期往不往者突吉羅比
丘尼僧期迎而不迎者突吉羅若比丘尼聞
教授師來當半由旬迎至寺內供給所須洗浴
具美粥飲食果蓏以此供養若不者突吉羅若
比丘僧盡病若衆不和合若衆不滿遣信往
礼拜問訊若比丘尼僧盡病不和合若衆不
滿亦當遣信往礼拜問訊若不往者突吉羅
安居法第五（其安居法皆与上大僧同）
自恣法第六
尼僧差往大僧中受自恣人羯磨文（比丘尼僧夏安居竟應往大僧中受自恣故今須差此伕為尼僧詣大僧中求受自恣應如是差）
大德僧聽若僧時到僧忍聽僧今差比丘尼
某甲為比丘尼僧故往大僧中說三事自恣
見聞疑白如是大姊僧聽僧今差比丘尼某甲
為比丘尼僧故往大僧中說三事自恣見聞

見聞疑白如是大姊僧聽僧今差比丘尼某甲
為比丘尼僧故往大僧中說三事自恣見聞
疑誰諸大姊忍僧差比丘尼某甲為比丘尼
僧故往大僧中說三事自恣見聞疑者默然
誰不忍者說僧已忍差比丘尼某甲為比丘
尼僧故往大僧中說三事自恣竟僧忍默然
故是事如是持往大僧中受自恣文（差人為伴往大僧中）
（礼僧足已曲身低頭合掌作如是說）
比丘尼僧夏安居竟比丘僧夏安居竟比丘
尼僧說三事自恣見聞疑大德僧慈愍故語我
我若見罪當如法懺悔（第二第三亦如是說）彼即比丘僧
自恣日便自恣而皆疲極佛言不應尒若比
丘僧十四日自恣比丘尼僧十五日自恣若
大僧病若衆不和合若衆不滿比丘尼應遣
信礼拜問訊不者突吉羅若比丘尼僧病若
衆不和合若衆不滿比丘尼僧亦當遣信礼
拜問訊不者突吉羅（其至大僧中受自恣人還共尼僧作自恣其自恣法一与上大僧同）
分衣法第七（与上大僧同）
衣食淨法第八（尼无作餘食法除此已餘皆与大僧同）
雜法第九（尼无乞分處作房法自餘皆与上大僧同）
內護主教僧衆擯罰羯磨法
律藏所明僧之正法宗要有三故結集稱言
是法是毗尼是佛所教
法者謂五種遠離行何等五（一出離非世法二越度非受法三无欲非四无結非有結五不親近生死非親近）
毗尼者謂五種出要行何等五（一少欲非多欲二知足非无厭三易養非難養四易養非）

四无結非有結五不親近生究非親近
毗尼者謂五種出要行何等五 一少欲非多欲二知足非无猒三易
讚非難讚四易養非難養五智慧非愚癡
佛所教者謂五種教試行何等五 一有罪行者制二无罪聽
三若制若聽法有欲滅者如法舉之四數
數違犯者析伏与念五真實功德受念稱歎故經云正法
住正法滅謂之於此傳法之人亦有於三故聖
詰稱言知法知律知摩夷知法者謂善持脩
多羅藏知阿難等知律者謂善持毗尼藏如
優波離等知摩夷者謂善於訓導寧住玄經
如大迦葉等故凡欲暉蹤聖跡以隆道教継
軌後代不絶於時者非茲而誰
五種入衆法何等五 一應以慈心二應自卑下如拭塵巾三應以善知坐起上下威儀四
不雜說俗事為衆說法若請他說五若
見僧中有不可事心不安忍應作默然
五種如法默然何等五 一見他非法而默然二不得伴而默然三犯重而默然四同住而默然五在同住地默然
五種非法默然何等五 一如法羯磨而心不同默然二得同意伴亦默然住之三若見小小罪而默然四
為作別住而默然
五在戒揚而默然
五種棄法何等五 一比丘犯罪餘比丘問汝犯罪見不答言不見欲語言若見罪應懺悔二比丘犯罪
餘比丘問汝犯罪見不答言不見欲語言汝若見罪應僧中
懺悔三比丘犯罪餘比丘問言汝犯罪見不答言不見欲語言
汝若見罪當於此僧中懺悔四比丘犯罪餘比丘問言汝犯罪
見不答言不見衆僧應椬棄語言汝不見罪隨所至處不聽汝
布薩如惡馬難調合羣找俱棄汝亦如是五比丘犯罪餘比
丘問言汝犯罪見不答言不見欲應僧中作不見舉羯磨
五種作羯磨法何等五 一現前二自言三不清淨四如法五和合 斯謂知病
知藥知對治善於癈興通塞存護之儀故致
任持之功義顯於此
三種調法 謂呵責羯磨擯羯磨依止羯磨
三種滅法 謂罪處所多人語如草覆地
三種不共住法 謂三舉羯磨惡馬治滅擯羯磨

BD15283號 羯磨(兩卷本)卷下 (25–22)

三種調法 謂呵責羯磨擯羯磨依止羯磨
三種滅法 謂罪處所多人語如草覆地
三種不共住法 謂三舉羯磨惡馬治滅擯羯磨
呵責羯磨 先作舉作憶念与罪已然後作羯磨
大德僧聽此比丘某甲喜共闘諍共相罵詈
口出刀劒手來長短彼自共闘諍已若復有
餘比丘闘諍者即復往彼勸言汝等勉力莫
不如他汝等智慧多聞財富亦勝多有知識
我等當為汝作伴儻令僧未有諍事而有諍事
已有諍事而不除滅若僧時到僧忍聽為比
丘某甲作呵責羯磨若後復更闘諍共相罵
詈者衆僧當更增罪治白如是
大德僧聽此比丘某甲喜共闘諍共相罵詈
口出刀劒手來長短彼自共闘諍已若復有
餘比丘闘諍者即復往彼勸言汝等勉力莫
不如他汝等智慧多聞財富亦勝多有知識
我等當為汝作伴儻令僧未有諍事而有諍
事已有諍事而不除滅僧為比丘某甲作呵責羯
磨誰諸長老忍僧與比丘某甲作呵責羯磨若
復後更闘諍共相罵詈者衆僧當更增罪治
忍者默然誰不忍者說是初羯磨 第二第三亦如是說 僧已
忍為比丘某甲作呵責羯磨竟僧忍默然故
是事如是持 与羯磨已以卅五事令其折伏後若其隨順改悔者僧應還与解羯磨
與罪處所羯磨文 先作舉作憶念与罪已然後作羯磨
大德僧聽是比丘某甲无慚无愧多犯諸罪
有見聞疑先自言犯後言不犯前後言語相

BD15283號 羯磨(兩卷本)卷下 (25–23)

大德僧聽是比丘某甲无慚无愧多犯諸罪
有見聞疑先自言犯後言不犯前後言語相
違若僧時到僧忍聽僧今與比丘某甲罪處
所羯磨白如是
大德僧聽是比丘某甲无慚无愧多犯諸罪
有見聞疑先自言犯後言不犯前後言語相
違僧今與是比丘某甲罪處所羯磨誰諸長
老忍僧今與比丘某甲罪處所羯磨者默然
誰不忍者說是初羯磨 第二第三亦如是說 僧已忍與比
丘某甲罪處所羯磨竟僧忍默然故是事如
是持 与羯磨已以卅五事令其折伏後若隨順改悔僧應還与解羯磨
與滅擯羯磨文 先作舉作憶念与罪已然後作羯磨
大德僧聽是比丘某甲犯某甲波羅夷罪若
僧時到僧忍聽僧今與比丘某甲波羅夷罪
滅擯羯磨不得共住不得共事白如是
大德僧聽是比丘某甲犯某甲波羅夷罪僧
今與比丘某甲波羅夷罪滅擯羯磨不得共
住不得共事誰諸長老忍僧與比丘某甲波
羅夷罪滅擯羯磨不得共住不得共事者默
然誰不忍者說是初羯磨 第二第三亦如是說 僧已忍與
比丘某甲波羅夷罪滅擯羯磨不得共住不
得共事竟僧忍默然故是事如是持 此永擯無解法
此後三羯磨皆是治罰法但以過有輕重附之
為三前呵責羯磨等是調伏法罪處所羯磨
等是折伏法滅擯羯磨等是駈出法故經言

BD15283號　羯磨（兩卷本）卷下　（25–24）

羅夷罪滅擯羯磨不得共住不得共事者默
然誰不忍者說是初羯磨 第二第三亦如是說 僧已忍與
比丘某甲波羅夷罪滅擯羯磨不得共住不
得共事竟僧忍默然故是事如是持 此永擯無解法
此後三羯磨皆是治罰法但以過有輕重附之
為三前呵責羯磨等是調伏法罪處所羯磨
等是折伏法滅擯羯磨等是駈出法故經言
應調伏者而調伏之應折伏者而折伏之應
罰黜者而罰黜之若隨事而言羯磨非一備
明律典寧容具集故各當其分唯標羯磨
示之恒式餘類准以可知

羯磨卷下

BD15283號　羯磨（兩卷本）卷下　（25–25）

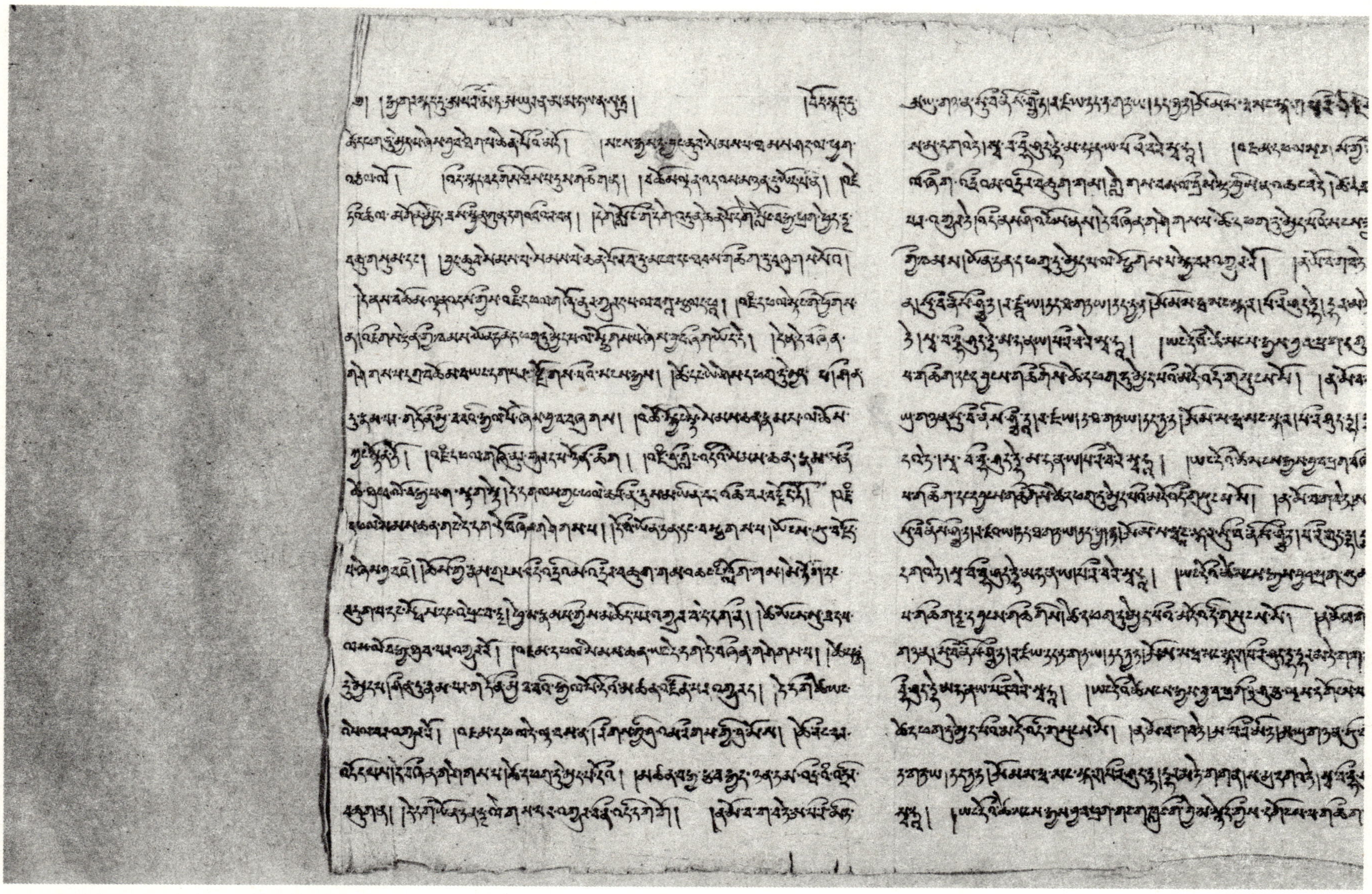

BD15284 號　藏文（無量壽宗要經）　（6–1）

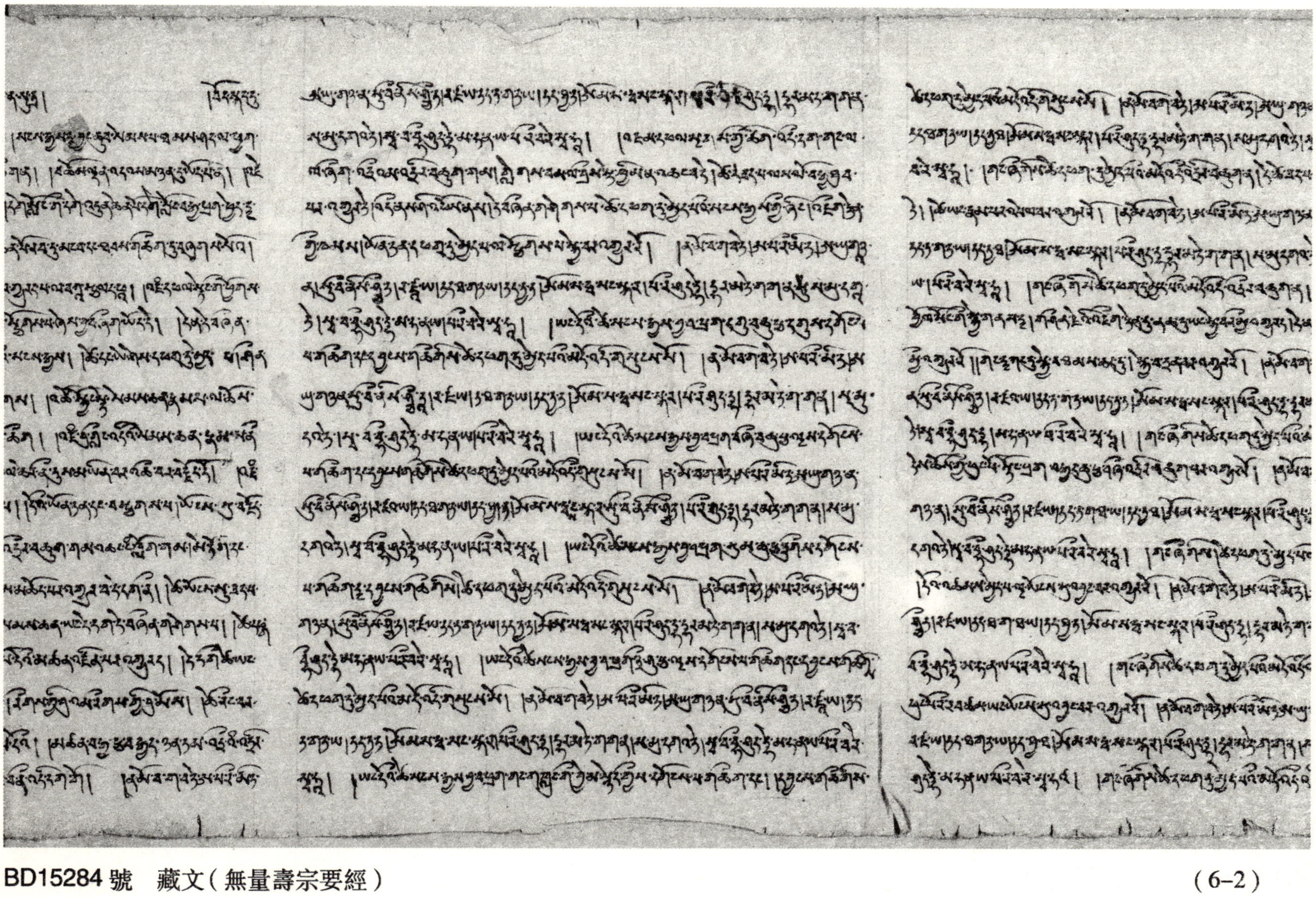

BD15284 號　藏文（無量壽宗要經）　（6–2）

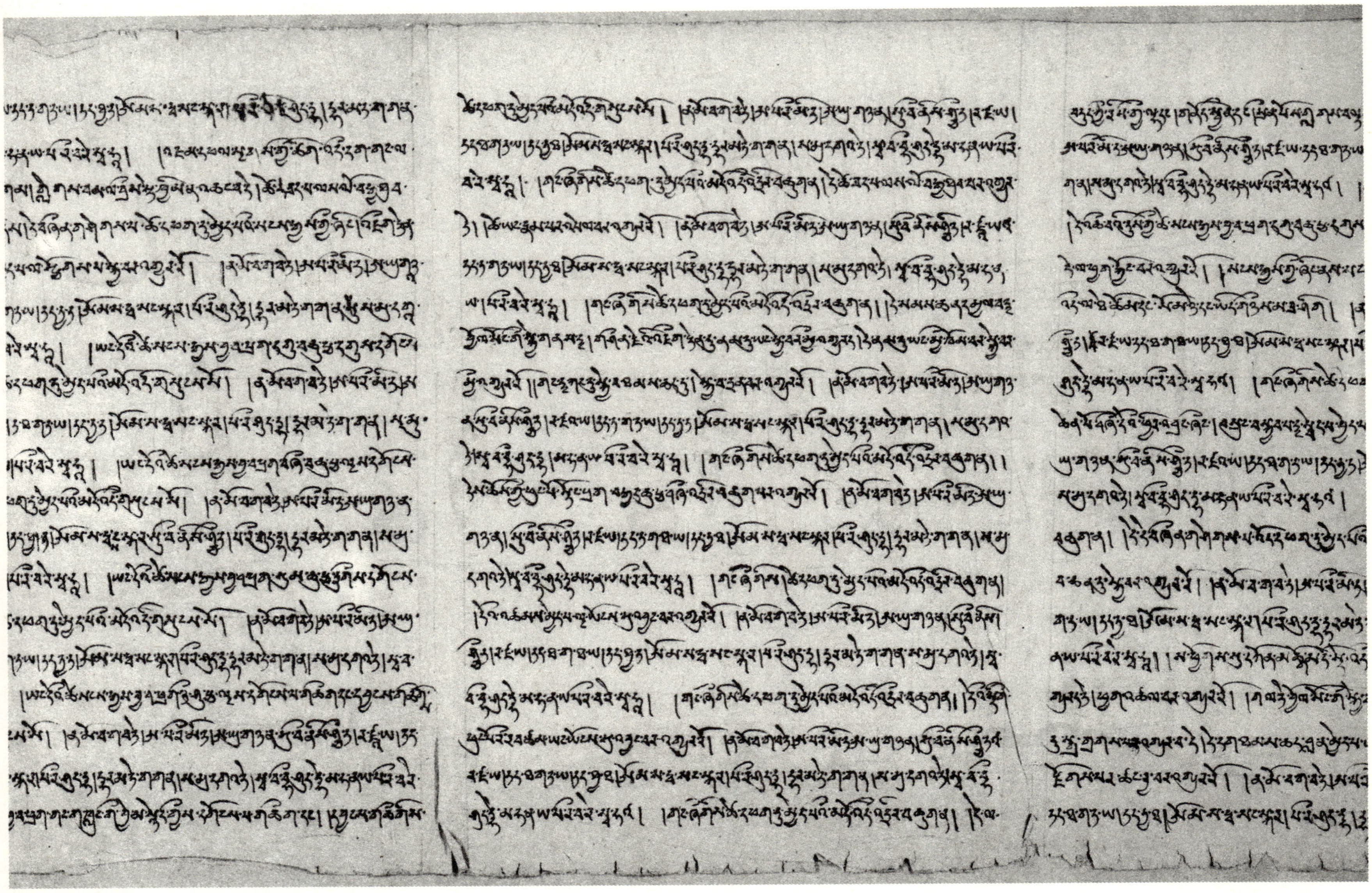

BD15284 號　藏文（無量壽宗要經）　（6–3）

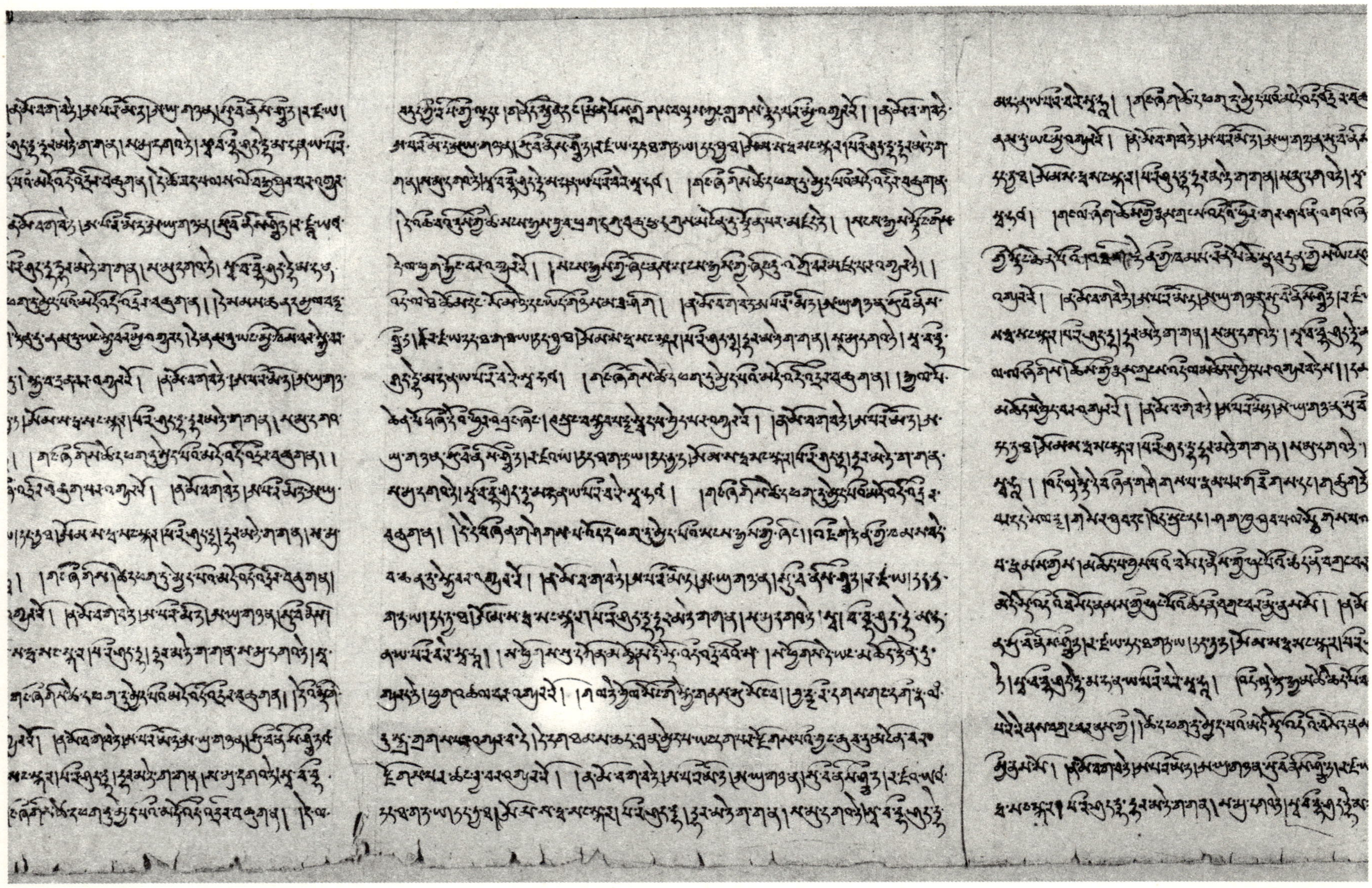

BD15284 號　藏文（無量壽宗要經）　（6–4）

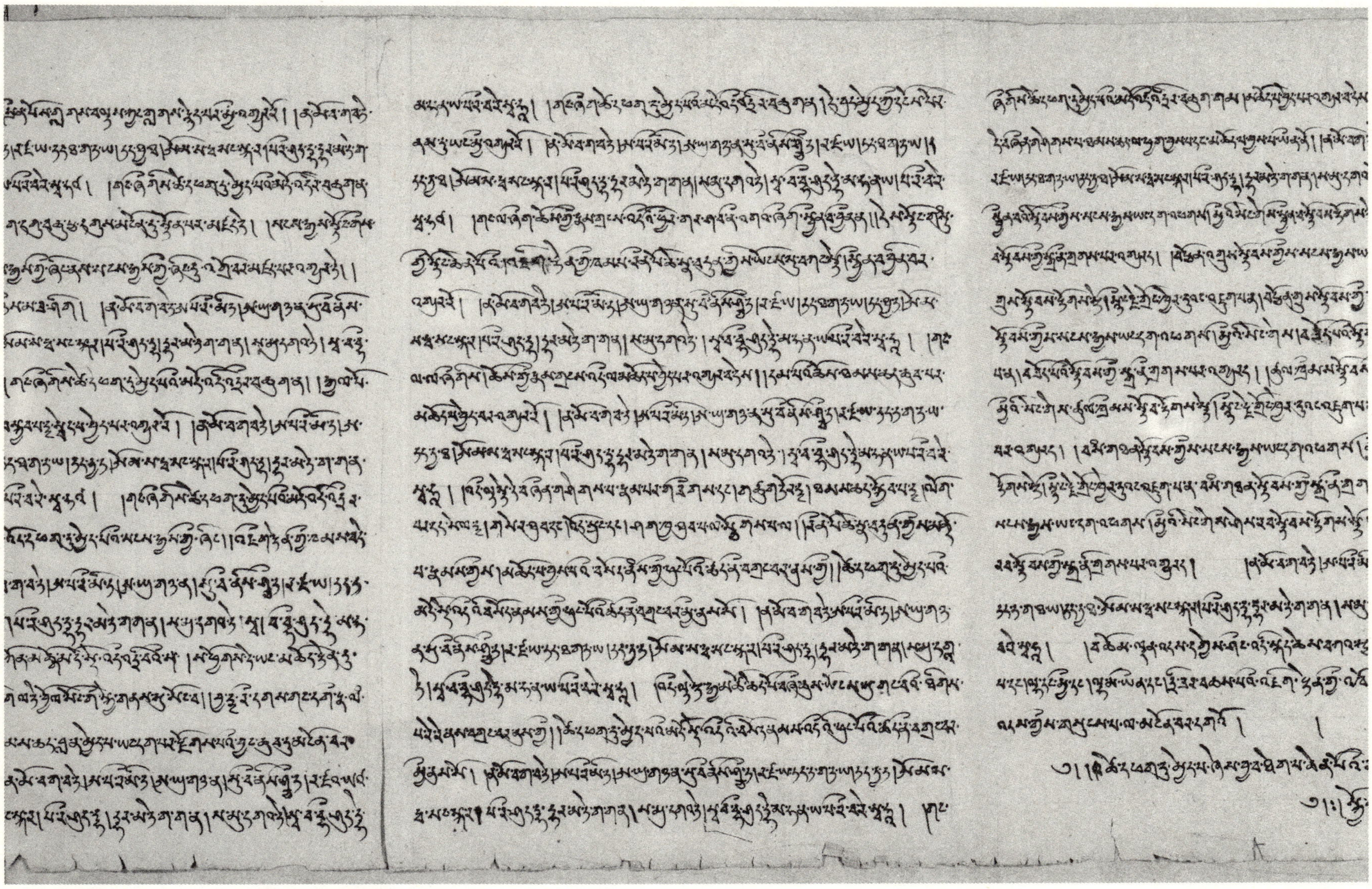

BD15284 號　藏文（無量壽宗要經）　　（6–5）

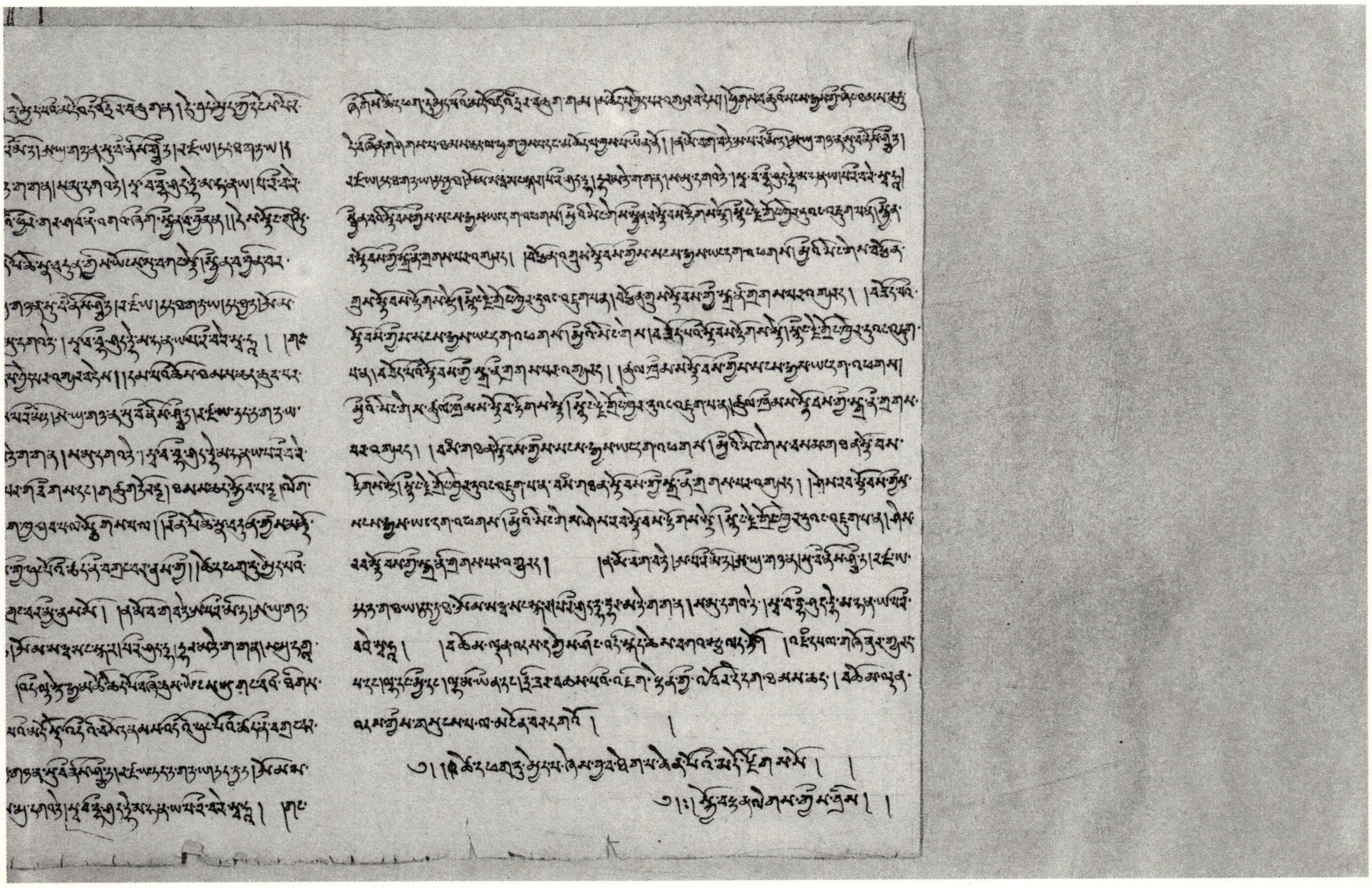

BD15284 號　藏文（無量壽宗要經）　　（6–6）

BD15284 號背　勘記　　　　（1–1）

BD15285 號背　護首　　　　（1–1）

BD15285 號　勝天王般若波羅蜜經卷六　　（9–1）

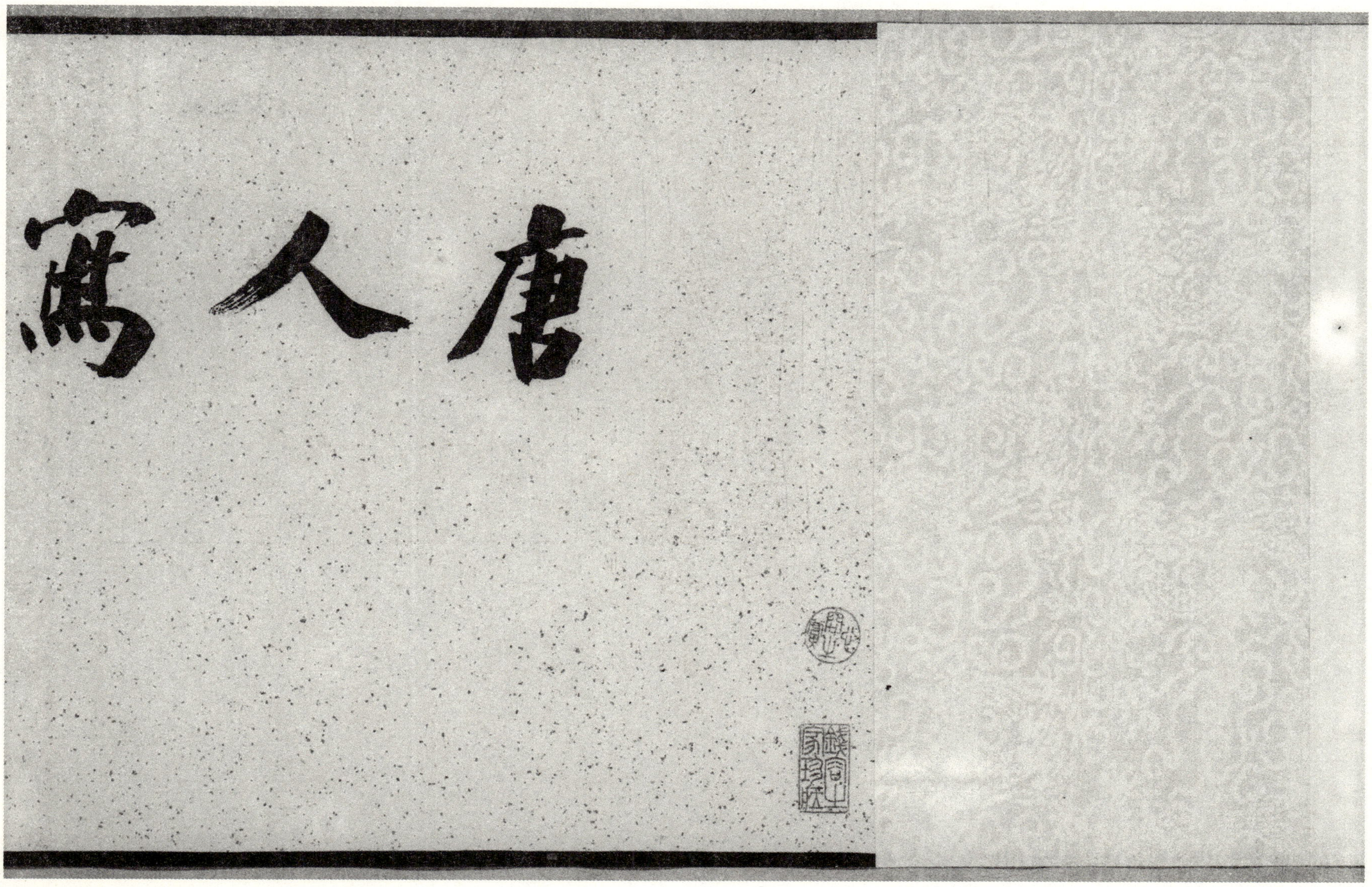

BD15285 號　勝天王般若波羅蜜經卷六　　（9–2）

唐人寫經殘卷

BD15285 號　勝天王般若波羅蜜經卷六　　（9–3）

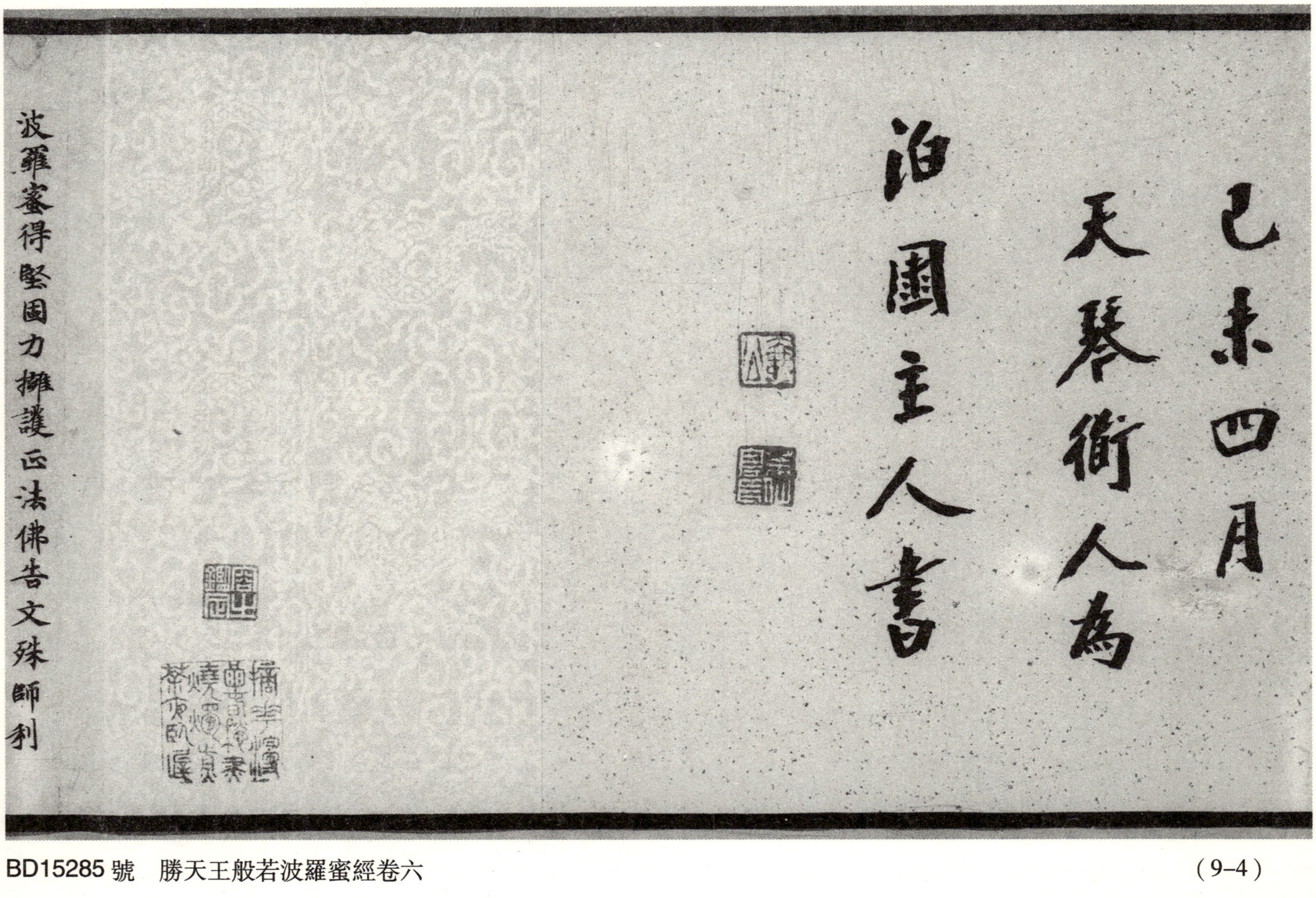
己未四月
天琴衙人為
泊園主人書

波羅蜜得堅固力擁護正法佛告文殊師利

BD15285 號　勝天王般若波羅蜜經卷六　　（9–4）

波羅蜜得堅固力擁護正法佛告文殊師利
菩薩言善男子菩薩摩訶薩寧棄身命不捨
正法於他卑恭不起憍慢无勢力人之所恥
辱其心能忍飢渴衆生即便惠施寒勝飲食
在厄難者施其无畏於諸疾病如法療治貧
窮衆生令豐財寶諸佛塔廟白灰泥塗惡事
則掩先揚善事苦惚衆生則施安樂文殊師
利菩薩摩訶薩行般若波羅蜜脩如是行得
堅固力擁護正法文殊師利菩薩白佛言世
尊菩薩摩訶薩行般若波羅蜜云何能調伏
心佛告文殊師利菩薩言菩薩摩訶薩行般
若波羅蜜不濫他事先思後行心性調直離
諂曲行不自矜高意常柔軟文殊師利菩薩
摩訶薩如是行者能調伏心文殊師利菩
薩白佛言世尊菩薩摩訶薩行般若波羅蜜
脩是等行當生何道佛告文殊師利菩薩言
菩薩摩訶薩如是行般若波羅蜜者或生
天中或生人中若生天中則為帝釋值佛出
世或大梵王娑婆國主值佛出世若生人中
作轉輪聖王長者居士值佛出世文殊師利

BD15285號　勝天王般若波羅蜜經卷六　（9-5）

世或大梵王娑婆國主值佛出世若生人中
作轉輪聖王長者居士值佛出世文殊師利
菩薩摩訶薩調伏心行得如是生文殊師利
菩薩白佛言世尊正信流出何法佛告文師
師利菩薩正信流出得善知識世尊布施流
出何法佛言流出大富世尊多聞流出何法
佛言流出般若世尊戒流出何法佛言流出
一切善道世尊忍辱流出何法佛言流出容
受衆生世尊精進流出何法佛言能成就一
切佛法世尊思惟流出何法佛言流出寂靜
世尊般若流出何法佛言般若流出離一切
煩惱世尊聽法流出何法佛言流出遠離疑
網世尊如法問流出何法佛言流出決定智
世尊住寂靜流出何法佛言流出禪定及諸
神通世尊正脩流出何法佛言流出厭離道
世尊无常聲流出何法佛言流出无所攝護
世尊苦聲流出何法佛言流出无生世尊无
我聲流出何法佛言流出滅我我所世尊空
聲流出何法佛言流出寂靜世尊正念流出
何法佛言流出聖正見世尊身心離流出何
法佛言流出三昧神通世尊聖道流出何法
佛言流出聖果世尊信樂流出何法佛言流
出成就諸解脫世尊佛生流出何法佛言流
出一切助菩提法尒時勝天王白佛言世尊

BD15285號　勝天王般若波羅蜜經卷六　（9-6）

出成就諸解脫世尊佛生流出何法佛言流
出一切助菩提法尒時勝天王白佛言世尊
云何佛生佛告勝天王言如發菩提心世尊云
何發菩提心佛言大王如生大悲世尊云何
生大悲佛言不捨一切衆生世尊云何不捨
一切衆生佛言如不捨三寶世尊誰不捨三
寶佛言无煩惱者尒時勝天王白佛言希有
世尊希有脩伽陁諸佛世尊如是秘密甚深
微妙常說一切法空无生无滅寂靜不破所
脩善惡果報遠離斷常世尊於世界中頗有
衆生聞如是法不起正信敬重之心生毀謗
不世尊是等衆生過去之世因由善業得受
人身親近惡知識故不信如是甚深之法則
為孤負過去善業諸佛世尊恩德深重假使
自割身肉出血供養如來亦不能報以佛恩
故我等今日增長善根得大法樂住大自在
世尊菩薩摩訶薩行般若波羅蜜應知佛
恩近善知識當學佛行令得佛果說是法時
衆中二万五千菩薩得无生法忍四万五千人
天發阿耨多羅三藐三菩提心一万二千天
子得遠塵離垢法眼淨

BD15285號　勝天王般若波羅蜜經卷六　（9–7）

子得遠塵離垢法眼淨

此号雖是殘本而字體精整
寬博猶是晉賢遺軌
少公屬由本際經並加題識兩
本互勘彼本落筆奮迅時
形率略此則分行布白筆筆

BD15285號　勝天王般若波羅蜜經卷六　（9–8）

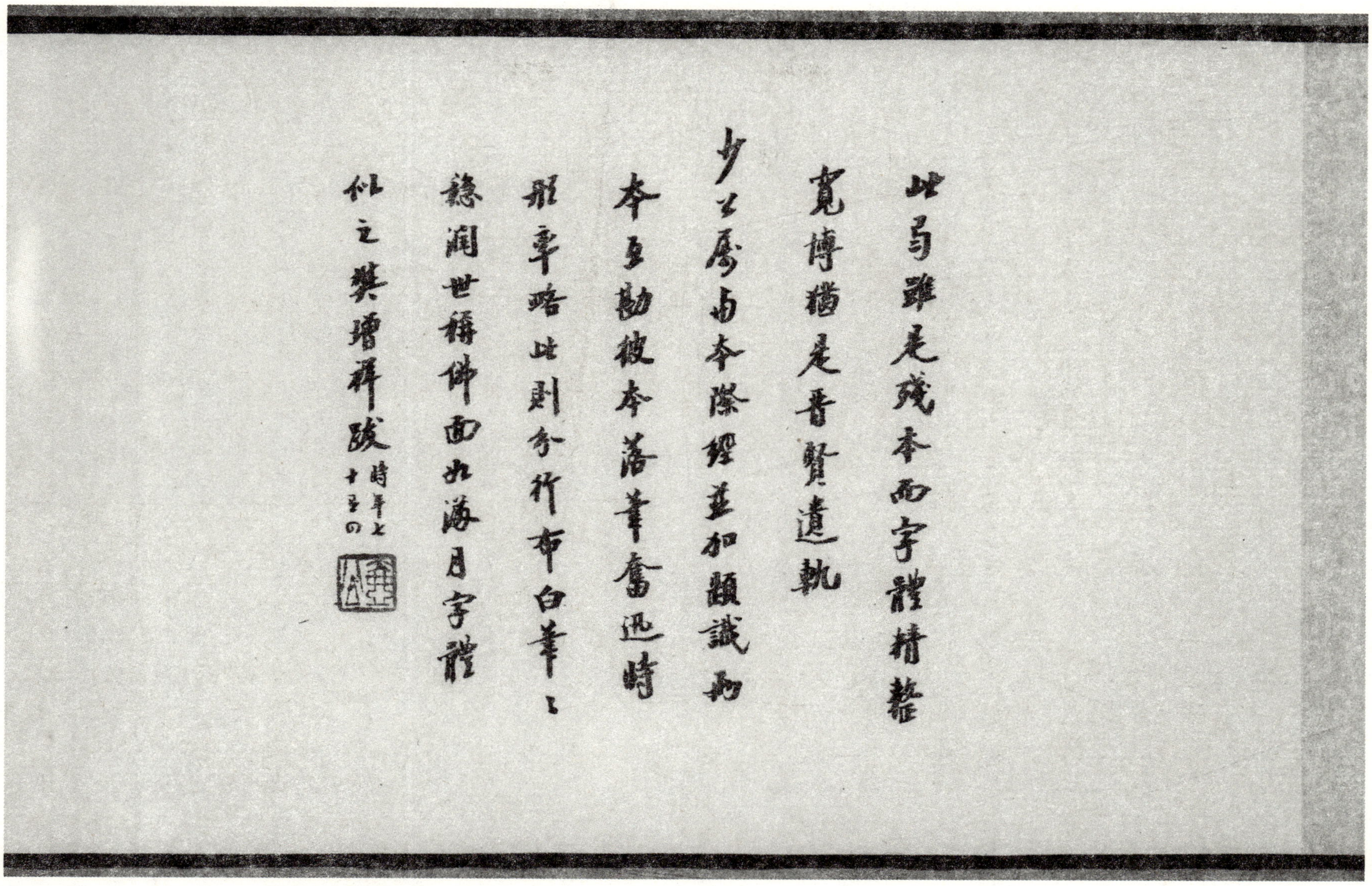

此卷雖是殘本而字體精整
寬博猶是晉賢遺軌
步亡屬由本際經並加題識而
本多勸被本落筆奮迅時
形率略此則分行布白筆筆
穩潤世稱佛面如海月字體
似之　樊增祥跋　時年七十有四

BD15285 號　勝天王般若波羅蜜經卷六　　　　（9–9）

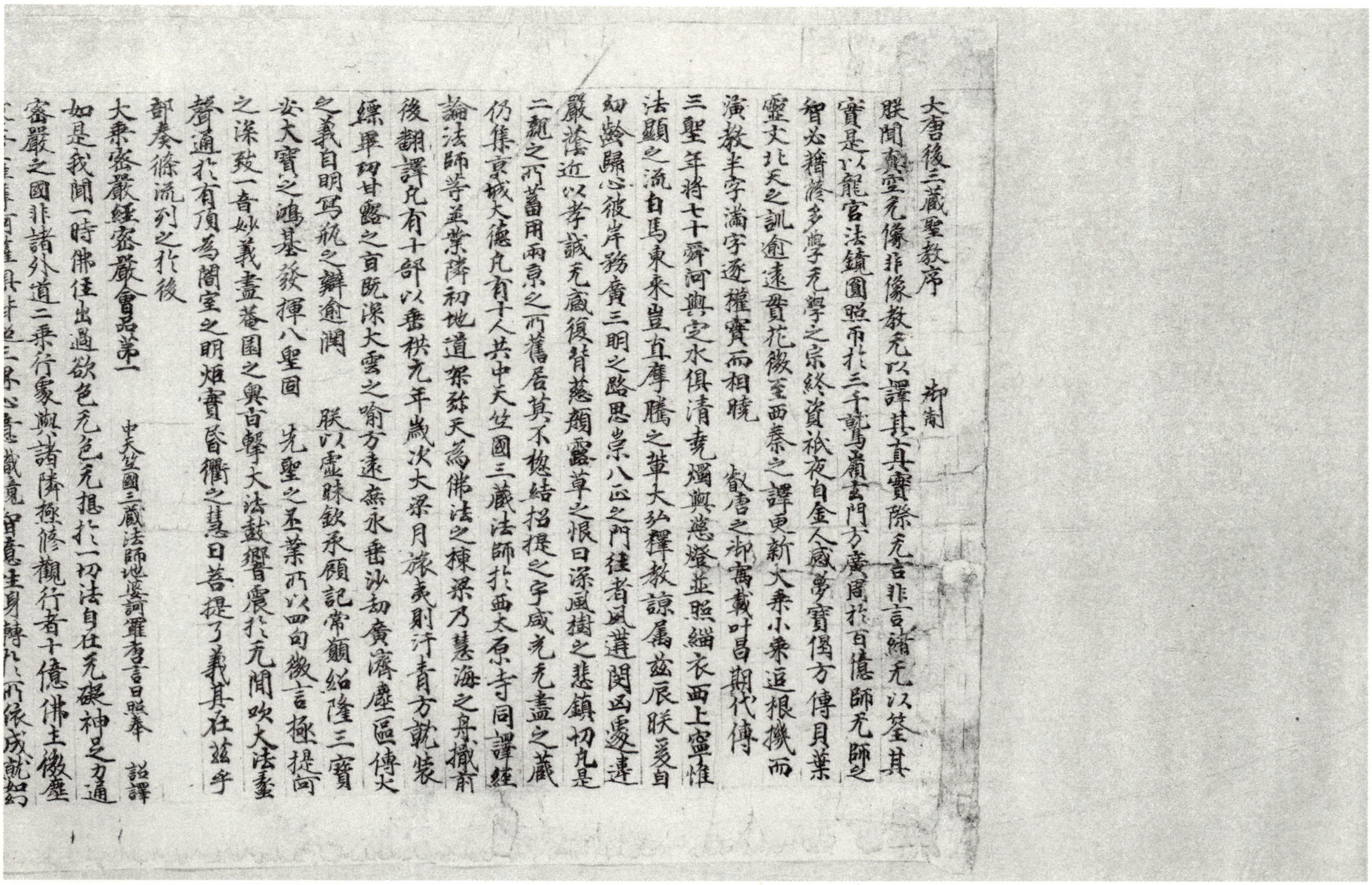

大唐後三藏聖教序　　御製
朕聞真空无像非像教无以譯其真實際无言非言繕无以筌其
實是以龍宮法鏡圓照而於三千鷲嶺玄門方廣周於百億師无師之
智必藉淺多學无學之宗終資祇夜自金人感夢寶偈方傳貝葉
靈文北天之訓逾遠覺花微至西秦之譯更新大乘小乘逗根機而
演教半字滿字逐權實而相曉　　睿唐之御寓載叶昌期代傳
三聖年將七十舜河與定水俱清堯燭與慈燈並照緇衣西上寧惟
法顯之流白馬東來豈直摩騰之輩大弘釋教諒屬茲辰朕爰自
幼齡歸心彼岸務廣三明之路思崇八正之門往者風遵閱函邊遠
嚴蔭近以孝誠无感復背慈顏露草之恨日深風樹之悲鎮切凡是
二親之所蓄用兩京之所舊居莫不樹結招提之字咸充无盡之藏
仍集京城大德凡有十人共中天竺國三藏法師於西太原寺同譯經
論法師等並業隣初地道探弥天爲佛法之棟梁乃慧海之舟檝前
後翻譯凡有十部以垂拱元年歲次大梁月旅夷則汗青方就裝
縹畢功甘露之旨既深大雲之喻方遠燕永垂沙劫廣濟塵區傳大
之義自明寫瓶之辯逾潤　朕以虛昧欽承顧記常願紹隆三寶
安大寶之鴻基發揮八聖固　先聖之丕業所以四句微言極提向
之深致一音妙義盡菴園之奧旨擊大法鼓響震於无間吹大法蠡
聲通於有頂爲闇室之明炬實昏衢之慧日菩提了義其在茲乎
部奏條流列之於後
大乘密嚴經密嚴會品第一　　中天竺國三藏法師地婆訶羅唐言日照奉　詔譯
如是我聞一時佛住出過欲色无色无想於一切法自在无礙神足力通
密嚴之國非諸外道二乘行處與諸隣極修觀行者十億佛土微塵
[illegible]識境智意生身轉所依成就如幻

BD15286 號 1　大唐後三藏聖教序　　　　（34–1）

大乘密嚴經密嚴會品第一　　中天竺國三藏法師地婆訶羅唐言日照奉　詔譯
如是我聞一時佛住出過欲色無色無想於一切法自在無礙神足力通
密嚴之國非諸外道二乘行處與諸修觀行者十億佛土微塵
數菩薩摩訶薩俱皆超三界心意識境智意生身轉於所依成就如幻
首楞嚴法雲三昧處離諸有蓮花之宮為無量佛手灌其頂其
名曰摧異論菩薩大慧菩薩如實見菩薩持進菩薩解脫月菩薩
觀自在菩薩得大勢菩薩神通王菩薩文殊師利菩薩金剛藏菩
薩如是等菩薩摩訶薩而為上首尒時如來應正等覺從證自
智境現法樂住神通辯才無礙現衆色像三昧而起出虹電光妙
莊嚴殿與諸菩薩入於無垢月藏殿中昇密嚴場師子之座諸菩薩
衆亦皆隨坐衆坐已定於時世尊四方周顧從眉間出清淨光明名瑩
珠莊嚴有無量光周帀交暎成光明網是光明網流照之時一切佛土
莊嚴之相分明顯現如一佛土餘諸佛土嚴飾細妙同於微塵密嚴佛
土超諸佛國無有日月及諸星宿如無為性不同微塵此密嚴中諸佛
菩薩并餘國土來此會者皆如涅槃虛空及非擇滅
尒時世尊現諸國土及佛菩薩勝功德已復以佛眼遍視十方諸菩
薩衆謂如實見菩薩言如實見今此國土名為密嚴是中菩薩從
色無色無想之處以三昧力生智慧火焚燒色愛及以無明轉所依
止而得智定意生之身神足力通以為嚴飾無穀隟光胄體如日月虹
電螢金明珠鵰鷲珊瑚訶利多羅占波迦孔雀花月鏡中之像住於諸
地淨有漏因三昧自在十究竟願及以迴向殊妙身而來住此尒時實
見菩薩在大衆中即從座起偏袒右肩右膝著地曲躬合掌白佛言世
尊我於今者欲有所問唯願如來哀許為說佛告之言善哉善哉
恣汝所問當為開演時如實見即白佛言世尊唯此佛土出過欲色
無色無想衆生界耶佛言善男子上方去此過百億佛國有梵音
佛土娑羅樹王佛土星宿王佛土過如是國復有無量百千國土廣
博殊麗種種莊嚴彼中諸佛咸為菩薩說現法樂住內證智境
離諸分別真如實際大涅槃界究竟之法是故當知此佛土外有如
是等無量佛國如實見非唯汝今於佛國土菩薩衆會心生疑惑
請問如來此有菩薩名曰持進曾於佛所生疑惑心便以神通力昇
於上方過百千億乃至如恒河沙諸佛世界不能一見如來之頂生
希有念佛菩薩不可思議還娑婆世界舍衛城中至於我所悔謝
已過歎佛無邊猶如虛空住內證境來密嚴國

BD15286 號 2　大乘密嚴經（地婆訶羅本）卷上　（34–2）

是等無量佛國如實見非唯汝今於佛國土菩薩衆會心生疑惑
請問如來此有菩薩名曰持進曾於佛所生疑惑心便以神通力昇
於上方過百千億乃至如恒河沙諸佛世界不能一見如來之頂生
希有念佛菩薩不可思議還娑婆世界舍衛城中至於我所悔謝
已過歎佛無邊猶如虛空住內證境來密嚴國
尒時會中金剛藏菩薩摩訶薩善能演說諸地之相微妙決定盡
其源底從座而起偏袒右肩右膝著地曲躬合掌白佛言世尊我
於如來應正等覺所欲問少法願佛慈哀為我宣示佛言金剛藏
汝於我所欲有所問如來應正等覺當順汝心為汝開演
尒時金剛藏菩薩摩訶薩蒙佛許已即白佛言世尊佛菩提者
是何句義所覺是何請說第一義境示法性佛除去來今在行增著
色相之見及取著外論行分別境起微塵勝性自在時方虛空我
意根境和合如是諸見復有計著無明愛業眼色與明是時復有
計著無明愛業緇及作意如是等法而為因緣等無間緣所緣緣
增上緣和合生識虛妄億度起有無等種種言論此法之中復有
諸人於蘊衆生隨空性見為斷如是妄分別覺唯願世尊說離五
種識所知相能於諸法最自在者佛大菩提所覺如義令得聞者如
其了悟所知五種而成正覺
尒時佛告金剛藏菩薩摩訶薩言善哉善哉金剛藏十地自在超
分別境有大聰慧能欲顯示法性佛種最上瑜祇非唯汝今於佛
菩提所覺之義生希有念請問於我有賢幼等無量菩薩咸於
此義生希有心種種思惟而求佛體如來者是何句義為色是如
來耶異色是如來乎如是於蘊界處諸行之中內外循求不見如來
皆是所作滅壞法故以智定意審諦觀察乃至分析至於微塵皆
悉不見蘊處鄙故如來者常法身故善哉佛子汝能善入甚深法
界諦聽諦聽善思念之當為汝說金剛藏菩薩摩訶薩唯然受教
佛言善男子金剛三昧藏勝自在者如來非蘊亦不異蘊非依蘊非
不依蘊非生非滅非智非所知非根非境何以故蘊界處諸根境等皆
麁鄙故不應住內不應住外而見如來善男子色無覺知無有思慮
生已必滅同於草木瓦石之類微塵集成如水聚沫受以二法和合而
生猶如浮泡瓶衣等想亦二和合因緣所生如熱時焰餅如盛熱地氣
蒸涌照以日光如水波浪諸鳥獸等為渴所逼遠而見之生真水解
想亦如是無有體性虛妄不實分別智者如有性見各別體相名
字可得[illegible]如兔角石女兒等但有假名[illegible]

BD15286 號 2　大乘密嚴經（地婆訶羅本）卷上　（34–3）

生已必滅同於草木瓦石之類微塵集成如水聚沫受以二法和合而
生猶如浮泡瓶衣等想亦二和合因緣所生如熱時燄譬如盛熱地氣
蒸涌照以日光如水波浪諸鳥獸等爲渴所逼遠而見之生真水解
想亦如是无有體性虛妄不實分別智者如有性見各別體相名
字可得定者審觀猶如兎角石女兒等但有假名初无實義如夢
中色唯想妄見寤即非有无明夢中見男女等種種之色成於正覺
即无所見譬如芭蕉皮葉既除中无有實行亦如是離於身境即无體
性識亦如是幻事虛爲不實譬如幻師若幻師弟子以草木等物幻
作於人及諸像馬種種形體具足莊嚴愚幻貪求非明智者識亦
如是依餘而住而興分別謂能所取二種而生若自了知即皆轉滅是
故无體同於幻事金剛藏如來常住恒不變易是脩念佛觀行之境
名如來藏猶如虛空不可壞滅名涅槃界亦名法界過現未來諸佛
世尊皆隨順此而宣說故如來出世不出世間此性常在名法住性亦
名法尼夜摩性金剛藏云何名爲尼夜摩後有諸惡此皆離故又此
三昧能決定除後有諸惡以如是義名尼夜摩若有住此三昧之者
於諸衆生心无顧戀證於實際及以涅槃猶如熱鐵投清冷水故
諸菩薩捨而不證近住而已常爲衆生而作利益不捨精進大悲諸
度不斷佛種不行外道二乘之徑如大力爲不爲三昧沉湎所溺心
不味著識之境界趣佛法門恒无退轉以究竟慧入佛法身開
顯如來廣大威德當成正覺轉妙法輪智境衆色而爲資用入如
來定遊涅槃境漸次脩行超第八地善巧積習乃至法雲資用如來
廣大威德住於諸佛内證之地与无功用三昧相應遍遊十方不動本
處而恒依止密嚴佛國轉於所依智定意身力通自在皆得具足
譬如空月影遍衆水佛亦如是化形普降於諸世間隨衆生心所樂
不同皆使蒙益无空見者復令當詣密嚴佛國如其性欲而漸開
誘爲說一切欲界天王自在菩薩摩尼宮等諸安樂處乃至諸地
次第十方佛土功德莊嚴盡於未來隨機應現如日持呪安繕那
藥及諸靈仙宮殿之神與人同止而不可見如來變化所爲事畢住
於真身晦而不現亦復如是尒時世尊而說偈言
根藴如地聚　境界緣所觸　癡愛業滋生　衆習纏難解　心及諸心法　動慮恒不安
覺觀所纏繞　如龍若蘊結　瞋毒從此興　譬如炎盛火　諸修觀行者　爲捨衆瀑法
於此常諦觀　一心而不亂　譬如虛空中　无樹而有影　風獵無鳥跡　此見甚爲難
能造及所造　色與非色法　於彼見如來　其難亦如是　真如實際等　及諸佛體性

BD15286 號 2　大乘密嚴經（地婆訶羅本）卷上　（34–4）

於真身晦而不現亦復如是尒時世尊而說偈言
根藴如地聚　境界緣所觸　癡愛業滋生　衆習纏難解　心及諸心法　動慮恒不安
覺觀所纏繞　如龍若蘊結　瞋毒從此興　譬如炎盛火　諸修觀行者　爲捨衆瀑法
於此常諦觀　一心而不亂　譬如虛空中　无樹而有影　風獵無鳥跡　此見甚爲難
能造及所造　色與非色法　於彼見如來　其難亦如是　真如實際等　及諸佛體性
内證之所行　超諸語言境　涅槃名爲佛　佛亦名涅槃　離諸分別想　云何而可見
砂末於金鑛　鑛中不見金　智者巧融鍊　真金方乃顯　分別於諸色　乃至爲微塵
及析求諸藴　若一若異性　佛體不可見　亦非无有佛　定者觀如來　三十二相具
普樂等衆事　施作皆明顯　是故不應說　如來定是无
三昧一緣佛　善曰善根佛　一切世勝佛　及正等覺佛　如是五種佛　所餘皆變化
三十二勝佛　如來藏具有　是故佛非无　定者能觀見　出過於三界　无量諸佛國
如來微妙剎　淨佛子充滿　禪慧互相資　以成堅固性　遊於密嚴土　思惟佛威德
密嚴中之人　一切同於佛　超過剎那壞　恒遊三昧中　世尊有大定　湛然而正受
相好諸功德　内外以莊嚴　衆謂佛化身　從於兜率降　佛常密嚴住　爲現從其國
住真而正受　隨緣衆像生　如月在虛空　影鑒於諸水　如摩尼衆影　色合而明現
如來住正定　現影亦復然　譬如形與像　非一亦非異　如是勝丈夫　成於諸事業
非微塵勝性　非時非自在　亦非餘緣等　而作於世間　如來以因性　莊嚴其果體
隨世之所應　種種皆明現　遊戲於三昧　内外无不爲　山河及林野　朋友諸眷屬
衆星與日月　旼鏡而垂烏　如是諸世間　身中盡包納　復置於掌内　散擲如芥子
佛於定自在　牟尼最勝尊　无能作世間　唯佛之所化　盲闇无智者　馳流妄分別
計著於有无　若我及非我　或言一切壞　或言少分滅　如是諸人等　常自害其身
云何於此中　而生是諸見　佛是遍三界　觀行之大師　觀世如乾城　所作衆事業
亦如夢中色　渴獸所求水　因於種種業　風繩而進退　佛於方便中　自在知覺者
譬如工巧匠　善守於機發　亦如海船師　執柂而搖動
如來最微妙　寂静无有邊　超諸有善根　淨根之所證　是修行定者　微妙定所依
一切觀行人　明了心中住　佛體最清淨　非有亦非无　遠離於根量　及以能所覺
妙智相應心　最上之境界　知相皆无相　是即見如來　破諸煩惱心　不著於三昧
住於无漏路　一切皆无漏　諸天乾闥婆　阿脩緊那羅　仙人及外道　讚歎而供養
於彼不貪求　而興世間業　以住本清淨　相應妙理中　天人等見者　變化之所作
佛非彼此現　而同於日月　住於圓應道　現除諸貢高　異學各不同　隨所而攝御
種種衆法智　王論三毗陁　悉是諸如來　定力持而說　國王王臣等　乃至山林處
所有諸儀則　皆從佛出生　十方衆寶藏　出生清淨寶　悉是天中天　自在威神故
一切三界中　有諸明智者　種種方便業　因佛而成就　現從兜率降　婇女衆圍遶

BD15286 號 2　大乘密嚴經（地婆訶羅本）卷上　（34–5）

佛非彼此現 而同於日月 住於圓應道 現除諸言高 異學各不同 隨所而攝御
種種衆法智 王論三毗陀 悉是諸如來 定力持而說 國王王臣等 乃至山林處
所有諸儀則 皆從佛出生 十方衆寶藏 出生清淨寶 悉是天中天 自在威神故
一切三界中 有諸明智者 種種方便業 因佛而成就 現從兜率降 婇女衆圍遶
歌舞共歡娛 日夜常遊集 或如堅利智 舍利波尼王 執世之直繩 與奪而招放
雖於一切處 現為明智者 而在密嚴中 寂然無動作 此大牟尼境 凡愚異分別
譬如翳目人 亦猶衆渴獸 如世觀於幻 夢中諸所取 天中天境界 佛子見其真
如是觀行人 如從於睡覺 那羅與伊舍 梵天婆豆那 難陀鳩摩羅 劫比首迦等
處定而思審 於此常迷惑 去來現在世 一切諸牟尼 習氣覆於心 亦所不能見
善哉金剛藏 普行諸地中 復以佛威神 而居密嚴土 是汝之境界 我今為汝說
或有妄分別 勝性與微塵 如工作諸物 種種諸形相 生唯是法生 滅亦唯法滅
妄計一切物 細塵能造作 因能了於果 譬如燈照物 先不得其相 後壞亦復然
非於過去中 有體而可得 未來亦如是 離緣無有性 一一諸緣內 遍求無有體
不見性有無 亦無無有見 於蘊瓶衣等 微細而分別 三百有六十 邪宗壞道
往來生死中 無有涅槃法

大乘密嚴經妙身生品第二

尒時如實見菩薩有大威力世中自在其身妙好上服莊嚴在於佛前從
座而立曲躬合掌一心恭敬向金剛藏菩薩摩訶薩而作是言尊者善
能通達自智之境現法樂住於三乘世間心得無違為大定師於定自
在能隨順說諸地之相常在一切佛國土中為諸上首演深妙法是故我
今勸請尊者說諸聖人不隨他行現法樂住內證之境令我及餘諸
菩薩衆得見斯法安樂修行趣於佛地獲意生身及言說身力通自
在皆得具足轉所依止不住實際如衆彩摩尼現諸色像於一切佛
國說密嚴行金剛藏菩薩摩訶薩言善哉仁主能請我入於密嚴無我
之法仁主先應覺了諸分別境是心之相於境界中捨諸分別仁主
一切世間是分別見見世間體即於所緣而得三昧我今為汝開示彼
法王應善聽即說偈言

一切諸世間 譬如熱時焰 以諸不實相 無而妄分別 覺因所覺生 所覺依能現
離一則無二 譬如光共影 無心亦無境 量及所量事 但依於一心 如是而分別
能知所知法 唯依心妄計 若了所知無 能智即皆看 心為法自性 及之所圖
入於八地中 而彼得清淨 無地行禪定 十地大開覺 法水灌其頂 而成世所尊
法身無有盡 是佛之境界 究竟如虛空 心識亦如是 無盡無有壞 衆德以莊嚴
恒住不思議 密嚴諸佛土 譬如瓶破已 瓦因而顯現 瓦破顯於塵 塵析極微顯
如是因有漏 而成無漏法 如火燒盡木 復於餘處然 味於不動智 轉依離分
密嚴佛國中 如是而常現 不生衆品類 莫住於世間 捨於一切見 歸依此無我

BD15286 號 2　大乘密嚴經（地婆訶羅本）卷上　（34–6）

能知所知法 唯依心妄計 若了所知無 能智即皆看 心為法自性 及之所圖
入於八地中 而彼得清淨 無地行禪定 十地大開覺 法水灌其頂 而成世所尊
法身無有盡 是佛之境界 究竟如虛空 心識亦如是 無盡無有壞 衆德以莊嚴
恒住不思議 密嚴諸佛土 譬如瓶破已 瓦因而顯現 瓦破顯於塵 塵析極微顯
如是因有漏 而成無漏法 如火燒盡木 復於餘處然 味於不動智 轉依離分
別諸相續流 無生亦無壞 盡於一切見 歸依此無我 諸幻皆已息 寂住不思議
密嚴佛國中 如是而常現 不生衆品類 莫住於世間 捨於一切見 歸依此無我
淨於一切見 歸依此無我 世間種種法 本來無我性 非由轉壞無 及前之所見
如火焚薪已 自於是中滅 觀察於三界 無我智亦然 是名現法樂 聖人自智鏡
依此入諸地 淨除無始惡 捨離世所依 出世而安住 其心轉清淨 恒居密嚴土
尒時如實見菩薩及諸王衆俱作是言金剛自在我等今者咸欲歸依
願亦於我歸依之處於是金剛藏菩薩摩訶薩以偈答曰
佛體非是有 亦非無有佛 蘊樹已焚燒 魔軍咸退殄 住於如來地 密嚴之妙國
所覺見淨無垢 仁主可歸依 遠離諸分別 證於無處所 密嚴諸定者 仁主可歸依
密嚴勝淨剎 衆聖之依處 觀行者無滿 應歸此嚴國
尒時金剛藏菩薩摩訶薩說是語已復告如實見菩薩言仁主已得住地
諸觀行者觀一切世間如繢像中而有高下如夢所見端正女色如石女人
忽夢己身誕育於子如乾闥婆城內諸所施為如旋火成輪如空中雲
亦如幻化所作人馬等形樹林花果如浮雲之影如奔電之光皆是虛僞非
真實有分別所成猶工造器仁主世間衆生習氣覆心生種種戲論意
與意識及餘識相續而轉五法三性二種無我恒共相應譬如瀑流為風
所擊起諸波浪浪起相尋而流不息阿賴耶識在於世間亦復如是無始
習氣猶如瀑流為境界風之所飄動起諸識浪恒無斷絕仁主是八種心雖
無如是若干體異而隨緣漸起或一時生心生之時取諸境界亦有如是漸
頓差別若於屋宅及諸星宿軍衆山林枝葉花果如是等處多是一時
或次第取若在眠夢見昔所更或相念初生至于老死及算數衆物尋思
句義觀異文彩受好飲食於是境界次第了知或有一時頓取之者仁主
心性本淨不可思議是諸如來微妙之藏如金在礦意從心生餘六亦然如
是多種於世法中而為差別仁主阿賴耶識雖與能熏及諸心法乃至一切
染淨種子而同止住性恒明潔如來種性應知亦然定不定別體常住彼瀬
轉移阿賴耶識亦復如是諸地漸脩下中上別捨諸雜染而得明現於是
金剛藏菩薩摩訶薩復說偈言
善哉如實慧 於斯微妙法 從我已聽聞 心淨能開了 十方一切國 諸王衆會中
汝當隨所願 廣為其宣說 若人聞法已 漸淨阿賴耶 或作人中王 轉輪四天下

BD15286 號 2　大乘密嚴經（地婆訶羅本）卷上　（34–7）

轉移阿賴耶識亦復如是諸地漸修下中上別捨諸雜染而得明現於是
金剛藏菩薩摩訶薩復說偈言
善哉如實慧 於斯微妙法 從我已聽聞 心淨能開了 十方一切國 諸王眾會中
決定隨所願 當為其宣說 若人聞法已 漸淨阿賴耶 或作人中王 轉輪四天下
或復為帝釋 兜率須夜摩 乃至自在宮 而為欲天主 或為色界主 及生無色天
無想眾生中 受諸禪定樂 證真而不住 譬如師子乳 眾定皆自在 喜樂以相應
一心求密嚴 不染著三界 至於密嚴已 漸次而開覺 轉依獲安樂 寂靜常安住
無量諸師子 圍繞以莊嚴 為法自在王 眾中之最上 非如外道說 壞滅為涅槃
壞應同有為 無有復生過 十業上中下 三乘以出生 最上生密嚴 諸地轉增進
得解脫智慧 如來微妙身 云何說涅槃 是滅壞之法 涅槃若滅 眾生有終盡
眾生若有終 是亦有初際 應有非生法 而始作眾生 無有非眾生 而生眾生界
眾生界既盡 佛無餘緣法 是則無能覺 亦無有涅槃 妄計解脫者 而說於解脫
譬如種已燋 燈滅及薪盡 彼說解脫性 是壞有成無 於解脫妙樂 遠離不能證
遍處及諸禪 無色無想定 逆順而入出 力通皆自在 於彼不退還 亦不恒沉淺
當知諸法相 諸地得善巧 如是而莊嚴 而來密嚴國 若言解脫性 壞有以成無
斯人住諸有 畢竟不能出 亦壞三和合 因等四種緣 眼色及外緣 和合而生識
世間內外法 互力以相生 如是等眾義 一切皆違反 若知唯識現 離於心所得
分別不現前 亦不住其性 是時攀緣離 寂然心正受 捨於世間中 所取能取見
轉依離麁重 智慧不思議 十種意生身 眾妙為嚴飾 作三界之主 而來密嚴國
色心及心法 不相應無為 內外眾世間 諦觀無別異 如是諸智者 來於密嚴國
相名與分別 正智及如如 定者能明照 體性皆平等 入佛所讚揚 密嚴之淨國
若壞三和合 及以四種緣 不因於自宗 同諸妄分別 惡習分別者 彼之五種論
譬喻不成立 諸義皆相違 五種悉成過 惑亂於智眼 顛倒不顛倒 同異法斯壞
捨離於自宗 依止他宗法 初際等諸見 皆從滅壞生 大王應當知 眾生在諸有
如輪而運轉 初際不可得 如來以悲願 普應諸有緣 如淨月光明 無處不周遍
各觀其根性 隨宜而說法 涅槃若壞滅 佛有何切利 增上有三種 解脫亦復然
四諦及神足 念處無礙解 四緣無色住 根力及神通 覺支諸地等 有為無為法
乃至眾聖人 皆依識而有 苦法苦觀智 及苦隨生智 集智三亦然 滅道亦如是
如是十二種 名之為現觀 學人數有十 第八七返生 家家一往來 一間而滅度
中般與生般 有行及無行 上流於家處 然後般涅槃 如是一切種 諸智之所住
修行觀行人 下中上不同 菩薩增上修 功德最殊勝 十一與十二 乃至於十六
此諸修定者 復漸滅於心 所盡非是心 亦非心共住 未來心未生 未至故非有
心緣不和合 非此非彼生 第四禪無心 有因不能害 有因為諸識 意識及五種
妄想不自覺 猶如彼浪生 定者觀賴耶 離能所分別 微妙無所有 轉依常不壞

BD15286 號 2　大乘密嚴經（地婆訶羅本）卷上　（34–8）

中般與生般 有行及無行 上流於家處 然後般涅槃 如是一切種 諸智之所住
修行觀行人 下中上不同 菩薩增上修 功德最殊勝 十一與十二 乃至於十六
此諸修定者 復漸滅於心 所盡非是心 亦非心共住 未來心未生 未至故非有
心緣不和合 非此非彼生 第四禪無心 有因不能害 有因為諸識 意識及五種
妄想不自覺 猶如彼浪生 定者觀賴耶 離能所分別 微妙無所有 轉依常不壞
在密嚴中 如月恒明顯 密嚴諸智者 與佛常共俱 恒遊定境中 一味無差別
密嚴定者處 定力生於彼 是故應修習 相應妙定心 欲界有六天 梵摩十二處
無色及無想 一切諸地中 若生密嚴國 於彼為天主 欲求密嚴土 當修十種智
法智隨生智 世俗及他心 及苦集滅道 盡智無生智 仁者真實見 舍君羅[illegible]
與甘蔗月王 種姓無殊異 當求密嚴國 勿懷疑退心 如羊被牽拽 喘懼而前卻
意在於身中 似幻獸而住 亦如幻為樹 河中之葦荻 如王藏國究 運動諸身分
意及於意識 心心法共俱 譬如空中雲 共聚而無實 種子賴耶識 諸習所纏覆
譬如摩尼寶 隨緣現眾色 雖住眾生身 體淨而無垢 是決定種性 亦為大涅槃
名因於相生 相從因緣起 以諸形相故 而起於分別 分別從二因 外相心習氣
第七末那識 應知亦復然 諸根意緣會 發生於五識 心法共相應 如是身中住
正智常觀察 一切諸世間 從於如是因 而生彼諸果 真如非異此 諸法相生
與理相應心 明了而觀見 此即是諸法 究竟真實性 亦為妄所計 一切法不生
諸法性常空 非無亦非有 如幻及陽焰 乾城等眾物 種種諸形相 名句及文身
如是執著生 成於遍計性 根境意和合 熏習於成種 與心無別異 諸識從生
資於平因力 是謂依他起 內證真實智 現前所住法 即是說圓成 眾聖之境界
佛及諸弟子 證此名聖人 若人證斯法 即見於真際 習言生已盡 所作皆已立
所作莫不成 永離於諸有 解脫一切苦 滅除眾怖畏 生法二無我 若能明了知
普燒諸習氣 永斷於分別 從於無始來 戲論所積聚 無量眾過患 一切皆已除
譬如熱鐵團 熱去鐵無損 解脫者亦爾 惑盡而清涼 入於無漏界 密嚴之妙土
此土最微妙 非餘所能及 佛與諸菩薩 清淨之所居 三昧樂現前 以此而為食
欲生斯土者 當修真實觀 復為諸有緣 如理廣宣說 名生本於相 相起復從緣
種種諸分別 皆因相而有 根境瓶衣等 蘊法所合成 分別從此生 了知而離異
若動若非動 一切諸世間 皆因癡闇生 無實以為體 長短等諸色 音聲與香氣
甘苦堅滑等 意識之所緣 善與不善性 有為無為法 乃至於涅槃 斯為智之境
念念常遷轉 皆依識已生 譬如慈石力 吸鐵令迴轉 末那於藏識 當知亦復然
如蛇有二頭 各別為其業 染意亦如是 執取阿賴耶 能為我事業 增長於我所
復與意識俱 為依而轉謝 身中煖觸生 運動作諸業 飲食及衣服 隨事而受用
騰躍或歌舞 種種自歡娛 持諸眾生身 斯由意功力 如於夢所見 一切諸境界
起種種分別 不知唯自心 如人在空中 走索以娛戲 飄然不墜[illegible] 分別亦如是

BD15286 號 2　大乘密嚴經（地婆訶羅本）卷上　（34–9）

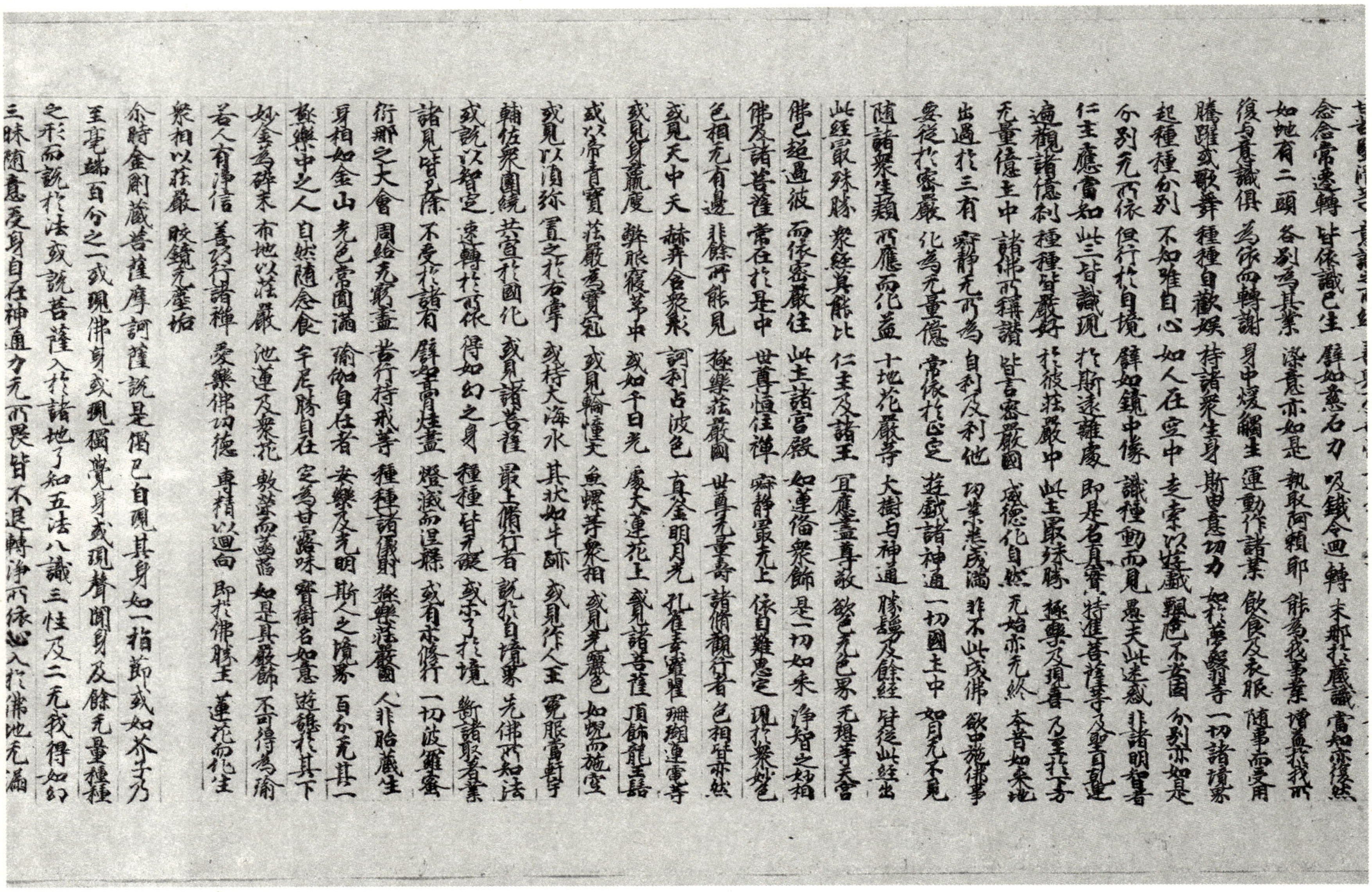

念念常遷轉　皆依識已生　譬如慈石力　吸鐵令迴轉　末那於藏識　當知亦復然
如虵有二頭　各別為其業　染意亦如是　執取阿賴耶　能為我事業　增長於我所
復与意識俱　為依而轉謝　身中煖觸生　運動作諸業　飲食及衣服　隨事而受用
騰躍或歌舞　種種自歡娛　持諸衆生身　斯由意功力　如於夢所覩　一切諸境界
起種種分別　不知唯自心　如人在空中　走索以遊戲　飄色不安固　分別亦如是
分別无所依　但行於自境　譬如鏡中像　識種動而見　愚夫此迷惑　非諸明智者
仁主應當知　此三皆識現　於斯遠離處　即是名真實　精進菩薩等　及聖自覺通
遍觀諸億剎　種種皆嚴好　於彼莊嚴中　此土最殊勝　極樂及現喜　乃至於下方
无量億土中　諸佛所稱讚　皆言密嚴國　威德化自然　无始亦无終　本昔如來地
出過於三有　寂靜无所為　自利及利他　功業悉成滿　非不此成佛　欲中施佛事
要從於密嚴　化為无量億　常依於正定　遊戲諸神通　一切國土中　如月无不見
隨諸衆生類　所應而化益　十地花嚴等　大樹与神通　勝鬘及餘經　皆從此經出
此經最殊勝　衆經莫能比　仁主及諸王　宜應盡尊敬　欲色无色界　无想等天宮
佛已超過彼　而依密嚴住　此土諸宮殿　如蓮備衆飾　是一切如來　淨智之妙相
佛及諸菩薩　常在於是中　世尊恒住禪　寂靜最无上　依自難思定　現於衆妙色
色相无有邊　非餘所能見　極樂莊嚴國　世尊无量壽　諸脩觀行者　色相皆亦然
或見天中天　赫奕含衆彩　訶利占波色　真金明月光　孔雀青蘿瞿　珊瑚蓮電等
或見身麁廣　龔眠寢其中　或如千日光　處大蓮花上　或見諸菩薩　頂飾龍王髻
或以帝青寶　莊嚴為寶冠　或見輪幢文　魚螺等衆相　或見光聚色　如蜆而施空
或見以須弥　置之於右掌　或持大海水　其狀如牛跡　或見作人王　冕服當軒宇
輔佐衆圍繞　共宣於國化　或見諸菩薩　最上脩行者　說於自境界　先佛所知法
或說以智定　遠轉於所依　得如幻之身　種種皆无礙　或示了於境　斷諸取著業
諸見皆已除　不受於諸有　譬如膏炷盡　燈滅而涅槃　或有求修行　一切波羅蜜
行那之大會　周給无窮盡　皆行持戒等　種種諸儀軌　極樂莊嚴國　人非胎藏生
身相如金山　光色常圓滿　瑜伽自在者　安樂及光明　斯人之境界　百分无其一
極樂中之人　自然隨念食　牟尼勝自在　定為甘露味　寶樹名如意　遊觀於其下
妙金為碎末　布地以莊嚴　池蓮及衆花　敷榮而蕃蓓　如是其嚴飾　不可得為喻
若人有淨信　善巧行諸禪　受樂佛功德　專精以迴向　即於佛勝土　蓮花而化生
衆相以莊嚴　眩鏡无塵垢
尒時金剛藏菩薩摩訶薩說是偈已自現其身如一指節或如芥子乃
至毫端百分之一或現佛身或現獨覺身或現聲聞身及餘无量種種
之形而說於法或說菩薩入於諸地了知五法八識三性及二无我得如幻
三昧隨意受身自在神通力无所畏皆不退轉淨所依心入於佛地无漏

BD15286 號 2　大乘密嚴經（地婆訶羅本）卷上　（34–10）

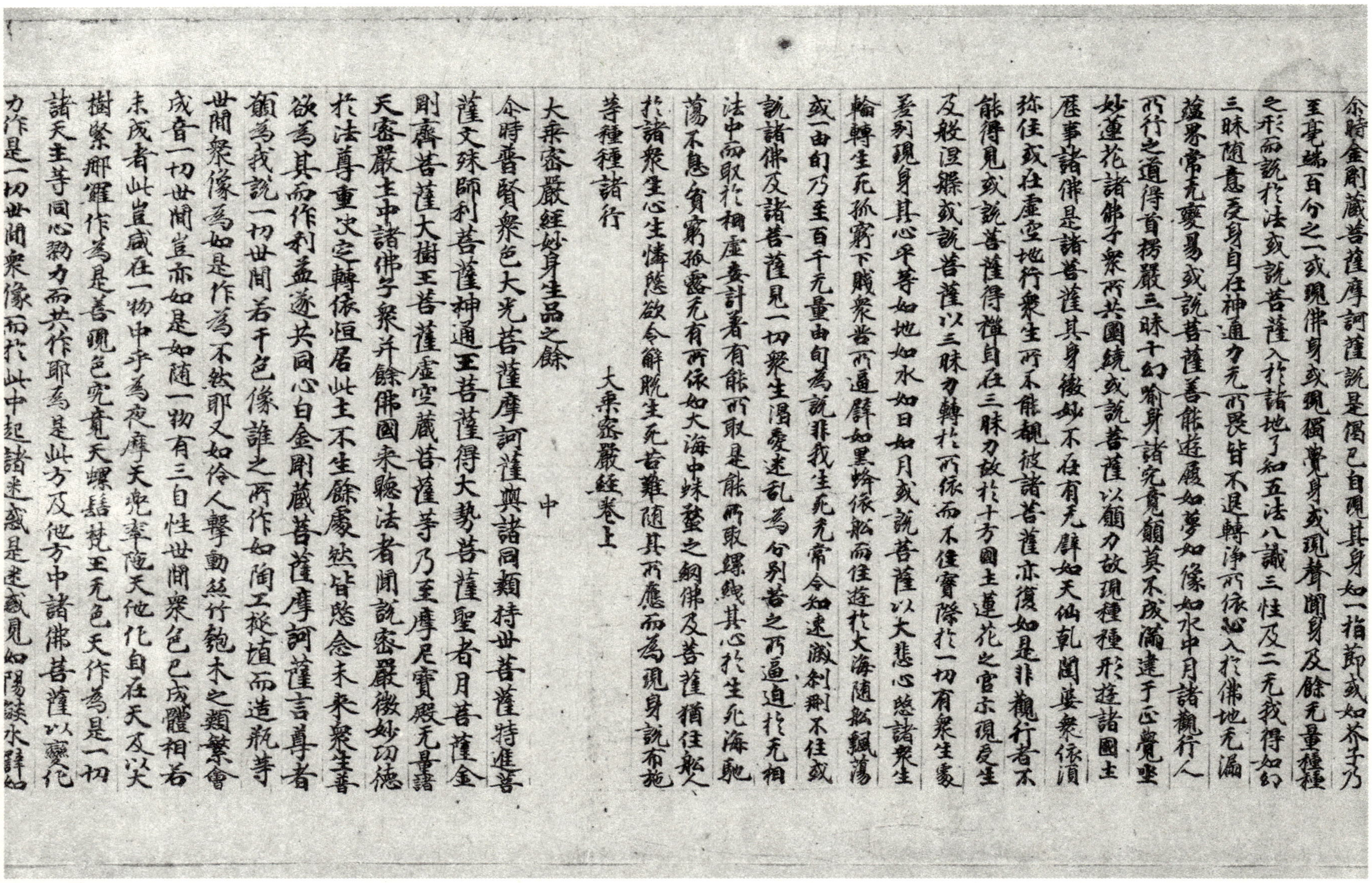

尒時金剛藏菩薩摩訶薩說是偈已自現其身如一指節或如芥子乃
至毫端百分之一或現佛身或現獨覺身或現聲聞身及餘无量種種
之形而說於法或說菩薩入於諸地了知五法八識三性及二无我得如幻
三昧隨意受身自在神通力无所畏皆不退轉淨所依心入於佛地无漏
蘊界常无變易或說菩薩善能遊履如夢如像如水中月諸觀行人
所行之道得首楞嚴三昧十幻喻身諸究竟願莫不成滿逮于正覺坐
妙蓮花諸佛子衆所共圍繞或說菩薩以願力故現種種形遊諸國土
歷事諸佛是諸菩薩其身微妙不在有无譬如天仙乾闥婆衆依須
弥住或在虛空地行衆生所不能覩彼諸菩薩亦復如是非觀行者不
能得見或說菩薩得禪自在三昧力故於十方國土蓮花之宮示現受生
及般涅槃或說菩薩以三昧力轉於所依而不住實際於一切有衆生處
差別現身其心平等如地如水如日如月或說菩薩以大悲心慜諸衆生
輪轉生死孤窮下賤衆苦所逼譬如黑蜂依船而住遊於大海隨船飄蕩
或一由旬乃至百千无量由旬為說非我生死无常令知速滅剎那不住或
說諸佛及諸菩薩見一切衆生渴愛迷亂為分別苦之所逼迫於无相
法中而取於相虛妄計著有能所取是能所取纏縛其心於生死海馳
蕩不息貧窮孤露无有所依如大海中蛛蝥之網佛及菩薩猶往船人
於諸衆生心生憐愍欲令解脫生死苦難隨其所應而為現身說布施
等種種諸行

大乘密嚴經卷上

大乘密嚴經妙身生品之餘　中

尒時普賢衆色大光菩薩摩訶薩與諸同類持世菩薩特進菩
薩文殊師利菩薩神通王菩薩得大勢菩薩聖者月菩薩金
剛藏菩薩大樹王菩薩虛空藏菩薩等乃至摩尼寶殿无量諸
天密嚴土中諸佛子衆并餘佛國來聽法者聞說密嚴微妙功德
於法尊重決定轉依恒居此土不生餘處然皆慜念未來衆生普
欲為其而作利益遂共同心白金剛藏菩薩摩訶薩言尊者
願為我說一切世間若干色像誰之所作如陶工埏埴而造瓶等
世間衆像為如是作為不然耶又如伶人擊動絲竹匏木之類繁會
成音一切世間豈亦如是如隨一物有三自性世間衆色已成體相若
未成者此豈藏在一物中乎為夜摩天兜率陀天他化自在天及以天
樹緊那羅作為是善現色究竟天螺髻梵王无色天作為是一切
諸天主等同心勠力而共作耶為是此方及他方中諸佛菩薩以變化
力作是一切世間衆像而於此中起諸迷惑是迷惑見如陽燄水譬如

BD15286 號 2　大乘密嚴經（地婆訶羅本）卷上　（34–11）
BD15286 號 3　大乘密嚴經（地婆訶羅本）卷中

成者一切世間豈亦如是如隨一物有三自性世間衆色已成體相若
未成者此豈咸在一物中乎爲夜摩天兜率陁天他化自在天及以大
樹緊那羅作爲是善現色究竟天螺髻梵王无色天作爲是一切
諸天主等同心勠力而共作耶爲是此方及他方中諸佛菩薩以變化
力作是一切世間衆像而於此中起諸迷惑是迷惑見如陽餤水譬如
瓶處爲德所依一切世間住於處者非諸德者繫屬於德亦非是德
依於德者展轉合故衆德集成如是世間若干色像爲誰惑亂爲
有住耶惑有言是大梵天王那羅延天自在天作惑謂力涉迦女提那
劫比羅仙自力而作惑有妄執從於勝性自然及時无明愛業而得生
起諸天仙等及餘一切修世定人悉懷疑惑爲无有體如幻如夢如
熱時餤如乾闥婆城无始分別有能所取如蛇二首如起屍行亦如木
人因機動轉空中垂髮旋火輪耶尒時金剛藏菩薩摩訶薩以
偈荅曰
世間衆色像　不從能作生　非是矩鞞羅　因陁羅等作　亦非大施會　祠祭之福果
吠陁所說因　乎爲无定義　亦復非无有　能持世間因　所謂阿賴耶　第八丈夫識
運動於一切　如輪轉衆瓶　如油遍在麻　鹽中有鹹味　亦如无常性　普遍於諸色
沈麝等有香　日月光亦尒　非有亦非无　非能作所作　遠離諸外道　一異等衆見
非智所尋求　不可得分別　定心无礙者　内證之所證　若離阿賴耶　即无有餘識
譬如海波浪　与海雖不異　海淨波去來　亦不可言一　譬如修定者　内定清淨心
神通自在人　所有諸通慧　觀行者能見　非餘之所了　藏識亦如是　與轉識同行
佛及諸佛子　定者常觀見　藏識持於世　猶如線貫珠　亦如車有輪　隨於業風轉
陶師運輪杖　器成隨所用　藏識与諸界　共力无不成　内外諸世間　彌綸悉周遍
譬如衆星像　布列在虛空　風力之所持　運行常不息　如空中鳥跡　求之不可見
然鳥不離空　頡頏而進退　藏識亦如是　不離自他身　如海起波濤　如空含万像
藏識亦如是　蘊藏諸習氣　譬如水中月　及以諸蓮華　与水不相離　不爲水所著
藏識亦復然　習氣莫能染　如目有瞳子　眼終不自見　藏識住於身　攝藏諸種子
遍持壽煖識　如雲覆世間　業用曾不停　衆生莫能見　世間妄分別　見牛等有角
不了角非有　因言兔角无　分析至微塵　求角无所有　要待於有法　而起於无見
有法本自无　无見何所待　若有若无法　展轉互相因　有无二法中　不應起分別
若離於所覺　能覺即不生　譬如旋火輪　翳幻等衆事　皆因少所見　而生是諸覺
若離於所因　此覺即无有　名相互相繫　習氣无有邊　一切諸分別　与意而俱起
證於真實境　習氣心不生　從於无始來　沈迷諸妄境　戲論而熏習　生於種種心
能取及所取　衆生心自性　瓶衣等諸相　離心无所有　一切唯有覺　所覺義皆无

BD15286號3　大乘密嚴經（地婆訶羅本）卷中　（34–12）

若離於所覺　能覺即不生　譬如旋火輪　翳幻等衆事　皆因少所見　而生是諸覺
若離於所因　此覺即无有　名相互相繫　習氣无有邊　一切諸分別　与意而俱起
證於真實境　習氣心不生　從於无始來　沈迷諸妄境　戲論而熏習　生於種種心
能取及所取　衆生心自性　瓶衣等諸相　離心无所有　一切唯有覺　所覺義皆无
能覺所覺性　自然如是轉　習氣擾濁心　凡愚不能見　如海風所擊　波浪无停止
心爲境風動　識浪生亦然　種種諸分別　自内而執取　如地无分別　庶物依以生
藏識亦復然　衆境之依處　如人以己手　還自摩其身　亦如象以鼻　取水自霑沐
復似諸嬰兒　以口含其指　如是自心内　現境還自緣　是心之境界　普遍於三有
久修觀行者　而能善通達　内外諸世間　一切唯心識
尒時金剛藏菩薩摩訶薩說此語竟默然而坐住无處所微妙之禪遊
法界門入諸佛境見有无量佛子當來此國住修行地便從定起放大
光明其光普照欲色无色无想天宮是光明中復現无量殊勝佛土有
无量佛相好莊嚴隨諸世間之所欲樂而爲利益皆使受持密嚴名号
彼諸佛子互相觀察而作是言密嚴佛土能淨衆福滅一切罪諸觀行
人所住之處於諸佛國最上无比我等聞名心咸悅樂可共俱往時諸
佛子各從所住而來此國尒時淨居諸天与阿迦尼吒螺髻梵王同會
一處咸於此土佛及菩薩生希有心請梵王言天主我等今者咸興是
念何時當得陪侍天王詣密嚴土尒時梵王聞是語已与諸天衆遶即
同行中路持迴因知所適梵王先悟作是思惟密嚴佛國觀行之境若
非其人何階可至非是欲色无色諸天及外道神通所能往詣我今云
何而來至此復自念言我天中天假吾威力而能趣往作是已發聲
歸命即時見有无量諸佛在於道中威光照曜時螺髻梵王即白佛
言世尊我等今者當何所作而能速詣密嚴佛土佛告之言汝可退
還所以者何密嚴佛國觀行之境得正定人之所住處於諸佛剎最勝
无比非有色者所能往詣時螺髻梵王聞佛語已与諸天衆尋還天
宮尒時淨居諸天共相議言螺髻梵王有大威力而不能往當知此土
最爲殊勝但是得如幻三昧諸觀行人所行之境如是稱揚密嚴功德其
聲展轉靡不傳聞尒時諸佛子衆來此會者聞是語已益加欣敬白
金剛藏菩薩摩訶薩言我等於法深懷渴慕惟願大明爲我宣說
金剛藏言佛所說法誰能具演唯除如來之所護念夫如來者於觀
行中最勝自在所有境界不可思議云何可爲非觀行人開示演說時持
進菩薩及須夜摩諸佛子等復共同聲請言速說尒時通神主菩
薩文殊師利菩薩慈氏菩薩緊那羅菩薩及餘无量諸菩薩衆復作

BD15286號3　大乘密嚴經（地婆訶羅本）卷中　（34–13）

金剛藏言佛所說法誰能具演唯除如来之所讃念夫如来者於觀
行中㝡勝自在所有境界不可思議云何可為非觀行人聞示演說時持
進菩薩及須夜摩諸佛子等復共同聲請言速說尒時通神王菩
薩文殊師利菩薩慈氏菩薩緊那羅菩薩及餘无量諸菩薩衆復作
是言善哉仁者願速為說是時復有无量諸天於虛空中作天妓樂同
心勸請當尒之時螺髻梵王承佛威力而来此會向金剛藏菩薩摩訶薩
而說偈言
今此諸大會　嚴飾未曾有　悉是尊弟子　聰慧无等倫　皆於尊者處　渴仰而求法
我今猶未知　所問為何等　為問憍羅娑　勝隨及資生　乃至盛年馬　轉輪王所作
為問甘蔗種　十号持國王　欲色无色中　人天等之法　為問菩薩行　獨覺及聲聞
乃至阿脩羅　星像等衆論　惟願如其事　次第而演說　我等及天人　一心咸聽受
尒時金剛藏菩薩摩訶薩告諸大衆汝豈不聞螺髻梵王淨居天衆及
諸佛子勤心請法尒時解脫月菩薩无盡慧菩薩虛空王菩薩持世菩
薩得大勢菩薩自在菩薩陁羅尼自在菩薩寶髻菩薩天冠菩薩金
剛手菩薩寂靜慧菩薩寶手菩薩及餘无量諸億王中俱来佛子咸共
瞻仰金剛藏尊而說偈言
過去及未来　如来清淨智　尊於佛親受　明了心不疑　此衆皆樂聞　願尊時演說
尒時金剛藏三昧王普觀大衆以偈荅曰
如来所說法　非我具能演　唯除佛菩薩　威神之所護　我今至心礼　自在清淨宮
摩尼寶藏殿　佛及諸佛子　我以敬心說　如来清淨智　紹隆佛種姓　汝等應聽受
非說過去等　㝡勝諸王法　但示於密嚴　如来之種性　佛智甚微妙　牟尼勝功德
正觀之所行　離諸心妄計　是故非我力　能演此甚深　但以佛威神　從佛而聽受
此智㝡微妙　是諸三昧花　佛在密嚴中　正受而開演　遠離諸言說　及以一切見
若有若无等　如是四種邊　是名㝡清淨　中道之妙理　密嚴諸定者　於此能觀察
離著而轉依　速入如来地
尒時會中諸佛子衆聞金剛藏菩薩摩訶薩說是偈已稽首恭敬而白之言
我等於法深生愛樂如渴思漿如蜂念蜜今此會中諸佛子衆於深定智
得皆自在有大神力王諸世界願聞如来所說之法唯願尊者以梵音聲因
陁羅聲及以如来衆所悅可深遠之音演殊勝義令得顯了金剛藏菩
薩言如来所說語義真實希有難見譬如空中无樹等物而見其影甚
為希有如来所說希有亦然如空中風及以馬跡无能見者牟尼所說種
種義趣難可得見亦復如是世間之法有智慧者能以譬喻分明顯說佛
口所宣過諸譬喻非言所及我之所見譬如夢境乾闥婆城今此會中諸

陁羅聲及以如来衆所悅可深遠之音演殊勝義令得顯了金剛藏菩
薩言如来所說語義真實希有難見譬如空中无樹等物而見其影甚
為希有如来所說希有亦然如空中風及以馬跡无能見者牟尼所說種
種義趣難可得見亦復如是世間之法有智慧者能以譬喻分明顯說佛
口所宣過諸譬喻非言所及我之所見譬如夢境乾闥婆城今此會中諸
觀行者有大智慧於真實義已得明了我今云何能為是人說不思議諸
佛境界雖然當承如来威神之力為與宣述汝諸佛子咸應諦聽如来所
說文義相應出過心意非喻所及譬如妙花衆蜂競採先至之者取其
精粹後来至者但味其餘如是如来得法精粹我味其餘為衆說耳即
說偈言
天中天境界　增說諸明智　非心口所能　度量分別說
為欲普降伏　世間憍慢心　示同人之形　佛相為嚴飾　圓光及輪輻　種種皆成就
遊處諸宮殿　人天具所瞻　如来四時中　常依密嚴住　而於諸世界　現生及涅槃
淨善少減時　惡生及濁乱　隨諸衆生類　所應而利益　業用无暫停　密嚴恒不動
密嚴无垢處　觀行者所依　惡生濁乱時　顯示如来相　譬如淨滿月　影遍於衆水
如是諸色像　普現於世間　如来淨智境　智者所觀見　以諸衆生類　所樂各不同
佛以種種身　隨宜而應化　或見大自在　或見毗紐天　或見迦毗羅　住空而說法
或見毗陁者　或復見常行　或見娑旦耶　憍摩及尼乘　羅睺數部等　乃至緊那羅
甘蔗月種王　一切所瞻仰　金剛等衆寶　乃至於鍮鉐　皆由佛威力　隨應而出生
天女及龍女　乾闥婆之女　治容而進趣　不能惑其心　欲界中諸境　如来已降伏
色无色亦然　无有能迷動　无想諸定者　未離於惑纏　非妄非清淨　退墮而流轉
有身者所生　非如密嚴國　密嚴微妙土　清淨福為嚴　解脫知見人　㝡勝之依處
十種大自在　力通三昧法　如佛而嚴飾　意生之妙身　修行於十地　施等波羅蜜
衆相以莊嚴　其身甚清淨　遠離於分別　亦非无覺了　无有我意根　慧根常悅樂
施等諸功德　淨業悉圓滿　得佛勝所依　密嚴之淨國　此土㝡微妙　不以日為明
諸佛及菩薩　舒光而普照　其光甚威曜　逾於百千日　无有晝夜時　亦无老死患
密嚴㝡勝處　諸天所希仰　㝡上修行者　地地而進修　了知一切法　皆以心為性
善說阿賴耶　三性法无我　其身轉清淨　而来生此國
大乘密嚴經胎生品第三
尒時金剛藏菩薩摩訶薩復告螺髻梵王言天主當知衆生之身九物為性
有為衆相恒共遷動大種諸色微塵之聚以諸不淨精血合成為无量業常
所纏覆譬如毒樹扶踈翦翳貪恚及癡而共增長經於九月或十月餘業
力所馳生機運動從於產門倒首而出煩寃逼迫受无量苦天主此諸衆
生或從人中或從畜生餓鬼羅剎阿脩羅等而来生此或有曾作轉輪聖

尒時金剛藏菩薩摩訶薩復告螺髻梵王言天主當知衆生色身九物爲性
有爲衆相恒共遷動大種諸色微塵之聚以諸不淨精血合成爲无量業常
所纏覆辟如毒樹扶踈蓊欝貪恚及癡而共增長經於九月或十月餘業
力駈馳生機運動從於産門倒首而出煩寃逼迫受无量苦天主此諸衆
生或從人中或從畜生餓鬼羅刹阿脩羅等而來生此或有曾作轉輪聖
王乃至天中威力自在或是持呪外道仙人并其眷屬或修禪者退失
禪定從如是等處而生此中旣生之已諸根長大隨所親近宿習因緣而
造諸業復因此業輪迴諸趣若有智者遇善知識聞法思惟而得解悟
不著文字離諸分別入三解脫門見法真理最上清淨最上清淨而來往
此密嚴佛國於无量億諸佛土中隨宜應現天主如是生者永得解脫
生死險趣名爲丈夫名爲智者亦復說名天中之天諸佛子衆所共
圍遶天主胎藏之身虛僞不實非自性生亦非无明愛業所生何以故无
明愛業因相而有若能達了悉滅无餘亦无名字及以分別斯人即生
密嚴佛土天主若諸定者住於三昧心有攀緣即爲色聲之所誑惑
而生取著不能堅固此即名爲散動之道是三昧力生於欲界及色无
色乃至无想衆生之處是人即爲三昧所縛若住三昧善調其心離能所
取離二取已心即不生是名真實觀行之者若欲生於密嚴佛國常
當住此真實三昧

大乘密嚴經顯示自作品第四

尒時金剛藏菩薩摩訶薩復告螺髻梵天王言天主心有八種或復有
九與无明俱爲世間因世間悉是心心法現是心心法及以諸根生滅流轉
爲无明等之所變異其根本心堅固不動天主世間因緣有十二分若
根若境能生所生剎那壞滅從於梵世至非想非皆因緣起唯有如
來離諸因緣天主內外世間動不動法皆如缾等壞滅爲性天主諸
識微細遷流速疾是佛境界非諸世間仙人外道所能知見衆仙外道
爲愛所纏不能了知心相差別天主假使有人勉意勤行歌讚祠祀毗
陁之法而祭於火經於一月或滿四月如是一歲至于千歲生於梵境終
亦退還天主汝不知耶三毗陁行所得之果辟如芭蕉性不堅固天主
密嚴佛土是諸如來解脫之處從智定得若樂解脫應善修行天
主密嚴中人无有眷屬生死之患其心不爲諸業習氣之所染著如
蓮花出水如虛空无塵如日月高昇淨无雲翳一切諸佛恒共攝受
沐淨戒流飲智慧液得真實解度生死岸天主衆生身中諸界五蘊
識等衆法皆无所有眼色爲緣而生於識辟如因木火得然天主一

亦退還天主汝不知耶三毗陁行所得之果辟如芭蕉性不堅固天主
密嚴佛土是諸如來解脫之處從智定得若樂解脫應善修行天
主密嚴中人无有眷屬生死之患其心不爲諸業習氣之所染著如
蓮花出水如虛空无塵如日月高昇淨无雲翳一切諸佛恒共攝受
沐淨戒流飲智慧液得真實解度生死岸天主衆生身中諸界五蘊
識等衆法皆无所有眼色爲緣而生於識辟如因木火得然天主一
切境界隨妄識轉如鐵動移逐於慈石又如陽焰乾闥婆城是諸渴獸
愚幻所取此中无有能造等物但是凡夫心之變異天主如乾城之中
人衆往來馳騖所作見而非實衆生之身進止云爲亦復如是如夢中
所見寤即非有世間之人見蘊等法覺心明照本來寂靜天主地等和
合微塵之聚若離於心即无所得世間諸物可持舉等熟非大種之
所合成辟如風淡病緣或亂見蘇種物又如起屍无能作者世間諸法悉
亦如是汝諸佛子應勤觀察天主一切世間動植之物辟如水沫共聚成
形耗衣等想同於陽焰苦樂諸受猶如浮泡行如芭蕉中无有堅識如
幻事虛僞不實天主三界之中動不動法同於夢境迷心所現亦如幻事
乾闥婆城但誑愚夫若諸佛子於如是法能正覺知心无所畏以智慧火
焚燒一切諸惑因緣即生妙樂密嚴之主天主一切世間皆无有相相爲繫縛
无相即解相是心境心境不實真實之法是智境界遠離衆相非心所行
天主一切諸相是三界法色聲等法名之爲相諸根境界一切衆生繫縛
之因若能於相而不貪著衆縛悉除安樂自在

尒時寶髻菩薩摩訶薩在大衆中坐殊妙座向金剛藏菩薩摩訶薩而
作是言尊者於諸億佛國菩薩衆中最爲上首成最上智了所知法
无量悉檀皆已明見在瑜祇衆能淨彼疑善知衆生身之本起能於一
劫或一劫餘以妙音詞演而不惓何故不爲諸人等說離諸逆順似非似因
真實之法令諸智者心淨无疑捨離因緣疾得解脫法與非法是蘊因緣
生於此身及後身故智能脫苦愛爲堅縛尊者衆生之心因色與明作意
等緣馳散於境其心速疾難可覺知无明愛業以之濁亂尊者衆生身中
種種諸法意爲先導意最速疾意爲殊勝隨所有法與意相應彼法
皆以意爲其性如摩尼珠顯現衆色如是之義仁何不說又如衆色摩尼之
寶隨所相應種種明現仁亦如是具如來像住自在宮諸佛子衆所共圍遶
亦應如是隨宜說法

尒時金剛藏菩薩摩訶薩言密嚴佛土是最寂靜是大涅槃是妙解脫是
是淨法界亦是智慧及以神通諸觀行者所止之處本來常住不壞不
滅水不能濡風不能燥非如缾等勤力所成尋復破壞非諸似因及不似

寶隨所相應種種明珠[illegible]亦如是身女衆[illegible]
亦應如是隨宜說法
尒時金剛藏菩薩摩訶薩言密嚴佛土是最寂靜是大涅槃是妙解脫是
是淨法界亦是智慧及以神通諸觀行者所凶之處本來常住不壞不
滅水不能濡風不能燥非如瓶等勤力所成尋復破壞非諸似因及不似
因之所成立何以故宗及諸分是不定法諸宗及因各差別故密嚴佛土
是轉依識超分別心非諸妄情所行之境密嚴佛土是如來處无始无
終非微塵生非自性生非樂欲生不從摩醯首羅而生亦非无明愛業
所生但是无功用智之所生起出過欲界及色无色想天中闇冥之網
密嚴佛土阿若悉檀非因明者所量境界亦非勝性自在聲論毗陁
如是等宗之所顯示乃至於資糧位智慧之力不能照了唯是如來十
地所脩清淨智境諸仁者一切凡夫迷於世間於業非業我今當說業非
業義令諸定者獲於安樂即說偈言
內外一切物　所見唯自心　衆生心二性　能取及所取　心體有二門　即心見衆物
凡夫性迷惑　於自不能了　所見衆境界　皆是自所爲　瓶等相現前　求之悉无體
諸仙智微劣　不能明了知　捨於真實理　而行分別路　是心有二性　如鏡含衆像
亦如水現月　翳者見毛輪　毛輪瓔珞珠　此皆无所有　但從病翳眼　若斯而顯現
執衣皆自識　衆生亦復然　虛妄計著人　不知恒執取　衆生及瓶等　種種諸形相
內外雖不同　一切從心起　此密嚴妙定　非餘之所有　若有能脩行　出過於衆地
或生欲自在　及以色界天　乃至无想宮　阿迦尼吒處　空色无所有　非想非非想
如是諸地中　漸次除貪欲　依彼非究竟　尋來生密嚴　佛子衆圍遶　自在而遊戲
汝應脩此定　何爲着親屬　眷屬相羈縛　輪迴生死因　男女相耽愛　精血共和合
如蟲生糞泥　此中生亦尒　九月或十月　諸根漸成就　時至出母胎　譬如蟲蠕動
從此而長大　乃至心了知　我觀諸衆生　生生悉如此　父母无有數　妻子亦復然
一切諸世間　无處不周遍　譬如石女人　夢已忽生子　携對方歡樂　尋有見其亡
悲哀不自勝　忽然從睡覺　不見有其子　初生及後終　又夢山川中　田野村城邑
人衆悉充滿　共營諸業務　彼此手相見　猶如世所爲　及從於睡覺　一切皆非有
復有多欲人　夢臨於女色　姿容極姝麗　服玩皆珍綺　在夢極歡娛　覺已即无見
一切世間事　當知悉如是　王位及軍旅　父母等宗親　但誑於凡夫　體性皆非實
汝於如是定　何故不勤修　无量諸聲聞　獨覺及菩薩　在於空閑處　山林恒寂靜
或住於乳海　及以摩羅延　須弥与騰陁　摩醯因陁羅　難羅娑利師　乃至雪山等
或在劫波樹　波利耶多羅　拘鞞羅樹下　半住波羅上　食甘淨果味　及諸不死食
具足諸神通　而常修此觀　過去未來世　常坐於蓮花　結跏身不動　正定恒觀察
諸根善調攝　不觀於衆境　譬如象得鉤　離欲而三昧　世間若出世　一切諸定中

BD15286 號 3　大乘密嚴經（地婆訶羅本）卷中　（34–18）

汝於如是定　何故不勤修　无量諸聲聞　獨覺及菩薩　在於空閑處　山林恒寂靜
或住於乳海　及以摩羅延　須弥与騰陁　摩醯因陁羅　難羅娑利師　乃至雪山等
或在劫波樹　波利耶多羅　拘鞞羅樹下　半住波羅上　食甘淨果味　及諸不死食
具足諸神通　而常修此觀　過去未來世　常坐於蓮花　結跏身不動　正定恒觀察
諸根善調攝　不觀於衆境　譬如象得鉤　離欲而三昧　世間若出世　一切諸定中
佛定淨无垢　貪愛皆除遣　遍處无色定　无想等禪中　見日月蓮花　水火虛空相
若離是分別　其心不動搖　即於三昧中　見无量諸佛　一時共舒手　以水灌其頂
如是入佛地　一切皆明覺　具足衆色身　隨宜而普現　力通諸自在　三昧陁羅尼
如是等功德　莫不皆成就　分析於諸色　乃至觀微塵　自性无所有　譬如兔角
无分无分者　蘊有蘊亦然　同於幻所作　一切皆如是　此中无業果　亦无作業人
无能作世間　設有非能作　能作待於作　何名能作人　此言成過失　說者非清淨
若謂士何有　水輪与地輪　及衆生世間　次第而安布　諸趣各差別　彼此乖往來
誰復作諸根　隨情取於境　此等皆分別　展轉而變異　同於乳酪酥　如是生住滅
若業若非業　於斯生妄計　定者常觀此　如夢与乾城　衆生无始來　戲論所熏習
生起於分別　種種衆過咎　諸根猶如幻　境界同於夢　能作作及業　定者不分別
智慧微劣者　妄生諸惡見　計有於能作　作一切世間　或謂摩尼珠　金銀等衆礦
鳥獸色差別　刺端纖以利　此等誰所爲　當知无作者　世間非勝性　微塵等緣作
亦非无有因　自然而得有　或心妄計者　不知其體性　爲業爲非業　如是而分別
如毒入於乳　隨變与相應　諸法亦復然　分別常俱起　法性非是生　亦非是滅壞
惑者不能了　種種異分別　定者應觀察　世間唯積聚　若業若非業　於此物思惟
諸趣互來往　譬如於日月　在空无所依　隨風而運轉　業性甚微隱　密嚴者能見
脩行觀行人　不爲其所縛　譬如火燒木　須臾作灰燼　智火焚業薪　當知亦如是
又如燈破闇　一念盡无餘　諸業之闇冥　多劫所熏聚　牟尼智燈照　刹那悉除滅
大乘密嚴經分別觀行品第五
尒時金剛藏菩薩摩訶薩復告大衆諸仁者譬如有人在空閑地以泥瓦草
木聲之成宇既而諦觀一一物中无舍可得又如多指共合成拳離指求拳
即无所有軍徒車乘城邑山林瓶衣等物一切皆是和合所成智者觀之悉如
夢事凡夫身宅亦復如是諸界積集譬如高山危脆不安同於朽屋不
生不滅非自非他如乾闥婆城如影如雲如陽焰如繢像雖可現觀性常
清淨遠離一切有分別如盲与跛相假而行无決定性乃至分析至於微塵
但有空名都无實物若諸定者作是思惟即於色聲等法不生覺念離
覺念已心得休息泰然解脫不受諸有常樂修行甚深禪定諸天仙等端
正女人而來供養如覩夢事不生染著身雖在此諸仙外道持况之人乃

BD15286 號 3　大乘密嚴經（地婆訶羅本）卷中　（34–19）

生不滅非自非他如乾闥婆城如影如雲如陽燄如績像雖可現觀性常
清淨遠離一切有分別如盲與跛相假而行无決定性乃至分析至於微塵
但有空名都无實物若諸定者作是思惟即於色聲等法不生覺念離
覺念已心得休息泰然解脫不受諸有常樂修行甚深禪定諸天仙等端
正女人而來供養如觀夢事不生染著身雖在此諸仙外道持咒之人乃
至梵天不能見頂是人不久生摩尼寶藏宮殿之中遊戲神通具諸功德
此觀行法是大心者所行境界仁應速發廣大之心大心之人疾得生於光
明宮殿離諸貪欲瞋恚愚癡乃至當詣密嚴佛土此土廣博微妙寂
靜无諸老死衰惱之患遠離衆相非識所行妄計之人所不能得諸仁者
此土清淨觀行所居若懷希仰當勤修習斷貪瞋癡離我我所何以故
貪等煩惱取諸境界若取於境即二覺生如有女人端正可喜有多欲
者見已生著欲心迷亂若行若坐飲食睡眠專想思惟更无餘念彼
女容相常現於心此心即為境界淤泥之所濁亂是故於境不應貪著
諸仁者譬如有人見牛麋山羊有角之獸即於兔生无角解若使不
見牛等有角於兔等決定不生无角之見世間妄見迷亦如是妄有
所得起有分別後求其體不可得故便言諸法決定是无乃至未離分別
之心常生如是不平等覺諸仁者應以智慧審諦觀察心之所行一切境
界皆如妄計見牛兔等若諸佛子作如是觀隨其意樂或生人中為轉
輪王有大威力騰空來往或生日月星宿之宮四天王天三十三天夜摩
天兜率陀天乃至自在天王摩尼藏殿或生色界梵身等天脩行定者
十號之處无煩无熱善見善現阿迦尼吒空處識處无所有處非想非
非想處住於彼已漸除貪欲從此而生清淨佛土常遊妙定去真解脫
尒時金剛藏菩薩摩訶薩復說偈言
如因瓶破 而成於瓦 剎那各別 但是无常 因種生牙 牙生種壞 又如陶匠 以泥作瓶
泥是瓶本 瓶如其色 若復兼用 餘色泥作 火燒熟已 各離色生 箭竹生葦 角生於蒜
不淨之處 蠅生於蟲 世間之中 有果似因 或有諸物 不似因者 皆因變壞 而有果生
微塵等因 體不變壞 不應妄往 如是分別 无能作我 內我勝我 亦无我意 境界諸根
和合為因 而生於識 智者方便 善知衆緣 破煩惱等 一切諸魔 世有貪愛 如淡得審
貪愛若除 衆縛悉解 如蛇蛻皮 瞋恚亦然 生死趣中 多所惱害 諸仁者欲 令彼除盡
宜各勤心 修行觀行
大乘密嚴經阿賴耶建立品第六
尒時金剛藏菩薩摩訶薩復告衆言諸仁者我念昔曾承佛與力
而得妙定廓然明見十方國土修世定之人及佛菩薩所住之處於如是處

BD15286 號 3　大乘密嚴經（地婆訶羅本）卷中　（34–20）

貪愛若除 衆縛悉解 如蛇蛻皮 瞋恚亦然 生死趣中 多所惱害 諸仁者欲 令彼除盡
宜各勤心 修行觀行
大乘密嚴經阿賴耶建立品第六
尒時金剛藏菩薩摩訶薩復告衆言諸仁者我念昔曾承佛與力
而得妙定廓然明見十方國土修世定人及佛菩薩所住之處於如是處
中密嚴佛國土安樂第一諸佛菩薩數如微塵處蓮花藏我於尒時
一心瞻仰尋從定出即自見身與諸菩薩在密嚴土復於尒時見解脫
藏住在宮中其量大小如一指節色相明潔如阿恒斯花亦如空中清
淨滿月我時見已便生念言此為是誰而有如是不思議事作是念
時即見我身在其身內於中普見一切世間尒時蓮花藏中无量菩薩
以佛神力亦如是見咸生是念此為希有不可思議時天中天所為事
畢還攝神力諸菩薩等悉復如故我時見此希有事已知諸菩薩
種種變現是佛境界不可思議諸仁者如來普為菩薩之時從初歡
喜至法雲地得陀羅尼句義无盡及首楞嚴等諸大三昧意生之身
八種自在如應而現遊戲神通名稱光明如是等一切功德悉已成就
轉復清淨遠成正覺住密嚴土隨宜變化佛及菩薩種種色像自然
周遍一切世間轉妙法輪令諸衆生速滅癡闇修行善法或有菩薩
見佛身相尸利婆蹉等具足莊嚴自然光明猶如盛火與諸菩薩住如
蓮花清淨之宮常遊妙定以為安樂或見大樹緊那羅王現百千億種
種變化如月光明遍諸國土或見无量佛子智慧善巧衆相莊嚴頂
飾寶冠身佩瓔珞住兜率陀天等諸天之宮或見普賢有大威力得一
切智无礙辯才身相光明獨无輪比所居宮殿如淨滿月雖住密嚴正定
之海而現衆色像靡不周遍一切賢聖所共稱譽无量天仙乾闥婆等國
王王子并其眷屬圍繞侍衛或復見有觀行之師諸佛子衆所共圍繞住
禪寂靜猶如睡眠而離昏沉懈怠等過悉曾侍奉无量諸佛或復有見
為大導師降神誕生出家苦行一心正受乃至涅槃於虛空中行住坐卧現諸
神變令閻浮提至色究竟諸天人等莫不瞻仰諸仁者諸佛體性唯佛所知
佛之智慧最上无比如釋迦牟尼人中師子之所已得汝諸佛子咸當得
之是故仁等應生淨信信為佛體必當解脫斯人或作轉輪聖王及諸小
王乃至或生梵天等宮而為天主是諸佛子轉復精進於蓮花藏清淨佛
土與諸菩薩蓮花化生入一乘道離貪等習乃至降伏欲界天魔夫精
進者志无怯弱光隆佛家王諸國土諸仁者若欲作佛當淨佛種性淨
種性已必為如來之所授記成无上覺利益一切諸脩行者譬如大地與諸

BD15286 號 3　大乘密嚴經（地婆訶羅本）卷中　（34–21）

佛之智慧最上无比如釋迦牟尼人中師子之所已得汝諸佛子當當得
之是故仁等應生淨信信為佛體必當解脫斯人或作轉輪聖王及諸小
王乃至或生梵天等宮而為天主是諸佛子轉復精進於蓮花藏清淨佛
土与諸菩薩蓮花化生入一乘道離貪等習乃至降伏欲界天魔夫精
進者志无怯弱光隆佛家王諸國土諸仁者若欲作佛當淨佛種性淨
種性已必為如來之所授記成无上覺利益一切諸備行者譬如大地与諸
衆生而作所依又如良醫善調衆藥周行城邑普心救療佛亦如是平
等教化心无分別設有衆生割截肌膚心亦不動諸仁者內外境界心之
所行皆唯是識惑亂而見此中无我亦无我所能害所害及以害具一切
皆是意識境界依阿賴耶如是分別譬如有人置珠日中或因鑽燧而生
於火此火非是珠燧所生亦非人作心意意識亦復如是根境作意和合
而生此性非如陽焰夢幻迷惑所取亦不同於龜毫之毛及以兔角如霹
靂火為從水生為從雷生為雲生耶无能定知此所從生如見陶師造於
瓶等欲等心法与心共生亦復如是諸仁者心之體性不可思議密嚴中人
善能知見諸仁者一切衆生阿賴耶識本來而有圓滿清淨出過於世同於
涅槃譬如明月現衆國土世間之人見有虧盈而月體性未曾增減藏識亦
介普現一切衆生界中性常圓潔不增不減无智之人妄生計著若有於此
能正了知即得无漏轉依差別此差別法得者甚難如月在雲中性恒明
潔藏識亦介於轉識境界習氣之中而常清淨如河中有木隨流漂轉而
木与流體相各別藏識亦介諸識習氣雖常与俱不為所雜諸仁者阿
賴耶識恒与一切染淨之法而作所依是諸聖人現法樂住三昧之境人天
等趣諸佛國土悉以為因常与諸乘而作種性若能了悟即成佛道諸仁
者一切衆生有具功德威力自在乃至有生險難之處阿賴耶識恒住其中
作所依止此是衆生无始時界諸業習氣能自增長亦能增長餘之七識
由是凡夫執為所作能作內我諸仁者意在身中如風速轉業風吹動遍
在諸根七識同時如浪而起外道所計勝性微塵自在時等悉是清淨阿
賴耶識諸仁者阿賴耶識由先業力及愛為因成就世間若干品類妄
計之人執為作者此識體相微細難知未見真實心迷不了於根境意而
生愛著介時金剛藏菩薩摩訶薩復說偈言
汝等諸佛子　云何不見聞　藏識體清淨　衆身所依止　或具三十二　佛相及輪王
或為種種形　世間皆悉見　譬如淨空月　衆星所環遶　諸識阿賴耶　如是身中住
譬如欲天主　侍衛遊寶宮　江海等諸神　水中而自在　藏識處於世　當知亦復然
如地生衆物　是心多所現　譬如日天子　赫弈乘寶宮　旋遶須彌山　周流照天下
諸天世人等　見之而禮敬　藏識佛地中　其相亦如是　十地行衆行　顯發大乘法

BD15286 號 3　大乘密嚴經（地婆訶羅本）卷中　（34–22）

生愛著介時金剛藏菩薩摩訶薩復說偈言
汝等諸佛子　云何不見聞　藏識體清淨　衆身所依止　或具三十二　佛相及輪王
或為種種形　世間皆悉見　譬如淨空月　衆星所環遶　諸識阿賴耶　如是身中住
譬如欲天主　侍衛遊寶宮　江海等諸神　水中而自在　藏識處於世　當知亦復然
如地生衆物　是心多所現　譬如日天子　赫弈乘寶宮　旋遶須彌山　周流照天下
諸天世人等　見之而禮敬　藏識佛地中　其相亦如是　十地行衆行　顯發大乘法
普与衆生樂　常讚於如來　在於菩薩身　是則名菩薩　佛与諸菩薩　皆是賴耶名
佛及諸佛子　已受當受記　廣大阿賴耶　而成於正覺　密嚴諸定者　与妙定相應
能於阿賴耶　明了而觀見　佛及辟支佛　聲聞諸異道　見理无怯人　所觀皆此識
種種諸識境　皆從心所變　瓶衣等衆物　如是性皆无　悉依阿賴耶　衆生迷惑見
以諸習氣故　所取能取轉　此性非如幻　陽焰及毛輪　非生非不生　非空亦非有
譬如長短等　離一即皆无　智者觀幻事　此皆唯幻術　未曾有一物　与幻而同起
幻焰及毛輪　和合而可見　離一无和合　過未亦非有　幻事毛輪等　在在諸物相
此皆心變異　无體亦无名　世中迷惑人　其心不自在　妄說有能幻　幻成種種物
幻師與凡等　所作衆物類　動轉與去來　此見皆非實　如鐵因慈石　所向而轉移
藏識亦如是　隨於分別轉　一切諸世間　无處不周遍　如日摩尼寶　无思及分別
此識遍諸處　見之謂流轉　不死亦不生　本非流轉法　定者勤觀察　生死猶如夢
是時即轉依　說名為解脫　此即是諸佛　最上之教理　審量一切法　如稱如明鏡
又如大明燈　亦如試金石　遠離於斷滅　正道之標相　修行妙定者　至解脫之因
永離諸雜染　轉依而顯示

大乘密嚴經卷中

大乘密嚴經自識境界品第七
介時金剛藏菩薩摩訶薩遍觀十方從髻珠中放大光明其光普照一切國
土及密嚴中諸菩薩衆放斯光已即告如實見菩薩言仁主雪山之中
有一惡獸名為能害變詐百千以取諸獸煞之而食若見牝麘有子之
者便為子聲悲鳴相呼若見牡麘便現有角與其相似而往親附彼无驚
懼煞而食之見牛馬等種種諸獸悉同彼形而肆其惡仁主一切外道於
阿賴耶所生我見亦復如是如彼惡獸變種種形著我之人所執我相各各
差別乃至極小由如微塵仁主是諸我執於何而住不住於餘但住自識計
我之人言我与意根境和合意等和合而有識生本无有我如衣与香花
和合而有香氣未和合時无香可得是故當知但唯有識心及心法无別
有我如縢中藥如籠中燈如伊尸迦文闍之草而可得者但以因緣心心法生此中
无我亦无有生微妙一相本來寂靜是諸佛菩薩觀行之人內證境界諸外
道等不了唯識生於我見无知法智而強分別執著有无若一若多我我

BD15286 號 3　大乘密嚴經（地婆訶羅本）卷中　（34–23）
BD15286 號 4　大乘密嚴經（地婆訶羅本）卷下

和合而有香氣未和合時无香可得是故當知但唯有識心及心法无别
有我如鬚中藥如籠中燈如伊尸迦文闍之草而可得者但以因緣心心法生此中
无我亦无有生微妙一相本來寂靜是諸佛菩薩觀行之人內證境界諸外
道等不了唯識生於我見无知法智而强分别執著有无若一若多我我
所論如彼惡獸多所傷煞此亦如是令諸衆生於生死中馳騖往來不肯
親近佛及菩薩諸善知識展轉遠離无歸向時違背聖道失於己利於
三乘中乃至不得一乘之法為取所縛不見真諦不得預於密嚴之土乃
至名字亦不得聞仁主諸觀行人咸於此識淨除我見汝及諸菩薩摩訶
薩亦應如是既自勤脩復為人說令其速入密嚴佛土

大乘密嚴經阿賴耶微密品第八

尒時衆中有菩薩名曰寶手白衆色最勝王言王應請問金剛藏住
三昧者一切世間所有衆法離諸分别及以名字不相應名相應之名彼
法自性於何而住此諸佛子專心願聞時衆色最勝王即隨其義而問
之曰
名想等境界一切世間法　為唯是分别　為離分别有　如其所立名　是名何所住
金剛自在者　願為我宣說　　尒時金剛藏菩薩以偈荅曰
世間種種法　一切唯有名　但想所安立　離名无别義　四蘊唯名字　是故說為名
如名摩納婆　但名无有體　佛及諸佛子　說名唯在相　離相而有名　不作是分别
是故依於相　分别種種名　譬如牝牡等　此皆无有實　凡夫所分别　莫不皆依相
是故世間法　離相即皆无　瓶衣車乘等　名言所分别　色相雖可說　體性无所有
世間衆色法　但相无有餘　唯依相立名　是名无實事　王應觀世法　離名无所有
但以分别心　而生於取著　若離於分别　取著即不生　无生即轉依　證於无盡法
是故大王等　常應觀想事　但是分别心　離此即无有　形相體增長　殺壞貿與身
如是等衆名　皆唯色之想　想名及分别　體性本无異　隨於世俗義　建立而不同
若捨離名字　而求於物體　過去及未來　此皆无所得　能知諸識起　无有所知法
所知唯是名　世法悉如是　以名分别法　法不稱於名　諸法性如是　不住於分别
以法唯名故　想即无有體　想无名亦无　何處有分别　若得无分别　身心恒寂靜
如木火燒已　畢竟不復生　譬如人負擔　是人名擔者　隨其擔有殊　擔者相差别
名如所擔物　分别名擔者　以名種種故　分别各不同　如見杌為人　見人以為杌
人杌二分别　但有於名字　諸大和合中　分别以為色　若離於諸大　色性即无有
如得依瓶處　瓶衣名亦然　捨名而取瓶　瓶終不可得　瓶不住瓶體　名豈住於名
二合生分别　名量亦非有　住於如是定　其心不動摇　譬如金石等　本來无水相
与火共和合　若水而流轉　藏識亦如是　體非流轉法　諸識共相應　与法同流轉

BD15286 號 4　大乘密嚴經（地婆訶羅本）卷下　（34–24）

名如所擔物　分别名擔者　以名種種故　分别各不同　如見杌為人　見人以為杌
人杌二分别　但有於名字　諸大和合中　分别以為色　若離於諸大　色性即无有
如得依瓶處　瓶衣名亦然　捨名而取瓶　瓶終不可得　瓶不住瓶體　名豈住於名
二合生分别　名量亦非有　住於如是定　其心不動摇　譬如金石等　本來无水相
与火共和合　若水而流轉　藏識亦如是　體非流轉法　諸識共相應　与法同流轉
如鐵因慈石　周迴而轉移　二俱无有思　狀若有思覺　賴耶与七識　當知亦復然
習繩之所牽　无人而若有　普遍衆身中　周行諸險趣　如鐵与慈石　展轉不相知
或離於險道　而得住諸地　神通自在力　如幻首楞嚴　乃至陁羅尼　莫不皆成滿
讚佛實功德　以之為供養　或現无量身　一身无量手　肩頭口及舌　展轉皆无量
往詣十方國　供養諸如來　或雨衆妙花　寶衣及瓔珞　其積甚高廣　如須弥等山
供養於如來　及以諸菩薩　或作寶宮殿　如雲備衆彩　化現諸天女　遊處於其中
妓樂衆妙音　供養於諸佛　或与諸菩薩　遊止常共俱　一切衆魔怨　自在而降伏
得自證三昧　已轉於所依　闡揚五種法　八識及无我　相續无暫停　一心而供養
或現身為小　其量如微塵　復現為大身　无邊不可測　種種諸色相　以供養如來
或於自身中　普納諸世界　復以諸世界　置之於芥子　大海為牛跡　牛跡海亦然
是中諸衆生　身心无所嬈　一切所資用　平等而饒益　如日月如地　如水及火風
又如大寶洲　亦如良妙藥　諸法不生滅　不斷亦不常　一異及來出　如是悉无有
妄立種種名　是為遍計性　諸法猶如幻　如夢与乾城　陽焰水中月　火輪雲雷等
此中妄所取　是為遍計性　種種諸名字　說於種種法　此皆无所有　是為遍計性
一切世間法　不離於名色　斯皆但有名　離名无别義　如是遍計性　我說為世間
眼色等為緣　而起三和合　聲依桴鼓發　牙從地種生　宮殿及瓶衣　无非衆緣起
衆生若諸法　此悉依他性　若法是无漏　其義不可捨　證智所從生　此性名真實
諸法相差别　色識其自性　若離自性門　諸法不明了　如人以衆物　幻作種種形
色相雖不同　性皆无決定　世事悉如是　種種皆非實　妄情之所執　遍計无有餘
譬如摩尼寶　隨色而像現　世間亦復然　但隨分别有　體用无所在　是為遍計性
如乾闥婆城　非城而似城　亦非无有因　而能如是見　世間種種物　應知悉亦然
日月及諸山　屋宅煙雲等　體相各差别　未曾有雜亂　自他及与共　體性皆不成
但是所分别　遍計之自性　諸物非因生　亦非无有因　若有若非有　此皆情所執
名依於相起　二從分别生　正智及如如　遠離於分别　心如相顯現　相為意所依
意及五心生　猶如海波浪　習氣无有始　境界亦復然　心因習氣生　境令心惑亂
依心賴耶識　一切諸種子　心如境界現　是說為世間　七識阿賴耶　展轉力相生
如是八種識　不常亦不斷　一切諸世間　似有而妄布　有計諸衆生　我等三和合
發生種種識　了别於諸境　或有妄計言　作者業因故　生於梵天等　內外諸世間

BD15286 號 4　大乘密嚴經（地婆訶羅本）卷下　（34–25）

意及五心生　猶如海波浪　習氣无有始　境界亦復然　心因習氣生　境令心惑亂
依止賴耶識　一切諸種子　心如境界現　是說為世間　七識阿賴耶　展轉力相生
如是八種識　不常亦不斷　一切諸世間　似有而妄有　有計諸衆生　我等三和合
發生種種識　了別於諸境　或有妄計言　作者業因故　生於梵天等　内外諸世間
世間非作者　業及微塵性　但是阿賴耶　變現於諸境　藏識非緣作　藏亦不作緣
諸識雖流轉　无有三和合　賴耶體常住　衆識与之俱　如輪与水精　亦如星共月
從此生習氣　新新自增長　復增長餘識　餘識亦復然　如是常輪轉　悟者心方息
譬如火燒木　漸次而轉移　此木既已燒　復更燒餘木　依止賴耶識　无漏心亦然
漸除諸有漏　永息輪迴法　此是現法樂　三昧之境界　衆聖由斯道　普詣十方國
如金在礦中　无有能見金　智者善陶鍊　真金乃明顯　藏識亦如是　習氣之所纏
三昧淨除已　覺者常明見　如酪未攢搖　蘇終不可見　是故諸智者　攢酪而得蘇
藏識亦復然　諸識所纏覆　密嚴諸定者　勤觀乃能得　密嚴是大覺　妙智之殊勝
佛子勤修習　當生此國中　色及无色界　空識非非想　於彼常勤修　而來生此處
此中諸佛子　威光猶日月　住於修行地　演說相應行　如來所證法　隨見而依轉
一切佛世尊　灌頂受其位　雖住密嚴土　應物隨所宜　在空而變化　若見或聞法
尒時金剛藏菩薩摩訶薩復告大衆諸仁者阿賴耶識從无始已來為戲
論熏習諸業所繫輪迴不已如海因風起諸識浪恒生恒滅不斷不常而諸
衆生不自覺知隨於自識現衆境界若自了知如火焚薪即皆息滅
入无漏位名為聖人諸仁者阿賴耶識變似衆境彌於世間染意攀緣
執我我所諸識於境各各了別諸仁者心積集業意亦復然意識
了知種種諸法五識分別現前境界如翳目者見似毛輪於似色心中
非色計色諸仁者如摩尼寶體性清淨若有置於日月光中隨其所
應各雨其物阿賴耶識亦復如是是諸如來清淨之藏与習氣合變似
衆色周於世間若无漏相應即雨一切衆功德法如乳變異而成於酪
乃至酪漿阿賴耶識亦復如是變似一切世間衆色如翳目者以翳病
故見似毛輪一切衆生亦復如是以習氣翳住藏識眼生諸似色此所見
色譬如陽焰遠離有无皆阿賴耶之所變現諸仁者依於眼色有似色
識如幻而生住於眼中其相飄動如熱時焰諸仁者一切衆色皆阿賴耶
与色習相應變似其相非別有體同於愚夫妄所分別諸仁者一切衆
生若坐若卧若行若立惛醉睡眠乃至狂走莫不皆是阿賴耶識譬如
盛日舒光燭地地蒸飄動猶如水流渴獸迷惑向之奔走阿賴耶識亦
復如是體性非色而似色現分別之人妄生取着如慈石力令鐵動移雖
无有心似有心者阿賴耶識亦復如是為生死法之所攝持往來諸趣非

BD15286 號 4　大乘密嚴經（地婆訶羅本）卷下　（34–26）

識如幻而生住於眼中其相飄動如熱時焰諸仁者一切衆色皆阿賴耶
与色習相應變似其相非別有體同於愚夫妄所分別諸仁者一切衆
生若坐若卧若行若立惛醉睡眠乃至狂走莫不皆是阿賴耶識譬如
盛日舒光燭地地蒸飄動猶如水流渴獸迷惑向之奔走阿賴耶識亦
復如是體性非色而似色現分別之人妄生取着如慈石力令鐵動移雖
无有心似有心者阿賴耶識亦復如是為生死法之所攝持往來諸趣非
我似我如水中有物雖无思覺而隨於水流動不住阿賴耶識亦復如是
雖无分別依身運行如有二鳥稱力而闘若一被傷退而不復阿賴耶
識應知亦然斷諸染分更不流轉譬如蓮華出離淤泥皎潔清淨離
諸塵垢諸天貴人見之恭敬阿賴耶識亦復如是出習氣泥而得明潔
為諸佛菩薩大人所重如有妙寶世所希絶在愚下人邊常被汙賤智者
得已獻之於王用飾寶冠為王所戴阿賴耶識亦復如是是諸如來清
淨種性於凡夫位恒被雜染菩薩證已斷諸習氣乃至成佛常所寶持
如美玉在水龕衣所覆阿賴耶識亦復如是在生死海為諸惡習覆
而不現諸仁者阿賴耶識有能取所取二種相生如蛇有二頭所樂同往此
亦如是与色相俱世間之人取之為色計我我所若有若无能作世間於
世自在諸仁者阿賴耶識雖種種變現而性甚深无智之人不能覺了譬
如幻師幻作諸獸或行或走相似衆生都无定實阿賴耶識亦復如是
幻作種種世間衆生而无實事凡愚不了妄生取着起微塵勝性自在
丈夫有无等見諸仁者意能分別一切世間是分別見如畫中質如雲
中形如翳夢者所見之物如因陀羅弓如乾闥婆城如谷響如陽焰水
如川獸樹如池像月分別之人於阿賴耶如是妄取若有於此能正觀察
知諸世間皆是自心是分別見即皆轉滅諸仁者阿賴耶識是意等
諸法習氣所依為分別心之所擾濁若離分別即成无漏无漏即常猶
如虛空若諸菩薩於阿賴耶而得三昧則生无漏禪定解脫及方便力自
在神通如是等諸功德法十究竟願意生之身轉於所依識界常住
同虛空性不壞不盡諸仁者如來善見一切世間无有增減般涅槃者非
是壞滅亦无非衆生而令始生十方國土同一法性諸佛出世不出世間一切
諸法住於法性不常不斷若解脫者衆生界滅即壞如來一切智性去來
今佛所知之法不得平等又若涅槃衆生滅者雖離於苦有餘无餘降魔
等事皆是妄說是故當知諸觀行者證於解脫其身常住離衆有蘊滅
諸習氣譬如熱鐵投之冷水熱勢雖除而鐵不壞此亦如是諸仁者阿賴
耶海為戲論薰重所縈五法三性諸識波浪相續而生所有境界其相飄
動於无義處中以義而現諸仁者阿賴耶識行於諸蘊稠林之中意為先

BD15286 號 4　大乘密嚴經（地婆訶羅本）卷下　（34–27）

尒佛所知之法不得平等又若涅槃衆生滅者誰離於苦有餘无餘降魔
等事皆是妄說是故當知諸觀行者證於解脫其身常住離衆有蘊滅
諸習氣譬如熱鐵投之冷水熱勢雖除而鐵不壞此亦如是諸仁者阿賴
耶海為藏論薰重所繫五法三性諸識波浪相續而生所有境界其相麤
動於无義處中似義而現諸仁者阿賴耶識行於諸蘊稠林之中意為先
導意識決了色等衆境五識依根了現境界所取之境莫不皆是阿賴
耶識諸仁者阿賴耶識與壽命煖觸和合而住意住於此識復住意所
餘五識亦住自根諸仁者心意及識住於諸蘊為業所牽流轉不息諸
所有業因愛而起以業愛身身復造業捨此身已更受餘身如步屈蟲
行心及心法生於諸趣復更積集稠林之蘊諸仁者壽煖及識若捨於
身身无覺知同於木石諸仁者藏識是心執我名意取諸境界說之為
識諸仁者心能持身意者諸趣意識遍了五現分別諸仁者藏識為
因生於諸識意及意識又從所緣无間而起五識復待增上緣生以同時
自根為增上故諸仁者身如起屍亦如陽燄隨於諸行因緣而轉非是虛
妄亦非真實為愛所牽性空无我諸仁者意等諸識與心共生五識復
與意識因生如是恒時大地俱轉諸仁者阿賴耶識為愛所熏而得增長
自增長已復增餘識如輪不絕以諸識故衆趣得生於諸趣中識復增長
恒與世間更互為因如河中流前後不斷如牙與種相續而生各各差別
分明顯現識行亦尒三和合已復更和合差別而生无有斷絕內外衆法
因茲而起一切凡夫不了自心汝諸佛弟子應勤觀察尒時衆色最勝
王等復向金剛藏菩薩摩訶薩而作是言
金剛三昧藏　得无所畏者　善入於密嚴　能演一切法　佛及諸佛子　三昧正思惟
所觀諸法相　微妙寂无比　惟願大智者　為我等宣說　尊者恒安住　摩尼月藏宮
坐於師子座　菩薩衆圍繞　願為諸瑜祇　說密嚴定法　此是月幢佛　為衆所開演
彼衆當來此　願說而无倦
尒時月幢世尊无量分身在於欲色諸天宮殿有无央數菩薩及諸天
等圍遶供養說密嚴中諸无畏者所修觀行實相之法彼諸菩薩聞
說是已得內證智相應三昧心不樂於正位之樂不住實際即於定中手
相觀察心各念言誰已見證於實相觀行之首云何而得見斯人乎心生
渴仰愈然而住彼諸佛子復更思惟何者是定云何非定於何所定熟
是其定所待之緣作是念已以三昧力見密嚴土中菩薩之王首戴寶
冠三十二相以為嚴飾彼諸菩薩便從定起著上好衣從於他方无
量佛國而來此會一心瞻仰金剛藏尊尒時金剛藏菩薩摩訶薩

說是已得內證智相應三昧心不樂於正位之樂不住實際即於定中手
相觀察心各念言誰已見證於實相觀行之首云何而得見斯人乎心生
渴仰愈然而住彼諸佛子復更思惟何者是定云何非定於何所定熟
是其定所待之緣作是念已以三昧力見密嚴土中菩薩之王首戴寶
冠三十二相以為嚴飾彼諸菩薩便從定起著上好衣從於他方无
量佛國而來此會一心瞻仰金剛藏尊尒時金剛藏菩薩摩訶薩
周顧四方見諸大衆便生覺念將欲說法熈怡微笑發和雅音而說偈言
汝等諸佛子　咸應一心聽　定境難可思　非分別所了　定及於定者　定緣亦復然
離諸欲不善　而有於覺觀　寂靜生喜樂　是謂入初禪　如是漸次第　四八至于十
外道常我者　常修此諸定　一切聲聞衆　辟支佛亦然　了知於世間　諸法之自相
蘊處如空宅　此中无有我　无思无動作　猶如機關起　但有三和合　本无能作者
外道修定人　起於空性見　此人迷法相　壞於一切法　若有能修行　如來微妙定
善知蘊无我　諸見悉除滅　一切唯有識　諸法相皆无　无能相所相　无界亦无蘊
分析至微塵　此皆无所住　地水等衆物　皆從分別生　不知其性者　取於如是相
惡色與好色　似色餘亦然　譬如虛空中　雲雖等衆彩　思惟如骨瑣　遍滿於世間
及遍處想觀　觀於諸大等　身有色无色　定者當諦思　若於緣一心　即緣說清淨
如其所分別　即彼成所緣　非定非定者　妄計以為定　定者在定中　了世皆藏識
法及諸法相　一切皆除遣　獲於勝定者　善說於諸定　破諸修定人　妄智所知法
若人生小智　取法及於我　自謂成論言　善巧說諸法　計著諸法相　自壞亦壞他
无能相所相　妄計差別見　甜性能除熱　苦酢鹹亦淡　辛物療於冷　鹹能已風疾
身中有淡熱　共生於瘧病　或復但因風　或三和合起　以病各差別　良醫說衆方
石蜜并六分　底沙諸食等　能除衆生身　種種諸瘧病　若法有自性　及以諸相者
藥无除病能　病者不應差　云何世人見　服藥病除愈　定者觀世間　但是賴耶識
變異而流轉　譬如衆幻獸　无能相所相　蘊與於蘊者　亦无支分殊　及以有支分
世中无能作　而作於世間　亦非數十方　微塵之所聚　非動微微細　漸次大如指
二指或復三　諸法轉和合　求那各差別　如是義皆无　非時非勝性　及三法所作
亦非无有因　自然而得有　斯由業習氣　擾濁於內心　依心及眼根　種種妄分別
意與於意識　及以阿賴耶　普現於世間　如幻作衆物　瓶等衆殊象　悉以心為體
非瓶似瓶現　是故說為空　世間所有色　諸天宮殿等　皆是阿賴耶　變異而可見
衆生身所有　從頭至手足　頓生或漸次　无非阿賴耶　習氣濁於心　凡愚不能了
此性非是有　亦復非是空　如人以諸物　擊破於瓶等　物體若是空　即无能所破
譬如須彌量　我見未為惡　憍慢而著空　此惡過於彼　空性隨應說　不應演非處
若演於非處　甘露即為毒　一切諸衆生　生於種種見　欲令斷諸見　為說於空理

非執似執現　是故說為空　世間所有色　諸天宮殿等　皆是阿賴耶　變異而可見
衆生身所有　從頭至手足　頓生或漸次　无非阿賴耶　習氣滿於心　凡愚不能了
此性非是有　亦復非是空　如人以諸物　擊破於瓶等　物體若是空　即无能所破
譬如須弥量　我見未為惡　憍慢而著空　此惡過於彼　空性隨應說　不應演非處
若演於非處　甘露即為毒　一切諸衆生　生於種種見　欲令斷諸見　為說於空理
聞空執為實　不能斷諸見　此見不可除　如病醫所捨　譬如火燒木　木盡火不留
見木既已燒　空火亦應滅　生於智慧火　諸見得滅時　普燒諸煩惱　一切皆清淨
牟尼以此智　密嚴而解脫　不見以兔角　觸壞於太山　曾无石女兒　執箭射於物
未聞欲鬪戰　而求兔角弓　誰復須宮室　令石女兒造　一切法空性　与法常同體
始於胎藏時　色生便滅壞　離空无有色　離色无有空　如月与光明　始終恒不異
諸法亦如是　空性与之一　展轉无差別　所為皆得成　是身如死屍　本來无自性
恒為愛纏縛　境界所掌動　佛說於空理　為欲斷諸見　汝等有智人　宜應一心學
譬如工幻者　以諸呪術力　草木等衆像　隨意之所作　依於眼及愛　作意色与明
如是眼識生　如幻亦如焰　是識无來處　去亦无處所　諸識性如是　不應著有无
譬如石女兒　兔角毛輪等　本來无有體　妄立於名字　師子熊羆類　此皆无有角
何故不分別　唯言兔角无　善巧談論者　豈不能宣說　古先諸智人　但說兔无角
惑者妄分別　如瘖及聾瞽　斯人无現智　不能自證法　但隨他語轉　何用分別為
若離於分別　當生密嚴土　一心正定中　普現十方國　譬如天宮殿　衆星及日月
依止須弥山　風力所持運　七識亦如是　依於阿賴耶　習氣之所持　處處恒流轉
譬如依大地　發生種種物　一切諸含情　乃至衆珍寶　藏識亦如是　衆識之所依
譬如孔雀鳥　毛羽多光色　雄雌相愛樂　鼓舞共歡遊　定者觀賴耶　應知亦如是
種子及諸法　展轉相依住　譬如百川流　日夜歸大海　川流无有盡　海亦不分別
藏識亦如是　甚深无有涯　諸識之習氣　日夜常歸往　如地有衆寶　及餘種種物
給施諸衆生　隨其所資用　藏識亦如是　与諸分別俱　增長於生死　轉依成正覺
善行清淨行　出過於十地　入如來地中　十力皆圓滿　正住於真際　常恒不壞滅
如地无分別　庶化无有窮　如春種花發　人鳥皆欣玩　執持識亦然　定者多迷取
如是諸佛子　无慧離真實　於義不善知　妄言生決定　非法離聞語　誑惑於衆生
諸法別異住　而別起言說　譬如工幻師　善用於呪術　於无花果處　現種種花果
如是佛菩薩　善巧方便智　世間別異住　別異而安立　說種種教門　請益无終已
決定真實法　密嚴中顯現　六界与十八　十二處丈夫　意經之所牽　衆生以流轉
八識諸界處　共起而和合　從於意經轉　前身復後身　佛說此丈夫　隨世因流轉
是一切身者　續生无斷絕
尒時金剛藏菩薩摩訶薩說諸界處丈夫義已摩尼寶藏清淨宮中

BD15286 號 4　大乘密嚴經（地婆訶羅本）卷下　（34–30）

如是佛菩薩　善巧方便智　世間別異住　別異而安立　說種種教門　請益无終已
決定真實法　密嚴中顯現　六界与十八　十二處丈夫　意經之所牽　衆生以流轉
八識諸界處　共起而和合　從於意經轉　前身復後身　佛說此丈夫　隨世因流轉
是一切身者　續生无斷絕
尒時金剛藏菩薩摩訶薩說諸界處丈夫義已摩尼寶藏清淨宮中
已得无量諸大菩薩皆前頂礼又有无量佛菩薩衆從諸國土來此會者
同聲讚曰善哉善哉衆中復有无量菩薩諸天及諸天女皆從座起合
掌而立遞相瞻顧而說偈言
一切定中者　惟仁為上首　令為諸菩薩　說微妙丈夫　遠離於外道　著我等之論
如仁所宣示　六界淨丈夫　但是諸界合　隨因以流轉　譬如虛空中　有鳥跡明現
亦如離於木　而火得熾然　空中鳥跡現　離木而有火　我及諸世間　未曾見是事
鳥飛以羽翰　空中无有跡　仁者說丈夫　与鳥跡相似　云何於諸有　得有輪迴義
而說界丈夫　常流轉生死　受諸苦樂果　所作業无失　如農夫作業　未曾不得果
此果成熟已　後果當復生　身者亦復然　往身修善行　前生後生處　恒受人天樂
或常修福德　資糧為佛因　解脫及諸度　速成於正覺　生天自在果　觀行見真義
若離於丈夫　一切悉有无　有丈夫流轉　在於生死中　下從阿鼻獄　上至諸天處
是業必生果　所作不虛捐　若內外世間　手力而生起　此法似於彼　彼從於此生
若離於丈夫　得有輪迴者　如石女子　威儀而進退　兔角有鋒利　沙中能出油
尒時會中諸菩薩天及天女說是語已皆共供養所應供者金剛藏尊
并諸菩薩供養畢已復共同心而說偈言
法眼具无缺　因喻皆莊嚴　能伏他人論　顯示自宗德　是故大精進　宜應速開演
興會天人等　一心皆願聞　尒時金剛藏菩薩摩訶薩以偈答曰
此法深難思　分別不能及　瑜伽清淨理　因喻所開數　密嚴修定處　於中我宣說
汝等諸天人　咸應一心聽
尒時金剛藏菩薩摩訶薩說是語已復向大樹緊那羅王而說偈言
大樹緊那羅　汝應知法性　諸法云何住　性空无所有　如是見相應　於定不迷惑
如穀一粒熟　餘粒即可知　諸法亦復然　知一即知彼　譬如嘗酪者　嘗之以指端
如是諸法性　可以一觀察　法性非是有　亦復非是空　藏識之所變　藏以空為相
尒時大樹緊那羅王以偈問曰
云何心量中　而有界丈夫　云何生諸界　堅濕及煖動　尒時金剛藏菩薩摩訶薩
聞是語已偈答之言
善哉大樹王　汝今作是問　欲令修行者　其心詣真實　我今為汝說　琴師應善聽
汝昔乘宮殿　并諸眷屬俱　鼓樂從空下　而來詣佛所　汝手所彈琴　瑠璃以為飾

BD15286 號 4　大乘密嚴經（地婆訶羅本）卷下　（34–31）

如是諸法性　可以一種察　諸法非是有　亦復非是空　聲論之所變　譬如空中林

尒時大樹緊那羅王以偈問曰

云何心量中　而有界丈夫　云何生諸界　堅濕及煖動　尒時金剛藏菩薩摩訶薩

聞是語已偈荅之言

善哉大樹王　汝今作是問　欲令修行者　其心諸真實　我今為汝說　琴師應善聽

汝昔來宮殿　并諸眷屬俱　鼓樂從空下　而來詣佛所　汝手所鳴琴　瑠璃以為飾

撫奏聲和雅　悦動於衆心　无量諸聲聞　在佛前觀聽　不能持本志　各自起而舞

時天冠大士　告迦葉等言　汝等離欲人　云何而舞戲　是時大迦葉　白彼天冠士

菩薩有大力　譬如旋嵐風　聲聞无定智　如黑山搖動　雖離惑分別　尚染習氣泥

彼於諸習氣　心淨當成佛　汝於微細境　其心已通達　種種世論中　明了而決定

善於諸地相　及佛清淨法　汝在宮殿中　眷屬所圍遶　清淨而嚴好　譬如盛滿月

能於修觀行　自在之衆中　問我界丈夫　云何從心起　汝及諸佛子　咸應一心聽

如其諸界內　心名為丈夫　諸界因此生　是義我當說　津潤生於水　炎盛生於火

動搖諸作業　因斯起風界　從於色分齊　有地及虛空　境界與諸習　識生而會聚

眼及於色等　相狀各不同　此為生廣門　諸有恒相續

尒時摩尼寶藏自在宮中持進菩薩與无量菩薩俱從座而起稽首作

礼持諸妙供而以供養金剛藏尊復張寶網弥覆其上同聲讚曰善

哉善哉而說頌曰

尊者住法雲　善入於佛地　能為諸菩薩　開示如來境

尒時大樹緊那羅王并諸婇女復持種種妙好供具以為供養供養畢已

偈讚之曰

善哉金剛藏　得无所畏者　為我等開演　如來微妙法　令此摩尼殿　清淨最吉祥

尒時聖者觀自在菩薩慈氏菩薩得大勢菩薩文殊師利菩薩寶

髻菩薩天冠菩薩捴持王菩薩一切義成菩薩如是等菩薩摩訶

薩及餘无量修觀行者皆是佛子有大威德善能開示觀行之心悉

從座起手相觀察向金剛藏菩薩摩訶薩而說偈言

惟願金剛尊　願示於法眼　尊者善地相　一切咸綜知　如來常念持　佛子所宗敬

令此大力衆　同心而勸請　瑜伽自在者　願示於密嚴　普令諸世間　得所未曾有

此法最清淨　遠離於言說　化佛諸菩薩　經中未開演　諸聖現法樂　見真无漏界

自覺智所行　清淨最无比　具足衆三昧　及以陀羅尼　諸自在解脫　意生身十種

嚴淨佛國土　不可思議數　佛及諸菩薩　身量如微塵　乃至如毛端　百分中之一

密嚴佛國土　諸土中最勝　如是觀行者　來生於是間　此皆何所因　佛子願宣說

尒時金剛藏菩薩摩訶薩三十二相八十種好莊嚴其身為欲宣示无分別離

分別无佛法眼如師子王普觀衆會知其智力堪能聽受即以梵聲迦陵

迦聲廣長舌相清美之聲其聲決定衆所悦可无有麁獷諷柔簡暢鏗

羅摩聲烏拖多聲悉利多聲離沙波婆聲……

BD15286 號 4　大乘密嚴經（地婆訶羅本）卷下　（34–32）

嚴淨佛國土　不可思議數　佛及諸菩薩　身量如微塵　乃至如毛端　百分中之一

密嚴佛國土　諸土中最勝　如是觀行者　來生於是間　此皆何所因　佛子願宣說

尒時金剛藏菩薩摩訶薩三十二相八十種好莊嚴其身為欲宣示无分別離

分別无佛法眼如師子王普觀衆會知其智力堪能聽受即以梵聲迦陵

迦聲廣長舌相清美之聲其聲決定衆所悦可无有麁獷諷柔簡暢鏗

羅摩聲烏拖多聲悉利多聲離沙波婆聲般遮摩聲毗嵐犍陀聲度路善

聲皆悉具足无量功德而共相應不令聽者其心迷著善能了達音聲

之相一切天人乾闥婆等莫不欣樂金剛藏菩薩摩訶薩口无言說以本

願力於其身上眉額頂髯乃至肩膝猶如變化自然而出如是之音為

諸大衆演說法眼譬如鵝王群鵝翼從在沙汀上素潔嚴好金剛藏

大精進者住於自在清淨之宮諸佛子衆所共圍遶嚴潔亦尒如空

中朗月光景衆星金剛藏菩薩亦復如是處師子座瞬敘一切諸修行

者如月与光无有差別佛与金剛藏菩薩亦復如是等无有異尒時如

實見菩薩摩訶薩住修行地衆中上首從座而起合掌恭敬觀諸菩薩

說是偈言

嗚呼大乘法　微妙不思議　如來之境界　佛子應頂礼　无思離垢法　希有甚難遇

一切國土中　諸佛所觀察　大乘真實義　清淨无等倫　遠離諸分別　轉依之妙道

八種識境界　諸自性不同　五法及无我　差別而開示　五種習所纏　生諸惡分別

見此微妙法　清淨如真金　得於清淨者　即住佛種性　如來姓微妙　非外道聲聞

一切國土中　密嚴為最上　種性成就已　而來生此國　尊者金剛藏　已得何三昧

所說清淨法　是何三昧境

尒時會中有无量菩薩衆稽首作礼而說偈言

大智金剛藏　願為我開演　住何三昧中　而能說此法　此諸佛子等　一切皆願聞

尒時金剛藏菩薩大无畏者普觀衆會智慧之力為住聽受不思議法

為不住邪諦觀察已知諸佛子堪受斯法即說偈言

汝等諸佛子　咸應一心聽　我今為汝說　轉依之妙道　我所得三昧　名大乘威德

菩薩住是中　能演清淨法　亦見殑伽剎　所有諸如來　塵數那由他　在前而讚歎

善哉汝所說　此是瑜伽道　我等諸如來　皆行此三昧　於斯得自在　清淨成正覺

未曾有一佛　非此三昧生　是故此三昧　思惟不能及　若有諸菩薩　住是三昧中

即住不思議　諸佛之境界　證於自智境　及見於諸佛　變化百千億　乃至如微塵

內證之妙理　諸佛所安住　此法无諸相　遠離於聲色　名從於相生　相從因緣起

此二生分別　諸法性如如　於斯善觀察　是名為正智　名為遍計性　相是依他起

名相二俱遣　是為第一義　藏識住於身　隨處而流轉　習氣如山積　深意之所纏

末那有二門　意識同時起　五境現前轉　諸識身和合　猶如有我人　住在於身內

藏識暴流水　境界風所飄　種種識浪生　相續恒无斷　佛及諸佛子　能知法无我

已得成如來　復為人宣說　分析於諸蘊　見人无我性　不知无有法　是說為聲聞

菩薩善能觀　人法二无我　觀已即便捨　不住於真際　若住於真際　便捨大悲心

功業悉不成　不得成正覺　希有難思智　普利諸群生　如蓮出淤泥　色相甚嚴潔

諸天聖人等　見之生愛敬　如是佛菩薩　出於生死泥　成佛體清淨　諸天所欣仰

BD15286 號 4　大乘密嚴經（地婆訶羅本）卷下　（34–33）

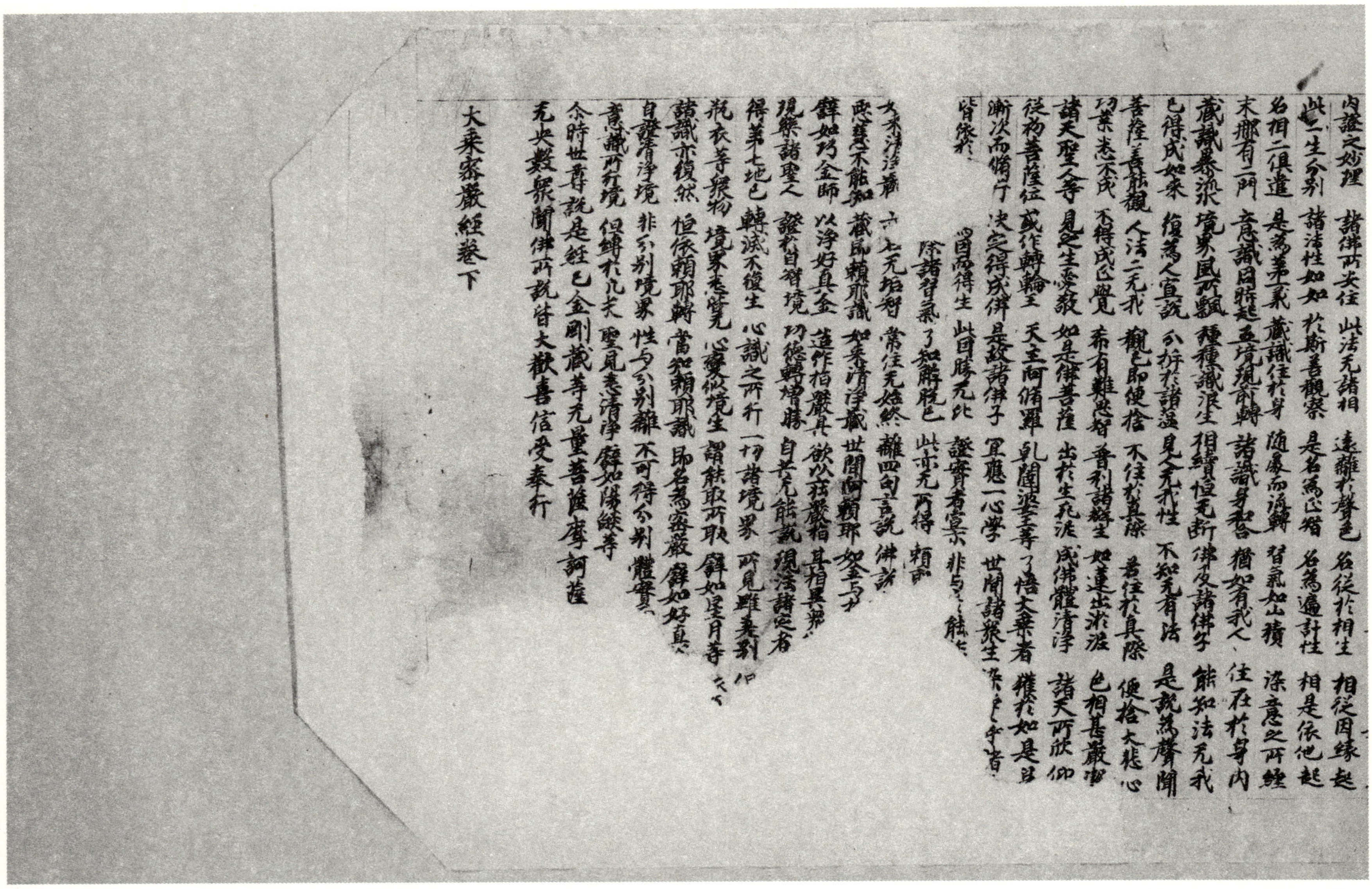
內證之妙理 諸佛所安住 此法无諸相 遠離於聲色 名從於相生 相從因緣起
此二生分別 諸法性如如 於斯善觀察 是名為正智 名為遍計性 相是依他起
名相二俱遣 是為第一義 藏識住於身 隨處而流轉 習氣如山積 深意之所纏
末那有二門 意識因斯起 五境現前轉 諸識身和合 猶如有我人 住在於身內
藏識暴流水 境界風所飄 種種識浪生 相續恒无斷 佛及諸佛子 能知法无我
已得成如來 復為人宣說 分析於諸蘊 見人无我性 不知无有法 是說為聲聞
菩薩善能觀 人法二无我 觀已即便捨 不住於真際 若住於真際 便捨大悲心
功業悉不成 不得成正覺 希有難思智 普利諸群生 如蓮出淤泥 色相甚嚴潔
諸天聖人等 見之生愛敬 如是佛菩薩 出於生死流 成佛體清淨 諸天所欣仰
從初菩薩位 或作轉輪王 天主阿脩羅 乾闥婆王等 了悟大乘者 獲於如是果
漸次而脩行 決定得成佛 是故諸佛子 宜應一心學 世間諸衆生 [illegible]
皆依於
此因而得生 此因勝无比 證實者宣示 非与[illegible]能[illegible]
除諸習氣 了知解脫已 此亦无所得 賴耶
大乘清淨藏 [illegible]无始智 常住无始終 離四句言說 佛說
惡慧不能知 藏即賴耶識 如來清淨藏 世間阿賴耶 如金与指
譬如巧金師 以淨好真金 造作指嚴具 欲以莊嚴指 其相異衆
現樂諸聖人 證於自智境 功德轉增勝 自共无能說 現法諸定者
得第七地已 轉滅不復生 心識之所行 一切諸境界 所見雖差別
瓶衣等衆物 境界悉皆无 心變似境生 譬執取所取 譬如星月等
諸識亦復然 恒依賴耶轉 當知賴耶識 即名為密嚴 譬如好真
自證清淨境 非分別境界 性与分別離 不可得分別 體實
意識所行境 但轉於凡夫 聖見悉清淨 譬如陽焰等
尒時世尊說是經已 金剛藏等无量菩薩摩訶薩
无央數衆聞佛所說 皆大歡喜信受奉行
大乘密嚴經卷下

BD15286 號 4 大乘密嚴經（地婆訶羅本）卷下 （34–34）

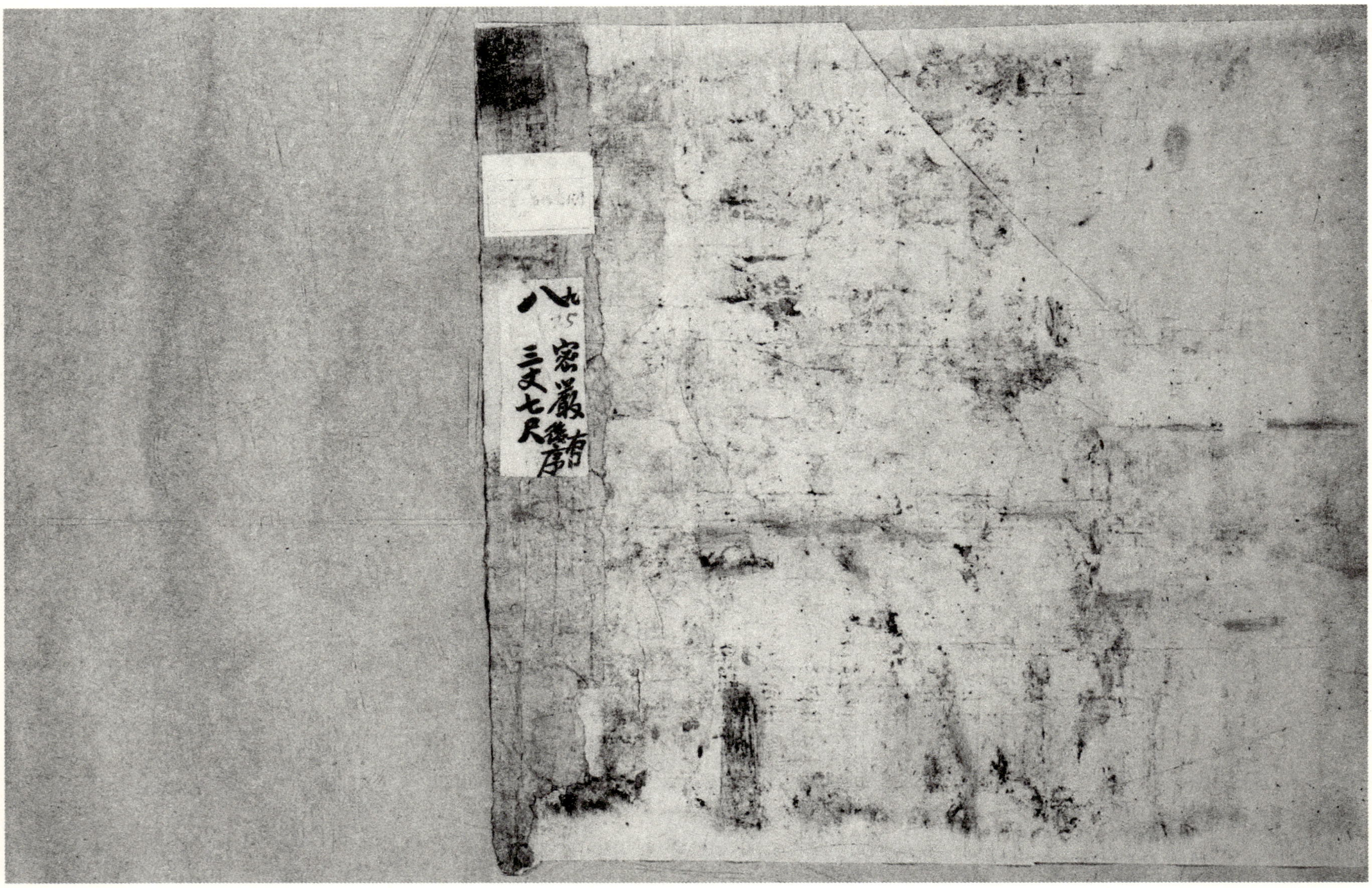

BD15286 號背 勘記、印章 （1–1）

BD15287 號背　護首　　（1–1）

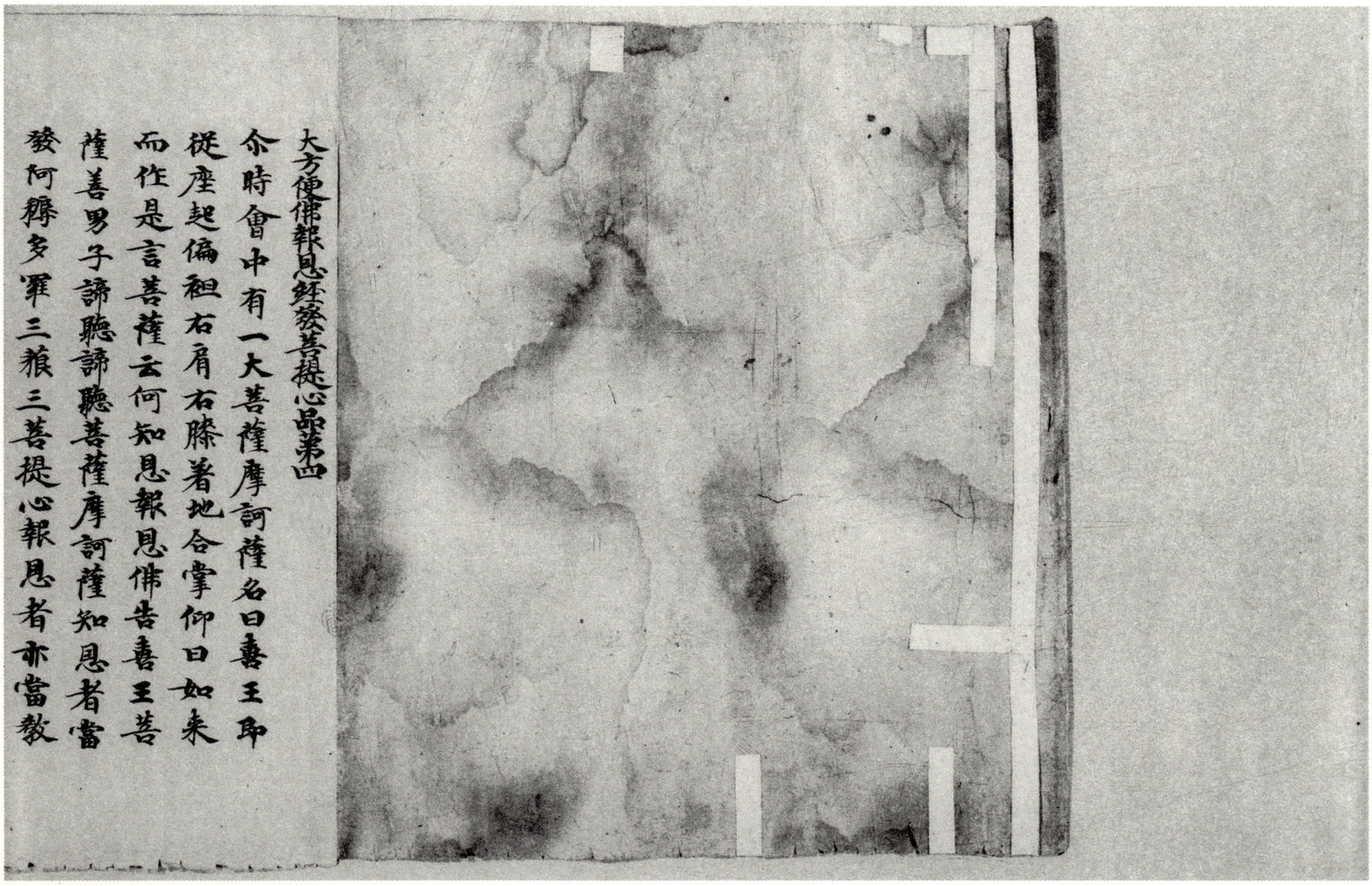

大方便佛報恩經發菩提心品第四
尒時會中有一大菩薩摩訶薩名曰喜王即
從座起偏袒右肩右膝著地合掌仰白如來
而作是言菩薩云何知恩報恩佛告喜王菩
薩善男子諦聽諦聽菩薩摩訶薩知恩者當
發阿耨多羅三藐三菩提心報恩者亦當教

BD15287 號　大方便佛報恩經卷二　　（20–1）

大方便佛報恩經發菩提心品第四
尒時會中有一大菩薩摩訶薩名曰喜王即
從座起偏袒右肩右膝著地合掌仰曰如来
而作是言菩薩云何知恩報恩佛告喜王菩
薩善男子諦聽諦聽菩薩摩訶薩知恩者當
發阿耨多羅三藐三菩提心報恩者亦當教
一切衆生令發阿耨多羅三藐三菩提心若
發菩提心云何而發菩薩因何事故所以能
發善男子菩薩摩訶薩初發三菩提心時立
大誓願作如是言若我得阿耨多羅三藐三
菩提時當大利益一切衆生要當安置一切
衆生大涅槃中復當教化一切衆生悉令具
石楚毒考掠衆生
如我不喜杻械枷鏁桁械繫閉縛勒諸苦惱
者一切衆生亦復如是故菩薩乃至喪失
身命終不枷鏁繫閉杻械衆生
如我不喜為人所陵強力迫脅威恩所逼恃
怙形勢押伏捐遏不令而自炳說自顯清白
者一切衆生亦復如是是故菩薩乃至喪失
身命終不非理加於衆生
如我為人之所供養尊重讚歎令我歡喜者
我亦常布施衆生衣被飲食卧具醫藥一切
樂具若我造作一事若佛事法事僧事智力
有限不能令其成辦憂愁苦惱若有智者見
我如是憂恚懊惱不能令事得辦便報我言
善男子莫憂愁也我當供辦稱意所須令汝

BD15287 號　大方便佛報恩經卷二　（20–2）

有限不能令其成辦憂愁苦惱若有智者見
我如是憂恚懊惱不能令事得辦便報我言
善男子莫憂愁也我當供辦稱意所須令汝
事辦我聞是語心生歡喜是故我亦當常勸
化衆事利益衆生
如我為王賊水火縣官所逼若繫若閉心生
愁毒復有智者見我如是遇衆苦難便往我
所善言誘喻告言莫愁苦也我當為汝求哀
國王若諸大臣若供給財賄若設餘方便令
汝解脫使无衰惱我聞是語心生歡喜
是故菩薩常當勤修伎藝多諸工能音樂倡
伎曆數筭計呪術仙藥服乘象馬兜鉾弓箭
出陣入陣有大功武我有如是衆妙伎藝一
切衆人若王大臣不敢違逆我意兼我復有
衣財飲食珠環嚴飾金銀琉璃珊瑚虎珀車
璖馬瑙真珠玫瑰摩尼寶珠象馬輦轝僮僕
作使宮人美女流泉浴池七寶臺觀如是種
種微妙无量百千菩薩雖有如是威武隨意
伎藝百千寶藏象馬車乘无量美女勝妙臺
觀流泉浴池一切五欲樂具心不貪著而常
少欲知足好樂閑靜山林樹下安禪靜嘿雖
處大衆言談語論而心常入對治門中雖與
衆生和光塵俗出內財產生業息利終不為
惡利益衆生若有貧窮及諸苦惱来從菩薩
求索所須菩薩隨意稱心給與
菩薩若見有衆生愛樂佛法而来親近供養
承事奉侍洗足按摩洗濯乾曬揚枝澡水拂

BD15287 號　大方便佛報恩經卷二　（20–3）

惡利益衆生若有貧窮及諸苦惱來從菩薩
求索所須菩薩隨意稱心給與
菩薩若見有衆生愛樂佛法而來親近供養
承事奉侍洗足按摩浣濯乾曬楊枝澡水拂
拭床敷捲襟被枕初夜後夜供給燈燭前食
後食怛鉢鄣食蒱闍尼食佉陁尼食及諸藥
飲所謂興利師漿酸勒奢菓漿蒲桃漿黑石
蜜漿如是承事乃至一七至九十日為欲求
請菩薩聽聞佛法
菩薩尒時雖見是人如是供給心不歡喜何
以故菩薩久於无量阿僧祇劫中為求佛法
故我為一切衆生心无增減故以慈悲心故
住平等心故
時作轉輪聖王常以十善導化一切衆生為
我意故歡喜奉行命終之後得生人天受微
妙五欲快樂尊嚴豪貴隨心適意卧起入宫
服乘輦馬遊戲蘭[illegible]伎樂自娛歡喜飲食无
常卒至老病死亡家室男女愁毒懊惱舉聲
大哭以手搥胷或時拔髮飡啖灰土悶絕躃
地持幡乘車啼哭送之殯埋既竟室家男女
手相扶持還歸本家愁毒悶絕躃地或時致
病或時狂癡或時致死於生者大損於死者
无益
是時轉輪聖王前後導從案行國界見諸衆
生受斯苦惱愍而哀傷而作是言夫為王者
王領國土攝諸衆生雖以十導化果　得如

BD15287號　大方便佛報恩經卷二　（20–4）

是時轉輪聖王前後導從案行國界見諸衆
生受斯苦惱愍而哀傷而作是言夫為王者
王領國土攝諸衆生雖以十導化果　得如
是微妙五欲而不免生老病死无常敗壞當
知我雖以正法治國无益於物若无益於物
云何名為大轉輪王云何復名為大慈父云
何復名為大醫王云何復名為大導師夫導
師者導以正路示涅槃逕使得无為常得安
樂我等今者名不稱行
譬如有人渴乏垂命東西馳走求索冷水遶
見空井心生歡喜而作是念今我此身便為
更生何以故若不得水命去不遠今見好井
必其望得清淨冷水濟我虛渴運急之命作
是念已馳奔往趣往到井上脫所著衣舉著
一處入井取水而不得水唯見毒虵守宫蝮
蝎百足之屬瓦礫荊棘及諸草穢
尒時渴人失本願故既不得水衆毒螫身尋
欲出井其井朽故陷墜嶮巖其朽故井深一
箭道既无梯橙繩索杖木雖復勇身上昇勢
不能高氣力羸惙還墮井底為諸毒虵之所
嗳食命未斷須而作是言我若先知此井无
水尚不眼視而況往取今日苦毒為井所誤
尒時轉輪聖王見諸人民室家男女恩愛分
離受苦惱時而作是言今我身者喻如空井
雖有井名而无有水現有所趣而无所獲衰
失身命苦惱如是我今雖昇於轉輪聖王之
位七寶具足十善導化正法治國令諸衆生

BD15287號　大方便佛報恩經卷二　（20–5）

離受苦惱時而作是言今我身者喻如空井
雖有井名而无有水現有所趣而无所獲喪
失身命苦惱如是我今雖昔於轉輪聖王之
位七寶具足十善導化正法治國令諸眾生
生人天中受其微妙五欲快樂故未能免生
老病死恩愛分別怨憎和合憂悲苦惱更相
哭泣然是我過非眾生咎所以者何以我无有
出世間法利益一切眾生雖從於我諮受善
法望獲安樂而實不能越於苦海
尒時轉輪聖王復作是念我身今者喻如无
智大癡施主尒時施主值天大旱七年不雨
樹木燋乾時世飢饉穀米勇貴人民飢餓手
相劫食飲血噉肉更相殘害狂濫无辜或父
食子或子食父父母兄弟妻息男女更相食
噉
尒時大施主遊行觀看見諸眾生飢餓燋悴
羸瘦戰掉氣力虛微顏狠燋悴頭髮蓬亂形
體瘦黑於其肩上或見擔揭鈍是死人所有
頭手節脉髀肘脊脅肩髀臗蹲足指或是肝
膽腸胃時大施主微聲問言汝所擔揭者是
何物也荅言我所擔者是死人頭手髀肘節
脉也問言汝擔是死人髀肘節脉何所作為
荅言汝不知耶天時亢旱時世飢饉穀米勇
貴人民飢餓乎相食耳我所擔者是我飲食
尒時施主聞是語已心驚毛豎悶絕躃地以
冷水灑面良久乃穌復更問言雖是汝食是
何人肉尒時餓人聞是語已舉聲大哭憂恚

BD15287號　大方便佛報恩經卷二　（20–6）

尒時施主聞是語已心驚毛豎悶絕躃地以
冷水灑面良久乃穌復更問言雖是汝食是
何人肉尒時餓人聞是語已舉聲大哭憂恚
斷絕報施主言不可言也痛哉痛哉怪哉怪
哉大施主我今情實相語我所擔者或言是
父或言是母或言妻子或言兄弟宗親骨肉
尒時諸飢餓人各各以情實自說因緣大施
主更无餘事我等以飢餓因緣故還相噉食
耳
尒時施主聞是語已飲氣歎息報眾人言汝
等今者更莫共相食噉肉也若有所須衣服
飲食種種湯藥所須之物却後一七汝等大
眾皆集我家我當隨汝所須衣被飲食病瘦
湯藥稱意給與眾人聞已心生歡喜歎言善
哉善哉未曾有也
尒時施主還到其家喚其夫人及其子息僮
僕作使一切皆集於眾人中和顏悅色發柔
軟言告喻妻子及諸作使汝等應當至心聽
我所說汝等知不天時炎旱時世飢儉人民
飢餓死者无數我等居家庫藏盈滿穀米无
量可共及時種於福田妻子聞已善哉善哉
快善无量我等身命亦隨施主況於大藏錢
財飲食耶
尒時施主心生歡喜汝等今者真是我无上
道伴善哉善哉汝等諸人應當各各而自露
分隨所應作隨所應為應作者便作應為者

BD15287號　大方便佛報恩經卷二　（20–7）

尒時施主心生歡喜汝等今者真是我无上
道伴善哉善哉汝等諸人應當各各而自處
分隨所應作隨所應為應作者便作應為者
速為却後一七必令成辦
尒時施主一一處分已竟即自出外處處觀
看何處當有平地寬博安施壇施即時安着
清淨之處除去沙鹵株杌荊棘其地清淨安
施床敷氍毹㲪㲜即時安施大衆坐處已嚴
駕五百大象負載飲食運趣施壇飯食如山
乳酪如池膏油餅脯種種餚饍百味具足無
有種種衣服珠環嚴飾象馬七珎種種具足
莊嚴已竟却後一七明相舉時亦於七日朝
椎鍾鳴鼓吹大蠡貝高聲唱言一切大衆皆
來集於大施主壇
尒時衆人聞是唱聲心生歡喜如蒙賢聖聞
是語已尋聲往趣大會施壇隨意所取衣被
飲食珠環嚴飾百種湯藥象馬七珎隨所好
憙恣意選取尒時施主所施之物衆人持去
已盡
尒時施主心生歡喜已即還歸家室家妻子
歡喜受樂五欲自娛却後一七聞外人言先
所受施主衣被飲食者皆藥發而死或未死
者皆發是言怪哉怪哉是大施主雖有慈愍
供給所須衣被飲食雖復當時充飢解渴得
濟身命於後數日藥發喪命尒時大施主憂

者皆發是言怪哉怪哉是大施主雖有慈愍
供給所須衣被飲食雖復當時充飢解渴得
濟身命於後數日藥發喪命尒時大施主憂
恚懊惱問其妻子汝等云何成就飲食使惡
毒藥令隨食中妻子作使諸僮僕等皆言不
尒若不尒者毒從何來荅曰不審
尒時施主重自撿校即入家中次第案行見
一井水見覆蓋頭問諸人言此是何井家人
荅言此是施主於小兒時養三毒虵穿此一
井安置其中此井是毒虵住處水亦是毒飲
者煞人施主見已問作使言汝等先作食時
不取此井水用作食也作使荅言飲食猥多
當時運急汲取此水用作飲食大施主言怪
哉怪哉如我今者愚癡无智云何養此毒虵
作此毒井告語妻子速往塡塞中三毒虵者
為吾燒煞是時作使速往除滅
尒時施主滅毒井已出外觀看見受施者藥
發而死異口同音皆言此施主與我毒食
令我早喪身命我若先知此食有毒者終不
噉食尒時施主聞是語已心生懊惱
如彼轉輪聖王雖復十善導化令諸衆生得
生人天雖受如是微妙五欲微妙快樂猶未
能免生老病死
時轉輪聖王尋發願言我今應當求索无上
佛法出世間法令諸衆生讀誦諷習遠離生
死得至涅槃

時轉輪聖王尋發願言我今應當求索无上
佛法出世間法令諸衆生讀誦諷習遠離生
死得至涅槃
尒時轉輪聖王為求佛法故於閻浮提遍處
宣令誰解佛法大轉輪王欲得諷習處處宣
令皆云言无到一邊小國中有一婆羅門解
知佛法尒時使者逕往詣彼至婆羅門所問
言大德解佛法耶荅言解耳
尒時使者頭面礼足報言大師大轉輪王欲
相顧命唯願大師屈神德往至彼轉輪王所
時轉輪王遠出奉迎頭面礼足問訊起居冒
涉途路得无疲惓耶即請入宮於正殿上敷
王御座前請大師願坐此座時婆羅門即昇
妙座結跏趺坐
尒時大王見於大師端坐已定供給所須施
安已竟合掌向於婆羅門白言大師解佛法
耶時婆羅門報言吾解佛法尒時大王報言
大師為我解說婆羅門言王大愚也吾學是
佛法久受勤苦因乃得成今者大王云何直
欲得聞
尒時大王白大師言欲須何物婆羅門言與
我供養王言所須供養為是何物衣被飲食
耶金銀珍寶耶婆羅門言吾不須如是供養
王言若不須如是供養者象馬車乘耶國城
妻子耶音樂倡伎耶婆羅門言吾都不用如
是供養也若能就王身上剜作千瘡灌滿膏

耶金銀珍寶耶婆羅門言吾不須如是供養
王言若不須如是供養者象馬車乘耶國城
妻子耶音樂倡伎耶婆羅門言吾都不用如
是供養也若能就王身上剜作千瘡灌滿膏
油安施燈炷然以供養者吾當為汝解說佛
法若不能者吾欲起去王未荅須臾下高座
尒時大王即前抱持報言大師小復留懷今
我智慧微淺功德薄少小須自思惟當奉供
養
尒時轉輪聖王即自思惟而作是念我從无
始世界已來喪身无數未曾為法今我此身
當歸壞敗都无所為今日正是其時仰報大
師言所須供養者當速辦之
尒時大王即入宮中報諸夫人而我今者共
汝等別時諸夫人聞王語已心驚毛豎莫知
所由微聲問王王欲何去王言今者我身欲
剜作千燈供養大師時諸夫人聞王語已號
轉躃地舉聲大哭悶絕吐逆良久穌息報大
王言天下所重莫若己身恭敬尊重隨時將
養懼畏不適今者云何毀害捐棄王是智人
而於今日如似顛狂鬼魅所著耶王言不也
若不尒者何緣如是作此苦惱供養是婆羅
門何所為耶王報夫人欲求佛法為一切衆
生若為一切衆生今日云何便見孤棄王報
諸夫人言天下恩愛皆當別離是故吾今以
身供養欲為汝等及一切衆生於大闇室然
大智燈照汝生死无明黑闇斷衆累結生死

諸夫人言天下恩愛皆當別離是故吾今以
身供養欲為汝等及一切衆生於大闇室然
大智燈照汝生死无明黑暗斷衆累結生死
之患趣度衆難得至涅槃故汝等諸人今者
云何遮逆我心時諸夫人聞王語已黙然不
對心悲鬱噎舉聲大哭自拔頭髮抓摑面目
復發聲言我等薄相生亡我所天王有五百
太子悉皆端政聰明智惠人相具足其父愛
念喻如眼目
尒時大王語諸子言我於今日欲設供養恐
身命不濟與汝等別國土人民所有王法從
大者始時諸太子聞是語已身體支節筋脉
抽切譬如人噎又不能咽復不得吐微聲問
父王言今日云何永棄孤背時諸太子前抱
王頸或捉手足舉聲悲哭怪哉怪哉今日云
何永失覆護
尒時大王諫曉諸子即為宣說天下恩愛皆
有別離諸子荅言雖如父王所說心情戀慕
不能捨離大王今日當賜一願令諸子等持
此身命奉上大王為王供養婆羅門師王言
諸子幼稚未有所識未能堪辦如是供養如
我今者遠請大師許相供養不得違錯夫為
孝子不違父意汝今云何遮逆我心時諸太
子聞是語已舉聲吼喚驚動神祇舉身投地
如大山崩
尒時大王復與諸小國王一切辭別還至殿
上往大師所脫身瓔珞上妙衣服舉著一面

BD15287號　大方便佛報恩經卷二　（20–12）

如大山崩
尒時大王復與諸小國王一切辭別還至殿
上往大師所脫身瓔珞上妙衣服舉著一面
端身正坐告諸大臣諸小國王五百太子二
万夫人汝等今者誰能為吾剜身千瘡夫人
太子及諸群臣皆共同心而作是言我等今
者寧以利刀自剜兩目終不能以手剜王身
也尒時大王心生憂惱而我今者單獨孤露
大衆之中乃无一人見佐助耶
尒時大王有一栴陁羅其性弊惡人所怖畏
尋聲往趣語諸太子且莫憂苦也我有方便
能令大王事不得成若不成事還王領國土
如本不異諸太子聞是語已心生歡喜時栴
陁羅往到王前語大王言大王今者何所作
為剜身千燈供養大師時栴陁羅言欲剜身
者我能為之王聞是語心生歡喜報栴陁羅
言汝今真是我无上道伴時栴陁羅即在王
前嫰嗤蹴帳高聲唱言大王當知煞人之法
斷頭截頸割斷手足抽筋拔肋苦痛如是大
王今者能堪是不王聞是語心懷歡喜時栴
陁羅持牛舌刀就王身上於胸遶須遍體剜
作數滿千瘡時栴陁羅謂王意退而反不移
投刀於地馳走而去
尒時大王於身諸瘡灌滿膏油已取上妙細
疊纏以為炷尒時婆羅門大師見於大王作
是事已作是念言我今應當先為大王宣說

BD15287號　大方便佛報恩經卷二　（20–13）

投刀於地馳走而去
尒時大王於身諸瘡灌滿膏油已取上妙細
疊纏以為炷尒時婆羅門大師見於大王作
是事已作是念言我今應當先為大王宣說
佛法何以故大王今當然身諸燈恐命不濟
命若不濟誰當聽法思惟是已告大王言精
進如是難為能為能此苦行為聞佛法諦聽
諦聽善思念之今當為王宣說佛法王聞是
語心大歡喜譬如孝子新喪父母其子愁毒
苦不可言父母還活其子歡喜王聞是語亦
復如是時婆羅門即便為王而說半偈謂興
衰法
夫生趣死　此滅為樂
王聞法已心生歡喜告諸太子及諸大臣而
作是言諸人若於我有慈愍心者應為我憶
持是法於諸國土處處聚落有人民處城市
巷陌宣王優命諸人當知大轉輪王見諸人
民一切衆生沒於苦海未能出要於諸衆生
起大悲心剜身千燈求此半偈諸人今當感
大王大慈悲心應當書寫此偈讀誦翫習思
惟其義如說修行諸人聞是語已心生歡喜
異口同音讚大王言善哉大王真是大慈悲
父為諸衆生能此苦行我等應當速往書寫
或紙或帛或於石上或於樹木瓦礫草葉溪
逕要路多人行處亦皆書寫其見聞者皆發
阿耨多羅三藐三菩提心
尒時大王即然千燈供養大師其明遠照十

BD15287號　大方便佛報恩經卷二　（20–14）

逕要路多人行處亦皆書寫其見聞者皆發
阿耨多羅三藐三菩提心
尒時大王即然千燈供養大師其明遠照十
方世界其燈光中亦出音聲說此半偈其聞
法者皆發阿耨多羅三藐三菩提心其光上
照乃至忉利天宮其燈光明悉能隱蔽諸天
光明時忉利天王見此光明遠照天宮即作
是念以何因緣有此光明即以天眼觀於世
間見是大轉輪王以大慈悲勳脩其心為一
切衆生故剜身千燈供養大師為度一切衆
生故是故我等今當往於世間勸哉佐助令
心歡喜即下世間化作凡人往詣王所問大
王言剜身千燈能此苦行為求半偈何所作
為報言善男子我為一切衆生故今發阿耨
多羅三藐三菩提心
尒時化人即復釋身光明威曜暉然炳著時
天帝釋報大王言作是供養願求天王耶魔
王梵王耶是時轉輪聖王報天王釋言我亦
不求人天尊貴欲求阿耨多羅三藐三菩
提為一切衆生故不安者安不解者解未度
者度未得道者欲令得道天王釋言大王今
者不乃愚耶求阿耨多羅三藐三菩提者久
受勤苦乃可得成汝今云何欲求无上道耶
報天王釋言假使熱鐵輪在我頂上旋終不
以此苦退於无上道汝今雖發是言吾不信
也
時轉輪聖王即於天王釋前立此誓言我若
不真實求於阿耨多羅三藐三菩提欺誑天

BD15287號　大方便佛報恩經卷二　（20–15）

也
時轉輪聖王即於天王釋前立此誓言我若
不真實求於阿耨多羅三藐三菩提欺誑天
王釋者使我千瘡終无愈時若不尒者血當
為乳千瘡平復說是語時即復如故天王釋
言善哉大王真是大悲脩大悲者如是苦行
不久當得阿耨多羅三藐三菩提得三菩提
時要先度我時天帝釋放大光明遍照王身
與百千諸天俱時發阿耨多羅三藐三菩提
心五百太子見其父王身瘡平復歡喜无量
即前頭面礼足却住一面合掌向父異口同
音俱發聲言未曾有也今者父王真是大悲
愍傷一切王報太子汝等若是孝子者當發
阿耨多羅三藐三菩提心是諸太子聞是語
已心生歡喜感於父王重恩分故尋聲即發
阿耨多羅三藐三菩提心二万夫人百千婇
女亦復如是
尒時衆中有七十恒河沙等衆生皆發聲聞
辟支佛心復有无量天及乾闥婆阿脩羅迦
樓羅緊那羅摩睺羅伽人非人等見聞是已
皆發道心歡喜而去
是般若波羅蜜是則名為自利亦名利他是
故初發菩提心者則得名為菩提因緣衆生
因緣正義因緣三十七助道法因緣攝取一
切善法根本是故菩薩名善大善亦名一切
衆生善根能破一切衆生身口意等三業諸
惡一切世間所有擔顛及出世間所有擔顛无

BD15287 號　大方便佛報恩經卷二　（20–16）

切善法根本是故菩薩名善大善亦名一切
衆生善根能破一切衆生身口意等三業諸
惡一切世間所有擔顛及出世間所有擔顛无
有能勝阿耨多羅三藐三菩提如是擔顛无
勝无上菩薩摩訶薩初發三菩提心時有五
事一者性二者行三者境界四者功德五者
增長菩薩若能發菩提心則得名為菩薩摩
訶薩定得阿耨多羅三藐三菩提脩大乘行
是故初發菩提心即能攝取一切善法菩薩
摩訶薩發菩提心脩行漸得阿耨多羅三藐
三菩提若不發心終不能得是故發心即得
阿耨多羅三藐三菩提根本菩薩摩訶薩見
苦衆生心生憐愍
是故菩薩因慈悲心故能發阿耨多羅三藐
三菩提心因阿耨多羅三藐三菩提心即能
習三十七品因三十七品故得阿耨多羅三
藐三菩提故發心名為根本發菩提心故菩
薩尸羅是故發心名根名因名枝名葉亦名
次第名葉亦名為子菩薩發心畢竟不畢竟
畢竟者乃至得阿耨多羅三藐三菩提終无
退失不畢竟者有退有失退有二種畢竟退
不畢竟退畢竟退者終不能發阿耨多羅三
藐三菩提心不能推求脩習其法不畢竟退
者求菩提心脩習其法是菩提心有四種一
者若善男子若善女人若見若聞諸佛菩薩
不可思議事尒時即生信敬之心作是念言

BD15287 號　大方便佛報恩經卷二　（20–17）

者求菩提心修習其法是菩提心有四種一
者若善男子若善女人若見若聞諸佛菩薩
不可思議事尒時即生信敬之心作是念言
佛菩薩事不可思議若佛菩薩不可思議事
是可得者我亦當得阿耨多羅三藐三菩提
是故至心念於菩提發菩提心復有不見諸
佛菩薩不思議事以聞諸佛菩薩秘密之藏
聞已即生信敬之心得生信心故為阿耨多
羅三藐三菩提及摩訶般若是故發菩提心
復有不見諸佛菩薩不思議事亦不聞法見
法滅時復作是念无上佛法能滅衆生无量
苦惱作大利益唯諸佛菩薩能令佛法久住
不滅我今亦當發菩提心令諸衆生遠離煩
惱顛我此身受大苦事護持佛法久住於世
故發菩提心復有不見諸佛菩薩法滅時唯
見惡世諸衆生等具重煩惱貪欲瞋恚愚癡
等无慚无愧慳悋等嫉妬恚癡苦惱等不信
邪疑懶惰等見是事已即作此念大惡世時
衆生不能修善如是惡時尚不能發二乘之
心何況阿耨多羅三藐三菩提心我今當發
菩提心發菩提心已乃當教一切衆生令發
阿耨多羅三藐三菩提心
尒時喜王菩薩復白佛言世尊菩薩知恩自
發菩提心菩薩報恩教一切衆生令發菩提
心者如來世尊於生死時初發菩提心因何
事發佛言善男子過去久遠不可計劫生死

BD15287號　大方便佛報恩經卷二　（20–18）

尒時喜王菩薩復白佛言世尊菩薩知恩自
發菩提心菩薩報恩教一切衆生令發菩提
心者如來世尊於生死時初發菩提心因何
事發佛言善男子過去久遠不可計劫生死
中時以重煩惱起身口意業故墮在八大地
獄所謂阿訶訶地獄阿婆婆地獄阿達多地
獄銅釜大銅釜黑石大黑石乃至火車地獄
我於尒時墮在火車地獄中共兩人並挽火
車牛頭阿傍在車上坐瞋眉切齒張目吹火
口眼耳鼻烟炎俱起身體姝大髀脚膝結其
色赤黑手執鐵杖隨而鞭之我時苦痛怒力
挽車力勵前進時我徒伴劣弱少力劣弱在
後是時牛頭阿傍以鐵釵刺腹鐵杖鞭背血
出沐浴隨體而流其人苦痛高聲大喚苦痛
難忍或稱父母或稱妻子雖作如是唱喚无
益於已我時見是受大苦惱心生哀愍因慈
心生故發菩提心為此衆罪人故勸請牛頭
阿傍此罪人者甚可憐愍小復如哀垂慈憐
愍牛頭阿傍聞已心生瞋恚尋以鐵釵前刺
我頸尋時命終即時脫於火車地獄百劫中
罪我以發阿耨多羅三藐三菩提心故即脫
火車地獄之罪
佛告喜王挽火車者今我身是因發菩提心
故疾得成佛是故當知一切衆生發菩提心
其事非一或因慈心或因恚心或因施心或
因慳心或因歡喜或因煩惱或因愛愛別離
或因怨憎和合或因親近善知識或因惡友

BD15287號　大方便佛報恩經卷二　（20–19）

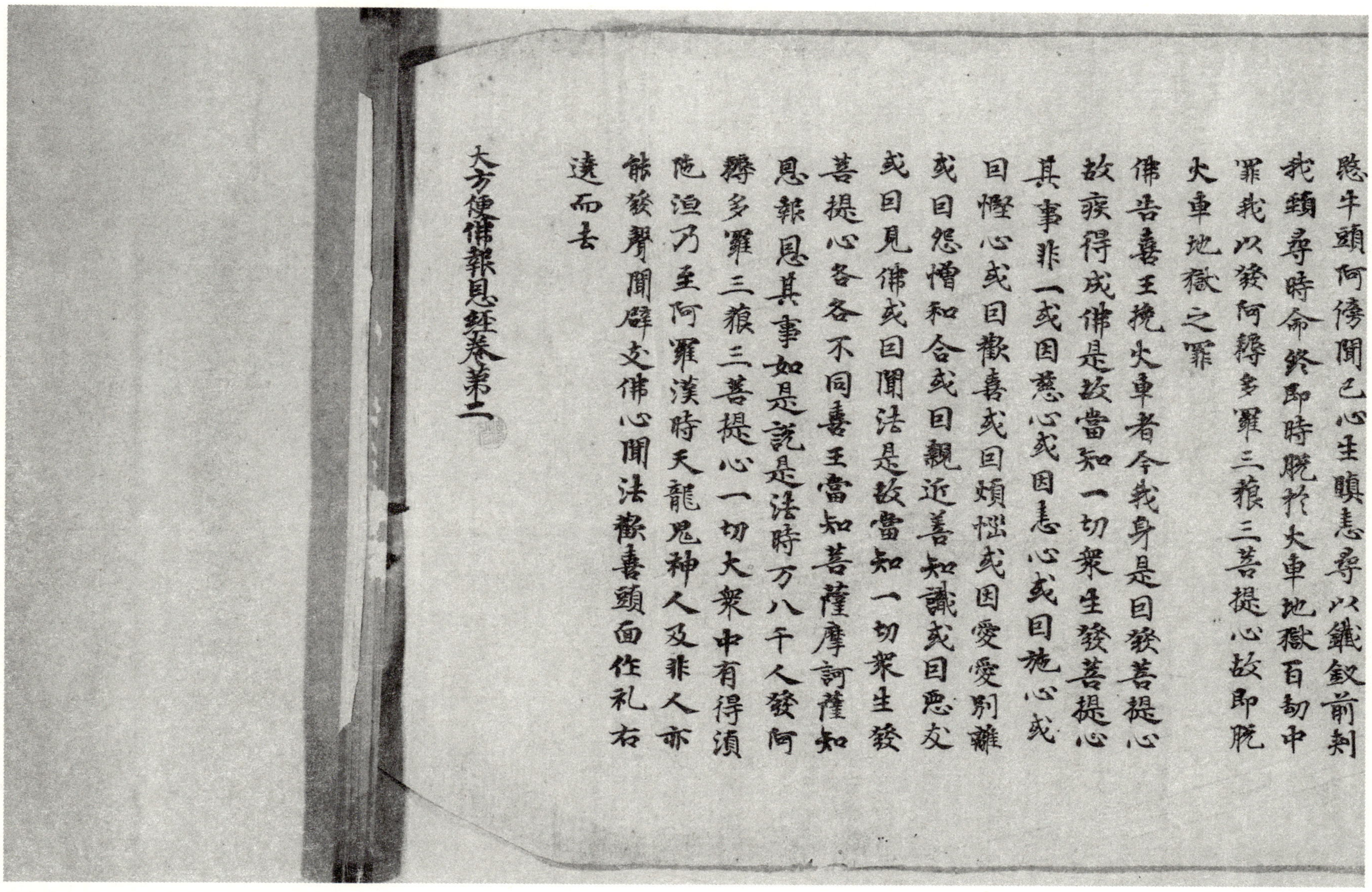
懸牛頭阿傍聞已心生瞋恚尋以鐵釵前刺
我頭尋時命終即時脫於大車地獄百劫中
罪我以發阿耨多羅三藐三菩提心故即脫
火車地獄之罪
佛告喜王挽火車者今我身是因發菩提心
故疾得成佛是故當知一切衆生發菩提心
其事非一或因慈心或因恚心或因施心或
因慳心或因歡喜或因煩惱或因愛愛別離
或因怨憎和合或因親近善知識或因惡友
或因見佛或因聞法是故當知一切衆生發
菩提心各各不同喜王當知菩薩摩訶薩知
恩報恩其事如是說是法時万八千人發阿
耨多羅三藐三菩提心一切大衆中有得須
陁洹乃至阿羅漢時天龍鬼神人及非人亦
能發聲聞辟支佛心聞法歡喜頭面作礼右
遶而去

大方便佛報恩經卷第二

BD15287 號　大方便佛報恩經卷二　　（20–20）

BD15288 號背　護首　　（1–1）

第一願者使我來世得作佛時自身光明普
照十方三十二相八十種好而自莊嚴令一
切衆生如我无異
第二願者使我自身猶如瑠璃内外明徹淨
无瑕穢妙色廣大功德巍巍安住十方如日
照世幽冥衆生悉蒙開曉
第三願者使我來世智慧廣大如海无窮潤
澤枯涸无量衆生普使蒙益悉令飽滿无飢
渴想甘食美饍悉持施與
第四願者使我來世佛道成就巍巍堂堂如
星中之月消除生死之雲令无有翳明照世
界行者見道熱得清涼解除垢穢
第五願者使我來世發大精進淨持戒地令
无濁穢慎護所受令无缺犯亦令一切戒行
具足堅持不犯至无為道
第六願者若有衆生諸根毀敗盲者使視聾
者能聽瘂者得語僂者能申跛者能行如是
不具者悉令具足
第七願者使我來世十方世界若有苦惱无
救護者我為此等設大法藥令諸疾病皆
得除愈无復苦患得佛道果
第八願者使我來世以善苦因緣為諸愚冥
无量衆生講宣妙法令得度脫入智慧門普

BD15288 號　灌頂章句拔除過罪生死得度經　（14–1）

第八願者使我來世以善苦因緣為諸愚冥
无量衆生講宣妙法令得度脫入智慧門普
使明了无諸疑惑
第九願者使我來世摧伏惡魔及諸外道顯
揚清淨无上道法使入正真无諸邪僻迴向
菩提八正覺路
第十願者使我來世若有衆生王法所加臨
當刑戮无量怖畏愁憂苦惱若復鞭撻枷鎖
其體種種恐懼逼切其身如是无邊諸苦惱
等悉令解脫无有衆難
第十一願者使我來世若有衆生飢火所惱
令得種種甘美飲食天諸餚饍種種无數悉
以賜與令身充足
第十二願者使我來世若有貧凍裸露衆生
即得衣服窮乏之者施以珍寶倉庫盈溢无
所乏少一切皆受无量快樂乃至无有一人
受苦使諸衆生和顔悅色形貌端政人所喜
見琴瑟鼓吹如是无量最上音聲施與一切
无量衆生是為十二微妙上願
佛告文殊師利此藥師瑠璃光本願功德如
是我今為汝略說其國莊嚴之事此藥師瑠
璃光如來國土清淨无五濁无愛欲无意垢
以白銀瑠璃為地宮殿樓閣悉用七寶亦如
西方无量壽國无有異也有二菩薩一名日
曜二名月淨是二菩薩次補佛處諸善男子

BD15288 號　灌頂章句拔除過罪生死得度經　（14–2）

西方无量壽國无有異也有二菩薩一名日
曜二名月淨是二菩薩次補佛處諸善男子
及善女人亦當願生彼國土也文殊師利白
佛言唯願演說藥師瑠璃光如來无量功德
饒益衆生令得佛道佛言若有男子女人新
破衆魔來入正道得聞我說藥師瑠璃光如
來名字者魔家眷屬退散馳走如是无量拔
衆生苦我今說之佛言文殊師利世間有人
不解罪福慳貪不知布施今世後世當得其
福世人愚癡但知貪惜寧自割身肉而噉食
不肯持錢財布施求後世之福世又有人身
不衣食此大慳貪命終以後當墮餓鬼及在
畜生中間我說是藥師瑠璃光如來名字之
時无不解脫憂苦者也皆作信心貪福畏罪
人從索頭與頭索眼與眼乞妻與妻乞子與
子求金銀珎寶皆大布施一時歡喜即發无
上正真道意
佛言若復有人受佛淨戒遵奉明法不解罪
福唯知明經不及中義不能分別曉了中事
以自貢高恒常瞶憒乃與世間衆魔從事更
作縛著不解行之戀著婦女恩愛之情口為
說空行在有中不能發覺復不自知但能論
說他人是非如此人輩皆當墮三惡道中聞
我說是藥師瑠璃光本願功德无不歡喜念
欲捨家行作沙門者也

BD15288號　灌頂章句拔除過罪生死得度經　（14–3）

我說是藥師瑠璃光本願功德无不歡喜念
欲捨家行作沙門者也
佛言世間有人好自稱譽皆是貢高當墮三
惡道中後還為人牛馬奴婢生下賤中人當
乘其力負重而行困苦疲極已去人身聞我
說是藥師瑠璃光如來本願功德者皆當一
心歡喜踊躍更作謙敬即得解脫衆苦之患
長得歡喜聰明智慧遠離惡道得生善處與
善知識共相值遇无復憂惱離諸魔縛佛言
世間愚癡人輩兩舌鬪諍惡口罵詈更相嫌
恨或就山神樹下鬼神日月之神南斗北辰
諸鬼神所作諸呪詛或作名字或作人形像
或作符書以相厭禱呪咀言說聞我說是藥
師瑠璃光本願功德无不兩作和解俱生慈
心惡意悉滅各各歡喜无復惡念
佛言若四輩弟子比丘比丘尼清信士清信
女常脩月六齋年三長齋或晝夜精懃一心
苦行願欲往生西方阿弥陁佛國者憶念晝
夜若一日二日三日四日五日六日七日或
復中悔聞我說是瑠璃光本願功德盡其壽
命欲終之日有八菩薩皆當飛往迎其精神
不逕八難生蓮華中自然音樂而相娛樂
佛言假使壽命自欲盡時臨終之日得聞我
說是瑠璃光佛本願功德者命絕皆得上生
天上不復歷三惡道中天上福盡若下生人

BD15288號　灌頂章句拔除過罪生死得度經　（14–4）

說是瑠璃光佛本願功德者命絶皆得上生
天上不復歷三惡道中天上福盡若下生人
間當為帝王家作子或生豪姓長者居士富
貴家生皆當端正聰明智慧高才勇猛若是
女人化成男子无復憂苦患難者也
佛語文殊我稱譽顯說瑠璃光佛至真等正
覺本所脩集无量行願功德如是文殊師利
從坐而起長跪叉手白佛言世尊佛去世後
當以此法開化十方一切衆生使其受持是
經典也若有男子女人愛樂是經受持讀誦
宣通之者復能專念若一日二日三日四日
五日乃至七日憶念不忘能以好素帛書取
是經五色雜綵作囊盛之者是時當有天諸
善神四天大王龍神八部常來營衛愛敬此
經日日作礼是持經者不墮橫死所在安隱
惡氣消滅諸魔鬼神亦不中害佛言如是如
是如汝所說文殊師利言天尊所說言无不
善佛言文殊若有善男子女人等發心造立
藥師瑠璃光如來形像供養礼拜懸雜色幡
蓋燒香散華歌詠讚嘆圍遶百迊還本坐
處端坐思惟念藥師瑠璃光佛无量功德若有
男子女人七日七夜菜食長齋供養礼拜藥
師瑠璃光佛求心中所願者无不獲得求長
壽得長壽求富饒得富饒求安隱得安隱求
男女得男女求官位得官位若命過以後欲
生妙樂天上者亦當礼敬瑠璃光佛至真等

BD15288號　灌頂章句拔除過罪生死得度經　（14–5）

男女得男女求官位得官位若命過以後欲
生妙樂天上者亦當礼敬瑠璃光佛至真等
正覺若欲上三十三天者亦當礼拜必得往
生若欲與明師世世相值者亦當礼敬瑠璃
光佛佛告文殊若欲生十方妙樂國土者亦
應礼敬瑠璃光佛欲得生兜率天見弥勒者
亦當礼敬瑠璃光佛若欲遠諸邪道亦當礼
敬瑠璃光佛若夜惡夢鳥鳴百怪蜚尸邪忤
魍魎鬼神之所嬈者亦當礼敬瑠璃光佛若
為水火所焚溺亦當礼敬瑠璃光佛若入山
谷為虎狼熊羆蒺蔾諸狩象龍蚖虵蝮蝎種
種雜類若有惡心來相向者心當存念瑠璃
光佛山中諸難不能為害若他方怨賊偷竊
惡人怨家債主欲來侵陵心當存念瑠璃光
佛則不為害以善男女礼敬瑠璃光如來功
德所致華報如是況果報也是故吾今勸諸
四輩礼事瑠璃光佛至真等正覺
佛告文殊我但為汝略說瑠璃光佛礼敬功
德若使我廣說是瑠璃光佛无量功德與一
切人求心中所願者從一劫至一劫故不周
遍其世間人若有著床痿黃困篤惡病連年
累月不差者聞我說是瑠璃光佛名字之時
橫病之厄无不除愈唯宿殃不請耳
佛告文殊若男子女人受三自歸若五戒若
十戒若善信菩薩廿四戒若沙門二百五十
戒若比丘尼五百戒若菩薩戒若破是諸戒

BD15288號　灌頂章句拔除過罪生死得度經　（14–6）

十戒若善信菩薩卅四戒若沙門二百五十
戒若比丘尼五百戒若菩薩戒若破是諸戒
若能至心一懺悔者復聞我說琉璃光佛終
不墮三惡道中必得解脫若人愚癡不受父
母師友教誨不信佛不信經戒不信聖僧應
墮三惡道中者忘失人種受畜生身聞我說
是琉璃光佛善願功德者即得解脫
佛告文殊世有惡人雖受佛禁戒觸事違犯
或煞无道偷竊他人財寶欺詐妄語淫他婦
女飲酒鬪亂兩舌惡口罵詈罵人犯戒為惡
復祠祀鬼神有如是過罪當墮地獄中若當
屠割若抱銅柱若鐵鉤出舌若洋銅灌口者
聞我說是藥師瑠璃光佛无不即得解脫者
也
佛告文殊其世間人豪貴下賤不信佛不信
經道不信沙門不信有須陁洹不信有斯陁
含不信有阿那含不信有阿羅漢不信有辟
支佛不信有十住菩薩不信有三世之事不
信有十方諸佛不信有本師釋迦文佛不信
人死神明更生善者受福惡者受殃有如是
之罪應墮惡道聞我說是藥師瑠璃光佛名
字之者一切過罪自然消滅
佛告文殊若有善男子善女人聞我說是藥
師琉璃光佛至真等正覺其誰不發无上正
真道意後皆當得作佛人居世間仕宦不遷

BD15288號　灌頂章句拔除過罪生死得度經　（14-7）

師琉璃光佛至真等正覺其誰不發无上正
真道意後皆當得作佛人居世間仕宦不遷
治生不得飢寒困厄亡失財產无復方計聞
我說藥師瑠璃光佛各各得心中所願仕宦
皆得高遷財物自然長益飲食充饒皆得富
貴若為縣官所拘錄惡人侵枉若為怨家所
得便者心當存念瑠璃光佛若他婦女生產
難者皆當念是瑠璃光佛兒則易生身體平
正无諸疾病六情完具聰明智慧壽命得長
不遭橫枉善神擁護不為惡鬼舐其頭也
佛說是語時阿難在右邊佛顧語阿難言汝
信我為文殊師利說往昔東方過十恒沙有
佛名藥師瑠璃光本願功德者不阿難白佛
言唯唯天中天佛之所言何敢不信耶佛復
語阿難言世間人雖有眼耳鼻舌身意人常
用是六事以自迷惑信世俗魔耶之言不信
至真至誠度世苦切之語是輩人難可開化
也
阿難白佛言世尊世人多有惡逆下賤之者
若聞佛說經開人耳目破治人病除人陰冥
使覩光明解人疑結去人重罪千劫万劫无
復憂患皆白佛說是藥師瑠璃光本願功德
悉令安隱得其福也
佛言阿難汝口為言善而汝內心狐疑我言
阿難汝莫作是念以自毀敗佛言阿難我見汝
心我知汝意汝知之不阿難即以頭面著地

BD15288號　灌頂章句拔除過罪生死得度經　（14-8）

佛言阿難汝口為言善而汝內心狐疑我言
阿難汝莫作是念以自毀敗佛言阿難我見汝
心我知汝意汝知之不阿難即以頭面著地
長跪白佛言審如天中天所說我造次聞佛
說是藥師瑠璃光撫大尊貴智惠巍巍難可
度量我心有小疑耳敢不首伏佛言汝智慧
狹劣少見少聞汝聞我說深妙之法无上空
義應生信敬貴重之心必當得至无上正真
道也
文殊問佛言世尊佛說是藥師瑠璃光如來
无量功德如是不審誰肯信此言者佛荅文
殊言唯有百億諸菩薩摩訶薩當信是言唯
有十方三世諸佛當信是言
佛言我說是藥師瑠璃光如來本願功德難
可得見何况得聞亦難得說亦難得書寫亦
難得讀文殊師利若有男子女人能信是經
受持讀誦書著竹帛復能為他人解說中義
此皆先世以發道意今復得聞此微妙法開
化十方无量衆生當知此人必當得至无上
正真道也
佛告阿難我作佛已來從生死復至生死懃
苦累劫无所不更无所不慮无所不作无所不
為如是不可思議况復琉璃光佛本願功德
者乎汝所以有疑者亦復如是阿難汝聞佛
所說汝諦信之莫作疑惑佛語至誠无有虛

BD15288號　灌頂章句拔除過罪生死得度經　（14–9）

者乎汝所以有疑者亦復如是阿難汝聞佛
所說汝諦信之莫作疑惑佛語至誠无有虛
偽亦无二言佛言為信者施不為疑者說也
阿難汝莫作小疑以毀大乘之業汝却後亦
當發摩訶衍莫以小道毀汝功德也阿難言
唯唯天中天我從今日以去无復尒心唯佛
自當知我心耳
佛語阿難此經能照諸天宮宅若三災起時
中有天人發心念此瑠璃光佛本願功德經者
皆得離於彼處之難是經能除水涸不調
是經能除他方逆賊悉令斷滅四方夷狄各
還正治不相嬈惱國土交通人民歡喜是經
能除穀貴飢凍是經能滅惡星變怪是經能
除疫毒之病是經能救三惡道苦地獄餓鬼
畜生等苦若人得聞此經典者无不解脫厄
難者也
尒時衆中有一菩薩名曰救脫從坐而起整
衣服叉手合掌而白佛言我等今日聞佛世
尊演說過東方恒沙世界有佛号瑠璃光一切
衆會靡不歡喜救脫菩薩又白佛言若族姓
男女其有尫羸著床痛惱无救護者我今當
勸呼諸衆僧七日七夜齋戒一心受持八禁
六時行道卌九遍讀是經典勸燃七層之燈
亦勸懸五色續命神幡阿難問救脫菩薩言
續命幡燈法則云何救脫菩薩語阿難言神

BD15288號　灌頂章句拔除過罪生死得度經　（14–10）

亦勸懸五色續命神旛阿難問救脫菩薩言
續命旛燈法則云何救脫菩薩語阿難言神
旛五色卌九尺燈亦復尒七層之燈一層七燈
燈如車輪若遭厄難閉在牢獄枷鏁著身亦
應造立五色神旛燃卌九燈應放雜類衆生
至卌九可得過度危厄之難不爲諸横惡鬼
所持
救脫菩薩語阿難言若天王大臣及諸輔相
王子妃主中宮綵女若爲病苦所惱亦應造
立五色繒旛燃燈續明放諸生命散雜色華
燒衆名香王當放赦屈厄之人徒鏁解脫王
得其福天下太平雨澤以時人民歡樂惡龍
攝毒无病苦者四方夷狄不生逆害國土通
洞慈心相向无諸怨害四海歌詠稱王之德秉
此福祿在意所生見佛聞法信受教誨從是
福報至无上道
阿難又問救脫菩薩言命可續也救脫菩薩
荅阿難言我聞世尊說有諸横勸造旛蓋令
其脩福又言阿難昔沙弥救蟻已脩福故盡
其壽命不更苦患身體安寧福德力強使之
然也阿難因復問救脫菩薩横有幾種世尊
說言横乃无數略而言之大横有九一者横
病二者横有口舌三者横遭縣官四者身羸
又福又持戒不完横爲鬼神之所得便五者
横爲劫賊所剥六者横爲水火焚漂七者横
爲雜類禽狩所噉八者横爲怨讎符書厭禱

BD15288號　灌頂章句拔除過罪生死得度經　（14–11）

又福又持戒不完横爲鬼神之所得便五者
横爲劫賊所剥六者横爲水火焚漂七者横
爲雜類禽狩所噉八者横爲怨讎符書厭禱
耶神牽引未得其福但受其殃先亡牽引亦
名横死九者有病不治又不脩福湯藥不順
針灸失度不值良醫爲病所困於是滅亡又
信世間妖孽之師爲作恐動寒熱言語妄發
禍福所犯者多心不自正不能自定卜問覓
禍殺豬狗牛羊種種衆生解奏神明呼諸耶
妖魍魎鬼神請乞福作欲望長生終不能得
愚癡迷惑信耶倒見死入地獄展轉其中无
解脫時是名九横
救脫菩薩語阿難言其世間人瘦黃之病困
篤著床求生不得求死不得考楚万端此病
人者或其前世造作惡業罪過所招殃咎所
引故使然也救脫菩薩語阿難言閻羅王者
主領世間名籍之記若人爲惡作諸非法无
孝順心造作五逆破滅三寶无君臣法又有
衆生不持五戒不信正法設有受者多所毀
犯於是地下鬼神及伺候者奏上五官五官
料簡除死定生或注錄精神未判是非若
已定者奏上閻羅監察隨罪輕重考而治
之世間瘦黃之病困篤不死一絕一生猶其
罪福未得料簡錄其精神在彼王所或七日
五三七日乃至七七日名籍定者放其精神

BD15288號　灌頂章句拔除過罪生死得度經　（14–12）

罪福未得祈蔺錄其精神在彼王所或七日
五三七日乃至七七日名籍定者放其精神
還其身中如從夢中見其善惡其人若明了
者信驗罪福是故我今勸諸四輩造續命神
幡燃卌九燈放諸生命以此幡燈放生功德
拔其精神令得度苦今世後世不遭厄難
救脫菩薩語阿難言如來世尊說是經典威
神功德利益不少坐中諸鬼神有十二王從
坐而起往到佛所胡跪合掌白佛言我等十
二鬼神在所作護若城邑聚落空閑林中若
四輩弟子誦持此經令所結願无求不得阿
難問言其名云何為我說之救脫菩薩言灌
頂章句其名如是
神名金毗羅　神名和耆羅　神名弥佉羅　神名安陁羅
神名摩尼羅　神名宋林羅　神名因持羅　神名波耶羅
神名摩休羅　神名真陁羅　神名照頭羅　神名毗伽羅
救脫菩薩語阿難言此諸鬼神別有七千以
為眷屬皆悉叉手低頭聽佛世尊說是瑠璃
光如來本願功德莫不一時捨鬼神形得受
人身長得度脫无衆惱患若人疾急厄難
之日當以五色縷結其名字得如願已然後
解結令人得福灌頂章句法應如是
佛說是經時比丘僧八千人諸菩薩三万人
俱諸天龍鬼神八部大王无不歡喜阿難從
坐而起前白佛言演說此法當何名之佛言

BD15288號　灌頂章句拔除過罪生死得度經　（14–13）

神名摩休羅　神名真陁羅　神名照頭羅　神名毗伽羅
救脫菩薩語阿難言此諸鬼神別有七千以
為眷屬皆悉叉手低頭聽佛世尊說是瑠璃
光如來本願功德莫不一時捨鬼神形得受
人身長得度脫无衆惱患若人疾急厄難
之日當以五色縷結其名字得如願已然後
解結令人得福灌頂章句法應如是
佛說是經時比丘僧八千人諸菩薩三万人
俱諸天龍鬼神八部大王无不歡喜阿難從
坐而起前白佛言演說此法當何名之佛言
此經凡有三名一名藥師瑠璃光本願功德
二名灌頂章句十二神王結願神呪三名拔
除過罪生死得度佛說經竟大衆人民作礼
奉行

佛說灌頂藥師拔除過罪生死得度經

BD15288號　灌頂章句拔除過罪生死得度經　（14–14）

BD15289 號　護首　（1–1）

BD15289 號 1　現在賢劫千佛名經（異本）卷上　（35–1）
BD15289 號 2　彩繪扉畫並佛名上禪定佛

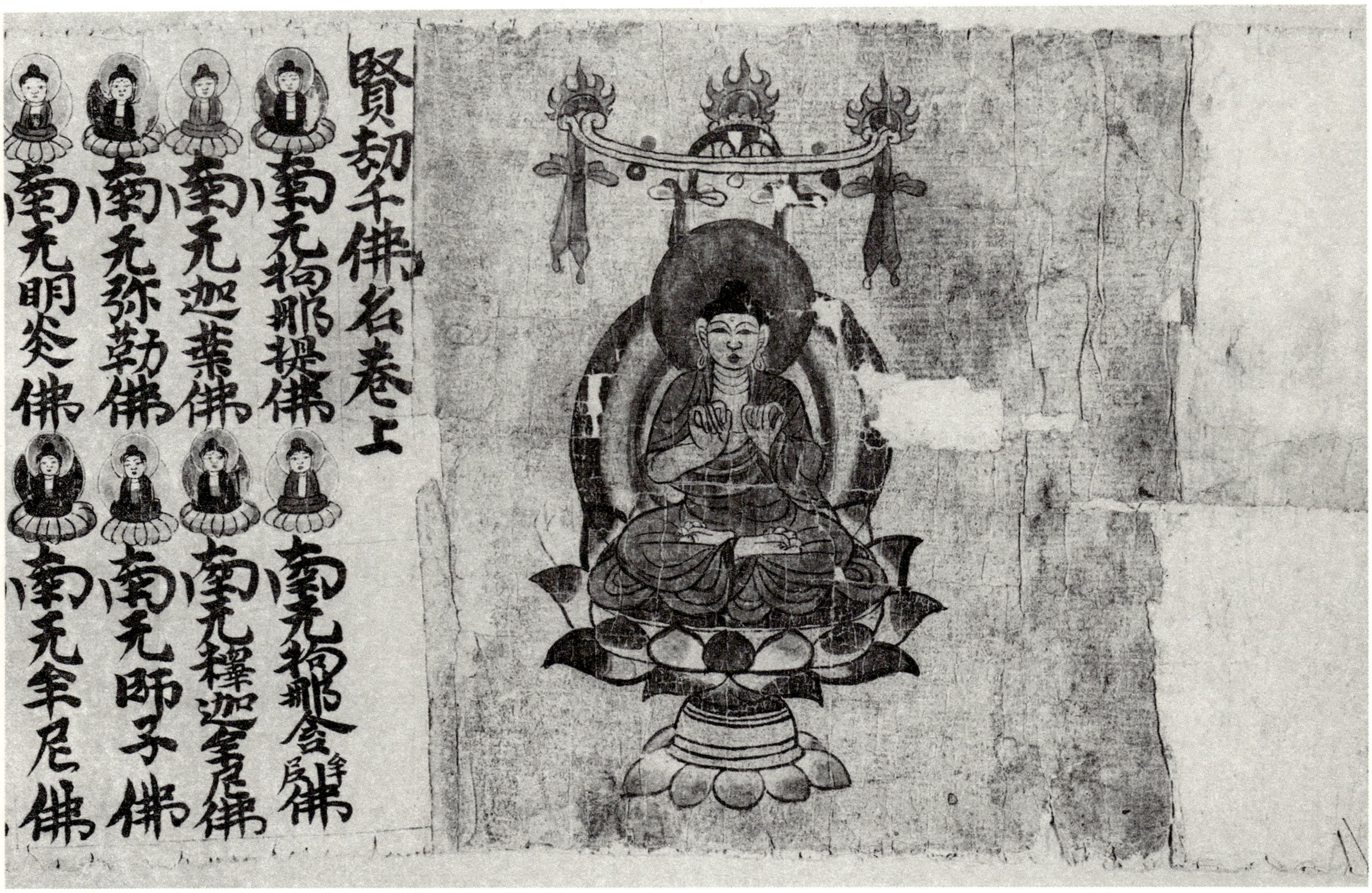

賢刼千佛名卷上
南无拘那提佛
南无迦葉佛
南无弥勒佛
南无明炎佛
南无拘那含牟尼佛
南无釋迦牟尼佛
南无師子佛
南无牟尼佛

BD15289 號 1　現在賢劫千佛名經（異本）卷上　（35–2）

賢刼千佛名卷上
南无拘那提佛
南无迦葉佛
南无弥勒佛
南无明炎佛
南无妙藥佛
南无善宿佛
南无大辟佛
南无宿王佛
南无名相佛
南无炎肩佛
南无日藏佛
南无衆炎佛
南无无憂佛
南无明曜佛
南无功德明佛
南无拘那含牟尼佛
南无釋迦牟尼佛
南无師子佛
南无牟尼佛
南无華氏佛
南无導師佛
南无大力佛
南无脩藥佛
南无大明佛
南无照曜佛
南无月氏佛
南无善明佛
南无提沙佛
南无持顯佛
南无興戌佛

BD15289 號 1　現在賢劫千佛名經（異本）卷上　（35–3）

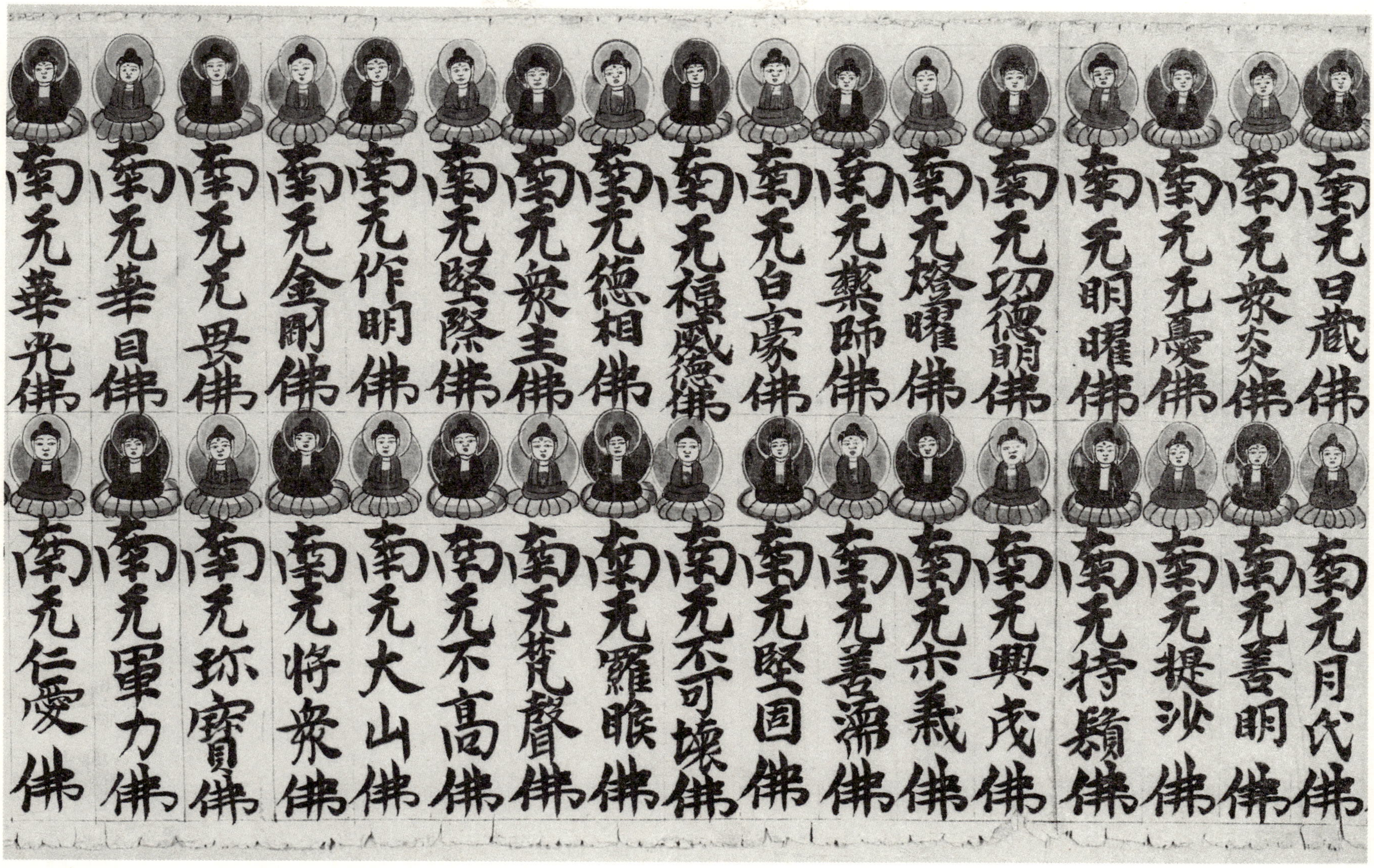
南无日藏佛
南无衆炎佛
南无无憂佛
南无明曜佛
南无功德明佛
南无燈曜佛
南无藥師佛
南无白豪佛
南无福威德佛
南无德相佛
南无衆主佛
南无堅際佛
南无作明佛
南无金剛佛
南无无畏佛
南无華目佛
南无華光佛
南无月氏佛
南无善明佛
南无提沙佛
南无持顯佛
南无興戌佛
南无亦義佛
南无善滿佛
南无堅固佛
南无不可壞佛
南无羅睺佛
南无梵聲佛
南无不高佛
南无大山佛
南无將衆佛
南无珎寶佛
南无軍力佛
南无仁愛佛

BD15289 號 1　現在賢劫千佛名經（異本）卷上　（35–4）

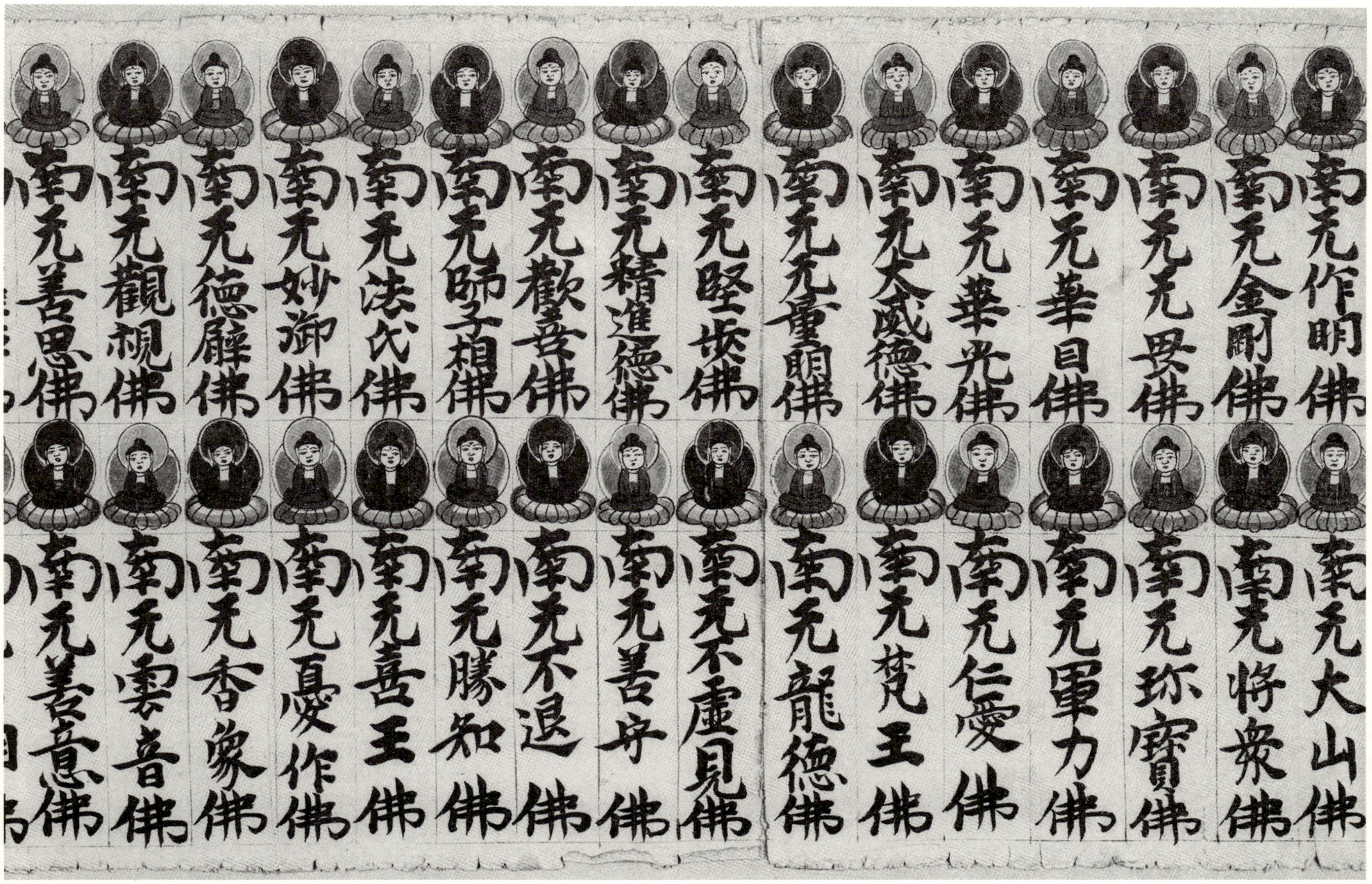
南无作明佛
南无金剛佛
南无无畏佛
南无華目佛
南无華光佛
南无大威德佛
南无无量明佛
南无堅步佛
南无精進德佛
南无歡喜佛
南无師子相佛
南无法氏佛
南无妙御佛
南无德廦佛
南无觀視佛
南无善思佛
南无大山佛
南无將衆佛
南无珎寶佛
南无軍力佛
南无仁愛佛
南无梵王佛
南无龍德佛
南无不虛見佛
南无善步佛
南无不退佛
南无勝知佛
南无喜王佛
南无憂作佛
南无香象佛
南无雲音佛
南无善意佛

BD15289 號 1　現在賢劫千佛名經（異本）卷上　（35–5）

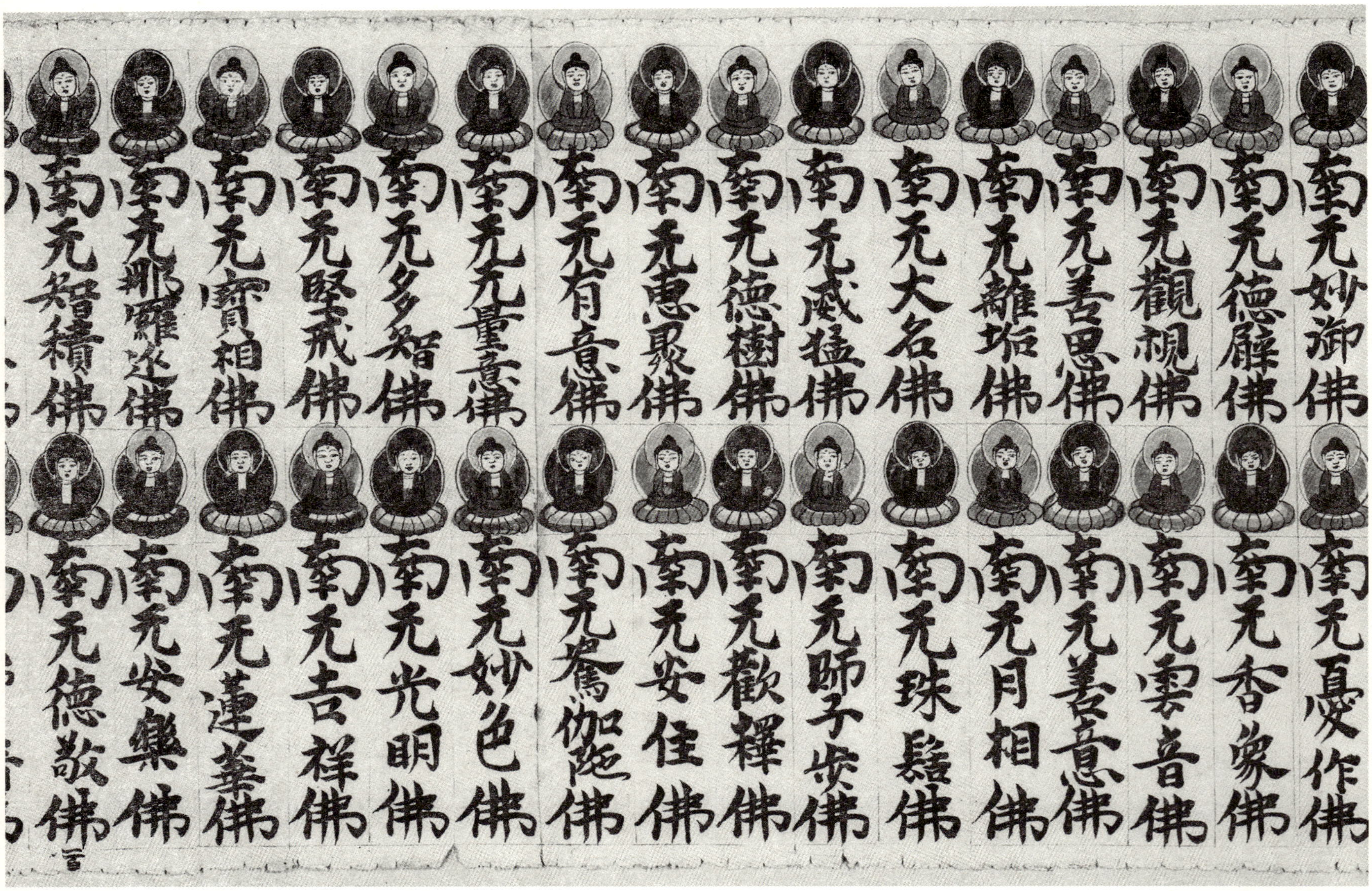

南无妙御佛
南无德靡佛
南无觀視佛
南无善思佛
南无離垢佛
南无大名佛
南无威猛佛
南无德樹佛
南无惠聚佛
南无有意佛
南无无量意佛
南无多智佛
南无堅戒佛
南无寶相佛
南无那羅延佛
南无智積佛

南无憂作佛
南无香象佛
南无雲音佛
南无善意佛
南无月相佛
南无珠髻佛
南无師子步佛
南无歡釋佛
南无安住佛
南无鴦伽陀佛
南无妙色佛
南无光明佛
南无吉祥佛
南无蓮華佛
南无安樂佛
南无德敬佛

BD15289 號 1　現在賢劫千佛名經（異本）卷上　（35–6）

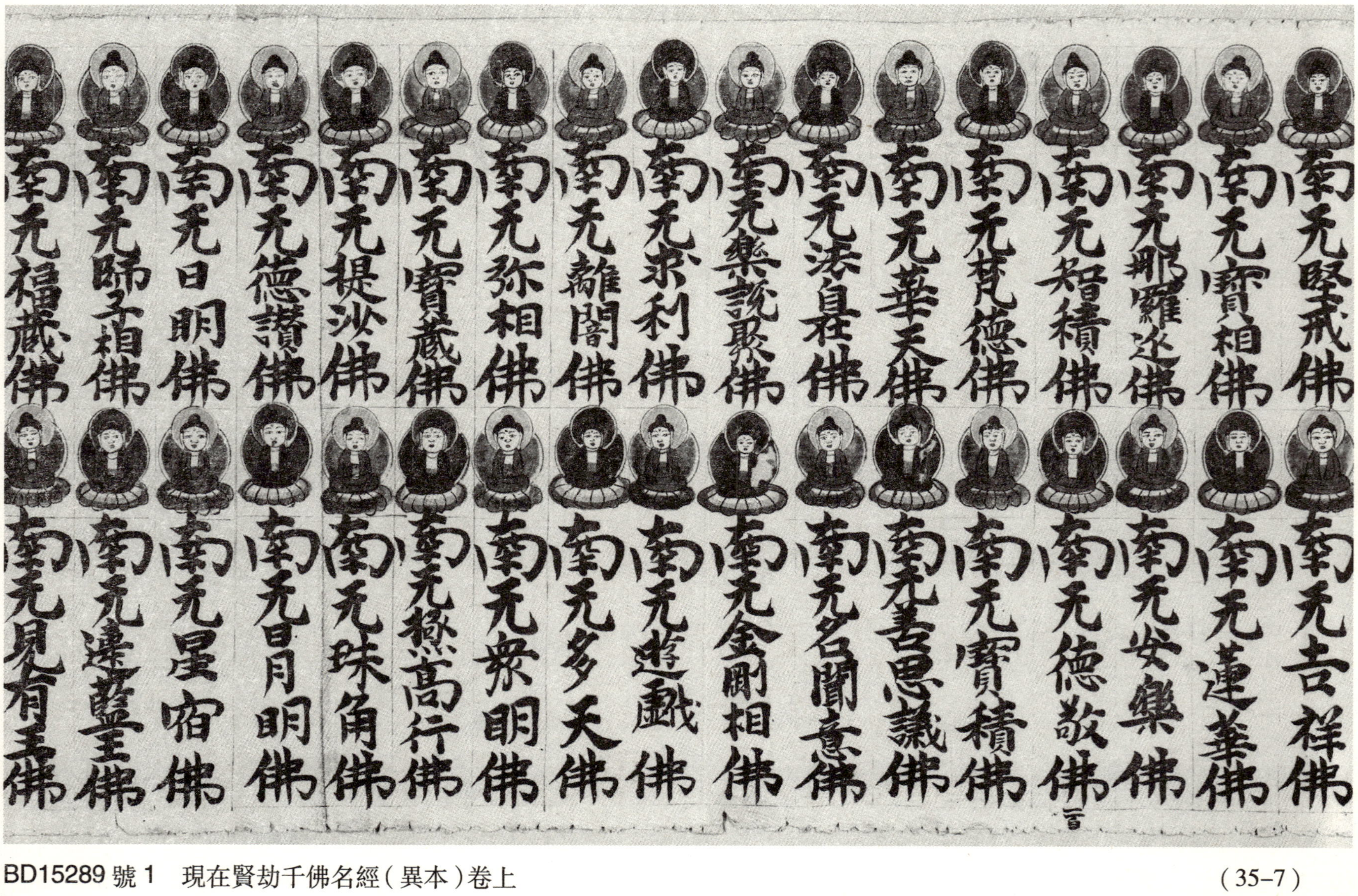

南无堅戒佛
南无寶相佛
南无那羅延佛
南无智積佛
南无梵德佛
南无華天佛
南无法自在佛
南无樂說聚佛
南无求利佛
南无離闇佛
南无弥相佛
南无寶藏佛
南无提沙佛
南无德讚佛
南无日明佛
南无師子相佛
南无福藏佛

南无吉祥佛
南无蓮華佛
南无安樂佛
南无德敬佛
南无寶積佛
南无善思議佛
南无名聞意佛
南无金剛相佛
南无遊戲佛
南无多天佛
南无衆明佛
南无樂高行佛
南无珠角佛
南无日月明佛
南无星宿佛
南无遠藍王佛
南无見有王佛

BD15289 號 1　現在賢劫千佛名經（異本）卷上　（35–7）

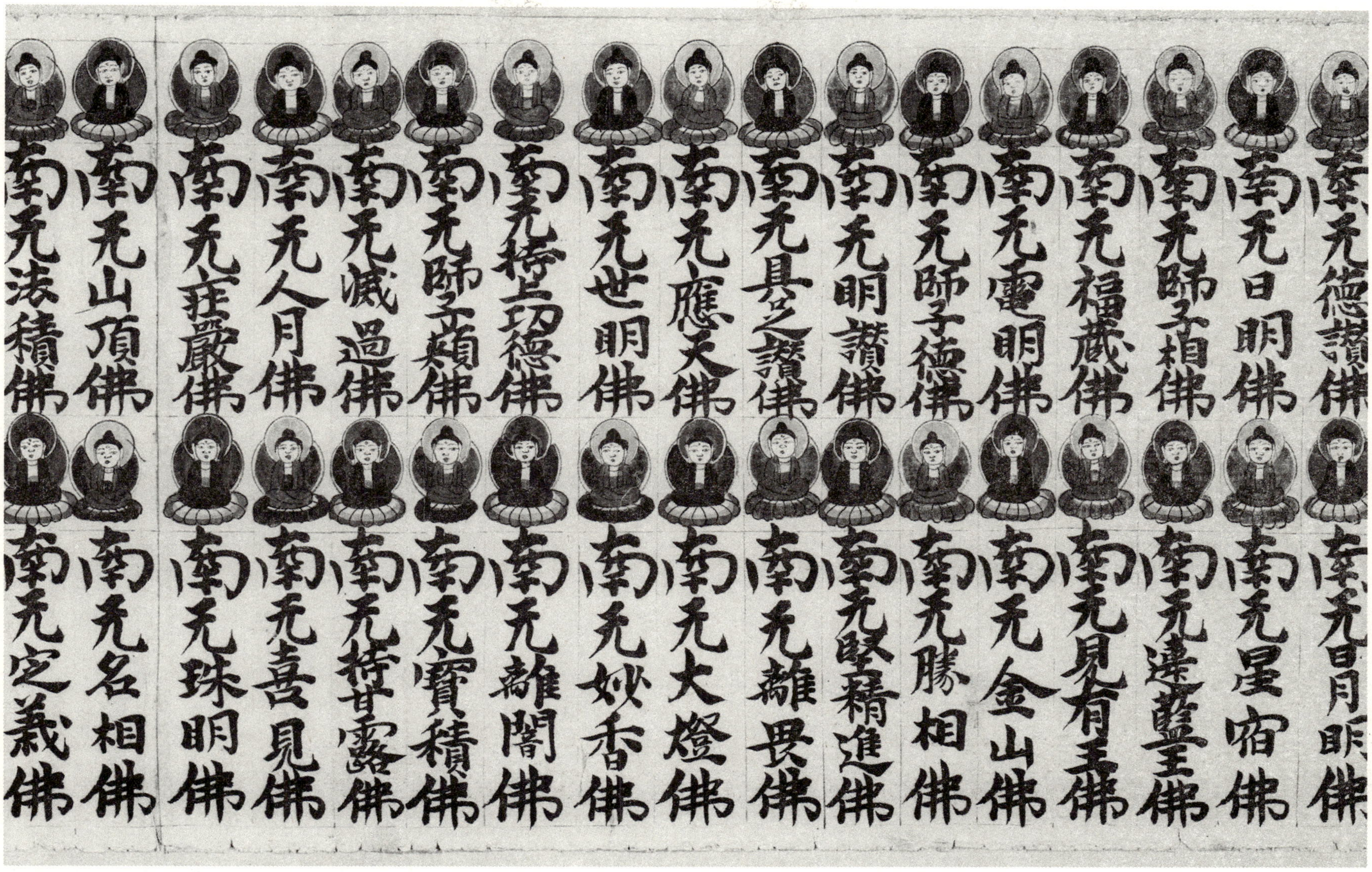
南无德讚佛
南无日明佛
南无師子相佛
南无福藏佛
南无電明佛
南无師子德佛
南无明讚佛
南无具足讚佛
南无應天佛
南无世明佛
南无持上功德佛
南无師子頰佛
南无滅過佛
南无人月佛
南无莊嚴佛
南无山頂佛
南无法積佛
南无日月明佛
南无星宿佛
南无違藍王佛
南无見有王佛
南无金山佛
南无勝相佛
南无堅精進佛
南无離畏佛
南无大燈佛
南无妙香佛
南无離闇佛
南无寶積佛
南无持甘露佛
南无喜見佛
南无珠明佛
南无名相佛
南无定義佛

BD15289 號 1　現在賢劫千佛名經（異本）卷上　（35–8）

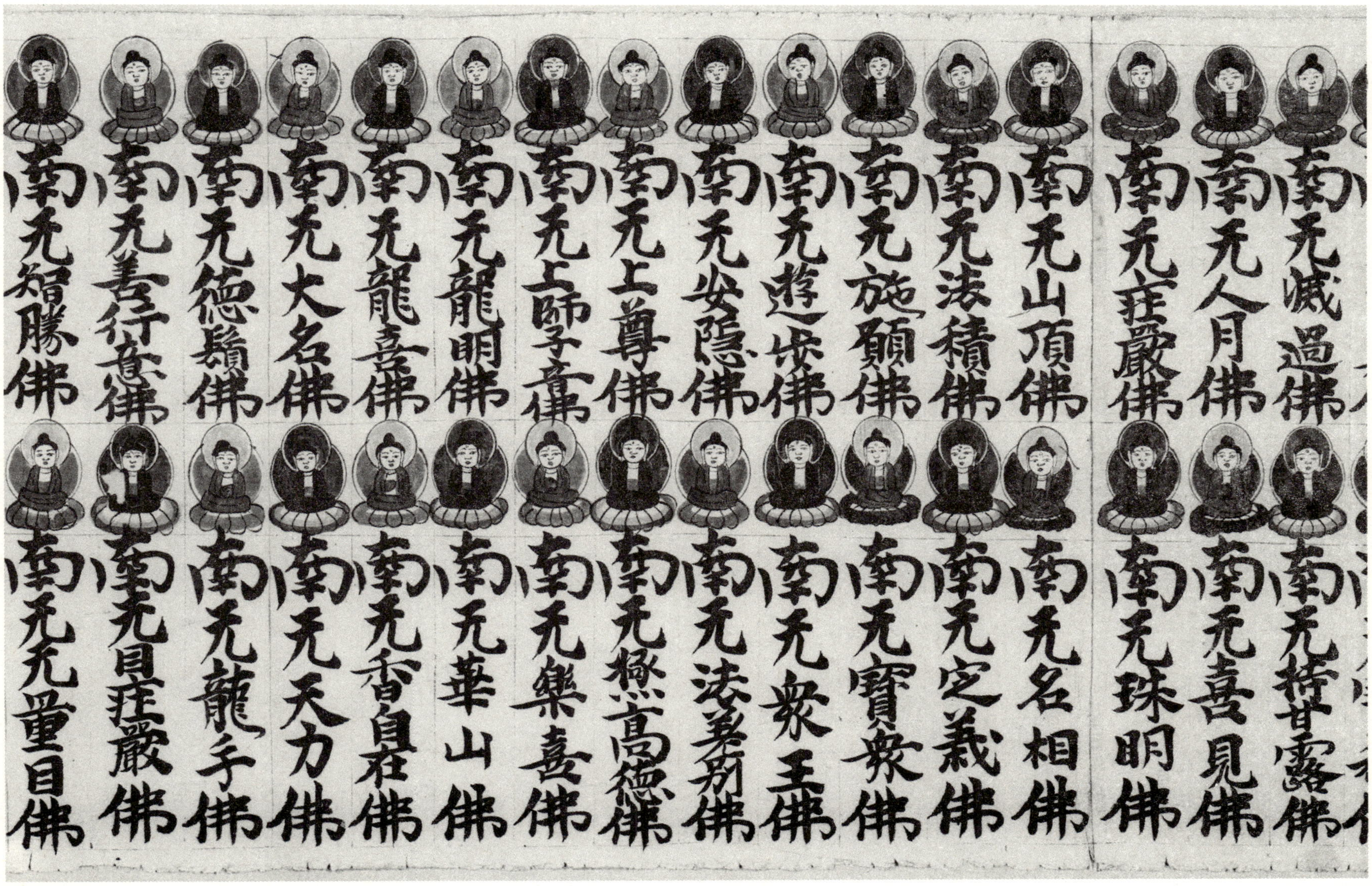
南无滅過佛
南无人月佛
南无莊嚴佛
南无山頂佛
南无法積佛
南无施願佛
南无遵步佛
南无安隱佛
南无上尊佛
南无上師子高佛
南无龍明佛
南无龍喜佛
南无大名佛
南无德顯佛
南无善行意佛
南无智勝佛
南无持甘露佛
南无喜見佛
南无珠明佛
南无名相佛
南无定義佛
南无寶衆佛
南无衆王佛
南无法差別佛
南无然高德佛
南无樂喜佛
南无華山佛
南无香自在佛
南无天力佛
南无龍手佛
南无目莊嚴佛
南无无量目佛

BD15289 號 1　現在賢劫千佛名經（異本）卷上　（35–9）

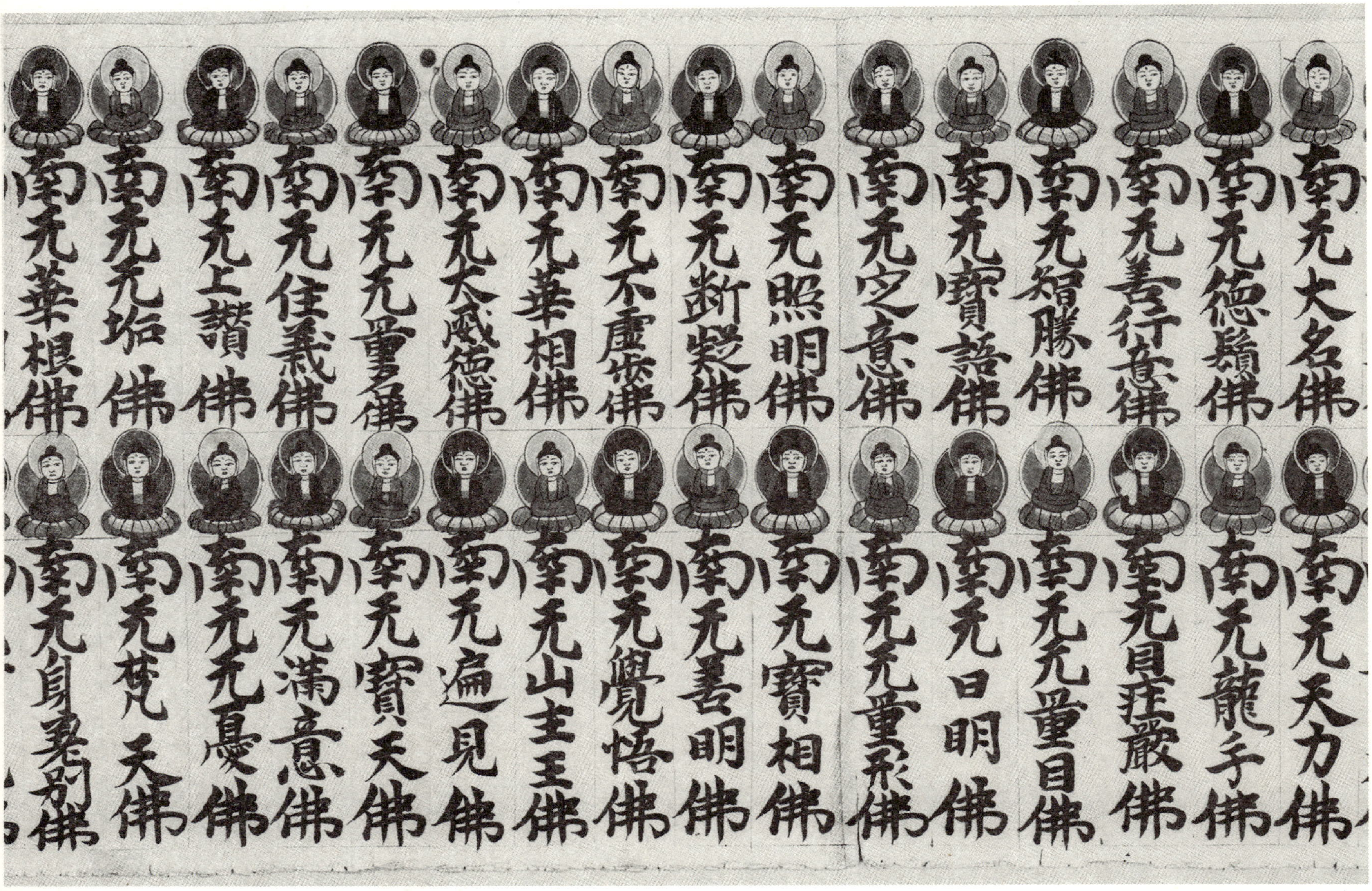
南无大名佛 南无德顯佛 南无善行意佛 南无智勝佛 南无寶語佛 南无定意佛 南无照明佛 南无斷疑佛 南无不虛步佛 南无華相佛 南无大威德佛 南无无量佛 南无住義佛 南无上讚佛 南无无垢佛 南无華根佛

南无天力佛 南无龍手佛 南无具莊嚴佛 南无无量目佛 南无日明佛 南无无量形佛 南无寶相佛 南无善明佛 南无覺悟佛 南无山主王佛 南无遍見佛 南无寶天佛 南无滿意佛 南无无憂佛 南无梵天佛 南无身差別佛

BD15289 號 1　現在賢劫千佛名經（異本）卷上　（35–10）

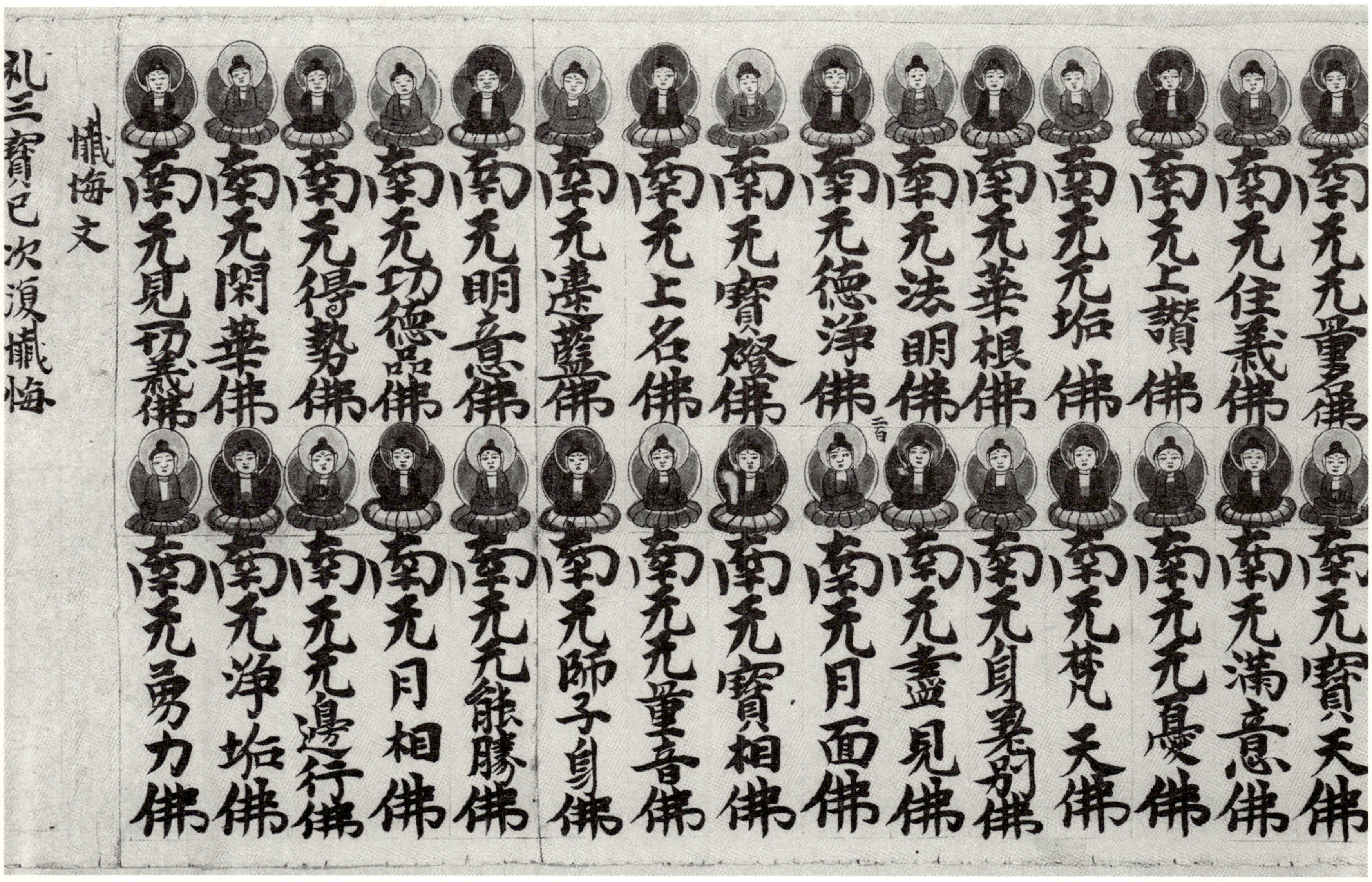
南无无量佛 南无住義佛 南无上讚佛 南无无垢佛 南无華根佛 南无法明佛 南无德淨佛 音 南无寶燈佛 南无上名佛 南无遠藍佛 南无明意佛 南无功德品佛 南无得勢佛 南无閑華佛 南无見一切義佛

南无寶天佛 南无滿意佛 南无无憂佛 南无梵天佛 南无身差別佛 南无盡見佛 南无月面佛 南无寶相佛 南无无量音佛 南无師子身佛 南无无能勝佛 南无月相佛 南无无邊行佛 南无淨垢佛 南无勇力佛

懺悔文

礼三寶已次復懺悔

BD15289 號 1　現在賢劫千佛名經（異本）卷上　（35–11）

南无得勢佛　南无无邊行佛

南无閑華佛　南无淨垢佛

南无見一切義佛　南无勇力佛

懺悔文

禮三寶已次復懺悔

夫欲懺悔者必須先敬三寶所以然者三寶即是
一切衆生良友福田若能歸向者則滅无量罪長
无量福能令行者離生死苦得解脫樂是故弟
子某甲等歸依十方盡虛空界一切諸佛歸依十
方盡虛空界一切尊法歸依十方盡虛空界一切
聖僧弟子今日所以懺悔者正言无始以來在凡
夫地不問貴賤罪自无量或因三業而生罪或從
六根而起過或以內心自邪思惟或藉外境起於恐
染著如是乃至十惡增長八万四千諸塵勞門
然其罪相雖復无量大而爲語不出有三何等
爲三一者煩惱二者是業三者是果報此三種法能
障聖道及以天人勝妙好事是故經中目爲
三障所以諸佛菩薩教作方便懺悔除滅此三鄣
滅者則六根十惡乃至八万四千諸塵勞門皆悉
清淨是故弟子今日運此增上勝心懺悔三障
欲滅此三罪者當用何等心可令此罪滅先當

BD15289 號 1　現在賢劫千佛名經（異本）卷上　（35–12）

爲三一者煩惱二者是業三者是果報此三種法能
障聖道及以天人勝妙好事是故經中目爲
三障所以諸佛菩薩教作方便懺悔除滅此三鄣
滅者則六根十惡乃至八万四千諸塵勞門皆悉
清淨是故弟子今日運此增上勝心懺悔三障
欲滅此三罪者當用何等心可令此罪滅先當
興七種心以爲方便然其此罪乃可得滅何等
爲七一者慚愧二者恐怖三者猒離四者發菩提
心五者怨親平等六者念報佛恩七者觀罪性空
弟一慚愧者自惟我與釋迦如來同爲凡夫而今世
尊成道以來已經尒所塵沙劫數而我等相與耽
染六塵流浪生死永無出期此實天下可慚可
愧可羞可恥
弟二恐怖者既是凡夫身口意業常與罪相應
以是因緣命終之後應墮地獄畜生餓鬼受无
量苦如此實爲可驚可恐可怖可懼
弟三猒離者相與當觀生死之中唯有無常
苦空无我不淨虛假如水上泡速起速滅往來
流轉猶若車輪生老病死八苦交煎无時暫息
衆等相與但觀自身從頭至足其中但有卅六
物髮毛爪齒膿囊涕唾生熟二藏大腸小腸脾
腎心肺肝膽脾胃肪膏腦膜筋脉骨髓大

BD15289 號 1　現在賢劫千佛名經（異本）卷上　（35–13）

第三厭離者相與當觀生死之中唯有無常
苦空无我不淨虛假如水上泡速起速滅往來
流轉猶若車輪生老病死八苦交煎无時暫息
衆等相與但觀自身從頭至足其中但有卅六
物髮毛爪齒膿囊涕唾生熟二藏大腸小腸脾
腎心肺肝膽脾胃肪膏腦膜筋脈骨髓大
小便利九常孔流是故經言此身苦所集一切皆
不淨何有智慧者而當樂此身生死既有如
此種種惡法甚可厭患
第四發菩提心者經言當樂佛身者即法身也
從无量功德智慧生從六波羅蜜生從慈悲喜
捨生從卅七助菩提法生從如是等種種功德智
慧生如來身欲得此身者當發菩提心求一切
種智常樂我淨薩婆若果淨佛國土成就衆
生於身命財无所悋惜
第五怨親平等者於一切衆生起慈悲心无彼
我相何以故今若見怨異親即是分別以分別故
起諸相著因緣生諸煩惱煩惱因緣造諸惡業
惡業因緣故得苦果
第六念報佛恩者如來往昔无量劫中捨頭目
髓腦支節手足國城妻子象馬七珍爲我等故
修諸苦行此恩此德實難酬報是故經言若以

BD15289號1　現在賢劫千佛名經（異本）卷上　（35–14）

起諸相著因緣生諸煩惱煩惱因緣造諸惡業
惡業因緣故得苦果
第六念報佛恩者如來往昔无量劫中捨頭目
髓腦支節手足國城妻子象馬七珍爲我等故
修諸苦行此恩此德實難酬報是故經言若以
頂戴兩肩荷負於恒河劫亦不能報我等欲報
如來恩者當於此世勇猛精進捍勞忍苦不惜
身命建立三寶弘通大乘廣化衆生同入正道
第七觀罪性空者无有實相從因緣生顛倒而
有既從因緣而生則可從因緣而滅從因緣而
生者狎近惡友造作无端從因緣而滅者即是
今日洗心懺悔是故經言此罪相不在內不在外
不在中間故知此罪從本是空生如是等七種心已
緣想十方諸佛賢聖擎捲合掌披陳至到慙
愧改革舒瀝心肝洗蕩腸胃如此懺悔亦何罪
而不滅亦何障如不消若復心尒悠悠緩縱情慮
徒自勞形於事何益且復人命无常喻如轉燭
一息不還便向灰壤三塗苦報即身應受不可
以錢財寶貨囑託求脫窈窈冥冥恩赦无期
獨嬰此苦无代受者莫言我今生中无有此罪
所以不能懇到懺悔經中道言凡夫之人舉足
動步无非是罪又復過去生中皆悉成就无量惡

BD15289號1　現在賢劫千佛名經（異本）卷上　（35–15）

一息不還便向灰壞三塗苦報即身應受不可以錢財寶貨囑託求脫窈窈冥冥恩赦无期獨嬰此苦无代受者莫言我今生中无有此罪所以不能懇到懺悔經中道言凡夫之人舉足動步无非是罪又復過去生中皆悉成就无量惡業追逐行者如影隨形若不懺悔罪惡日深故苞藏瑕疵佛教不許說悔先罪淨名所尚故知長淪苦海寔由隱覆是故弟子今日發露懺悔不敢覆藏所言三障者一曰煩惱二名為業三是果報此三種法更相由藉因煩惱故以起惡業惡業因緣故得苦果是故弟子今日至心第一先應懺悔煩惱障又此煩惱諸佛菩薩入理聖人種種呵責亦招此煩惱次為怨家何以故能斷衆生慧命根故亦招此煩惱以為瀑河能漂衆生入於生死大苦海故亦曰招此煩惱以為羈鎖能繫衆生於生死獄不能得出故所以六道牽連四生不絶惡業无窮苦果不息當知皆是煩惱過患是故弟子今日運此增上善心歸依佛

南无富足佛　南无福德佛

南无隨時佛　南无廣意佛

南无功德敎佛　南无善寂滅佛

BD15289號1　現在賢劫千佛名經（異本）卷上　（35–16）

責亦招此煩惱次為怨家何以故能斷衆生慧命根故亦招此煩惱以為瀑河能漂衆生入於生死大苦海故亦曰招此煩惱以為羈鎖能繫衆生於生死獄不能得出故所以六道牽連四生不絶惡業无窮苦果不息當知皆是煩惱過患是故弟子今日運此增上善心歸依佛

南无富足佛　南无福德佛

南无隨時佛　南无廣意佛

南无功德敎佛　南无善寂滅佛

南无財天佛　南无淨斷疑佛

南无无量持佛　南无妙樂佛

南无不負佛　南无不住佛

南无得叉伽佛　南无衆首佛

南无世尊佛　南无多德佛

南无弗沙佛　南无无邊威德佛

南无義意佛　南无藥王佛

南无斷惡佛　南无无熱佛

南无善調佛　南无名德佛

BD15289號1　現在賢劫千佛名經（異本）卷上　（35–17）

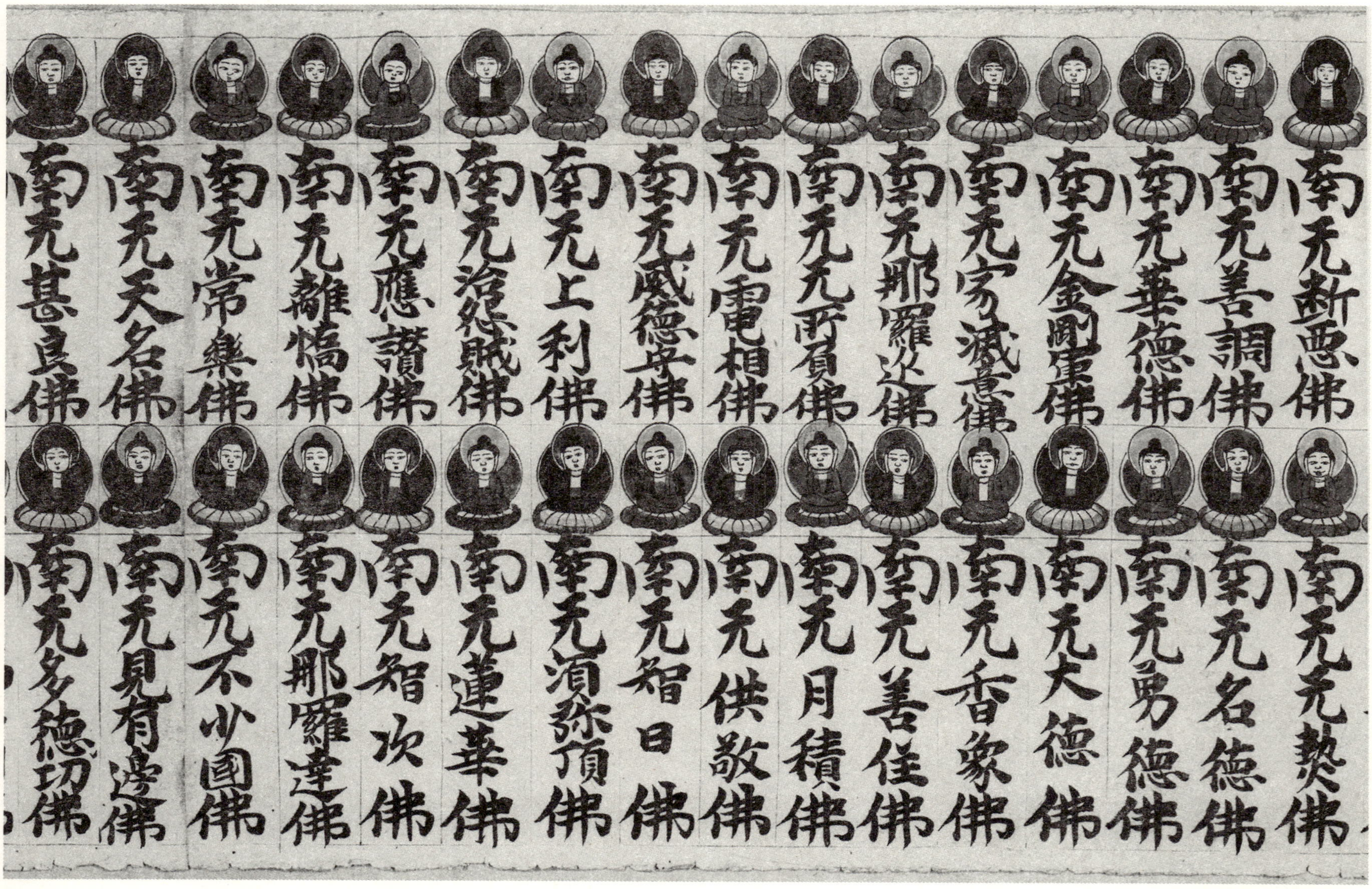

南无斷惡佛 南无善調佛 南无華德佛 南无金剛軍佛 南无寂滅意佛 南无那羅延佛 南无无所負佛 南无電相佛 南无威德守佛 南无上利佛 南无捨怨賊佛 南无應讚佛 南无離憍佛 南无常樂佛 南无天名佛 南无甚良佛

南无无熱佛 南无名德佛 南无勇德佛 南无大德佛 南无香象佛 南无善住佛 南无月積佛 南无供敬佛 南无智日佛 南无須彌頂佛 南无蓮華佛 南无智次佛 南无那羅達佛 南无不少國佛 南无見有邊佛 南无多德功佛

BD15289 號 1　現在賢劫千佛名經（異本）卷上　（35–18）

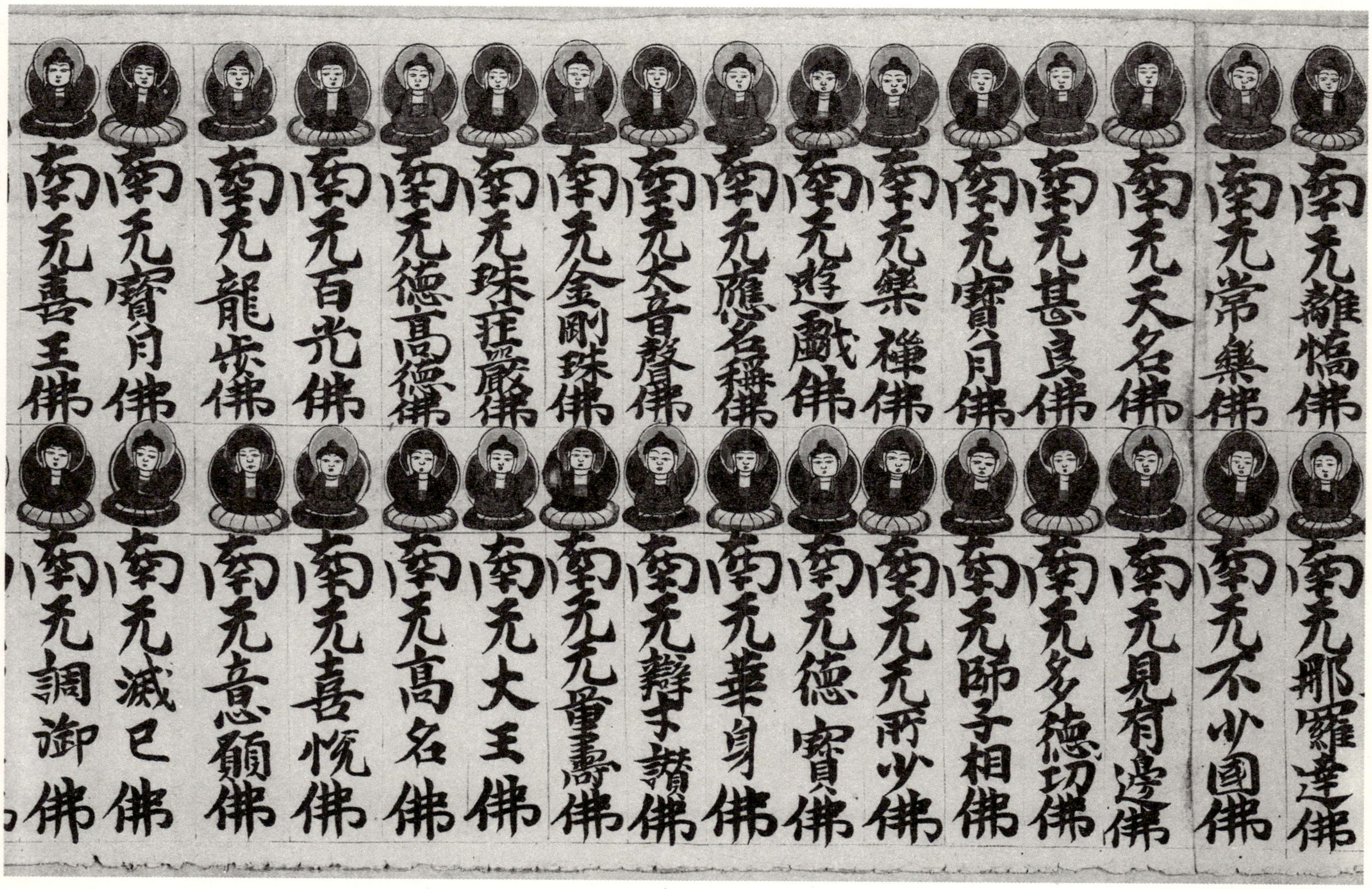

南无離憍佛 南无常樂佛 南无天名佛 南无甚良佛 南无寶月佛 南无樂禪佛 南无遊戲佛 南无應名稱佛 南无大音聲佛 南无金剛珠佛 南无珠莊嚴佛 南无德高德佛 南无百光佛 南无龍安佛 南无寶月佛 南无喜王佛

南无那羅達佛 南无不少國佛 南无見有邊佛 南无多德功佛 南无師子相佛 南无无所少佛 南无德寶佛 南无華身佛 南无辯才辯佛 南无无量壽佛 南无大王佛 南无高名佛 南无喜悅佛 南无意願佛 南无滅已佛 南无調御佛

BD15289 號 1　現在賢劫千佛名經（異本）卷上　（35–19）

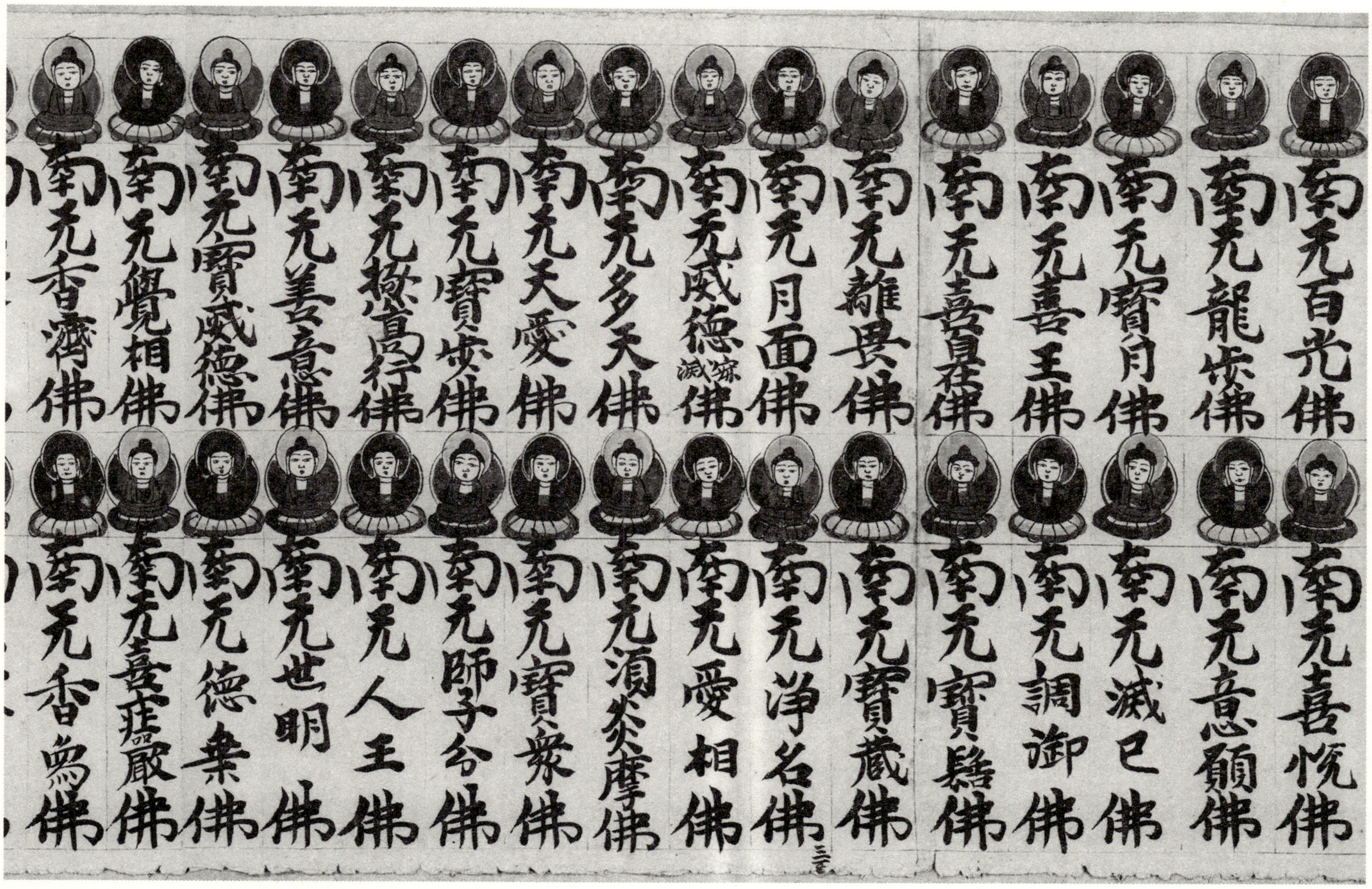

南无百光佛　南无龍步佛　南无寶月佛　南无善王佛　南无喜自在佛　南无離畏佛　南无月面佛　南无威德佛（滅寂）　南无多天佛　南无天愛佛　南无寶步佛　南无極高行佛　南无善意佛　南无寶威德佛　南无覺相佛　南无香濟佛

南无喜悅佛　南无意願佛　南无滅已佛　南无調御佛　南无寶髻佛　南无寶藏佛　南无淨名佛　南无愛相佛　南无須炎摩佛　南无寶衆佛　南无師子分佛　南无人王佛　南无世明佛　南无德乘佛　南无喜莊嚴佛　南无香象佛

BD15289 號 1　現在賢劫千佛名經（異本）卷上　（35–20）

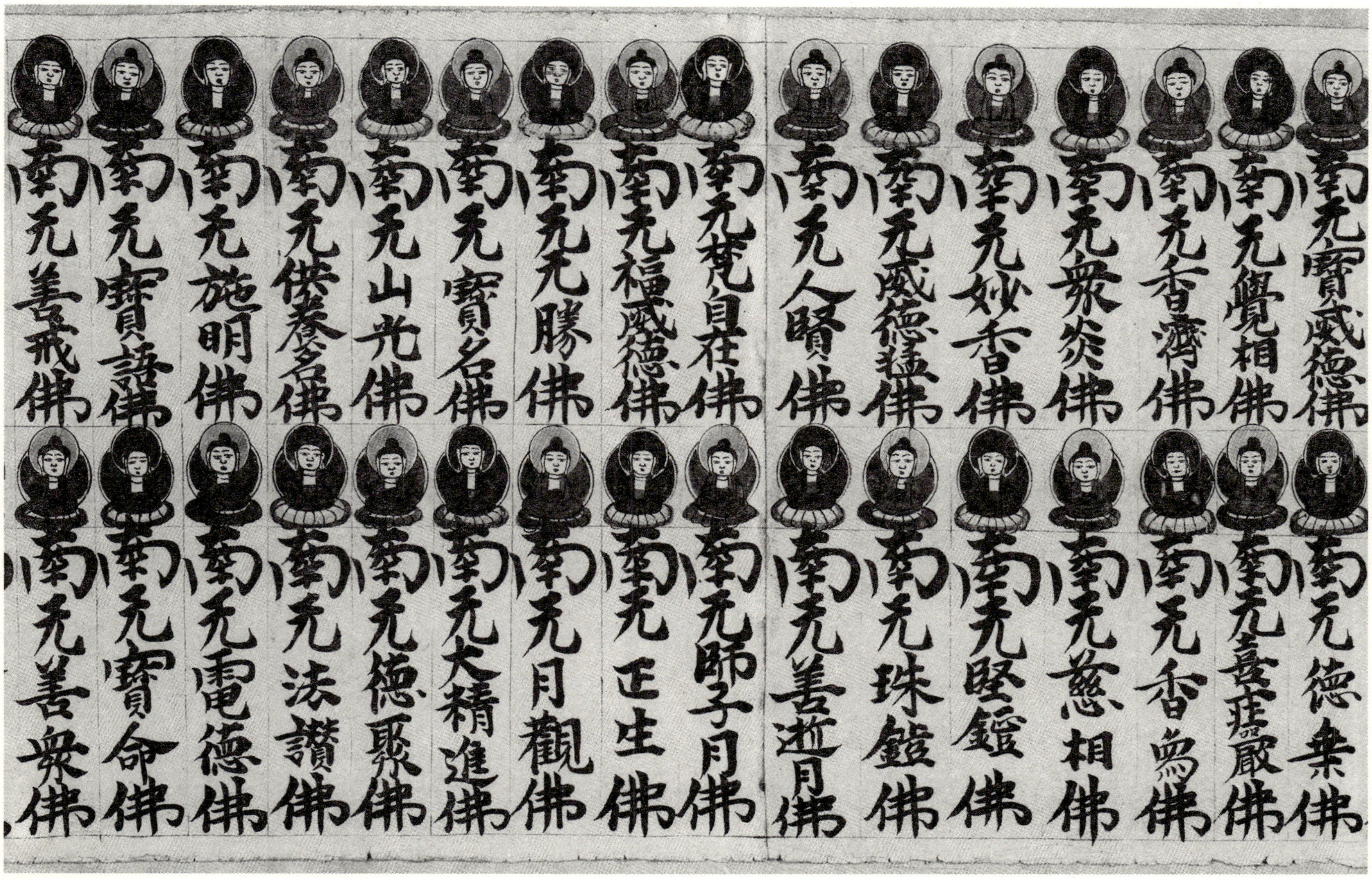

南无寶威德佛　南无覺相佛　南无香濟佛　南无衆炎佛　南无妙香佛　南无威德猛佛　南无人賢佛　南无梵自在佛　南无福威德佛　南无无勝佛　南无寶名佛　南无山光佛　南无供養名佛　南无施明佛　南无寶語佛　南无善戒佛

南无德乘佛　南无喜莊嚴佛　南无香象佛　南无慈相佛　南无堅鎧佛　南无珠鎧佛　南无善逝月佛　南无師子月佛　南无正生佛　南无月觀佛　南无大精進佛　南无德聚佛　南无法讚佛　南无電德佛　南无寶命佛　南无善衆佛

BD15289 號 1　現在賢劫千佛名經（異本）卷上　（35–21）

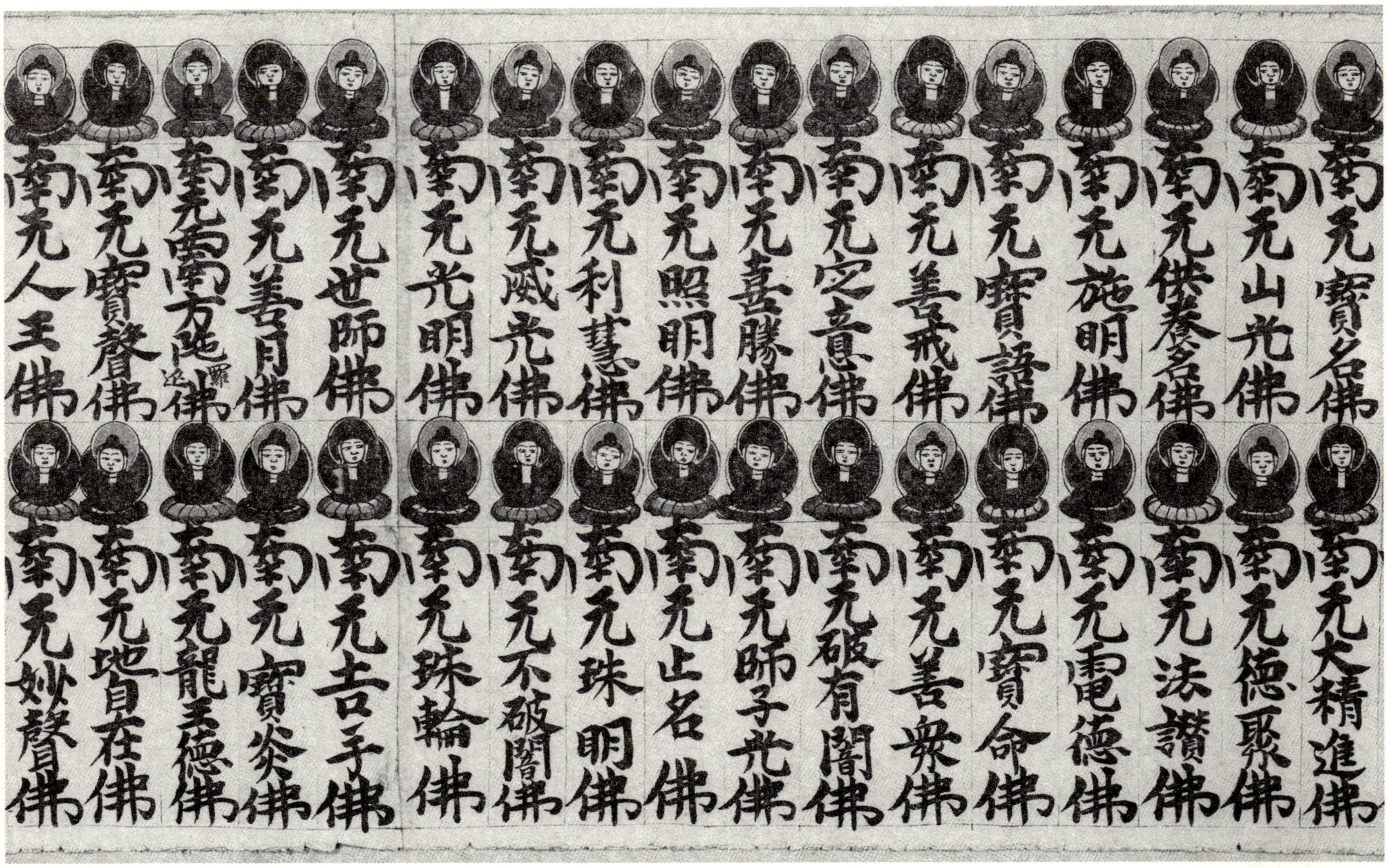
南无寶名佛 南无山光佛 南无供養名佛 南无施明佛 南无寶語佛 南无善戒佛 南无定意佛 南无喜勝佛 南无照明佛 南无利慧佛 南无威光佛 南无光明佛 南无世師佛 南无善月佛 南无南方毗佛 南无寶聲佛 南无人王佛
南无大精進佛 南无德聚佛 南无法讚佛 南无電德佛 南无寶命佛 南无善衆佛 南无破有闇佛 南无師子光佛 南无上名佛 南无珠明佛 南无不破闇佛 南无珠輪佛 南无吉手佛 南无寶炎佛 南无龍王德佛 南无地自在佛 南无妙聲佛

BD15289 號 1　現在賢劫千佛名經（異本）卷上　（35–22）

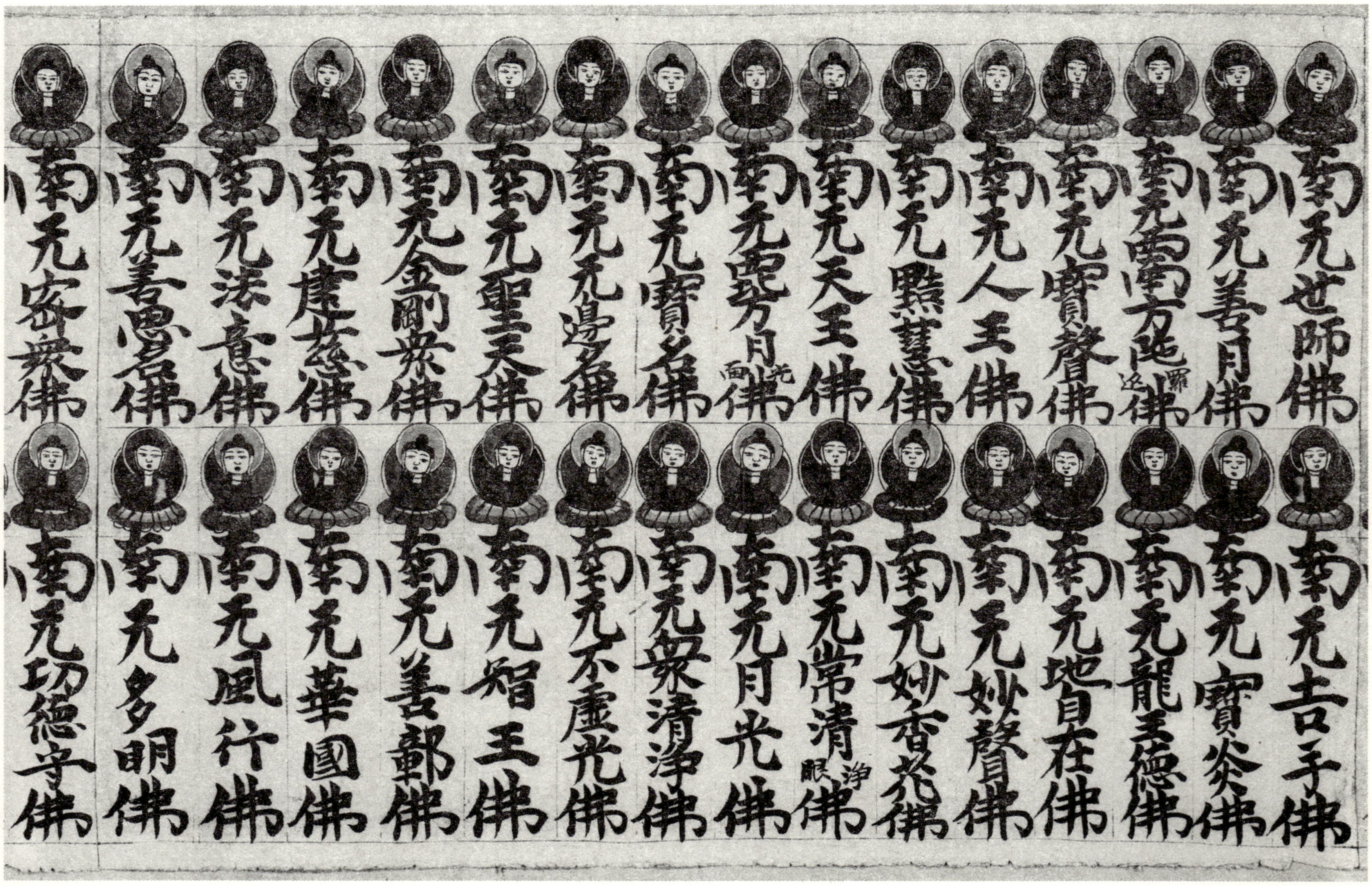
南无世師佛 南无善月佛 南无南方毗佛 南无寶聲佛 南无人王佛 南无黠慧佛 南无天王佛 南无電月佛 南无寶名佛 南无无邊佛 南无聖天佛 南无金剛衆佛 南无建慈佛 南无法意佛 南无善思名佛 南无安衆佛
南无吉手佛 南无寶炎佛 南无龍王德佛 南无地自在佛 南无妙聲佛 南无妙香花佛 南无常清淨佛 南无月光佛 南无衆清淨佛 南无不虛光佛 南无智王佛 南无善鄣佛 南无華國佛 南无風行佛 南无多明佛 南无功德守佛

BD15289 號 1　現在賢劫千佛名經（異本）卷上　（35–23）

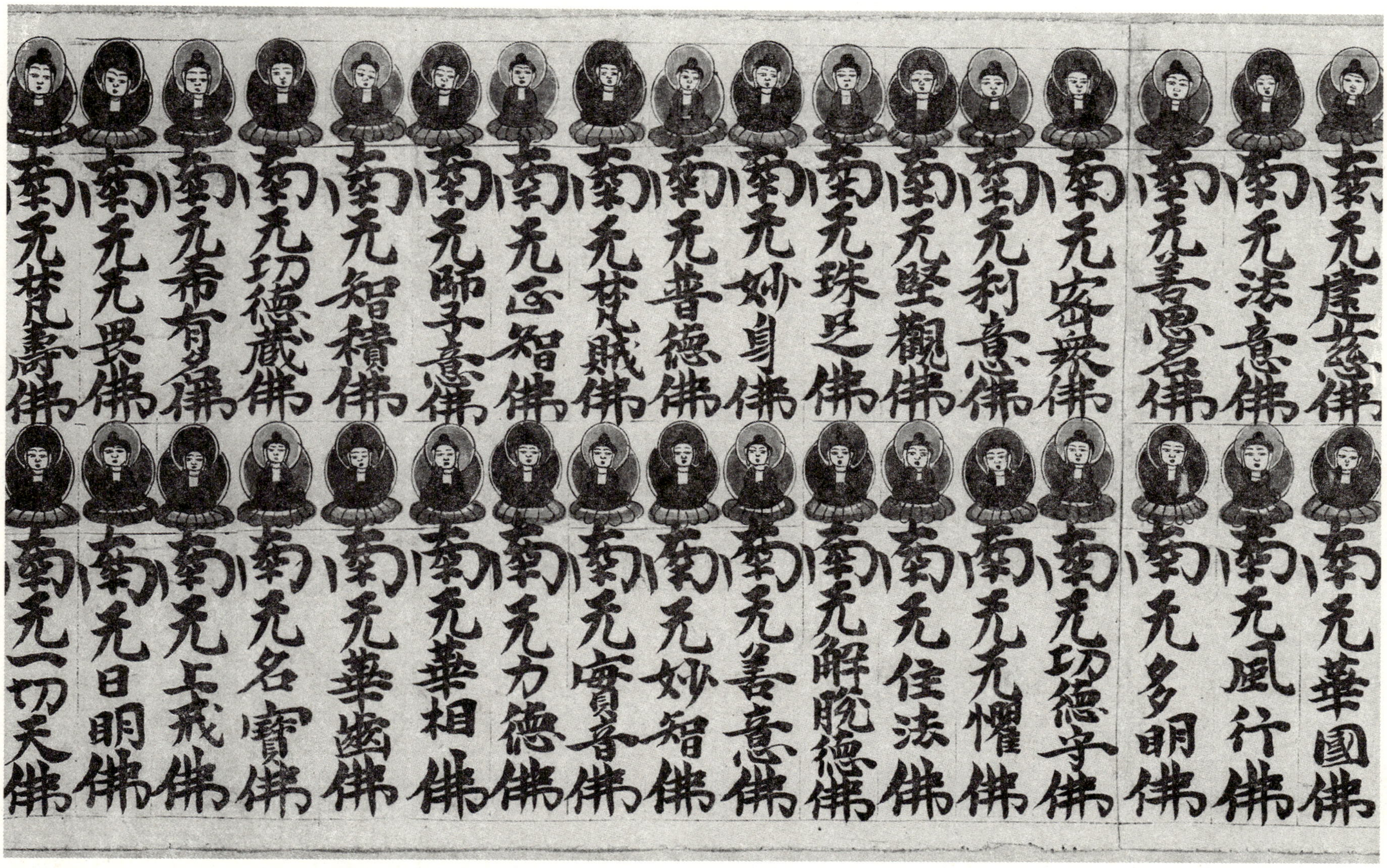

南无虔慈佛 南无法意佛 南无善思名佛 南无安衆佛 南无利意佛 南无堅觀佛 南无珠足佛 南无妙身佛 南无普德佛 南无梵財佛 南无正智佛 南无師子意佛 南无智積佛 南无功德藏佛 南无希有名佛 南无无畏佛 南无梵壽佛

南无華國佛 南无風行佛 南无多明佛 南无功德守佛 南无无懼佛 南无住法佛 南无解脫德佛 南无善意佛 南无妙智佛 南无寶音佛 南无力德佛 南无華相佛 南无華齒佛 南无名寶佛 南无上戒佛 南无日明佛 南无一切天佛

BD15289 號 1　現在賢劫千佛名經（異本）卷上　　（35–24）

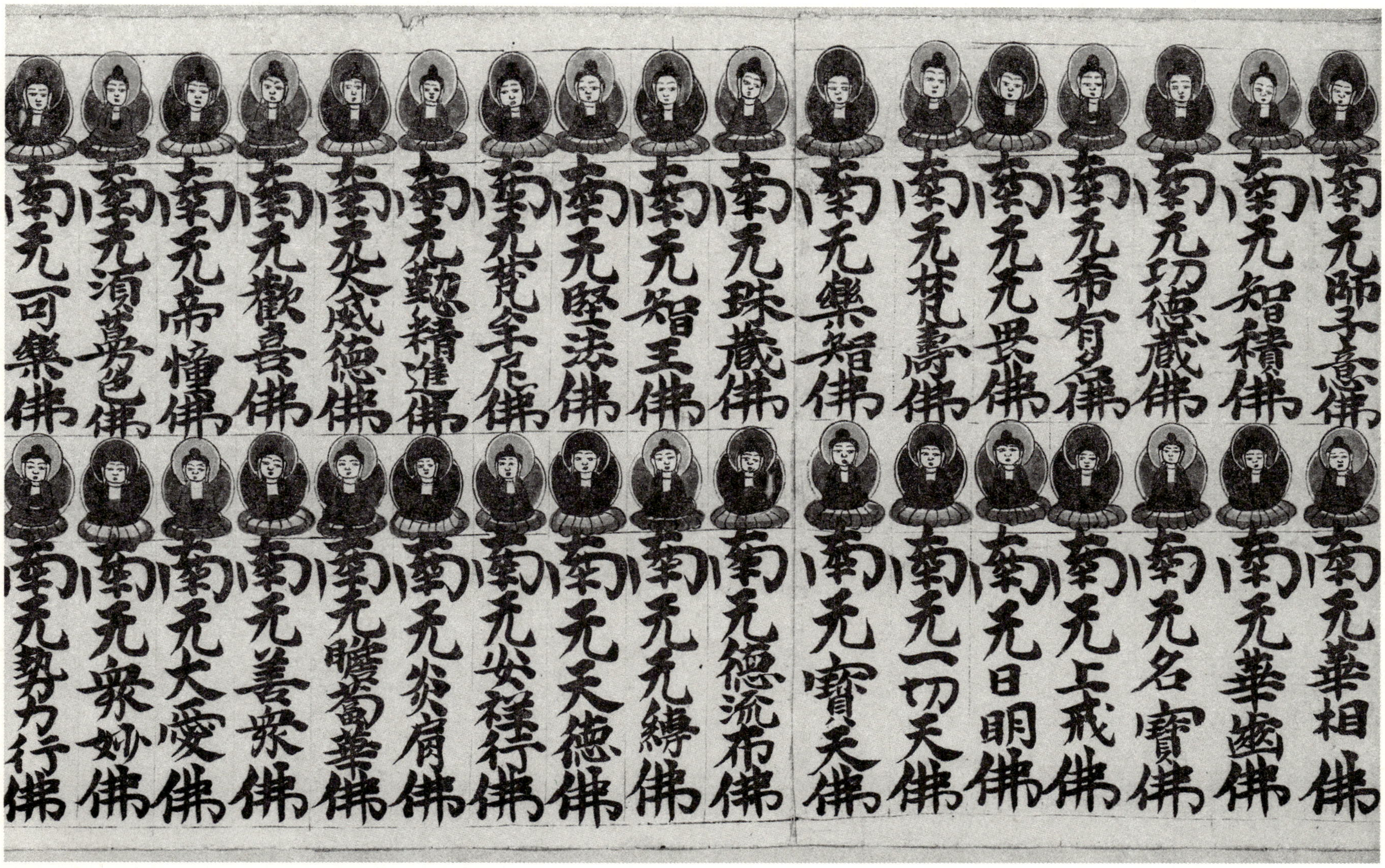

南无師子意佛 南无智積佛 南无功德藏佛 南无希有名佛 南无无畏佛 南无梵壽佛 南无樂智佛 南无珠藏佛 南无智王佛 南无堅法佛 南无梵牟尼佛 南无勤精進佛 南无大威德佛 南无歡喜佛 南无帝幢佛 南无須曼色佛 南无可樂佛

南无華相佛 南无華齒佛 南无名寶佛 南无上戒佛 南无日明佛 南无一切天佛 南无寶天佛 南无德流布佛 南无无縛佛 南无天德佛 南无安祥行佛 南无炎肩佛 南无瞻蔔華佛 南无善衆佛 南无大愛佛 南无衆妙佛 南无勢力行佛

BD15289 號 1　現在賢劫千佛名經（異本）卷上　　（35–25）

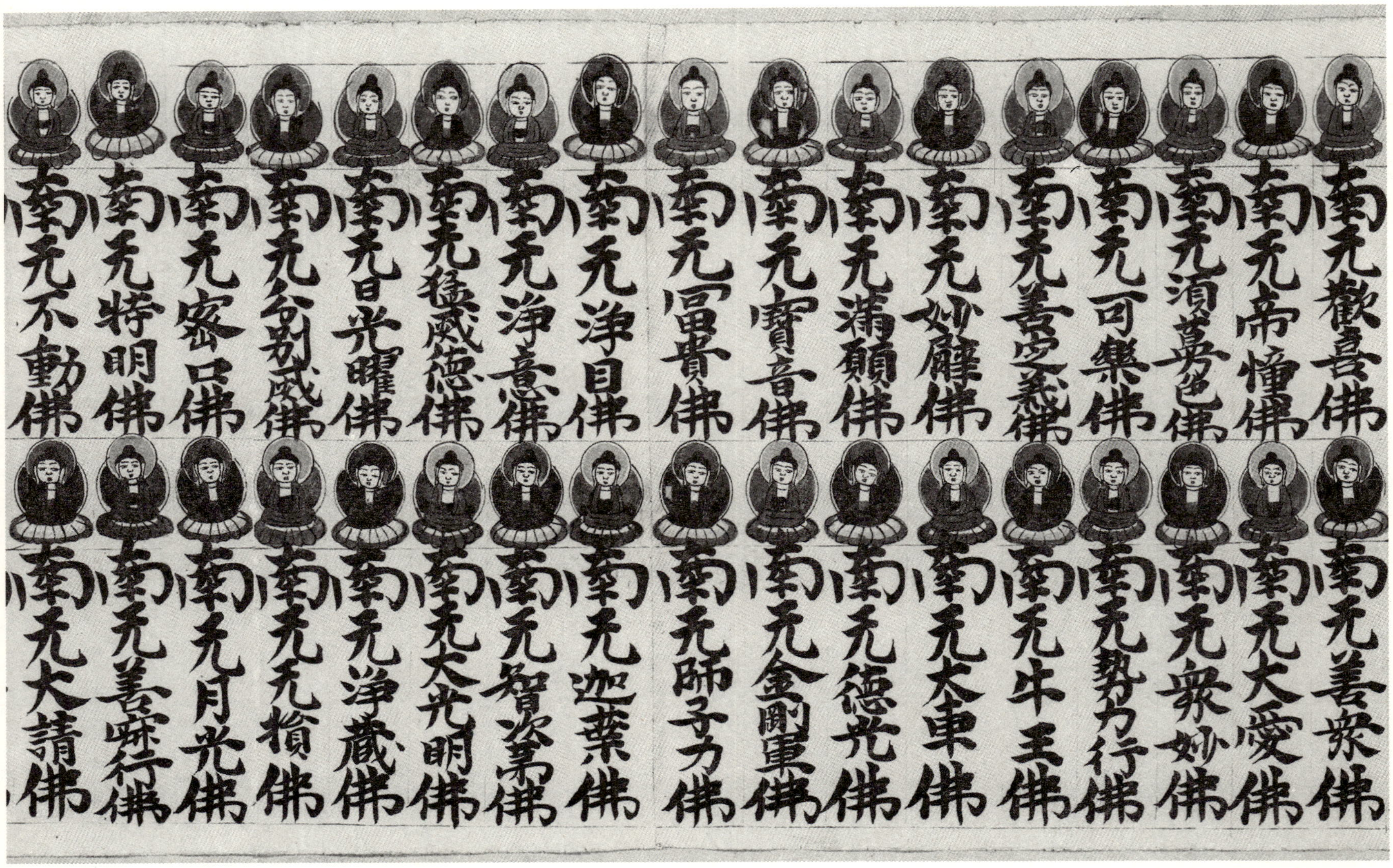

南无歡喜佛 南无帝幢佛 南无須蔓色佛 南无可樂佛 南无善寂義佛 南无妙解佛 南无滿願佛 南无寶音佛 南无富貴佛 南无淨目佛 南无淨意佛 南无稱威德佛 南无日光曜佛 南无分別威佛 南无密口佛 南无特明佛 南无不動佛

南无善寂佛 南无大愛佛 南无衆妙佛 南无勢力行佛 南无牛王佛 南无大車佛 南无德光佛 南无金剛軍佛 南无師子力佛 南无迦葉佛 南无智咨慧佛 南无大光明佛 南无无損佛 南无淨藏佛 南无月光佛 南无善威行佛 南无大請佛

BD15289 號 1　現在賢劫千佛名經（異本）卷上　（35–26）

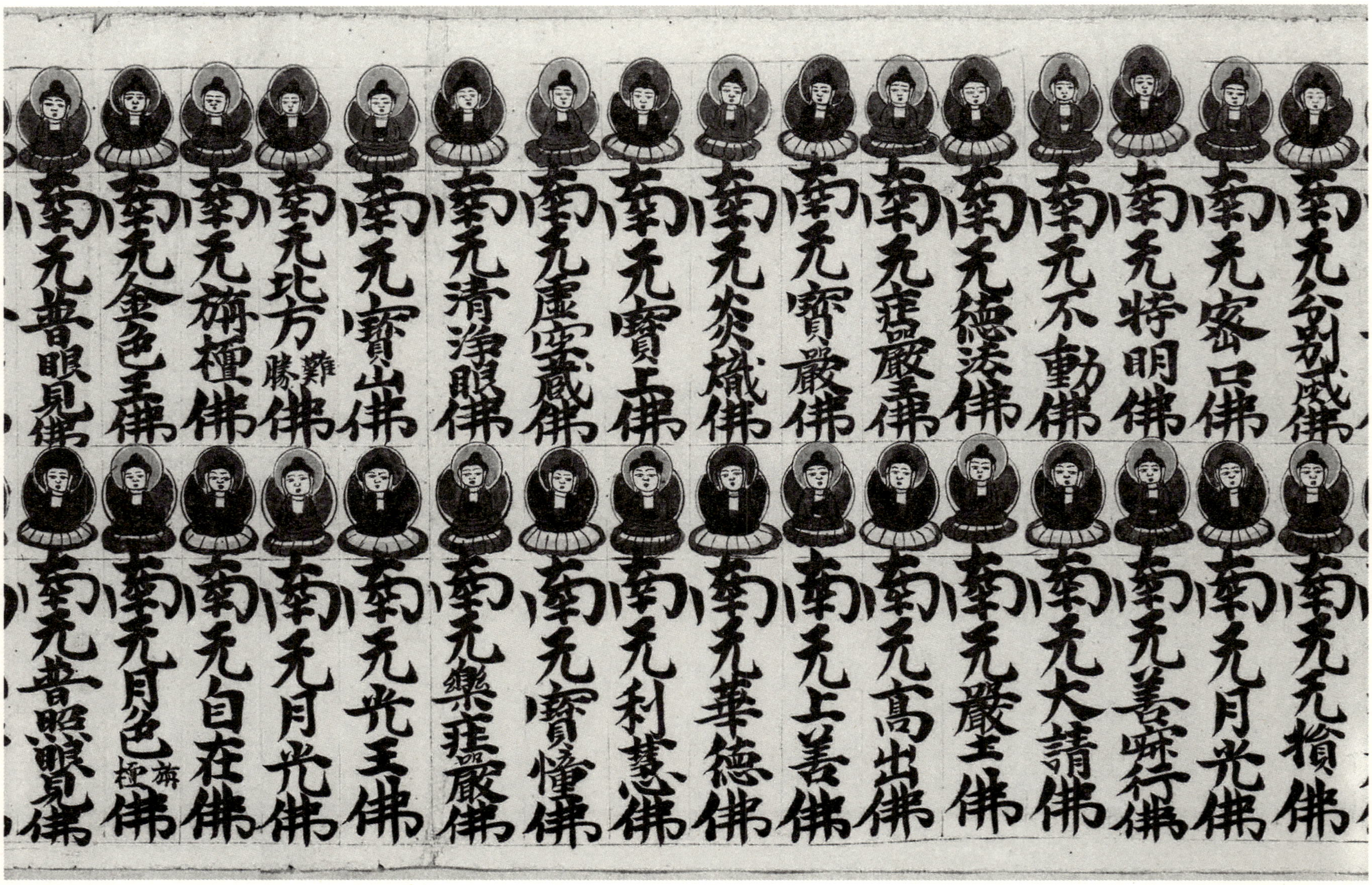

南无分別威佛 南无密口佛 南无特明佛 南无不動佛 南无德淨佛 南无莊嚴佛 南无寶嚴佛 南无炎熾佛 南无寶上佛 南无虛空藏佛 南无清淨眼佛 南无寶山佛 南无北方勝難佛 南无旃檀佛 南无金色王佛 南无普眼見佛

南无无損佛 南无月光佛 南无善威行佛 南无大請佛 南无嚴王佛 南无高出佛 南无上善佛 南无華德佛 南无利慧佛 南无寶幢佛 南无樂莊嚴佛 南无光王佛 南无月光佛 南无自在佛 南无月色旃檀佛 南无普照眼見佛

BD15289 號 1　現在賢劫千佛名經（異本）卷上　（35–27）

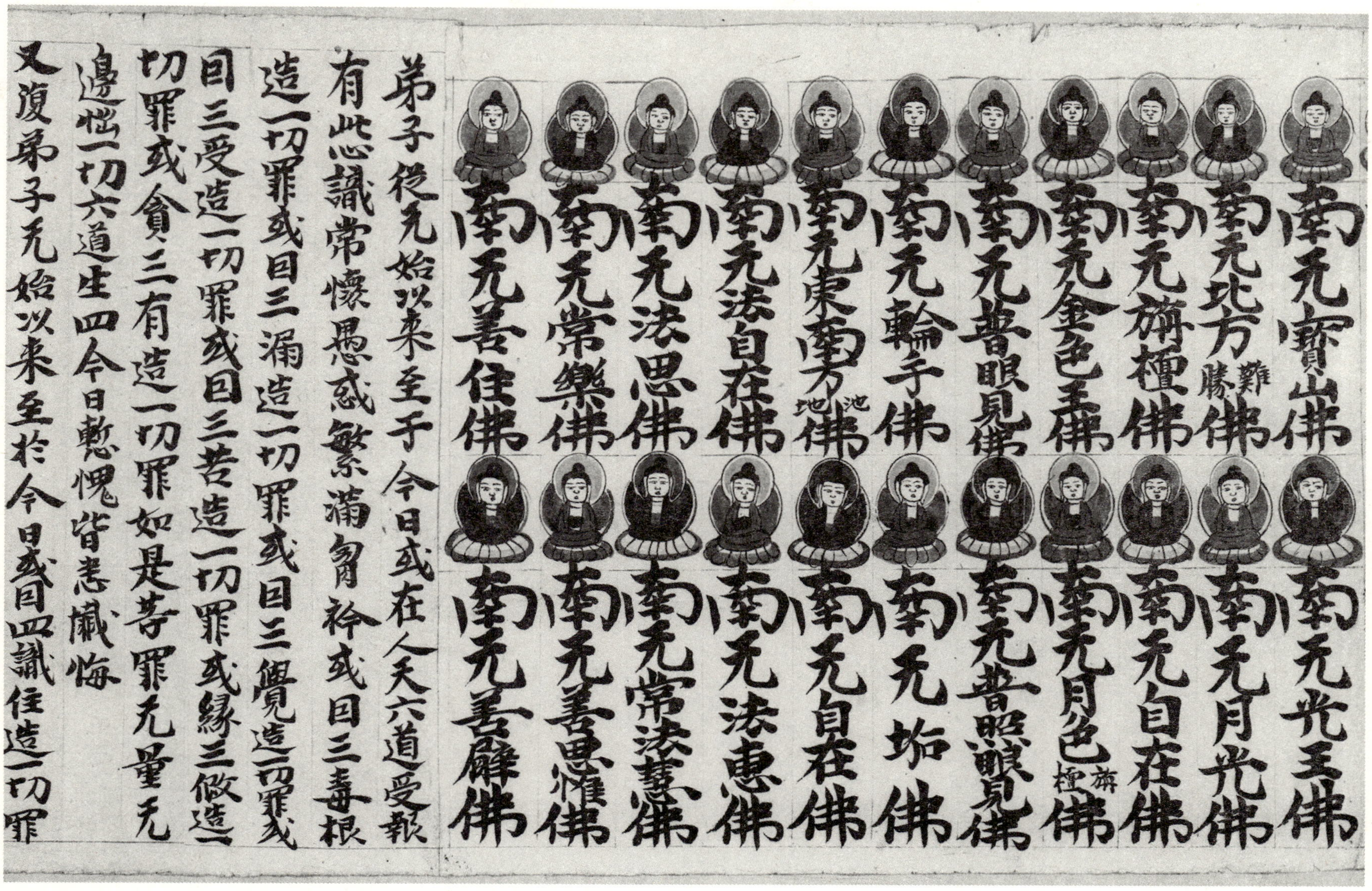

南无寶山佛
南无光王佛
南无北方難勝佛
南无月光佛
南无旃檀佛
南无自在佛
南无金色香佛
南无月色旃檀佛
南无普眼見佛
南无普照眼見佛
南无輪手佛
南无垢佛
南无東南方池地佛
南无自在佛
南无法自在佛
南无法惠佛
南无法思佛
南无常法慧佛
南无常樂佛
南无善思惟佛
南无善住佛
南无善解佛

弟子從无始以来至于今日或在人天六道受報
有此心識常懷愚惑繁滿胷衿或因三毒根
造一切罪或因三漏造一切罪或因三覺造一切罪或
因三受造一切罪或因三苦造一切罪或緣三假造一
切罪或貪三有造一切罪如是等罪无量无
邊惱一切六道生四今日慙愧皆悉懺悔
又復弟子无始以来至於今日或因四識住造一切罪

BD15289 號 1　現在賢劫千佛名經（異本）卷上　（35–28）

弟子從无始以来至于今日或在人天六道受報
有此心識常懷愚惑繁滿胷衿或因三毒根
造一切罪或因三漏造一切罪或因三覺造一切罪或
因三受造一切罪或因三苦造一切罪或緣三假造一
切罪或貪三有造一切罪如是等罪无量无
邊惱一切六道生四今日慙愧皆悉懺悔
又復弟子无始以来至於今日或因四識住造一切罪
或因四流造一切罪或因四取造一切罪或因四執造
一切罪或因四緣造一切罪或因四大造一切罪或因四
縛造一切罪或因四食造一切罪或因四生造一切罪
如是等罪无量无邊惱乱六道一切衆生今日
慙愧皆悉懺悔
又復弟子无始以来至於今日或因五住地煩惱
造一切罪或因五受根造一切罪或因五蓋造一切
罪或因五慳造一切罪或因五見造一切罪或因五
心造一切罪如是等煩惱无量无邊惱乱六道一切
四生今日發露皆悉懺悔
无始以来至於今日或因六情根造一切罪或因六
識造一切罪或因六想造一切罪或因六受造一切
罪或因六行造一切罪或因六愛造一切罪或因六
疑造一切罪如是等煩惱无量无邊惱乱六道四
一切四生今日慙愧發露皆悉懺悔

BD15289 號 1　現在賢劫千佛名經（異本）卷上　（35–29）

无始以來至於今日或因六情根造一切罪或因六
識造一切罪或因六想造一切罪或因六受造一切
罪或因六行造一切罪或因六愛造一切罪或因六
疑造一切罪如是等煩惱无量无邊惱乱六道四
一切四生今日慚愧發露皆悉懺悔
又復弟子无始以來至於今日或因七漏造一切
罪或因七使造一切罪或因八到造一切罪或因八
垢造一切罪或因八苦造一切罪惱乱六道一切四生
今日發露皆悉懺悔
又復无始以來至於今日或因九惱造一切罪或
因九結造一切罪或因九上緣造一切罪或因十煩惱
造一切罪或因十纏造一切罪或因十一遍使造一切
罪或因十二入造一切罪或因十六知見造一切罪或
因十八界造一切罪或因廿五我造一切罪或因六十
二見造一切罪或因見諦思惟九十八使百八煩
惱晝夜熾然開諸漏門造一切罪惱乱賢聖
及以四生遍滿三界彌亘六道无處可藏无處
可避今日至到向十方佛尊法聖衆慚愧發露
皆悉懺悔
願弟子承是懺悔三毒一切煩惱生生世世三慧
明三達朗三苦滅三願滿願善是懺悔四識等
一切煩惱所生功德生生世世廣四等心立四信

BD15289 號 1　現在賢劫千佛名經（異本）卷上　　（35–30）

可避今日至到向十方佛尊法聖衆慚愧發露
皆悉懺悔
願弟子承是懺悔三毒一切煩惱生生世世三慧
明三達朗三苦滅三願滿願善是懺悔四識等
一切煩惱所生功德生生世世廣四等心立四信
業四惡趣滅得四无畏
願弟子承是懺悔五蓋等諸煩惱度五道樹
五根淨五眼成五分懺悔六受等諸煩惱所生
功德願生生世世具足六神通滿足六度業不為
六塵或常行妙行又弟子承是懺悔七漏八垢
九結十纏等一切諸煩惱所生功德生生世世七
淨華洗八塵水具九斷智成十地行願以懺悔
十一遍使及十二入十八界等一切諸煩惱所生功德
願十一空解常用栖心自然能轉十二行緣具足不
共之法无量功德一切圓滿
弟子等從无始以來至於今日積聚无明障蔽
心目隨煩惱性造三業罪或耽染愛著起於貪
欲煩惱或復瞋恚忿怒懷害煩惱或惛懵瞪
瞢不了煩惱或我慢自高輕傲煩惱或疑正道
猶豫煩惱謗无因果邪見煩惱不識緣假着
我煩惱迷於三世執斷常煩惱明押惡法起見取
煩惱辯禀邪師造戒取煩惱乃至一切四執橫計

BD15289 號 1　現在賢劫千佛名經（異本）卷上　　（35–31）

心目隨煩惱性造三業罪或耽染愛著起於貪
欲煩惱或復瞋恚忿怒懷害煩惱或慘憒瞪
瞢不了煩惱或我慢自高輕傲煩惱疑惑正道
猶豫煩惱謗无因果邪見煩惱不識緣假著
我煩惱迷於三世執斷常煩惱明押惡法起見取
煩惱擗廩邪師造戒取煩惱乃至一等四執橫計
煩惱今日至誠皆悉懺悔
願弟子等承是懺悔貪瞋癡等一切煩惱生
世世折憍慢幢竭愛欲水滅瞋恚火破愚癡闇
拔斷疑根裂諸見網深識三界猶如牢獄四大
毒蛇五陰怨賊六入空聚愛詐親善脩八聖道
斷无明源正向涅槃不休不息卅七品心心相應
十波羅蜜常現在前 作礼拜
已懺地獄報竟今當次復懺悔三惡道報經中
佛說多欲之人多求利故苦煩亦多知足之人雖
臥地上猶以為安樂不知足者雖處天堂猶不稱
意但世間人忽有急難便能捨財不計多少而不
知此身臨於三塗深坑之上一息不還便應墮
落忽有知識營功福德令修未來善法資糧
報此慳心无肯作理夫如此者極為愚惑何以故
佘經中生時不賫一文而來死亦不持一文而去
苦身積聚為之憂惱於己无益徒為他有无

BD15289 號 1　現在賢劫千佛名經（異本）卷上　（35–32）

臥地上猶以為安樂不知足者雖處天堂猶不稱
意但世間人忽有急難便能捨財不計多少而不
知此身臨於三塗深坑之上一息不還便應墮
落忽有知識營功福德令修未來善法資糧
報此慳心无肯作理夫如此者極為愚惑何以故
佘經中生時不賫一文而來死亦不持一文而去
苦身積聚為之憂惱於己无益徒為他有无
善可恃无德可怙致使命終墮諸惡道是故弟
子等今日稽顙懇到歸依佛
弟子今日次復懺悔畜生道中无所識知罪報
懺悔畜生道中負重牽犁償他宿債罪報
懺悔畜生道中不得自在為他斫剉屠割罪報
懺悔畜生无足二足四足多足罪報懺悔畜牛道
中身諸毛羽鱗甲之內為諸小虫之所唼食罪
報如是畜生道中有无量罪報今日至誠皆
悉懺悔次復懺悔餓鬼道中長飢罪報懺
悔餓鬼百千万歲初不曾聞漿水之名罪報懺
悔餓鬼食啖膿血糞穢罪報懺悔餓鬼動身
之時一切枝節火然罪報懺悔餓鬼腹大咽小
罪報如是餓鬼道中无量苦報今日稽顙皆
悉懺悔
次復一切鬼神脩羅道中諂諛詐稱罪報懺悔

BD15289 號 1　現在賢劫千佛名經（異本）卷上　（35–33）

悔餓鬼百千万歲初不曾聞漿水之名罪報懺
悔餓鬼食噉膿血糞穢罪報懺悔餓鬼動身
之時一切枝節火然罪報懺悔餓鬼腹大咽小
罪報如是餓鬼道中无量苦報今日稽顙皆
悉懺悔
次復一切鬼神脩羅道中諂誑詐稱罪報懺悔
鬼神道中擔沙負石塡河塞海罪報懺悔鬼
神羅刹鳩槃荼諸惡鬼神生噉血肉受此醜陋
罪報如是鬼神道中无量无邊一切罪報今日
稽顙向十方佛大地菩薩求哀懺悔悉令消滅
願弟子等承是懺悔畜生等報所生功德生生
世世滅愚癡垢自識業緣智慧明照斷惡
道身願以懺悔餓鬼等報所生功德生生世世
永離慳貪飢餓之苦常食甘露解脫之味願
以懺悔鬼神脩羅等報所生功德生生世世質直
无諂離邪命因除醜陋果福利人天願弟子等
從今已去乃至道場決定不受四惡道報唯除
大悲為衆生故以誓願力處之无猒作礼一拜

賢劫千佛名卷上

敬寫大佛名經貳伯捌拾捌卷惟願城

BD15289 號 1　現在賢劫千佛名經（異本）卷上　　（35–34）

世世滅愚癡垢自識業緣智慧明照斷惡
道身願以懺悔餓鬼等報所生功德生生世世
永離慳貪飢餓之苦常食甘露解脫之味願
以懺悔鬼神脩羅等報所生功德生生世世質直
无諂離邪命因除醜陋果福利人天願弟子等
從今已去乃至道場決定不受四惡道報唯除
大悲為衆生故以誓願力處之无猒作礼一拜

賢劫千佛名卷上

敬寫大佛名經貳伯捌拾捌卷惟願城
隍安泰百姓康寧
府主曹公已躬永壽繼紹長年合宅
枝羅常然吉慶于時大梁貞明陸年歲
次庚辰伍月拾伍日寫記

BD15289 號 1　現在賢劫千佛名經（異本）卷上　　（35–35）

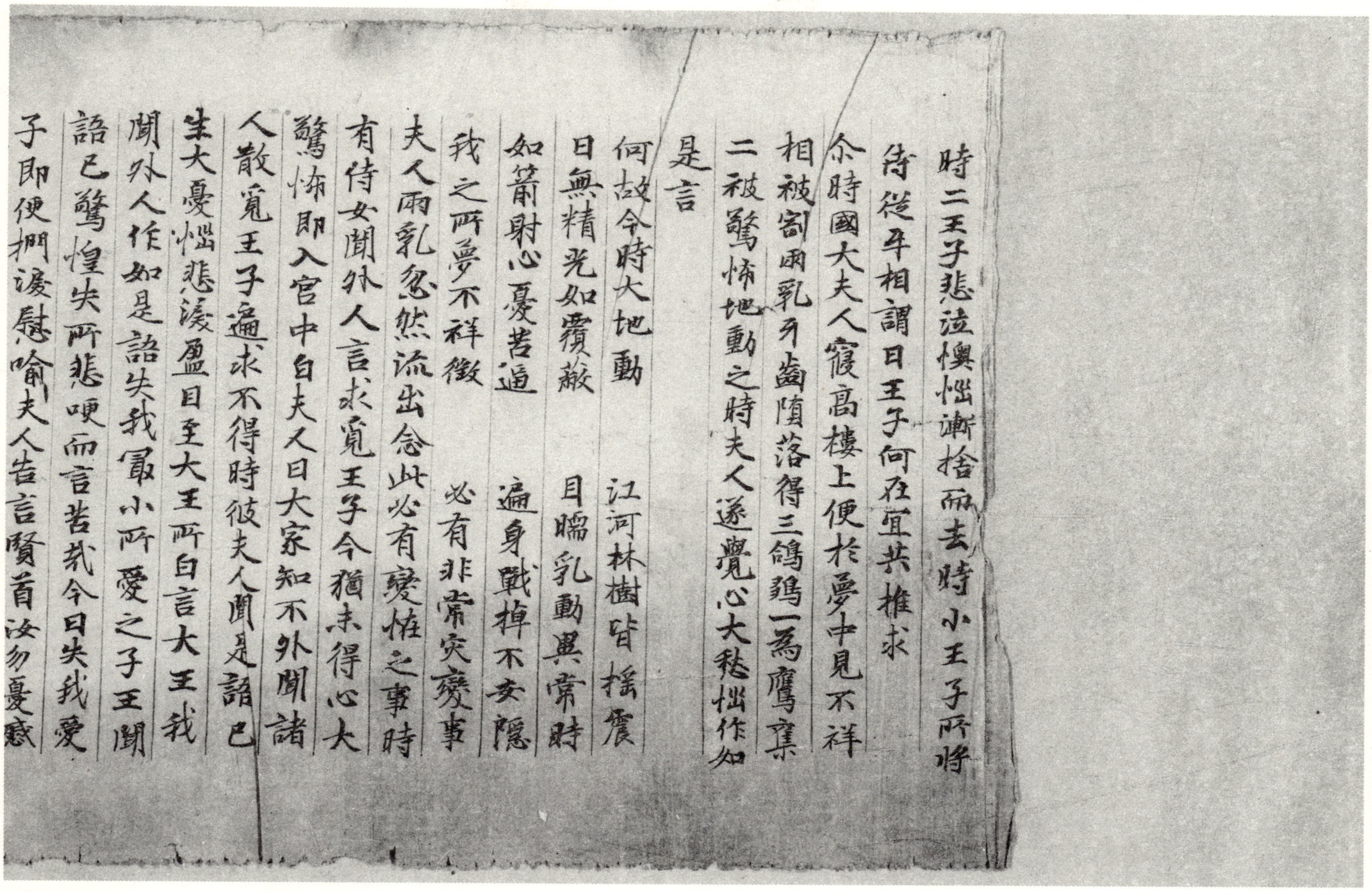

時二王子悲泣懊惱漸捨而去時小王子所將
侍從互相謂曰王子何在宜共推求
尒時國大夫人寢高樓上便於夢中見不祥
相被割兩乳牙齒墮落得三鴿鶵一為鷹奪
二被驚怖地動之時夫人遂覺心大愁惱作如
是言
何故今時大地動　江河林樹皆搖震
日無精光如覆蔽　目瞤乳動異常時
如箭射心憂苦逼　遍身戰掉不安隱
我之所夢不祥徵　必有非常災變事
夫人兩乳忽然流出念此必有變怪之事時
有侍女聞外人言求覓王子今猶未得心大
驚怖即入宮中白夫人曰大家知不外聞諸
人散覓王子遍求不得時彼夫人聞是語已
生大憂惱悲淚盈目至大王所白言大王我
聞外人作如是語失我最小所愛之子王聞
語已驚惶失所悲哽而言苦哉今日失我愛
子即便抆淚慰喻夫人告言賢首汝勿憂慼

BD15290號　金光明最勝王經卷一〇　（6–1）

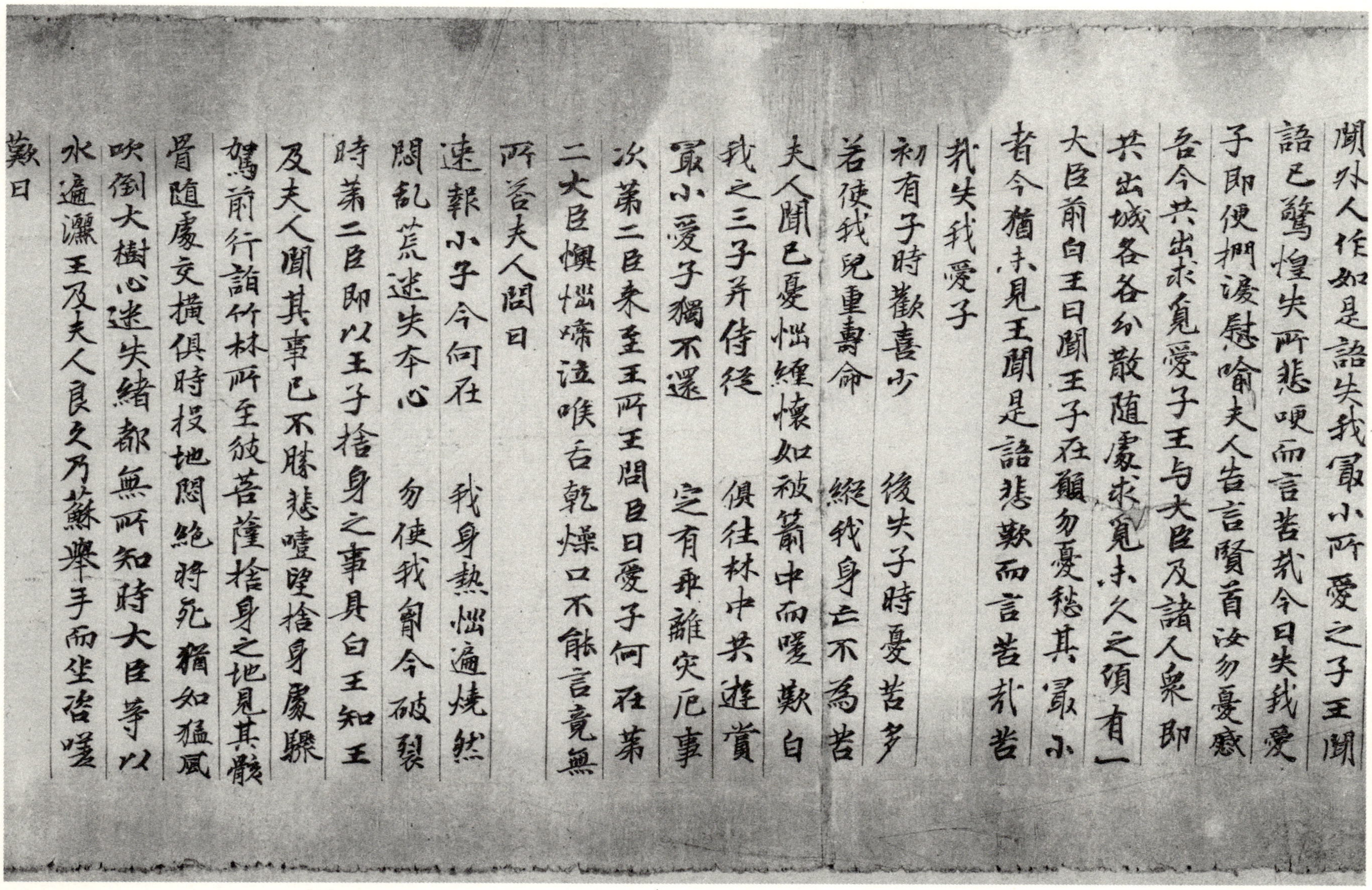

聞外人作如是語失我最小所愛之子王聞
語已驚惶失所悲哽而言苦哉今日失我愛
子即便抆淚慰喻夫人告言賢首汝勿憂慼
吾今共出求覓愛子王與大臣及諸人衆即
共出城各各分散隨處求覓未久之頃有一
大臣前白王曰聞王子在願勿憂愁其最小
者今猶未見王聞是語悲歎而言苦哉苦
哉失我愛子
初有子時歡喜少　後失子時憂苦多
若使我兒重壽命　縱我身亡不為苦
夫人聞已憂惱纏懷如被箭中而嗟歎曰
我之三子并侍從　俱往林中共遊賞
最小愛子獨不還　定有乖離災厄事
次第二臣來至王所王問臣曰愛子何在第
二大臣懊惱啼泣喉舌乾燥口不能言竟無
所荅夫人問曰
速報小子今何在　我身熱惱遍燒然
悶亂荒迷失本心　勿使我胷今破裂
時第二臣即以王子捨身之事具白王知王
及夫人聞其事已不勝悲噎望捨身處驟
駕前行詣竹林所至彼菩薩捨身之地見其骸
骨隨處交橫俱時投地悶絕將死猶如猛風
吹倒大樹心迷失緒都無所知時大臣等以
水遍灑王及夫人良久乃蘇舉手而坐咨嗟
歎曰

BD15290號　金光明最勝王經卷一〇　（6–2）

骨隨處交横俱時投地悶絶將死猶如猛風
吹倒大樹心迷失緒都無所知時大臣等以
水遍灑王及夫人良久乃蘇舉手而坐咨嗟
歎曰
禍哉愛子端嚴相　因何死苦先來逼
若我得在汝前亡　豈見如斯大苦事
尒時夫人迷悶稍止頭髮蓬亂兩手椎胷
宛轉于地如魚處陸若牛失子悲泣而言
我子誰屠割　餘骨散于地　失我所愛子　憂悲不自勝
苦哉誰殺子　致斯憂惱事　我心非金剛　云何而不破
我夢中所見　兩乳皆被割　牙齒悉墮落　今遭大苦痛
又夢三鴿鶵　一被鷹擒去　今失所愛子　惡相表非虚
尒時大王及於夫人并二王子盡哀號哭瓔珞
不御與諸人衆共收菩薩遺身舍利為於
供養置窣覩波中阿難陁汝等應知此即是
彼菩薩舍利復告阿難陁我於昔時雖具煩
惱貪瞋癡等能於地獄餓鬼傍生五趣之中
隨緣救濟令得出離何況今時煩惱都盡無
復餘習号天人師具一切智而不能為一一
衆生經於多劫在地獄中及於餘處代受衆
苦令出生死煩惱輪迴尒時世尊欲重宣此
義而說頌言
我念過去世　無量無數劫　或時作國王　或復為王子
常行於大施　及捨所愛身　願出離生死　至妙菩提處
昔時有大國　國主名大車　王子名勇猛　常施心無悋

BD15290號　金光明最勝王經卷一〇　（6–3）

我念過去世　無量無數劫　或時作國王　或復為王子
常行於大施　及捨所愛身　願出離生死　至妙菩提處
昔時有大國　國主名大車　王子名勇猛　常施心無悋
王子有二兄　号大渠大天　三人同出遊　漸至山林所
見虎飢所逼　便生如是心　此虎飢火燒　更無餘可食
大士覩知斯　恐其將食子　捨身無所顧　救子不令傷
大地及諸山　一時皆震動　江海皆騰躍　驚波水逆流
天地失光明　昏冥無所見　林野諸禽獸　飛奔失所依
二兄怪不還　憂慼生悲苦　即與諸侍從　林藪遍尋求
兄弟共籌議　復往深山處　四顧無所有　見虎處空林
其母并七子　口皆有血汙　殘骨并餘髮　縱横在地中
復見有流血　散在於林所　二兄既見已　心生大恐怖
悶絶俱投地　荒迷不覺知　塵土坌其身　六情皆失念
王子諸侍從　啼泣心憂惱　以水灑令蘇　舉手號咷哭
菩薩捨身時　慈母在宮內　五百諸婇女　共受於妙樂
夫人之兩乳　忽然自流出　遍體如針刺　苦痛不能安
欻生失子想　憂箭苦傷心　即白大王知　陳斯苦惱事
悲泣不堪忍　哀聲向王說　大王今當知　我生大苦惱
兩乳忽流出　禁止不隨心　如針遍刺身　煩冤胷欲破
我先夢惡徵　必當失愛子　願王濟我命　知兒存與亡
夢見三鴿鶵　小者是愛子　忽被鷹擒去　悲愁難具陳
我今沒憂海　趣死將不久　恐子命不全　願為速求覓
又聞外人語　小子求不得　我今意不安　願王哀愍我
夫人白王已　舉身而躃地　悲痛心悶絶　荒迷不覺知
婇女見夫人　悶絶在於地　舉聲皆大哭　憂惶失所依

BD15290號　金光明最勝王經卷一〇　（6–4）

我今沒憂海　趣死時不久　怨子命不全　願爲速求覓
又聞外人語　小子求不得　我今意不安　願王哀愍我
夫人白王已　舉身而躃地　悲痛心悶絶　荒迷不覺知
婇女見夫人　悶絶在於地　舉聲皆大哭　憂惶失所依
王聞如是語　懷憂不自勝　因命諸群臣　尋求所愛子
皆共出城外　隨處而追覓　涕泣問諸人　王子今何在
今者爲存亡　誰知所去處　云何令得見　遣我憂惱心
諸人悉共傳　咸言王子死　聞者皆傷悼　悲歎苦難裁
尒時大車王　悲號從座起　即就夫人處　以水灑其身
夫人蒙水灑　久乃得醒悟　悲啼以問王　我兒今在不
王告夫人曰　我已使諸人　四向求王子　尚未有消息
王又告夫人　汝莫生煩惱　且當自安慰　可共出追尋
王即与夫人　嚴駕而前進　號慟聲悽感　憂心若火然
士庶百千万　亦隨王出城　各欲求王子　悲號聲不絶
王求愛子故　目視於四方　見有一人來　被髮身塗血
遍體蒙塵土　悲哭逆前來　王見是惡相　倍復生憂惱
王便舉兩手　哀號不自裁　初有一大臣　忩忙至王所
進白大王曰　幸願勿悲哀　王之所愛子　今雖求未獲
不久當來至　以釋大王憂　王復更前行　見次大臣至
其臣詣王所　流淚白王言　二子今現存　被憂火所逼
其第三王子　已被無常吞　見餓虎初生　將欲食其子
彼薩埵王子　見此起悲心　願求無上道　當度一切衆
繫想妙菩提　廣大深如海　即上高山頂　投身餓虎前
虎羸不能食　以竹自傷頸　遂噉王子身　唯有餘骸骨
時王及夫人　聞已俱悶絶　心沒於憂海　煩惱火燒然

BD15290號　金光明最勝王經卷一〇　（6–5）

彼薩埵王子　見此起悲心　願求無上道　當度一切衆
繫想妙菩提　廣大深如海　即上高山頂　投身餓虎前
虎羸不能食　以竹自傷頸　遂噉王子身　唯有餘骸骨
時王及夫人　聞已俱悶絶　心沒於憂海　煩惱火燒然
臣以栴檀水　灑王及夫人　俱起大悲號　舉手推胸臆
第三大臣來　白王如是語　我見二王子　悶絶在林中
臣以冷水灑　尒乃暫穌息　顧視於四方　如猛火周遍
暫起而還伏　悲號不自勝　舉手以哀言　稱歎弟希有
王聞如是說　倍增憂火煎　夫人大號咷　高聲作是語
我之小子偏鍾愛　已爲無常羅刹吞
餘有二子今現存　復被憂火所燒逼
我今速可之山下　安慰令其保餘命
即便馳駕望前蹤　一心詣彼捨身崖
路逢二子行啼泣　椎胸懊惱失容儀
父母見已抱憂悲　俱往山林捨身處
既至菩薩捨身地　共聚悲號生大苦
脫去瓔珞盡哀心　收取菩薩身餘骨
与諸人衆同供養　共造七寶窣覩波
以彼舍利置函中　整駕懷憂趣城邑
復告阿難陁　往時薩埵者　即我牟尼是　勿生於異念
王是父淨飯　后是母摩耶　太子謂慈氏　次是殊室利
虎是大世主　五兒五苾芻　一是大目連　一是舍利子
我爲汝等說　往昔利他緣　如是菩薩行　成佛因當學
菩薩捨身時　發如是弘誓　願我身餘骨　來世益衆生
此是捨身處　七寶窣覩波　以經無量時　遂沉於厚地

BD15290號　金光明最勝王經卷一〇　（6–6）

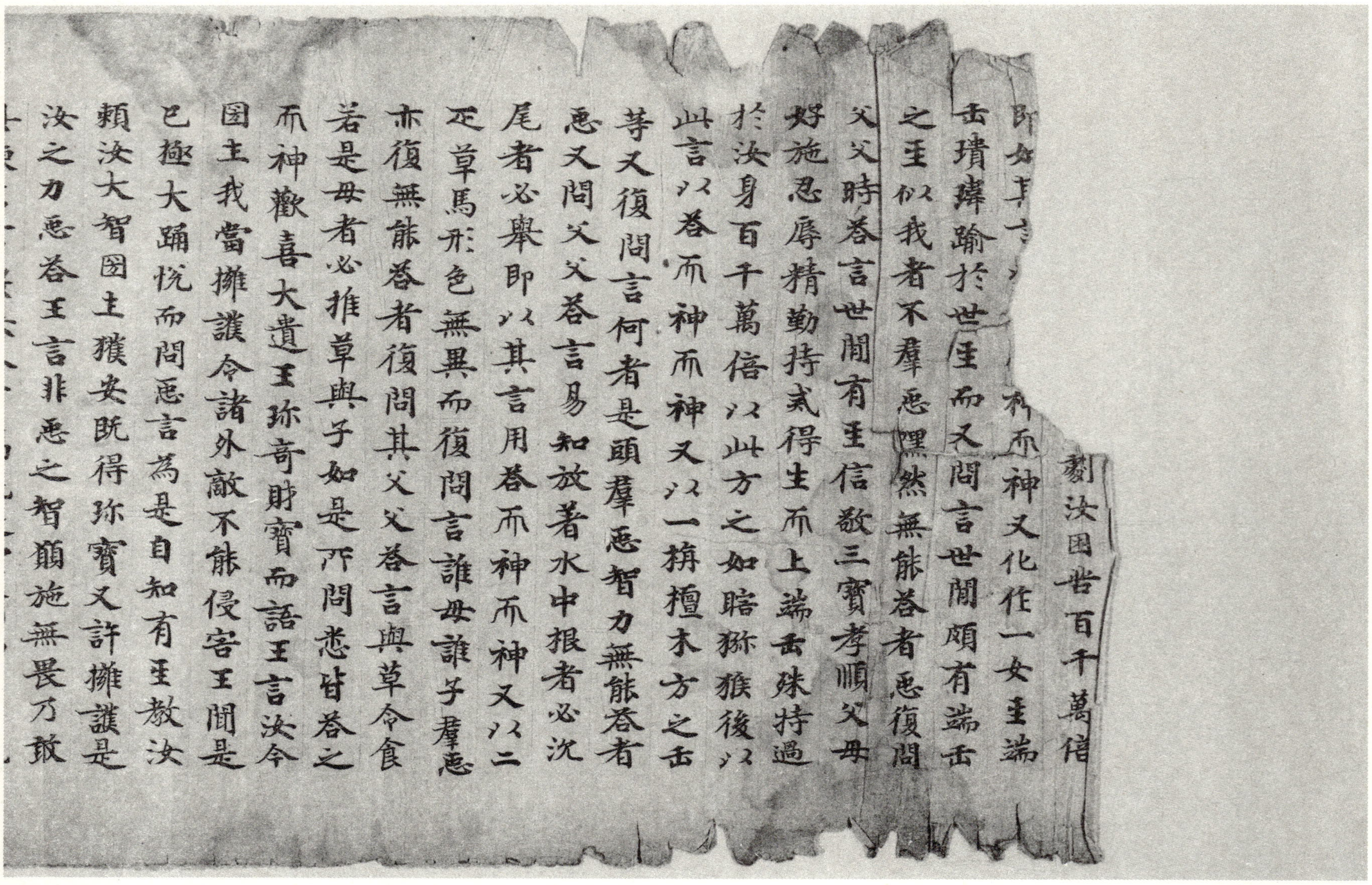

劉汝國苦百千萬倍
所如其[illegible]天神又化作一女人端
正瓌瑋踰於世人而又問言世間頗有端正
之人似我者不羣臣嘿然無能荅者天復問
父父時荅言世間有人信敬三寶孝順父母
好施忍辱精勤持戒得生天上端正殊特過
於汝身百千萬倍以此方之如瞎獼猴後以
此言以荅天神天神又以一栴檀木方之正
等又復問言何者是頭羣臣智力無能荅者
臣又問父父荅言易知放著水中根者必沉
尾者必舉即以其言用荅天神天神又以二
牸草馬形色無異而復問言誰母誰子羣臣
亦復無能荅者復問其父父荅言與草令食
若是母者必推草與子如是所問悉皆荅之
天神歡喜大遺王珎奇財寶而語王言汝今
國土我當擁護令諸外敵不能侵害王聞是
已極大踊悅而問臣言為是自知有人教汝
賴汝大智國土獲安既得珎寶又許擁護是
汝之力臣荅王言非臣之智願施無畏乃敢
[illegible]

BD15291 號　雜寶藏經卷一　（11–1）

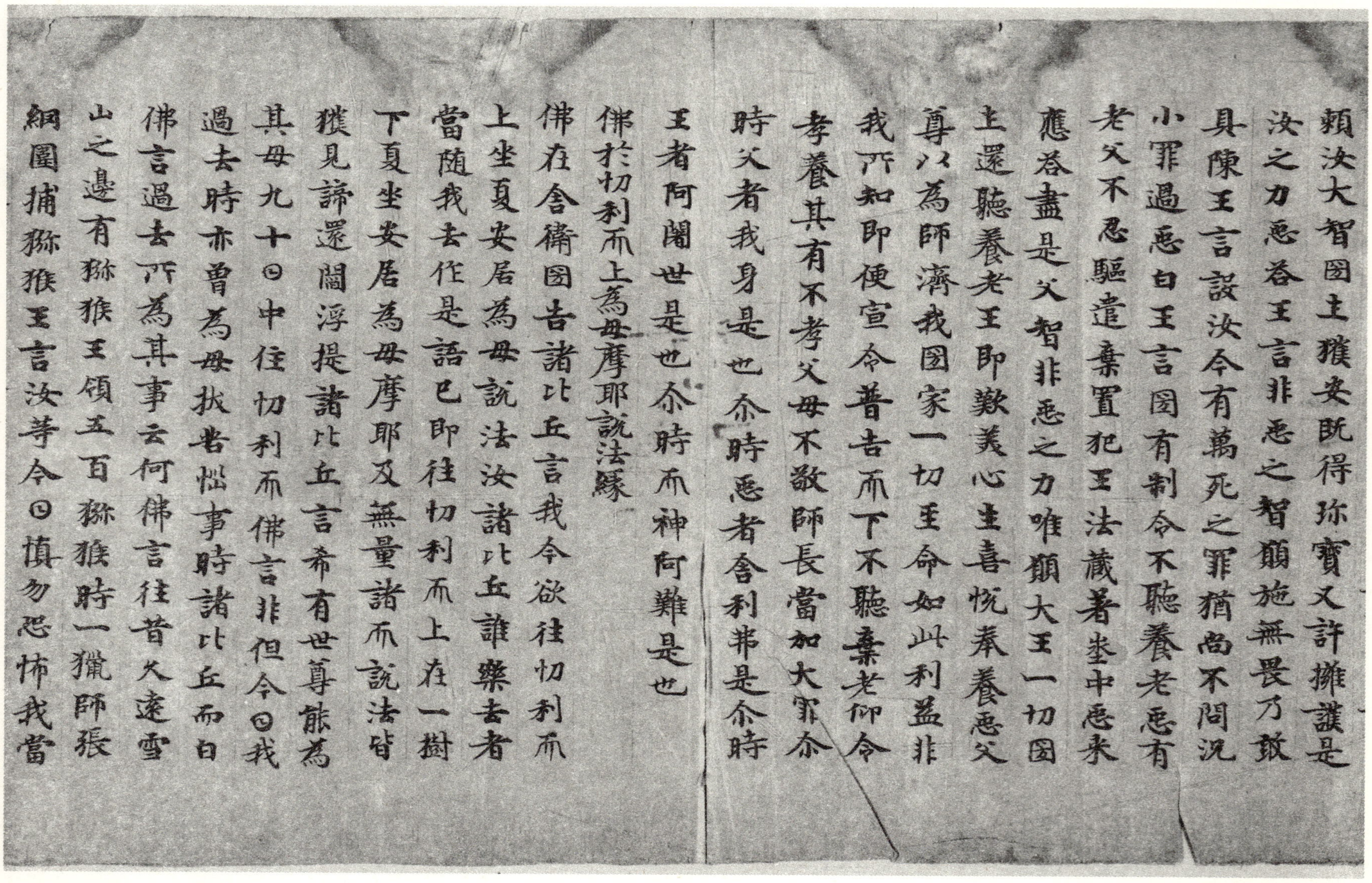

賴汝大智國土獲安既得珎寶又許擁護是
汝之力臣荅王言非臣之智願施無畏乃敢
具陳王言設汝今有萬死之罪猶尚不問況
小罪過臣白王言國有制令不聽養老臣有
老父不忍驅遣棄置犯王法藏著地中臣來
應荅盡是父智非臣之力唯願大王一切國
土還聽養老王即歎美心生喜悅奉養臣父
尊以為師濟我國家一切人命如此利益非
我所知即便宣令普告天下不聽棄老仰令
孝養其有不孝父母不敬師長當加大罪尒
時父者我身是也尒時臣者舍利弗是尒時
王者阿闍世是也尒時天神阿難是也
佛於忉利天上為母摩耶說法緣
佛在舍衛國告諸比丘言我今欲往忉利天
上坐夏安居為母說法汝諸比丘誰樂去者
當隨我去作是語已即往忉利天上在一樹
下夏坐安居為母摩耶及無量諸天說法皆
獲見諦還閻浮提諸比丘言希有世尊能為
其母九十日中住忉利天佛言非但今日我
過去時亦曾為母拔苦惱事時諸比丘而白
佛言過去所為其事云何佛言往昔久遠雪
山之邊有獼猴王領五百獼猴時一獵師張
網圍捕獼猴王言汝等今日慎勿恐怖我當

BD15291 號　雜寶藏經卷一　（11–2）

山之邊有獼猴王領五百獼猴時一獵師張
網圍捕獼猴王言汝等今日慎勿恐怖我當
為汝破壞彼網汝諸獼猴悉隨我出即時破
网皆得解脫有一老獼猴擔兒腳跌墮於深
坑獼猴王覓母不知所在見一深坑往到邊
看見母在下語諸獼猴各自厲力共我出母
時諸獼猴手相捉尾乃至坑下挽母得出離
於苦難況我今日拔母苦難尒時拔免深坑
之難今復拔母三惡道難佛告諸比丘拔濟
父母有大功德我由拔母世世無難自致成
佛以是義故諸比丘等各應孝順供養父母
佛說往昔母迦旦遮羅緣
佛時遊行到居何羅國便於中路一樹下坐
有一老母名迦旦遮羅繫屬於主井上汲水
佛語阿難往索水來阿難承佛勅即往索水
尒時老母聞佛索水自擔罐往既到佛所放
罐著地直往抱佛阿難欲遮佛言莫遮此老
母者五百身中曾為我母愛心未盡是以抱
我若當遮者沸血從面門出而即命終既得
抱佛嗚其手足在一面立佛語阿難往喚其
主其主來至頭面礼佛却住而立佛語主言
放此老母使得出家若出家者當得羅漢主
便即放佛告阿難付波闍波提比丘尼使度

BD15291號　雜寶藏經卷一　（11-3）

主其主來至頭面礼佛却住而立佛語主言
放此老母使得出家若出家者當得羅漢主
便即放佛告阿難付波闍波提比丘尼使度
出家不久即得阿羅漢道比丘尼中善解契
經宜為第一諸比丘疑怪白佛言世尊以何
因緣繫屬於他復以何緣得阿羅漢佛言迦
葉佛時出家學道以是因故得阿羅漢當於
尒時為徒衆主罵諸賢聖尼為婢以此因
緣今屬於他五百身中恒為我母慳貪嫉妒
遮我布施以是因緣常生貧賤非但今日拔
其貧賤諸比丘言不審於過去世拔濟貧賤
其事云何佛言過去世時波羅柰國有一貧
家母子共活兒恒庸作以供養母得少錢財
且支旦夕尒時其子即白母言我今欲與諸
賈客等遠行商估其母然可於是發去兒發
去後賊來破家劫掠錢財并驅老母異處出
賣兒既來還推覓其母即知處所多賫錢財
贖其母取即於本國而為生活資財滿足倍
勝於前尒時母者今迦旦遮羅是尒時兒者
我身是也我當尒時以拔母苦
慈童女緣
昔佛在王舍城告諸比丘於父母所少作供
養獲福無量少作不順獲罪無量諸比丘白
佛言世尊罪福之報其事云何佛言我於過

BD15291號　雜寶藏經卷一　（11-4）

養獲福無量少作不順獲罪無量諸比丘白
佛言世尊罪福之報其事云何佛言我於過
去久遠世時波羅柰國有長者子名慈童女
其父早喪錢財用盡假力賣薪日得兩錢奉
養老母方計轉勝日得四錢以供於母遂復
漸差日得八錢供養於母轉為衆主之所體
信遠近投趣獲利轉多日十六錢奉給於母
衆主見其聰明福德而勸之言汝父在時常
入海採寶汝今何為不入海也聞是語已而
白母言我父在時恒作何業母言汝父在時
入海取寶便白母言我父若當入海採寶我
今何故不復入海母見其子慈仁孝順謂不
能去戲語之言汝亦可去得母此語謂呼已
定便計伴侶欲入海去莊嚴既竟辭母欲去
母即語言我唯一子當待我死何由放汝兒
答母言先若不許不敢去意母已許我那得
復遮望以此身立信而死許他已定不復得
住母見子意去前抱脚哭而作是言不待我
死何由得去兒便決意自掣手出脚絕母數
十根髮母畏兒得罪即放使去共諸商賈遂
入於海達到寶渚多取珎寶與諸同伴便還
發引時有二道一是水道一是陸道衆主皆
言從陸道去即從陸道時彼國法賊來劫奪
若得商主諸商主物皆入於賊不得商主雖

BD15291號　雜寶藏經卷一　（11–5）

言從陸道去即從陸道時彼國法賊來劫奪
若得商主諸商主物皆入於賊不得商主雖
獲財物商主來還盡歸財物以是之故是慈
童女恒出營別宿商主早起來迎取之一夜
大風商主卒起忘不迎取商主於後即不得
伴不識途徑見有一山便往至上遙見有城
紺瑠璃色飢渴困之疾走向之尒時城中有
四玉女擎如意寶珠作倡伎樂而共來迎四
萬歲中受大快樂於是自然厭離心生便欲
捨去諸玉女言閻浮提主甚無反復共我生
活經四萬歲云何一旦捨我而去不顧其言
便復前行見頗梨城有八玉女擎八如意珠
亦作伎樂而來迎之八萬歲中極大歡樂生
厭惡心復捨遠去至白銀城有十六玉女擎
十六如意珠如前來迎十六萬歲受大快樂
亦復捨去至黃金城有卅二玉女擎卅二如
意珠如前來迎又卅二萬歲受大快樂亦欲
捨去諸玉女言汝前後所住常得好處自此
已去更無好處不如即住聞是語已而自念
言諸玉女等戀慕我故作是語耳若當前進
必有好處即便捨去遙見鐵城心生疑怪而
作是念言外雖是鐵內為極好漸漸前進並
近於城亦無玉女來迎之者復作念言城中

BD15291號　雜寶藏經卷一　（11–6）

作是念言外雖是鐵內為極好漸漸前進並
近於城亦無玉女來迎之者復作念言城中
甚似極大快樂是故不及來迎於我轉轉前
進遂入鐵城門閉已下中有一𤯔頭戴火輪
捨此火輪著於童女頭上即便出去慈童女
問獄卒言我戴此輪何時可脫荅言世間有
𤯔作其罪福如汝所作入海採寶經歷諸城
又近如汝然後當來代汝受罪此鐵輪者終
不墮埊慈童女問言我作何福復作何罪荅
言汝昔於閻浮提𡆠以二錢供養於母故得
瑠璃城四如意珠及四玉女四萬歲中受其
快樂四錢供養母故得頗梨城八如意珠八
玉女等八萬歲中受諸快樂八錢供養母故
得白銀城十六如意珠十六玉女十六萬歲
受快樂十六錢供養母故得黃金城三十
二如意珠三十二玉女卌二萬歲受大快樂
以絕母髮故今得戴鐵大輪不曾墮埊有𤯔
代汝乃可得脫又問言今此獄中頗有受罪
如我比不荅言百千無量不可稱計聞是語
已即自思惟我歸不免願使一切應受苦者
盡集我身作是念已鐵輪即墮埊慈童女語
獄卒言汝道此輪不曾有墮今何以墮獄卒
瞋忿即以鐵叉打童女頭尋便命終生兜術
陁天欲知尒時慈童女者即我身是諸比丘

BD15291號　雜寶藏經卷一　　(11–7)

盡集我身作是念已鐵輪即墮埊慈童女語
獄卒言汝道此輪不曾有墮今何以墮獄卒
瞋忿即以鐵叉打童女頭尋便命終生兜術
陁天欲知尒時慈童女者即我身是諸比丘
當知於父母所少作不善獲大苦報少作供
養得福無量當作是學應勤盡心奉養父母
蓮華夫𤯔緣
佛在舍衛圀告諸比丘若於父母若復於佛
及弟子所起瞋恚心此𤯔為墮黑繩埊獄受
苦無量無有邊際諸比丘問佛言世尊敬重
父母若於父母不生敬重作少不善其事云
何佛言過去久遠無量世時雪山邊有一仙
𤯔名提婆延是婆羅門種婆羅門法不生男
女不得生天此婆羅門常石上小行便有精
氣流墮石宕有一雌鹿來舐小便處即便有
身𡆠𠥱滿足來詣仙𤯔窟下生一女子華裹
其身從母胎出端正殊妙仙𤯔知是己女便
取畜養漸漸長大既能行來脚蹈埊處皆蓮
華出婆羅門法夜恒宿火偶值一夜火滅無
有走至他家欲從乞火他𤯔見其跡跡有蓮
華而便語言遶我舍七迊我與汝火即遶七
迊得火還歸值烏提延王遊獵見彼𤯔舍有
七重蓮華恠而問之尒舍所以有此蓮華即
荅王言山中梵志女來乞火彼女足下生此

BD15291號　雜寶藏經卷一　　(11–8)

迺得大還歸值烏提延王遊獵見彼仙人舍有
七重蓮華佐而問之尒舍所以有此蓮華即
答王言山中梵志女来乞火彼女足下生此
蓮華尋其脚跡到仙人所王見是女端正殊
妙語仙人言與我此女便即與之而語王言
當生五百王子遂立為夫人五百綵女中最
為上首王大夫人甚妬庶女而作是言王今
愛重若生五百子倍當敬之其後不久生五
百卵盛著篋中時大夫人捉五百麵段以代
卵處即以此篋封蓋記識擲恒河中王問夫
人言為生何物答言純生麵段王言仙人妄
語即下夫人職更不見王時薩耽菩王在於
下流與諸綵女遊戲河邊見此篋来而作是
言此篋屬我諸綵女言王今取篋我等當取
篋中所有遣人取篋五百夫人各與一卵卵
自開敷中有童子面目端正養育長大各皆
有大力士之力豎五百力士幢烏提延王從
薩耽菩王常索貢獻薩耽菩王聞索貢獻愁
憂不樂諸子白言何以愁惱王言念我處世
為他所凌諸子問言為誰所凌王言烏提延
王而常隨我責索貢獻諸子白言一切閻浮
提王欲索貢獻我等能使貢獻於王王以何
故與他貢獻五百力士遂將軍衆伐烏提延
王烏提延王恐怖而言一力士尚不可當何

BD15291 號　雜寶藏經卷一　（11-9）

王而常隨我責索貢獻諸子白言一切閻浮
提王欲索貢獻我等能使貢獻於王王以何
故與他貢獻五百力士遂將軍衆伐烏提延
王烏提延王恐怖而言一力士尚不可當何
況五百力士便募國中能却此敵又復思憶
彼仙人者或能解知作諸方便往到仙人所
語仙人言國有大難何由攘却答言有怨敵
也王言薩耽菩王有五百力士皆將軍衆欲
来伐我我今乃至無是力士與彼作對知何
方計得却彼敵仙人答言汝可還求蓮華夫
人彼能却敵王言彼云何能却仙人答言此
五百力士皆是汝子蓮華夫人之所生也汝
大夫人心懷憎嫉擲彼蓮華所生之子著河
水中薩耽菩王於河水下頭接得養育使令
長大王今以蓮華夫人乘大象上著軍陣前
彼自然當服即如仙人言還来懺謝蓮華夫
人共懺謝已莊嚴夫人著好衣服乘大白象
著軍陣前五百力士舉弓欲射手自然直不
得屈申生大驚愕仙人飛来於虛空中語諸
力士慎勿舉手莫生惡心若生惡心皆墮地
獄此王及夫人汝之父母母即搆乳一乳作二
百五十岐皆入諸子口中即向父母懺悔
自生慚愧皆得辟支佛二王亦自然開悟亦
得辟支佛尒時仙人我身是我於尒時遮彼

BD15291 號　雜寶藏經卷一　（11-10）

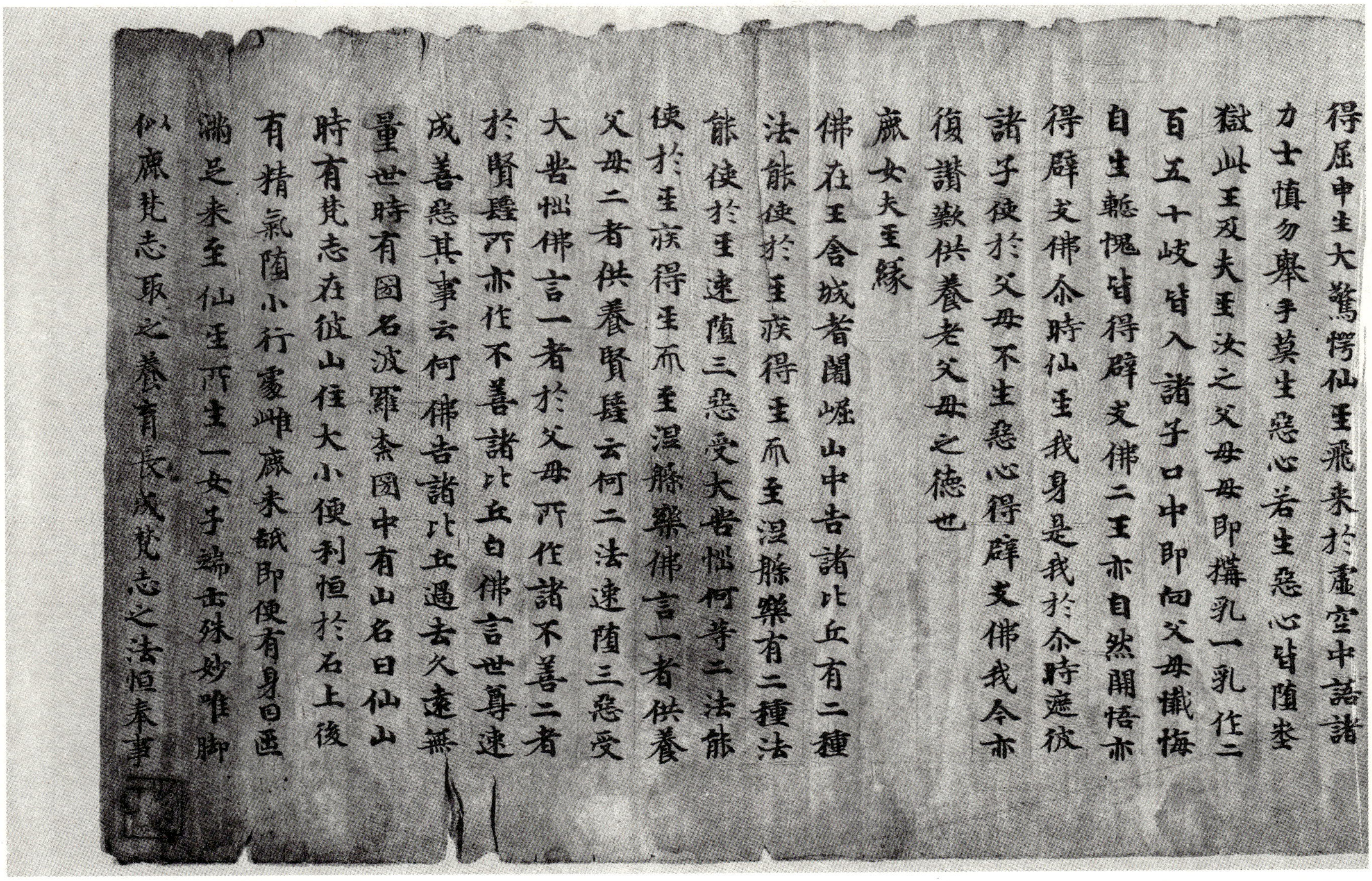

得屈申生大驚愕仙王飛來於虛空中語諸
力士慎勿舉手莫生惡心若生惡心皆墮地
獄山王及夫王汝之父母母即攥乳一乳作二
百五十岐皆入諸子口中即向父母懺悔
自生慚愧皆得辟支佛二王亦自然開悟亦
得辟支佛尒時仙王我身是我於尒時遮彼
諸子使於父母不生惡心得辟支佛我今亦
復讚歎供養老父母之德也
鹿女夫王緣
佛在王舍城耆闍崛山中告諸比丘有二種
法能使於王疾得王而至涅槃樂有二種法
能使於王速墮三惡受大苦惱何等二法能
使於王疾得王而至涅槃樂佛言一者供養
父母二者供養賢聖云何二法速墮三惡受
大苦惱佛言一者於父母所作諸不善二者
於賢聖所亦作不善諸比丘白佛言世尊速
成善惡其事云何佛告諸比丘過去久遠無
量世時有國名波羅㮈國中有山名曰仙山
時有梵志在彼山住大小便利恒於石上後
有精氣墮小行處雌鹿來舐即便有身日滿
滿足來至仙王所生一女子端正殊妙唯脚
似鹿梵志取之養育長成梵志之法恒奉事

BD15291 號　雜寶藏經卷一　（11–11）

BD15291 號背　勘記　（2–1）

BD15291 號背　勘記　　（2–2）

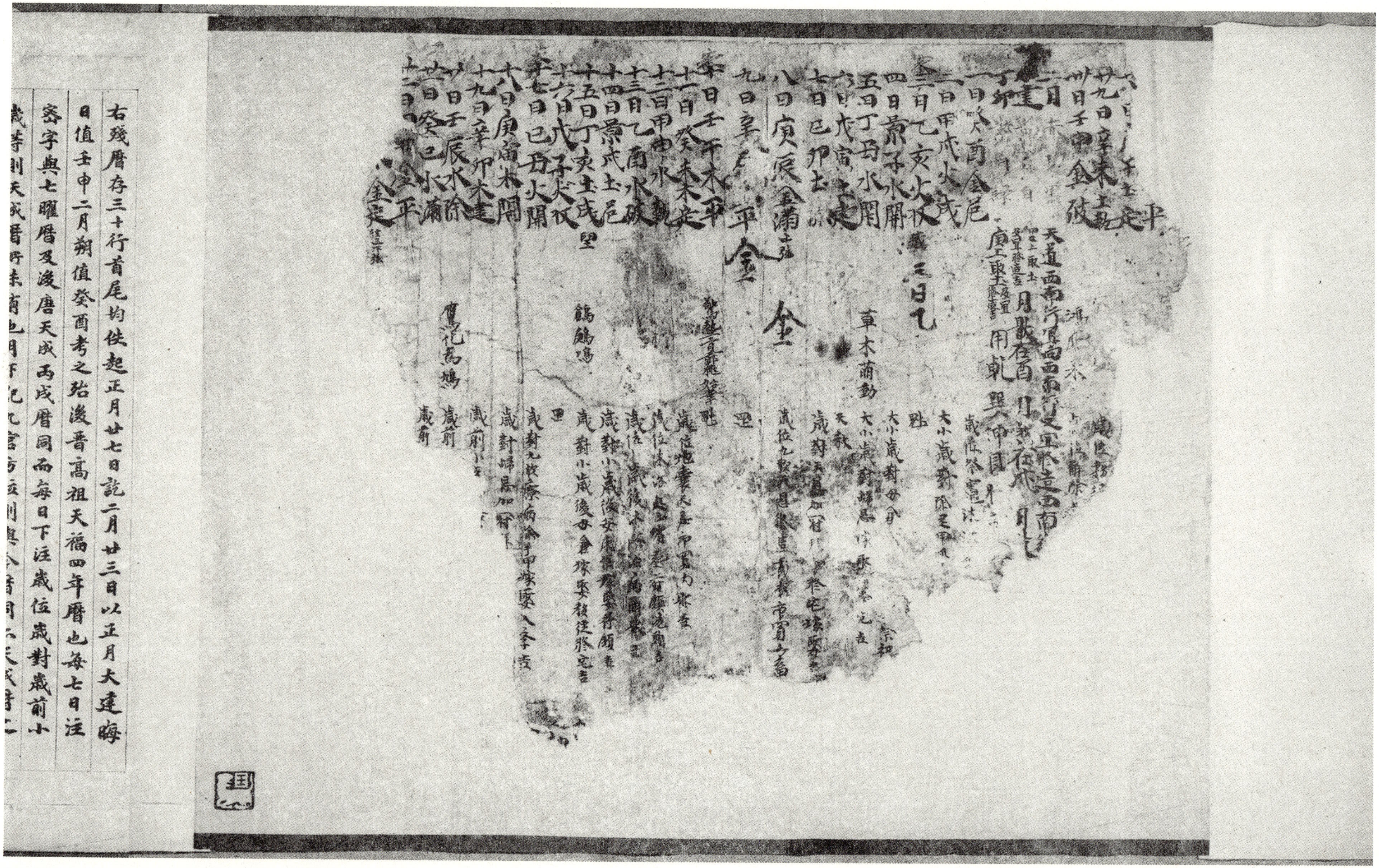

BD15292號　後晉天福四年（939）具注曆日（擬）　（2–1）

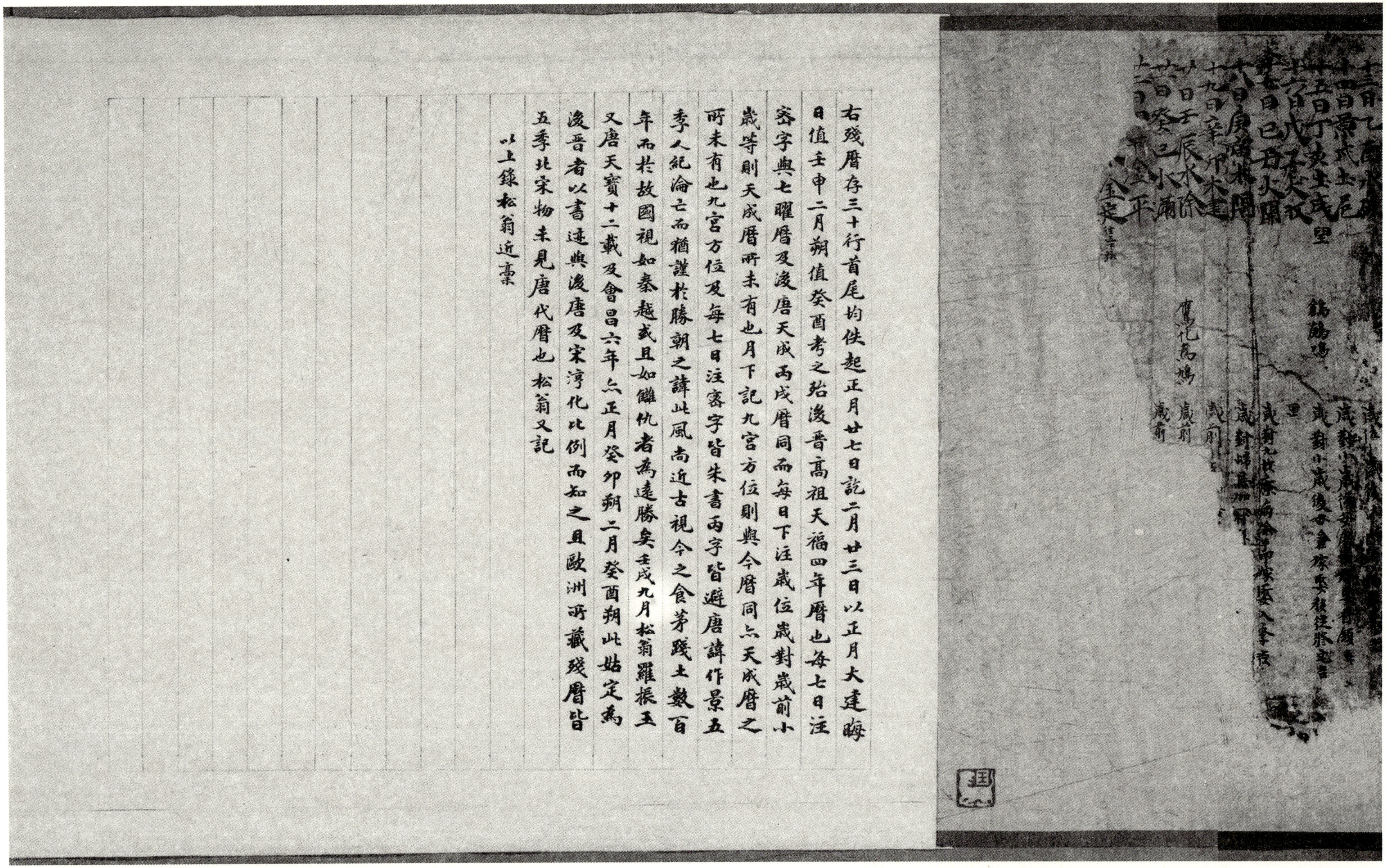

右殘曆存三十行首尾均佚起正月廿七日訖二月廿三日以正月大建晦
日值壬申二月朔值癸酉考之殆後晉高祖天福四年曆也每七日注
密字與七曜曆及後唐天成丙戌曆同而每日下注歲位歲對歲前小
歲等則天成曆所未有也月下記九宮方位則與今曆同亦天成曆之
所未有也九宮方位及每七日注密字皆朱書丙字皆避唐諱作景五
季人紀淪亡而猶謹於勝朝之諱此風尚近古視今之食茅賤土數百
年而於故國視如秦越或且如雠仇者為遠勝矣壬戌九月松翁羅振玉
又唐天寶十二載及會昌六年亦正月癸卯朔二月癸酉朔此姑定為
後晉者以書迹與後唐及宋淳化比例而知之且歐洲所藏殘曆皆
五季北宋物未見唐代曆也 松翁又記
以上錄松翁近稾

BD15292號　後晉天福四年（939）具注曆日（擬）　（2–2）

大般涅槃經聖行品之二　十二
復次善男子菩薩摩訶薩聖行者觀察是身
從頭至足其中唯有髮毛爪齒不淨垢穢皮
肉筋骨脾腎心肺肝膽腸胃生熟二藏大小
便利涕唾目淚肪膏腦膜骨髓膿血腦胲諸
脉菩薩如是專念觀時誰有是我我為屬誰
住在何處誰屬於我復作是念骨是我邪離
骨是乎菩薩尒時除去皮肉唯觀白骨復作
是念是骨色相異所謂青黃白色鴿色如是
骨相亦復非我何以故我者亦非青黃白色
及以鴿色菩薩繫心作是觀時即得斷除一
切色欲復作是念如是骨者從因緣生依因
足跟以拄踝骨依因踝骨以拄膞骨依因膞
骨以拄膝骨依因膝骨以拄髀骨依因髀骨
以拄髖骨依因髖骨以拄膂骨依因膂骨以
拄脊骨依因脊骨以拄肋骨復因脊骨上拄

骨以拄膝骨依因膝骨以拄髀骨依因髀骨
以拄髖骨依因髖骨以拄膂骨依因膂骨以
拄脊骨依因脊骨以拄肋骨復因脊骨上拄
項骨依因項骨以拄頷骨依因頷骨以拄牙
齒上有髑髏復因項骨以拄膊骨依因膊骨
以拄臂骨依因臂骨以拄腕骨依因腕骨以
拄掌骨依因掌骨以拄指骨菩薩摩訶薩如
是觀時身所有骨一切分離得是觀已即斷
三欲一形貌欲二姿態欲三細觸欲菩薩摩
訶薩觀青骨時見此大地東西南北四維上
下悉皆青相如青色觀黃白鴿色亦復如是
菩薩摩訶薩作是觀時眉間即出青黃赤白
鴿等色光是菩薩於是一一諸光明中見有
佛像見已即問如此身者不淨因緣和合共
成云何而得坐起行住屈申俯仰視眴喘息
悲泣喜笑此中无主誰使之然作是問已光
中諸佛忽然不現復作是念或識是我故使
諸佛不為我說復觀是識次第生滅猶如流
水亦復非我復作是念若識非我出息入息
或能是我復作是念是入出息直是風也而
是風性乃是四大四大之中何者是我地性
非我水火風性亦復非我復作是念此身一
切悉无有我唯有心風因緣和合示現種種
所作事業譬如呪力幻術所作亦如箜篌隨

非我水火風性亦復非我復作是念此身一
切悉无有我唯有心風因緣和合示現種種
所作事業譬如呪力幻術所作亦如箜篌隨
意出聲是故此身如是不淨假衆因緣和合
共成而於何處生此貪欲若被罵辱復於何
處而生瞋恚而我此身卅六物不淨臭穢何
處當有受罵辱者若聞其罵即便思惟以何
音聲而見罵也一一音聲不能見罵若一不
能多亦不能以是義故不應生瞋若他來打
亦應思惟如是打者從何而生復作是念因
手刀杖及以我身故得名打我今何緣橫瞋
於他乃是我身自招此咎以我受是五陰身
故譬如因的則有箭中我身亦尒有身有打
我若不忍心則散亂心若散亂則失正念若
失正念則不能觀善不善義若不能觀善不
善義則行惡法惡法因緣則墮地獄畜生餓
鬼菩薩尒時作是觀已得四念處得四念處
已則得住於堪忍地中菩薩摩訶薩住是地
已則能堪忍貪欲恚癡亦能堪忍寒熱飢渴
蚊虻蚤虱暴風惡觸種種疾疫惡口罵詈撾
打楚撻身心苦惱一切能忍是故名為住堪
忍地迦葉菩薩摩訶薩白佛言世尊菩薩未
得住不動地淨持戒時頗有因緣得破戒不
善男子菩薩未得住不動地有因緣故可得

忍地迦葉菩薩摩訶薩白佛言世尊菩薩未
得住不動地淨持戒時頗有因緣得破戒不
善男子菩薩未得住不動地有因緣故可得
破戒迦葉敬諾何者是也佛言迦葉若有菩
薩知以破戒因緣則能令人受持愛樂大乘
經典及能令其讀誦通利書寫經卷廣為他
說不退轉於阿耨多羅三藐三菩提為如是
故故得破戒菩薩尒時應作是念我寧一劫
若減一劫墮於阿鼻地獄受罪要必當令如
是之人不退轉於阿耨多羅三藐三菩提迦
葉以是因緣菩薩摩訶薩得毀淨戒尒時文
殊師利菩薩摩訶薩白佛言世尊若有菩薩
攝取護持如是之人令不退於菩提之心為
是毀戒若墮阿鼻无有是處尒時佛讚文殊
師利善哉善哉如汝所說我念往昔於此閻
浮提作大國王名曰仙與愛念敬重大乘經
典其心純善无有麁惡嫉妬慳悋口常宣說
愛語善語身常攝護貧窮孤獨布施精進无
有休廢時世无佛聲聞緣覺我於尒時愛樂
大乘方等經典十二年中事婆羅門供給所
須過十二年施安已訖即作是言師等今應
發阿耨多羅三藐三菩提心婆羅門言大王
菩提之性是无所有大乘經典亦復如是大
王云何乃令人物同於虛空善男子我於尒
時心重大乘聞婆羅門誹謗方等聞已即時

菩提之性是无所有大乘經典亦復如是大
王云何乃令人物同於虛空善男子我於尒
時心重大乘聞婆羅門誹謗方等聞已即時
斷其命根善男子以是因緣從是已來不墮
地獄善男子擁護攝持大乘經典乃有如是
无量勢力復次迦葉又有聖行所謂四聖諦
苦集滅道迦葉苦者逼迮相集者能生長相
滅者寂滅相道者大乘相復次善男子苦者
現相集者轉相滅者除相道者能除相復次
善男子苦者有三相苦苦相行苦相壞苦相
集者廿五有滅者滅廿五有道者脩戒定慧
復次善男子有漏法者有二種有因有果无
漏法者亦有二種有因有果有漏果者是則
名苦有漏因者則名為集无漏果者則名為
滅无漏因者則名為道復次善男子八相名
苦所謂生苦老苦病苦死苦愛別離苦怨憎
會苦求不得苦五盛陰苦能生如是八苦法
者是名為因无有如是八法之處是名為滅
十力四无所畏三念處大悲是名為道善男
子生者出相所謂五種一者初出二者至終
三者增長四者出胎五種類生何等為老老
有二種一念念老二終身老復有二種一增
長老二滅壞老是名為老云何為病病謂四
大毒虵互不調適亦有二種一者身病二者

BD15293號　大般涅槃經（北本）卷一二　（23–5）

有二種一念念老二終身老復有二種一增
長老二滅壞老是名為老云何為病病謂四
大毒虵互不調適亦有二種一者身病二者
心病身病有五一者因水二者因風三者因
熱四者雜病五者客病客病有四一者非分
強作二者忘誤墮落三者刀杖瓦石四者鬼
魅所著心病亦有四種一者踊躍二者恐怖
三者憂愁四者愚癡復次善男子身心之病
凡有三種何等為三一者業報二者不得遠
離惡對三者時節代謝生如是等因緣名字
受分別病因緣者風等諸病名字者心悶肺
脹上氣欬逆心驚下利受分別者頭痛目痛
手足等痛是名為病何等為死死者捨所受
身捨所受身亦有二種一命盡死二外緣死
命盡死者亦有三種一者命盡非是福盡二
者福盡非是命盡三者福命俱盡外緣死者
復有三種一者非分自害死二者橫為他死
三者俱死又有三種死一放逸死二破戒死
三壞命根死何等名為放逸死也若有誹謗
大乘方等般若波羅蜜是名放逸死何等名
為破戒死也毀犯去來現在諸佛所制禁戒
是名破戒死何等名為壞命根死捨五陰身
是名壞命根死如是名曰死為大苦何等名
為愛別離苦所愛之物破壞離散所愛之物

BD15293號　大般涅槃經（北本）卷一二　（23–6）

是名壞命根死如是名曰死為大苦何等名
為愛別離苦所愛之物破壞離散所愛之物
破壞離散亦有二種一者人中五陰壞二者
天中五陰壞如是人天所愛五陰分別校計
有无量種是名愛別離苦何等名為怨憎會
苦所不愛者而共聚集所不愛者而共聚集
復有三種所謂地獄餓鬼畜生如是三趣分
別校計有无量種如是則名怨憎會苦何等
名為求不得苦求不得苦復有二種一者所
希望處求不能得二者多役功力不得果報
如是則名求不得苦何等名為五盛陰苦五
盛陰苦者生苦老苦病苦死苦愛別離苦怨
憎會苦求不得苦是故名為五盛陰苦迦葉
生之根本凡有如是七種之苦老苦乃至五
盛陰苦迦葉夫衰老者非一切有佛及諸天
一向定无人中不定或有或无迦葉三界受
身无不有生老不必定是故一切生為根本
迦葉世間衆生顛倒覆心貪著生相厭患老
死迦葉菩薩不尒觀其初生已見過患迦葉
如有女人入於他舍是女端正顔貌瓌麗以
好瓔珞莊嚴其身主人見已即便問言汝字
何等繫屬於誰女人荅言我身即是功德大
天主人問言汝所至處為何所作女天荅言
我所至處能與種種金銀瑠璃頗梨真珠珊瑚

BD15293號　大般涅槃經（北本）卷一二　（23-7）

何等繫屬於誰女人荅言我身即是功德大
天主人問言汝所至處為何所作女天荅言
我所至處能與種種金銀瑠璃頗梨真珠珊瑚
虎珀車𤦲馬瑙象馬車乘奴婢僕使主人聞
已心生歡喜踊躍无量我今福德故令汝來
至我舍宅即便燒香散華供養恭敬礼拜復
於門外更見一女其形醜陋衣裳弊壞多諸
垢膩膚皮皴裂其色艾白見已問言汝字何
等繫屬誰家女人荅言我字黑闇復問何故
名為黑闇女人荅言我所行處能令其家所
有財寶一切衰耗主人聞已即持利刀作如
是言汝若不去當斷汝命女人荅言汝甚愚
癡无有智慧主人問言云何名為癡无智慧
女人荅言汝舍中者即是我姊我常與姊進
止共俱汝若駈我亦當駈彼主人還入問功
德天外有一女云是汝妹實為是不功德天
言實是我妹我與此妹行住共俱未曾相離
隨所住處我常作好彼常作惡我常利益彼
常作衰若愛我者亦應愛彼若見恭敬亦應
敬彼主人即言若有如是好惡事者我俱不
用各隨意去是時二女俱共相將還其所止
尒時主人見其還去心生歡喜踊躍无量是
時二女復共相隨至一貧家貧人見已心生
歡喜即請之言從今已去願汝二人常住我

BD15293號　大般涅槃經（北本）卷一二　（23-8）

尒時主人見其還去心生歡喜踊躍无量是
時二女復共相隨至一貧家貧人見已心生
歡喜即請之言從今已去願汝二人常住我
家功德天言我等先已為他所駈汝復何緣
俱請我住貧人荅言汝今念我我以汝故復
當敬彼是故俱請令住我家迦葉菩薩摩訶
薩亦復如是不願生天以生當有老病死故
是以俱棄曾无愛心凡夫愚人不知老病死
等過患是故貪受生死二法復次迦葉如婆
羅門幼稚童子為飢所逼見人糞中有菴羅
果即便取之有智見已呵責之言汝婆羅門
種姓清淨何故取是糞中穢果童子聞已赧
然有愧即荅之言我實不食為欲洗淨還棄
捨之智者聞言汝大愚癡若還棄者本不應
取善男子菩薩摩訶薩亦復如是於此生分
不受不捨如彼智者呵責童子凡夫之人欣
生惡死如彼童子取果還棄復次迦葉譬如
四衢道頭有人器盛滿食色香味具而欲賣
之有人遠來飢虛羸乏見其飯食色香味具
即指之言此是何物食主荅言此是上食色
香味具若食此食得色得力能除飢渴得見
諸天唯有一患所謂命終是人聞已即作是
念我今不用色力見天亦不用死即作是言
食是食已若命終者汝今何用於此賣之食

BD15293號　大般涅槃經(北本)卷一二　(23–9)

念我今不用色力見天亦不用死即作是言
食是食已若命終者汝今何用於此賣之食
主荅言有智之人終不肯買唯有愚人不知
是事多與我價貪而食之善男子菩薩摩訶
薩亦復如是不願生天得色得力見於諸天
何以故以其不免諸苦惱故凡夫愚癡隨有
生處皆悉貪受以其不見老病死故復次善
男子譬如毒樹根亦能殺莖亦能殺皮花果
實悉亦能殺善男子廿五有受生之處所受
五陰亦復如是一切能殺復次迦葉譬如糞
穢多少俱臭善男子生亦如是設壽八万下
至十歲俱亦受苦復次迦葉譬如嶮坑上有
草覆於彼岸邊多有甘露若有食者壽天千
年永除諸病安隱快樂凡夫愚人貪其味故
不知其下有大深坑即前欲取不覺脚跌墮
坑而死智者知已捨離遠去善男子菩薩摩
訶薩亦復如是尚不欲受天上妙食況復人
中凡夫之人乃於地獄吞噉鐵丸況復人天
上妙餚饌而能不食迦葉以如是喻及餘无
量无邊譬喻當知是生實為大苦迦葉是名
菩薩摩訶薩住於大乘大涅槃經觀於生苦
迦葉云何菩薩摩訶薩於是大乘大涅槃經
觀於老苦老者能為欬逆上氣能壞勇力憶
念進持盛年快樂憍慢貢高安隱自恣能作

BD15293號　大般涅槃經(北本)卷一二　(23–10)

觀於老苦老者能為欬逆上氣能壞勇力憶
念進持盛年快樂憍慢貢高安隱自恣能作
背傴懈怠嬾惰為他所輕迦葉譬如池水蓮
華滿中開敷鮮榮甚可愛樂值天降雹悉皆
破壞善男子老亦如是悉能破壞盛壯好色
復次迦葉譬如國王有一智臣善知兵法有
敵國王拒逆不順王遣此臣往討伐之即便
擒獲將來詣王老亦如是擒獲壯色將付死
王復次迦葉譬如折軸无所復用老亦如是
无所復用復次迦葉如大富家多有財寶金
銀琉璃珊瑚虎珀車𤦲馬瑙有諸怨賊若入
其家即能劫奪悉令空盡善男子盛年好色
亦復如是常為老賊之所劫奪復次迦葉譬
如貧人貪著上饍細軟衣裳雖復希望而不
能得善男子老亦如是雖有貪心欲受富樂
五欲自恣而不能得復次迦葉如陸地龜心
常念水善男子人亦如是既為衰老之所乾
枯心常憶念壯時所受五欲之樂復次迦葉
猶如秋月所有蓮華皆為一切之所樂見及
其萎黃人所惡賤善男子盛年壯色亦復如
是悉為一切之所愛樂及其老至衆所惡賤
復次迦葉譬如甘蔗既被押已滓无復味善
男子壯年盛色亦復如是既被老壓无三種
味一出家味二讀誦味三坐禪味復次迦葉

BD15293號　大般涅槃經（北本）卷一二　（23–11）

男子壯年盛色亦復如是既被老壓无三種
味一出家味二讀誦味三坐禪味復次迦葉
譬如滿月夜多光明晝則不尒善男子人亦
如是壯則端嚴形貌瓌瑋老則衰羸形神枯
悴復次迦葉譬如有王常以政法治於國土
直實无曲慈悲好施時為敵國之所破壞流
離逃迸遂至他土他土人民見已生於憐愍
之心咸作是言大王往日正法治國不枉万
姓如何一旦流離至此善男子人亦如是既
為衰老所壞敗已常讚壯時所行事業復次
迦葉譬如燈炷唯賴膏油膏油既盡勢不久
停善男子人亦如是唯賴壯膏壯膏既盡衰
老之炷何得久停復次迦葉譬如枯河不能
利益人及非人飛鳥走獸善男子人亦如是
為老所枯不能利益一切作業復次迦葉譬
如河岸臨峻之樹若遇暴風必當顛墮善男
子人亦如是臨老嶮岸死風既至勢不得住
復次迦葉如車軸折不任重載善男子老亦
如是不能諮受一切善法復次迦葉譬如嬰
兒為人所輕善男子老亦如是常為一切之
所輕毀迦葉以是等喻及餘无量无邊譬喻
當知是老實為大苦迦葉是名菩薩摩訶薩
脩行大乘大涅槃經觀於老苦迦葉云何菩
薩摩訶薩脩行大乘大涅槃經觀於病苦所

BD15293號　大般涅槃經（北本）卷一二　（23–12）

脩行大乘大涅槃經觀於老苦迦葉云何菩
薩摩訶薩脩行大乘大涅槃經觀於病苦所
謂病者能壞一切安隱樂事譬如雹雨傷壞
穀苗復次迦葉如人有怨心常憂愁而懷恐
怖善男子一切衆生亦復如是常畏病苦心
懷愁憂復次迦葉譬如有人形貌端正爲王
夫人欲心所愛遣信遍喚與共交通時王捕
得即時使人挑其一目截其一耳斷一手足
是人尒時形容改異人所惡賤善男子人亦
如是雖復身體耳目具足既爲病苦所纏逼
已則爲衆人之所惡賤復次迦葉如芭蕉樹
竹葦蘆騾有子則死善男子人亦如是有病
則死復次迦葉如轉輪王主兵大臣常在前
導王隨後行亦如魚王蟻王螺王牛王商主
在前行時如是諸衆悉皆隨從无捨離者善
男子死轉輪王亦復如是常隨病臣不相捨
離魚蟻蠡牛商主病王亦復如是常爲死衆
之所隨逐迦葉病因緣者所謂苦惱愁憂悲
歎身心不安或爲怨賊之所逼害破壞浮囊
發撤橋梁亦能劫奪正念根本復能破壞盛
壯好色力勢安樂除捨慙愧能爲身心燋熱
熾然以是等喻及餘无量无邊譬喻當知病
苦是爲大苦迦葉是名菩薩摩訶薩脩行大
乘大涅槃經觀於病苦迦葉云何菩薩摩訶

BD15293號　大般涅槃經（北本）卷一二　（23-13）

苦是爲大苦迦葉是名菩薩摩訶薩脩行大
乘大涅槃經觀於病苦迦葉云何菩薩摩訶
薩脩行大乘大涅槃經觀於死苦所謂死者
能燒滅故迦葉如火災起能燒一切唯除二
禪力不至故善男子死火亦尒能燒一切唯
除菩薩住於大乘大般涅槃勢不及故復次
迦葉如水災起一切漂沒唯除三禪力不至
故善男子死水亦尒漂沒一切唯除菩薩住
於大乘大般涅槃復次迦葉如風災起能吹
一切悉令散滅唯除四禪力不至故善男子
死風亦尒悉能吹滅一切所有唯除菩薩住
於大乘大般涅槃迦葉菩薩白佛言世尊彼
第四禪以何因緣風不能吹水不能漂火不
能燒佛告迦葉善男子彼第四禪內外過患
一切无故善男子初禪過患內有覺觀外有
大災二禪過患內有歡喜外有水災三禪過
患內有喘息外有風災善男子彼第四禪內
外過患一切俱无是故諸災不能及之善男
子菩薩摩訶薩亦復如是安住大乘大般涅
槃內外過患一切皆盡是故死王不能及之
復次善男子如金翅鳥能噉能消一切龍魚
金銀等寶唯除金剛不能令消善男子死金
翅鳥亦復如是能噉能消一切衆生唯不能
消住於大乘大般涅槃菩薩摩訶薩復次迦

BD15293號　大般涅槃經（北本）卷一二　（23-14）

金銀等寶唯除金剛不能令消善男子死金
翅鳥亦復如是能噉能消一切衆生唯不能
消住於大乘大般涅槃菩薩摩訶薩復次迦
葉譬如河岸所有草木大水暴漲悉隨漂流
入於大海唯除楊柳以其軟故善男子一切衆
生亦復如是悉皆隨流入于死海唯除菩薩
住於大乘大般涅槃復次迦葉如那羅延悉
能摧伏一切力士唯除大風何以故以无礙
故善男子死那羅延亦復如是悉能摧伏一
切衆生唯除菩薩住於大乘大般涅槃何以
故以无礙故復次迦葉譬如有人於怨憎中
詐現親善常相追逐如影隨形伺求其便而
欲殺之彼怨謹慎堅牢自備故使是人不能
得殺善男子死怨亦尒常伺衆生而欲殺之
唯不能殺住於大乘大般涅槃菩薩摩訶薩
何以故以是菩薩不放逸故復次迦葉譬如
卒降金剛暴雨悉壞藥木諸樹山林土沙瓦
石金銀瑠璃一切之物唯不能壞金剛真寶
善男子金剛死雨亦復如是悉能破壞一切
衆生唯除金剛菩薩住於大乘大般涅槃復
次迦葉如金翅鳥能噉諸龍唯不能噉受三
歸者善男子死金翅鳥亦復如是能噉一切
无量衆生唯除菩薩住三空者何謂三空
无相願復次迦葉如摩羅毒蛇凡所蛆螫雖

BD15293號　大般涅槃經（北本）卷一二　（23–15）

歸者善男子死金翅鳥亦復如是能噉一切
无量衆生唯除菩薩住三空者何謂三空
无相願復次迦葉如摩羅毒蛇凡所蛆螫雖
有良呪上妙好藥无如之何唯阿竭多星呪
能令除愈善男子死毒所螫亦復如是一切
醫方无如之何唯除菩薩住於大乘大涅槃
呪復次迦葉譬如有人為王所瞋其人若能
以軟善語貢上財寶便可得脫善男子死王
不尒雖以軟語錢財珎寶而貢上之亦不得
脫善男子夫死者於嶮難處无有資粮去處
懸遠而无伴侶晝夜常行不知邊際深邃幽
闇无有燈明入无門戶而有處所雖无痛處
不可療治往无遮止到不得脫无所破壞見
者愁毒非是惡色而令人怖敷在身邊不可
覺知迦葉以是等喻及餘无量无邊譬喻當
知是死真為大苦迦葉是名菩薩摩訶薩脩
行大乘大涅槃經觀於死苦迦葉云何菩薩
摩訶薩住於大乘大涅槃經觀愛別離苦愛
別離苦能為一切衆苦根本如說
因愛生憂　因愛生怖　若離於愛　何憂何怖
愛因緣故則生憂苦以憂苦故則令衆生生
於衰老愛別離者所謂命終善男子以別離
故能生種種微細諸苦今當為汝分別顯示
善男子過去之世人壽无量時世有王名為

BD15293號　大般涅槃經（北本）卷一二　（23–16）

故能生種種微細諸苦今當為汝分別顯示
善男子過去之世人壽无量時世有王名為
善住其王尒時為童子身太子治事及登王
位各八万四千歲時王頂上生一肉皰其皰
柔耎如兜羅綿細耎劫貝漸漸增長不以為
患足滿十月皰即開割生一童子其形端正
奇異少雙色象分明人中第一父王歡喜字
之頂生時善住王因以國事委付頂生棄捨
宮殿妻子眷屬入山學道滿八万四千歲尒
時頂生於十五日處在高樓沐浴受齋即於
東方有金輪寶其輪千輻轂輞具足非工匠
造自然成就而來應之頂生大王即作是念
我昔曾聞五通仙說若剎利王於十五日處
在高樓沐浴受齋若有金輪千輻不減轂輞
具足非工匠造自然成就而來應者當知是
王即當得作轉輪聖帝復作是念我今當試
即以左手擎此輪寶右執香爐右膝著地而
發誓言是金輪寶若實不虛應如過去轉輪
聖王所行道者作是誓已是金輪寶飛昇虛
空遍十方已還來住在頂生左手尒時頂生
心生歡喜踊躍无量復作是言我今定當作
轉輪聖王其後不久復有象寶狀貌端嚴如
白蓮華七支拄地頂生見已復作是念我昔
曾聞五通仙說若轉輪王於十五日處在高

轉輪聖王其後不久復有象寶狀貌端嚴如
白蓮華七支拄地頂生見已復作是念我昔
曾聞五通仙說若轉輪王於十五日處在高
樓沐浴受齋若有象寶狀貌端嚴如白蓮華
七枝拄地而來應者當知是王即是聖王復
作是念我今當試即擎香爐右膝著地而發
誓言是白象寶若實不虛應如過去轉輪聖
王所行道者作是誓已是白象寶從旦至夕
周遍八方盡大海際還住本處尒時頂生心
大歡喜踊躍无量復作是言我今定是轉輪
聖王其後不久次有馬寶其色紺焰髦尾金
色頂生見已復作是念我昔曾聞五通仙說
若轉輪王於十五日處在高樓沐浴受齋若
有馬寶其色紺焰髦尾金色而來應者當知
是王即是聖王復作是念我今當試即執香
爐右膝著地而發誓言是紺馬寶若實不虛
應如過去轉輪聖王所行道者作是誓已是
紺馬寶從旦至夕周遍八方盡大海際還住
本處尒時頂生心大歡喜踊躍无量復作是
言我今定是轉輪聖王其後不久復有女寶
形容端正微妙第一不長不短不白不黑身
諸毛孔出栴檀香口氣香潔如青蓮華其目
遠視見一由旬耳聞鼻齅亦復如是其舌廣
大出能覆面形色細薄如赤銅葉心聰叡哲

遠視見一由旬耳聞鼻齅亦復如是其舌廣
大出能覆面形色細薄如赤銅葉心聡叡哲
有大智慧於諸衆生常有軟語是女以手觸
王衣時即知王身安樂病患亦知王心所緣
之處尒時頂生復作是念若有女人能知王
心即是女寶其後不久於王宫内自然而有
寶摩尼珠純青瑠璃大如人脛能於闇中照
一由旬若天降雨渧如車軸是珠力能作蓋
遍覆之一由旬遮此大雨不令下過尒時頂
生復作是念若轉輪王得是寶珠必是聖王
其後不久有主藏臣自然而出多饒財寶巨
富无量庫藏盈溢无所乏少報得眼根力能
徹見一切地中所有伏藏隨王所念皆能辦
之尒時頂生復欲試之即共乘舡入於大海
告藏臣言我今欲得珎異之寶藏臣聞已即
以兩手撓大海水時十指頭出十寶藏以奉
聖王而白王言大王所須隨意用之其餘在
者當没大海尒時頂生心大歡喜踊躍无量
復作念言我今定是轉輪聖王其後不久有
主兵臣自然而出勇健猛略策謀第一善知
四兵若任闘者則現聖王若不任者退不令
見未摧伏者能令摧伏已摧伏者力能守護
尒時頂生復作是念若轉輪王得是兵寶當
知定是轉輪聖王尒時頂生轉輪聖帝告諸

BD15293號　大般涅槃經（北本）卷一二　（23-19）

尒時頂生復作是念若轉輪王得是兵寶當
知定是轉輪聖王尒時頂生轉輪聖帝告諸
大臣汝等當知此閻浮提安隱豐樂然我今
已七寶成就千子具足更何所為諸臣荅言
唯然大王東弗婆提猶未歸德王應往討尒
時聖王與其七寶一切營從飛空而往東弗
婆提彼土人民歡喜歸化復告大臣我閻浮
提及弗婆提安隱豐樂人民熾盛悉來歸化
七寶成就千子具足復何所為諸臣荅言唯
然大王西瞿陁尼猶未歸德尒時聖王復與
七寶一切營從飛空而往西瞿陁尼王既至
彼彼土人民亦復歸伏復告大臣我閻浮提
及弗婆提此瞿陁尼安隱豐樂人民熾盛咸
以歸化七寶成就千子具足復何所為諸臣
荅言唯然大王北欝單越猶未歸化尒時聖
王復與七寶一切營從飛空而往北欝單越
王既至彼彼土人民歡喜歸德復告大臣我
四天下安隱豐樂人民熾盛咸以歸德七寶
成就千子具足更何所為諸臣荅言唯然聖
王三十三天壽命極長安隱快樂彼天身形
端嚴无比所居宫殿牀榻卧具悉是七寶自
恃天福未來歸化今可往討令其摧伏尒時
聖王復與七寶一切營從飛騰虚空上忉利
天見有一樹其色青綠聖王見已即問大臣

BD15293號　大般涅槃經（北本）卷一二　（23-20）

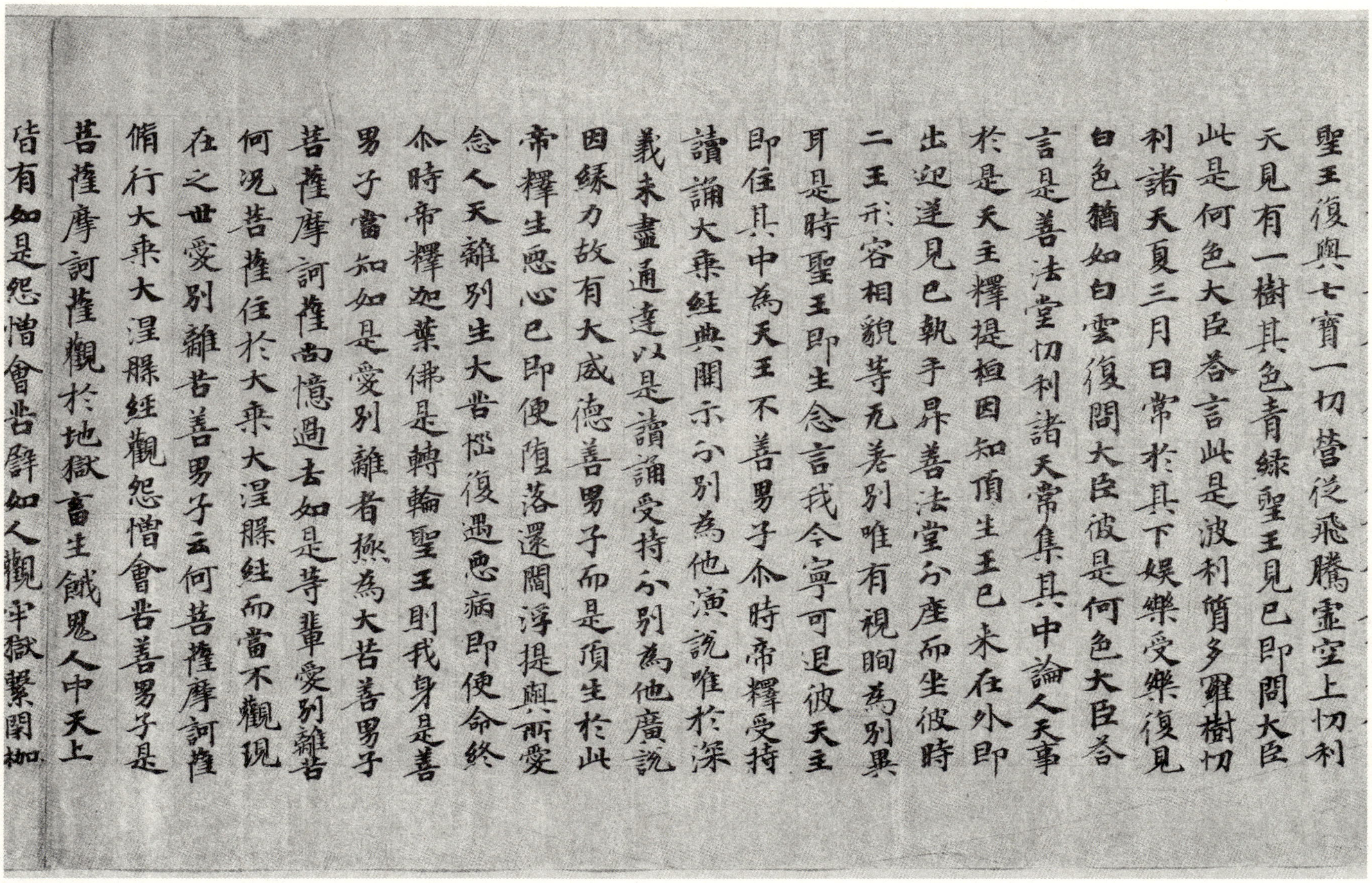

聖王復與七寶一切營從飛騰虛空上忉利
天見有一樹其色青綠聖王見已即問大臣
此是何色大臣荅言此是波利質多羅樹忉
利諸天夏三月日常於其下娛樂受樂復見
白色猶如白雲復問大臣彼是何色大臣荅
言是善法堂忉利諸天常集其中論人天事
於是天主釋提桓因知頂生王已來在外即
出迎逆見已執手昇善法堂分座而坐彼時
二王形容相貌等无差別唯有視眴為別異
耳是時聖王即生念言我今寧可退彼天主
即住其中為天王不善男子尒時帝釋受持
讀誦大乘經典開示分別為他演說唯於深
義未盡通達以是讀誦受持分別為他廣說
因緣力故有大威德善男子而是頂生於此
帝釋生惡心已即便墮落還閻浮提與所愛
念人天離別生大苦惱復遇惡病即便命終
尒時帝釋迦葉佛是轉輪聖王則我身是善
男子當知如是愛別離者𢢔為大苦善男子
菩薩摩訶薩尚憶過去如是等輩愛別離苦
何況菩薩住於大乘大涅槃經而當不觀現
在之世愛別離苦善男子云何菩薩摩訶薩
脩行大乘大涅槃經觀怨憎會苦善男子是
菩薩摩訶薩觀於地獄畜生餓鬼人中天上
皆有如是怨憎會苦譬如人觀牢獄繫閉枷

BD15293號　大般涅槃經（北本）卷一二　（23–21）

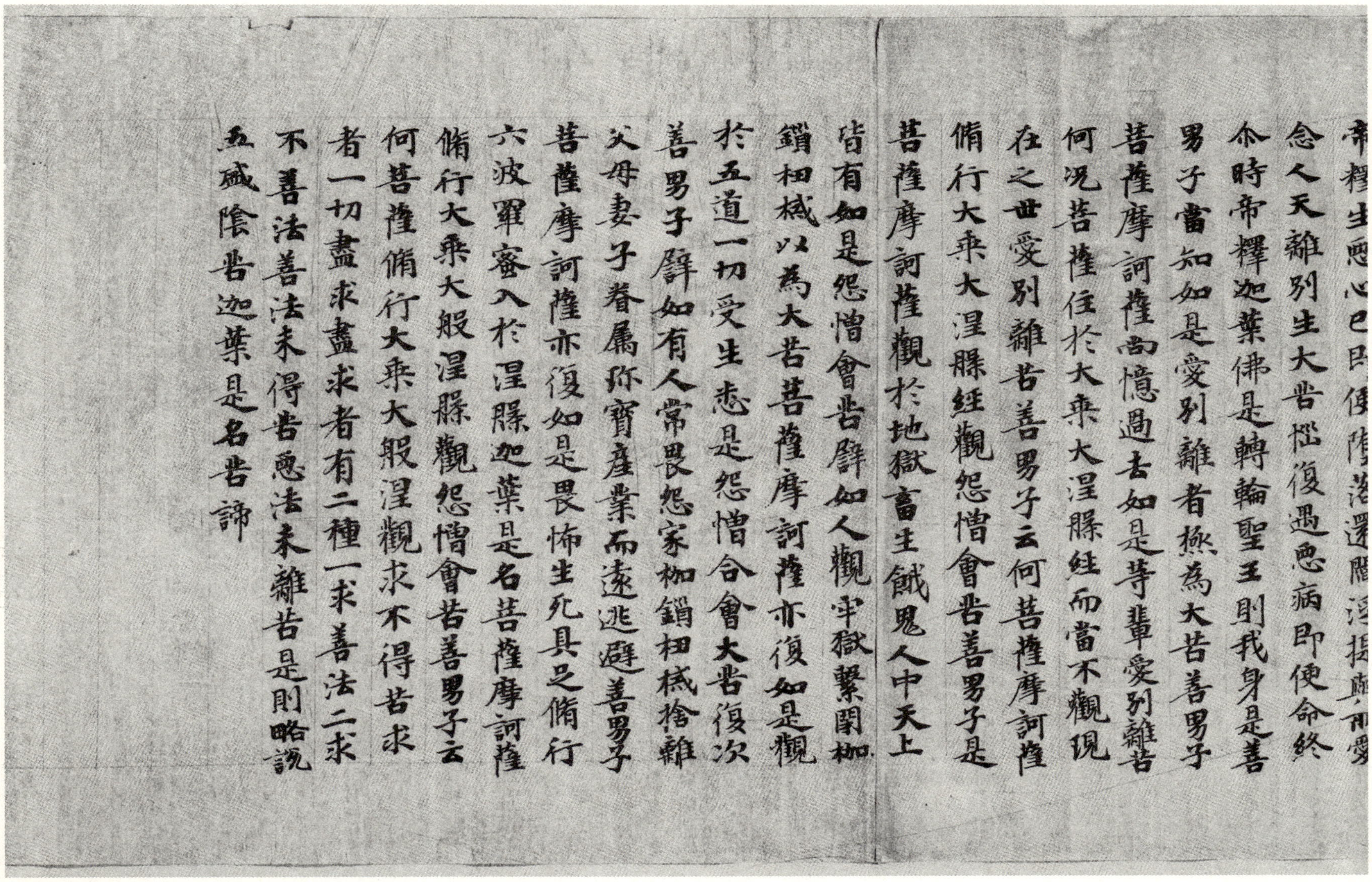

帝釋生惡心已即便墮落還閻浮提與所愛
念人天離別生大苦惱復遇惡病即便命終
尒時帝釋迦葉佛是轉輪聖王則我身是善
男子當知如是愛別離者𢢔為大苦善男子
菩薩摩訶薩尚憶過去如是等輩愛別離苦
何況菩薩住於大乘大涅槃經而當不觀現
在之世愛別離苦善男子云何菩薩摩訶薩
脩行大乘大涅槃經觀怨憎會苦善男子是
菩薩摩訶薩觀於地獄畜生餓鬼人中天上
皆有如是怨憎會苦譬如人觀牢獄繫閉枷
鎖杻械以為大苦菩薩摩訶薩亦復如是觀
於五道一切受生悉是怨憎合會大苦復次
善男子譬如有人常畏怨家枷鎖杻械捨離
父母妻子眷屬珍寶產業而遠逃避善男子
菩薩摩訶薩亦復如是畏怖生死具足脩行
六波羅蜜入於涅槃迦葉是名菩薩摩訶薩
脩行大乘大般涅槃觀怨憎會苦善男子云
何菩薩脩行大乘大般涅槃觀求不得苦求
者一切盡求盡求者有二種一求善法二求
不善法善法未得苦惡法未離苦是則略說
五盛陰苦迦葉是名苦諦

BD15293號　大般涅槃經（北本）卷一二　（23–22）

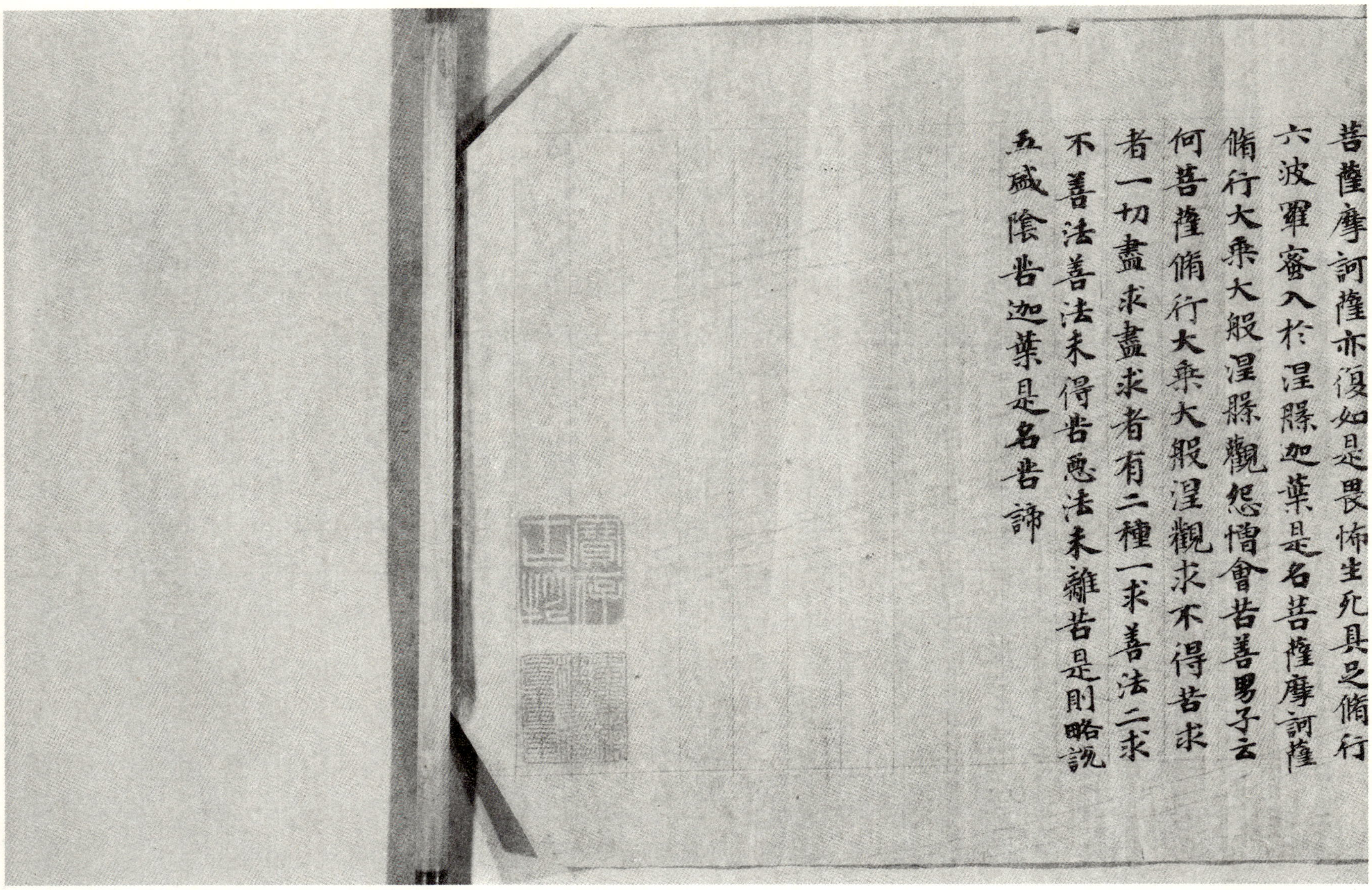
菩薩摩訶薩亦復如是畏怖生死具足脩行
六波羅蜜入於涅槃迦葉是名菩薩摩訶薩
脩行大乘大般涅槃觀怨憎會苦善男子云
何菩薩脩行大乘大般涅槃觀求不得苦求
者一切盡求盡求者有二種一求善法二求
不善法善法未得苦惡法未離苦是則略說
五盛陰苦迦葉是名苦諦

BD15293號　大般涅槃經（北本）卷一二　（23-23）

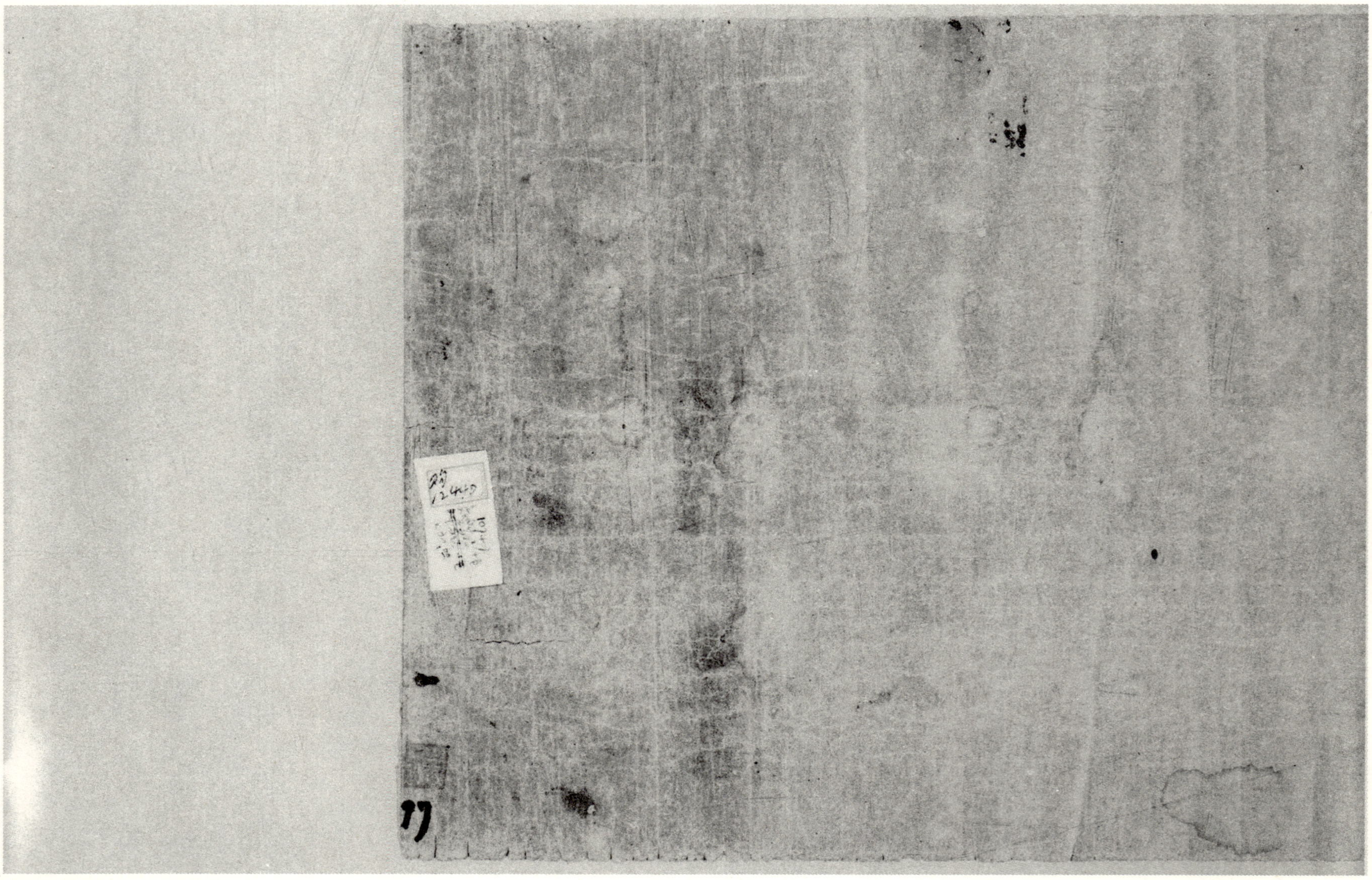

BD15293號背　勘記、印章　（1-1）

金光明經捨身品第十七
尒時道場菩提樹神復白佛言世尊我聞世
尊過去脩行菩薩道時具壽无量百千苦行
捐捨身命肉血骨髓唯願世尊少說往昔苦
行因緣為利衆生受諸快樂尒時世尊即現
神足神足力故令此大地六種震動於大講堂
衆會之中有七寶塔從地踊出衆寶羅網
彌滿其上尒時大衆見是事已生希有心
尒時世尊即從坐起礼拜是塔恭敬圍繞還就
本處尒時道場菩提樹神白佛言世尊如來
世雄出現於世常為一切之所恭敬於諸衆
生最勝最尊何因緣故礼拜是塔佛言善女
天我本脩行菩薩道時我身舍利安止是塔
因由是身令我早成阿耨多羅三藐三菩提
尒時佛告尊者阿難汝可開塔取中舍利示
此大衆是舍利者乃是无量六波羅蜜功德
所勳尒時阿難聞佛教勑即往塔所礼拜供
養開其塔戶見其塔中有七寶函以手開函
見其舍利色妙紅白而白佛言世尊是中舍
利其色紅白佛告阿難汝可持來此是大王

BD15294號　金光明經卷四　（15–1）

見其舍利色妙紅白而白佛言世尊是中舍
利其色紅白佛告阿難汝可持來此是大王
真身舍利尒時阿難即擧寶函還至佛所持
以上佛尒時佛告一切大衆汝等今可礼是舍
利此舍利者是戒定慧之所勳脩甚難可
得最上福田尒時大衆聞是語已心懷歡喜
即從坐起合掌恭敬頂礼菩薩大士舍利尒
時世尊欲為大衆斷疑網故說是舍利往昔
因緣阿難過去之世有王名曰摩訶羅陁脩
行善法善治國土无有怨敵時有三子端正
微妙形色殊特威德第一第一太子名曰摩
訶波那羅次子名曰摩訶提婆小子名曰摩
訶薩埵是三王子於諸園林遊戲觀看次第
漸到一大竹林憩駕止息第一王子作如是言
我於今日心甚怖懷於是林中將无衰損第
二王子復作是言我於今日不自惜身但
離所愛心懷愁耳第三王子復作是言我於
今日獨无怖懷亦无愁惱山中空寂神仙所讚
是處閑靜能令行人安隱受樂時諸王子
說是語已轉復前行見有一虎適産七日而
有七子圍繞周匝飢餓窮悴身體羸損命
將欲絕第一王子見是虎已作如是言㖿哉此
虎産來七日七子圍繞不得求食若為飢逼
必還噉子第三王子言此虎經常所食何物
第一王子言此虎唯食新熱肉血第三王子

BD15294號　金光明經卷四　（15–2）

必遇飢餓第三王子言此虎經常所食何物
第一王子言此虎唯食新熱肉血第三王子
言羸瘦誰能與此虎食第二王子言此虎飢
餓身體羸瘦窮困頓乏餘命无幾不容餘處
為其求食設餘求者命必不濟誰能為此不
惜身命第一王子言一切難捨不過己身第
三王子言我等今者以貪惜故於此身命不
能放捨智慧薄少故於是事而生驚怖若
諸大士欲利益他生大悲心為衆生者捨此
身命不足為難時諸王子心大愁憂久住視之
目未曾捨作是觀已尋便離去尒時第三王
子作是念言我今捨身時已到矣何以故我
從昔來多棄是身都无所為亦常愛護處
之屋宅又復供給衣服飲食卧具醫藥象馬車
乘隨時將養令无所乏而不知恩反生怨害
然復不免无常敗壞復次是身不堅无所利
益可惡如賊猶若行廁我於今日當使此身
作无上業於生死海中作大橋梁復次若捨
此身則捨无量癰疽瘸疾百千怖畏是身唯
有大小便利是身不堅如水上沫是身不淨
多諸虫戶是身不淨筋纏血塗皮骨髓腦共
相連持如是觀察甚可患猒是故我今應當
捨離以求寂滅无上涅槃永離憂患无常變
異生死休息无諸塵累无量禪定智慧功德
具足成就微妙法身百福莊嚴諸佛所讚

BD15294號　金光明經卷四　（15–3）

具足成就微妙法身百福莊嚴諸佛所讚
成如是无上法身與諸衆生无量法樂是時
王子勇猛堪任作是大願以上大悲勳脩其
心慮其二兄心懷怖懼或恐固遮為作留難即
便語言兄等今者可与眷屬還其所止
尒時王子摩訶薩埵還至虎所脫身衣裳置
竹枝上作是誓言我今為利諸衆生故證於
最勝无上道故大悲不動捨難捨故為求菩
提智所讚故欲度三有諸衆生故欲滅生死怖
衆惱熱故是時王子作是誓已即自放身卧
餓虎前是時王子以大慈力故虎无能為王
子復作如是念言虎今羸瘦身无勢力不能
得我身血肉食即起求刀周遍求之了不能
得即以干竹刺頸出血於高山上投身虎前
是時大地六種震動日无精光羅睺羅阿脩
羅王捉　鄣蔽又雨雜華種種妙香時虛
空中有諸餘天見是事已心生歡喜嘆未曾
有讚言善哉善哉大士汝今真是行大悲者
為衆生故能捨難捨於諸學人第一勇健汝
已為得諸佛所讚常樂住處不久當證无惱
无熱清淨涅槃是虎尒時見血流出污王子
身即便舐血噉食其肉唯留餘骨尒時第一
王子見地大動為第二王子而說偈言
震動大地　及以大海　日无精光　如有覆蔽
於上虛空　雨於華香　必是我弟　捨所愛身

BD15294號　金光明經卷四　（15–4）

王子見地大動爲第二王子而說偈言
震動大地 及以大海 日光精光 如有覆蔽
於上虛空 雨於華香 必是我弟 捨所愛身
第二王爲 復說偈言
彼虎產來 已經七日 七子圍繞 窮无飲食
氣力羸損 命不云遠 小弟大悲 知其窮悴
懼不堪任 還食其子 必定捨身 以救彼命
時二王子心大愁怖涕泣悲歎容貌燋悴復
共相將還至虎所見弟著被服衣裳皆悉
在一竹枝之上骸骨髮爪布散狼藉流血處
處遍汙其地見已悶絕不自勝持投身骨上
良久乃悟即起舉手號天而哭我弟幼稚才
能過人特爲父母之所愛念奄忽捨身以飴
餓虎我今還宮父母設問當云何答我寧在
此併命一處不忍見是骸骨髮爪何心捨離
還見父母妻子眷屬朋友知識時二王子悲
號懊惱漸捨而去時小王子所將侍從各散諸
方互相謂言今者我天爲何所在尒時王妃
於睡夢中夢乳被割牙齒墮落得三鴿鶵
一爲鷹奪尒時王妃大地動時即便驚悟心
大愁怖而說偈言
今日何故 大地大水 一切皆動 物不安所
日光精光 如有覆蔽 我心憂苦 目睫瞤動
如我今者 所見瑞相 必有灾異 不祥苦惱
於是王妃說是偈已時有青衣在外已聞王
子消息心驚惶怖尋即入內啓白王妃作如

BD15294號 金光明經卷四 (15-5)

於是王妃說是偈已時有青衣在外已聞王
子消息心驚惶怖尋即入內啓白王妃作如
是言向者在外聞諸侍從推覓王子不知所
在王妃聞已生大憂惱涕泣滿目至大王所
我於向者傳聞外人失我最小所愛之子大
王聞已而復悶絕悲哽苦惱抆淚而言如何
今日失我心中所愛重者尒時世尊欲重宣此
義而說偈言
我於往昔 无量劫中 捨所重身 以求菩提
若爲國王 及作王子 常捨難捨 以求菩提
我念宿命 有大國王 其王名曰 摩訶羅陀
是王有子 能大布施 其子名曰 摩訶薩埵
復有二兄 長者名曰 大波那羅 次名大天
三人同 至一空山 見新產虎 飢窮无食
時勝大士 生大悲心 我今當捨 所重之身
此虎或爲 飢餓所逼 儻能還食 自所生子
即上高山 自投虎前 爲令虎子 得全性命
是時大地 及諸大山 皆悉震動 驚諸虫獸
虎狼師子 四散馳走 世間皆闇 无有光明
是時二兄 故在竹林 心懷憂惱 愁苦涕泣
漸漸推求 遂至虎所 見虎虎子 血汙其口
又見骸骨 髮毛爪齒 處處迸血 狼藉在地
是二王子 見是事已 心更悶絕 自躄於地
以灰塵土 自塗坌身 忘失正念 生狂癡心
所將侍從 覩見是事 亦生悲慟 失聲號哭

BD15294號 金光明經卷四 (15-6)

以灰塵王　自塗坌身　忘失正念　生狂癡心
所將侍從　覩見是事　亦生悲動　失聲號哭
手以冷水　共相噴灑　然後蘇息　而復得起
是時王子　當捨身時　正值後宮　妃后綵女
眷屬五百　共相娛樂　王妃是時　兩乳汁出
一切枝節　痛如針刺　心生愁惱　以喪愛子
於是王妃　疾至王所　其聲微細　悲泣而言
大王今當　諦聽諦聽　憂愁盛大　今來燒我
我今二乳　俱時汁出　身體苦切　如被針刺
我見如是　不祥瑞相　恐更不復　見所愛子
今以身命　奉上大王　願速遣人　求覓我子
夢三鴿鶵　在我懷抱　其最小者　可適我心
有鷹飛來　奪我而去　夢是事已　即生憂惱
我今愁怖　恐命不濟　願速遣人　推求我子
是時王妃　說是語已　即時悶絕　而復躃地
王聞是語　復生憂惱　以不得見　所愛子故
其王大臣　及諸眷屬　悉皆聚集　在王左右
哀哭悲號　聲動天地　尒時城內　所有人民
聞是聲已　驚愕而出　各相謂言　今是王子
為活來耶　為已死亡　如是大士　常出軟語
為衆所愛　今難可見　已有諸人　入林推求
不久自當　得定消息　諸人尒時　憧惶如是
而復悲號　哀動神祇
尒時大王　即從坐起　以水灑妃　良久乃蘇
還得正念　微聲問王　我子今者　為死活耶

BD15294 號　金光明經卷四　（15–7）

而復悲號　哀動神祇
尒時大王　即從坐起　以水灑妃　良久乃蘇
還得正念　微聲問王　我子今者　為死活耶
尒時王妃　念其子故　倍復懊惱　心无暫捨
可惜我子　形色端正　如何一旦　捨我終亡
云何我身　不先薨沒　而見如是　諸苦惱事
善子妙色　猶淨蓮華　誰壞汝身　使令分離
將非是我　昔日怨讎　挾本業緣　而煞汝耶
我子面目　淨如滿月　不圖一旦　遇斯禍對
寧使我身　破碎如塵　不令我子　喪失身命
我所見夢　已為得報　值我无情　能堪是苦
如我所夢　牙齒墮落　二乳一時　計自流出
必定是我　失所愛子　夢三鴿鶵　鷹奪一去
三子之中　必定失一　尒時大王　即告其妃
我今當遣　大臣使者　周遍東西　推求覓子
汝今且可　莫大憂愁　大王如是　慰喻妃已
即便嚴駕　出其宮殿　心生愁惱　憂惱所切
雖在大衆　顏貌憔悴　即出其城　覓所愛子
尒時亦有　无量諸人　哀號動地　尋從王後
是時大王　既出城已　四向顧望　求覓其子
煩寃心亂　靡知所在　最後遙見　有一信來
頭坌塵土　血汙其衣　灰糞塗身　悲號而至
尒時大王　摩訶羅陁　見是使已　倍生懊惱
舉手號叫　仰天而哭　先所遣臣　尋復來至
既至王所　作如是言　願王莫愁　諸子猶在

BD15294 號　金光明經卷四　（15–8）

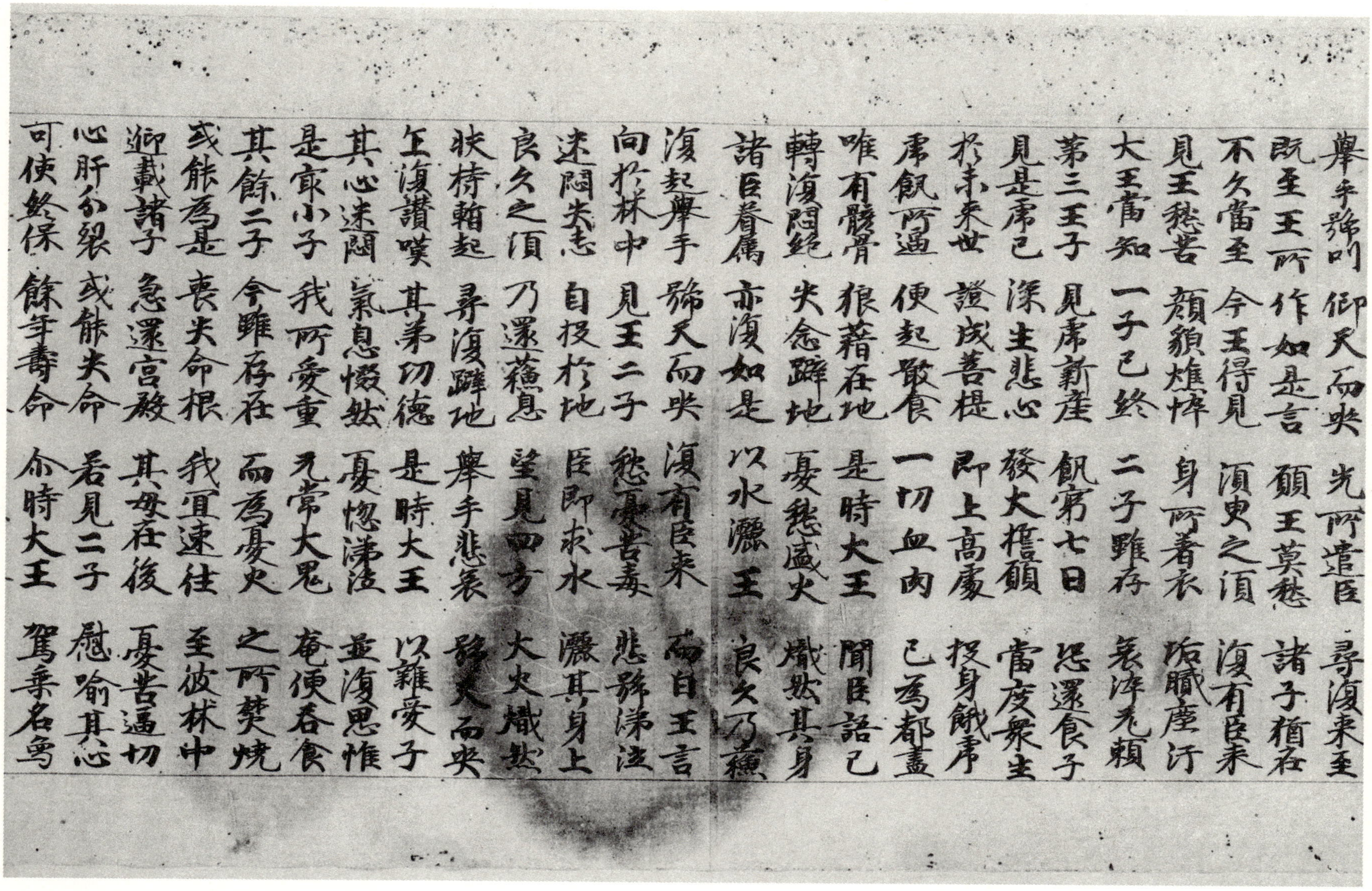

舉手號叫 仰天而哭 先所遣臣 尋復来至
既至王所 作如是言 願王莫愁 諸子猶在
不久當至 令王得見 須臾之頃 復有臣来
見王愁苦 顏貌燋悴 身所著衣 垢膩塵汙
大王當知 一子已終 二子雖存 哀泣无頼
第三王子 見虎新産 飢窮七日 恐還食子
見是虎已 深生悲心 發大誓願 當度衆生
於未来世 證成菩提 即上高處 投身餓虎
虎飢所逼 便起噉食 一切血肉 已為都盡
唯有骸骨 狼藉在地 是時大王 聞臣語已
轉復悶絶 失念躄地 憂愁盛火 熾然其身
諸臣眷屬 亦復如是 以水灑王 良久乃穌
復起舉手 號天而哭 復有臣来 而白王言
向於林中 見王二子 愁憂苦毒 悲號涕泣
迷悶失志 自投於地 臣即求水 灑其身上
良久之頃 乃還穌息 望見四方 大火熾然
扶持輴起 尋復躄地 舉手悲哀 號天而哭
乍復讚歎 其弟功德 是時大王 以離愛子
其心迷悶 氣息惙然 憂惱涕泣 並復思惟
是我小子 我所愛重 无常大鬼 奄便呑食
其餘二子 今雖存在 而為憂火 之所焚燒
或能為是 喪失命根 我宜速往 至彼林中
迎載諸子 急還宮殿 其母在後 憂苦逼切
心肝分裂 或能失命 若見二子 慰喻其心
可使終保 餘年壽命 尒時大王 駕乗名象

BD15294號　金光明經卷四　（15–9）

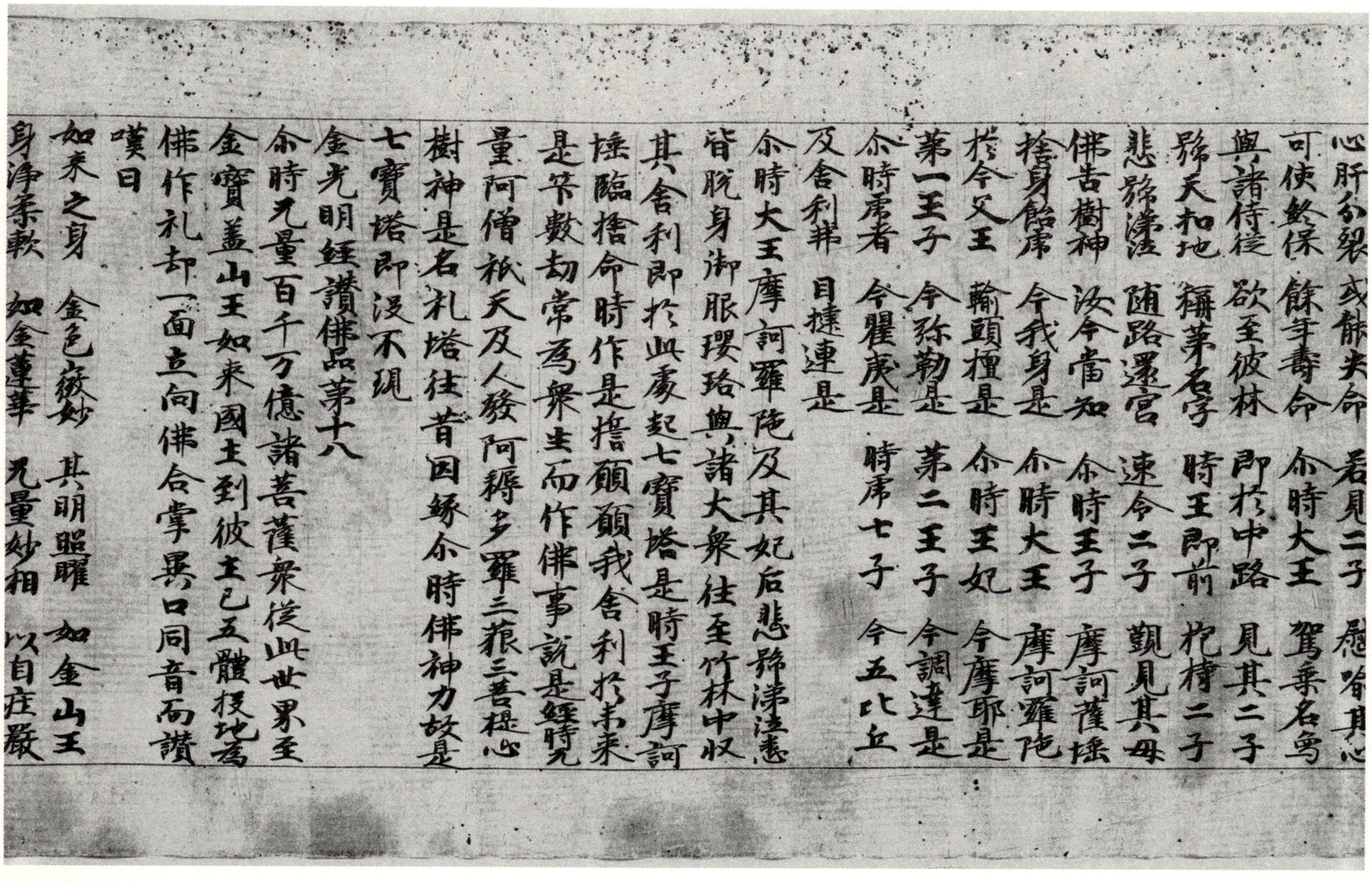

心肝分裂 或能失命 若見二子 慰喻其心
可使終保 餘年壽命 尒時大王 駕乗名象
與諸侍從 欲至彼林 即於中路 見其二子
號天扣地 稱苐名字 時王即前 抱持二子
悲號涕泣 隨路還宮 速令二子 覲見其母
佛告樹神 汝今當知 尒時王子 摩訶薩埵
捨身飴虎 今我身是 尒時大王 摩訶羅陁
於今父王 輸頭檀是 尒時王妃 今摩耶是
第一王子 今彌勒是 第二王子 今調達是
尒時虎者 今瞿夷是 時虎七子 今五比丘
及舍利弗 目揵連是
尒時大王摩訶羅陁及其妃后悲號涕泣悉
皆脫身御服瓔珞與諸大衆往至竹林中收
其舍利即於此處起七寶塔是時王子摩訶
薩埵臨捨命時作是誓願願我舍利於未来
是等數劫常為衆生而作佛事說是經時无
量阿僧祇天及人發阿耨多羅三藐三菩提心
樹神是名礼塔往昔因緣尒時佛神力故是
七寶塔即沒不現
金光明經讚佛品第十八
尒時无量百千万億諸菩薩衆從此世界至
金寶蓋山王如来國土到彼土已五體投地為
佛作礼却一面立向佛合掌異口同音而讚
歎曰
如来之身 金色微妙 其明照曜 如金山王
身淨柔軟 如金蓮華 无量妙相 以自莊嚴

BD15294號　金光明經卷四　（15–10）

如來之身　金色微妙　其明照曜　如金山王
身淨柔軟　如金蓮華　无量妙相　以自莊嚴
隨形之好　光飾其體　淨潔无比　如紫金色
圓足无垢　如淨滿月　其音清徹　妙如梵聲
師子吼聲　大雷震聲　六種清淨　微妙音聲
迦陵頻伽　孔雀之聲　清淨无垢　威德具足
百福相好　莊嚴其身　光明遠照　无有齊限
智慧寂滅　无諸愛習　世尊成就　无量功德
辟如大海　須弥寶山　為諸衆生　生憐愍心
於未來世　能與快樂　如來所說　第一深義
能令衆生　寂滅安樂　能與衆生　无量快樂
能濟无上　甘露妙法　能開无上　甘露法門
能入一切　无患窟宅　能令衆生　悉得解脫
度於三有　无量苦海　安住正道　无諸憂苦
如來世尊　功德智慧　大慈悲力　精進方便
如是无量　不可稱計　我等今者　不能說分
諸天世人　於无量劫　盡思度量　不能得知
如來所有　功德智慧　无量大海　一渧少分
我今略讚　如來功德　百千億分　不能宣一
若我功德　皆聚集者　迴与衆生　證无上道
尒時信相菩薩即於此會從坐而起偏袒右
肩右膝著地合掌向佛而說讚言
世尊百福　相好微妙　功德千數　莊嚴其身
色淨遠照　視之无厭　如日千光　弥滿虛空
光明熾盛　无量无邊　猶如无數　弥寶大聚
其明五色　青紅赤白　琉璃頗梨　如融真金

BD15294號　金光明經卷四　（15–11）

色淨遠照　視之无厭　如日千光　弥滿虛空
光明熾盛　无量无邊　猶如无數　弥寶大聚
其明五色　青紅赤白　琉璃頗梨　如融真金
光明赫弈　通徹諸山　悉能遠照　无量佛土
能滅衆生　无量苦惱　又與衆生　上妙快樂
諸根清淨　微妙第一　衆生見者　无有厭足
髮紺柔軟　猶孔雀頂　如諸蜂王　集在蓮華
清淨大悲　功德莊嚴　无量三昧　及以大慈
如是功德　悉已聚集　相好妙色　嚴飾其身
種種功德　助成菩提
如來悉能　調伏衆生　令心柔軟　受諸快樂
種種深妙　功德莊嚴　亦為十方　諸佛所讚
其光遠照　遍於諸方　猶如日明　充滿虛空
功德成就　如須弥山　在在亦現　於諸世界
齒白齊整　猶如珂雪　其德如日　處空明顯
眉間豪相　右旋婉轉　光明流出　如琉璃珠
其色微妙　如日處空
尒時道場菩提樹神復說讚曰
南无清淨　无上正覺　甚深妙法　隨顺覺了
遠離一切　非法非道　獨拔而出　成佛正覺
智有非本　本性清淨
希有希有　如來功德　希有希有　如來大海
希有希有　如須弥山　希有希有　佛无邊行
希有希有　佛出於世　如優曇華　時一現耳
希有如來　无量大悲　釋迦牟尼　為人中日
為欲利益　諸衆生故　宣說如是　妙寶經典

BD15294號　金光明經卷四　（15–12）

希有希有 如須弥山 希有希有 佛无邊行
希有希有 佛出於世 如優曇華 時一現耳
希有如來 无量大悲 釋迦牟尼 為人中日
為欲利益 諸衆生故 宣說如是 妙寶經典
善哉如來 諸根寂滅 而復遊入 善寂大城
无垢清淨 甚深三昧 入於諸佛 所行之處
一切聲聞 身皆空寂 兩足世尊 行處亦空
如是一切 无量諸法 推本性相 亦皆空寂
一切衆生 性相亦空 狂愚心故 不能覺知
我常念佛 樂見世尊 常作誓願 不離佛日
我常於地 長跪合掌 其心戀慕 欲見於佛
我常脩行 哀上大悲 哀泣雨淚 欲見於佛
我常渴仰 欲見於佛 為是事故 憂火熾然
唯願世尊 賜我慈悲 清冷法水 以滅是火
世尊慈愍 悲心无量 願使我身 常得見佛
世尊常說 一切人天 是故我今 渴仰欲見
聲聞之身 猶如虛空 炎幻響化 如水中月
衆生之性 如夢所見 如來行處 淨如琉璃
入於无上 甘露法處 能與衆生 无量快樂
如來行處 微妙甚深 一切衆生 无能知者
五道神仙 及諸聲聞 一切緣覺 亦不能知
我今不疑 佛所行處 唯願慈悲 為我現身
尒時世尊 從三昧起 以微妙音 而讚嘆言
善哉善哉 樹神善女 汝於今日 快說是言
金光明經囑累品第十九

BD15294號　金光明經卷四　（15–13）

善哉善哉 樹神善女 汝於今日 快說是言
金光明經囑累品第十九
尒時釋迦牟尼佛從三昧起現大神力以右
手摩諸大菩薩摩訶薩頂与諸天王及龍王
二十八部散脂鬼神大將軍等而作是言我
於无量百千万億恒河沙劫脩集是金光
明微妙經典汝等當受持讀誦廣宣此法復
於閻浮提內无令斷絕若有善男子善女人於
未來世中有受持讀誦此經典者汝等諸天
常當擁護當知是人於未來世无量百千人
天之中常受快樂於未來世值遇諸佛疾得
證成阿耨多羅三藐三菩提
尒時諸大菩薩及天龍王二十八部散脂大
將等即從座起到於佛前五體投地俱發聲
言如世尊勅當具奉行如是三白如世尊勅
當具奉行於是散脂大將軍而白佛言如世
尊勅若後未來世中有受持是經若自書若
使人書我當與此二十八部諸鬼神等常當隨
侍擁衛隱蔽其身是說法者皆悉消滅諸
惡令得安隱願不有慮
尒時釋迦牟尼佛現大神力十方无量世界
皆六種震動是時諸佛皆大歡喜囑累是
經故讚美持法者現无量神力於是无量无
邊阿僧祇菩薩摩訶薩大衆及信相菩薩
金光明藏常悲法上等及四天大王十千天子

BD15294號　金光明經卷四　（15–14）

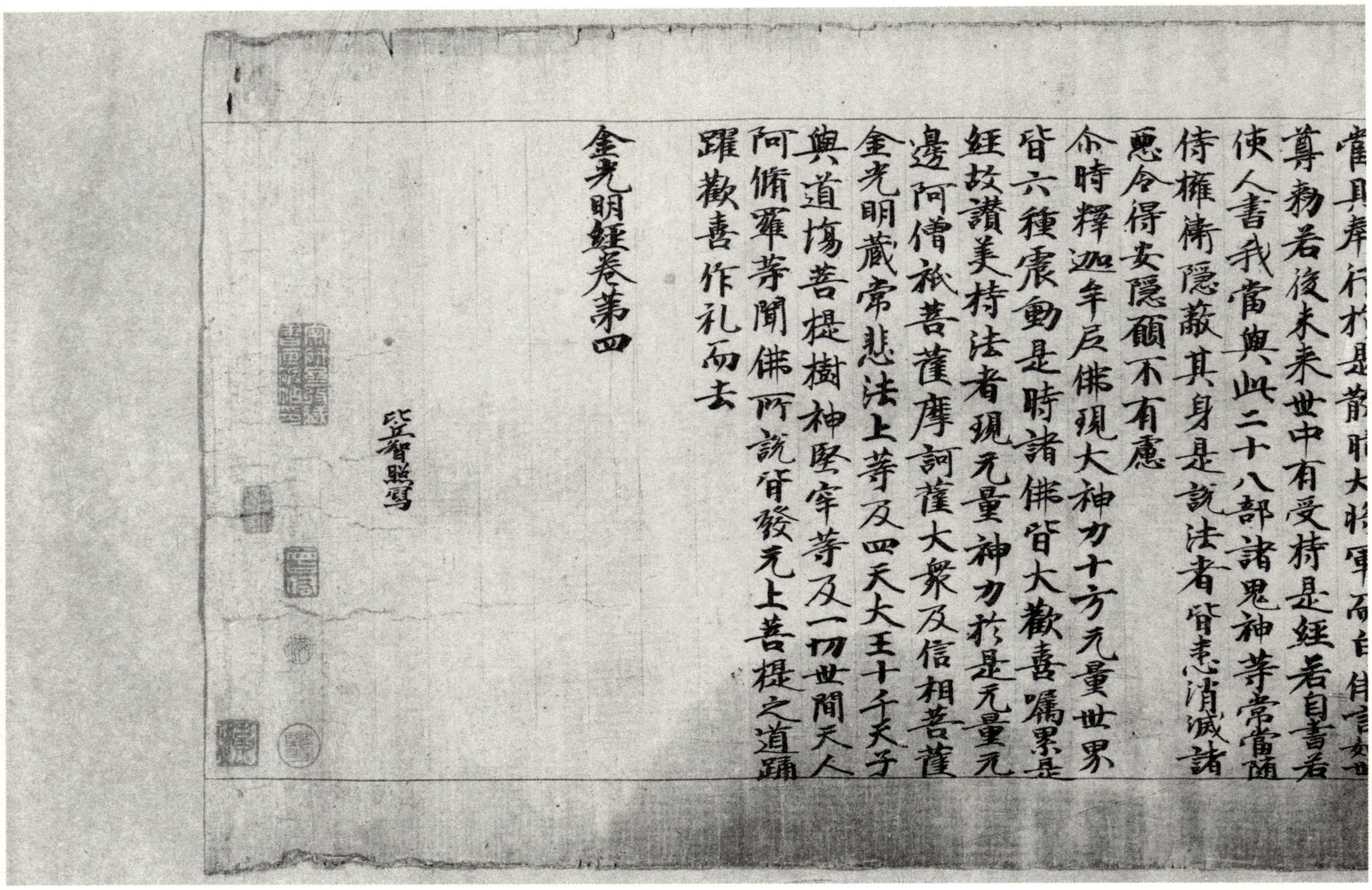
當具脩行於是散脂大將軍而白佛言世
尊勅若後未來世中有受持是經若自書若
使人書我當與此二十八部諸鬼神等常當隨
侍擁衛隱蔽其身是說法者皆悉消滅諸
惡令得安隱顧不有慮
尒時釋迦牟尼佛現大神力十方无量世界
皆六種震動是時諸佛皆大歡喜囑累是
經故讚美持法者現无量神力於是无量无
邊阿僧祇菩薩摩訶薩大衆及信相菩薩
金光明藏常悲法上等及四天大王十千天子
與道場菩提樹神堅牢等及一切世間天人
阿脩羅等聞佛所說皆發无上菩提之道踊
躍歡喜作礼而去

金光明經卷第四

比智照寫

BD15294號　金光明經卷四　（15–15）

BD15295號背　護首　（1–1）

BD15295 號　妙法蓮華經卷七　（15–1）

BD15295 號　妙法蓮華經卷七　（15–2）

BD15295 號　妙法蓮華經卷七　（15–3）

BD15295 號　妙法蓮華經卷七　（15–4）

敦煌千佛洞在鳴沙山麓洞名為沙壅至
光緒初年沙崩洞見石室中所藏古書
釋典及佛像陶器極多土人不知貴也
法蘭西博士白希和遊歷至此居留半
年以重價收得數百卷並自繪洞圖以去
此間人士始漸知收輯皆我持以質錢自學
部徵求古物購致十七箱入都價遂大昂計每
卷亦不過數金至袁氏遣人收買價竟增至數
十倍迭來瀧上肆以居為奇貨然叢惱完整者
甚少而有前代年號及寫經人姓名者更不多得此
卷尾有蕭大夏敬造數字書法精美是皆吾人指
則者也所傳唐帖真書那得有此神妙予居瀧上十
餘年此為僅見誠生平第一翰墨緣也 陳曾佑

妙法蓮華經妙莊嚴王本事品第二十七
尒時佛告諸大衆乃往古世過无量无邊不
可思議阿僧祇劫有佛名雲雷音宿王華智

BD15295 號　妙法蓮華經卷七　（15–5）

妙法蓮華經妙莊嚴王本事品第二十七
尒時佛告諸大衆乃往古世過无量无邊不
可思議阿僧祇劫有佛名雲雷音宿王華智
多陁阿伽度阿羅呵三藐三佛陁國名光明
莊嚴劫名憙見彼佛法中有王名妙莊嚴其
王夫人名曰淨德有二子一名淨藏二名淨
眼是二子有大神力福德智慧久脩菩薩所
行之道所謂檀波羅蜜尸羅波羅蜜羼提波
羅蜜毗梨耶波羅蜜禪波羅蜜般若波羅蜜
方便波羅蜜慈悲喜捨乃至三十七助道法
皆悉明了通達又得菩薩淨三昧日星宿三
昧淨光三昧淨色三昧淨照明三昧長莊嚴
三昧大威德藏三昧於此三昧亦悉通達尒
時彼佛欲引導妙莊嚴王及愍念衆生故說
是法華經時淨藏淨眼二子到其母所合十
指爪掌白言願母往詣雲雷音宿王華智佛
所我等亦當侍從親近供養礼拜所以者何
此佛於一切天人衆中說法華經宜應聽受
母告子言汝父信受外道深著婆羅門法汝
等應往白父與共俱去淨藏淨眼合十爪指
掌白母我等是法王子而生此耶見家母告
子言汝等當憂念汝父為現神變若得見者
心必清淨或聽我等往至佛所於是二子念
其父故踊在虛空高七多羅樹現種種神變
於虛空中行住坐臥身上出水身下出火身
下出水身上出火或現大身滿虛空中而復

BD15295 號　妙法蓮華經卷七　（15–6）

其父故踊在虛空高七多羅樹現種種神變
於虛空中行住坐卧身上出水身下出火身
下出水身上出火或現大身滿虛空中而復
現小小復現大於空中滅忽然在地入地如
水履水如地現如是等種種神變令其父王
心淨信解時父見子神力如是心大歡喜得
未曾有合掌向子言汝等師為是誰誰之弟
子二子白言大王彼雲雷音宿王華智佛今
在七寶菩提樹下法座上坐於一切世間天
人衆中廣說法華經是我等師我是弟子父
語子言我今亦欲見汝等師可共俱往於是
二子從空中下到其母所合掌白母父王今
已信解堪任發阿耨多羅三藐三菩提心我
等為父已作佛事願母見聽於彼佛所出家
脩道尒時二子欲重宣其意以偈白母
願母放我等　出家作沙門　諸佛甚難值　我等隨佛學
如優曇波羅　值佛復難是　脫諸難亦難　願聽我出家
母即告言聽汝出家所以者何佛難值故於
是二子白父母言善哉父母願時往詣雲雷
音宿王華智佛所親近供養所以者何佛難
得值如優曇波羅華又如一眼之龜值浮木
孔而我等宿福深厚生值佛法是故父母當
聽我等令得出家所以者何諸佛難值時亦
難遇彼時妙莊嚴王後宮八万四千人皆悉
堪任受持是法華經淨眼菩薩於法華三昧
久已通達淨藏菩薩已於无量百千万億劫

BD15295號　妙法蓮華經卷七　（15–7）

難遇彼時妙莊嚴王後宮八万四千人皆悉
堪任受持是法華經淨眼菩薩於法華三昧
久已通達淨藏菩薩已於无量百千万億劫
通達離諸惡趣三昧欲令一切衆生離諸惡
趣故其王夫人得諸佛智三昧能知諸佛秘
密之藏二子如是以方便力善化其父令心
信解好樂佛法於是妙莊嚴王與羣臣眷屬
俱淨德夫人與後宮采女眷屬俱其王二子
與四万二千人俱一時共詣佛所到已頭面
礼足繞佛三帀却住一面尒時彼佛為王說
法示教利喜王大歡悅尒時妙莊嚴王及其
夫人解頸真珠瓔珞價直百千以散佛上於
虛空中化成四柱寶臺臺中有大寶床敷百
千万天衣其上有佛結跏趺坐放大光明尒
時妙莊嚴王作是念佛身希有端嚴殊特成
就第一微妙之色時雲雷音宿王華智佛告
四衆言汝等見是妙莊嚴王於我前合掌立
不此王於我法中作比丘精勤脩習助佛道
法當得作佛号娑羅樹王國名大光劫名大
高王其娑羅樹王佛有无量菩薩衆及无量
聲聞其國平正功德如是其王即時以國付
弟與夫人二子并諸眷屬於佛法中出家脩
道王出家已於八万四千歲常勤精進脩行
妙法華經過是已後得一切淨功德莊嚴三
昧即昇虛空高七多羅樹而白佛言世尊此
我二子已作佛事以神通變化轉我邪心令

BD15295號　妙法蓮華經卷七　（15–8）

妙法華經過是已後得一切淨功德莊嚴三
昧即升虛空高七多羅樹而白佛言世尊此
我二子已作佛事以神通變化轉我邪心令
得安住於佛法中得見世尊此二子者是我
善知識為欲發起宿世善根饒益我故來生
我家尒時雲雷音宿王華智佛告妙莊嚴王
言如是如是如汝所言若善男子善女人種
善根故世世得善知識其善知識能作佛事
示教利喜令入阿耨多羅三藐三菩提大王
當知善知識者是大因緣所謂化導令得見
佛發阿耨多羅三藐三菩提心大王汝見此
二子不此二子已曾供養六十五百千万億
那由他恒河沙諸佛親近恭敬於諸佛所受
持法華經愍念邪見衆生令住正見妙莊嚴
王即從虛空中下而白佛言世尊如來甚希
有以功德智慧故頂上肉髻光明顯照其眼
長廣而紺青色眉間豪相白如珂月齒白齊
密常有光明脣色赤好如頻婆菓尒時妙莊
嚴王讚嘆佛如是等无量百千万億功德已
於如來前一心合掌復白佛言世尊未曾有
也如來之法具足成就不可思議微妙功德
教戒所行安隱快善我從今日不復自隨心
行不生邪見憍慢瞋恚諸惡之心說是語已
礼佛而出佛告大衆於意云何妙莊嚴王豈
異人乎今華德菩薩是其淨德夫人今佛前
光照莊嚴相菩薩是哀愍妙莊嚴王及諸眷

礼佛而出佛告大衆於意云何妙莊嚴王豈
異人乎今華德菩薩是其淨德夫人今佛前
光照莊嚴相菩薩是哀愍妙莊嚴王及諸眷
屬故於彼中生其二子者今藥王菩薩藥上
菩薩是是藥王藥上菩薩成就如此諸大功
德已於无量百千万億諸佛所植衆德本成
就不可思議諸善功德若有人識是二菩薩
名字者一切世間諸天人民亦應礼拜佛說
是妙莊嚴王本事品時八万四千人遠塵離
垢於諸法中得法眼淨

妙法蓮華經普賢菩薩勸發品第二十八

尒時普賢菩薩以自在神通威德名聞與大
菩薩无量无邊不可稱數從東方來所經諸
國普皆震動雨寶蓮華作无量百千万億種
種伎樂又與无數諸天龍夜叉乾闥婆阿脩
羅迦樓羅緊那羅摩睺羅伽人非人等大衆
圍繞各現威德神通之力到娑婆世界耆闍
崛山中頭面礼釋迦牟尼佛右繞七帀白佛
言世尊我於寶威德上王佛國遙聞此娑婆
世界說法華經與无量无邊百千万億諸菩
薩衆共來聽受唯願世尊當為說之若善男
子善女人於如來滅後云何能得是法華經
佛告普賢菩薩若善男子善女人成就四法
於如來滅後當得是法華經一者為諸佛護
念二者植衆德本三者入正定聚四者發救
一切衆生之心善男子善女人如是成就四

於如來滅後當得是法華經一者爲諸佛護
念二者植衆德本三者入正定聚四者發救
一切衆生之心善男子善女人如是成就四
法於如來滅後必得是經尒時普賢菩薩白
佛言世尊於後五百歲濁惡世中其有受持
是經典者我當守護除其衰患令得安隱使
无伺求得其便者若魔若魔子若魔女若魔
民若爲魔所著者若夜叉若羅剎若鳩槃荼
若毗舍闍若吉蔗若富單那若韋陁羅等諸
惱人者皆不得便是人若行若立讀誦此經
我尒時乘六牙白象王與大菩薩衆俱詣其
所而自現身供養守護安慰其心亦爲供養
法華經故是人若坐思惟此經尒時我復乘
白象王現其人前其人若於法華經有所忘
失一句一偈我當教之與共讀誦還令通利
尒時受持讀誦法華經者得見我身甚大歡
喜轉復精進以見我故即得三昧及陁羅尼
名爲旋陁羅尼百千万億旋陁羅尼法音方
便陁羅尼得如是等陁羅尼世尊若後世後
五百歲濁惡世中比丘比丘尼優婆塞優婆
夷求索者受持者讀誦者書寫者欲脩習是
法華經於三七日中應一心精進滿三七日
已我當乘六牙白象與无量菩薩而自圍繞
以一切衆生所憙見身現其人前而爲說法
亦教利喜亦復與其陁羅尼呪得是陁羅尼
故无有非人能破壞者亦不爲女人之所惑

BD15295 號　妙法蓮華經卷七　（15–11）

以一切衆生所憙見身現其人前而爲說法
亦教利喜亦復與其陁羅尼呪得是陁羅尼
故无有非人能破壞者亦不爲女人之所惑
亂我身亦自常護是人唯願世尊聽我說此
陁羅尼即於佛前而說呪曰
阿檀地 途賣反 一 檀陁婆地 二 檀陁婆帝 三 檀陁
鳩舍隸 四 檀陁脩陁隸 五 脩陁隸 六 脩陁羅
婆底 七 佛馱波羶祢 八 薩婆陁羅尼阿婆多
尼 九 薩婆婆沙阿婆多尼 十 脩阿婆多尼 十一
僧伽婆履叉尼 十二 僧伽涅伽陁尼 十三 阿僧祇
十四 僧伽波伽地 十五 帝隸阿惰僧伽兜略 盧遮反
波羅帝 十六 薩婆僧伽三摩地伽蘭地 十七 薩婆
達磨脩波利剎帝 十八 薩婆薩埵樓馱憍舍略
阿㝹伽地 十九 辛阿毗吉利地帝 二十
世尊若有菩薩得聞是陁羅尼者當知普賢
神通之力若法華經行閻浮提有受持者應
作此念皆是普賢威神之力若有受持讀誦
正憶念解其義趣如說脩行當知是人行普
賢行於无量无邊諸佛所深種善根爲諸如
來手摩其頭若但書寫是人命終當生忉利
天上是時八万四千天女作衆伎樂而來迎
之其人即著七寶冠於婇女中娛樂快樂何
況受持讀誦正憶念解其義趣如說脩行若
有人受持讀誦解其義趣是人命終爲千佛
授手令不恐怖不墮惡趣即往兜率天上彌
勒菩薩所彌勒菩薩有三十二相大菩薩衆

BD15295 號　妙法蓮華經卷七　（15–12）

授手令不恐怖不墮惡趣即往兜率天上彌
勒菩薩所彌勒菩薩有三十二相大菩薩眾
所共圍繞有百千万億天女眷屬而於中生
有如是等功德利益是故智者應當一心自
書若使人書受持讀誦正憶念如說脩行世
尊我今以神通力守護是經於如來滅後閻
浮提內廣令流布使不斷絕尒時釋迦牟尼
佛讚言善哉善哉普賢汝能護助是經令多
所眾生安樂利益汝已成就不可思議功德
深大慈悲從久遠來發阿耨多羅三藐三菩
提意而能作是神通之願守護是經我當以
神通力守護能受持普賢菩薩名者普賢若
有受持讀誦正憶念脩習書寫是法華經者
當知是人則見釋迦牟尼佛如從佛口聞此
經典當知是人供養釋迦牟尼佛當知是人
佛讚善哉當知是人為釋迦牟尼佛手摩其
頭當知是人為釋迦牟尼佛衣之所覆如是
之人不復貪著世樂不好外道經書手筆亦
復不憙親近其人及諸惡者若屠兒若畜豬
羊雞狗若獵師若衒賣女色是人心意質直
有正憶念有福德力是人不為三毒所惱亦
不為嫉妬我慢邪慢增上慢所惱是人少欲
知足能脩普賢之行普賢若如來滅後後五
百歲若有人見受持讀誦法華經者應作是
念此人不久當詣道場破諸魔眾得阿耨多
羅三藐三菩提轉法輪擊法鼓吹法螺雨法

BD15295號　妙法蓮華經卷七　（15–13）

不為嫉妬我慢邪慢增上慢所惱是人少欲
知足能脩普賢之行普賢若如來滅後後五
百歲若有人見受持讀誦法華經者應作是
念此人不久當詣道場破諸魔眾得阿耨多
羅三藐三菩提轉法輪擊法鼓吹法螺雨法
雨當坐天人大眾中師子法座上普賢若於
後世受持讀誦是經典者是人不復貪着衣
服臥具飲食資生之物所願不虛亦於現世
得其福報若有人輕毀之言汝狂人耳空作
是行終无所獲如是罪報當世世无眼若有
供養讚歎之者當於今世得現果報若復見
受持是經者出其過惡若實若不實此人現
世得白癩病若輕笑之者當世世牙齒踈缺
醜脣平鼻手腳繚戾眼目角睞身體臭穢惡
瘡膿血水腹短氣諸惡重病是故普賢若見
受持是經典者當起遠迎當如敬佛說是普
賢勸發品時恒河沙等无量无邊菩薩得百
千億旋陀羅尼三千大千世界微塵等諸菩
薩具普賢道佛說是經時普賢等諸菩薩舍
利弗等諸聲聞及諸天龍人非人等一切大
會皆大歡喜受持佛語作禮而去

妙法蓮華經卷第七

菩薩戒弟子蕭大嚴敬造 第九百三部

BD15295號　妙法蓮華經卷七　（15–14）

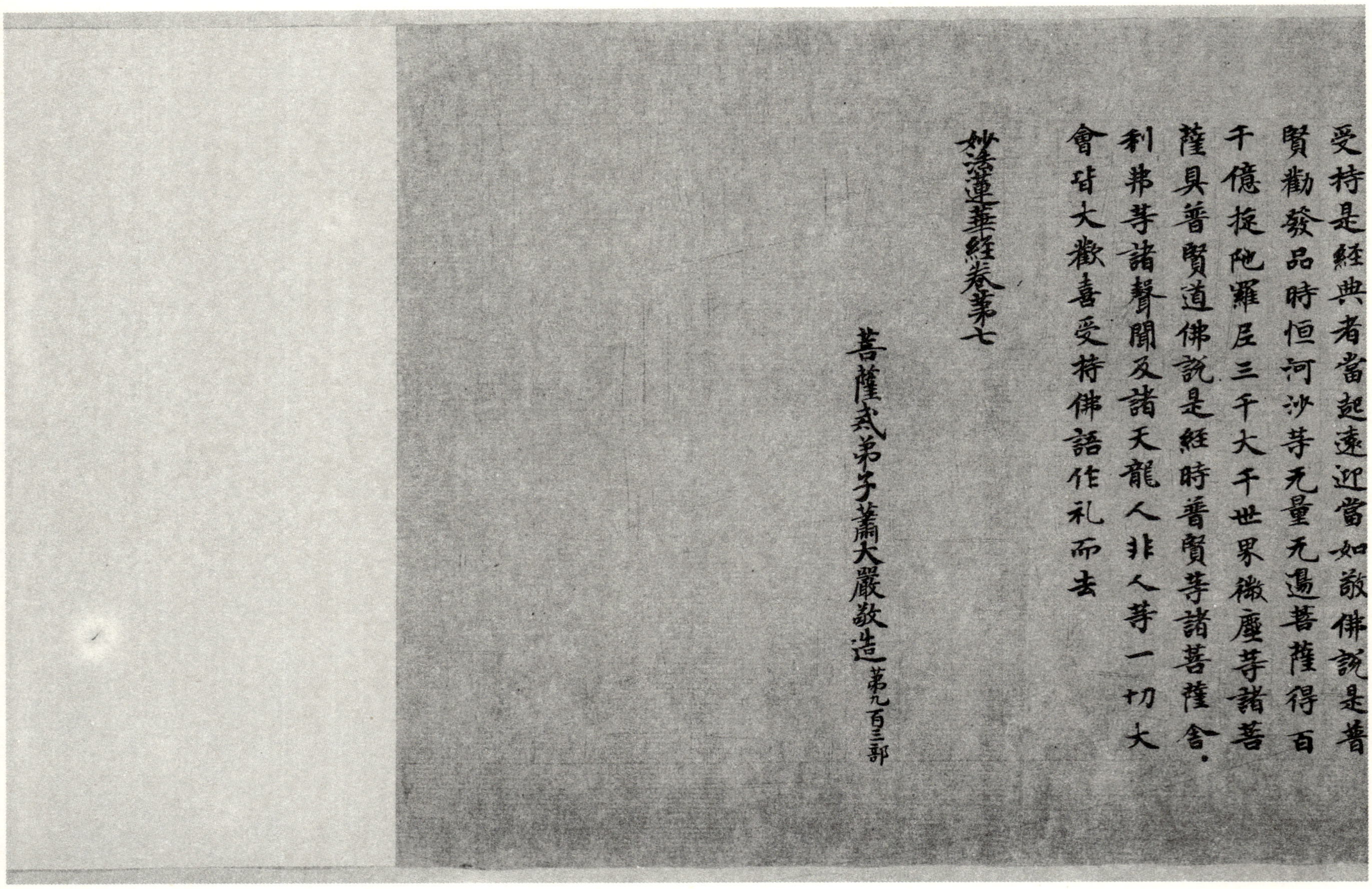

受持是經典者當起遠迎當如敬佛說是普
賢勸發品時恒河沙等无量无邊菩薩得百
千億旋陁羅尼三千大千世界微塵等諸菩
薩具普賢道佛說是經時普賢等諸菩薩舍
利弗等諸聲聞及諸天龍人非人等一切大
會皆大歡喜受持佛語作礼而去

妙法蓮華經卷第七

菩薩戒弟子蕭大嚴敬造第九百三部

BD15295 號　妙法蓮華經卷七　（15–15）

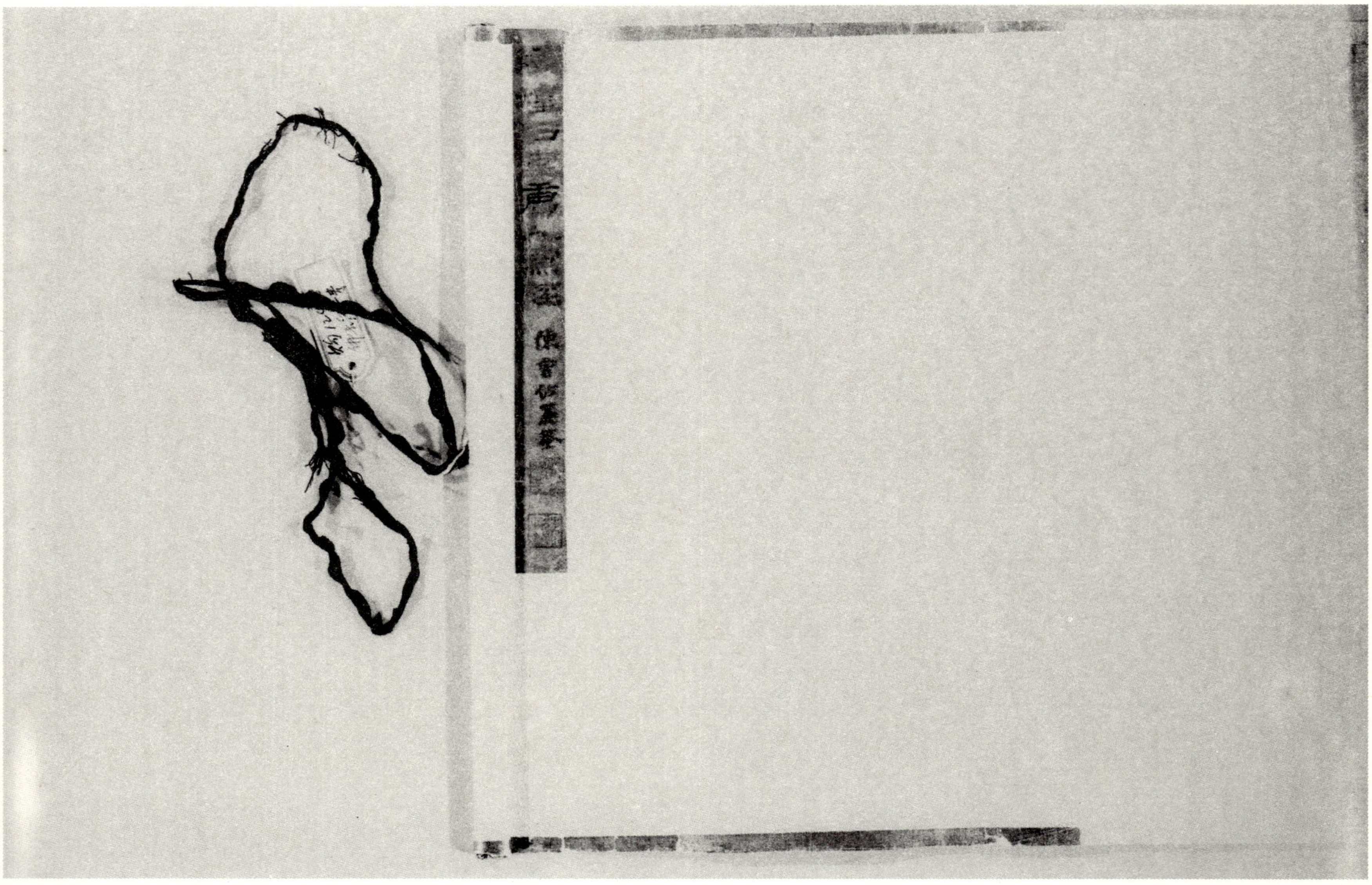

BD15296 號背　護首　（1–1）

BD15296號　佛名經（十六卷本）卷一一　（32–1）

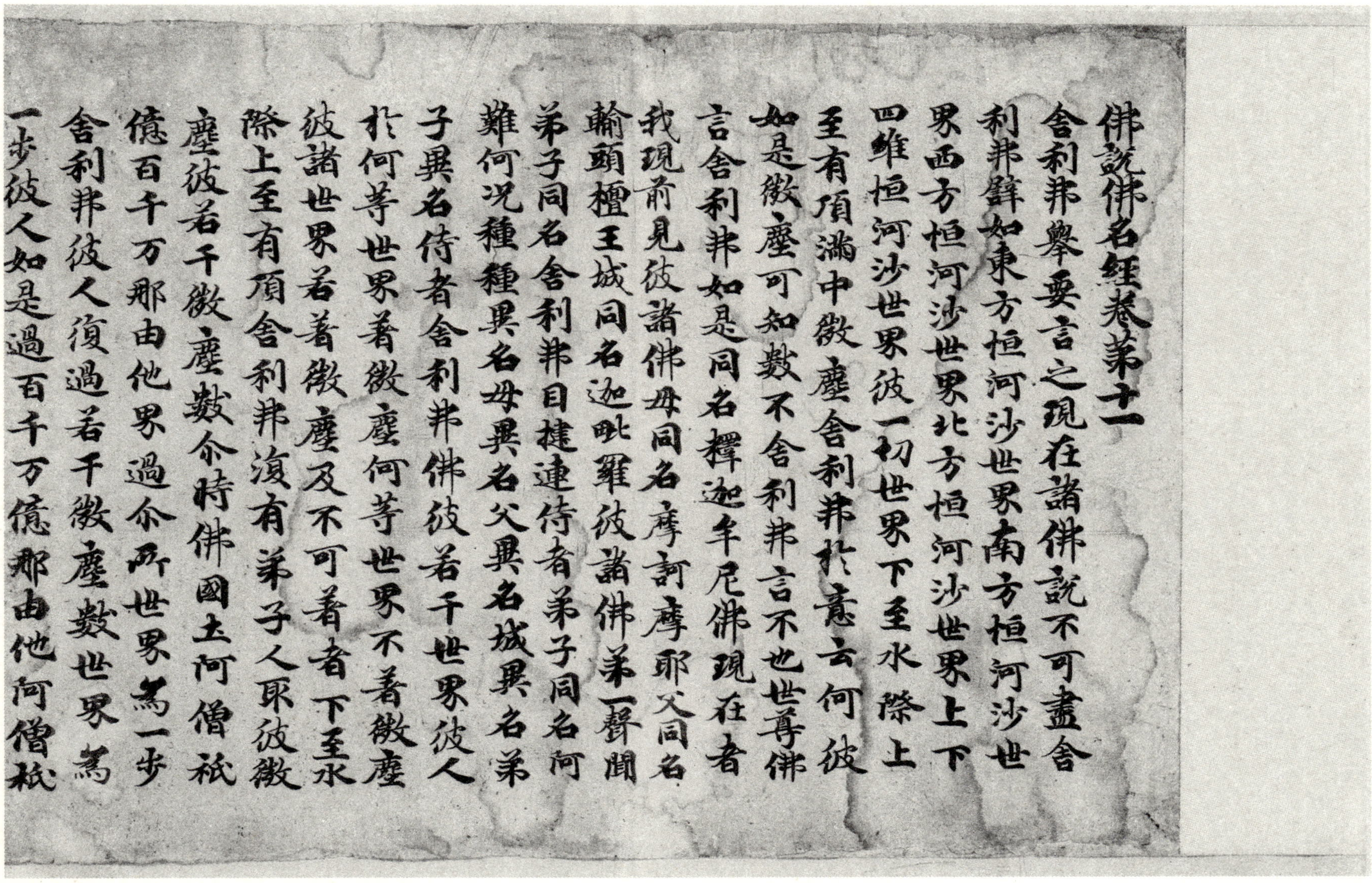

佛說佛名經卷第十一
舍利弗舉要言之現在諸佛說不可盡舍
利弗譬如東方恒河沙世界南方恒河沙世
界西方恒河沙世界北方恒河沙世界上下
四維恒河沙世界彼一切世界下至水際上
至有頂滿中微塵舍利弗於意云何彼
如是微塵可知數不舍利弗言不也世尊佛
言舍利弗如是同名釋迦牟尼佛現在者
我現前見彼諸佛母同名摩訶摩耶父同名
輸頭檀王城同名迦毗羅彼諸佛弟一聲聞
弟子同名舍利弗目揵連侍者弟子同名阿
難何況種種異名母異名父異名城異名弟
子異名侍者舍利弗佛彼若千世界彼人
於何等世界着微塵何等世界不着微塵
彼諸世界若着微塵及不可着者下至水
際上至有頂舍利弗復有弟子人取彼微
塵彼若千微塵數尒時佛國土阿僧祇
億百千万那由他界過尒所世界為一步
舍利弗彼人復過若千微塵數世界為
一步彼人如是過百千万億那由他阿僧祇

BD15296號　佛名經（十六卷本）卷一一　（32–2）

億百千万那由他界過尒所世界爲一步
舍利弗彼人復過若干微塵數世界爲
一步彼人如是過百千万億那由他阿僧祇
劫行乃下一塵如是盡諸微塵舍利弗如
是若干世界若著微塵及不著者滿中
微塵復更著十方世界舍利弗復過水
際上至有頂滿中微塵
舍利弗復有第三人取彼尒所微塵過
彼尒所微塵數世界爲過一步彼若干
百千万億那由他阿僧祇劫行乃下一塵
如是盡諸微塵復有第四人彼若干微
塵數世界若著微塵及不著者下至水
際上至有頂滿中微塵舍利弗於意云何
彼微塵可知數不舍利弗言不也世尊
佛告舍利弗彼若干微塵可知其數然
彼國名釋迦牟尼佛母同名摩訶摩耶
父國名輸頭檀城同名迦毗羅第一弟子
同名舍利弗目揵連侍者弟子同名阿難
隨彼佛不可知數舍利弗如是第五千人
第六第七第八第九第十人
舍利弗復有第十一人是人彼若干微塵
中取一微塵破爲十方若干世界微塵數
分如是餘微塵亦悉破爲若干世界微
塵數分舍利弗於意云何彼微塵分可

BD15296號　佛名經（十六卷本）卷一一　（32–3）

舍利弗復有第十一人是人彼若干微塵
中取一微塵破爲十方若干世界微塵數
分如是餘微塵亦悉破爲若干世界微
塵數分舍利弗於意云何彼微塵分可
知數不舍利弗言不也世尊佛告舍利
弗復有人彼若干微塵分佛土爲過一步
如是疾神通行東方世界无量无邊劫下
一微塵東方盡如是微塵舍利弗如是若
干世界若著微塵及不著者滿中微塵復
更著十方世界舍利弗復過是世界若著微
塵及不著者彼諸世界下至水際上至有
頂滿中微塵
舍利弗復有第三人取彼尒所微塵過
彼尒所微塵數世界爲過一步彼若干百
千万億那由他阿僧祇劫行乃下一塵如
是盡諸微塵復有第四人彼若干微塵數
世界若著微塵及不著者下至水際上至
有頂滿中微塵舍利弗於意云何彼微塵
可知數不舍利弗言不也世尊佛告舍利
弗彼若干微塵可知其數然彼國名釋迦
牟尼佛母同名摩訶摩耶父國名輸頭檀
城同名迦毗羅第一弟子同名舍利弗目揵
連侍者弟子同名阿難隨佛不可知數舍利
弗如是第五人第六第七第八第九第十

BD15296號　佛名經（十六卷本）卷一一　（32–4）

城同名迦毗羅第一弟子同名舍利弗目揵
連侍者弟子同名阿難陁佛不可知數舍利
弗如是第五人第六第七第八第九第十
人
舍利弗復有第十一人是人彼若干微塵中
取一微塵破為十方若干世界微塵數分
如是餘微塵亦悉破為若干世界微塵數
分舍利弗於意云何彼微塵分可知數不
舍利弗言不也世尊佛告舍利弗復有人
彼若干微塵分佛國土為過一步如是速
疾神通行東方世界无量无邊劫下一微
塵東方盡如是微塵若著微塵及不微
塵者下至水際上至有頂滿中微塵如是
南方乃至十方下至水際上至有頂滿中
微塵舍利弗於意云何彼微塵可知數
不舍利弗言不也世尊佛告舍利弗彼若
干微塵分可知其數然現今在世同名釋
迦牟尼佛母同名摩訶摩耶父同名輸
頭檀王城同名迦毗羅第一弟子同名舍
利弗目揵連侍者弟子同名阿難陁不
可數知何況種種異名佛異名母異名
父異名城異名弟子異名侍者舍利弗
我若干微塵數劫住世說一同名釋迦牟
尼不可窮盡如是同名然燈佛同名提波

我若干微塵數劫住世說一同名釋迦牟
尼不可窮盡如是同名然燈佛同名提波
延佛同名燈光明佛同名一切勝佛同名
稱佛同名波頭摩勝佛同名毗婆尸佛同
名尸棄佛同名毗舍浮佛同名拘留孫佛同
名拘那含佛同名迦葉佛如是等異名乃
至異名侍現在世者我今悉知汝等應當
一心敬礼
尒時佛告舍利弗若善男子善女人求
阿耨多羅三藐三菩提者當先懺悔一切諸
罪若比丘犯四重罪比丘尼犯八重罪式叉
摩那沙弥沙弥尼犯出家根本罪若優婆
塞犯優婆塞重戒優婆夷犯優婆夷重
戒欲懺悔者當洗浴著新淨衣不食葷辛
當在淨處脩治室內以諸幡花莊嚴道場香
泥塗畫懸四十九枚幡莊嚴佛坐安置佛像
燒種種香栴檀沉水熏陸多伽羅蘇揵陁
種種末香塗香燒如是等種種妙香散種
種花興大慈悲願救苦衆生未度者令度
未解者令解未安者令安未涅槃者令得涅
槃晝夜思惟如來本行於无量劫受諸苦
惱不生疲猒為求无上菩提故於一切衆生
自生下心如僮僕心若比丘懺悔四重罪如
是晝夜卅九日當對八清淨比丘發露所犯

豫晝夜思惟如来本行於无量劫受諸苦
惱不生疲厭為求无上菩提故於一切衆生
自生下心如僮僕心若比丘懺悔四重罪如
是晝夜卌九日當對八清淨比丘發露所犯
罪七日一對發露至心慇重悔昔所作一心
歸命十方諸佛稱名礼拜隨力隨分如是至
心滿卌九日罪必除滅是人得清淨時當有
相現若於覺中若於夢中見十方諸佛與其
記莂或見菩薩與其記莂將詣道場共為
已伴或與摩頂示滅罪相或自見身入大會
中處在衆次或自見身處衆說法或見諸
淨行沙門將詣道場示其諸佛舍利弗若
比丘懺悔罪時若見如是相者當知是人罪
垢得滅除不至心若比丘尼懺悔八重罪者
當如比丘法法足卌九日當得清淨除不至心
若式叉摩那沙弥沙弥尼懺悔根本重罪當
對四清淨比丘比丘尼如上法滿廿一日當
知清淨除不至心若優婆塞優婆夷懺
重戒罪應當至心恭敬三寶若見沙門恭敬
礼拜並難遭想當請諸道場設種種供養
當請一比丘心敬重者就其發露所犯諸罪
至心懺悔一心歸命十方諸佛稱名礼拜如
是滿足七日必得清淨除不至心尒時世
尊而說偈言

BD15296號　佛名經（十六卷本）卷一一　（32–7）

至心懺悔一心歸命十方諸佛稱名礼拜如
是滿足七日必得清淨除不至心尒時世
尊而說偈言
得成菩提降伏魔　自在經行道樹下
證无鄣礙眼及身　法界平等如虛空
十億國土微塵數　菩薩弟子衆圍遶
得於一切寂淨心　善住普賢諸行中
佛身相好妙莊嚴　放於種種无量光
普照十方諸國土　諸佛不可思議力
見諸國土悉无垢　无量妙色清淨滿
諸佛所有勝妙事　承佛神力見大衆
東方世界名寶幢　遠離諸垢妙莊嚴
彼處自在寶燈佛　於今現在彼世界
南方頗黎燈國土　清淨妙色普嚴淨
摩尼清淨雲如來　現今在世說妙法
西方无垢清淨土　名為安樂妙世界
彼自在佛无量壽　菩薩弟子現圍遶
北方世界名香燈　國土清淨甚嚴飾
无染光幢佛所化　現今自在道場樹
瑠璃光明真妙色　國土清淨勝莊嚴
无破光雲佛如来　於今現在東北方
光明照幢世界中　現見滿足諸菩薩
自在吼聲佛彼處　現今在於東南方
種種樂樂佛世界　摩尼莊嚴妙无垢

BD15296號　佛名經（十六卷本）卷一一　（32–8）

光明照幢世界中　現見滿足諸菩薩
自在吼聲佛彼處　現今在於東南方
種種樂樂佛世界　摩尼莊嚴妙无垢
勝妙智月如須弥　現在於西　南方
現見西北方如來　弥留光明千等界
彼處大聖自在佛　弟子菩薩衆圍遶
下方世界自在光　國土清淨寶实藏
光明妙輪不空見　佛今住彼妙國土
上方世界光实藏　彼世界名淨无垢
普眼功德光明雲　現見菩提樹下坐
即時舍利弗等大衆承佛神力見十方過
去未來現在諸佛无量无邊尒時舍利弗
在大衆中悲泣流淚白佛言希有世尊若
善男子善女人不發阿耨多羅三藐三菩提
心者不得成佛我等昔來猶如腐草雖逢
春陽无悕秋實
尒時慧命舍利弗即從坐起偏袒右肩右
膝著地合掌白佛世尊世尊願更廣說十
方所有諸佛名号我等樂聞尒時佛告舍利
弗汝當至心諦聽我爲汝說舍利弗從此世
界東方過百千億世界有佛世界名然燈彼世
界有佛名寶集阿羅訶三藐三佛陀現在說法
舍利弗若有善男子善女人聞彼佛名至心
受持憶念是善男子善女人畢竟得七覺

BD15296號　佛名經（十六卷本）卷一一　（32–9）

界有佛名寶集阿羅訶三藐三佛陀現在說法
舍利弗若有善男子善女人聞彼佛名至心
受持憶念是善男子善女人畢竟得七覺
分三昧得不退轉阿耨多羅三藐三菩提心
超越世間六十劫尒時世尊以偈頌曰
東方然燈界　有佛名寶集　若人聞名者　超世六十劫
舍利弗東方有世界名寶集
彼世界有佛名寶勝　阿羅訶三藐三佛陀
現在說法若善男子善女人聞彼佛名至
心受持憶念讀誦合掌礼拜若復有善男
子善女人以滿足三千大千世界珎寶布施如
是日月布施滿一百歲如此布施福德比前
至心礼拜功德百分不及一千分不及一百
千分不及一數分不及一筭不及一譬喻不
及一尒時世尊以偈頌曰
寶集世界　有佛寶勝　若人聞名　施不及一
舍利弗從此東方過八百世界有佛世界
名香積彼世界有佛名
成就盧舍那　阿羅訶三藐三佛陀現在說
法若人聞彼佛名受持讀誦憶念礼拜超
越世間五百劫
舍利弗從此世界東方過千世界名樹提
跋提　彼世有佛名
盧舍那鏡像　阿羅訶三藐三佛陀現在

BD15296號　佛名經（十六卷本）卷一一　（32–10）

舍利弗從此世界東方過千世界名樹提
䟦提　彼世有佛名
盧舍那鏡像　阿羅訶三藐三佛陁現在
說法善男子善女人聞彼佛名受持讀
誦至心憶念恭敬礼拜得脫三惡道
舍利弗從此東方過二千世界有佛國土
名无量光明功德世界有佛名
盧舍那光明　阿羅訶三藐三佛陁若善
男子善女人聞彼佛名五體投地深心敬
重受持讀誦恭敬礼拜是人超越世間廿
劫
舍利弗東方過千世界有佛國土名可樂
彼佛名　不動應供正遍知若善男子善女
人聞彼佛名受持讀誦恭敬礼拜是人畢竟
不退阿耨多羅三藐三菩提一切諸魔所不
能動
舍利弗東方過千世界有佛世界名不可
量彼處佛名　　大光明
阿羅訶三藐三佛陁現在說法若善男子善
女人聞彼光明佛名受持讀誦恭敬礼拜
是人常不離一切諸佛菩薩畢竟得不退
轉阿耨多羅三藐三菩提心
舍利弗從此佛國土東方過六十千世界有

BD15296號　佛名經（十六卷本）卷一一　（32–11）

是人常不離一切諸佛菩薩畢竟得不退
轉阿耨多羅三藐三菩提心
舍利弗從此佛國土東方過六十千世界有
佛世界名然炬佛名
不可量聲　阿羅訶三藐三佛陁現在說
法若善男子善女人聞彼阿弥陁佛名三
遍稱南无无量聲如來南无无量聲如來
南无无量聲如來是人畢竟不墮三惡道
定心阿耨多羅三藐三菩提舍利弗復過
彼世界度千佛國土有佛世界名无塵彼
有佛國名　阿弥陁劬沙　阿羅訶三藐三
佛陁現在說法若善男子善女人聞彼佛
名深心敬重受持讀誦恭敬礼拜是人超
越世間十二劫
舍利弗復過廿千佛國土有佛世界名難
勝彼處　有佛名大稱
阿羅訶三藐三佛陁若善男子善女人聞
彼佛名合掌作如是言南无大稱如來若
復有人以須弥山等七寶日日布施滿一百
歲人以須弥山等七寶日比聞此佛名礼拜
功德百分不及一乃至筭數分不及一
次礼十二部尊經大藏法輪
南无白義　經　南无鷹王　經
南无須達　經　南无知道三昧　經

BD15296號　佛名經（十六卷本）卷一一　（32–12）

次礼十二部尊經大藏法輪
南无向義經　南无鷹王經
南无頂達經　南无知道三昧經
南无義決律經　南无須邪越國貧人經
南无齋經　南无等入法嚴經
南无陰持入經　南无佛說讙淨經
南无方便心論經　南无諫心經
南无摩訶剎頭經　南无中陰經
南无所欲致患經　南无流離王經
南无孫陀耶致經　南无遊經
南无僧大經　南无夫婦經
南无佛般泥洹後灌臘經　南无天皇梵摩經
南无遺日定行經　南无十二死經
南无和難經　南无施陀梨呪經
南无犯罪報輕重經　南无菩薩大業經
次礼十方諸大菩薩
南无等觀菩薩　南无不等觀菩薩
南无等不等觀菩薩　南无定自在王菩薩
南无法自在王菩薩　南无法相菩薩
南无光相菩薩　南无光嚴菩薩
南无大嚴菩薩　南无寶積菩薩
南无辯積菩薩　南无寶手菩薩
南无寶印手菩薩　南无常舉手菩薩
南无常下手菩薩　南无常慘菩薩

BD15296號　佛名經（十六卷本）卷一一　（32–13）

南无辯積菩薩　南无寶手菩薩
南无寶印手菩薩　南无常舉手菩薩
南无常下手菩薩　南无常慘菩薩
南无喜根菩薩　南无喜王菩薩
南无辯音菩薩　南无虛空藏菩薩
南无執寶炬菩薩　南无寶勇菩薩
南无寶見菩薩　南无帝網菩薩
南无明網菩薩　南无无緣觀菩薩
次礼聲聞緣覺一切賢聖
南无見人騰飛辟支佛　南无可波羅辟支佛
南无秦摩剎辟支佛　南无月淨辟支佛
南无善智辟支佛　南无脩陀辟支佛
南无善法辟支佛　南无應求辟支佛
南无賭求辟支佛　南无大勢辟支佛
南无脩行不著辟支佛　南无難捨辟支佛
歸命如是等无量无邊辟支佛
礼三寶已次復懺悔
以共懺悔身三業竟今當次第懺悔口四
惡業經法說言口業之罪能令眾生墮於
地獄餓鬼受苦者在畜則受鵂鶹鴝鵒烏形
聞其聲者无不憎惡若生人中口氣常臭
所有言說人不信受眷屬不和常好鬪諍口
業既有如是惡果是故弟子今日至誠歸
依於佛

BD15296號　佛名經（十六卷本）卷一一　（32–14）

聞其聲者无不憎惡若生人中口氣常臭
所有言說人不信受眷屬不和常好鬪諍口
業既有如是惡果是故弟子今日至誠歸
依於佛
南无東方須弥燈王佛　南无南方大雲功德佛
南无西方无量力佛　南无北方寶花生德佛
南无東南方一切覺惠佛　南无西南方无量辯才佛
南无西北方蓮花生王佛　南无東北方滅一切傷佛
南无下方生无明王佛　南无上方電燈王幢佛
如是十方盡虛空界一切三寶
弟子等自從无始以來至於今日妄言兩舌
惡口綺語傳空說有說有言空不見言見見
言不見不聞言聞聞言不聞不知言知知言
不知欺賢罔聖言行相乖自稱讚譽得過
人法我得四禪四无色定阿那般那十六行
觀得須陁洹至阿羅漢我得辟支佛不退
菩薩天來龍鬼來神來旋風土鬼皆至我
所彼聞我善顯異或衆要世名利如是等罪
今悉懺悔
又復无始以來至於今日或讒言鬪亂交扇
彼此兩舌離搆取弄口舌向彼讒此道彼
離他眷屬壞人善友使押密者為疎親舊
者或怨或綺辭不實言不及義諠謗名父平
薄師長破壞忠良滅勝已通致二國彼此扇

BD15296 號　佛名經（十六卷本）卷一一　（32–15）

彼此兩舌離搆取弄口舌向彼讒此道彼
離他眷屬壞人善友使押密者為疎親舊
者或怨或綺辭不實言不及義諠謗名父平
薄師長破壞忠良滅勝已通致二國彼此扇
作浮花虛巧發言常虛口是心非其途非一
對面譽歎背則呵毀讚誦邪書侍邪惡法
或惡口罵詈言語麁獷或呼天扣地牽引鬼
神如是口業所生諸罪无量无邊今日至
到向十方佛尊法衆聖皆悉懺悔
願弟子等承是懺悔口業衆罪所生功德生
生世世具八音聲四无礙辯常說和合利益
之語其聲清雅一切樂聞善解衆生方俗言
語若有所說應時應根令彼聽者即得解悟
超凡人聖開發惠眼　礼一拜
舍利弗復過三千佛國土有世界名光明佛
名　寶光明
從此以上八千七百佛十二部經一切賢聖
阿羅訶三藐三佛陁若善男子善女人受持
彼佛名越超世間劫得不退轉心阿耨多
羅三藐三菩提若有人不信聞名得如此
功德是人當墮阿毗地獄滿足一百劫
舍利弗東方過十五佛國土有世界名光明
照彼處有佛名　得大无畏
阿羅訶三藐三佛陁現在說法若善男子善

BD15296 號　佛名經（十六卷本）卷一一　（32–16）

舍利弗東方過十五佛國土有世界名光明
照彼處有佛名　　得大无畏
阿羅訶三藐三佛陁現在說法若善男子善
女人聞彼佛名受持讀誦恭敬礼拜是人畢
竟得大无畏攝取无量无邊功德聚舍利
弗過弟七千佛國土有世界名摩尼光明
彼處有佛名然燈佛
阿羅訶三藐三佛陁現在說法若善男子善
女人聞彼佛名至心恭敬礼拜受持讀誦是
人攝得如來十力
舍利弗復過八千佛國土有寶世界彼世界
中有佛名　寶聲　如來阿羅訶三藐三
佛陁現在說法若善男子善女人聞彼佛
名至心受持讀誦至心礼拜是人畢竟得四
聖諦畢竟得阿耨多羅三藐三菩提
舍利弗復過廿千佛國土有佛世界名光
明佛名　　无邊无垢
阿羅訶三藐三佛陁現在說法若善男子
善女人聞彼佛名至心信受受持讀誦恭敬
礼拜若復有人以滿三千大千世界七寶布施
比聞无垢佛名受持讀誦功德千万分不及
一乃至筭數分不及一何以故若衆生善根
微薄不能得聞无垢佛名若有善男子善
女人聞无邊離垢如來名是人非於一佛所種

BD15296號　佛名經（十六卷本）卷一一　　（32–17）

一乃至筭數分不及一何以故若衆生善根
微薄不能得聞无垢佛名若有善男子善
女人聞无邊離垢如來名是人非於一佛所種
諸善根亦非十佛所種諸善根人乃是百
千万佛種諸善根是人超越世間卌八劫
舍利弗東方過九千佛國土有世界名妙聲
佛名月聲　阿羅訶三藐三佛陁現在說
法若善男子善女人聞彼佛名能受持讀
誦至心礼敬是人所得一切功德白法具足
如滿月畢竟得阿耨多羅三藐三菩提
舍利弗復過十千佛國土有世界名无畏
佛名无邊稱
阿羅訶三藐三佛陁現在說法若善男子
善女人聞彼佛名受持讀誦合掌作如是
言南无无邊稱世尊若復有人寶如須弥
等布施日日如是滿足百年與福德聚比持
佛名功德百分不及一乃至筭數譬喻所不
能及
舍利弗復過千五百佛國土有世界名日
然燈佛名　　日月光明
阿羅訶三藐三佛陁現在說法若善男子
善女人聞彼佛名受持讀誦胡跪合掌右
膝著地三遍作如是言南无日月光明世
尊南无日月光明世尊南无日月光明世

BD15296號　佛名經（十六卷本）卷一一　　（32–18）

善女人聞彼佛名受持讀誦𨄔跪合掌右
膝著地三過作如是言南无日月光明世
尊南无日月光明世尊南无日月光明世
尊是人速成阿耨多羅三藐三菩提
舍利弗復過三千佛國土有世界名无
垢佛名　无垢光明
阿羅訶三藐三佛陁現在說法若善男
子善女人天龍夜叉羅剎若人非人聞是
佛名畢竟不退阿耨多羅三藐三菩提不
入惡道
舍利弗東方過十千佛國土有世界名百
千光明佛名　清淨光明
阿羅訶三藐三佛陁現在說法若天龍夜
叉人非人聞名者必得人身遠貪瞋癡
煩惱若人聞不信者六十千劫墮大地獄
舍利弗復過　佛國土有世界名善德
佛名日光明　阿羅訶三藐三佛陁現
在說法若人畢竟清淨心稱佛名所得功
德滿足如日輪畢竟能一切諸魔外道超
越世間卌劫
舍利弗復過六十千佛國土有世界名住
七覺分　佛名无邊寶
阿羅訶三藐三佛陁現在說法若人聞
彼佛名是人具足得七寶分能置衆生著

BD15296 號　佛名經（十六卷本）卷一一　（32–19）

七覺分　佛名无邊寶
阿羅訶三藐三佛陁現在說法若人聞
彼佛名是人具足得七寶分能置衆生著
勝寶中畢竟成就无量功德聚
舍利弗復過五百佛國土有世界名花
鏡像佛名　華勝
阿羅訶三藐三佛陁現在說法若人聞
彼佛名信心敬重彼人一切善法成就如
華敷超越世間五十五劫
舍利弗復過百千億佛國土有世界名
遠離一切憂惱佛名　妙身
阿羅訶三藐三佛陁現在說法若人聞彼
佛名至心敬重礼拜供養是人畢竟遠離
一切諸難不入惡道超越世間无量劫
舍利弗若比丘比丘尼優婆塞優婆夷欲
懺悔諸罪當淨洗浴著新淨衣淨治室內
敷高坐安置佛像懸廿五枚幡種種花香供
養誦此廿五佛名日夜六時懺悔滿廿五日
滅四重八重等罪式叉摩那沙弥沙弥尼亦
如是尒時舍利弗白佛言世尊唯願世尊
為說我過去七佛姓名壽命長短我等樂聞
佛告舍利弗諦聽諦聽當為汝說舍利弗
過去九十一劫
有佛名毗婆尸如來過去卌劫

BD15296 號　佛名經（十六卷本）卷一一　（32–20）

佛告舍利弗諦聽諦聽當為汝說舍利佛
過去九十一劫
有佛名毗婆尸如來過去卌劫
有佛名尸棄如來　彼劫中復有毗婆浮
如来自此以後无量无邊劫空過无佛至
賢劫中有四佛　拘留孫佛
拘那含牟尼佛　迦葉佛
我釋迦牟尼佛毗婆尸佛壽命八十千劫
尸棄佛壽命六十千劫
毗舍浮佛壽命二千劫
拘留孫佛壽命十四小劫
拘那含牟尼佛壽命卌小劫
迦葉佛壽命二小劫我現在寂小壽命一
百歲毗婆尸佛尸棄佛毗舍浮佛剎利
家生拘孫留佛拘那含佛迦葉佛婆羅門家
生舍利弗我釋迦牟尼剎剎家生毗婆尸佛
尸棄佛毗舍浮佛三佛姓　拘憐拘留孫佛
拘那含牟尼佛迦葉佛此三佛姓迦葉
舍利弗我釋迦牟尼佛姓瞿曇
舍利弗毗婆尸佛波吒羅樹下得阿耨多
羅三藐三菩提
尸棄佛分陁利樹下得阿耨多羅三藐三菩
提毗舍浮佛莎羅樹下得阿耨多羅三藐
三菩提

BD15296號　佛名經（十六卷本）卷一一　（32–21）

尸棄佛分陁利樹下得阿耨多羅三藐三菩
提毗舍浮佛莎羅樹下得阿耨多羅三藐
三菩提
拘那含牟尼佛尸利沙樹下得阿耨多羅三
藐三菩提
拘留孫佛憂頭跋樹下得阿耨多羅三藐
三菩提
迦葉佛尼拘律樹下得阿耨多羅三藐三
菩提
我釋迦牟尼阿說他樹下得阿耨多羅三
藐三菩提
毗婆尸佛三集聲聞尸棄佛三集聲聞毗
舍浮佛再集聲聞　拘留孫佛一集聲聞
拘那含牟尼佛一集聲聞　迦葉佛一集
聲聞　我釋迦牟尼佛一集聲聞
毗婆尸佛第一聲聞　弟子一名玄沙二名看
荼
毗舍浮佛第一聲聞弟子一名星宿二名上
拘留孫佛第一聲聞弟子一名疾二名力拘
那含牟尼佛第一聲聞弟子一名活二名
毗頭羅　尸棄佛第一聲聞弟子名勝二
名自在　迦葉佛第一聲聞弟子一名輸
那二名頗羅墮　我釋迦牟尼佛第一聲聞

BD15296號　佛名經（十六卷本）卷一一　（32–22）

毗頭羅　尸棄佛弟一聲聞弟子名勝二
名自在　迦葉佛弟一聲聞弟子一名輪
那二名頗羅墮　我釋迦牟尼佛弟一聲聞
弟子一名舍利弗二名目揵連如上二人等前者
智慧弟一後神通弟一毗婆尸佛侍者名无
憂尸棄佛侍者名離畏毗舍浮佛侍者
名寂
拘留孫佛侍者名智拘那含文尼佛侍者
名親　迦葉佛侍者名迦夫我侍者名歡喜
毗婆尸佛子名成陰尸棄佛子名不可量毗
舍浮佛子名善智　拘留孫佛子名上
拘那含文尼佛子名勝　迦葉佛子名
道師　我子名羅睺羅
毗婆尸佛父名槃頭母名槃頭意城名槃
頭尸棄佛父名鈎那母名勝城名阿樓那䟦
提毗舍浮佛父名阿樓那天子母稱意城
名隨意
拘留孫佛婆羅門種父名功德母名廣彼
天子名无畏城亦名无畏
拘那含文尼佛父婆羅門種名火德母名
難勝天子名莊嚴城亦名莊嚴
迦葉佛父婆羅門種名淨德母名善寺天
子名知使城亦名知使令時波羅柰城是

BD15296號　佛名經（十六卷本）卷一一　（32–23）

迦葉佛父婆羅門種名淨德母名善寺天
子名知使城亦名知使令時波羅柰城是
我今父名輸頭檀王母名摩訶摩耶城名迦
毗羅
舍利弗應當敬我禮本師謂釋迦牟尼佛
稱妙佛降伏一切德
南无然燈光佛　南无无畏　佛
南无法勝　佛
如是等初一大阿僧祇劫有八十億佛最
後名釋迦牟尼佛
弟二阿僧祇劫初寶勝佛　然燈佛
如聲佛　勝成佛　善見佛　善眼佛
提持羅吒佛
師子无畏自在不違善眼善山善意旃
檀降伏熱降伏闇師子奮迅妙聲无量
威德淨德炎見弟一義復有釋迦牟尼
妙行勝妙寂靜妙身功德梵梵命月降自
在調山目陁羅肝山是弟二大阿僧祇劫有
有如是等七十二億佛應當敬礼
舍利弗大力大精進淨德大明陽炎復有
釋迦牟尼大龍大威德堅行旃檀寶山因
陁羅幢无畏作富樓那寶髻波頭摩勝妙
勝无垢與光明降伏怨波斯他大幢頭羅
羅墮畢沙星宿毗婆尸尸棄拘隣毗舍浮

BD15296號　佛名經（十六卷本）卷一一　（32–24）

他羅幢无畏作留樓那寶髻波頭摩勝妙
勝无垢與光明降伏怨波斯他大幢頭羅
羅隨畢沙星宿毗婆尸尸棄枸隣毗舍浮
綵作光明不可勝復有尸棄善見最後釋
迦牟尼第三大阿僧祇劫中有如是等七千
一億佛應當敬礼
舍利弗如是等過去无量佛等應當敬礼
南无歡喜增長佛　南无自在王佛
南无不動佛　南无大聖佛
南无歡喜佛　南无自在佛
南无普光明佛　南无滿足佛
南无枸隣佛　南无安隱佛
南无大精進佛　南无智慧佛
南无大稱佛　南无阿㝹律佛
南无妙勝佛　南无不猒足佛
南无大光炎聚佛　南无月光佛
南无火威德佛　南无普寶蓋佛
南无那羅延光明佛　南无師子乘光明佛
南无離一切憂惱光明佛　南无堅固光明佛
南无雲王光明佛　南无无垢辟光明佛
南无成就義光明佛　南无勝讓光明佛
南无梵勝天王王光明佛
南无如是等同名不可說不可說佛

BD15296 號　佛名經（十六卷本）卷一一　（32–25）

南无雲王光明佛　南无无垢辟光明佛
南无成就義光明佛　南无勝讓光明佛
南无梵勝天王王光明佛
南无如是等同名不可說不可說佛
舍利弗汝應當敬礼无量壽佛國安樂
世界觀世音菩薩得大勢菩薩以為上首
及无量无邊菩薩如是摩利支世界難勝
佛國土光明幢菩薩光明勝菩薩以為上
首
及无量无邊阿僧祇菩薩衆如是可樂世
界阿閦佛國土香烏菩薩妙香菩薩以
為上首
及无量无邊菩薩衆如是盧舍那世界
日月佛國土師子菩薩師子慧菩薩以為
上首
及无量无邊菩薩衆如是不瞬世界善
月佛國土莎羅胎菩薩一切法得自在菩
薩以為上首
及无量无邊菩薩衆樂成世界寶炎如來
佛國土不空奮迅菩薩不空見菩薩以為
上首
及无量无邊菩薩衆觀世界普觀如來
佛國土雲菩薩法王菩薩以為上首
及无量无邊菩薩衆見愛世界觀世音如

BD15296 號　佛名經（十六卷本）卷一一　（32–26）

及无量无邊菩薩衆觀世界普觀如来
佛國土雲菩薩法王菩薩以爲上首
及无量无邊菩薩衆見愛世界觀世音如
来佛國土降伏魔菩薩山王菩薩以爲上
首
及无量无邊菩薩衆如是等十方世界一
切佛國土一切菩薩我皆歸命
舍利弗歸命善清淨无垢寶功德集勝
王佛
南无因陁羅幢佛　南无普照佛
南无清淨光明王佛　南无金山光明師子奮迅佛
南无普勝山功德佛　南无善住功德摩尼王佛
南无普見王佛　南无金剛勝佛
南无普賢佛　南无普照佛
南无寶法勝決定佛　南无无畏王佛
次礼十二部尊經大藏法輪
南无菩薩所生地經　南无分然洹國王羅越經
南无菩薩五千德行經　南无差摩竭經
南无諦了生死本經　南无阿差末菩薩經
南无了本生死經　南无師比丘經
南无呪盡道呪經　南无善馬有三相經
南无長者法志妻經　南无呪毒蛇神呪經
南无移山經　南无須真太子經

BD15296號　佛名經（十六卷本）卷一一　（32–27）

南无了本生死經　南无師比丘經
南无呪盡道呪經　南无善馬有三相經
南无長者法志妻經　南无呪毒蛇神呪經
南无移山經　南无須真太子經
南无聖法印經　南无諸佛要集經
南无七夢經　南无四貪想經
南无九傷經　南无諸福德田經
南无神呪辟除賊害經　南无尼吒國王經
南无比丘分衛經　南无鑪炭經
南无梵摩經　南无須陁洹四功德經
南无持戒而教人篸經　南无蓮華女經
次礼十方諸大菩薩
南无慧積菩薩　南无寶勝菩薩
南无天王菩薩　南无壞魔菩薩
南无電得菩薩　南无自在王菩薩
從此以上八千八百佛十二部經一切賢聖
南无功德相嚴菩薩　南无師子吼菩薩
南无雷音菩薩　南无山相擊音菩薩
南无香象菩薩　南无白香象菩薩
南无常精進菩薩　南无不休息菩薩
南无妙生菩薩　南无華嚴菩薩
南无觀世音菩薩　南无得大勢菩薩
南无梵網菩薩　南无寶杖菩薩
南无无勝菩薩　南无嚴土菩薩

BD15296號　佛名經（十六卷本）卷一一　（32–28）

南无觀世音菩薩　南无得大勢菩薩
南无梵網菩薩　南无寶杖菩薩
南无无勝菩薩　南无嚴土菩薩
南无金髻菩薩　南无珠髻菩薩
南无弥勒菩薩
南无文殊師利法王子菩薩
次礼聲聞緣覺一切賢聖
南无寶辟支佛　南无不可比辟支佛
南无歡喜辟支佛　南无喜辟支佛
南无隨喜辟支佛　南无十二婆羅門辟支佛
南无不同名婆羅辟支佛　南无火身辟支佛
南无閻普提辟支佛　南无摩訶男辟支佛
南无心上辟支佛　南无疑淨辟支佛
歸命如是等无量无邊辟支佛
礼三寶已次復懺悔
已懺悔身三口四竟次復懺悔佛法僧
間一切諸障難中佛說人身難得佛法難
聞衆僧難值信心難生六根難具善友難
得而今相與宿殖善根得此人身六根完具
又值善友得聞正法於其中間復各不能
盡心精勤至到恐於未來長淪万苦无有
出期是故今日應須至到慚愧稽首歸依
於佛

BD15296號　佛名經（十六卷本）卷一一　（32–29）

盡心精勤至到恐於未來長淪万苦无有
出期是故今日應須至到慚愧稽首歸依
於佛
南无東方滿月光明佛　南无南方自在王佛
南无西方无邊光佛　南无北方金剛王佛
南无東南方師子音佛　南无西南方寶鳥遊戲佛
南无西北方須弥相佛　南无東北方寶家高德佛
南无下方寶憂錦華佛　南无上方廣衆德佛
如是等十方盡虛空界一切三寶
弟子等自從无始以來至於今日常以无
明覆心煩惱鄣意見佛形像不能盡心恭敬
輕蔑衆僧殘害善友破塔毀寺焚燒形像
出佛身血或自處花堂安置尊像卑猥之
處使烟熏日暴風吹雨露塵土汙坌雀鼠
殘毀共住共宿曾无礼敬或裸露像身初不
嚴飾或遮掩燈燭開閉殿宇鄣佛光明如
是等罪今日至誠皆悉懺悔
又復无始以來至于今日或於法間不淨手
扠把捉經卷或臨經書非法俗話或安置頭
坐起不敬或開閉箱莒虫齧朽爛或首軸
脫落部黨失次或誂撓漏誤紙墨破列自
不脩理不肯流轉如是等罪今悉懺悔
或眠地聽經仰卧讀誦高聲語笑亂他聽
法或邪解佛語僻說聖意非法說法法說

BD15296號　佛名經（十六卷本）卷一一　（32–30）

不脩理不肯流轉如是等罪今悉懺悔
或眠地聽經仰卧讀誦高聲語笑亂他聽
法或邪解佛語僻說聖意非法說法法說
非法非犯說犯犯說非犯輕罪說重重罪說
輕或抄前著後抄後著前前後著中中著
前後綺飾文辭安置己典或爲利養名譽恭
敬爲人說法无道德心求法師過而爲論議非
理彈擊不爲長解求出世法或輕慢佛語尊
重邪教毀呰大乘讚聲聞道如是等罪无量
无邊今日至到皆悉懺悔
又復无始以來至於今日或於僧間有鄣㝵
害阿羅漢破和合僧害發无上菩提心人斷
滅佛種使聖道不行或褫脫人道鞭撻沙門
楚撻驅使苦言加謗或破於威儀或勸他人
捨於八正受行五法或假託形儀關竊賊住
如是等罪今悉懺悔
或穢形輕衣在經像前不淨脚履蹋上殿
塔或著屧屐入僧伽藍涕唾堂房汙佛僧地
乘車策馬排突寺舍令如是等於三寶間所
起罪鄣无量无邊今日至到向十方佛尊法
聖衆皆悉懺悔
願弟子等承是懺悔佛法僧間所有罪鄣
生生世世常值三寶尊仰恭敬无有猒足天

BD15296號　佛名經（十六卷本）卷一一　（32–31）

或穢形輕衣在經像前不淨脚履蹋上殿
塔或著屧屐入僧伽藍涕唾堂房汙佛僧地
乘車策馬排突寺舍令如是等於三寶間所
起罪鄣无量无邊今日至到向十方佛尊法
聖衆皆悉懺悔
願弟子等承是懺悔佛法僧間所有罪鄣
生生世世常值三寶尊仰恭敬无有猒足天
繒妙綵衆寶瓔珞百千妓樂珍異華香非世
所有常以供養若未成佛先往勸請開甘露
門若入涅槃願我常得最後供於衆僧
中脩六和敬得自在力興隆三寶上弘佛道
下化衆生 礼一拜

佛名經卷第十一

BD15296號　佛名經（十六卷本）卷一一　（32–32）

五千五百佛名經卷第二

南无佛華敷王如来　南无虛空清淨王如来
南无智自在王如来　南无須弥王如来
南无震聲王如来　南无震上王如
南无震下王如来　南无震聲力如来
南无迦陵伽王如来　南无瞿拏光明王如来
南无婆伽婆帝廣福藏普世間明如来
南无瞿拏光明如来　南无虛空光明如来
南无香光明如来　南无无量香光明如来
南无弥留光明如来　南无須弥光明如来
南无淨光明如来　南无清淨光明如来
南无普光明如来　南无无邊光明如来
南无廣光明如来　南无焰光明如来
南无火光明如来　南无日光明如来

BD15297號　五千五百佛名神咒除障滅罪經卷二　（25–1）

南无廣光明如来　南无焰光明如来
南无火光明如来　南无日光明如来
南无月光明如来　南无法圓光明如来
南无智圓光明如来　南无閻浮檀光明如来
南无寶光明如来　南无金光明如来
南无日避步圓普光明如来
南无法界光明如来
南无虛空光明如来
南无德王光明如来
南无諸法教威形可畏光明如来
南无日上光明德威形如来
南无多饒種種功德威光明如来
南无熾盛瑠璃光明如来
南无功德藏摩尼光明如来
南无金光如来
南无寶光如来
南无婆伽婆帝十方廣瞿拏震聲无盡光如来
南无歡喜海波瞿耶名自在光如来
南无不退瞿耶海光如来
南无解脫精進日光如来

BD15297號　五千五百佛名神咒除障滅罪經卷二　（25–2）

南无歡喜海波瞿耶名自在光如来
南无不退瞿耶海光如来
南无解脱精進日光如来
南无諸攀缘淨无迷光如来
南无妙月頗光如来
南无焔光如来
南无十上光如来
南无廣光如来
南无月上光如来
南无普放光如来
南无无邊上光如来
南无虚空圓光如来
南无放光如来
南无佛華光如来
南无大雲光如来
南无喜樂光如来
南无善焔光如来
南无普光如来
南无諸神通光如来
南无香放光如来
南无廣大智光如来
南无智上光如来
南无共善寶光如来
南无无量光如来
南无主藏光如来
南无照光如来
南无平等香光如来
南无千上光如来
南无不空光如来
南无无上光如来
南无羅網光如来
南无无邊際光如来
南无焔光如来
南无華光如来
南无多光如来
南无法光如来
南无法界電光如来

BD15297號　五千五百佛名神咒除障滅罪經卷二　　（25–3）

南无諸神通光如来
南无香放光如来
南无廣大智光如来
南无鞞伽鞞帝寶相莊嚴弥留如来
南无普智賢弥留如来
南无普門智賢弥留如来
南无普智光弥留如来
南无毗盧遮那功德弥留如来
南无法燈功德弥留如来
南无功德善弥留如来
南无功德弥留如来
南无瞿耶須弥留如来
南无摩尼須弥留如来
南无弥留如来
南无大弥留如来
南无善相弥留如来
南无寂勝弥留如来
南无寶焔山弥留如来
南无寂上弥留如来 七百
南无海弥留如来
南无香勝弥留如来
南无法光如来
南无法界電光如来
南无寶弥留如来
南无大須弥留如来
南无福弥留如来
南无善弥留如来
南无難伏弥留如来
南无虚空弥留如来
南无香弥留如来
南无淨弥留如来

BD15297號　五千五百佛名神咒除障滅罪經卷二　　（25–4）

南无寂上弥留如来 七百
南无虚空弥留如来
南无海弥留如来
南无香弥留如来
南无香勝弥留如来
南无淨弥留如来
南无无上弥留如来
南无勝妙弥留如来
南无梵弥留如来
南无分別弥留如来
南无樹山如来
南无相功德山如来
南无金山如来
南无寂光深聚如来
南无功德聚如来
南无法力功德聚如来
南无辯才聚如来
南无得金蓋聚如来
南无山聚如来
南无香聚如来
南无聚如来
南无一聚如来
南无寶華聚如来
南无華聚如来
南无光聚如来
南无无量光如来
南无廣光如来
南无健光如来
南无帝釋光如来
南无淨光如来
南无普光如来
南无寂上光如来
南无廣光如来
南无寶光如来
南无寶蓮華光如来
南无寂光如来
南无金剛光如来
南无月圓光如来
南无不思議瞿那光如来
南无无垢光如来

BD15297 號　五千五百佛名神咒除障滅罪經卷二　（25–5）

南无不思議瞿那光如来
南无无垢光如来
南无真金閻浮檀幢金光如来
南无普功德華威光如来
南无普法門面峰光如来
南无法焰弥留峰光如来
南无无垢法山智峰光如来
南无衆寶閻錯色摩尼圓光如来
南无法海震聲意如来
南无光明幢王意如来
南无祭祀名施意如来
南无无盡意如来
南无无礙意如来
南无白豪功德光明意如来
南无方處智光幢意如来
南无光意如来
南无順法意如来
南无寂靜意如来
南无海意如来
南无无量幢意如来
南无智意如来
南无愍意如来
南无无攀緣意如来
南无无小意如来
南无天意如来

BD15297 號　五千五百佛名神咒除障滅罪經卷二　（25–6）

南无慈意如来
南无无攀缘意如来
南无无小意如来
南无天意如来
南无金剛意如来
南无思惟意如来
南无勝意如来
南无清淨意如来
南无意如来
南无善意如来
南无梵意如来
南无釋迦如来
南无娑伽娑帝諸世界自在如来
南无法自在如来
南无智自在如来
南无自在如来
南无大自在如来
南无衆自在如来
南无世自在如来
南无師子自在如来
南无无畏觀視自在如来
南无瞿那師子自在如来
南无法上龍自在如来
南无无迷法自在如来
南无人自在如来
南无威自在如来
南无梵威自在如来
南无衆自在如来
南无聲自在如来
南无廣化自在如来
南无月光自在如来
南无火自在如来
南无意自在如来
南无光明无垢胎藏如来
南无華胎藏如来

BD15297號　五千五百佛名神咒除障滅罪經卷二　（25–7）

南无光明无垢胎藏如来
南无華胎藏如来
南无毘耶蓮華功德胎藏如来
南无蓮華胎藏如来
南无胎藏如来
南无蘇利耶胎藏如来
南无蓮華功德胎藏如来
南无天王胎藏如来
南无天功德胎藏如来
南无金剛胎藏如来
南无日胎藏如来
南无功德華藏如来
南无普智光蓮華光明胎藏如来
南无法智所生普光明胎藏如来
南无百焰光明胎藏如来
南无无量焰化光胎藏如来
南无瞿耶寶威功德胎藏如来
南无王髻摩尼胎藏如来
南无種无光功德弥留胎藏如来
南无娑羅王王功德胎藏如来

BD15297號　五千五百佛名神咒除障滅罪經卷二　（25–8）

南无種无光功德称留胎藏如来
南无娑羅主王功德胎藏如来
南无寶蓮華光胎藏如来
南无毗盧遮那功德胎藏如来
南无寶相莊嚴称留名如来
南无寶焰山如来　南无寶上如来
南无寶所生如来　南无寶大如来
南无寶大眷屬如来　南无寶杖如来
南无寶焰如来　南无寶髻如来
南无寶積如来　南无寶勝如来
南无寶如来　南无寶山如来
南无寶瞿耶相莊嚴光如来
南无寶名如来　南无寶所得如来
南无寶形像如来　南无寶幟如来
南无光明如来　南无智焰海如来
南无瞿耶功德海如来　南无大海如来
南无瞿耶海如来　南无珊瑚海如来
南无勝意海如来
南无光无不利瞿耶海如来
南无一切波羅蜜无礙海如来
南无香光喜力海如来

BD15297號　五千五百佛名神咒除障滅罪經卷二　（25–9）

南无光无不利瞿耶海如来
南无一切波羅蜜无礙海如来
南无香光喜力海如来
南无法海所生意如来
南无重海所出意如来
南无瞿耶海如来
南无功德海如来
南无海門如来
南无福德海如来
南无告行海如来
南无无破智光瞿耶海如来
南无娑伽娑智上如来　南无賢上如来
南无憶上如来　南无妙上如来
南无无畏上如来　南无龍上如来
南无因上如来　南无憶上如来
南无閻浮上如来　南无因陁羅上如来
南无法上如来　南无虛空上如来
南无鳴上如来　南无蓮華上如来
南无香上如来　南无勝上如来
南无寶上如来　南无善生如来
南无善出如来　南无善宿如来

BD15297號　五千五百佛名神咒除障滅罪經卷二　（25–10）

南无寶上如来　南无善生如来
南无善出如来　南无善宿如来
南无善分别如来　南无善現如来
南无善任如来　南无善勝戰如来
南无善行如来　南无善立宿如来
南无善聰明如来　南无喜善如来
南无善意如来　南无善定如来
南无善清淨瞿那寶善任如来
南无善思如来
南无善梵如来
南无天垢力三昧遊步如来
南无普寶瞿那遊步如来
南无天怨遊步如来
南无寶形莊嚴光遊步如来
南无令不正意拔遊步如来
南无真如遊步如来　南无善遊步如来
南无師子遊步如来　南无金剛遊步如来
南无弥須遊步如来　南无蓮華遊步如来
南无寶蓮華遊步如来　南无難伏幢如来
南无勇力遊步如来　南无力天梵天如来

BD15297 號　五千五百佛名神咒除障滅罪經卷二　（25–11）

南无弥須遊步如来　南无蓮華遊步如来
南无寶蓮華遊步如来　南无難伏幢如来
南无勇力遊步如来　南无力天梵天如来
南无善梵天如来　南无㝡上天如来
南无仙天如来 九百　南无寶天如来
南无自在天如来　南无大帝釋天如来
南无婆素天如来　南无憂陁那天如来
南无毗貫法天如来　南无日天如来
南无水天如来　南无勝帝釋如来
南无无礙力帝釋如来　南无明燈如来
南无火帝釋如来　南无人帝釋如来
南无大帝釋如来　南无焰大帝釋如来
南无衆帝釋如来　南无大衆帝釋如来
南无順帝釋如来　南无世帝釋如来
南无一切世帝釋如来　南无自帝釋如来
南无寶帝釋如来　南无月上如来
南无无言㝡上如来　南无堅上如来
南无法㝡上如来　南无蓮華㝡上如来
南无㝡上如来　南无智㝡重上如来
南无㝡上上如来　南无威㝡上如来
南无法眞體㝡上如来

BD15297 號　五千五百佛名神咒除障滅罪經卷二　（25–12）

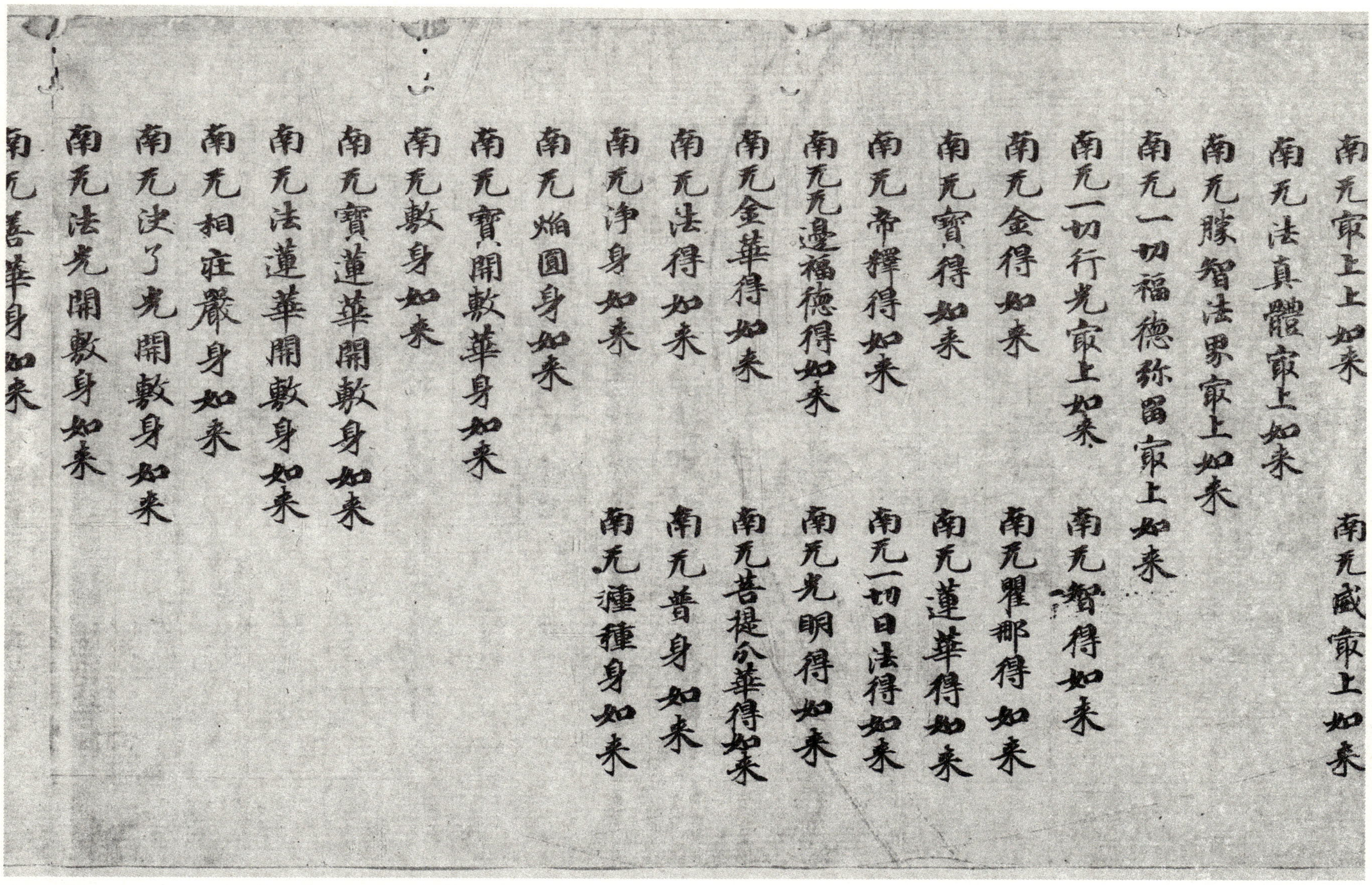
南无究上上如来
南无威究上如来
南无法真體究上如来
南无勝智法界究上如来
南无一切福德弥留究上如来
南无一切行光究上如来
南无智得如来
南无金得如来
南无瞿耶得如来
南无寶得如来
南无蓮華得如来
南无帝釋得如来
南无一切日法得如来
南无无邊福德得如来
南无光明得如来
南无金華得如来
南无菩提分華得如来
南无法得如来
南无普身如来
南无淨身如来
南无種種身如来
南无焰圓身如来
南无寶開敷華身如来
南无敷身如来
南无寶蓮華開敷身如来
南无法蓮華開敷身如来
南无相莊嚴身如来
南无決了光開敷身如来
南无法光開敷身如来
南无善華身如来

BD15297 號　五千五百佛名神咒除障滅罪經卷二　（25–13）

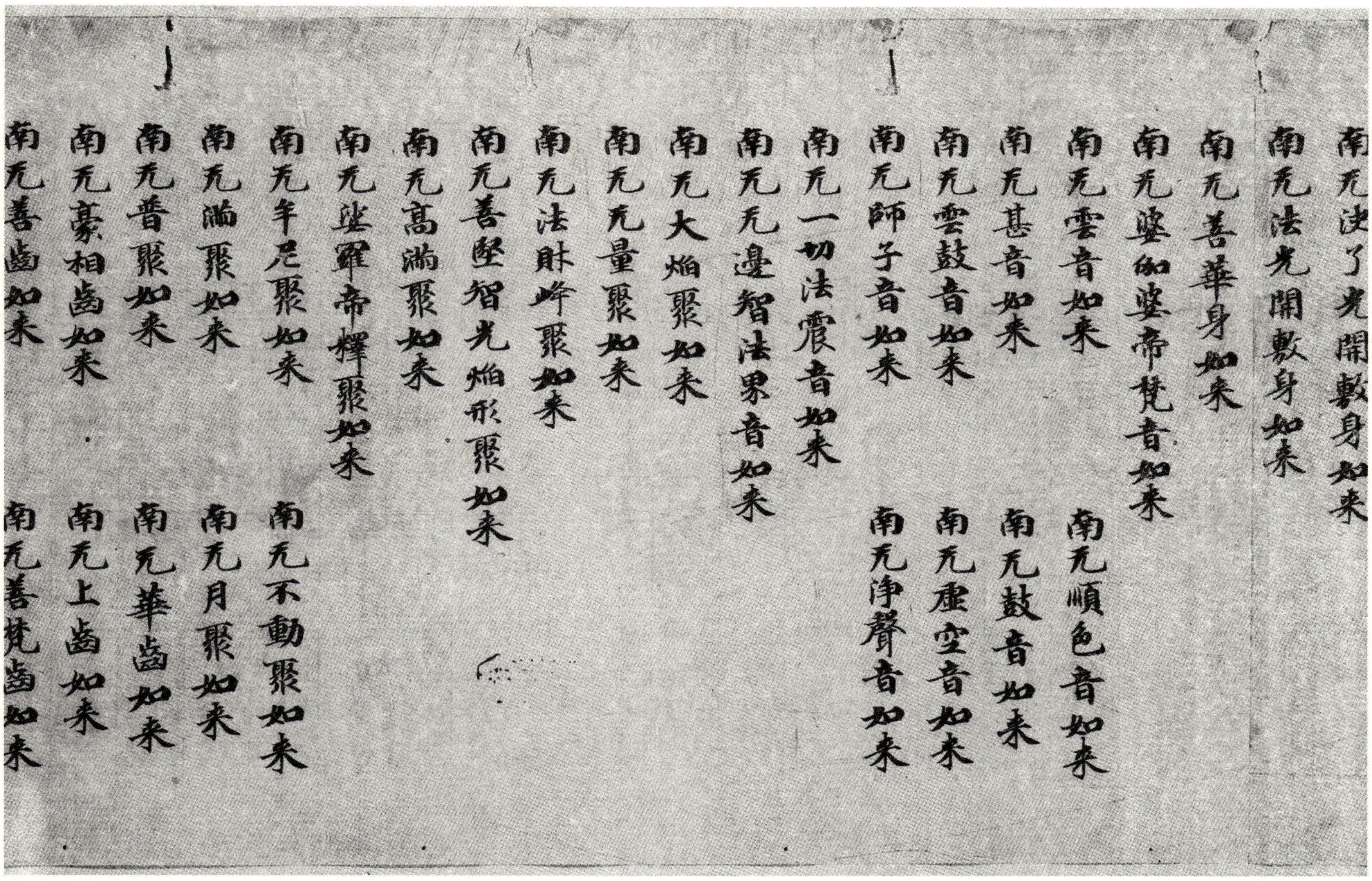
南无決了光開敷身如来
南无法光開敷身如来
南无善華身如来
南无婆伽婆帝梵音如来
南无雲音如来
南无順色音如来
南无甚音如来
南无鼓音如来
南无雲鼓音如来
南无虛空音如来
南无師子音如来
南无淨聲音如来
南无一切法震音如来
南无无邊智法界音如来
南无大焰聚如来
南无无量聚如来
南无法財峰聚如来
南无善堅智光焰形聚如来
南无高滿聚如来
南无娑羅帝釋聚如来
南无牟尼聚如来
南无不動聚如来
南无滿聚如来
南无月聚如来
南无普聚如来
南无華齒如来
南无豪相齒如来
南无上齒如来
南无善齒如来
南无善梵齒如来

BD15297 號　五千五百佛名神咒除障滅罪經卷二　（25–14）

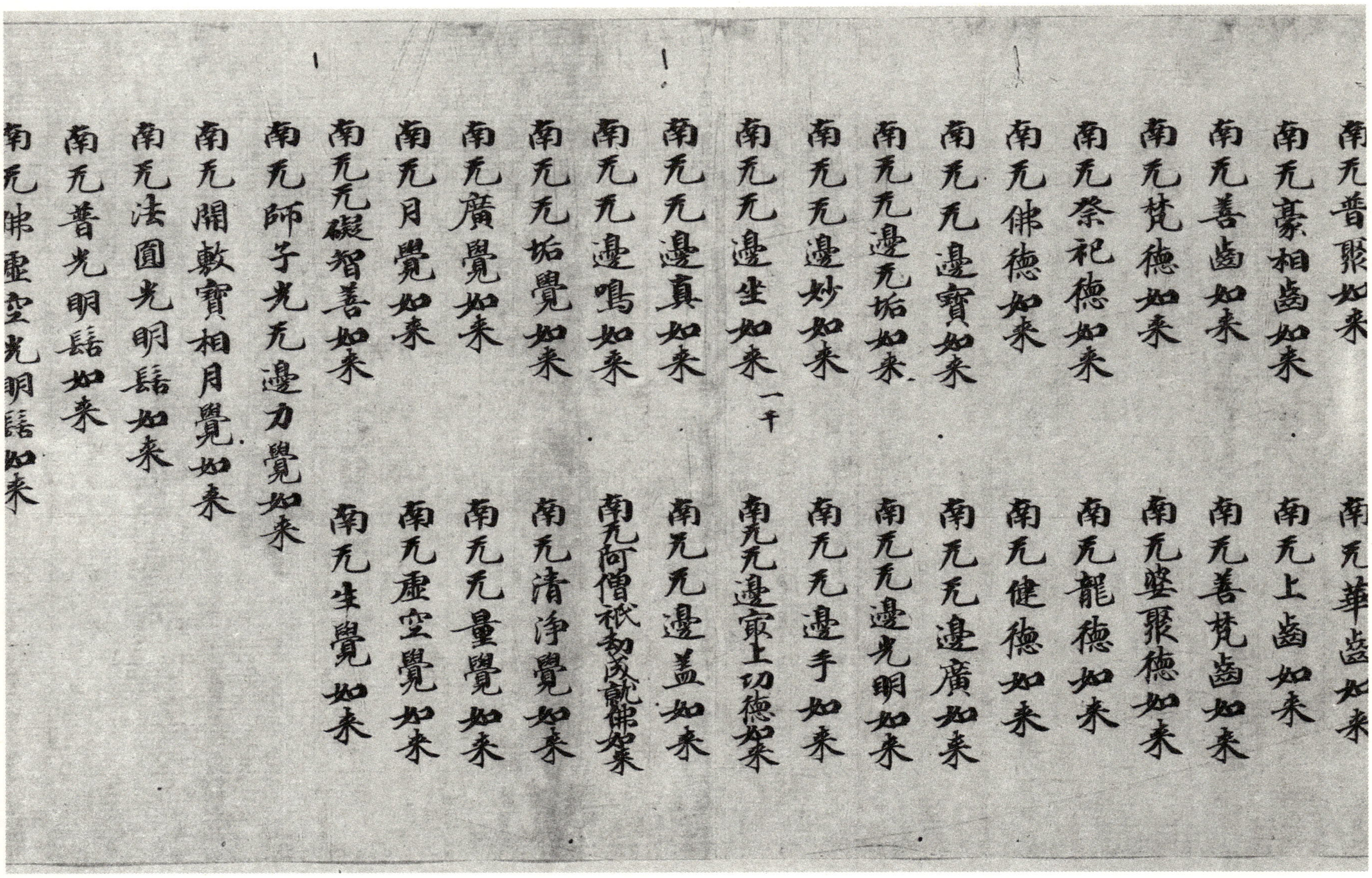

南无普聚如来
南无華齒如来
南无毫相齒如来
南无上齒如来
南无善齒如来
南无善梵齒如来
南无梵德如来
南无堅聚德如来
南无祭祀德如来
南无龍德如来
南无佛德如来
南无健德如来
南无无邊寶如来
南无无邊廣如来
南无无邊无垢如来
南无无邊光明如来
南无无邊妙如来
南无无邊手如来
南无无邊尘如来 一千
南无无邊宸上功德如来
南无无邊真如来
南无无邊蓋如来
南无无邊鳴如来
南无阿僧祇劫成就佛如来
南无无垢覺如来
南无清淨覺如来
南无廣覺如来
南无无量覺如来
南无月覺如来
南无虛空覺如来
南无无礙智善如来
南无生覺如来
南无師子光无邊力覺如来
南无開敷寶相月覺如来
南无法圓光明髻如来
南无普光明髻如来
南无佛虛空光明髻如来

BD15297號　五千五百佛名神咒除障滅罪經卷二　（25–15）

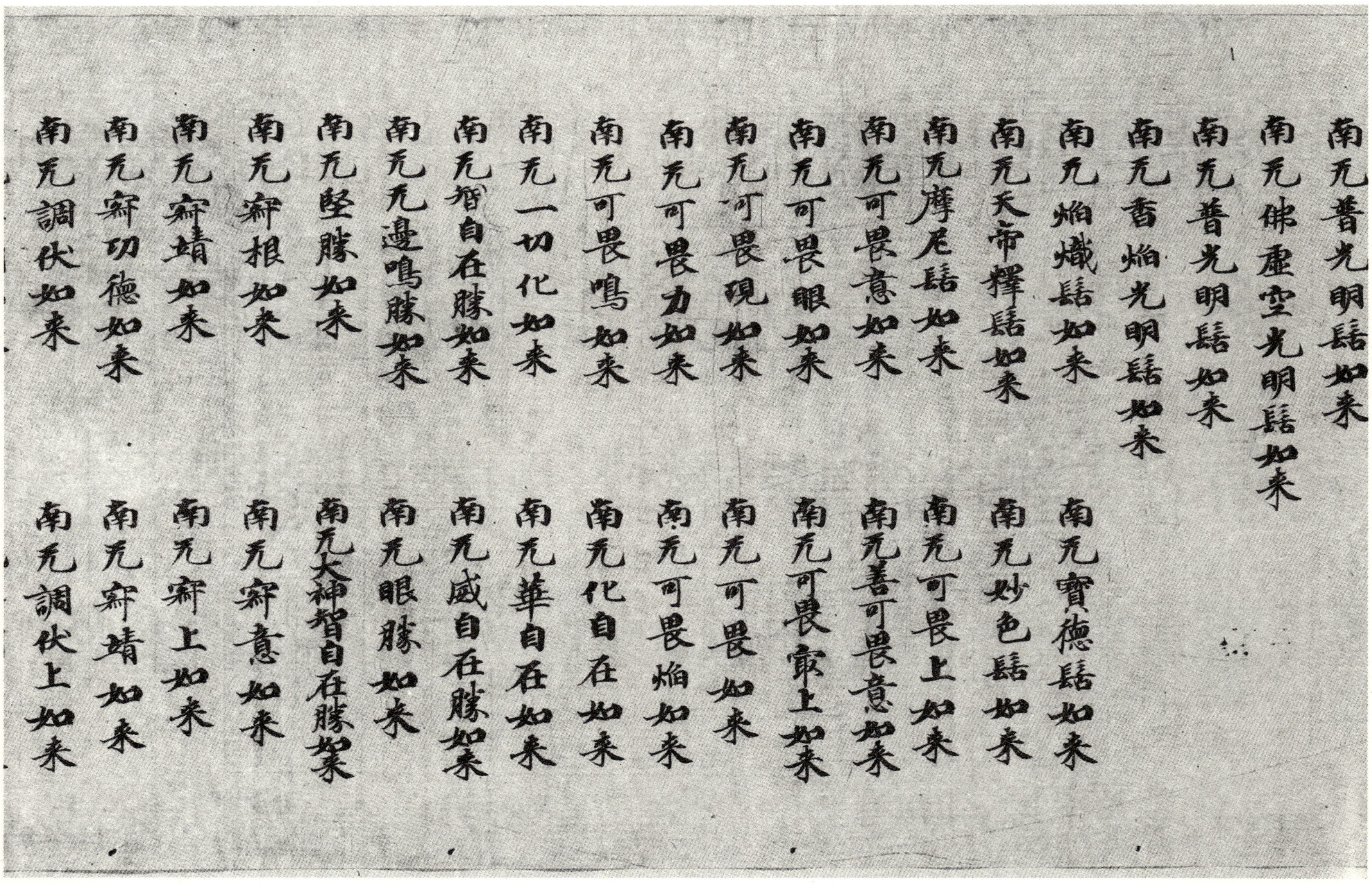

南无普光明髻如来
南无佛虛空光明髻如来
南无普光明髻如来
南无香焰光明髻如来
南无焰熾髻如来
南无寶德髻如来
南无天帝釋髻如来
南无妙色髻如来
南无摩尼髻如来
南无可畏上如来
南无可畏意如来
南无善可畏意如来
南无可畏眼如来
南无可畏宸上如来
南无可畏現如来
南无可畏如来
南无可畏力如来
南无可畏焰如来
南无可畏鳴如来
南无化自在如来
南无一切化如来
南无華自在如来
南无智自在勝如来
南无威自在勝如来
南无无邊鳴勝如来
南无眼勝如来
南无堅勝如来
南无大神智自在勝如来
南无寂根如来
南无寂意如来
南无寂靖如来
南无寂上如来
南无寂功德如来
南无寂靖如来
南无調伏如来
南无調伏上如来

BD15297號　五千五百佛名神咒除障滅罪經卷二　（25–16）

南无寂切德如来
南无寂靖如来
南无調伏如来
南无調伏上如来
南无善調如来
南无善調心如来
南无金剛如来
南无金剛内信如来
南无金剛淨如来
南无金剛智山如来
南无摩尼妙如来
南无金剛峰如来
南无金剛真體如来
南无金剛齊如来
南无金剛碎如来
南无金剛蓮華上如来
南无月上如来
南无蓮華上如来
南无梵上如来
南无分上如来
南无真體法上如来
南无金剛重蓮華上如来
南无名上如来
南无上如来
南无寂光幢上如来
南无无邊智明善步行師子如来
南无无畏金剛那羅如来
南无師子如来
南无法虛空愛光師子如来
南无一切三昧海光師子如来
南无法燈行步智師子如来
南无大悲師子如来
南无師子吼如来

BD15297號　五千五百佛名神咒除障滅罪經卷二　（25–17）

南无大悲師子如来
南无師子吼如来
南无師子聲如来
南无師子步如来
南无毗盧遮那如来
南无毗盧遮那淨至如来
南无毗盧遮那光莊嚴如来
南无法虛空功德毗盧遮那如来
南无不可得眼毗盧遮那如来
南无一切德蓮華遊戲善毗盧遮那如来
南无无邊光音聲虛空毗盧遮那如来
南无婆伽拔帝勇步天行如来
南无善遊步善寂色行如来
南无行行如来
南无善行如来
南无到彼岸如来
南无除憂如来
南无寂到彼岸如来
南无无比威德如来
南无无量功德瞿那莊嚴過去莊嚴劫波如来
南无瞿那寶功德莊嚴威積劫波如来　一千一百

BD15297號　五千五百佛名神咒除障滅罪經卷二　（25–18）

南无无量功德瞿那莊嚴過去莊嚴劫波如來
南无瞿那寶功德莊嚴威積劫波如來 一千一百
南无功德寶如來
南无熾盛焰山功德莊嚴如來
南无山功德莊嚴如來
南无光明莊嚴如來
南无明莊嚴如來
南无大莊嚴如來
南无盡福海衆勝莊嚴如來
南无名稱如來　南无大名稱如來
南无无邊名稱如來　南无名稱光如來
南无名稱初出如來　南无可畏名稱如來
南无慧賢名稱如來　南无无垢月名稱如來
南无那羅延金剛精進如來
南无大勢至精進如來
南无大精進如來
南无熾盛精進如來
南无无邊精進如來
南无大精進王如來
南无一切世間愛見衆上大精進如來

BD15297號　五千五百佛名神咒除障滅罪經卷二　（25–19）

南无大精進王如來
南无一切世間愛見衆上大精進如來
南无善淨无垢焰如來
南无大坐焰如來　南无熾盛熾如來
南无瞿那熾如來　南无主如來
南无難勝熾如來　南无放識如來
南无多摩羅跋多羅栴檀香如來
南无諸香如來　南无熾面香如來
南无普香如來　南无不普香如來
南无香臼如來　南无饒香如來
南无无有香如來　南无香烏如來
南无香普善淨智華如來
南无法界華如來　南无熾燈華如來
南无寶華如來　南无散華如來
南无普華如來　南无華如來
南无華聚如來　南无莊嚴體如來
南无白體如來　南无愛體如來
南无不毀體如來　南无不化分如來
南无分如來　南无分別分如來
南无相妙開華敷如來　南无一切義現如來

BD15297號　五千五百佛名神咒除障滅罪經卷二　（25–20）

南无分如来　南无分别分如来
南无相妙開華分如来　南无一切義現如来
南无一切現如来　南无无礙現如来
南无一切義現如来　南无不空見如来
南无義見如来　南无寶見如来
南无法見如来　南无无畏如来
南无无處畏如来　南无无畏分如来
南无不可畏如来　南无除畏如来
南无脫一切畏如来
南无離畏功德毛竪如来
南无多勝如来　南无勝者如来
南无勝勝如来　南无勝中勝如来
南无光勝如来　南无不可不勝如来
南无一切瞿那所生如来
南无普功德所生如来
南无无垢所生如来
南无諸方所生如来　南无日所生如来
南无善生如来　南无功德生如来
南无一切寶莊嚴色持如来
南无月炬持如来　南无大炬持如来

BD15297 號　五千五百佛名神咒除障滅罪經卷二　（25–21）

南无一切寶莊嚴色持如来　南无大炬持如来
南无月炬持如来　南无波持如来
南无炬持如来　南无至持如来
南无无礙力持如来　南无大功德力如来
南无无邊无礙力如来　南无賢力如来
南无大力如来　南无法力如来
南无威力如来
南无寶弥留師子力如来
南无法界廣智如来
南无一切衆生心體叫如来
南无聲智如来　一十二百
南无叫智如来
南无智王如来
南无三昧弥留審上智如来
南无普觀智如来　南无三世廣智如来
南无龍欣如来　南无審欣如来
南无歡欣如来　南无華巔欣如来
南无淨欣如来　南无法持如来
南无法地持如来　南无无礙力持如来
南无天淨如来　南无清淨如来
南无虛空淨如来　南无音分淨如来

BD15297 號　五千五百佛名神咒除障滅罪經卷二　（25–22）

南无法地持如来
南无无礙力持如来
南无天淨如来
南无清淨如来
南无虛空淨如来
南无音分淨如来
南无淨智者如来
南无清淨如来
南无音分健如来
南无普幢健如来
南无衆帝健如来
南无善法健如来
南无法界蓮華如来
南无法蓮華如来
南无同蓮華如来
南无蓮華鬚如来
南无分荼利如来
南无道分華如来
南无金華如来
南无開敷如来
南无意憙華如来
南无无邊華如来
南无善華如来
南无精進軍如来
南无金剛軍如来
南无熾威軍如来
南无力軍如来
南无蓮華軍如来
南无迦羅毗羅軍如来
南无世帝威功德賢者如来
南无金摩尼山威賢者如来
南无本性身功德賢者如来
南无小賢者如来
南无賢者如来
南无賢身如来
南无勝者如来

BD15297 號　五千五百佛名神咒除障滅罪經卷二　（25–23）

南无本性身功德賢者如来
南无小賢者如来
南无賢者如来
南无賢身如来
南无勝者如来
南无大勝者如来
南无无邊勝者如来
南无降他勝者如来
南无難勝者如来
南无降化者如来
南无然燈如来
南无作无畏如来
南无作光如来
南无作歡喜如来
南无大意如来
南无拘物頭作開敷如来
南无娑伽拔帝釋迦牟尼如来
南无金仙如来
南无龍仙如来
南无仙者如来
南无仙勝如来
南无清淨體眼如来
南无月眼如来
南无日面如来
南无梵面如来
南无善眼清淨面如来
南无金色者如来
南无梵色者如来
南无常色者如来
南无紫磨色者如来
南无瞻婆迦色者如来
南无堅牢如来
南无堅步如来
南无珊瑚如来
南无內堅信如来
南无堅健勇器仗捨如来

BD15297 號　五千五百佛名神咒除障滅罪經卷二　（25–24）

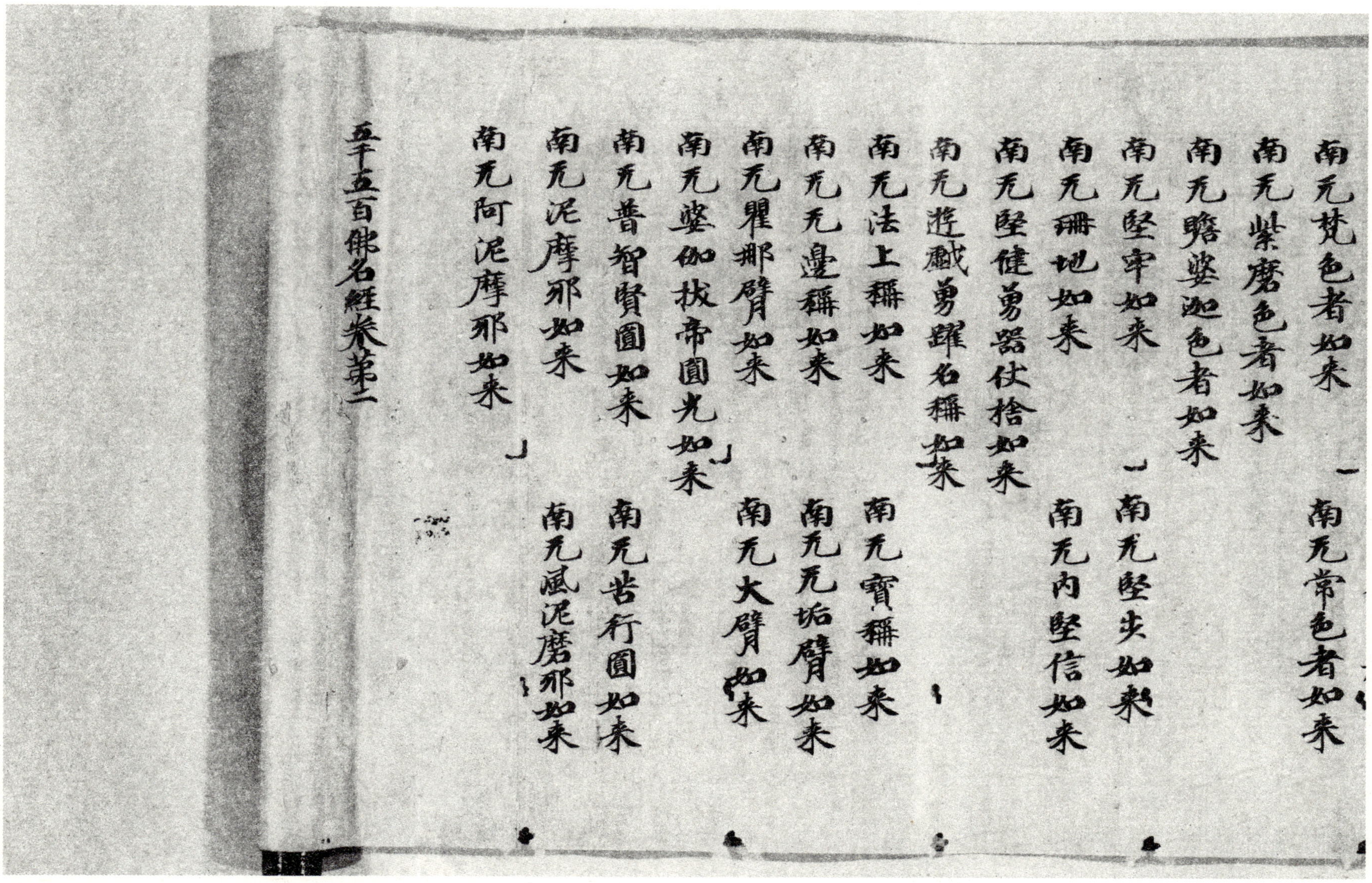
南无梵色者如来
南无紫磨色者如来
南无瞻婆迦色者如来
南无堅牢如来
南无珊地如来
南无堅健勇器仗捨如来
南无遊戲勇躍名稱如来
南无法上稱如来
南无无邊稱如来
南无瞿那臂如来
南无鑒伽拔帝圓光如来
南无普智賢圓如来
南无泥摩耶如来
南无阿泥摩耶如来
南无常色者如来
南无堅步如来
南无内堅信如来
南无寶稱如来
南无无垢臂如来
南无大臂如来
南无普行圓如来
南无風泥磨耶如来
五千五百佛名經卷第二

BD15297號　五千五百佛名神咒除障滅罪經卷二　（25–25）

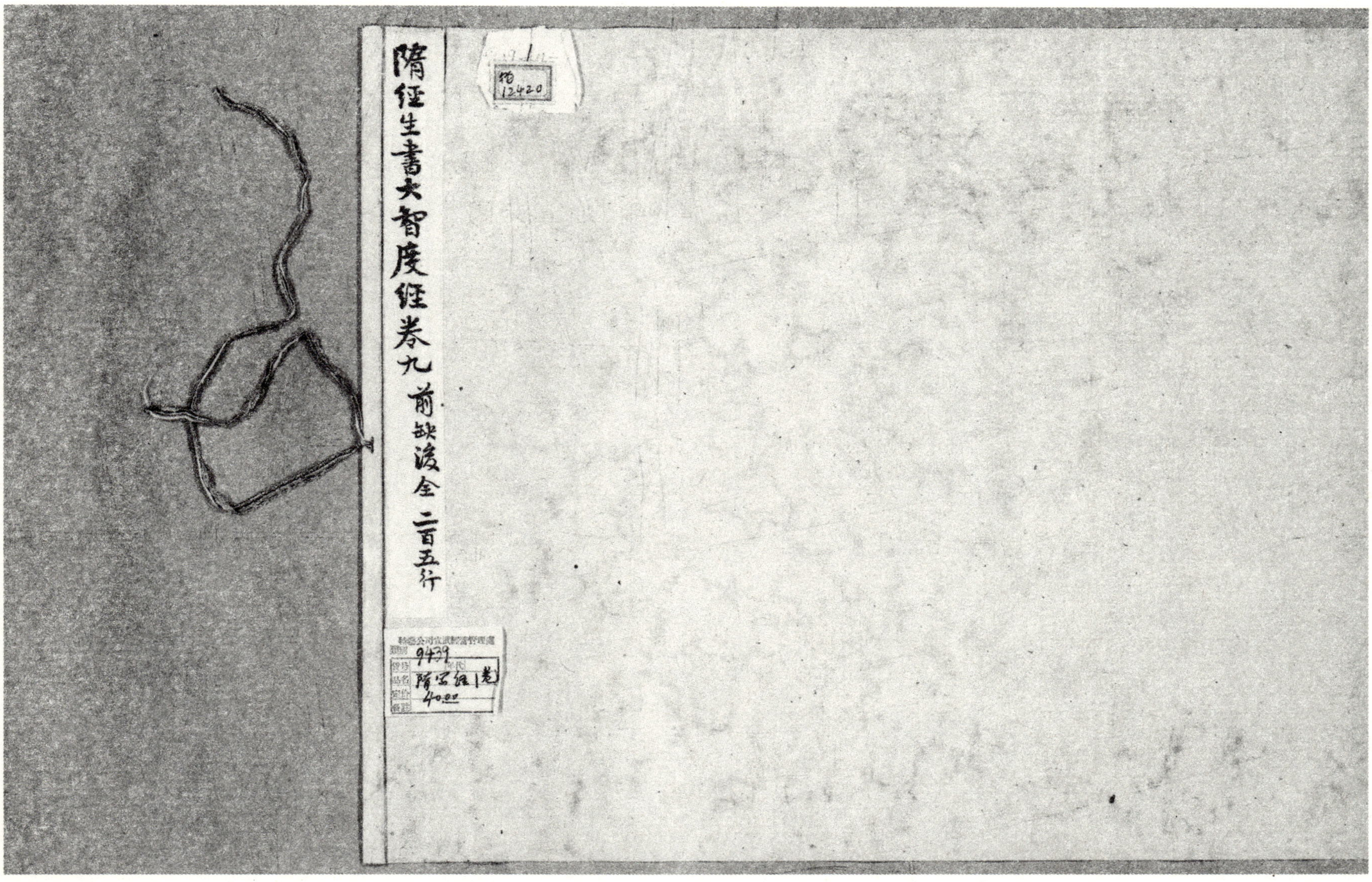

BD15298號背　護首　（1–1）

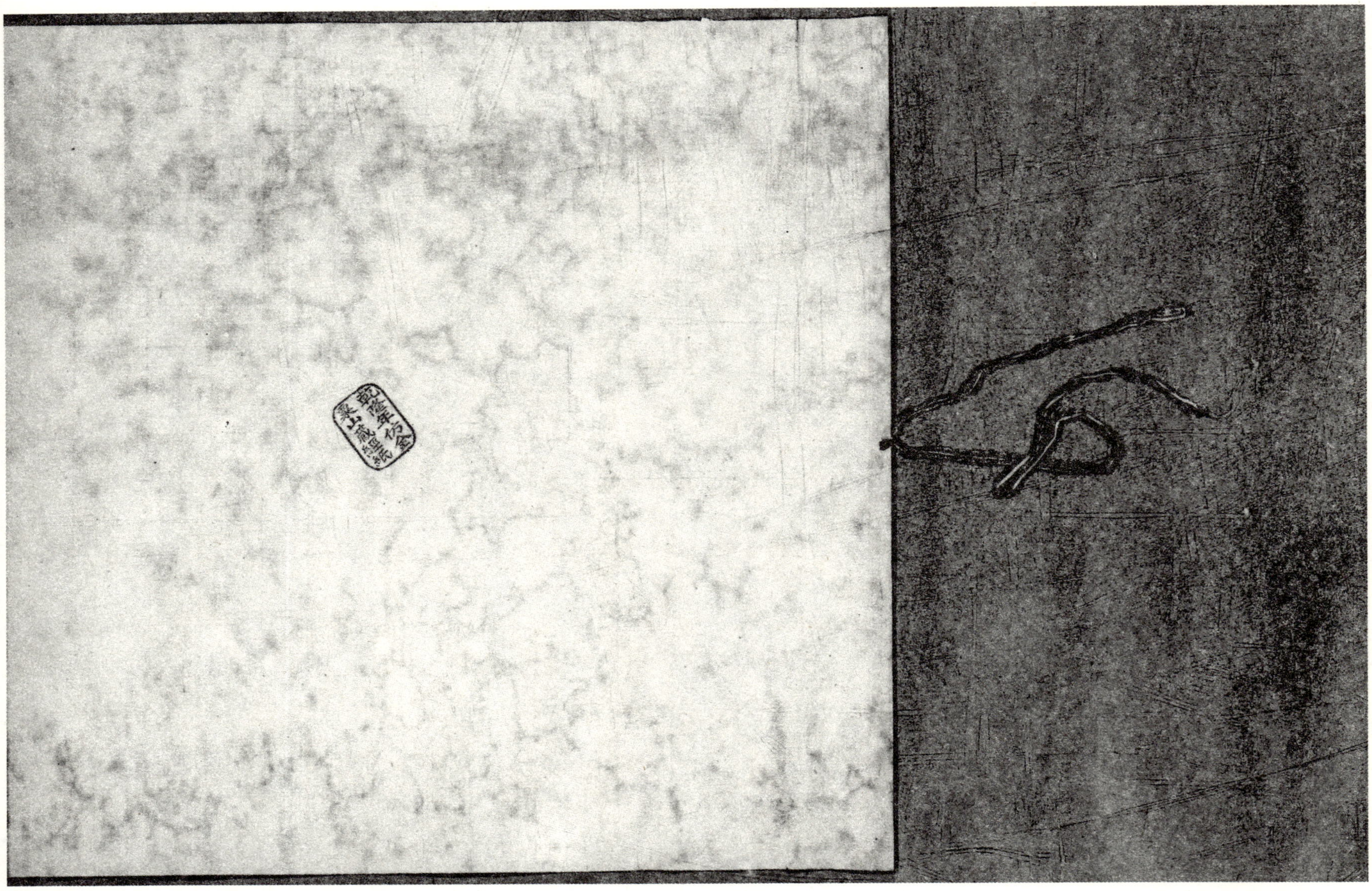

BD15298號　大智度論（異卷）卷九　　（12–1）

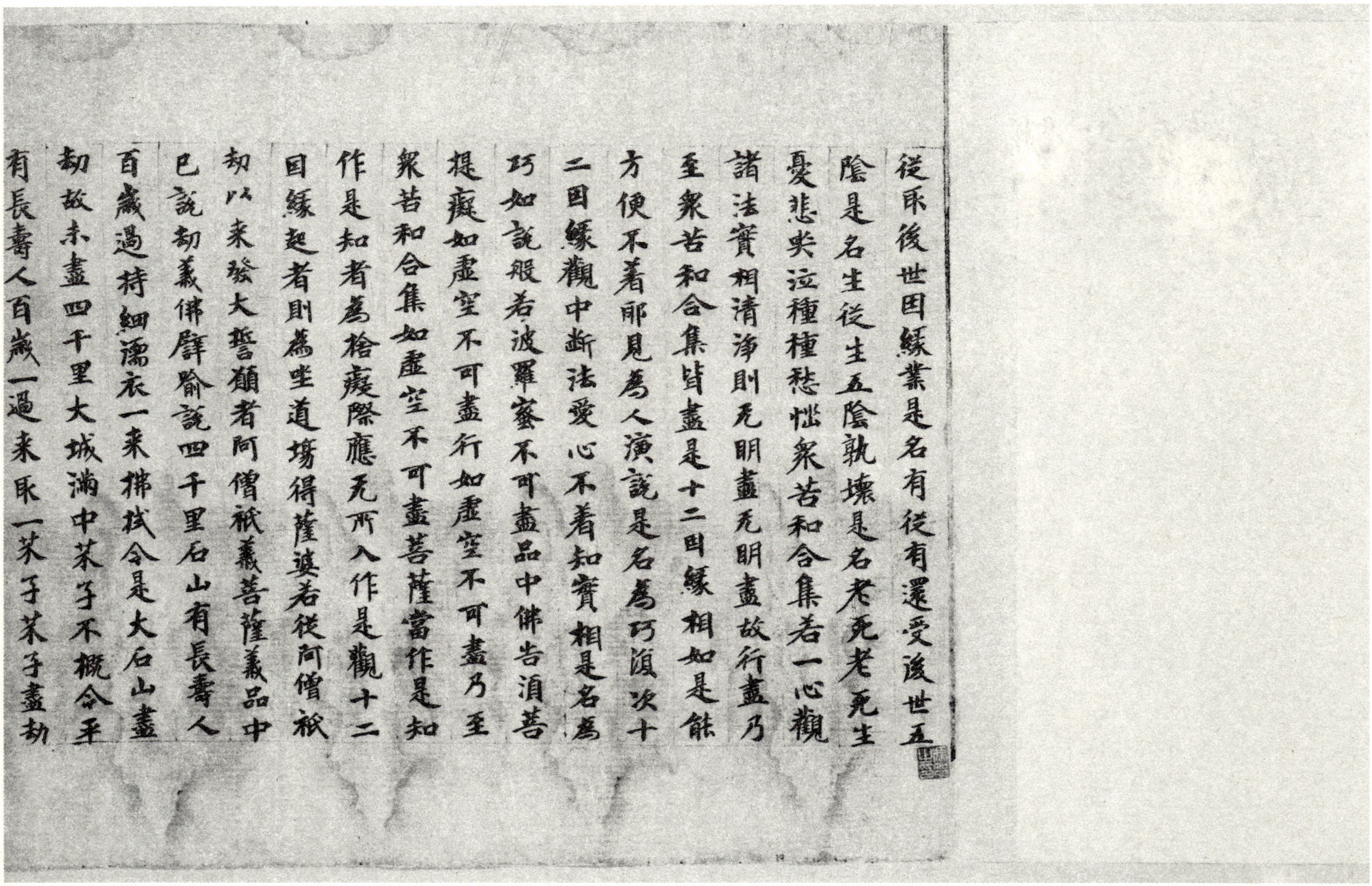

從取後世因緣業是名有從有還受後世五
陰是名生從生五陰孰壞是名老死老死生
憂悲哭泣種種愁惱衆苦和合集若一心觀
諸法實相清淨則无明盡无明盡故行盡乃
至衆苦和合集皆盡是十二因緣相如是能
方便不著邪見為人演說是名為巧復次十
二因緣觀中斷法愛心不著知實相是名為
巧如說般若波羅蜜不可盡品中佛告須菩
提癡如虛空不可盡行如虛空不可盡乃至
衆苦和合集如虛空不可盡菩薩當作是知
作是知者為捨癡際應无所入作是觀十二
因緣起者則為坐道場得薩婆若復阿僧祇
劫以來發大誓願者阿僧祇義菩薩義品中
已說劫義佛譬喻說四千里石山有長壽人
百歲過持細濡衣一來拂拭令是大石山盡
劫故未盡四千里大城滿中芥子不概令平
有長壽人百歲一過來取一芥子芥子盡劫

BD15298號　大智度論（異卷）卷九　　（12–2）

已說劫義佛譬喻說四千里石山有長壽人
百歲過持細濡衣一來拂拭令是大石山盡
劫故未盡四千里大城滿中芥子不概令平
有長壽人百歲一過來取一芥子芥子盡劫
故不盡菩薩如是无數劫發大正願度脫衆
生願名大心要誓必度一切衆生斷諸結使
成阿耨多羅三藐三菩提是名爲願顏色和
悅常先問訊所語不麁者瞋恚本拔故嫉妬
除故常脩大慈大悲大喜故四種邪語斷故
得顏色和悅如說偈
若見乞道人　能以四種待　初見好眼視　逢迎敬問訊
將望好供養　充滿施所欲　布施心如是　佛道如在掌
若能除四種　口過妄語毒　兩舌惡綺語　得大美果報
善濡求道　欲度諸衆生　除四邪口業　如馬四種壥
於大衆中无所畏者大德故堅實功德智慧
故得家辯陀隣尼故於大衆中得无所畏如
說
內心智德薄　外善以美言　譬如竹无內　但示有其外
內心智德厚　外善以法言　譬如妙金剛　中外力具足
復次无畏法成就故端正貴族大力持戒禪
定智慧語議等皆成就是故无所畏以是故
於大衆中无所畏如說
少德无智慧　不應處高坐　如豺見師子　竄伏不敢出
大智无所畏　應處師子坐　譬如師子吼　衆獸皆怖畏

BD15298號　大智度論（異卷）卷九　（12–3）

定智慧語議等皆成就是故无所畏以是故
於大衆中无所畏如說
少德无智慧　不應處高坐　如豺見師子　竄伏不敢出
大智无所畏　應處師子坐　譬如師子吼　衆獸皆怖畏
无量无邊智慧功德力集故无所畏如說偈
若人滅衆惡　乃至无小罪　如是大德人　无願而不滿
是人大智慧　世界中无惱　是故知此人　生死涅槃一
復次獨得菩薩无所畏故如毗耶婆耶王經
中說菩薩獨得四无所畏如先說无數億劫
說法巧出者不放逸等諸善根自身好脩是
諸菩薩非一世二三世乃至无量阿僧祇劫
集功德智慧如說
爲衆生故發大心　若有不敬而懷者
其罪甚重不可說　何況而復加惡者
復次是菩薩无數无量劫中脩身脩戒脩心
脩慧生滅縛解逆順中自了了知解諸法實
相有三種解聞解義解得解種種說法門中
无所罣㝵皆得說法方便智慧波羅蜜是諸
菩薩所說如聖人語皆應信受如說
有慧无多聞　是不知實相　譬如大闇中　有目无所見
多聞无智慧　亦不知實義　譬如大明中　有燈而无明
多聞利智慧　是所說應受　无聞亦无智　是名人中牛
問曰應言无數億劫巧說法復何以言出荅
曰於无智人中及弟子中說法易若多聞利

BD15298號　大智度論（異卷）卷九　（12–4）

問曰應言无數億劫巧說法復何以言出荅
曰於无智人中及弟子中說法易若多聞利
智善論議人中說法難若小智法師是中退
縮若大學多聞問難中大聽歡喜一切衆中
有大威德如大會經中說
面目齒光明　普照於大會　映奪諸天光　種種皆不現
以是故名為无數億劫巧說法中能得出

大智度初品中譬喻釋論

解了諸法如幻如炎如水中月如虛空如響
如揵闥婆城如夢如影如鏡中像如化是中
喻為解空法故問曰若一切諸法空如幻何
以故諸法有可見可聞可嗅可嘗可觸可識
者若實无所有云何有可見乃至可識復次
若无而妄見者何以不見聲聞色若皆一等
空无所有何以有可見不可見者以諸法空
故如一指第一甲无第二甲亦无何以不見
第二甲獨見第一甲以是故知第一甲實有
故可見第二甲實无故不可見荅曰諸法相
雖空亦有分別可見不可見譬如幻化象馬
及種種諸物雖知无有實然色可見聲可聞
不相錯亂與六情對故諸法亦如是雖空而
不見可聞不相錯亂如德女經說德女問佛
大德是无明內有不佛言不外有不佛言不
內外有不佛言不大德是无明從先世來不

BD15298號　大智度論（異卷）卷九　（12–5）

不見可聞不相錯亂如德女經說德女問佛
大德是无明內有不佛言不外有不佛言不
內外有不佛言不大德是无明從先世來不
佛言不從此世至後世不佛言不是无明有
生者滅者不佛言不有一法之實性是名无
明不佛言不介時有德女復白佛言若无明
无內无外亦无內外不從先世至今世今世
至後世亦无真實性者云何從无明緣行乃
至衆苦集世尊譬如有樹若无根者云何得
生莖節枝葉華菓佛言諸法相雖空凡夫无
聞无智故而於中生種種煩惱煩惱因緣作
身口意業業因緣作後身身因緣受苦受樂
是中无明无有實作煩惱亦无身口意業亦
无有人受苦樂者譬如幻師所作種種事於
汝意云何是幻幻所作內有不荅言不外有
不荅言不內外有不荅曰不從先世至今世
今世至後世不荅言不幻所作有生者滅者
不荅言不實有一法是幻所作不荅言不佛
言汝頗見頗聞幻所作伎樂不荅言我亦聞
亦見佛問有德女若幻空欺誑无實云何從
幻能作伎樂女荅佛大德是幻相介雖无根
本而可聞見佛言无明亦如是雖不內有不
外有不內外有不先世至今世今世至後世
亦无實性无有生者滅者而无明因緣諸行

BD15298號　大智度論（異卷）卷九　（12–6）

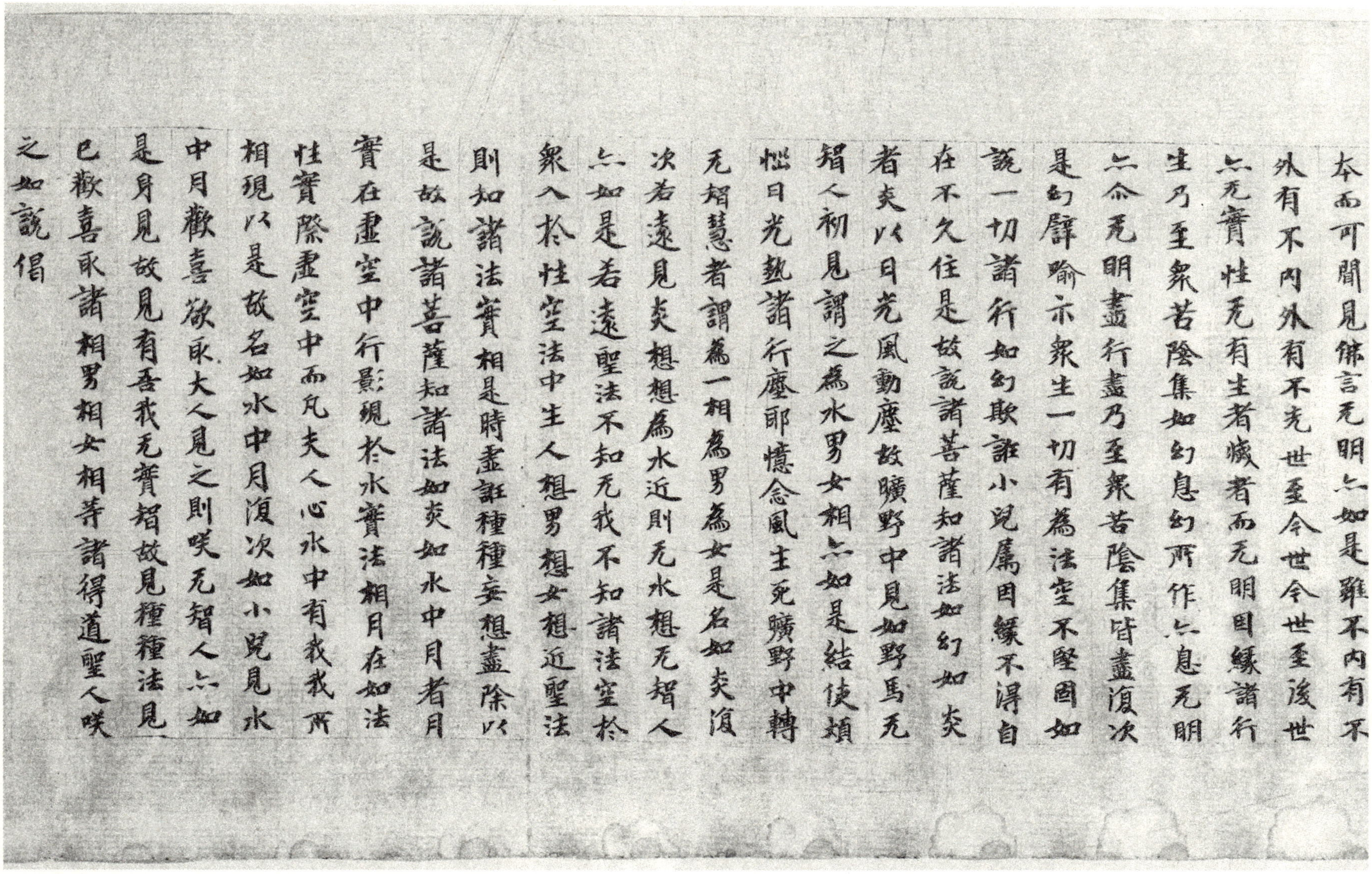
本而可聞見佛言无明亦如是雖不內有不
外有不內外有不先世至今世今世至後世
亦无實性无有生者滅者而无明因緣諸行
生乃至衆苦陰集如幻息幻所作亦息无明
亦命无明盡行盡乃至衆苦陰集皆盡復次
是幻譬喻示衆生一切有為法空不堅固如
說一切諸行如幻欺誑小兒屬因緣不得自
在不久住是故說諸菩薩知諸法如幻如炎
者炎以日光風動塵故曠野中見如野馬无
智人初見謂之為水男女相亦如是結使煩
惱日光熱諸行塵邪憶念風生死曠野中轉
无智慧者謂為一相為男為女是名如炎復
次若遠見炎想想為水近則无水想无智人
亦如是若遠聖法不知无我不知諸法空於
衆入性空法中生人想男想女想近聖法
則知諸法實相是時盡誑種種妄想盡除以
是故說諸菩薩知諸法如炎如水中月者月
實在虛空中行影現於水實法相月在如法
性實際虛空中而凡夫人心水中有我我所
相現以是故名如水中月復次如小兒見水
中月歡喜欲取大人見之則咲无智人亦如
是身見故見有吾我无實智故見種種法見
已歡喜取諸相男相女相等諸得道聖人咲
之如說偈

BD15298號　大智度論（異卷）卷九　（12–7）

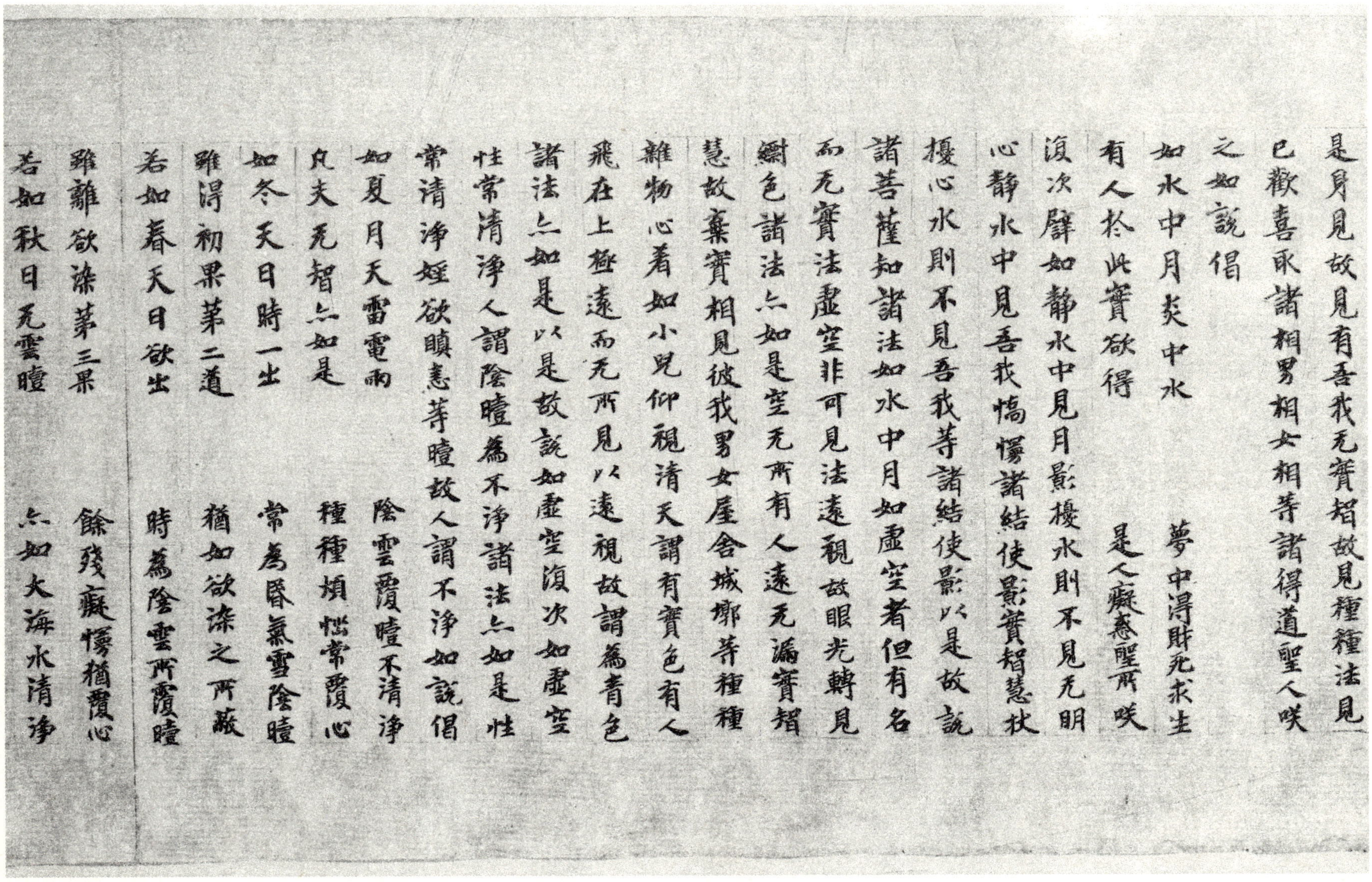
是身見故見有吾我无實智故見種種法見
已歡喜取諸相男相女相等諸得道聖人咲
之如說偈
如水中月炎中水　夢中得財死求生
有人於此實欲得　是人癡惑聖所咲
復次譬如靜水中見月影攪水則不見无明
心靜水中見吾我憍慢諸結使影實智慧杖
攪心水則不見吾我等諸結使影以是故說
諸菩薩知諸法如水中月如虛空者但有名
而无實法虛空非可見法遠視故眼光轉見
縹色諸法亦如是空无所有人遠无漏實智
慧故棄實相見彼我男女屋舍城郭等種種
雜物心著如小兒仰視清天謂有實色有人
飛在上極遠而无所見以遠視故謂為青色
諸法亦如是以是故說如虛空復次如虛空
性常清淨人謂陰曀為不淨諸法亦如是性
常清淨婬欲瞋恚等曀故人謂不淨如說偈
如夏月天雷電雨　陰雲覆曀不清淨
凡夫无智亦如是　種種煩惱常覆心
如冬天日時一出　常為昏氣雲陰曀
雖得初果第二道　猶如欲染之所蔽
若如春天日欲出　時為陰雲所覆曀
雖離欲染第三果　餘殘癡慢猶覆心
若如秋日无雲曀　亦如大海水清淨

BD15298號　大智度論（異卷）卷九　（12–8）

若如春天日欲出　時為陰雲所覆曀
雖離欲染第三果　餘殘癡慢猶覆心
若如秋日无雲曀　亦如大海水清淨
所作已辦无漏心　羅漢如是得清淨
復次虛空无初无中无後諸法亦如是復次
如摩訶衍中佛語須菩提虛空无前世亦无
中世亦无後世諸法亦如是後經此中應廣
說是故說諸法如虛空問曰虛空實有法何
以故若虛空无實法者若舉若下若來若往
若屈若申若出若入等有所作應无有以无
動處故答曰若虛空法實有虛空應有住處
何以故无住處則无法如虛空在孔穴中住
是為虛空在虛空中住以是故不應孔中住
若在實中住是實非空則不得住无所受故
復次汝言住處是虛空如石壁實中无有住
處若无住處則无虛空以无住處故无虛空
復次无相故无虛空諸法各各有相相有故
知有法如地堅相水濕相火熱相風動相識
識相慧解相世間生滅相涅槃永滅相是虛
空无相故无問曰虛空有相汝不知故言无
无色處是虛空相答曰不尒无色是名破色
更无異法如燈滅更无法以是故无有虛空
相復次是虛空法无何以故汝因色故以无
色處是虛空相若尒者色未生時則无虛空

BD15298號　大智度論（異卷）卷九　（12–9）

相復次是虛空法无何以故汝因色故以无
色處是虛空相若尒者色未生時則无虛空
相復次汝謂色是无常法虛空是常法色未
有時應先有虛空法以常故若色未有則无
无色處若色无處則无虛空相若无相則无
法以是故虛空但有名而无實如虛空諸法
亦如是但有假名而无實以是故諸菩薩知
諸法如虛空如響者若深山狹谷中若深絕
澗中空大舍中若語聲若打聲從聲有聲名
為響无智人謂為有人語聲智者心念是聲
无人作但以聲觸故更有聲名為響響
事故空能誑耳根如人欲語時口中風名憂
陀那還入至臍觸臍響出響出時觸七處退
是名語言如說偈
風名憂陀那　觸臍而上去　是風七處觸　項及齗齒脣
舌咽及以胸　是中語言生　愚人不解此　惑著起瞋癡
中人有智慧　不瞋亦不著　亦復不愚癡　但隨諸法相
曲直及屈申　去來視語言　都无有作者　是事是幻耶
為機關木人　為是夢中事　我為熱悶心　有是為无是
是事誰能知　是骨人筋纏　能作是語聲　如融金投水
以是故言諸菩薩知諸法如響如揵闥婆城
者日初出時見城門樓櫓宮殿行人出入日
轉高轉滅此城但眼見而无有實是名揵闥
婆城有人初不見揵闥婆城晨朝東向見之

BD15298號　大智度論（異卷）卷九　（12–10）

以是故言諸菩薩知諸法如響如揵闥婆城
者日初出時見城門樓櫓宮殿行人出入日
轉高轉滅此城但眼見而无有實是名揵闥
婆城有人初不見揵闥婆城晨朝東向見之
意謂實樂疾行趣之轉近轉失日高轉滅飢
渴悶極見熱氣如野馬謂之為水疾走趣之
轉近轉滅疲極困厄至窮山狹谷中大喚啼
哭聞有響應謂有居民求之疲極而无所
見思惟自悟渴願心息无智人亦如是空陰
界入中見吾我及諸法婬瞋心著四方狂走
求樂自滿顛倒誑欺窮極懊惱若以智慧知
无我无實法者是時顛倒願息復次揵闥婆
城非城人心想為城凡夫亦如是非身想為
身非心想為心問曰一事可知何以多譬喻
答曰我先已答是摩訶衍如大海水一切法
盡攝摩訶衍多因緣故多譬喻无咎復次是
菩薩甚深利智故種種法門種種因緣種種
是譬喻壞諸法為人解故應多引譬喻復次
一切聲聞法中无揵闥婆城喻有種種餘无
常譬喻色如聚沫受如泡想如野馬行如芭
蕉識如幻及幻網經中空譬喻以是揵闥婆
城異故此中說

大智度經卷第九

BD15298號　大智度論（異卷）卷九　（12–11）

无我无實法者是時顛倒願息復次揵闥婆
城非城人心想為城凡夫亦如是非身想為
身非心想為心問曰一事可知何以多譬喻
答曰我先已答是摩訶衍如大海水一切法
盡攝摩訶衍多因緣故多譬喻无咎復次是
菩薩甚深利智故種種法門種種因緣種種
是譬喻壞諸法為人解故應多引譬喻復次
一切聲聞法中无揵闥婆城喻有種種餘无
常譬喻色如聚沫受如泡想如野馬行如芭
蕉識如幻及幻網經中空譬喻以是揵闥婆
城異故此中說

大智度經卷第九

BD15298號　大智度論（異卷）卷九　（12–12）

著 録 凡 例

本目録採用條目式著録法。諸條目意義如下：

1.1　著録編號。用漢語拼音首字“BD”表示，意為“北京圖書館藏敦煌遺書”，簡稱“北敦號”。文獻寫在背面者，標註為“背”。一件遺書上抄有多個文獻者，用數字1、2、3等標示小號。一號中包括幾件遺書，且遺書形態各自獨立者，用字母A、B、C等區別。

1.2　著録分類號。本條記目録暫不分類，該項空缺。

1.3　著録文獻的名稱、卷本、卷次。

1.4　著録千字文編號。

1.5　著録縮微膠卷號。

2.1　著録遺書的總體數據。包括長度、寬度、紙數、正面抄寫總行數與每行字數、背面抄寫總行數與每行字數。如該遺書首尾有殘破，則對殘破部分單獨度量，用加號加在總長度上。凡屬這種情況，長度用括弧標註。

2.2　著録每紙數據。包括每紙長度及抄寫行數或界欄數。

2.3　著録遺書的外觀。包括：(1) 裝幀形式。(2) 首尾存況。(3) 護首、軸、軸頭、天竿、縹帶，經名是書寫還是貼簽，有無經名號，扉頁、扉畫。(4) 卷面殘破情況及其位置。(5) 尾部情況。(6) 有無附加物（蟲繭、油污、線繩及其他）。(7) 有無裱補及其年代。(8) 界欄。(9) 修整。(10) 其他需要交待的問題。

2.4　著録一件遺書抄寫多個文獻的情況。

3.1　著録文獻首部文字與對照本核對的結果。

3.2　著録文獻尾部文字與對照本核對的結果。

3.3　著録録文。

3.4　著録對文獻的説明。

4.1　著録文獻首題。

4.2　著録文獻尾題。

5　著録本文獻與對照本的不同之處。

6.1　著録本遺書首部可與另一遺書綴接的編號。

6.2　著録本遺書尾部可與另一遺書綴接的編號。

7.1　著録題記、題名、勘記等。

7.2　著録印章。

7.3　著録雜寫。

7.4　著録護首及扉頁的內容。

8　著録年代。

9.1　著録字體。如有武周新字、合體字、避諱字等，予以説明。

9.2　著録卷面二次加工的情况。包括句讀、點標、科分、間隔號、行間加行、行間加字、硃筆、墨塗、倒乙、刪除、兌廢等。

10　著録敦煌遺書發現後，近現代人所加內容，裝裱、題記、印章等。

11　備註。著録揭裱互見、圖版本出處及其他需要説明的問題。

上述諸條，有則著録，無則空缺。

為避文繁，上述著録中出現的各種參考、對照文獻，暫且不列版本説明。全目結束時，將統一編制本條記目録出現的各種參考書目。

本條記目録為農曆年份標註其公曆紀年時，未進行歲頭年末之換算，請讀者使用時注意自行換算。

條 記 目 錄

BD15233—BD15298

1.1　BD15233 號
1.3　大般若波羅蜜多經卷四五三
1.4　新 1433
2.1　87×23.5 厘米；2 紙；共 53 行，行 17 字。
2.2　01：43.5，26；　02：43.5，27。
2.3　卷軸裝。首全尾脫。正面紙張變色嚴重。通卷上下邊有破裂，首尾有橫向破裂。背有現代裱補。有烏絲欄。
3.1　首全→大正 0220，07/0284C02。
3.2　尾殘→大正 0220，07/0285A29。
4.1　大般若波羅蜜多經卷第四百五十三，/第二分增上慢品第六十之二，三藏法師玄奘奉詔譯/（首）。
8　8 世紀。唐寫本。
9.1　楷書。
10　背有 3 枚模糊印章，印文難辨：（1）長方形陽文硃印，1.6×1.8 厘米；（2）圓形陽文硃印，直徑 1.2 厘米；（3）橢圓形陽文硃印，1×1.2 厘米。

1.1　BD15234 號
1.3　妙法蓮華經卷三
1.4　新 1434
2.1　（5.5+32.5）×26 厘米；3 紙；共 47 行，行 16 字。
2.2　01：31.0，18；　02：42.2，25；　03：07.0，04。
2.3　卷軸裝。首殘尾斷。打紙。卷面有水漬及殘洞，上下邊有殘缺破損。有烏絲欄。已修整。
3.1　首 3 行上下殘→大正 0262，09/0019C21~24。
3.2　尾殘→大正 0262，09/0020B24。
8　7~8 世紀。唐寫本。
9.1　楷書。

1.1　BD15235 號
1.3　大般涅槃經（北本　異本）卷二八
1.4　新 1435
2.1　1122.7×24.7 厘米；24 紙；共 615 行，行 17 字。
2.2　01：22.3，00；　02：49.0，28；　03：49.6，28；
04：49.9，29；　05：49.7，28；　06：49.9，28；
07：49.8，28；　08：49.9，28；　09：49.8，28；
10：49.9，28；　11：49.8，28；　12：49.7，28；
13：49.8，28；　14：49.8，28；　15：49.8，28；
16：50.0，28；　17：49.8，28；　18：49.7，28；
19：49.7，28；　20：49.7，28；　21：49.8，28；
22：49.9，28；　23：44.3，25；　24：11.1，02。
2.3　卷軸裝。首全尾全。有護首，有竹質天竿及粉紅色殘縹帶，長 3 厘米。卷面多水漬。有烏絲欄。有後配木軸。
3.1　首全→大正 0374，12/0528A08。
3.2　尾全→大正 0374，12/0535B20。
4.1　大般涅槃經師子吼菩薩品之二，廿八（首）。
4.2　大般涅槃經卷第廿八（尾）。
5　與《大正藏》本對照，分卷不同。此卷經文相當於《大正藏》本卷二七後部與卷二八全部。與歷代大藏經本均不相同，屬於異本。
7.4　護首有經名“大般涅槃經卷第廿八，秋（四季袟號），顯（敦煌寺院顯德寺簡稱）”。有經名號。
8　9~10 世紀。歸義軍時期寫本。
9.1　楷書。
9.2　有刮改。
10　護首背下方貼有北京市中國書店定價簽：“書名：唐人寫經。冊數：1 紙。定價：26.00。編號：字第 0519 號。購 12310。”紙簽上有橢圓形陽文硃印，1.2×2.2 厘米，印文為“中甲”。

1.1　BD15236 號 A
1.3　大般涅槃經（北本）卷二四
1.4　新 1436
2.1　（3.5+275.8）×22.1 厘米；6 紙；共 159 行，行 17 字。
2.2　01：33.2，18；　02：49.3，26；　03：47.6，28；
04：49.7，29；　05：49.6，29；　06：49.9，29。

2.3　卷軸裝。首殘尾殘。第3、4紙接縫處下開裂。有烏絲欄。通卷現代托裱為手卷，與BD15236號B裱為一卷。
3.1　首2行下殘→大正0374，12/0506B02~04。
3.2　尾2行下殘→大正0374，12/0508A25~26。
8　5~6世紀。南北朝寫本。
9.1　楷書。
9.2　有行間校加字。
10　護首上方貼有特藝公司宣武經營管理處紙簽："類別：帖19。貨號：4082。品名：唐人寫經1卷。定價：30.00。"以下粘有白紙。

護首背中部寫有"30.00，佛說彌成佛經，購11888"等字。

1.1　BD15236號B
1.3　彌勒下生成佛經（鳩摩羅什本）
1.4　新1436
2.1　214.7×22厘米；6紙；共124行，行17字。
2.2　01：34.9，20；　02：13.9，08；　03：46.2，27；
04：49.8，30；　05：50.9，29；　06：19.0，10。
2.3　卷軸裝。首殘尾全。卷面有殘損及殘洞。有烏絲欄。通卷現代托裱為手卷，與BD15236號A裱為一卷。
3.1　首行殘→大正0454，14/0424B07。
3.2　尾全→大正0454，14/0425C23。
4.2　佛說彌勒成佛經（尾）。
8　6世紀。南北朝寫本。
9.1　楷書。

1.1　BD15237號
1.3　無量壽宗要經
1.4　新1437
2.1　46×26.5厘米；1紙；共26行，行17字。
2.3　卷軸裝。首全尾斷。有烏絲欄。通卷現代托裱。
3.1　首全→大正0936，19/0082A03。
3.2　尾殘→大正0936，19/0082B01。
4.1　大乘無量壽經（首）。
8　8~9世紀。吐蕃統治時期寫本。
9.1　楷書。
10　現代接出紫底團花雲龍間隔方形、圓形織錦護首，有玉別子。護首有題簽："唐人寫大乘無量壽經，七十八叟俞陛雲題於冬榮書屋。"下有2枚印章：（1）正方形陰文硃印，0.8×0.8厘米，印文為"階青"；（2）正方形陽文硃印，0.8×0.8厘米，印文為"戊戌探花"。用洒金箋作玉池，髮箋作拖尾。

護首下方貼有特藝公司宣武經營管理處紙簽："類別：雜，21。貨號：1155。品名：唐人寫經1卷。定價：12.00。備註：購11890。"

1.1　BD15238號
1.3　妙法蓮華經（八卷本）卷四
1.4　新1438
2.1　592×25.5厘米；12紙；共322行，行17字。
2.2　01：52.0，28；　02：50.5，28；　03：50.5，28；
04：50.5，28；　05：50.5，28；　06：50.5，28；
07：50.5，28；　08：50.5，28；　09：50.5，28；
10：50.5，28；　11：50.5，28；　12：35.0，14。
2.3　卷軸裝。首脫尾全。上下邊多有破裂，接縫處多有開裂，第4、5紙接縫處斷開。有燕尾。有烏絲欄。
3.1　首殘→大正0262，09/0030A05。
3.2　尾全→大正0262，09/0034B22。
4.2　妙法蓮華經卷第四（尾）
5　與《大正藏》本對照，分卷不同。經文相當於《大正藏》本卷四第九、十、十一品。屬於八卷本。
8　7世紀。隋寫本。
9.1　楷書。

1.1　BD15239號
1.3　千臂千眼大悲觀世音菩薩法印呪
1.4　新1439
2.1　（11.5+14.5）×24厘米；7紙13葉26個半葉；半葉7~9行，共186行，行7~13字。
2.2　01：11.5，0+7；　02：23.0，8+8+9+8；
03：23.0，8+9+9+8；　04：23.0，8+9+9+8；
05：23.0，8+9+8+7；　06：23.0，8+9+9+8；
07：23.0，8+9+9+1。
2.3　粘葉裝。首全尾全。首頁書脊與書口各有2個圓孔。四角呈圓形。第23、24頁有殘洞。有烏絲欄。
3.4　説明：

本文獻首全尾全。所抄為觀音《大悲咒》。可以分為兩個部份。第一部分共77行，摘抄唐西天竺沙門伽梵達摩譯《千手千眼觀世音菩薩廣大圓滿無礙大悲心陀羅尼經》中的偈頌及咒語。第二部分共109行，以"第二"領起，抄寫《異本大悲心咒》。

第1~29行：大正1060，20/106C17~107A3。

第30~70行：大正1060，20/107B25~C24。

第70~74行：大正1060，20/111B15~B17。

第74~77行：大正1060，20/111B24~B26。

第78~186行：以"第二"領起，為《異本大悲心咒》，與現諸藏所收各種《大悲心咒》讀音大體相同，但文字有歧異。末尾尚有一些雜咒，詳情待考。
4.1　千臂千眼大悲觀世音菩薩法印咒一卷（首）。
7.3　第11頁上邊有"第二"2字
8　9~10世紀。歸義軍時期寫本。
9.1　楷書。
10　封面上寫有"大唐經一卷，千佛洞內"。

1.1　BD15240號

1.3　阿毗達磨俱舍論實義疏卷三
1.4　新1440
2.1　2398.4×28.2厘米；57紙；共1324行，行24~26字。
2.2　01：43.0，24；　02：43.0，24；　03：43.2，24；
04：43.0，24；　05：43.5，24；　06：43.0，24；
07：43.5，24；　08：43.5，25；　09：15.8，09；
10：43.5，25；　11：43.5，24；　12：43.5，25；
13：43.5，25；　14：43.5，24；　15：43.7，24；
16：43.5，24；　17：43.7，25；　18：43.7，25；
19：43.5，25；　20：43.5，24；　21：43.5，25；
22：43.0，24；　23：41.0，24；　24：43.3，24；
25：43.0，24；　26：43.5，24；　27：43.3，24；
28：43.5，24；　29：43.3，24；　30：43.0，24；
31：43.2，25；　32：43.0，25；　33：43.0，24；
34：43.2，24；　35：43.3，24；　36：41.5，24；
37：41.0，24；　38：40.5，23；　39：36.0，20；
40：43.0，24；　41：43.0，25；　42：43.0，25；
43：43.0，25；　44：43.0，25；　45：43.0，25；
46：41.3，23；　47：44.0，24；　48：44.0，24；
49：44.2，24；　50：44.0，24；　51：43.5，24；
52：18.7，10；　53：42.0，24；　54：44.0，24；
55：44.0，24；　56：44.0，24；　57：41.0，02。
2.3　卷軸裝。首殘尾全。卷面有水漬及殘洞。尾有原軸，兩端塗紫紅色漆。有烏絲欄。已修整。
3.1　首3行上中殘→《藏外佛教文獻》，01/173A13。
3.2　尾全→《藏外佛教文獻》，01/250A11。
4.2　阿毗達磨俱舍論實義疏卷第三（尾）。
6.1　首→BD13607號。
7.1　尾有題記："釋門法律法嚴奉寫記。"
8　8~9世紀。吐蕃統治時期寫本。
9.1　行楷。
9.2　有行間校加字及刪除。
10　第2紙背貼有紙簽："登錄號：223698，函11捲冊"。

1.1　BD15241號1
1.3　無盡意菩薩經（六卷本）卷二
1.4　新1441
2.1　（5.2+1784.3）×30.1厘米；41紙；共1295行，行20~30字。
2.2　01：35.9，27；　02：45.4，34；　03：45.2，34；
04：45.3，34；　05：45.6，34；　06：45.7，34；
07：45.5，34；　08：30.8，21；　09：45.6，33；
10：46.4，34；　11：46.3，34；　12：46.3，34；
13：46.3，34；　14：46.4，34；　15：46.5，34；
16：46.2，34；　17：17.7，11；　18：45.4，33；
19：46.4，34；　20：46.2，34；　21：46.3，34；
22：46.3，34；　23：46.5，34；　24：46.4，34；
25：46.3，34；　26：31.9，22；　27：46.4，34；
28：46.4，34；　29：46.2，34；　30：46.2，34；
31：46.2，34；　32：46.3，34；　33：16.0，11；
34：44.1，31；　35：46.2，34；　36：46.2，34；
37：46.1，34；　38：46.2，34；　39：46.2，34；
40：46.2，34；　41：45.8，18。
2.3　卷軸裝。首殘尾全。卷面多水漬，首紙有殘洞，上下有破裂殘損，第7、8紙接縫處下開裂。背有古代裱補，紙上有文字。個別紙內有行間加行。卷尾上下有蟲繭。有烏絲欄。已修整。
2.4　本遺書包括5個文獻：（一）《無盡意菩薩經》卷二，252行，今編為BD15241號1。（二）《無盡意菩薩經》卷三，282行，今編為BD15241號2。（三）《無盡意菩薩經》卷四，293行，今編為BD15241號3。（四）《無盡意菩薩經》卷第五，215行，今編為BD15241號4。（五）《無盡意菩薩經》卷六，253行，今編為BD15241號5。
3.1　首4行上下殘→大正0397，13/0189A25~29。
3.2　尾全→大正0397，13/0194A22。
4.2　無盡意菩薩經第二（尾）
5　與《大正藏》本對照，分卷不同。相當於《大正藏》本《大集經》卷二七後半部與卷二八前部。屬於"無盡意菩薩品"。據《歷代三寶記》卷十，《大唐內典錄》卷四，《開元釋教錄》卷五等，該"無盡意菩薩品"單行時名"無盡意菩薩經"，為六卷。此即該單行六卷本。據《大正藏》校記，分卷與麗乙本同。
7.3　第6紙背面裱補紙上有殘留文字7字"俗依心無心慈普"。
8　8~9世紀。吐蕃統治時期寫本。
9.1　楷書。
9.2　有行間校加字及刮改。

1.1　BD15241號2
1.3　無盡意菩薩經（六卷本）卷三
1.4　新1441
2.4　本遺書由5個文獻組成，本文獻為第2個，282行。餘參見BD15241號1。
3.1　首全→大正0397，13/0194A23。
3.2　尾全→大正0397，13/0199B14。
4.1　無盡意菩薩經卷第三（首）。
4.2　無盡意菩薩經卷第三（尾）。
5　與《大正藏》本對照，分卷不同。相當於《大正藏》本《大集經》卷二八後部分。屬於"無盡意菩薩品"。據《歷代三寶記》卷十，《大唐內典錄》卷四，《開元釋教錄》卷五等，該"無盡意菩薩品"單行時名"無盡意菩薩經"，為六卷。此即該單行六卷本。
8　8~9世紀。吐蕃統治時期寫本。
9.1　楷書。有武周新字"正"。
9.2　有行間校加字及刮改。

1.1　BD15241號3

1.3　無盡意菩薩經（六卷本）卷四
1.4　新 1441
2.4　本遺書由 5 個文獻組成，本文獻為第 3 個，293 行。餘參見 BD15241 號 1。
3.1　首全→大正 0397，13/0199B22。
3.2　尾全→大正 0397，13/0204A06。
4.1　無盡意菩薩經卷第四（首）。
4.2　無盡意菩薩經卷第四（尾）。
5　與《大正藏》本對照，分卷不同。相當於《大正藏》本《大集經》卷二九大半部分。屬於“無盡意菩薩品”。據《歷代三寶記》卷十，《大唐内典錄》卷四，《開元釋教錄》卷五等，該“無盡意菩薩品”單行時名“無盡意菩薩經”，為六卷。此即該單行六卷本。據《大正藏》校記，分卷與麗乙本同。
8　8～9 世紀。吐蕃統治時期寫本。
9.1　楷書。有武周新字“正”。
9.2　有行間加行、行間校加字及刮改。有硃、墨筆校改及倒乙。加字寫到下邊。

1.1　BD15241 號 4
1.3　無盡意菩薩經（六卷本）卷五
1.4　新 1441
2.4　本遺書由 5 個文獻組成，本文獻為第 4 個，215 行。餘參見 BD15241 號 1。
3.1　首首→大正 0397，13/0204A07。
3.2　尾全→大正 0397，13/0208B19。
4.1　無盡意菩薩經卷第五（首）。
4.2　無盡意菩薩經卷第五（尾）。
5　與《大正藏》本對照，分卷不同。相當於《大正藏》本《大集經》卷二九後半部分與卷三十前部分。屬於“無盡意菩薩品”。據《歷代三寶記》卷十，《大唐内典錄》卷四，《開元釋教錄》卷五等，該“無盡意菩薩品”單行時名“無盡意菩薩經”，為六卷。此即該單行六卷本。據《大正藏》校記，分卷與麗乙本同。
8　8～9 世紀。吐蕃統治時期寫本。
9.1　楷書。
9.2　有行間校加字及刮改。

1.1　BD15241 號 5
1.3　無盡意菩薩經（六卷本）卷六
1.4　新 1441
2.4　本遺書由 5 個文獻組成，本文獻為第 5 個，253 行。餘參見 BD15241 號 1。
3.1　首全→大正 0397，13/0208B20。
3.2　尾全→大正 0397，13/0212C26。
4.1　無盡意菩薩經卷第六（首）。
4.2　無盡意菩薩經卷第六（尾）。
5　與《大正藏》本對照，分卷不同。相當於《大正藏》本《大集經》卷三十後半部分。屬於“無盡意菩薩品”。據《歷代三寶記》卷十，《大唐内典錄》卷四，《開元釋教錄》卷五等，該“無盡意菩薩品”單行時名“無盡意菩薩經”，為六卷。此即該單行六卷本。據《大正藏》校記，分卷與麗乙本同。
7.1　卷尾有題記：“比丘志崇寫記。”卷尾背有木筆所寫勘記：“勘了。”
8　8～9 世紀。吐蕃統治時期寫本。
9.1　楷書。
9.2　有行間校加字及刮改。

1.1　BD15242 號 1
1.3　妙法蓮華經卷四
1.4　新 1442
2.1　（2＋836.5）×25.7 厘米；19 紙；正面 508 行，行 17 字。背面 34 行；行字不等。
2.2　01：45.5，28；　02：46.0，28；　03：46.0，28；
04：46.0，28；　05：46.0：28；　06：46.0，28；
07：46.0，28；　08：04.0，28；　09：46.0，28；
10：46.0，28；　11：46.0，28；　12：46.0，28；
13：46.0，28；　14：46.0，28；　15：46.0，28；
16：46.0，28；　17：46.0，28；　18：42.0，26；
19：17.0，06。
2.3　卷軸裝。首脱尾全。打紙，砑光上蠟。卷首尾多有破裂及殘洞，接縫處下部多有開裂。背有古代及現代裱補，古代裱補紙上有 8 個文獻。有烏絲欄。已修整。
2.4　本遺書包括 7 個文獻：（一）《妙法蓮華經》卷四，142 行，抄寫在正面，今編為 BD15242 號 1。（二）《妙法蓮華經》卷五，366 行，抄寫在正面，今編為 BD15242 號 2。（三）《妙法蓮華經》卷六，4 行，抄寫在背面古代裱補紙上，今編為 BD15242 號背 1。（四）《大般若波羅蜜多經》（兑廢稿）卷五二一，13 行，抄寫在背面 2 塊可以綴接的古代裱補紙上，今編為 BD15242 號背 2。（五）《妙法蓮華經》卷三，6 行，抄寫在背面古代裱補紙上，今編為 BD15242 號背 3。（六）《金剛般若波羅蜜經》，4 行，抄寫在背面古代裱補紙上，今編為 BD15242 號背 4。（七）《唯識析議》（兑廢稿）（擬），7 行，抄寫在背面 3 塊可以上下綴接的古代裱補紙上，今編為 BD15242 號背 5。
3.1　首殘→大正 0262，09/0035A01。
3.2　尾全→大正 0262，09/0037A01。
8　7～8 世紀。唐寫本。
9.1　楷書。

1.1　BD15242 號 2
1.3　妙法蓮華經卷五
1.4　新 1442
2.4　本遺書由 7 個文獻組成，本文獻為第 2 個，366 行，抄寫在正面。餘參見 BD15242 號 1。
3.1　首殘→大正 0262，09/0037A10。

3.2　尾殘→大正 0262，09/0042A28。
7.1　尾紙寫尾題、題記 6 行：“《大品經卷第八》/延昌三年(514) 歲次甲午七月廿二日燉煌鎮經生曹法/壽所寫經成訖/用紙二十六張/校經道人/典經師令狐崇哲。/”該尾題、題記乃現代人偽造。
8　8 世紀。唐寫本。
9.1　楷書。

1.1　BD15242 號背 1
1.3　妙法蓮華經卷六
1.4　新 1442
2.4　本遺書由 7 個文獻組成，本文獻為第 3 個，4 行，抄寫在背面裱補紙上。餘參見 BD15242 號 1。
3.1　首殘→大正 0262，09/0050C19。
3.2　尾殘→大正 0262，09/0050C23。
8　8 世紀。唐寫本。
9.1　楷書。

1.1　BD15242 號背 2
1.3　大般若波羅蜜多經（兑廢稿）卷五二一
1.4　新 1442
2.4　本遺書由 7 個文獻組成，本文獻為第 4 個，13 行，抄寫在背面兩塊可以前後綴接的古代裱補紙上。餘參見 BD15242 號 1 之第 2 項。
3.1　首殘→大正 0220，07/0667C26。
3.2　尾殘→大正 0220，07/0668A08。
5　與《大正藏》本對照，尾行重復抄寫，為雜寫。本遺書乃兑廢稿。
8　8～9 世紀。吐蕃統治時期寫本。
9.1　楷書。

1.1　BD15242 號背 3
1.3　妙法蓮華經卷三
1.4　新 1442
2.4　本遺書由 7 個文獻組成，本文獻為第 5 個，6 行，抄寫在背面裱補紙上。餘參見 BD15242 號 1。
3.1　首殘→大正 0262，09/0022B17。
3.2　尾殘→大正 0262，09/0022B27。
8　8～9 世紀。吐蕃統治時期寫本。
9.1　楷書。

1.1　BD15242 號背 4
1.3　金剛般若波羅蜜經
1.4　新 1442
2.4　本遺書由 7 個文獻組成，本文獻為第 6 個，4 行，抄寫在背面裱補紙上。餘參見 BD15242 號 1。
3.1　首殘→大正 0235，08/0749C06。
3.2　尾殘→大正 0235，08/0749C09。
8　8 世紀。唐寫本。
9.1　楷書。

1.1　BD15242 號背 5
1.3　唯識析義（兑廢稿）（擬）
1.4　新 1442
2.4　本遺書由 7 個文獻組成，本文獻為第 7 個，7 行，抄寫在背面 3 塊可以上中下綴接的古代裱補紙上。餘參見 BD15242 號 1。
3.4　説明：
本文獻有錯抄，有衍字，有塗改，應為兑廢稿。古人將此兑廢稿剪為上中下三塊，用作裱補紙。
8　9～10 世紀。歸義軍時期寫本。
9.1　楷書。
9.2　有塗抹。

1.1　BD15243 號 1
1.3　太宗文皇帝三藏聖教序
1.4　新 1443
2.1　(23＋935.5)×27.5 厘米；22 紙；共 558 行，行 17 字。
2.2　01：27.0，16；　02：47.0，28；　03：47.0，28；
04：47.0，28；　05：47.0，28；　06：47.0，28；
07：47.0，28；　08：47.0，28；　09：47.0，28；
10：47.0，28；　11：47.0，28；　12：47.0，28；
13：47.0，28；　14：47.0，28；　15：47.0，28；
16：47.0，28；　17：47.0，28；　18：47.0，28；
19：47.0，28；　20：47.0，28；　21：26.5，28；
22：12.0，00。
2.3　卷軸裝。首殘尾全。卷首上邊、右下殘缺，前 2 紙有破裂。卷面有水漬。背有古代裱補。有烏絲欄。已修整。
2.4　本遺書包括 3 個文獻：（一）《太宗文皇帝三藏聖教序》，9 行，今編為 BD15243 號 1。（二）《唐高宗述聖記》，36 行，今編為 BD15243 號 2。（三）《能斷金剛般若波羅蜜多經》，513 行，今編為 BD15243 號 3。
3.1　首殘→《昭和法寶總目錄》，03/1420B18。
3.2　尾殘→《昭和法寶總目錄》，03/1420B27。
8　7～8 世紀。唐寫本。
9.1　楷書。
9.2　有刮改。

1.1　BD15243 號 2
1.3　唐高宗述聖記
1.4　新 1443
2.4　本遺書由 3 個文獻組成，本文獻為第 2 個，36 行。餘參見 BD15243 號 1。
3.1　首 4 行下殘→《昭和法寶總目錄》，03/1421A02。
3.2　尾全→《昭和法寶總目錄》，03/1421B07。

4.1　皇太子臣治述聖記（首）。
8　7～8世紀。唐寫本。
9.1　楷書。

1.1　BD15243號3
1.3　能斷金剛般若波羅蜜多經
1.4　新1443
2.4　本遺書由3個文獻組成，本文獻為第3個，513行。餘參見BD15243號1。
3.1　首全→大正0220，07/0980A06。
3.2　尾全→大正0220，07/0985C24。
4.1　能斷金剛般若波羅蜜多經一卷，三藏法師玄奘奉詔譯（首）。
4.2　能斷金剛般若波羅蜜多經一卷（尾）。
7.1　尾題後有題記4行："貞觀廿二年十月一日於雍州宜君縣玉華宮弘法臺三藏法師玄奘奉詔譯/直中書長安杜行顗筆受/弘福寺沙門玄謨證梵語/大總持寺沙門辯機證文。/"
8　648年。唐寫本。
9.1　楷書。

1.1　BD15244號
1.3　大般若波羅蜜多經卷三五三
1.4　新1403
2.1　（8.5+773.5）×26.5厘米；17紙；共446行，行17字。
2.2　01：47.5，28；　02：48.0，28；　03：48.0，28；
04：48.0，28；　05：48.0，28；　06：48.0，28；
07：48.0，28；　08：48.0，28；　09：48.0，28；
10：48.0，28；　11：48.0，28；　12：48.0，28；
13：48.5，28；　14：48.5，28；　15：48.5，28；
16：48.0，26；　17：13.0，00。
2.3　卷軸裝。首脫尾全。打紙。首紙下邊殘缺，中間有破裂，第3、4接縫處脫開。尾有原軸，兩端塗硃漆。有烏絲欄。
3.1　首5行下殘→大正0220，06/0015A01～06。
3.2　尾全→大正0220，06/0820A06。
4.2　大般若波羅蜜多經卷第三百五十三（尾）。
7.1　尾題後有題名："法應"。
8　8～9世紀。吐蕃統治時期寫本。
9.1　楷書。有武周新字"正"。

1.1　BD15245號
1.3　維摩詰經講經文（擬）
1.4　新1445
2.1　（7+281.5）×28厘米；11紙；共172行，行19字。
2.2　01：24.0，12；　02：28.0，18；　03：29.0，18；
04：28.0，18；　05：29.0，17；　06：29.0，18；
07：29.0，17；　08：28.5，17；　09：28.0，16；
10：28.0，18；　11：08.0，03。
2.3　卷軸裝。首殘尾缺。首紙殘破。無天頭地腳。背有古代裱補，上邊有字。
3.4　說明：

本文獻首3行上中殘，尾全。為依據《維摩詰所說經·文殊師利問疾品》敷衍之講經文。同樣主題的講經文可見《敦煌變文校注》所收《維摩詰經講經文》（七），尾題作"文殊問疾第一卷"，則本文獻可能是與之相接之第二卷。

4.2　文殊第二終（尾）。
8　9～10世紀。歸義軍時期寫本。
9.1　楷書。有合體字"菩薩"。
9.2　有行間校加字。有刪除號。有重文號。有倒乙。有塗抹、塗改及校改。

1.1　BD15246號1
1.3　諸糧食計會及入歷（擬）
1.4　新1456
2.1　（172+3.5）×30厘米；7紙；共90行，行17字。
2.2　01：38.0，21；　02：17.0，10；　03：38.0，23；
04：13.5，08；　05：22.5，03；　06：24.0，11；
07：22.5，14。
2.3　卷軸裝。首斷尾殘。第6、7紙下邊有殘缺。
2.4　本遺書包括5個文獻：（一）《諸糧食計會及入歷》（擬），31行，今編為BD15246號1。（二）《諸糧食破用歷》（擬），31行，今編為BD15246號2。（三）《某人領手工麥及麩歷各一條》（擬），3行，今編為BD15246號3。（四）《諸糧食入歷及三年中間沿寺破歷計會及破歷》（擬），11行，今編為BD15246號4。（五）《丁丑年三月二十一日寺主延會沿寺破歷抄》，14行，今編為BD15246號5。
2.5　本遺書共7張紙粘接而成：第一、第二紙為同一文獻，即BD15246號1。第三、第四紙為同一文獻，即BD15246號2，背面兩紙接縫處有花押。第五紙為一文獻，即BD15246號3。第六紙為一文獻，即BD15246號4。第七紙為一文獻，即BD15246號5。

從目前形態看，BD15246號2的書寫方向與其餘諸文獻相反。BD15246號3兩端各有一條記錄，書寫方向相反，中間空缺未寫。BD15246號1與BD15246號4似可以綴接，兩者或為同一文獻。

從總體看，本遺書乃將作廢之入破歷綴接後以備他用。

3.4　說明：

麥粟豆黄麻等色物用硃筆，記錄用墨筆。

6.2　尾→BD15246號4。
7.2　第3、4紙背接縫處有騎縫花押。
7.3　卷尾背有"第七"。卷背古代裱補紙上寫有"阿毗"。
8　9～10世紀。歸義軍時期寫本。
9.1　行楷。硃筆為原文所有。
9.2　有刪除號。

1.1　BD15246 號 2
1.3　諸糧食破用歷（擬）
1.4　新 1446
2.4　本遺書由 5 個文獻組成，本文獻為第 2 個，31 行。餘參見 BD15246 號 1。
3.4　說明：
　　麵粟油等色物用硃筆，記錄用墨筆。
8　9～10 世紀。歸義軍時期寫本。
9.1　行楷。

1.1　BD15246 號 3
1.3　某人領手工麥及麩歷各一條（擬）
1.4　新 1446
2.4　本遺書由 5 個文獻組成，本文獻為第 3 個，3 行。餘參見 BD15246 號 1。
3.4　說明：
　　上述兩條領物歷抄寫在同一張紙的兩端，方向相反，應屬兩次領物，但花押相同，應為同一人領物。故此作為一個文獻著錄。
8　9～10 世紀。歸義軍時期寫本。
9.1　行楷。

1.1　BD15246 號 4
1.3　諸糧食入歷及三年中間沿寺破歷計會及破歷（擬）
1.4　新 1446
2.4　本遺書由 5 個文獻組成，本文獻為第 4 個，11 行。餘參見 BD15246 號 1。
3.4　說明：
　　本文獻分為三部分。
　　第一部分 4 行，為諸糧食入歷，
　　第二個部分 6 行，為三年中間沿寺破歷計會。
　　第三個部分 1 行，為破歷。其後殘缺。
　　本文獻與 BD15246 號 1 內容、形式、墨蹟相同，似為同一文獻，且可綴接。則該文獻原為三年糧食入破歷，分別記錄入歷、破歷，分別計會。詳情待考。
6.1　首→BD15246 號 1。
8　9～10 世紀。歸義軍時期寫本。
9.1　行楷。

1.1　BD15246 號 5
1.3　丁丑年三月二十一日寺主延會沿寺破歷抄
1.4　新 1446
2.4　本遺書由 5 個文獻組成，本文獻為第 5 個，14 行。餘參見 BD15246 號 1。
3.4　說明：
　　本文獻為《丁丑年三月二十一日寺主延會沿寺破歷抄》。
8　9～10 世紀。歸義軍時期寫本。
9.1　行楷。

1.1　BD15247 號
1.3　太玄真一本際經卷四
1.4　新 1447
2.1　91.7×25.5 厘米；2 紙；共 56 行，行 17。
2.2　01：46.0，28；　02：45.7，28。
2.3　卷軸裝。首脫尾脫。第一紙下邊有殘損。有烏絲欄。
3.1　首殘→《中華道藏》，05/0232B21。
3.2　尾殘→《中華道藏》，05/0233B16。
6.1　首→BD07985 號。
8　7～8 世紀。唐寫本。
9.1　楷書。
9.2　有校改。

1.1　BD15248 號
1.3　小品般若波羅蜜經（宮本）卷七
1.4　新 1448
2.1　（10＋531）×27.3 厘米；14 紙；共 308 行，行 19～22 字。
2.2　01：36.0，21；　02：42.0，24；　03：42.0，24；
　　04：41.0，24；　05：41.5，24；　06：41.0，23；
　　07：41.5，24；　08：40.5，23；　09：41.0，24；
　　10：41.0，23；　11：41.0，23；　12：41.0，24；
　　13：41.0，24；　14：10.5，03。
2.3　卷軸裝。首殘尾全。卷面有等距離水漬，第 8、9 紙接縫處下部開裂。尾有原軸，兩端塗棕色漆。有烏絲欄。
3.1　首 6 行上殘→大正 0227，08/0570A14～19。
3.2　尾全→大正 0227，08/0574B20。
5　與《大正藏》本對照，分卷不同。經文相當於《大正藏》本《小品般若波羅蜜經》卷第七“摩訶般若波羅蜜阿毗跋致覚魔品”第十九，卷第八“深心求菩提品”第二十，“恭敬菩薩品”第二十一。與日本宮內寮本分卷相同。
7.1　卷尾有題記：“比丘志念所寫供養。一校竟。”
8　5 世紀。南北朝寫本。
9.1　楷書。
9.2　有行間校加字、刪除號、重文及倒乙。

1.1　BD15249 號
1.3　大方便佛報恩經（兌廢稿）卷七
1.4　新 1449
2.1　47×25.4 厘米；1 紙；正面 16 行，行 17 字。背面 17 行，行 10～20 字。
2.3　卷軸裝。首脫尾脫。卷面有鳥糞。有烏絲欄。
2.4　本遺書包括 3 個文獻：（一）《大方便佛報恩經》（兌廢稿）卷七，16 行，抄寫在正面，今編為 BD15249 號。（二）《去時人將文字名目》（擬），9 行，抄寫在背面，今編為 BD15249 號背 1。（三）《曹清忽貸白生絹契稿》（擬），8 行，抄寫在背面，今

編為 BD15249 號背 2。
3.1　首殘→大正 0156，03/0163C08。
3.2　尾殘→大正 0156，03/0163C23。
7.3　正面下邊欄處有雜寫“離人櫨加提/風便便論說/”、“遙/云何造道/”。“人”字為武周新字。卷尾有雜寫“爾”、“爾時”。
8　8 世紀。唐寫本。
9.1　楷書。
9.2　第 13 行下方寫有“兌”字。

1.1　BD15249 號背 1
1.3　去時人將文字名目（擬）
1.4　新 1449
2.4　本遺書由 3 個文獻組成，本文獻為第 2 個，9 行，抄寫在背面。餘參見 BD15249 號。
3.4　說明：
本文獻為諸色人等借閱圖書的記錄。
8　9～10 世紀。歸義軍時期寫本。
9.1　行楷。

1.1　BD15249 號背 2
1.3　曹清忽貸白生絹契稿（擬）
1.4　新 1449
2.4　本遺書由 3 個文獻組成，本文獻為第 3 個，8 行，抄寫在背面。餘參見 BD15249 號。
3.4　說明：
本文獻為丁丑年五月六日洪池鄉百姓曹清忽白生絹契的草稿，並非正式的簽字契約。
7.3　文後有雜寫“我是人流家男女阿耶娘/疋/”。
8　9～10 世紀。歸義軍時期寫本。
9.1　行楷。

1.1　BD15250 號
1.3　人名錄（擬）
1.4　新 1450
2.1　(4+36.5)×30.5 厘米；1 紙；共 16 行，行 20 餘字。
2.3　卷軸裝。首殘尾殘。卷首有破裂。行間多夾註、加行。有折疊欄。
3.4　說明：
此名錄似為參加某種集體活動的參加者名單。
最後一行文字有折疊，壓到背面。
8　8～9 世紀。吐蕃統治時期寫本。
9.1　行楷。
9.2　有行間加行。

1.1　BD15251 號
1.3　勸善經卷一
1.4　新 1451
2.1　42×30.2 厘米；1 紙；共 16 行，行字不等。
2.3　卷軸裝。首全尾全。卷面有油污及塗抹。通卷現代托裱。
3.1　首全→大正 2916，85/1462A03。
3.2　尾全→大正 2916，85/1462A20。
4.1　勸善經一卷（首）。
4.2　勸善經一卷（尾）。
5　與《大正藏》本對照，字句有不同，可作校勘之用。
7.1　卷尾有題記：“貞元十九年（803）下。”
8　9～10 世紀。歸義軍時期寫本。
9.1　楷書。
10　現代接出引首及拖尾，配彩色菊花織錦包皮，其上有題簽：“貞元十九年勸誦阿彌陀佛勅一道。/唐硃印佛像一紙。/唐墨印佛像一紙。/黄布符一張。/公度藏。/”拖尾後配木軸。卷首下有陰文硃印，1×1 厘米，印文為“馮恕之印”。卷尾下亦有陰文硃印，1.8×1.8 厘米，印文為“公度所/藏隋唐/墨寶”。

1.1　BD15252 號
1.3　大般若波羅蜜多經卷三九八
1.4　新 1452
2.1　129.5×26 厘米；3 紙；共 65 行，行 17 字。
2.2　01：47.0，28；　02：47.0，28；　03：35.5，9。
2.3　卷軸裝。首脫尾全。卷首有横向破裂，有等距離水漬黴斑，卷尾有殘洞。有燕尾。有烏絲欄。
3.1　首殘→大正 0220，06/1062C29。
3.2　尾全→大正 0220，06/1063C05。
4.2　大般若波羅蜜多經卷第三百九十八（尾）。
7.1　尾題後有題記：“鄧英寫，靈秀第一校，義泉第二校，海智第三校。”
8　8～9 世紀。吐蕃統治時期寫本。
9.1　楷書。
9.2　有刮改。

1.1　BD15253 號
1.3　金剛般若波羅蜜經
1.4　新 1453
2.1　(8+132.5)×24.5 厘米；3 紙；共 84 行，行 17 字。
2.2　01：46.5，28；　02：47.0，28；　03：47.0，28。
2.3　卷軸裝。首殘尾脫。經黄打紙，砑光上蠟。卷面多水漬，上下邊有殘損。有烏絲欄。已修整。
3.1　首 5 行下殘→大正 0235，08/0751B25～C02。
3.2　尾全→大正 0235，08/0752C02。
5　與《大正藏》本對照，本號經文無冥司偈，參見《大正藏》，8/751C16～19。
7.3　尾紙背有藏文一行。
8　7～8 世紀。唐寫本。
9.1　楷書。

1.1　BD15254號
1.3　妙法蓮華經卷七
1.4　新1454
2.1　(8+101+4)×25.5厘米；3紙；共73行，行17字。
2.2　01：46.0，28；　02：48.0，28；　03：29.0，17。
2.3　卷軸裝。首殘尾殘。經黄打紙。首紙有破裂，中部殘缺。第2、3紙接縫處下部開裂。有烏絲欄。已修整。
3.1　首5行中上殘→大正0262，09/0055C16～20。
3.2　尾2行上殘→大正0262，09/0056C05～07。
8　7～8世紀。唐寫本。
9.1　楷書。

1.1　BD15255號
1.3　金剛般若波羅蜜經
1.4　新1455
2.1　(7+298.9+75)×25厘米；9紙；共213行，行17字。
2.2　01：18.0，00；　02：46.7，27；　03：46.3，28；
04：47.6，28；　05：47.6，28；　06：48.0，28；
07：48.2，28；　08：47.5，28；　09：31.0，18。
2.3　卷軸裝。首全尾殘。有護首，護首脱落1塊殘片，已綴接。有芨芨草天竿，已斷，僅存一小節。首2紙殘破，有殘洞，係後補。卷面有破裂及殘缺，上下多水漬，第7紙有大殘洞，卷尾8、9兩紙下半殘缺嚴重。背有古代裱補。有烏絲欄。已修整。
3.1　首全→大正0235，08/0748C17。
3.2　尾44行下殘→大正0235，08/0750C26～0751B13。
4.1　金剛般若波羅蜜經（首）。
7.4　護首有經名“金剛般若波羅蜜經”。有經名號。
8　7～8世紀。唐寫本。
9.1　楷書。
9.2　有倒乙。

1.1　BD15256號
1.3　成實論卷一五
1.4　新1456
2.1　(32+169.5+11)×26厘米；5紙；共115行，行17字。
2.2　01：46.0，25；　02：52.0，28；　03：52.0，28；
04：51.5，28；　05：11.0，06。
2.3　卷軸裝。首殘尾殘。卷上部殘缺嚴重，下邊有等距離水漬。卷背有鳥糞。有烏絲欄。已修整。
3.1　首18行上殘→大正1646，32/0363A07～26。
3.2　尾6行上下殘→大正1646，32/0364B09～16。
8　6～7世紀。隋寫本。
9.1　楷書。

1.1　BD15257號
1.3　大般涅槃經（北本）卷四〇
1.4　新1457
2.1　(1.2+30+2.8)×25.5厘米；2紙；共22行，行17字。
2.2　01：17.2，12；　02：15.8，10。
2.3　卷軸裝。首殘尾殘。上下邊有縱向破裂。有烏絲欄。
3.1　首行上殘→大正0374，12/0601A06。
3.2　尾行上下殘→大正0374，12/0601A26～27。
8　5～6世紀。南北朝寫本。
9.1　楷書。
9.2　有倒乙。

1.1　BD15258號1
1.3　阿彌陀經
1.4　新1458
2.1　(7.5+143)×25.5厘米；5紙；共87行，行17字。
2.2　01：09.5，05；　02：41.5，24；　03：41.5，24；
04：41.5，24；　05：16.5，10。
2.3　卷軸裝。首殘尾全。上下邊有殘損。卷面有殘洞，多水漬。有烏絲欄。已修整。
2.4　本遺書包括2個文獻：(一)《阿彌陀經》，76行，今編為BD15258號1。(二)《阿彌陀佛說咒》，11行，今編為BD15258號2。
3.1　首4行上殘→大正0366，12/0347A26～28。
3.2　尾全→大正0366，12/0348A28。
5　本卷與《大正藏》對照，結尾缺“作禮而去”1句。
8　8世紀。唐寫本。
9.1　楷書。

1.1　BD15258號2
1.3　阿彌陀佛說咒
1.4　新1458
2.4　本遺書由2個文獻組成，本文獻為第2個，11行。餘參見BD15258號1。
3.1　首全→大正0369，12/0352A20。
3.2　尾全→大正0369，12/0352B03。
4.1　阿彌陀佛說咒曰（首）。
5　與《大正藏》本對照，經尾有：“咒中諸口傍字，皆依本音轉舌言之。無口/者依字讀。”2行。
8　8世紀。唐寫本。
9.1　楷書。

1.1　BD15259號
1.3　天地八陽神咒經
1.4　新1459
2.1　50.5×24厘米；1紙；共28行，行18字。
2.3　卷軸裝。首脱尾脱。經黄打紙。上下邊殘損。卷首略粘有前紙殘痕、殘字，未計入紙數、行數。有烏絲欄。已修整。
3.1　首殘→大正2897，85/1423C26。
3.2　尾殘→大正2897，85/1424B01。

8　7～8 世紀。唐寫本。
9.1　楷書。

1.1　BD15260 號
1.3　妙法蓮華經卷三
1.4　新 1460
2.1　(2.5 +55.5 +3) ×26 厘米；2 紙；共 34 行，行 17 字。
2.2　01：40.5，22；　02：20.5，12。
2.3　卷軸裝。首殘尾殘。打紙，研光上蠟。上邊有殘缺。有烏絲欄。已修整。
3.1　首行中上殘→大正 0262，09/0023C10～11。
3.2　尾 2 行中下殘→大正 0262，09/0024A21～23。
8　7～8 世紀。唐寫本。
9.1　楷書。

1.1　BD15261 號
1.3　妙法蓮華經卷一
1.4　新 1461
2.1　(51.3 +1.1) ×25.3 厘米；2 紙；共 29 行，行 17。
2.2　01：51.3，28；　02：01.1，01。
2.3　卷軸裝。首脫尾殘。經黃打紙。卷面污穢，有鳥糞。有烏絲欄。
3.1　首殘→大正 0262，09/0002A18。
3.2　尾殘→大正 0262，09/0002B20。
8　7～8 世紀。唐寫本。
9.1　楷書。

1.1　BD15262 號
1.3　金剛般若波羅蜜經
1.4　新 1462
2.1　(5 +44.5 +7.5) ×24.8 厘米；3 紙；共 35 行，行 17 字。
2.2　01：05.0，03；　02：44.5，28；　03：07.5，04。
2.3　卷軸裝。首殘尾殘。經黃打紙。上下邊有殘損。中間有破裂，卷尾殘缺。有烏絲欄。已修整。
3.1　首 3 行上下殘→大正 0235，08/0749A15～18。
3.2　尾 3 行下殘→大正 0235，08/0749B22～23。
8　7～8 世紀。唐寫本。
9.1　楷書。

1.1　BD15263 號
1.3　大般涅槃經（北本）卷一五
1.4　新 1463
2.1　(17 +223 +13) ×26 厘米；7 紙；共 159 行，行 17 字。
2.2　01：35.0，22；　02：37.0，23；　03：37.0，23；
04：37.0，23；　05：37.0，23；　06：37.0，24；
07：33.0，21。
2.3　卷軸裝。首殘尾殘。卷首右下殘缺，上下邊有殘損，卷尾左上殘缺。有烏絲欄。已修整。
3.1　首 11 行下中殘→大正 0374，12/0453C05～16。
3.2　尾 8 行上下殘→大正 0374，12/0455B19～27。
8　5～6 世紀。南北朝寫本。
9.1　楷書。
9.2　有行間校加字。

1.1　BD15264 號
1.3　修道勸善文（擬）
1.4　新 1464
2.1　(3 +150.7) ×28 厘米；4 紙；共 100 行，行 23 字。
2.2　01：32.5，20；　02：42.5，26；　03：42.5，27；
04：42.2，27。
2.3　卷軸裝。首殘尾脫。卷面多油污，有污漬。有烏絲欄。已修整。
3.4　說明：
本遺書首 2 行中下殘，尾殘。全文由歌偈、長行間雜而成。在宣傳三階教普敬理論的基礎上，宣揚孝養父母、遵守五戒十善。主張各種功德，不能出離，不能成佛，應莊嚴自許身心，亦即忍辱、普敬。文中還提到三教合一等。本文獻為三階教經典，未為歷代經錄所著錄，亦未為歷代大藏經所收。
8　8 世紀。唐寫本。
9.1　楷書。避“世”諱。
9.2　有行間校加字。有倒乙。

1.1　BD15265 號
1.3　妙法蓮華經卷五
1.4　新 1465
2.1　(1 +77.6 +4) ×26.5 厘米；2 紙；共 46 行，行 17 字。
2.2　01：45.6，26；　02：37.0，20。
2.3　卷軸裝。首殘尾殘。卷面多水漬。卷面卷背有鳥糞。已修整。
3.1　首行中殘→大正 0262，09/0042B25。
3.2　尾 2 行下殘→大正 0262，09/0043A17～18。
8　8 世紀。唐寫本。
9.1　楷書。

1.1　BD15266 號
1.3　妙法蓮華經卷七
1.4　新 1466
2.1　(1.5 +106) ×23.5 厘米；3 紙；共 55 行，行 17 字。
2.2　01：46.5，26；　02：50.0，28；　03：11.0，01。
2.3　卷軸裝。首殘尾全。經黃打紙。通卷上下邊碎損，卷面有撕破，下部火燒殘缺。尾有原軸，兩端被火燒。有燕尾。有烏絲欄。
3.1　首行中下殘→大正 0262，09/0061B25。
3.2　尾全→大正 0262，09/0062B01。

4.2 妙法蓮華經卷第七（尾）。
8 7～8世紀。唐寫本。
9.1 楷書。

1.1 BD15267號
1.3 大般若波羅蜜多經（兑廢稿）卷二二
1.4 新1467
2.1 54.7×26.9厘米；1紙；共32行，行17字。
2.3 卷軸裝。首脱尾脱。卷面有水漬。有烏絲欄。
3.1 首殘→大正0220，05/0122A08。
3.2 尾殘→大正0220，05/0122B11。
7.1 尾有勘記“此是者（這）卷經尾”。上邊有2個“兑”字。
7.3 卷首背面有雜寫“張”字。
8 8世紀。唐寫本。
9.1 楷書。

1.1 BD15268號
1.3 妙法蓮華經卷五
1.4 新1468
2.1 47×27厘米；1紙；共28行，行17字。
2.3 卷軸裝。首脱尾脱。經黄打紙。卷面有水漬。有烏絲欄。
3.1 首殘→大正0262，09/0040B13。
3.2 尾殘→大正0262，09/0041A01。
8 7～8世紀。唐寫本。
9.1 楷書。

1.1 BD15269號
1.3 金剛般若波羅蜜經
1.4 新1469
2.1 （14.5+68）×25厘米；2紙；共43行，行17字。
2.2 01：32.5，15； 02：50.0，28。
2.3 卷軸裝。首殘尾脱。經黄打紙。卷首右上殘缺。卷上部黴爛，有殘缺。卷面有殘洞，有鳥糞。有烏絲欄。已修整。
3.1 首5行中上殘→大正0235，08/0750C07～10。
3.2 尾殘→大正0235，08/0751A22。
8 7～8世紀。唐寫本。
9.1 楷書。

1.1 BD15270號
1.3 金剛般若波羅蜜經
1.4 新1470
2.1 （6+36.5）×24厘米；1紙；共24行，行17字。
2.3 卷軸裝。首脱尾脱。卷首右下殘缺。上下邊有殘缺。卷面有水漬。有烏絲欄。已修整。
3.1 首3行下中殘→大正0235，08/0752A15～20。
3.2 尾殘→大正0235，08/0752B14。
8 8世紀。唐寫本。
9.1 楷書。

1.1 BD15271號
1.3 金光明最勝王經卷九
1.4 新1471
2.1 （6.7+125.6+3）×26.2厘米；4紙；共82行，行17字。
2.2 01：23.7，14； 02：46.0，28； 03：46.3，28；
04：19.3，12。
2.3 卷軸裝。首殘尾殘。卷首右上殘缺，有殘洞，卷面多斑點，有油污。有烏絲欄。
3.1 首4行上殘→大正0665，16/0447A22～24。
3.2 尾2行下殘→大正0665，16/0448B16～18。
8 8～9世紀。吐蕃統治時期寫本。
9.1 楷書。

1.1 BD15272號
1.3 金剛般若波羅蜜經
1.4 新1472
2.1 50.6×25.5厘米；1紙；共28行，行17。
2.3 卷軸裝。首脱尾脱。經黄打紙。上邊有破裂、水漬。卷面有鳥糞。有烏絲欄。
3.1 首殘→大正0235，08/0749C20。
3.2 尾殘→大正0235，08/0750A21。
8 7～8世紀。唐寫本。
9.1 楷書。

1.1 BD15273號
1.3 大方廣佛華嚴經（晉譯六十卷本）卷六〇
1.4 新1473
2.1 （4.5+27+3.5）×26.4厘米；2紙；共22行，行17字。
2.2 01：23.5，15； 02：11.5，07。
2.3 卷軸裝。首殘尾殘。首紙下邊破裂。有上下邊欄。有劃界欄針孔。
3.1 首3行下殘→大正0278，09/0783A07～10。
3.2 尾2行上中殘→大正0278，09/0783A28～B01。
8 5～6世紀。南北朝寫本。
9.1 隸楷。

1.1 BD15274號
1.3 灌頂章句拔除過罪生死得度經
1.4 新1474
2.1 （139+3）×27.5厘米；5紙；共67行，行18字。
2.2 01：05.0，02； 02：42.0，20； 03：42.0，20；
04：42.0，20； 05：8+3，05。
2.3 卷軸裝。首殘尾殘。有烏絲欄。已修整。
3.1 首行上下殘→大正1331，21/0533B03。
3.2 尾行上殘→大正1331，21/0534A19～20。

8　7～8世紀。唐寫本。
9.1　楷書。

1.1　BD15275號
1.3　思益梵天所問經卷一
1.4　新1475
2.1　34.6×25.2厘米；1紙；共15行，行17字。
2.3　卷軸裝。首脫尾全。有烏絲欄。通卷現代托裱，接出護首及拖尾。
3.1　首殘→大正0586，15/0040B05。
3.2　尾全→大正0586，15/0040B20。
4.2　思益經卷第一（尾）。
8　7～8世紀。唐寫本。
9.1　楷書。

1.1　BD15276號1
1.3　妙法蓮華經（小字本）卷三
1.4　新1476
2.1　49×26.5厘米；1紙；共36行，行36字。
2.3　卷軸裝。首脫尾殘。卷面有殘洞，下邊有殘缺。有烏絲欄。
2.4　本遺書包括2個文獻：（一）《妙法蓮華經》（小字本）卷三，8行，今編為BD15276號1。（二）《妙法蓮華經》（小字本）卷四，28行，今編為BD15276號2。
3.1　首殘→大正0262，09/0027A10。
3.2　尾全→大正0262，09/0027B08。
8　8～9世紀。吐蕃統治時期寫本。
9.1　楷書。

1.1　BD15276號2
1.3　妙法蓮華經（小字本）卷四
1.4　新1476
2.4　本遺書由2個文獻組成，本文獻為第2個，28行。餘參見BD15276號1。
3.1　首全→大正0262，09/0027B12。
3.2　尾殘→大正0262，09/0028A21。
4.1　妙法蓮華經五百弟子受記品第八，卷四（首）。
8　9～10世紀。歸義軍時期寫本。
9.1　楷書。

1.1　BD15277號
1.3　瑜伽師地論卷四九
1.4　新1477
2.1　57.4×25.7厘米；2紙；共34行，行17字。
2.2　01：01.4，01；　02：56.0，33。
2.3　卷軸裝。首全尾殘。卷尾有撕裂。有烏絲欄。
3.1　首全→大正1579，30/0564C22。
3.2　尾殘→大正1579，30/0565A29。
4.1　瑜伽師地論卷第卌九，彌勒菩薩說，沙門玄奘奉詔譯（首）。
7.1　卷首寫有“廿五張，共◇均換得”。
8　9～10世紀。歸義軍時期寫本。
9.1　楷書。

1.1　BD15278號
1.3　六門陀羅尼經
1.4　新1478
2.1　43×26.7厘米；1紙；共22行，行19字。
2.3　卷軸裝。首全尾全。卷面有破裂及殘洞，下邊有殘缺。有烏絲欄。已修整。
3.1　首全→大正1360，21/0878A03。
3.2　尾全→大正1360，21/0878A28。
4.1　六門陀羅尼經（首）。
4.2　六門陀羅尼經一卷（尾）。
8　8～9世紀。吐蕃統治時期寫本。
9.1　楷書。
9.2　有刪除號。

1.1　BD15279號
1.3　木捺佛像（硃印）（擬）
1.4　新1479
2.1　125×28厘米；4紙；共57行，行8尊。
2.2　01：35.5，18；　02：40.0，18；　03：40.0，17；　04：09.5，04。
2.3　卷軸裝。首殘尾殘。通卷上下邊有殘損破裂，中間有殘洞。已修整。
3.4　說明：

本遺書每行捺印佛像8尊，均為在蓮花座上結跏趺坐的禪定像，袈裟通肩，結禪定印。有背光、項光。共57行，計佛像456尊。

8　9～10世紀。歸義軍時期寫本。
10　卷背貼有紙簽：“登錄號223704，1張”。卷首貼有紙條：“貳百〇七號”。

1.1　BD15280號
1.3　大聖文殊師利菩薩像（印本）
1.4　新1480
2.1　19×21厘米；1紙。
2.3　單葉裝。首全尾全，通卷下殘。卷面有油污。
2.4　本遺書包括2個文獻：（一）《大聖文殊師利菩薩像》（印本），印在正面，今編為BD15280號。（二）《白畫》（擬），畫在背面，今編為BD15280號背。
3.4　說明：

本遺書為《大聖文殊師利菩薩像》（印本）。上圖下文。上圖文殊騎獅子，旁有牽獅奴及供養人。右左各有榜書一行：“大

聖文殊師利菩薩。”“普勸志心供養受持。”下文已殘缺。
8　9~10世紀。歸義軍時期寫本。

1.1　BD15280號背
1.3　白畫（擬）
1.4　新1480
2.4　本遺書由2個文獻組成，本文獻為第2個，畫在背面。餘參見BD15280號之第2項。
3.4　説明：
本遺書為白描畫，畫有一人騎馬和3匹獨角獸。圖像重疊顛倒。
8　9~10世紀。歸義軍時期寫本。
10　上方貼紙簽有“登錄號：223705，1頁”。

1.1　BD15281號
1.3　木捺佛像（擬）
1.4　新1481
2.1　18.5×28.5厘米；1紙；共5行，行5尊佛像。
2.3　卷軸裝。首斷尾斷。背有裱補紙。
3.4　説明：
本遺書每行墨印木捺佛像5尊，袈裟通肩，散坐，雙腿自然下垂。有背光、項光。頭像左右各有五瓣鮮花一朵。共5行，計有25尊。
8　9~10世紀。歸義軍時期寫本。
10　背上方貼紙簽，有“登錄號：223706，函，1頁，册”。

1.1　BD15282號
1.3　大般若波羅蜜多經卷二二七
1.4　新1482
2.1　（37+734.5）×26厘米；17紙；共468行，行17字。
2.2　01：42.5，26；　02：45.0，28；　03：45.0，28；
04：45.0，28；　05：45.0，28；　06：45.0，28；
07：45.0，28；　08：45.0，28；　09：45.0，28；
10：45.0，28；　11：45.0，28；　12：45.0，28；
13：45.0，28；　14：45.0，28；　15：45.0，28；
16：44.5，28；　17：44.5，22。
2.3　卷軸裝。首全尾全。卷面多有殘缺，首紙脱落2塊殘片，已綴接；下邊多殘缺，卷面有殘洞，第3、4紙接縫處脱開，上下邊多近代蟲蛀殘洞。有燕尾。尾有原軸，兩端塗硃漆。背有古代裱補。有烏絲欄。已修整。
3.1　首23行下殘→大正0220，06/0139A15~B12。
3.2　尾全→大正0220，06/0144C03。
4.1　大般若波羅蜜多經卷第二百廿七，初分難信解品第卅四之卌六，三藏法師玄奘奉詔□（首）。
4.2　大般若波羅蜜多經卷第二百廿七（尾）。
8　8~9世紀。吐蕃統治時期寫本。
9.1　楷書。

10　卷背各紙接縫處均印有長方形陽文硃印：0.6×1.6厘米，印文為“桊祥”。

1.1　BD15283號
1.3　羯磨（兩卷本）卷下
1.4　新1483
2.1　（1.5+905.2）×25.6厘米；21紙；共546行，行17字。
2.2　01：14.7，00；　02：42.0，26；　03：45.1，28；
04：45.1，28；　05：45.1，27；　06：45.1，28；
07：45.1，28；　08：45.1，28；　09：45.1，28；
10：45.1，28；　11：45.1，28；　12：45.2，28；
13：45.5，28；　14：45.2，28；　15：45.6，28；
16：45.5，28；　17：45.7，28；　18：45.7，28；
19：45.5，28；　20：45.6，28；　21：34.5，17。
2.3　卷軸裝。首全尾全。經黄打紙。有護首，係吐蕃時期後補，有半截竹質天竿，經名已殘。下邊有等距離殘缺，卷面有殘破及剪去長條後所餘空缺。第12、13紙接縫處脱開。文中有雙行小字夾注。尾有原軸，兩端塗黑漆。有燕尾。有烏絲欄。背有古代裱補。
3.1　首全→大正1433，22/1058B09。
3.2　尾全→大正1433，22/1065A04。
4.1　羯磨卷下，比丘尼羯磨同卷，土（首）。
4.2　羯磨卷下（尾）
5　與《大正藏》本對照，《大正藏》本不分卷，本遺書分為上下兩卷。據《大正藏》校記，本遺書分卷與明本同。
7.1　首題下有“土”字，應為敦煌淨土寺之簡稱。本遺書為淨土寺藏經。
7.4　護首有經名“□□□二百廿一，廿三”。應為《大般若波羅密多經》之護首，移用此處。
8　7~8世紀。唐寫本。
9.1　楷書。

1.1　BD15284號
1.3　藏文（無量壽宗要經）
1.4　新1484
2.1　132.8×31.4厘米；3紙；共113行，行約44字母。
2.2　01：43.5，38；　02：44.7，38；　03：44.6，37。
2.3　卷軸裝。首全尾全。卷首略有殘缺。每紙2欄，每欄19行。有烏絲欄。
3.4　説明：
本遺書首全尾全。所抄為藏文《無量壽宗要經》。
4.1　Tshe dpag_ du_ myed_ pa zhes_ bya_ ba theg_ pa_ chen_ povi mdo。（無量壽宗要經）（首）。
4.2　Tshe dpag_ du_ myed_ pa zhes_ bya_ ba theg_ pa_ chen_ povi mdo。（無量壽宗要經）（尾）。
8　8~9世紀。吐蕃統治時期寫本。
9.1　楷書。

10　卷背貼有兩張紙簽。一為文物商店紙簽，上寫“類别：字；貨號：1027；品名：蕃文字横片；定價：5.—”。一為白紙簽“藏文”。

1.1　BD15285號
1.3　勝天王般若波羅蜜經卷六
1.4　新1485
2.1　103.2×24.1厘米；3紙；共61行，行17字。
2.2　01：47.3，28；　02：47.4，28；　03：08.5，05。
2.3　卷軸裝。首脱尾斷。經黄打紙。有烏絲欄。現代托裱為手卷。
3.1　首殘→大正0231，08/0717B29。
3.2　尾殘→大正0231，08/0718B05。
8　7～8世紀。唐寫本。
9.1　楷書。
10　現代接出黄、藍、褐色花紋織錦護首，護首有玉别子，貼有題簽，上書“唐人寫經殘卷，沈觀署檢/”，題簽下方貼有文物商店的標簽，上寫“類别：2；貨號：7637；品名：唐人殘經一捲；定價：40元”。拖尾有尾軸及軸頭。

有灑金箋玉池。玉池書有“唐人寫經殘卷/己未四月/天琴道人為/泊園主人書/”。題字前有圓形陽文硃印，直徑1.7厘米，印文為“容之心賞”。其下有長方形陽文硃印，1.5×2.6厘米，印文為“錢容之/家珍藏/”。題字後有正方形陽文硃印，1.8×1.8厘米，印文為“壺公”。其下有正方形陰文硃印，1.8×1.8厘米，印文為“茶仙容長”。

護首末端有正方形陰文硃印，1.7×1.7厘米，印文為“容之/鑑定/”。其下有正方形陽文硃印，3.2×3.2厘米，印文為“摘花漫/酒春愁盡/燒燭煮/茶夜臥遲/”。

拖尾有正方形陽陰文硃印，1.8×1.8厘米，印文為“容之/之印/”。其下有正方形陽文硃印，2×2厘米，印文為“吳越/王孫/”。

印後有題跋：“此卷雖是殘本，而字體精整/寬博，猶是晉賢遺軌。/少公屬與《本際經》並加題識，兩/本互勘，彼本落筆奮迅，時/形率略，此則分行布白，筆筆/穩潤。世稱佛面如滿月，字體/似之。樊增祥跋。時年七十有四。/”其下有正方形陽文硃印，1.8×1.8厘米，印文為“壺公”。

1.1　BD15286號1
1.3　大唐後三藏聖教序
1.4　新1486
2.1　（2.8＋1263＋25.2）×27.4厘米；27紙；共954行，行25～26字。
2.2　01：02.8，00；　02：47.0，35；　03：49.5，37；
04：50.3，37；　05：50.6，38；　06：50.5，38；
07：50.8，38；　08：50.8，38；　09：50.8，37；
10：50.8，37；　11：50.8，37；　12：50.5，37；
13：50.5，37；　14：50.3，37；　15：50.8，37；
16：50.7，37；　17：50.3，37；　18：50.8，37；
19：50.0，37；　20：50.5，37；　21：50.4，37；
22：50.4，37；　23：50.3，37；　24：50.3，37；
25：50.6，36；　26：41.0，35；　27：39.2，30。
2.3　卷軸裝。首全尾全。有護首，上邊殘缺。卷首尾有殘洞，卷面多有破裂及殘缺，第2、3紙接縫處下開裂。背有古代及現代裱補，卷尾上下有殘缺。有燕尾。有烏絲欄。已修整。
2.4　本遺書包括4個文獻：（一）《大唐後三藏聖教序》，20行，今編為BD15286號1。（二）《大乘密嚴經》卷上，278行，今編為BD15286號2。（三）《大乘密嚴經》卷中，339行，今編為BD15286號3。（四）《大乘密嚴經》卷下，317行，今編為BD15286號4。
3.1　首全→《全唐文》卷九七，97/438B13。
3.2　尾全→《全唐文》卷九七，97/438C07。
4.1　大唐後三藏聖教序，御制（首）。
5　與《全唐文》對照，首題不同。《全唐文》首題為“方廣大莊嚴經序”。
8　8～9世紀。吐蕃統治時期寫本。
9.1　楷書。
10　卷首背上方貼有文物商店紙簽“類别：字1；貨號：820；品名：唐人寫經卷代序；定價：200.00”。

卷首背中部貼有紙簽：“八、九、25、《密嚴》，有後序、三丈七尺”。
12　從本遺書背面揭下古代裱補紙2張，今編為BD16399號。

1.1　BD15286號2
1.3　大乘密嚴經（地婆訶羅本）卷上
1.4　新1486
2.4　本遺書由4個文獻組成，本文獻為第2個，278行。餘參見BD15286號1。
3.1　首全→大正0681，16/0723B18。
3.2　尾全→大正0681，16/0730C14。
4.1　大乘密嚴經密嚴會品第一，中天竺國三藏法師地婆訶羅唐言日照奉詔譯（首）。
4.2　大乘密嚴經卷上（尾）。
8　8～9世紀。吐蕃統治時期寫本。
9.1　楷書。
9.2　有硃筆行間校加字及倒乙。

1.1　BD15286號3
1.3　大乘密嚴經（地婆訶羅本）卷中
1.4　新1486
2.4　本遺書由4個文獻組成，本文獻為第3個，339行。餘參見BD15286號1。
3.1　首全→大正0681，16/0730C17。
3.2　尾全→大正0681，16/0738C16。
4.1　大乘密嚴經妙身生品之餘，中（首）。

4.2　大乘密嚴經卷中（尾）。
8　8～9世紀。吐蕃統治時期寫本。
9.1　楷書。
9.2　有硃筆行間校加字。

1.1　BD15286號4
1.3　大乘密嚴經（地婆訶羅本）卷下
1.4　新1486
2.4　本遺書由4個文獻組成，本文獻為第3個，317行。餘參見BD15286號1。
3.1　首全→大正0681，16/0738C19。
3.2　尾全→大正0681，16/0747B15。
4.1　大乘密嚴經自識境界品第七（首）。
4.2　大乘密嚴經卷下（尾）。
8　8～9世紀。吐蕃統治時期寫本。
9.1　楷書。
9.2　有硃、墨筆行間校加字。

1.1　BD15287號
1.3　大方便佛報恩經卷二
1.4　新1487
2.1　725.7×26.2厘米；17紙；共430行，行17字。
2.2　01：22.8，00；　02：19.4，12；　03：45.6，28；
04：47.1，29；　05：47.3，29；　06：47.1，29；
07：47.0，29；　08：47.4，29；　09：47.2，29；
10：47.1，29；　11：47.2，29；　12：47.2，29；
13：47.2，29；　14：27.5，17；　15：47.2，29；
16：47.1，29；　17：44.3，25。
2.3　卷軸裝。首斷尾全。有護首，有竹質天竿。有燕尾。尾有原軸，兩端塗棕色漆。有烏絲欄。護首係後配。
3.1　首全→大正0156，03/0135B02。
3.2　尾全→大正0156，03/0136B10。
4.2　大方便佛報恩經卷第二（尾）。
7.1　護首有題記："刮了二校"。
7.4　護首有經名"大佛頂經卷第十"。乃用廢棄之《大佛頂經》護首作為本卷之護首。
8　7～8世紀。唐寫本。
9.1　楷書。
10　各紙接縫處下方及卷尾均有圓形陽文硃印，直徑1.1厘米，印文為"槐眉"。
　　護首下方貼有文物商店紙簽："類別：字2；貨號：2113；品名：唐人寫經卷；定價：50.00"。
13　卷首有品題"大方便佛報恩經發菩提心品第四"。

1.1　BD15288號
1.3　灌頂章句拔除過罪生死得度經
1.4　新1488
2.1　511.5×25.7厘米；12紙；共306行，行17字。
2.2　01：08.5，05；　02：46.1，28；　03：46.4，28；
04：46.2，28；　05：46.1，28；　06：46.1，28；
07：46.2，28；　08：46.2，28；　09：46.3，28；
10：46.2，28；　11：46.2，28；　12：41.0，21。
2.3　卷軸裝。首斷尾全。經黄打紙。卷面多水漬。背有古代及現代裱補。有烏絲欄。現代接出護首，後配木軸。
3.1　首殘→大正1331，21/0532C03。
3.2　尾全→大正1331，21/0536B05。
4.2　佛說灌頂藥師拔除過罪生死得度經（尾）。
5　與《大正藏》本對照，卷尾缺少咒語。文為："即說呪曰：南謨鼻殺（所界反，下同。）遮俱、嚧吠瑠璃耶、鉢波喝邏社耶、哆姪他、鼻殺遮鼻殺遮、娑婆揭帝、薩婆訶"。參見大正1331，21/0536A23～27。
8　7～8世紀。唐寫本。
9.1　楷書。
10　護首下方貼有文物商店紙簽"類別：字2；貨號：2111；品名：唐人寫經卷；定價60"。
　　第2紙背面有陽文硃印，直徑1.1厘米，印文為"顧鼇"。
　　首紙背有一白紙簽，上寫"唐經卅六"。

1.1　BD15289號1
1.3　現在賢劫千佛名經（異本）卷上
1.4　新1489
2.1　1248.2×31厘米；29紙；共435行，行字不等。
2.2　01：40.0，00；　02：45.2，15；　03：46.0，15；
04：46.0，15；　05：46.0，15；　06：46.0，15；
07：45.8，15；　08：45.8，15；　09：15.3，05；
10：45.3，20；　11：46.2，20；　12：46.2，20；
13：46.2，20；　14：28.2，09；　15：46.0，15；
16：46.0，15；　17：45.8，15；　18：46.0，15；
19：45.8，15；　20：45.8，15；　21：46.0，15；
22：46.0，15；　23：34.0，11；　24：43.0，19；
25：46.0，20；　26：46.0，20；　27：46.0，20；
28：46.0，20；　29：31.5，06。
2.3　卷軸裝。首全尾全。扉頁有彩繪佛像，通卷佛名上邊有小彩繪佛像。護首背有古代裱補。卷首正、背紙兩面均有古代裱補。第3、4紙接縫下部開裂，第7、28紙下部破裂。有烏絲欄。
2.4　本遺書包括2個文獻：（一）《現在賢劫千佛名經》（異本）卷上，435行，今編為BD15289號1。（二）《彩繪扉畫並佛名上禪定佛》，畫在扉葉，今編為BD15289號2。
3.4　説明：
　　本遺書首全尾全。與大正447雖然同名，但差異較大。詳情待考。
　　扉葉及佛名上的彩繪佛像坐於蓮花座上，頭頂及身後有背光。
4.1　賢劫千佛名卷上（首）。

4.2 賢劫千佛名卷上（尾）。
7.1 卷尾有題記："敬寫《大佛名經》貳伯捌拾捌卷。惟願城/隍安泰，百姓康寧。/府主曹公已躬永壽，繼紹長年。合宅/枝（支）羅，常然吉慶。于時大梁貞明陸年（920）歲/次庚辰伍月拾伍日寫記。/"
7.4 護首有經名"賢劫千佛名卷上"。扉葉有彩繪佛像扉畫。
8 920年。歸義軍時期寫本。
9.1 楷書。
10 護首上方貼有文物商店紙簽："類別：中；貨號：13288；品名：梁寫佛名經；定價：1200.00"。

1.1 BD15289號2
1.2 F1110388
1.3 彩繪扉畫並佛名上禪定佛
1.4 新1489
2.4 本遺書由2個文獻組成，本文獻為第2個，為彩繪扉畫並佛名上禪定佛。餘參見BD15289號1。
3.4 說明：
本遺書扉葉上有彩繪佛像。該佛像結跏趺坐於蓮花筌蹄座上，袈裟通肩，雙手結印契。身後有五色背光，頭有藍色項光。頭上有天蓋及三顆火珠。
每個佛名上均有一個彩繪小禪定佛，結跏趺坐在蓮花座上，袈裟通肩，作禪定狀。有背光，有項光。因上下兩排佛名，故上下畫兩排佛像。諸禪定像大小大致相同，姿勢一致，但蓮花座、袈裟、項光、背光顏色略有差異。分為甲乙兩種。甲種橙褐色蓮花座、深褐色袈裟、褐色背光、橙褐色項光。乙種灰色蓮花座、橙褐色袈裟、灰色背光、橙色項光。排列規律為上排甲乙甲乙……下排乙甲乙甲……
8 920年。歸義軍時期寫本。

1.1 BD15290號
1.3 金光明最勝王經卷一〇
1.4 新1490
2.1 218.4×26厘米；5紙；共125行，行17字。
2.2 01：44.6，25； 02：43.6，25； 03：43.6，25；
04：43.5，25； 05：43.1，25。
2.3 卷軸裝。首脫尾脫。卷面多油污，有破損。背接縫處有現代裱補。有烏絲欄。
3.1 首殘→大正0665，16/0452B05。
3.2 尾殘→大正0665，16/0454B18。
8 8世紀。唐寫本。
9.1 楷書。
10 卷首背有陽文硃印，2×2厘米，印文為"顧二郎"。配有錦盒。

1.1 BD15291號
1.3 雜寶藏經卷一
1.4 新1491
2.1 （3.9+393.5）×25.4厘米；8紙；共224行，行17字。
2.2 01：49.6，28； 02：49.8，28； 03：49.7，28；
04：49.8，28； 05：49.7，28； 06：49.7，28；
07：49.6，28； 08：49.5，28。
2.3 卷軸裝。首殘尾脫。經黃打紙，砑光上蠟。卷面有破裂，上下邊有水漬、殘損、鳥糞，前2紙接縫處下開裂。背有古代裱補。有烏絲欄。
3.1 首2行上殘→大正0203，04/0449C19~20。
3.2 尾殘→大正0203，04/0452C02。
7.2 卷背面各紙接縫處均有陽文墨印，5.3×5.3厘米，字不完整，難於辨認。似為古代官印，詳情待考。
8 7~8世紀。唐寫本。
9.1 楷書。有武周新字"正"、"人"、"臣"、"天"、"國"、"地"、"日"、"聖"、"月"，使用周遍。
10 卷尾下有陽文硃印，1.85×1.85厘米，印文為"路工"。卷端背下有花押。卷尾背上有"李"字，下有花押。

1.1 BD15292號
1.3 後晉天福四年（939）具注曆日（擬）
1.4 新1492
2.1 30×26.2厘米；1紙；共30行，行15~25字。
2.3 卷軸裝。首殘尾殘。殘曆用硃、墨筆抄寫。有界欄。通卷現代托裱為手卷。
3.1 首殘→《敦煌天文曆法文獻輯校》，01/0445A03。
3.2 尾殘→《敦煌天文曆法文獻輯校》，01/0447A13。
8 939年。歸義軍時期寫本。
9.1 楷書。
10 裱補紙左下有正方形虎肖形硃印，虎上有"王"字，1.4×1.4厘米。裱補紙右上背有紙簽，上寫"購12453，天福殘曆一段"。
拖尾有題跋："右殘曆存三十行，首尾均佚。起正月二十七日，訖二月二十三日。以正月大建晦/日值壬申，二月朔值癸酉。考之，殆後晉高祖天福四年曆也。每七日注/密字，與七曜曆及後唐天成丙戌曆同；而每日下注歲位、歲對、歲前、小/歲等，則天成曆所未有也。月下記九宮方位，則與今曆同，亦天成曆之/所未有也。九宮方位及每七日注密字，皆朱書。'丙'字皆避唐諱作'景'，五/季人紀淪亡，而猶謹於勝朝之諱。此風尚近古，視今之食茅踐土數百/年，而於故國視如秦越，或且如讎仇者，為遠勝矣。壬戌九月松翁羅振玉。/又唐天寶十二載及會昌六年，亦正月癸卯朔，二月癸酉朔，此姑定為後晉者，以書迹與後唐及宋淳化，比例而知之。且歐洲所藏殘曆，皆/五季北宋物，未見唐代曆也。松翁又記。/以上錄松翁近稿/"。

1.1 BD15293號
1.3 大般涅槃經（北本）卷一二
1.4 新1493

2.1　827.3×25.6 厘米；17 紙；共 458 行，行 17 字。
2.2　01：47.5，26；　02：49.2，28；　03：49.3，28；
04：49.4，28；　05：49.5，28；　06：49.5，28；
07：49.5，28；　08：49.5，28；　09：49.5，28；
10：49.5，28；　11：49.5，28；　12：49.6，28；
13：49.5，28；　14：49.6，28；　15：49.5，28；
16：49.5，28；　17：37.7，12。
2.3　卷軸裝。首全尾全。經黄打紙，研光上蠟。第 13、14 紙接縫處上開裂。有燕尾。尾有原軸，兩端塗棕色漆。有烏絲欄。
3.1　首全→大正 0374，12/0433C22。
3.2　尾全→大正 0374，12/0439B04。
4.1　大般涅槃經聖行品之二，十二（首）。
5　與《大正藏》本對照，分卷不同。此卷經文止於《大正藏》本卷第十二後部。
8　7～8 世紀。唐寫本。
9.1　楷書。
9.2　有硃筆行間校加字及校改。
10　卷首背下有陽文硃印，1.3×1.3 厘米，印文或為“樓”。下有數字“77”。卷背各紙接縫處上方均有陰文隨形硃印，印文為“愛古”。卷尾有 2 枚硃印：一為正方形陰文，3.35×3.35 厘米，印文為“寶存/古物/”；一為正方形陽文，3.35×3.35 厘米，印文為“中亞望瀚/樓主收藏/圖書章/”。

卷首背中部有 2 個紙簽貼在一起，上邊紙簽：“購 12440”，下邊文物商店紙簽：“號：10747，敦煌寫經 4 卷，600.00”。

1.1　BD15294 號
1.3　金光明經卷四
1.4　新 1494
2.1　541.7×25.3 厘米；12 紙；共 324 行，行 17 字。
2.2　01：37.6，23；　02：46.0，28；　03：45.8，28；
04：45.7，28；　05：46.0，28；　06：45.7，28；
07：45.8，28；　08：46.0，28；　09：45.8，28；
10：45.8，28；　11：45.8，28；　12：45.7，21。
2.3　卷軸裝。首斷尾全。打紙，研光上蠟。卷面有油污，多污穢。背有現代裱補。有烏絲欄。
3.1　首全→大正 0663，16/0353C21。
3.2　尾全→大正 0663，16/0358A29。
4.2　金光明經卷第四（尾）。
7.1　尾有題記“比丘智照寫”。
8　8～9 世紀。吐蕃統治時期寫本。
9.1　楷書。
10　首紙下部有正方形陽文硃印，1.4×1.4 厘米，中間印文為“陈曾佑印”，兩邊有纏枝花紋。

卷尾有印章 6 枚：

（1）長方形陽文硃印：3×1.5 厘米，印文為“宋研齋收藏/書畫碑帖印/”；

（2）長方形陽文硃印：1.4×0.8 厘米，“◇閣（?）”，印文模糊不清；

（3）長方形陽文硃印：1.4×1 厘米，印文為“曾佑”；

（4）圓形陽文硃印：直徑 0.8 厘米，印文為“洪”；

（5）圓形陽文硃印：直徑 1.3 厘米，印文為“輼花”；

（6）正方形陽文硃印：1.3×1.3 厘米，印文似為“樓”。前此曾有。

首紙背有紅藍鉛寫“10747”。首紙背上方貼有紙簽“購 12441”。
13　卷首有品題“金光明經捨身品第十七”。

1.1　BD15295 號
1.3　妙法蓮華經卷七
1.4　新 1495
2.1　352.8×26 厘米；8 紙；共 206 行，行 17 字。
2.2　01：11.8，07；　02：50.5，31；　03：50.5，31；
04：50.5，31；　05：50.5，31；　06：50.5，31；
07：50.5，31；　08：38.0，13。
2.3　卷軸裝。首斷尾全。有烏絲欄。通卷現代托裱。
3.1　首殘→大正 0262，09/0059B28。
3.2　尾全→大正 0262，09/0062B01。
4.1　妙法蓮華經妙莊嚴王本事品第二十七（首）。
4.2　妙法蓮華經卷第七（尾）。
7.1　尾題後有題記：“菩薩戒弟子蕭大嚴敬造。第九百三部。”
8　7 世紀。隋寫本。
9.1　楷書。
10　現代接出淺綠色綢護首，上有題簽“唐人書妙法蓮華經”。縹帶繫一紙簽，上寫“購 12442，蓮花經，有蕭大嚴款”。卷背緊接護首的白紙上有正方形陽文硃印，1.3×1.2 厘米，印文似為“樓”。

有撒金箋玉池，上有大字橫寫題書“鳴沙祕寶”。其後跋語：“敦煌千佛洞在鳴沙山麓，洞久為沙壅。至/光緒初年，沙崩洞見，石室中所藏古書、/釋典及佛像、陶器極多，土人不知貴也。/法蘭西博士白希和遊歷至此，居留半/年，以重價收得數百卷，並自繪洞圖以去。/此間人士，始漸知收輯。旹或持以質錢。自學/部徵求古物，購取十七箱入都，價遂大昂，計每/卷亦不過數金。至袁氏遣人收買，價竟增至數/十倍。近來隴上肆人居為奇貨，然篇幅完整者/甚少，而有前代年號及寫經人姓名者更不多得。此/卷尾有‘蕭大炎敬造’數字，書法精美，是恪守晉人楷/則者。世所傳唐帖真書，那得有此神妙。予居隴上十/餘年，此為僅見，誠生平第一翰墨緣也。陳曾佑/”跋語首上方有長方形陽文硃印，1.2×2.4 厘米，印文為“予旹覕天◇古”。跋語署名下方有陽文硃印，1.4×1.4 厘米，中間印文為“陳曾佑印”，兩邊為纏枝花紋。

卷首下方有正方形陽文硃印，1.6×1.6 厘米，印文模糊，難以辨認。

1.1　BD15296 號

1.3　佛名經（十六卷本）卷一一
1.4　新 1496
2.1　1104.5×25.5 厘米；27 紙；共 625 行，行 17 字。
2.2　01：42.0，23；　02：43.0，24；　03：43.3，24；
04：43.0，24；　05：43.2，24；　06：40.0，24；
07：43.0，24；　08：43.0，24；　09：43.0，24；
10：43.0，24；　11：43.0，24；　12：43.0，24；
13：43.0，24；　14：43.0，24；　15：43.0，24；
16：43.0，24；　17：43.0，24；　18：42.5，23；
19：44.0，24；　20：44.0，24；　21：44.0，24；
22：44.0，24；　23：44.0，24；　24：44.0，24；
25：44.0，24；　26：44.0，24；　27：24.5，04。
2.3　卷軸裝。首全尾全。卷面多水漬，第 4、5 紙接縫上部開裂，尾 2 紙上方缺損。卷尾上下有蟲繭。有燕尾。背有現代裱補。部分紙上方有邊欄；有幾紙有界行。
3.1　首全→《七寺古逸經典研究叢書》，03/0538A01。
3.2　尾全→《七寺古逸經典研究叢書》，03/0584A06。
4.1　佛說佛名經卷第十一（首）。
4.2　佛名經卷第十一（尾）。
8　8 世紀。唐寫本。
9.1　楷書。
10　現代接出淺藍底織錦護首，有金粉題簽："燉煌石室唐人寫經，陳曾佑署簽"。下有 2 枚印章：一為正方形硃印，1×1 厘米，印文模糊，難以識別。一為正方形硃印，1×1 厘米，印文為"蘇生"。縹帶繫一紙簽，上有"購 12443，佛名經一卷"。

第 7、8 紙背接縫處有圓形陽文硃印，直徑 1.5 厘米，印文為"留心"。

卷首背有正方形陽文硃印，1.3×1.3 厘米，印文模糊，難以辨認。

1.1　BD15297 號
1.3　五千五百佛名神咒除障滅罪經卷二
1.4　新 1497
2.1　916×25.7 厘米；18 紙；共 442 行，行 17 字。
2.2　01：50.5，24；　02：53.8，26；　03：53.5，26；
04：53.8，26；　05：54.0，26；　06：53.8，26；
07：53.8，26；　08：54.0，26；　09：53.8，26；
10：53.8，26；　11：53.8，26；　12：53.8，26；
13：53.5，26；　14：53.5，26；　15：53.8，26；
16：53.0，26；　17：53.8，26；　18：06.0，02。
2.3　卷軸裝。首全尾全。麻紙。通卷多水漬，有蟲蛀殘洞。有烏絲欄。通卷為日本托裱，後配日本木軸。
3.1　首全→大正 0443，14/0322C21。
3.2　尾全→大正 0443，14/0326C20。
4.1　五千五百佛名經卷第二（首）。
4.2　五千五百佛名經卷第二（尾）。
8　7～8 世紀。唐寫本。
9.1　楷書。
10　卷首背重疊貼有 2 紙簽，一為"購 12419"。一為特藝公司宣武經營管理處紙簽"貨號：69××；品名：佛名經；定價：20，十七段 2 行"。背有多枚陽文六角形藍色印章，直徑 1.5 厘米，印文或為"虎"。

1.1　BD15298 號
1.3　大智度論（異卷）卷九
1.4　新 1498
2.1　321.5×25.9 厘米；8 紙；共 204 行，行 17 字。
2.2　01：49.5，28；　02：49.5，28；　03：49.6，28；
04：49.7，28；　05：49.6，28；　06：49.6，28；
07：49.8，28；　08：24.2，08。
2.3　卷軸裝。首脱尾全。卷面有水漬。有烏絲欄。通卷現代托裱。後配楠木軸。
3.1　首殘→大正 1509，25/0100B27。
3.2　尾全→大正 1509，25/0103B23。
4.2　大智度經卷第九（尾）。
5　與《大正藏》本對照，分卷不同。此卷經文相當於《大正藏》本卷第五後部與卷第六前部。
8　6 世紀。南北朝寫本。
9.1　楷書。
10　現代用虎皮宣紙接出護首，有題簽："隋經生書《大智度經》卷九，前缺後全，二百五行"。護首上有橢圓形硃印，1.8×2.4 厘米，印文為"乾隆年仿金/粟山藏經紙/"。

卷首下邊及卷尾經題後均有正方形陰文硃印，1×1 厘米，印文為"馮恕/之印/"。卷尾有正方形陰文硃印，1.8×1.8 厘米，印文為"公度所/藏隋唐/墨寶/"。

護首上方有 2 個紙簽貼在一起，上面紙簽寫"購 12420"，下面紙簽數字被遮。

護首下方貼有特藝公司宣武經營管理處紙簽："貨號：9439；品名：隋寫經 1 卷；定價：40.00"。

新舊編號對照表

新字頭號與北敦號對照表

新字頭號	北敦號
新 1433	BD15233 號
新 1434	BD15234 號
新 1435	BD15235 號
新 1436	BD15236 號 A
新 1436	BD15236 號 B
新 1437	BD15237 號
新 1438	BD15238 號
新 1439	BD15239 號
新 1440	BD15240 號
新 1441	BD15241 號 1
新 1441	BD15241 號 2
新 1441	BD15241 號 3
新 1441	BD15241 號 4
新 1441	BD15241 號 5
新 1442	BD15242 號 1
新 1442	BD15242 號 2
新 1442	BD15242 號背 1
新 1442	BD15242 號背 2
新 1442	BD15242 號背 3
新 1442	BD15242 號背 4
新 1442	BD15242 號背 5
新 1443	BD15243 號 1
新 1443	BD15243 號 2
新 1443	BD15243 號 3
新 1403	BD15244 號
新 1445	BD15245 號
新 1456	BD15246 號 1
新 1446	BD15246 號 2
新 1446	BD15246 號 3
新 1446	BD15246 號 4
新 1446	BD15246 號 5
新 1447	BD15247 號
新 1448	BD15248 號
新 1449	BD15249 號
新 1449	BD15249 號背 1
新 1449	BD15249 號背 2
新 1450	BD15250 號
新 1451	BD15251 號
新 1452	BD15252 號
新 1453	BD15253 號
新 1454	BD15254 號
新 1455	BD15255 號
新 1456	BD15256 號
新 1457	BD15257 號
新 1458	BD15258 號 1
新 1458	BD15258 號 2
新 1459	BD15259 號
新 1460	BD15260 號
新 1461	BD15261 號
新 1462	BD15262 號
新 1463	BD15263 號
新 1464	BD15264 號
新 1465	BD15265 號
新 1466	BD15266 號
新 1467	BD15267 號
新 1468	BD15268 號
新 1469	BD15269 號
新 1470	BD15270 號
新 1471	BD15271 號
新 1472	BD15272 號
新 1473	BD15273 號
新 1474	BD15274 號
新 1475	BD15275 號
新 1476	BD15276 號 1
新 1476	BD15276 號 2
新 1477	BD15277 號
新 1478	BD15278 號
新 1479	BD15279 號
新 1480	BD15280 號
新 1480	BD15280 號背
新 1481	BD15281 號
新 1482	BD15282 號
新 1483	BD15283 號
新 1484	BD15284 號
新 1485	BD15285 號
新 1486	BD15286 號 1
新 1486	BD15286 號 2
新 1486	BD15286 號 3
新 1486	BD15286 號 4
新 1487	BD15287 號
新 1488	BD15288 號
新 1489	BD15289 號 1
新 1489	BD15289 號 2
新 1490	BD15290 號
新 1491	BD15291 號
新 1492	BD15292 號
新 1493	BD15293 號
新 1494	BD15294 號
新 1495	BD15295 號
新 1496	BD15296 號
新 1497	BD15297 號
新 1498	BD15298 號